全国高职高专汽车类规划教材编审委员会

全国高职高专汽车类规划教材
国家技能型紧缺人才培养培训系列教材

汽车电子控制技术

第二版

刘晓岩　王永丰　主　编
韩春强　吕福亭　戴晓锋　副主编

化学工业出版社
·北京·

本书是根据“以职业岗位为课程目标，以职业标准为课程内容，以最新技术为视野，以职业能力为课程核心”的要求编写，主要介绍了轿车电子控制系统的控制原理、控制系统的组成与部件结构、工作原理，以及故障的诊断与维修等方面的内容，包括：汽车动力传动电子控制系统、汽车底盘电子控制技术、汽车车身电子控制技术、汽车控制网络与车载诊断系统等。本书取材新颖、图文并茂、实用性强。另外，配套电子课件。

本书可供高等职业院校汽车类专业的师生作教材使用，也可作为相关专业的教学参考书，还可供汽车维修、检测技术人员参考。

图书在版编目（CIP）数据

汽车电子控制技术/刘晓岩，王永丰主编. —2版. 北京：化学工业出版社，2016.4（2023.2重印）
全国高职高专汽车类规划教材　国家技能型紧缺人才培养培训系列教材
ISBN 978-7-122-26359-9

Ⅰ.①汽…　Ⅱ.①刘…　②王…　Ⅲ.①汽车-电子控制-高等职业教育-教材　Ⅳ.①U463.6

中国版本图书馆CIP数据核字（2016）第036587号

责任编辑：韩庆利
责任校对：宋　玮　　　　装帧设计：史利平

出版发行：化学工业出版社（北京市东城区青年湖南街13号　邮政编码100011）
印　　装：北京科印技术咨询服务有限公司数码印刷分部
787mm×1092mm　1/16　印张19¾　字数500千字　2023年2月北京第2版第4次印刷

购书咨询：010-64518888　　　　售后服务：010-64518899
网　　址：http://www.cip.com.cn
凡购买本书，如有缺损质量问题，本社销售中心负责调换。

定　　价：49.80元　

本教材是高职高专规划教材，结合我国高职高专教学改革的实践，根据“以职业岗位为课程目标，以职业标准为课程内容，以最新技术为视野，以职业能力为课程核心”的要求编写的。通过本课程的学习，使学生掌握基本的汽车电子控制技术理论。在完成任务过程中，培养学生分析问题和解决实际问题的能力，增强学生的创新意识和团队精神，提高学生工学结合顶岗学习的能力，实现零距离上岗的目标。

本教材内容可根据各学校的实验、实训设备情况和课时安排进行选讲，具体编写特点如下：

1. 注重培养学生运用所学理论分析问题和解决问题的能力，强调基础理论知识的“必须”、“够用”原则，没有过多的理论推导，注重实践能力的培养，把学生创新及交流沟通的综合素质能力融入教学的全过程。

2. 每一章由三个部分构成，包括理论知识、思考题、工作任务。

——理论知识：根据汽车电子控制技术的发展历史的演变，展示汽车电子技术对现代汽车发展的影响，激发学生的学习兴趣，培养学生科学的研究方法和创新能力。

——思考题：培养学生多元化学习能力，技术资料的收集和查阅的能力，能运用互联网对所学知识进行复习，深入研究的能力。

——工作任务：采用德国双元制的教学思想，激励学生理论联系实际。教师在教学过程中，以角色任务为引导，按照实际工作任务、工作情景组织教学或车间实践，使学生达到学而能做，做而能用。通过活动培养学生的协作意识和动手能力。每个工作任务都附有工作任务分析参考，帮助学生完成工作任务。

本教材是校企合作开发的教材。参加编写的单位有，黑龙江旅游职业技术学院、黑龙江工程学院、黑龙江运通俊业汽车销售服务有限公司、黑龙江龙达汽车销售服务股份有限公司、哈尔滨百丰汽车销售服务有限公司。

本书由刘晓岩、王永丰主编，韩春强、吕福亭、戴晓锋副主编，方敏、王为民、韦倾、胡基庆等参编。

本书第一版正式出版于2009年，自出版以来深受广大读者欢迎。本次根据读者和使用者提出的修订意见进行了修订，在这里特别感谢信阳职业技术学院刘鸿健老师，他对修改本书提出了非常具体诚恳建议。同时还要感谢化学工业出版社的编辑们的鼓励，没有大家的帮助，不可能完成这版的修订工作。

本书配套电子课件，可赠送给用本书作为授课教材的院校和老师，如果需要，可登录www.cipedu.com.cn下载。

我国汽车工业的发展及汽车职业教育与发达国家相比还有很大的差距，有关汽车专业教材分类的成熟性、内容的选取、难易程度的选取、编写的条理性、编写的规范性等都有待提高，希望各位专家和读者对本书提出宝贵意见。

编　者

目录
CONTENTS

第三篇 汽车车身电子控制技术 171

绪论

学习目标

1. 了解汽车电子控制技术的发展沿革，当今汽车电子技术应用的现状，以及未来的汽车电子控制技术的发展方向；
2. 了解汽车电子控制技术基本方式、组成和工作原理；
3. 掌握汽车电子控制系统的组成。

第一节 汽车电子技术的发展

相关研究表明，目前汽车上70%的创新来源于汽车电子技术。而汽车电子控制技术的应用大大提高了汽车的动力性、经济性、可靠性、安全性、排气净化及舒适性。例如，为使汽车发动机获得较高的经济性，需靠点火系统才能在最适当的时间点火；为使汽车在制动过程中有良好的操纵性能，需采用电子控制防抱死制动装置；为保证汽车工作可靠、行驶安全，则有赖于各种其他电子控制系统的正常工作。随着汽车市场的快速发展和汽车电子价值含量的迅速提高，汽车电子产业将形成巨大经济规模效应，成为支持汽车工业发展相对独立的新兴支柱产业。汽车电子的发展还将颠覆人们对汽车的传统认识观念，使得汽车不仅在高速公路上行驶，而且将在信息高速公路上奔驰；不仅成为人们可靠的交通工具，还将变成人际间交往的流动办公室和舒适的休闲娱乐室，成为人类社会活动中的重要场所。

一、汽车电子控制技术的发展历程

国外汽车运用电子技术从20世纪50年代开始，而大规模的运用在20世纪90年代以后。从汽车电子化发展进程来看，可分为三个阶段。

第一阶段，从20世纪50年代中期到20世纪70年代中期，汽车上运用电子技术主要是对汽车电器产品进行电子技术改造，以改善部分性能。

1957年，美国的本迪克斯（BendiX）公司率先研制了由电子方式控制的汽油喷射发动机，并使用在克莱斯勒（Chrysler）汽车上。

1960年，克莱斯勒汽车公司首先将硅二极管应用在交流发电机的全波整流器上，而发展成为今天的汽车发电机。

1967年，随着集成电路（IC）产品的渐趋成熟，美国通用汽车公司将交流发电机加上了IC稳压器。日本日立公司也于1970年生产内嵌式IC交流发电机，将IC调整器与交流发电机制成一体。

1974年美国德科公司（ACDelco）设计制造出一种将IC点火器与传感线圈结合在一起的整体式分电器，并成为GM（美国通用汽车公司的英文缩写）车系的标准配置，为两年后的电脑控制点火系统奠定了基础。

第二阶段，从20世纪70年代末期到20世纪90年代中期，由于集成电路、大规模集成电路和超大规模集成电路技术的飞速发展，能大批生产更为先进的传感器、执行器、具备16位或32位处理能力的微型处理器等，为人们在汽车上广泛采用电子技术提供了可能，如点火控制、燃料/尾气控制，形成汽车电子技术发展的第二阶段。这一阶段的主要特征是，广泛采用机电一体化装置，解决机械系统无法解决的复杂的自动控制问题，强调解决汽车的安全、环保及节能三大问题。

第三个阶段，20世纪90年代中期至今，由于电子信息技术的发展，超微型磁体、超高效电机及集成电路的微型化，以及近年来嵌入式系统、局域网CAN(Controller Area Network）和数据总线DB(Data Bus）技术的成熟，汽车电子控制系统的集成成为汽车技术发展的必然趋势。原先单一项目控制的燃油喷射控制、点火控制、排放控制、自动变速控制等，发展成为多功能的集成控制系统。如发动机的电子控制技术是从控制点火时刻开始的，20世纪90年代初发展到汽油喷射、点火控制、排放控制等多项内容复合的发动机集中控制系统；20世纪末又将发动机控制、驱动防滑控制系统等复合，成为动力控制系统或牵引力控制系统（TCS，Traction Control System)。又如，戴姆勒-克莱斯勒公司（Daimler-Chrysler）的测控一体化制动系统（SBC，Sensotronic Brake Control)，把制动踏板行程、转向角度、轮速、车速等信号集合，通过制动防抱死（ABS，Anti-Lock Brake System 或 Antilock Braking System）或电子稳定控制程序（ESP，Electronic Stability Program）系统控制制动过程。

二、汽车电子控制技术的发展趋势

1. 现代汽车集中控制

图0-1为德国博世（BOSCH）公司的电子控制技术在轿车上应用概况。

所谓现代汽车集中控制系统，就是严格按照人、车、环境整体最佳效应的原则与目标进行整体规划与设计，按照整体性、动态性和开放性的控制原则，并采用计算机网络信息技术和信息-系统-控制模式，将整体系统的多个控制功能集中由一个功能强大的ECU实行控制，将局部最佳转化为系统最佳，使车辆系统响应随动于外界环境的变化，寻求系统整体的最佳对外反应以及系统资源的最佳利用效率。

该系统由信息传感、信息处理、执行和数据传输等分系统组成，形成以中央信息处理为核心的、由网络和总线技术提供信息传输的、资源共享、互为冗余的有机整体；该系统首先监控并搜集车辆所处的环境变化、车辆本身状况和驾驶员的操纵意志等信息，并通过网络数据总线传递至现代汽车计算机处理系统，按照预编程序进行处理，再由计算机发出控制指令并传递至执行系统实现预期的功能。对于功能与要求相同或相近的控制功能，例如发动机与传动系统，点火与怠速系统，驱动与制动系统以及各种辅助系统与总系统等，实现集中控制，使系统更为简化与集中，可靠性也大大提高。从这种意义上说，现代车辆本身是一个控制系统，传统的曲柄连杆机构、燃料供给系统、点火系统、配气机构、传动机构、制动系统、操纵系统和悬挂系统等，都可看做是为了完成中央计算机发出的指令，而实现预定的终端功能的执行机构。

2. 现代汽车的网络化

要实现集中控制，网络化是未来车辆的必然选择，集动力传动系统、安全、舒适/便利系统以及信息通信娱乐系统等于一体的网络汽车已出现在高档轿车上。把车辆网络系统划分为如图0-2所示的网络结构。

3. 现代汽车的智能化

传感技术和计算机技术的发展，加快了汽车的智能化进程。智能化集成传感器和智能执

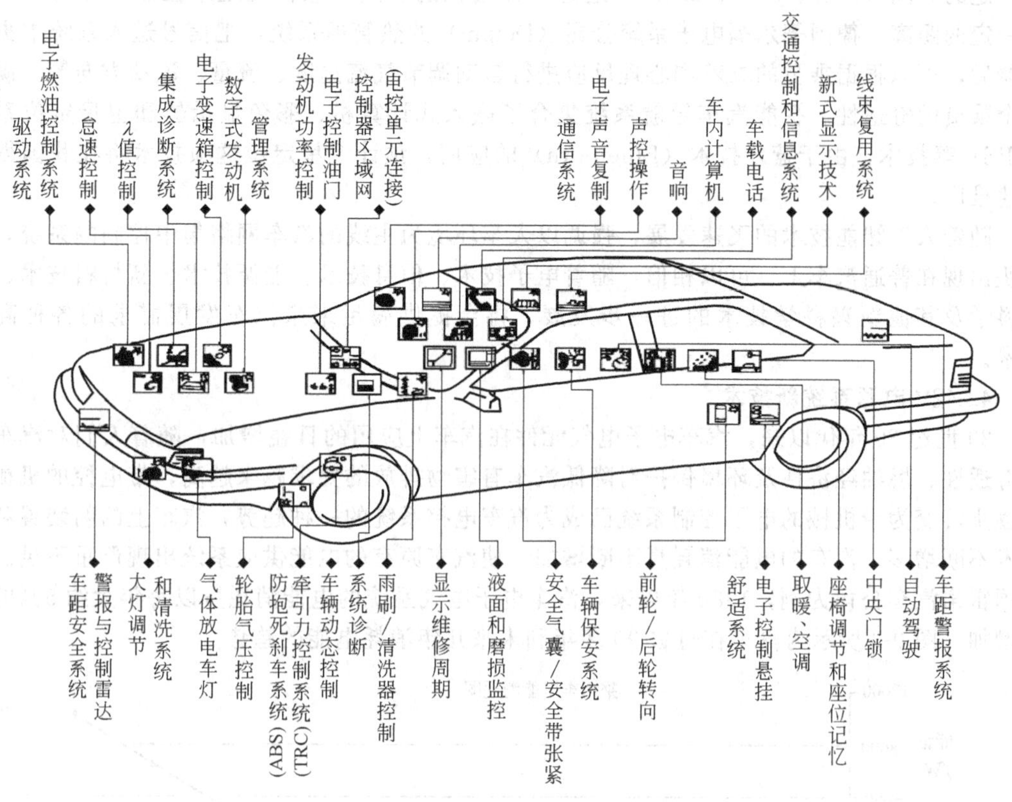

图 0-1　电子控制技术在轿车上应用

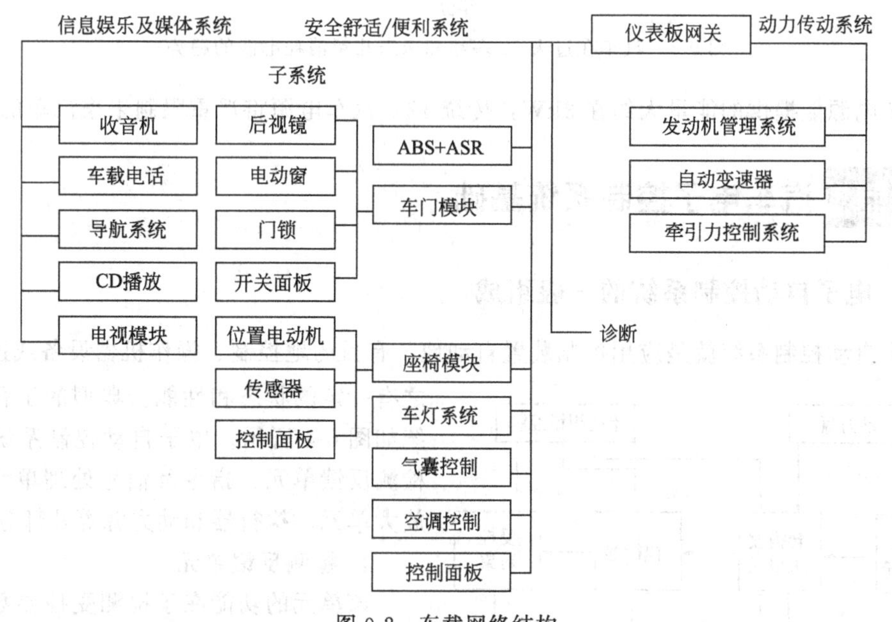

图 0-2　车载网络结构

行机构将付诸使用，数字式信号处理方式将应用于声音识别、安全碰撞、适时诊断和导航系统等。日本丰田公司（Toyota）等联合开发的智能车速控制系统，驾驶员可以选择滞后前车一定的时间（1.8s、2.0s、2.4s），通过前保险杠的雷达传感器测距来控制，并与前车保持一定的距离。德国德尔福电子系统公司（Delphi）的热管理系统，把信号送入系统中央控制器后，可以根据乘员的衣着和心理反应进行自动调节气流温度、流量、流动方向等，满足各个乘员的舒适性。智能汽车导航系统集合了嵌入式计算机、彩色显示器和卫星定位系统（GPS）等技术，由于蓝牙技术（Bluetooth）的应用，预计卫星定位这项技术将在我国得到迅速推广。

随着人工智能技术的飞速发展，强调以人车环境为主线的汽车网络集中控制的系统，将很快出现在普通汽车上。可以相信，随着电子技术、信息技术、能源技术、新材料技术、人体科学及其他新兴科学技术的进一步发展，将会提供满足未来汽车发展需求的各种高新技术。

4. 42V 电源系统新技术

20 世纪 80 年代以来，汽车电子电气元件在汽车上应用的日益增加，随着人们对汽车乘坐舒适性、燃油经济性及环境保护对降低汽车有害物排放的要求越来越高，带电控的机械系统逐步转变为带机械的电子控制系统已成为汽车电控系统的一种趋势，汽车上的新装置和新技术不断增多，汽车的电能消耗量不断增加，使汽车原有的电能供应系统出现严重不足。以法国雷诺汽车公司为例，1980 年以来，汽车电子电气系统的电能消耗量以每年大约 5%的幅度增加。图 0-3 所示为汽车在过去 90 多年和未来几年消耗电能的趋势。

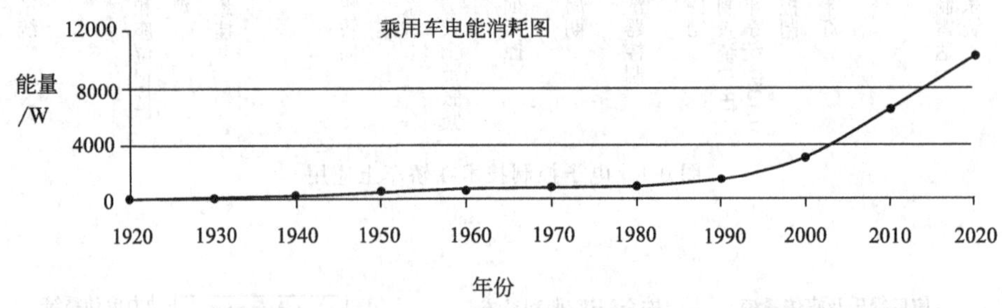

图 0-3　汽车在过去 90 多年和未来几年消耗电能的趋势

12V 电源能提供的能量大约在 3kW，传统 12V 汽车电源将严重限制未来汽车的发展。

第二节　汽车电子控制系统基础

一、电子自动控制系统的一般组成

电子自动控制系统就是应用控制装置自动地、有目的地控制、操作机器设备或过程，使之有一定的状态和性能。典型的工程控制系统如图 0-4 所示。电子自动控制系统一般由检测反馈单元、指令及信号处理单元、转换放大单元、执行器和动力源等几部分组成。

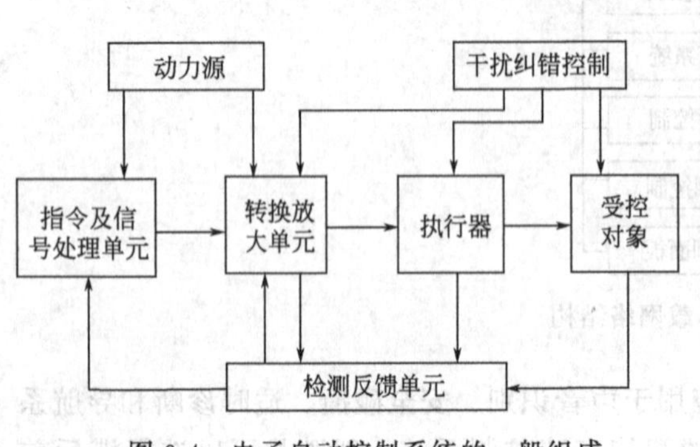

图 0-4　电子自动控制系统的一般组成

1. 检测反馈单元

该单元的功能在于检测受控参数或其他中间变量，经放大、转换后用以显示或作为反馈信号。汽车电控系统中用各种传感器来完成此功能。

2. 指令及信号处理单元

该单元接收人机对话随机指令或定值、程序指令，并接收反馈信号，一般具有信号比较、变换、运算、逻辑等处理功能，以及传统的指令及信号处理功能。传统的指令及信号处理单元多采用模拟电路，随着微电子技术和计算机技术的发展，为工程控制系统提供了采用数字计算机指令和信号处理单元的可能性。汽车上所用的指令及信号处理单元多为微处理机。

3. 转换放大单元

该单元的作用是将指令信号按不同方式进行相互转换和线性放大，使放大后的功率足以控制执行器并驱动受控对象。

4. 执行器

执行器是指直接驱动受控对象的部件。它可以是电磁元件，如电磁铁、电动机等；也可以是液压或气动元件，如液压或气压工作缸及马达。为了使驱动特性与受控对象的负荷特性相互匹配，还可附加变速机构，如液压马达和行星齿轮传动的组合。

5. 动力源

动力源的作用是为各单元提供能源，通常包括电气动力源和流体动力源两类。

6. 干扰纠错控制

若系统的输出量对系统的作用不产生影响，且系统对精度的要求不高时，则可以不需要该单元。但事实上大多数情况下，尤其是在汽车控制系统中，环境的干扰因素诸多，因此需要检测反馈单元把系统的输出量返回来作用于控制部分，这样一来，如果有外界的干扰或系统内参数的变化引起的输出偏差将会得到自动的纠正，可以组成一个较为精确和稳定的控制系统。

干扰不是工程控制系统的组成部分，而是系统外部环境对系统行为产生影响的各种物理因素的总称。

二、电子自动控制系统的分类

电子自动控制系统的分类方式很多，按控制系统有无反馈环节分类，一般有以下两种。

1. 开环控制系统

若系统的输出量对系统的控制作用不产生影响（即无检测反馈单元），则称为开环控制系统。开环控制系统的控制精度完全取决于各单元的精度，因此，它主要使用在精度要求不高并且不存在内外干扰的场合。但开环控制系统结构简单，且一般不存在稳定性的问题。

2. 闭环控制系统

系统的输出通过检测反馈单元返回来作用于控制部分，形成闭合回路，这种控制系统称为闭环控制系统，又称为反馈控制系统。其优点是能够自动纠正外部干扰和系统内参数变化引起的偏差，这样就可以采用精度不太高而成本较低的元件，组成一个较为精确的控制系统。但是闭环控制系统也有它的缺点，由于闭环控制系统是以偏差消除偏差的，即系统要工作就必须有偏差存在，因此这类系统不会有很高的精度。同时，由于组成系统的元件有惯性、传动链的间隙等因素存在，如配合不当，将会引起反馈控制系统的振荡，从而系统不能稳定工作，精度和稳定性之间的矛盾始终是闭环控制系统存在的主要矛盾。如图 0-5 所示。

三、汽车电子控制系统的组成

在同一辆汽车上，装有多个电子控制系统，汽车上每一个电子控制系统，都是由传感

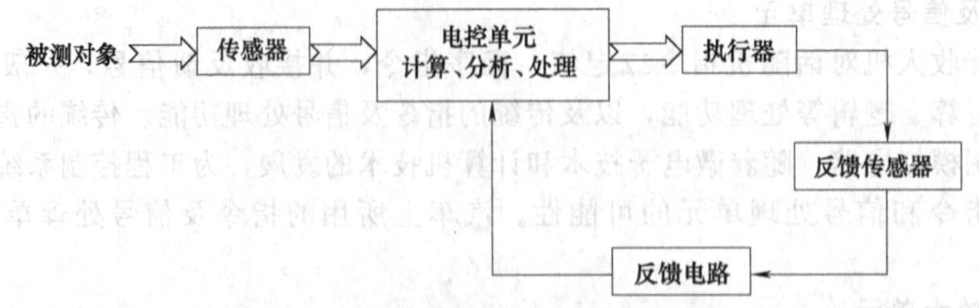

图 0-5 闭环控制系统

器、电子控制单元（ECU，Electronic Control Unit）和执行器三个部分组成的。从控制原理的角度，汽车电控系统可以简化为如图0-6 所示。

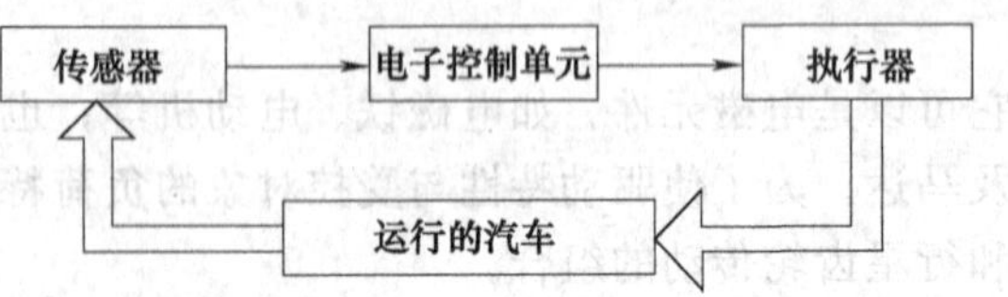

图 0-6 汽车电子控制系统的基本组成

图 0-6 也反应了传感器、ECU 和执行器三部分相互间的工作关系，传感器功用是向 ECU 提供汽车运行状况和发动机工况等；ECU 接收来自传感器的信息，经信息处理后发出相应的控制指令给执行器；执行器即执行元件，其功用是执行 ECU 的专项指令，从而完成控制目的。

(1) 传感器 传感器是感知信息的部件，它把非电量变成电量，经过放大整形等处理后变成计算机等电子控制系统所能接受的电信号，作为汽车各种电子控制的必不可少的信息，输入到电子控制单元。因此传感器又叫转换器。

在汽车上它包括各种传感器及一些开关信号，如：空气流量传感器、进气管绝对压力传感器、曲轴位置和凸轮轴位置传感器、冷却液温度传感器、进气温度传感器、节气门位置传感器、氧传感器、爆震传感器等，以及制动开关、启动开关、动力转向开关等开关信号。

(2) 电子控制单元（ECU） 电子控制单元常用 ECU 表示，有的用 ECM、EEC 等表示。ECU 的作用是接收来自各种传感器的信息，经过快速处理、运算、分析和判断后，适时地输出控制指令，控制执行器动作，借以控制发动机。ECU 的核心部件是微型计算机，即微机（电脑），所以有的简单地将 ECU 称为微机或电脑。电子控制单元的组成如图 0-7 所示，主要由输入回路、A/D 转换器（模/数转换器）、微型计算机和输出回路四部分组成。

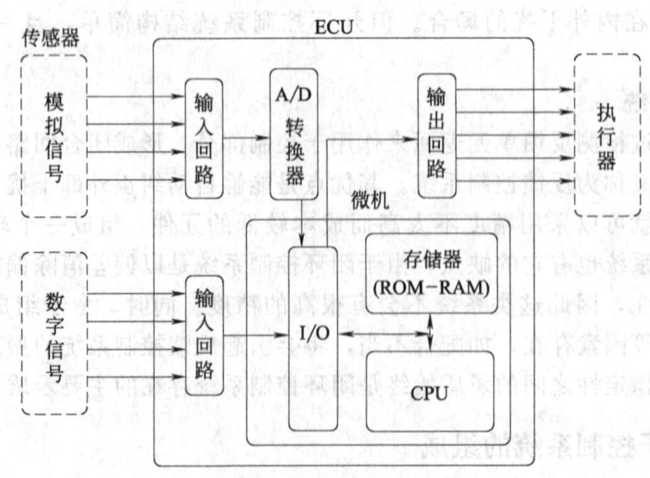

图 0-7 电子控制单元

（3）执行器　它的功能是执行 ECU 发出的指令，完成各项控制任务，使被控对象工作在设定的最佳状态。常见的执行器如喷油器、电动燃油泵、点火控制器、各种继电器、各种电磁阀等。

四、汽车电子控制系统的划分

汽车电控系统种类繁多、形式各异，分类方法也不相同。一般可根据控制功能和控制对象进行分类。

（1）按控制功能分类　根据汽车控制要实现的功能，汽车电控系统可分为：动力性控制、安全性控制、舒适性控制、娱乐信息控制等系统。其控制系统类型及其主要控制项目如表 0-1 所示。

表 0-1　汽车电子控制系统类型及其主要控制项目

类型	控制功能	系统名称	控制项目
汽车电子控制系统	动力性控制	电子控制燃油喷射(EFI)	喷油量(喷油时间)；喷油时刻；燃油泵；燃油停供
		电子控制点火(ESA)	点火时刻；通电时间；爆震防止
		怠速控制(ISC)	空调接通与切断；变速器挂挡；动力转向泵接通与切断
		排放控制	废气再循环(EGR)；空燃比反馈控制；活性炭罐电磁阀控制；CO 控制(VAF)；二次空气喷射
		进气控制	进气引导通路切换；涡流控制阀
		增压控制	泄压阀；废气涡轮增压器
		自诊断测试与失效保护控制	故障警告；存储故障代码；部件功能测试；传感器与执行器失效保护
		电子控制变速(ECT)	发动机输出扭矩；液力变矩器锁止时机；变速器换挡时机；电磁阀和传感器失效保护
	安全性控制	防抱死制动控制(ABS)	车轮制动力、滑移率
		驱动防滑控制(ASR)	发动机输出扭矩；驱动轮制动力；差速器锁止
		安全气囊控制(SRS)	气囊点火器点火时机
		座椅安全带收紧控制	收紧器点火器点火时机
		动力转向控制(ECPS)	控制助力油压、气压或电动机电流
		雷达车距控制	车距；报警；制动
		前照灯灯光控制	焦距；光线角度
		安全驾驶监控	驾驶时间；方向盘状态；驾驶员脑电图、体温和心率
		防盗控制	报警；遥控门锁；数字密码点火开关；数字编码门锁；方向盘自锁
		电子仪表	汽车状态显示
		中央门锁控制	门锁遥控；行驶自锁；玻璃升降
	舒适性控制	悬架控制(EMS)	车身高度；悬架刚度；悬架阻力；车身姿势(点头、侧倾、俯仰)
		巡航控制(CCS)	车速；安全(解除巡航状态)
		空调控制	制冷；取暖
		电动座椅控制	方向(向前、向后)；高低(向上、向下)
	娱乐信息控制	CD 音响	娱乐
		交通信息显示	交通信息；电子地图
		车载电话	通信联络
		车载计算机	车内办公

（2）根据控制对象分类　汽车电控系统可分为动力传动电子控制系统、底盘电子控制系统、车身电子控制系统及车载网络控制系统。

① 动力传动电子控制系统　包括发动机集中控制管理系统、自动化变速控制系统。

② 底盘电子控制系统　包括制动防抱死、安全气囊、车辆稳定控制系统、主动式车身姿态控制系统、巡航控制系统、防撞预警系统、驾驶员智能支持系统等；自动调节座椅系

统、智能前灯系统、汽车夜视系统、电子门锁与防盗系统等。

③ 车身电子控制系统　包括智能汽车导航系统、语音识别系统、"ON STAR"系统（具有自动呼救与查询等功能）、汽车维修数据传输系统、汽车音响系统、实时交通信息咨询系统、动态车辆跟踪与管理系统、信息化服务系统（含网络等）等。

④ 车载网络控制系统　汽车网络结构采用多条不同速率的总线分别连接不同类型的节点，并使用网关服务器实现整车的信息共享和网络管理，这就形成了车载网络系统，如图0-2所示。

五、汽车电控单元的连接方式

汽车电子控制系统是由多个电子控制单元（ECU）构成的复杂系统。每个电子控制单元其功能各不相同，它们相互配合才能完成整个任务。这些控制单元需要按一定的方式连接起来才能进行通信，常见的是总线网络拓扑连接方式。在汽车内部用基于总线的网络结构，可以达到信息共享、减少布线、降低成本以及提高总体可靠性的目的。汽车网络结构采用几条不同速率的总线连接娱乐及媒体系统、车身系统、动力系统。

车身系统的控制单元多为低速电动机和开关量器件，对实时性要求低而数量众多。使用低速的总线连接这些电控单元，将这部分电控单元与汽车的驱动系统分开，有利于保证驱动系统通信的实时性。此外，采用低速总线还可增加传输距离，提高抗干扰能力以及降低硬件成本。动力与传动系统的受控对象直接关系到汽车的行驶状态，对通信实时性有较高的要求。因此使用高速的总线连接动力与传动系统。传感器组的各种状态信息可以广播的形式在高速总线上发布，各节点可以在同一时刻根据自己的需要获取信息。这种方式最大限度地提高了通信的实时性。

媒体系统对通信速率的要求更高，一般在2Mbit/s以上，要采用新型的多媒体总线连接车载媒体。这些新型的多媒体总线往往是基于光纤通信的，从而可以保证充足的带宽。随着汽车电子化、信息化的深入，光纤通信将替代传统线束控制装置；以网络通信为基础的线控技术（Control By Wire，CBW）、控制器局域网（Controller Area Network）为标志的车辆线控网络通信技术将在车上普遍应用。

现代车辆网络实际上是一个车载信息传输系统。由于其数据传输速度高、时间特性好（通信事件发生时间是确定的）、高容量、高可靠性和高冗余度等优良特性，使得车辆控制系统集成功能日益强大，结构日益简化，控制速度、精度和可靠性明显提高，并具备足够的功能扩展余地，为车辆性能和功能的不断扩展和完善提供了广阔的发展空间。

现代控制技术将汽车、人与环境融合为一体，随动于环境的变化，始终使三者处于最佳匹配。汽车不仅在高速公路上行驶，而且也奔驰在信息高速公路上：各种全球定位与地理信息系统将车辆的适时位置清楚地显示出来；各种传感装置将环境与系统信息输入车内处理系统；高速处理计算机对瞬间环境状况与车辆状况进行适时对比并给出调节指令；数据链与数据总线将各种信息、指令及时传递；传统的机械装置在高技术信息系统的支撑下随时以最佳状况运行；驾驶员可以通过网络随时掌握所需的信息，并依此给出操纵指令。先进的科学技术将人、车和环境集成为一个完美、和谐的整体，这就是现代汽车系统控制技术所追求的境界。

本章小结

本章首先介绍了汽车电子控制技术的发展沿革，讲解了当今汽车电子技术应用的现状，阐述了未来的汽车电子控制技术的发展方向。然后讲述汽车电子控制基本方式、组成和工作原理，汽车传感器、电子控制单元（ECU）和执行器的概念和作用。介绍了汽车电子控制系统子系统的划分。通过这些知识的讲解，使学生对汽车电子控制技术有一个比较清晰的认识，为后面课程的学习准备必要的基础知识。通过学习培养学生创新意识，鼓励学生对未来的汽车进行大胆创新设计。

思考题

1. 查阅有关资料简述汽车电子技术的发展历史（要求内容翔实）。
2. 简述汽车电子控制系统的组成和各部分的功能。
3. 写出你理想中 2020 年小汽车的设计方案。

工作任务

汽车发展历史及发展前景交流。

导向 1. 了解你所知道车系的发展历史及发展前景，再与同学和教师交流，并记下交流成果。

信息 2. 归纳总结并写出各种车系不同时期的代表车型。

查找有关专业书籍，理解什么是“交流”、交流是为了什么。同时请记下查找出的结果。

3. 用准备好的展示媒体手段给你的小组同学和老师介绍你的归纳总结结果。

计划 4. 确定一种交流情景，介绍你所熟知的车系发展历史及发展前景。

具体方式如下：

- 确定交流情景。
- 制定交流过程实施方案。

实施 5. 当着全班进行解说。

6. 注意其他小组的解说情况。

记下你认为其他小组在解说中所出现的交流错误。

检查 7. 讨论各组交流的特点。

展示 8. 对各组解说进行评价，根据你的意见评出解说最好的学生，并说明你为什么认为他/她解说得最好。

第一篇 汽车动力传动电子控制系统

第一章 » 发动机电子控制系统

学习目标

1. 了解发动机电子控制系统的分类方式及组成；
2. 掌握发动机电子控制系统的结构、工作原理；
3. 为了培养学生的检修能力，引用企业车间工作任务案例，让学生掌握诊断发动机故障的基本方法。

第一节 认识发动机电子控制系统

发动机电子控制系统（Engine Electronic Control System，EEC）又称为发动机管理系统（Engine Management System，EMS），其主要功能是利用微机对发动机的电子控制燃油喷射系统（Electronic Fuel Injection，EFI）和电子点火系统以及其他辅助系统（排气再循环、怠速转速、故障自诊断等）进行综合控制，以达到对发动机高性能、大功率、低油耗、低排放的要求。

一、发动机电子控制系统的发展历程

发动机管理系统是指利用微机对发动机的燃油喷射系统和点火系统以及其他系统进行综合控制，以达到对发动机高性能、大功率、低油耗、低排放的要求。

自 1977 年美国福特汽车公司（Ford）开发出 EEC 系统以来，相继研发了许多发动机集中控制系统。1979 年，博世公司开始生产集电子点火和电控燃油喷射于一体的 Motronic 数字式发动机集中控制系统。1984 年丰田汽车公司推出了速度-密度型 T-LCS（Toyota Lean Combustion System）燃油喷射系统。与此同时，美国和日本各大汽车公司也相继研制出了与各自车型配套的数字式发动机集中控制系统。如美国通用汽车公司的 DEFI 系统，福特汽车公司的 EEC-Ⅲ系统，日本日产汽车公司的 ECCS 系统，丰田汽车公司的 TCCS 系统，德国大众公司的 FSI 系统等。这些系统不仅能控制空燃比和点火正时，还能对爆震、排气再循环、燃油蒸发、三效催化转换（TWC）、进气增压、怠速转速、电动汽油泵和巡航控制等进行综合控制，同时具有故障自诊断、失效保护和后备功能等。

二、汽车发动机电子控制系统的功能

汽油机电子控制系统的核心问题是燃油定量和点火时刻。除此之外，在发动机部分利用电子控制技术的内容还有：排气再循环（EGR）、怠速控制（ISC）、电动油泵、节气门正时、二次空气喷射、发动机进气增压及系统自我诊断功能等，它们在不同的车型上都或多或少地被应用。Motronic ME 7.1.1 系统简图，如图 1-1 所示，该系统是一个典型的汽油机电控系统，该系统设计的功能如下。

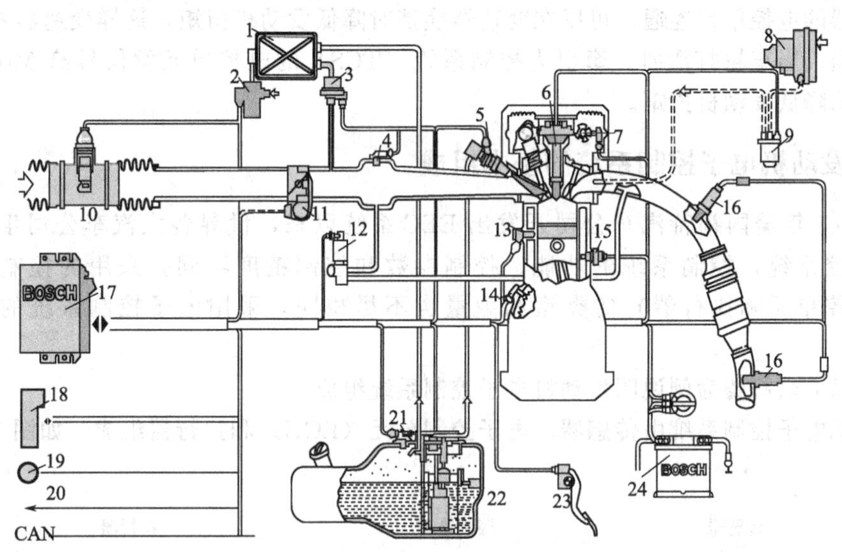

图 1-1 Motronic ME 7.1.1 系统简图

1—活性炭罐；2—空气切断阀；3—炭罐电磁阀；4—歧管压力传感器；5—喷油器；6—点火线圈和火花塞；7—凸轮轴位置传感器；8—二次空气泵；9—二次空气阀；10—空气流量计；11—节气门体；12—EGR 阀；13—爆震传感器；14—曲轴位置传感器；15—冷却液温度传感器；16—氧传感器；17—电控单元；18—诊断接口；19—故障灯；20—防盗系统；21—油箱压力传感器；22—油箱；23—加速踏板；24—蓄电池

1. 基本功能

为了使发动机按司机意图工作，微处理器将油门踏板的位置转换为一个发动机扭矩的设定值。然后，根据 Motronic ME 系统中高速变化的运行数据，转换为决定发动机扭矩的变量。决定发动机输出扭矩的因素有：

① 汽缸充气量；

② 燃油喷射量；

③ 点火角。

2. 附加功能

除了基本功能，Motronic ME 系统还有很多附加的开环、闭环控制功能。比如：

① 怠速控制；

② 闭环 λ 控制；

③ 蒸发排放物的控制；

④ 排气再循环，为了降低 NO_x 排放；

⑤ 二次空气系统的控制，为了降低 HC 排放；

⑥ 巡航控制。

由于相关法规要求，人们对降低燃油消耗的要求、对驾驶舒适性和安全性的需求，这些功能已经成为必备功能。

除此以外，Motronic ME 系统还能扩展下列功能：

① 涡轮增压控制和形状可变进气歧管控制，用于提高发动机输出功率；

② 凸轮轴控制，以降低排放、降低燃油消耗和提高发动机输出功率；

③ 爆震控制，发动机转速和车速限制，以保护发动机和车辆零部件。

Motronic ME 系统通过 CAN 总线与整车系统的其他电控单元进行通信。其中，通过与自动变速器的电控单元连通，可以在变速器换挡时降低发动机扭矩，这样变速器就可以减少负荷和磨损。当车轮打滑时，牵引力控制系统（TCS）的电控单元发信号给 Motronic ME 系统，要求降低发动机扭矩。

三、发动机电子控制系统的基本组成

自 1977 年美国福特汽车公司开发出 EEC 系统以来，世界各大汽车公司生产了许多发动机电控系统，控制系统的功能、控制参数和控制精度不同，采用的控制部件（传感器、电控单元和执行器）的类型和数量也不尽相同，采用电子控制系统的多少也不尽相同。

下面以大众辉腾为例说明发动机电子控制系统组成。

发动机电子控制系统由传感器、电子控制单元（ECU）和执行器组成，如图 1-2 所示。

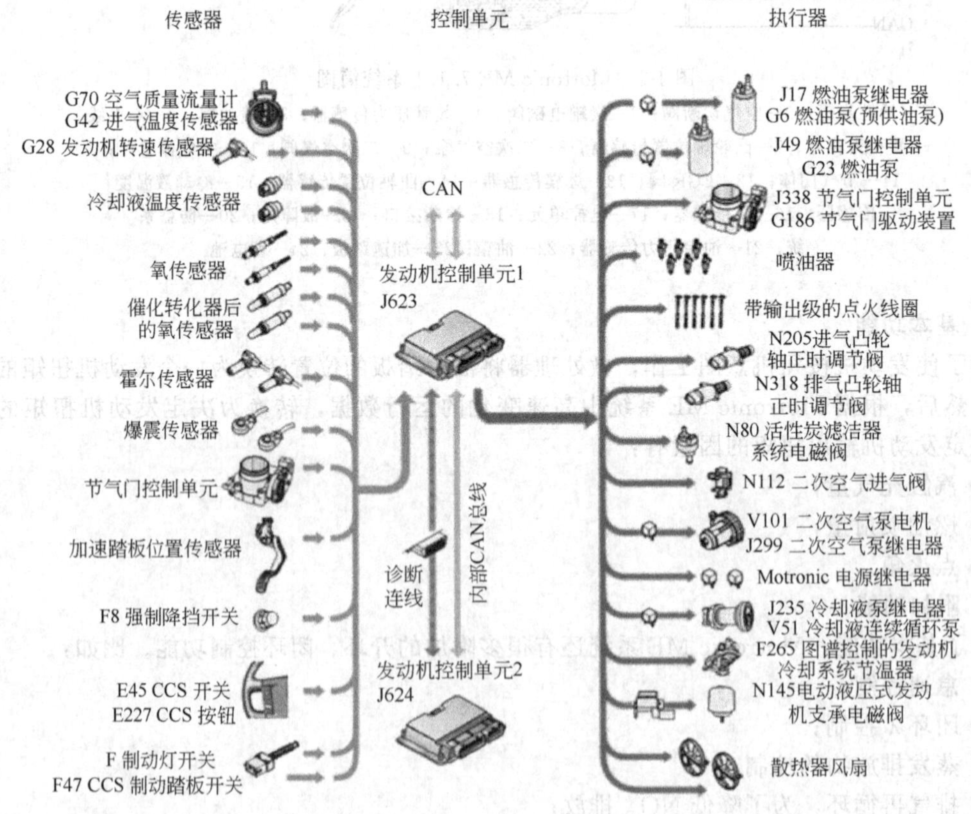

图 1-2　发动机电子控制系统图

根据控制的功能，将发动机电子控制系统的传感器和执行器进行不同的组合，发动机电子控制系统可分为电子控制燃油喷射子系统（Electronic Fuel Injection，EFI）和电子点火子系统、充气效率控制子系统、废气排放控制子系统、巡航控制子系统。从汽车管理系统来看，汽车发动机电子控制中每个系统都是由传感器、电子控制单元（ECU）和执行器组成的。

该发动机电子控制系统执行以下工作：

① 为各种工况产生最佳的混合气；

② 降低燃油消耗；

③ 控制燃烧；

④ 检查并控制排放值。

两个发动机控制单元都位于冷却液膨胀箱下右侧的气室中，如图 1-3 所示。

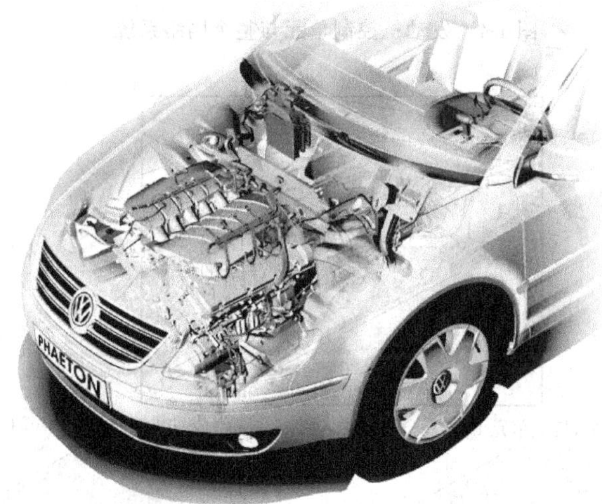

图 1-3　发动机电子控制系统的位置图

四、发动机电子控制系统的工作过程

现以大众辉腾为例说明发动机电子控制系统工作过程，发动机电子控制系统在整个汽车管理系统中，不是孤立存在的，它只是汽车网络管理系统中的一个分系统，由相对独立的控制单元控制工作，控制单元与整个网络系统通过 CAN 总线进行信息传递，如图 1-4 所示。

辉腾有两个完全相同的发动机控制单元，而且发动机控制是基于特定汽缸组进行的，所以必须给每一个控制单元指定一个汽缸组。PIN 代码是标识代码，J623 是用于汽缸组Ⅰ的发动机控制单元 1 的 PIN 代码，J624 是用于汽缸组Ⅱ的发动机控制单元 2 的 PIN 代码，如图 1-5 所示。

发动机控制单元 1 被称为“主控”，发动机控制单元 2 被称为“副控”。两个发动机控制单元各自管理一个汽缸组，以保证以下功能顺利进行：喷油控制 、点火控制（带单火花点火线圈的点火系统）、怠速控制、排放值的双氧控制、燃油箱通风系统、电子功率控制、巡航控制系统（CCS）、二次空气系统、爆震控制、连续可变的进气与排气凸轮轴正时调整、发动机支撑控制、冷却液温度控制、自诊断，参见图 1-2 所示。

发动机控制单元 1 用来完成以下子功能。

输入的传感器信号：冷却液温度传感器的信号、加速踏板位置传感器的信号、制动灯开

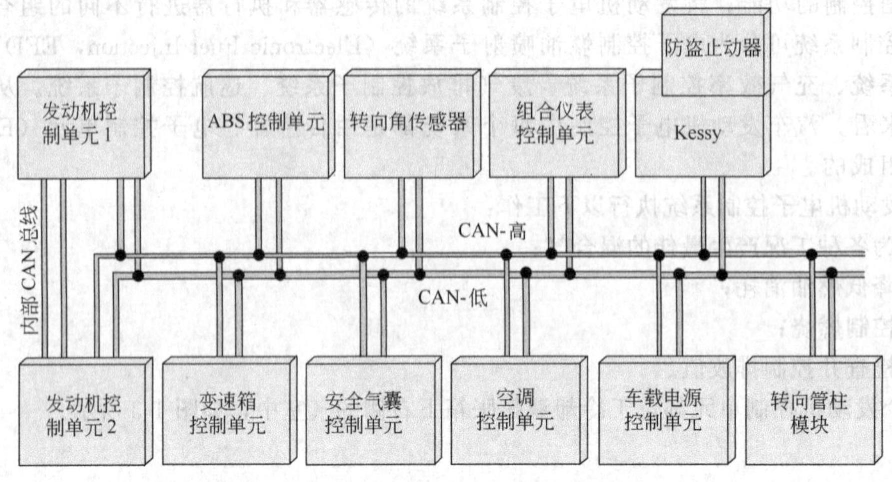

图 1-4 发动机控制单元与整个网络系统

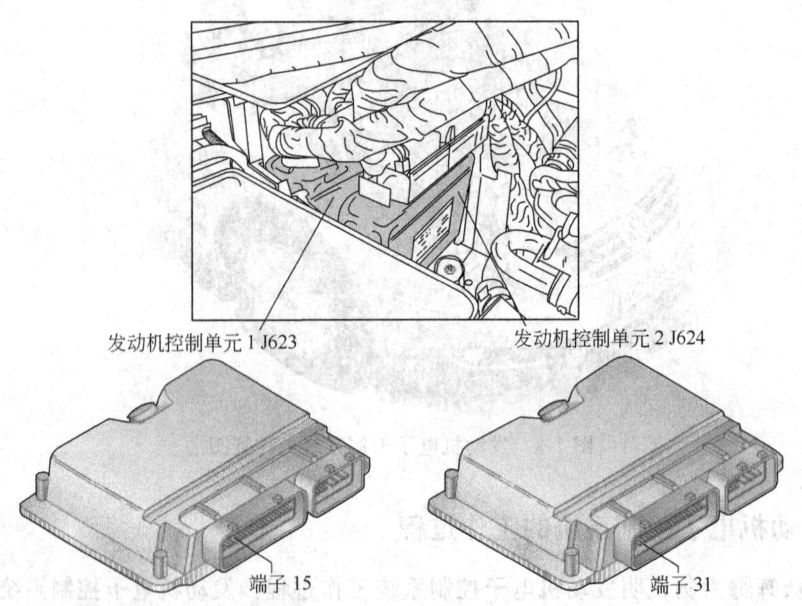

图 1-5 发动机控制单元

关的信号、制动踏板开关的信号、CCS 开关的信号、强制降挡开关的信号。

驱动的执行机构：电源继电器、燃油泵、冷却液连续循环泵、图谱控制的发动机冷却系统节温器、电动液压式发动机支撑电磁阀、散热器风扇。

输入信号经过发动机控制单元 1 处理后通过内部 CAN 总线传送给发动机控制单元 2。内部 CAN 总线只用于交换这两个发动机控制单元之间的信息。具体工作过程如下：发动机 ECU 首先根据发动机的进气量信号和发动机转速信号从 ECU 内存中查出相对应的基本喷油量（基本喷油持续时间），然后根据发动机的进气温度传感器、冷却液温度传感器、加速踏板位置传感器、氧传感器、车速传感器、制动踏板开关、CCS 开关等传来的信号对基本喷油量进行修正，得到发动机在这一工况下运行的最佳喷油量（最佳喷油持续时间）。之后发动机 ECU 根据曲轴转角信号和发动机转速信号确定喷油正时，并向喷油器发出燃油喷射命令，将所需的燃油定时、定量地喷射到各缸进气门前方或缸内，与空气混合形成可燃混合气，压缩后由火花塞点燃做功。

第二节 电子控制燃油喷射系统

电子控制燃油喷射系统（Electronic Fuel Injection，EFI）利用各种传感器检测发动机和汽车的各种状态，在闭环控制系统中，发动机排气管上加装了氧传感器，根据排气中含氧量的变化，判断实际进入汽缸的混合气空燃比，通过电脑与设定的目标空燃比进行比较，并根据误差修正喷油量，使发动机得到最佳空燃比。

1967 年 BOSCH 公司推出 D 型 Jetronic 模拟式汽油喷射系统。1973 年，BOSCH 公司推出 L 型 Jetronic 模拟式汽油喷射系统，由于采用了测量空气流量的方法控制喷油量，提高了控制精度，同时还开发出机械式汽油喷射系统。1979 年，BOSCH 公司推出了集点火与喷油于一体的 Motronic 数字式发动机综合电子控制系统。在这期间美国 GM 公司的 DEFI、FORD 公司的 EEC，丰田公司的 TCCS 纷纷出场，这些都是综合控制的电子系统。1995 年，美国在轿车上全部采用了电控汽油喷射系统；欧洲的轿车采用汽油喷射系统的占 90%以上。

一、电子控制燃油喷射系统的分类

1. 按喷射部位分

（1）缸内直接喷射　是将燃油直接喷入汽缸的喷射方式，属于高压喷射，如图 1-6 所示。这种喷射方式可使发动机的各项性能大幅度提高，但要求喷出的燃油能随气流均匀分布整个燃烧室，致使喷油器的布置和控制以及吸入空气的流动方向的设计变得比较复杂。现在大众的奥迪、迈腾已采用这项技术，然而随着技术的进步，缸内直接喷射技术将逐渐成为今后发展的主流技术。

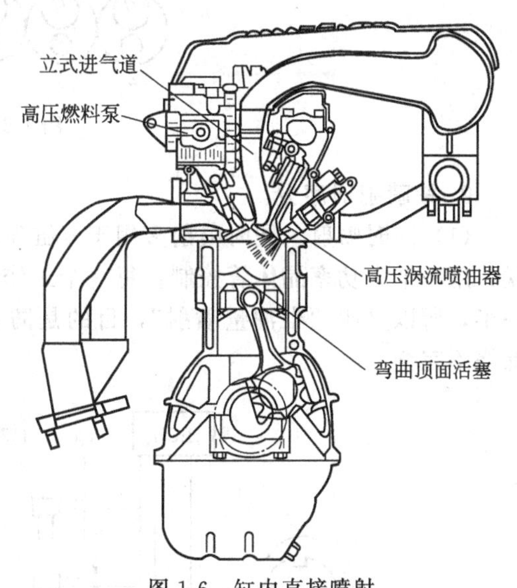

图 1-6　缸内直接喷射

（2）缸外喷射　是将燃油直接喷射到节气门上方或进气门前方的燃油喷射方式，属于低压喷射，是目前常用的喷射方式。按喷射部位的不同，缸外喷射又可分为单点喷射和多点喷射两种。

① 单点喷射　单点喷射也称为节气门喷射，如图 1-7 所示。采用一个或两个喷油器将汽油间断地喷向节气门上方，然后与空气流一起被吸入进气总管，形成可燃混合气。这种喷射系统由于进气歧管设计受限，存在充气系数低、各缸混合气不均匀、动态响应性差等缺点，未得到广泛使用，属于向多点喷射发展的过渡产品。

② 多点喷射　多点喷射也称为进气门喷射，如图 1-8 所示。每缸设置一个喷油器，并安装在进气歧管末端。喷油器间断地将燃油喷射在进气门外侧，与空气一起被吸入汽缸。这种喷射系统的充气系数高、混合气成分均匀、动态响应性好，而且通过进气歧管长度和容积的精心设计，能较好地保证各缸混合气分配的均匀性，所以发动机的动力性和经济性明显提高，是目前广泛采用的形式。

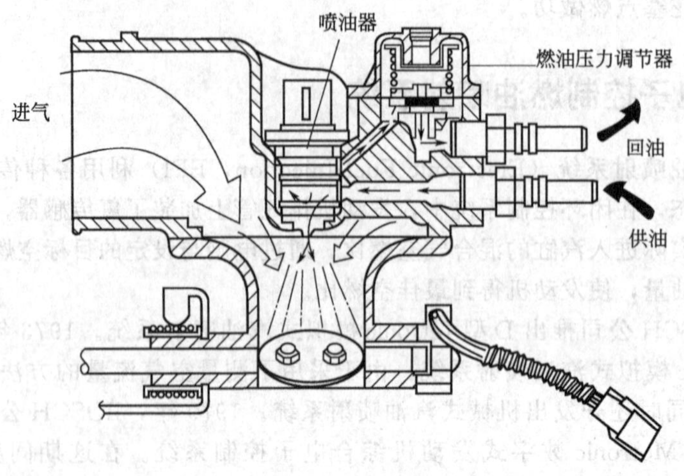

图 1-7　单点喷射

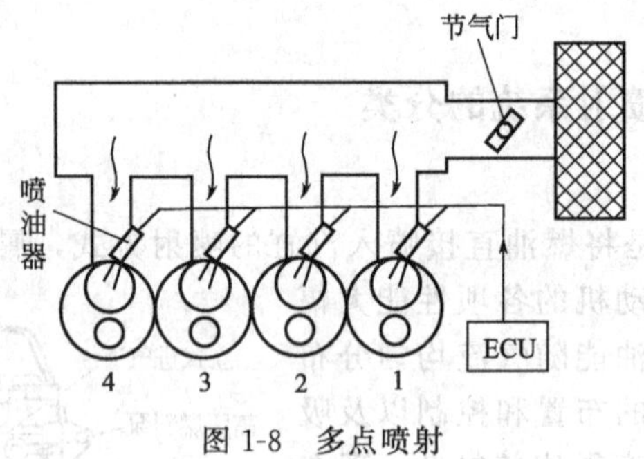

图 1-8　多点喷射

2. 按喷射时序分

(1) 同时喷射　同时喷射多用于 4 缸发动机。如图 1-9 所示，4 个喷油器的电磁线圈并联，用一个大功率晶体管控制。每一个工作循环喷油器喷油两次，每次喷射是所需供油量的一半，所以又叫“半油量喷射”，目的是防止燃油过量存储，造成各缸混合气成分不均匀，燃烧不完全。

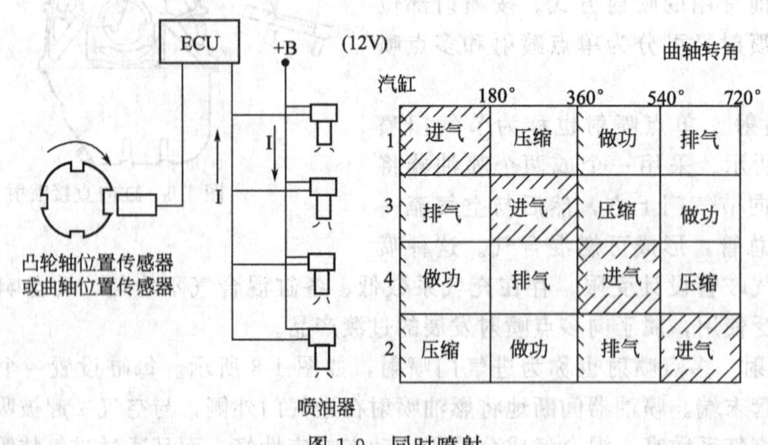

图 1-9　同时喷射

(2) 分组喷射　分组喷射多用于 6 缸或 8 缸发动机。所有汽缸的喷油器分成两组。如图

1-10 所示。六缸发动机的 1、3、5 缸喷油器为一组，2、4、6 缸喷油器为另一组，每组用一个大功率晶体管控制。两组喷油器交替喷油，一个工作循环中每组喷油器各喷油一次。

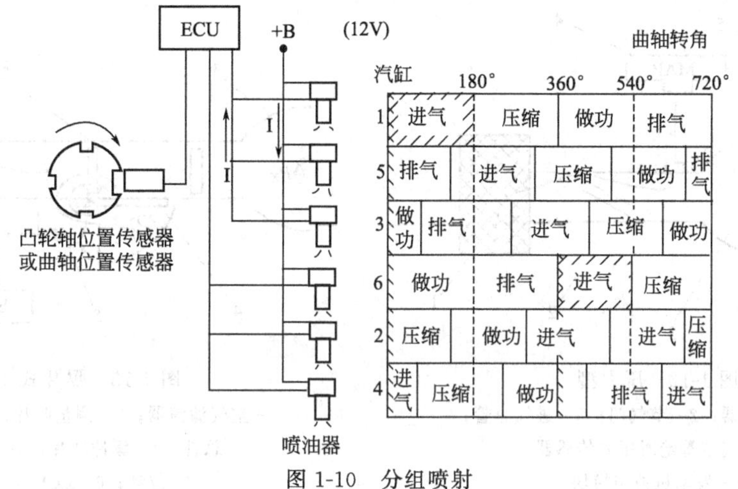

图 1-10　分组喷射

(3) 顺序喷射　顺序喷射也称为独立喷射，如图 1-11 所示。每个喷油器按点火顺序依次喷油，每个工作循环各缸喷油器轮流喷油一次。这是目前广泛采用的喷射方式。

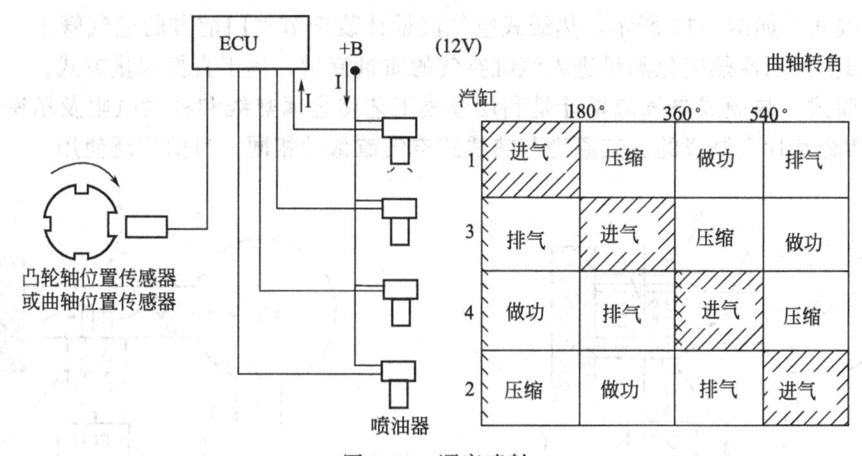

图 1-11　顺序喷射

3. 按空气量的检测方式分

可将燃油喷射系统分为速度-密度型（D 型）、体积-流量型（L 型）和质量-流量型（LH 型）三种。

(1) 速度-密度型　速度-密度型又称压力型，是利用装于节气门后方进气管上的进气歧管绝对压力（MAP）传感器检测进气管内负压的方式间接测量进气量的，属于间接测量方式，如图 1-12 所示。

(2) 体积-流量型　按流量计的原理不同又可分为翼片式和卡门涡流式两种。

① 翼片式　如图 1-13 所示，翼片式空气流量计（AFS）装于节气门前方的进气管上，可直接测量进入汽缸空气的体积流量，属于直接测量方式。

由于传感器技术的进步，翼片式空气流量计已被热线式、热膜式或卡门涡流式空气流量计所取代。

② 卡门涡流式（LD 型）　如图 1-14 所示，卡门涡流式空气流量计装于节气门前方的进

气管上，可测量进入汽缸空气的体积流量，属于直接测量方式。按照检测方法的不同又可将卡门涡流式空气流量计分为超声波式和光电式两种。

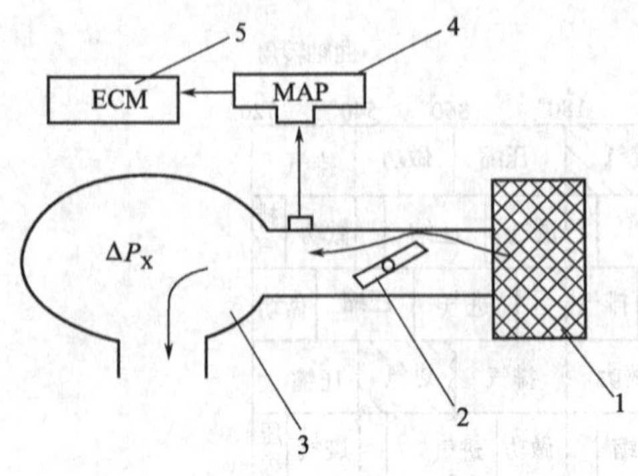

图 1-12　压力型

1—空气滤清器；2—节气门；3—进气总管；4—进气歧管绝对压力传感器；5—发动机控制模块

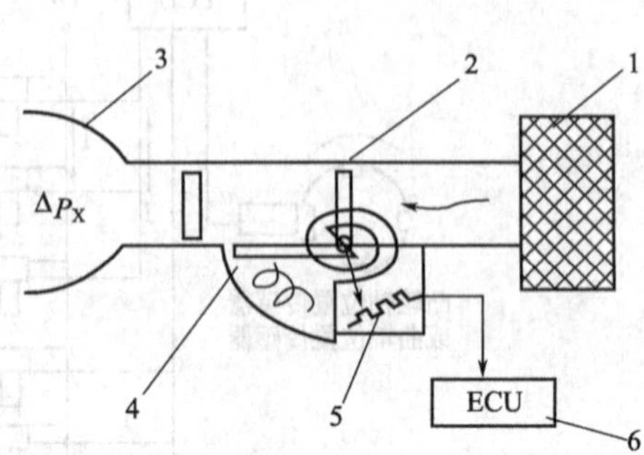

图 1-13　翼片式

1—空气滤清器；2—测量叶片；3—进气总管；4—缓冲叶片；5—电位计；6—ECU

(3) 质量-流量型　按照测量装置形式的不同又可将质量-流量型空气流量计分为热线式和热膜式两种。

① 热线式　如图 1-15 所示，热线式空气流量计装于节气门前方的进气管上，可利用流量计中金属热线的冷热变化测量进入汽缸空气的质量流量，属于直接测量方式。

② 热膜式　热膜式空气流量计是利用厚膜工艺将金属热线和补偿电阻及精密电阻一起镀在一块陶瓷基片上制成的。其原理与热线式空气流量计相同，目前广泛使用。

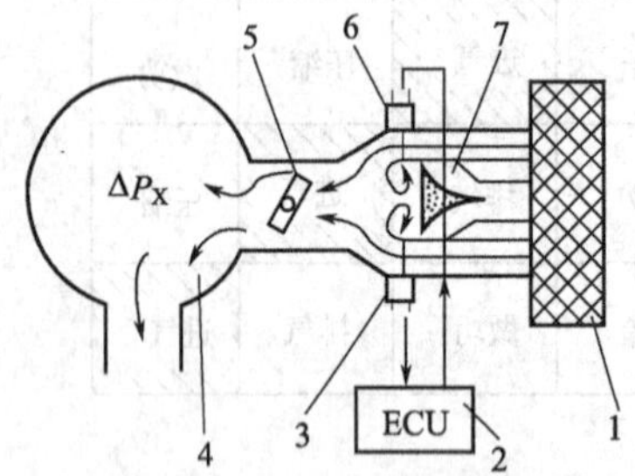

图 1-14　卡门涡流式（LD 型）

1—空气滤清器；2—ECU；3,6—超声波传感器；4—进气总管；5—节气门；7—涡流发生体

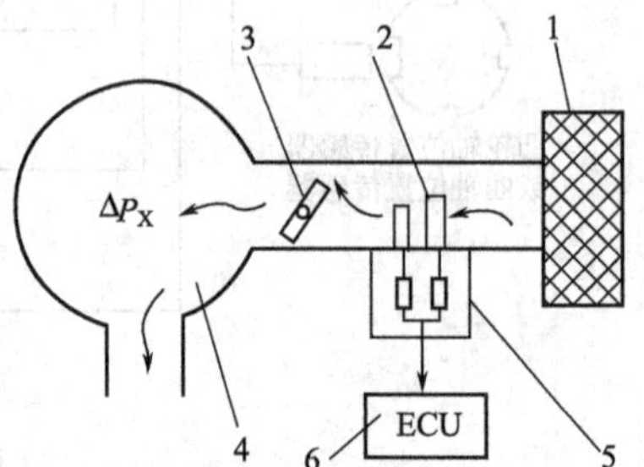

图 1-15　热线式（LH 型）

1—空气滤清器；2—热线；3—节气门；4—进气总管；5—热线式空气流量计；6—ECU

4. 按有无反馈信号分

(1) 开环控制系统　开环控制系统（非反馈系统）是输出量对输入量（控制作用）没有影响（没有反馈作用）的控制系统。在开环控制的燃油喷射系统中不安装氧传感器，因而发动机 ECU 不能对汽车零部件制造误差、磨损和老化引起的空燃比变化进行精确控制。

(2) 闭环控制系统　在排气管上安装一个或两个氧传感器，发动机 ECU 根据排气中氧含量的变化测定进入汽缸的可燃混合气的空燃比，并将它与其内存中的标准值相比较后形成对喷油量的信息反馈，以使空燃比保持在理论空燃比附近。

闭环控制系统完全克服了开环控制系统不能对空燃比进行精确调整的缺点，因而工作稳定性高、抗干扰能力强，并为三效催化转换器的正常工作创造了条件。

二、电子控制燃油喷射系统的组成

电子控制燃油喷射系统主要由空气供给系统、燃油供给系统和电子控制系统组成。如图1-16所示。

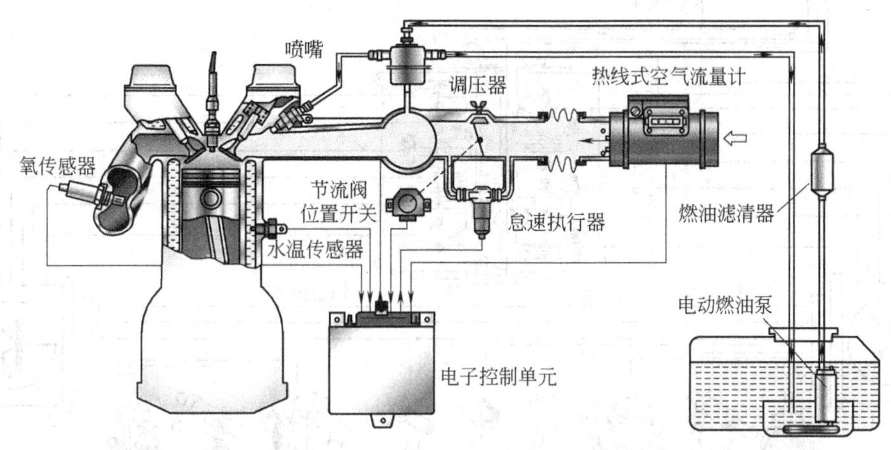

图 1-16 电子控制燃油喷射系统的组成

1. 空气供给系统

功用：为发动机提供清洁的空气并控制发动机正常工作时的供气量。

原理：空气经空气滤清器过滤后，通过空气流量计、节气门体进入进气总管，再通过进气歧管分配给各缸。

2. 燃油供给系统

功用：供给喷油器一定压力的燃油，喷油器则根据电脑指令喷油。

原理：电动燃油泵将汽油自油箱内吸出，经滤清器过滤后，由压力调节器调压，通过油管输送给喷油器，喷油器根据电脑指令向进气管喷油。燃油泵供给的多余汽油经回油管流回油箱。

3. 电子控制系统

ECU根据空气流量计信号和发动机转速信号确定基本喷油时间，再根据其他传感器对喷油时间进行修正，并按最后确定的总喷油时间向喷油器发出指令，使喷油器喷油或断油。

下面基于大众辉腾技术的基础上，介绍发动机电子控制燃油喷射系统的组成和部件结构与工作原理。

燃油闭环控制子系统汽缸组Ⅰ由发动机控制单元1控制，汽缸组Ⅱ由发动机控制单元2控制。如图1-17所示，具体部件组成如下。

按具体的输入、输出信号可分为：

1. 用于计算喷油正时的输入信号

- 空气质量流量计发动机负荷信号。
- 进气温度。
- 节气门控制单元信号。
- 发动机转速（曲轴位置）传感器信号。
- 冷却液温度。

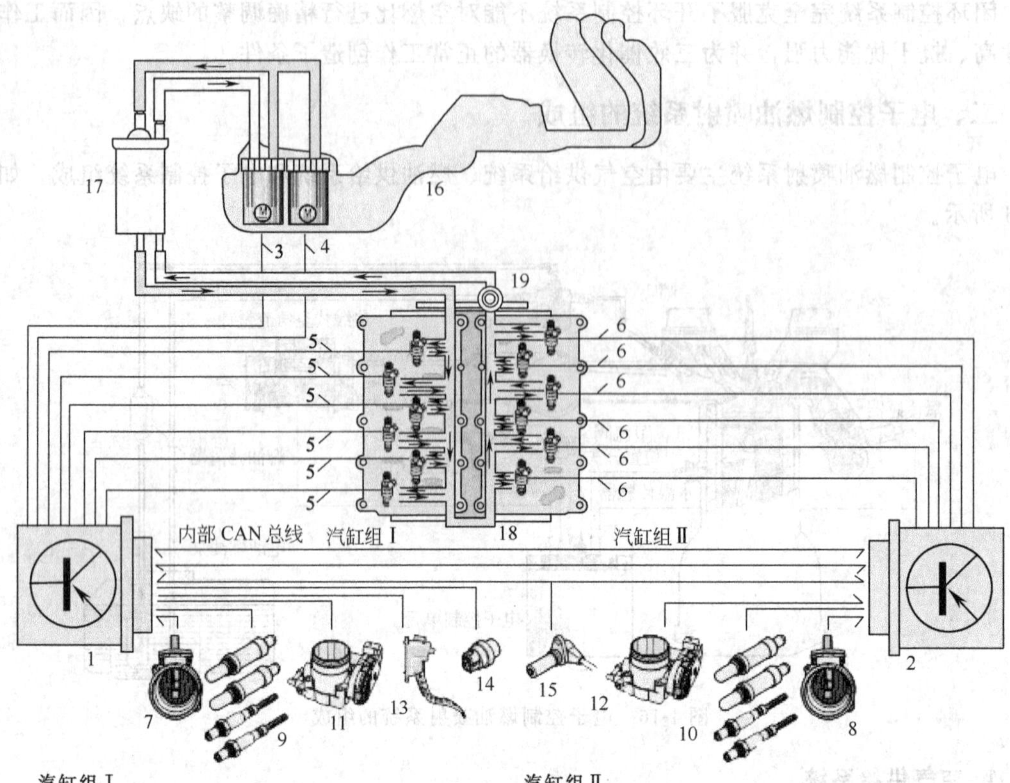

汽缸组Ⅰ

1—发动机控制单元 1
3—燃油泵 1
4—燃油泵 2
5—喷油器，汽缸组Ⅰ
7—带进气温度传感器的空气质量流量计 1
9—氧传感器，汽缸组Ⅰ
11—节气门控制单元 1
13—加速踏板模块
14—温度传感器 G62
15—发动机转速传感器
16—油箱
17—滤清器
18—燃油轨
19—燃油压力调节器

汽缸组Ⅱ

2—发动机控制单元 2
6—喷油器，汽缸组Ⅱ
8—带进气温度传感器的空气质量流量计 2
10—氧传感器，汽缸组Ⅱ
12—节气门控制单元 2
15—发动机转速传感器

图 1-17　燃油喷射系统

- 氧传感器信号。
- 加速踏板模块信号。

2. 用于计算喷油缸序的输入信号

- 凸轮轴位置传感器信号。

3. 用于燃油供给控制装置

- 燃油泵。
- 喷油器。
- 燃油箱液面传感器。

三、燃油闭环控制子系统的工作原理

燃油泵在燃油箱内。在燃油泵的作用下，燃油通过燃油滤清器进到喷油器。此外，燃油泵 2（见图 1-17）也会根据所需的燃油量而另外开启。喷油器通过一根燃油轨相互连接。燃油喷射按照顺序进行。控制单元根据输入信号计算所需的燃油量以及各汽缸组相应的喷油时间。喷油器各自的开启时间决定了喷油量。压力调节器调节燃油轨中的喷油压力，并控制未使用的燃油回到油箱。

四、燃油闭环控制子系统部件的结构和工作原理

（一）空气供给系统

1. 空气质量流量计

发动机电子控制系统中很重要的一项控制内容就是最佳空燃比控制。为达到最佳空燃比控制的目的，必须对发动机进气空气流量进行精确测量。下面介绍几种常用的空气流量传感器。

空气流量计是将发动机进气量转换为电压信号的传感器，该传感器将发动机工作时不同工况的、随时变化的空气流量以电压信号的方式传输给 ECU，这一信号称为空气流量信号。ECU 根据空气流量信号、发动机转速信号等即可计算出最佳喷油量，以获得与发动机运行工况相适应的最佳浓度的可燃混合气。空气流量信号是确定基本喷油量的主要信号之一。

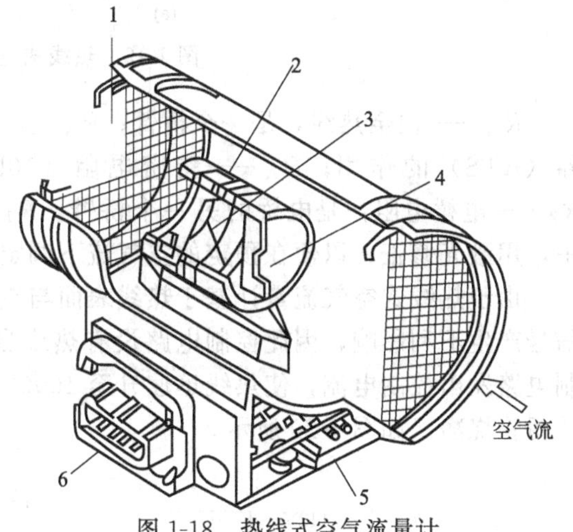

图 1-18　热线式空气流量计

1—防护网；2—取样管；3—铂热线；4—铂薄膜电阻器（冷线）；5—集成电路控制板；6—电连接器

（1）热线式空气流量计　热线式空气流量计属于质量-流量型空气流量计，可通过空气流量计中热线的冷热变化直接测量进入汽缸的空气的质量流量。

根据热线在流量计壳体内安装位置的不同，可将热线式空气流量计分为主流测量式和旁通测量式两种。主流测量式空气流量计的热线安装在流量计壳体的几何中心部位，而旁通测量式则不在壳体的几何中心部位。

① 热线式空气流量计结构　热线式空气流量计主要由测量空气流量的热线、用于温度补偿的冷线、控制热线电流并产生输出信号的集成电路控制板和空气流量计壳体等组成，如图 1-18 所示。取样管位于主空气道的中央，属于主流测量式空气流量计。在取样管内装有一个铂（Pt）热线和一个铂（Pt）薄膜电阻器（冷线），这两个电阻均是惠斯通电桥电路的一个桥臂。空气流量计的两端装有防回火网，可防止热线损坏。

② 热线式空气流量计工作原理　如图 1-19 所示，热丝 R_H 和冷丝 R_K 分别连接在惠斯通电桥的两个臂上。当热丝的温度高于进气温度时，电桥电压才能达到平衡，并由具有电流放大作用的控制电路控制加热电流 I_H 来保持热丝温度 T_H 与冷丝温度 T_K 之差恒定。当空气气流流经热丝使其受到冷却时，热丝温度降低，阻值减小，电桥电压失去平衡，控制电路立即增大供给热丝的加热电流 I_H 予以修正，使其温度高于冷丝的温度。电流增量的大小，取决于热丝受到冷却的程度，即取决于流过传感器的空气量，随空气质量流量增大而增大，

随其减小而减小（一般在 50～120mA 之间变化）。因此，通过热丝 R_H 的电流是空气质量流量的单一函数，加热电流 I_H 就是空气质量流量的衡量尺度，并以精密电阻 R_A 的端电压 U_M 作为输出信号输入 ECU，ECU 便可根据信号电压 U_M 的高低计算出空气质量流量 Q_M 的大小。

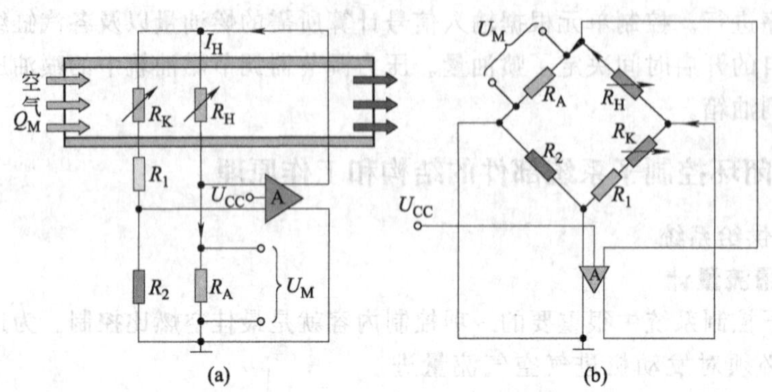

图 1-19 热线式空气流量计工作原理

R_H——白金热线，是一个桥臂；R_K——白金冷线，是另一个桥臂，兼起进气温度传感器（ATS）的作用；R_A——精密电阻（10kΩ），是另一个桥臂，信号电压的输出端。R_2——电桥电阻，是电桥的另一个桥臂。R_1 是平衡电阻。电阻 R_1、R_2 在最后调试实验中，用激光修正，以便在预定的空气流下调定空气流量传感器的输出特性。

由于热线式空气流量计基于热线表面与空气的热传导，热线上的任何沉积物都将对输出信号产生不利影响，因此控制电路设有热线自洁电路，可在每次关闭点火开关后 4s，由控制电路发出控制电流，使热线迅速升至 1000℃高温（加热时间约为 1s），将粘附在热线表面的污物烧净。如图 1-20 所示。

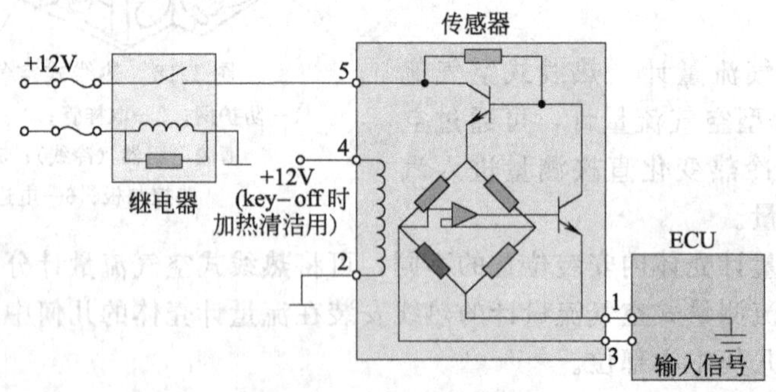

图 1-20 热线自洁电路

（2）热膜式空气质量流量计　欧洲一些国家发动机排放法规规定：在有害废气排放极限值范围内，最佳燃烧的前提是发动机在任何工况能够供入精确的空气量。热膜式空气质量流量计能非常精确地测量通过空气滤清器或进气管中流动的、实际空气质量流量中的部分流量。它考虑了由于进、排气门的开启和关闭引起的气流脉动和回流对进气量测量精度的影响。进气温度变化对流量测量没有影响。

① 结构　热膜式空气质量流量计连同它的壳体 5 插入测量管 2 中（见图 1-21）。根据发动机的不同排量，测量管有不同的直径规格，覆盖的测量流量范围为 370～970kg/h。测量管装在进气管上，如为接插式的流量计，也可装在空气滤清器内。

流量计的主要元件是测量室 4 和信号处理混合电路 3。进入发动机内的部分空气质量流

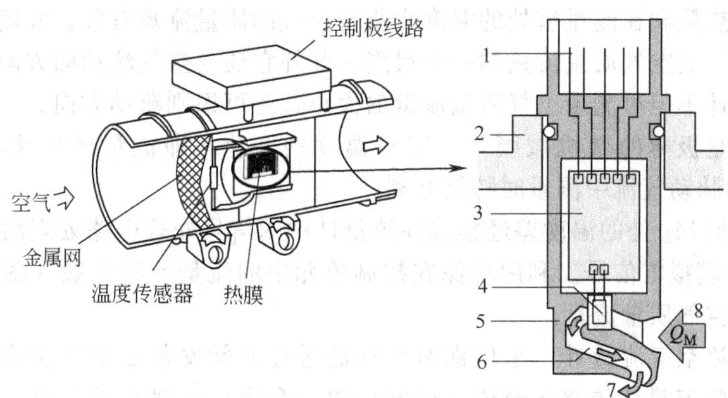

图 1-21 热模式空气质量流量计简图

1—插头；2—测量管壁或空气滤清器外体壁；3—信号处理混合电路；4—流量计测量室；5—流量计壳体；6—分流测量槽；7—分流空气质量流量 Q_M 出口；8—分流空气质量流量 Q_M 入口

量 Q_M 从入口经过流量计测量室 4 再从出口 7 流回到测量管。

测量室的元件和信号处理混合电路安装在陶瓷底板（基质）上，体积很小。信号处理混合电路用插头 1 与控制单元相连。分流测量槽 6 的形状应使空气无涡流地流过测量室，并经出口 7 流回到测量管，在强烈的进气脉动气流下还能改善测量性能。这种流量计可识别空气流动方向。

② 工作原理 热膜式空气质量流量计是热型流量计，其工作原理如下。

在流量计测量室 3 上（图 1-22），中央放置的加热电阻加热微机械流量计的膜片 5，并使它保持在一定的温度。可调节的热区 4 将膜片两边的温度降低。测量与加热电阻对称的、放在膜片上的上游和下游气流中的、随温度变化的电阻，即测量 M_1 和 M_2 两点间电阻，检测膜片 5 上的温度分布。在没有迎面气流时，膜片两边的温度变化线 1 相等，$T_1=T_2$。如果空气流过测量室，在膜片 5 上的均匀变化的温度线发生移动。在上游气流的进气侧温度变化变陡，因为这部分被空气冷却。在下游气流面对发动机的另一侧，流量计的测量室先冷却，随后又被加热电阻加热的空气加热。在膜片上温度分布的变化，使在两个测点 M_1 和 M_2 处产生温差 ΔT。

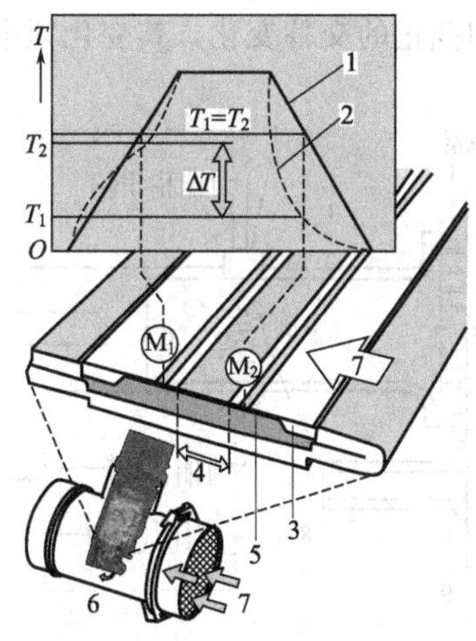

图 1-22 热模式空气质量流量计测量原理

1—没有迎面气流时的温度变化线；2—有迎面气流时的温度变化线；3—流量计测量室；4—热区；5—流量计膜片；6—带流量计的测量管；7—进气气流（或上游气流）；T_1，T_2—在测量点 M_1 和 M_2 处的温度；ΔT—温差

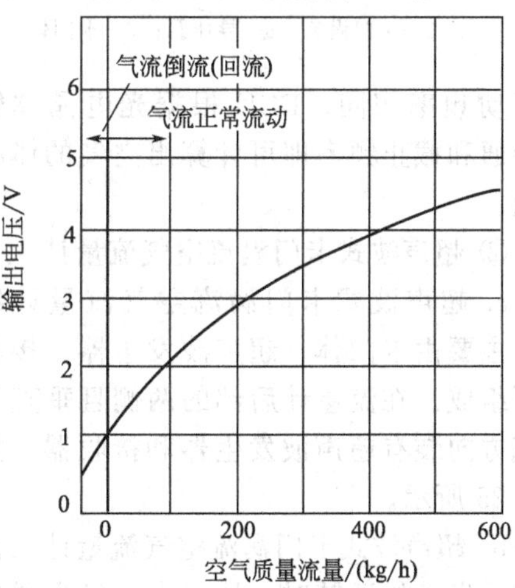

图 1-23 热模式空气质量流量计的输出电压信号与空气分流的测量流量的变化关系

传给空气的热量和在测量室处的温度变化与空气的质量流量有关。温度差（与流过的空气绝对温度无关）是空气质量流量的一个尺度，此外它还与空气流动的方向有关。所以热膜式空气质量流量计不但可测量空气质量流量的大小，还可识别流动方向。

流量计膜片是极薄的微机械膜片，它对温度的变化，即流量的变化响应很快，小于15ms，在强烈的脉动气流中测量时特别有利。

在测点 M_1 和 M_2 处的温度差经集成在流量计中的信号处理电路处理后转换为与控制单元匹配的0～5V模拟电信号。利用存储在控制单元中的流量计特性线（图1-23）将测量的电压信号换算成空气质量流量。

（3）卡门涡流空气流量计　卡门涡流空气流量计通常安装在空气滤清器外壳上，如图1-24所示，在空气流量计的空气通道正中间设置一个锥体状涡流发生器。空气流经涡流发生器时，锥体的后部就会产生一系列不对称却十分规则的空气涡流串。根据卡门涡流理论，产生的涡流串将紊乱地依次沿气流流动方向向后移动，其移动的速度与空气流速成正比。若能测出单位时间内通过锥体后方某点的漩涡数量，即可计算出空气流量。

卡门涡流空气流量计通常有两种结构形式：一种是光电式；另一种是超声波式。

① 光电式卡门涡流空气流量计

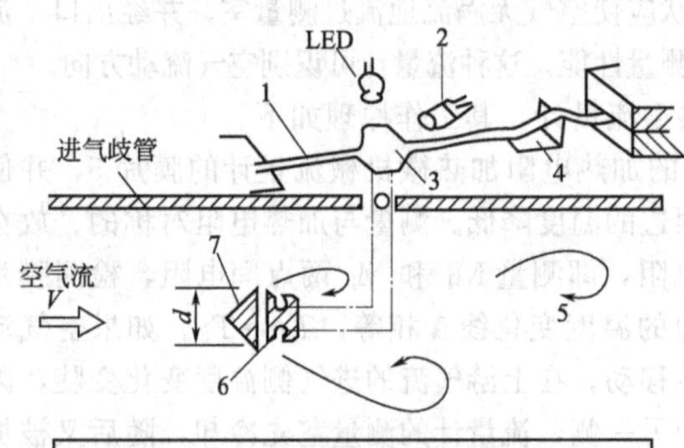

图1-24　光电式卡门涡流空气流量计

1—板簧；2—光电晶体管；3—反射镜；4—板簧；5—卡门涡流；6—导压孔；7—卡门体

a. 光电式卡门涡流空气流量计结构：主要由涡流发生器、导压孔、反射镜、发光二极管、光电晶体管等组成。

b. 光电式卡门涡流空气流量计工作原理：空气流经涡流发生器时产生的涡流串，会引起涡流发生器两侧空气的压力变化。这种压力变化经导压孔传至反光镜的表面，会引起反光镜的上下振动，其振动频率与单位时间内产生的旋涡数量相同。发光二极管发出的光线因为反光镜的振动而间歇性地反射到光电晶体管上，就会使光电晶体管产生导通和截止的交替变化，其变化频率与反光镜的振动频率相同。ECU根据光电晶体管的导通和截止频率即可计算出空气的体积流量。

② 超声波式卡门涡流空气流量计

a. 超声波式卡门涡流空气流量计结构：主要由卡门体、超声波发生器、接收器等组成。在流量计后部的两侧且垂直于气流方向装有超声波发生器和接收器，如图1-25所示。

b. 超声波式卡门涡流空气流量计工作原理：发动机运转时，从超声波发生器发出一定频率的超声波。由于受卡门涡流引起的空气密度变化的影响，到达超声波接收器时其相位已发生改变（有时间差）。也就是说超声波到达接收器的时间有的变

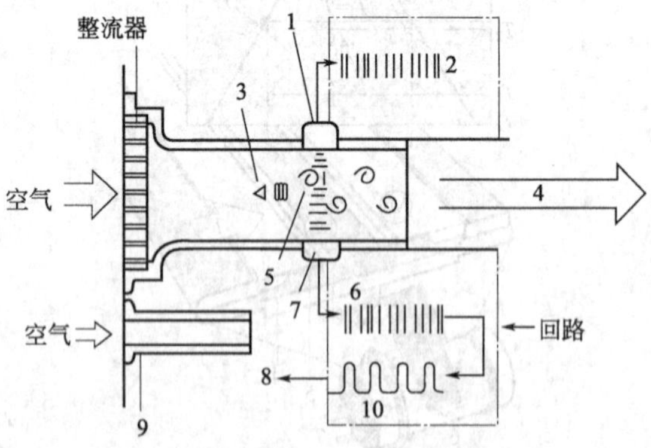

图1-25　超声波式卡门涡流空气流量计

1—信号发生器；2—超声波发生器；3—卡门体；4—流向发动机的空气；5—卡门旋涡；6—与涡流数对应的疏密声波；7—接收器；8—接计算机；9—旁通进气道；10—整形矩形波

早、有的变晚。电脑根据接收器检测出的相位差即可计算出单位时间内产生的旋涡数量，从而计算出进气量。

2. 进气歧管绝对压力传感器

压力传感器在发动机上主要有两个方面的应用，一是用于气压的检测，包括进气真空度、大气压力、汽缸内的气压等；二是用于油压的检测等。

在速度-密度型空气流量检测系统中，进气歧管绝对压力传感器用于检测进气歧管内部空气的绝对压力，它是燃油喷射和点火系统的主要传感器之一。ECU 根据发动机转速和进气压力信号，并参考进气温度信号即可计算出发动机的进气量。进气歧管绝对压力传感器的种类较多，如电容式传感器、电感式传感器、半导体应变片式传感器等，但应用最多的是半导体压敏电阻式传感器。

(1) 结构　进气歧管绝对压力传感器主要由压力转换元件（四个压敏电阻 R_1、R_2、R_3、R_4）、硅膜片、混合集成电路和外壳等组成，如图 1-26 所示。

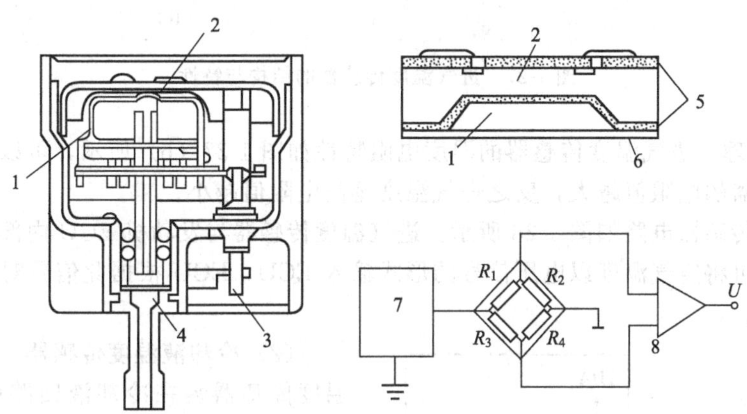

图 1-26　压敏电阻式进气压力传感器

1—真空室；2—硅膜片；3—输出端子；4—过滤器；5—二氧化硅膜；6—硼硅酸玻璃片；7—稳压电源；8—差动放大器

压力转换元件是利用半导体的压阻效应制成的硅膜片。硅膜片的一侧是真空室，另一侧是与进气歧管相连的进气压力室。硅膜片的上方有 4 个半导体压敏电阻，并接成惠斯通电桥电路。

(2) 工作原理　由于硅膜片的一侧是真空室，另一侧是与进气歧管相连的进气压力室，因此当进气歧管内绝对压力变化时，硅膜片就会产生变形，附着在硅膜片上的四个压敏电阻随之发生应变，其阻值与应变成正比。惠斯通电桥由于压敏电阻阻值的变化而失去平衡，并在其输出端产生电位差。这一电位差经差动放大器放大后即可输出正比于进气歧管绝对压力的电压信号。ECU 根据该信号和发动机转速即可计算出基本喷油量。

(3) 特点　进气压力传感器因具有体积小、精度较高、响应性和抗振性较好、成本低、可靠耐用的优点，而被广泛用于丰田车系、通用和克莱斯勒等汽车公司的中低档车辆上。

3. 温度传感器

由于进气温度的变化会引起空气密度的变化，因而在计算喷油量时应根据进气温度进行修正。为了解发动机的热状态，计算进气的质量流量及进行排气净化处理，需要有能够连续、精确地测量冷却液温度、进气温度与排气温度的传感器。温度传感器的种类很多，如热敏电阻式、半导体二极管式、热电偶式等。下面就汽车上常用的热敏电阻温度传感器予以介绍，应用比较广泛的是负温度系数（NTC）热敏电阻式进气温度传感器。

(1) 进气温度传感器

① 结构　进气温度传感器是由热敏电阻、壳体和引线组成，如图 1-27（a）所示。通常安装在进气连接管、空气流量计内或进气总管上。

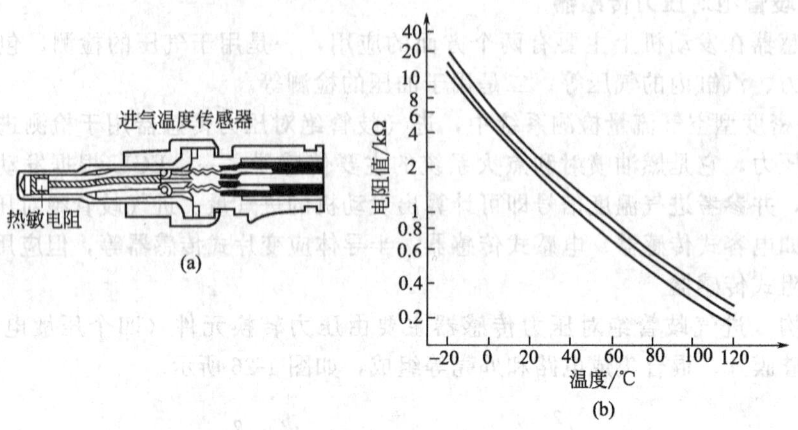

图 1-27　进气温度传感器的结构与特性

② 工作原理　进气温度传感器的温度电阻特性如图 1-27（b）所示，可以看出，进气温度越低，传感器的电阻值越大，反之进气温度越高电阻值越小。

进气温度传感器电路如图 1-28 所示。进气温度传感器与发动机 ECU 内部的固定电阻组成分压电路，可将空气温度以电压信号的形式输入 ECU，ECU 根据此信号对喷油量和点火正时进行修正。

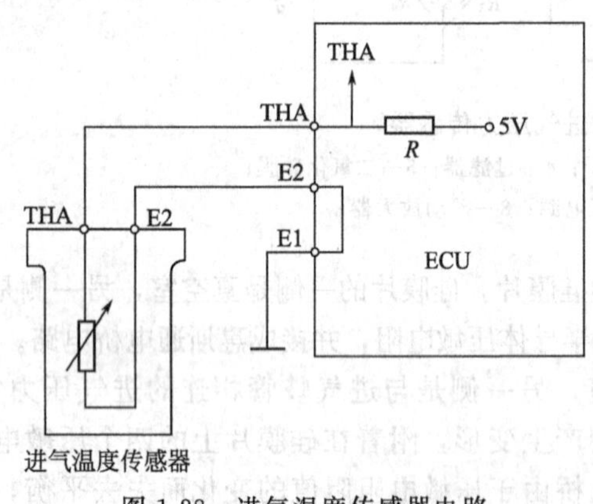

图 1-28　进气温度传感器电路

（2）冷却液温度传感器　发动机冷却液温度传感器装在冷却液回路中（图 1-29），以控制冷却液温度。测温范围为－40～＋130℃。

① 结构　温度传感器按使用范围有不同的结构形式。由半导体材料制成的随温度变化的测温电阻安装在壳体内。测量电阻大都为负温系数（NTC），见图 1-29、图1-30。少数为正温系数（PTC），即测量电阻随温度升高而增大。

② 工作原理　测温电阻是分压电路的一部分，电路供以 5V 电压。在测温电阻上测得的电压随温度而变。测量电压输入模/数转换器，转换成数字信号。该数字信号是温度的一个尺度。在发动机控制单元中存储温度传感器的特性线，每一个电阻值或电压值就对应有一个温度值。

4. 节气门控制单元

节气门控制单元主要由节气门位置传感器和节气门驱动装置组成。

（1）节气门位置传感器　节气门传感器检测汽油机节气门转角。在汽油机电控系统中，用节气门传感器可得到汽油机负荷的信号。该信号和其他信号作为识别汽油机怠速、部分负荷、全负荷工况的附加信息，并作为空气质量流量计失效时的紧急信号。作为主负荷传感器的、具有两个转角范围的双电位器式节气门传感器需要保证必要的测量精度。

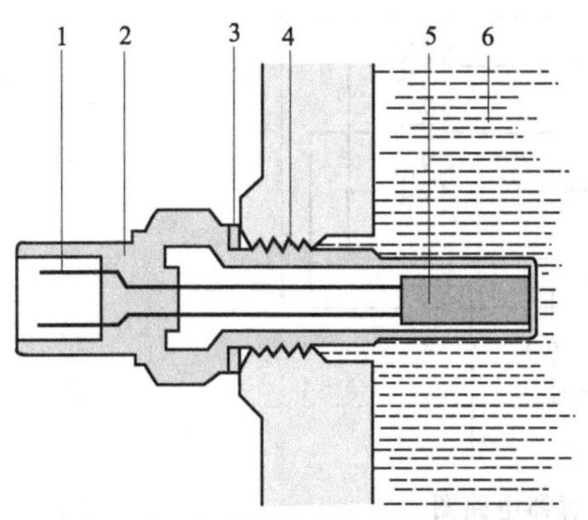

图 1-29 发动机冷却液温度传感器

1—插头；2—壳体；3—密封环；4—螺纹；5—测量电阻；6—冷却液

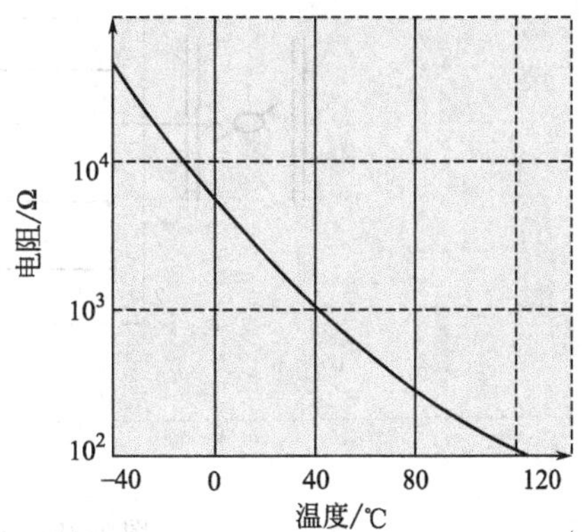

图 1-30 NTC 温度传感器特性线

汽油机电控系统通过节气门调节汽油机转矩，用节气门传感器检测节气门是否处于计算位置。为可靠起见，节气门位置传感器采用两个并联工作的电位器（冗余设计）及独立的参考电压。

结构与工作原理：节气门位置传感器是电位器式的角度传感器（见图 1-31），有一个或两个特性线。带触头的滑动臂与节气门轴连接。滑动触头在薄膜电阻上滑动。这样，将节气门的转角（开度）转换成与转角成比例的相对电压 U_A/U_V（见图 1-32）。传感器的工作电压为 5 V。滑动触头大多与有相同表面的第二个低电阻的导轨相连。节气门位置传感器电路如图 1-33 所示。

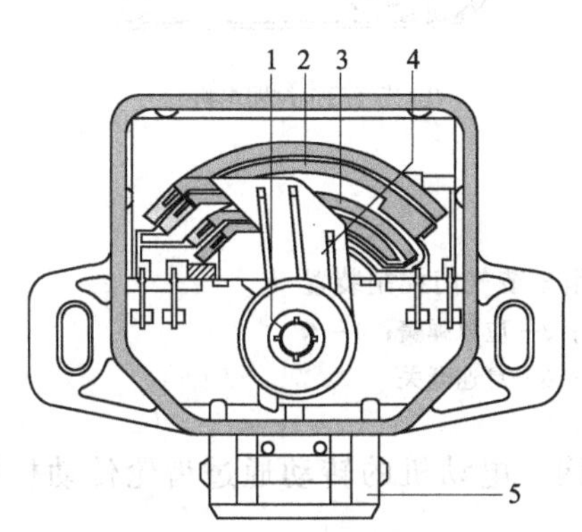

图 1-31 节气门位置传感器结构

1—节气门轴；2—薄膜电阻 1；3—薄膜电阻 2；4—滑动臂与触头；5—四极插头

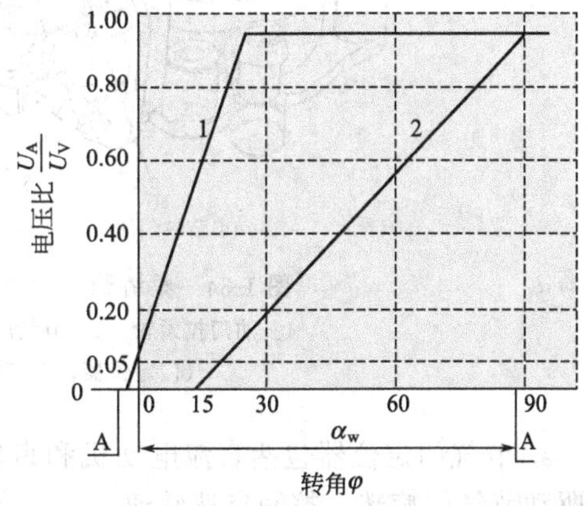

图 1-32 双特性线的节气门位置传感器

A—内挡块；1—测量角在 0°～23°时高分辨率的特性线；2—测量角在 15°～88°时的特性线；U_A—测量电压；U_V—工作电压；α_w—可用的测量角

为防止节气门位置传感器过负荷，通过小的前置电阻（也作为调整电位器的零点和特性线的斜率）将电压接到测量薄膜电阻上。测量薄膜电阻宽度（即截面）决定了特性线形状。

(2) 节气门驱动装置　节气门驱动装置可控制节气门的开度，以满足发动机运行时对空气量的需求，驱动装置为直流电机，既可控制怠速又可控制其他运行工况。

以怠速控制为例介绍。

① 结构　如图 1-34 所示，桑塔纳 2000 时代超人的节气门控制装置主要由节气门定位

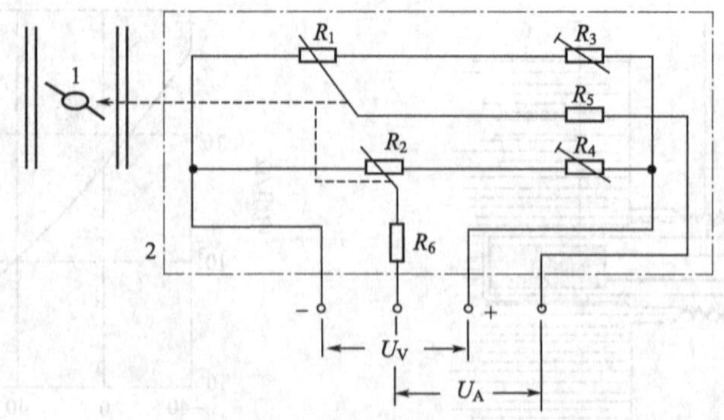

图 1-33 节气门位置传感器电路图

1—节气门；2—节气门传感器；U_A—测量电压；U_V—工作电压；R_1,R_2—滑轨 1、2 上的薄膜电阻；R_3,R_4—调节电阻；R_5,R_6—保护电阻

器、节气门电位器、节气门定位电位器、怠速开关等部件组成。

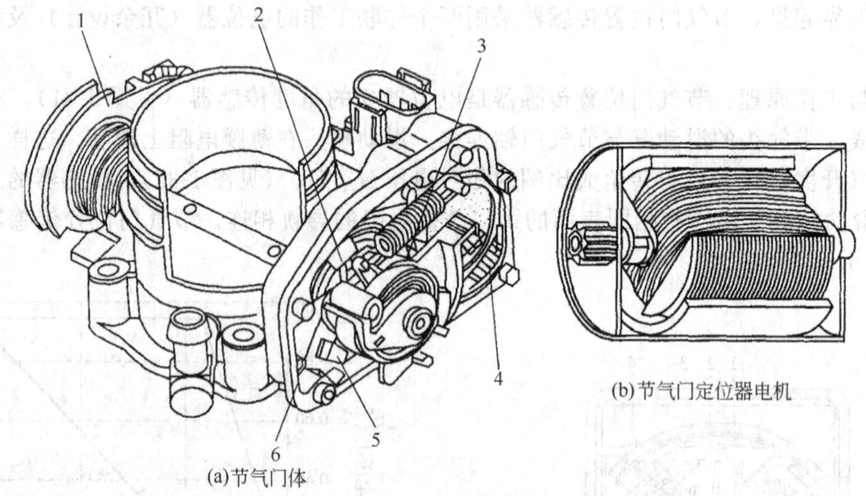

图 1-34 桑塔纳 2000 时代超人乘用车节气门控制装置

1—油门拉索轮；2—节气门定位电位器；3—应急弹簧；4—节气门定位器；5—节气门电位器；6—怠速开关

a. 节气门定位器包括直流电动机和齿轮传动机构。电动机的转动通过齿轮传动机构直接驱动节气门旋转，控制怠速转速。

b. 节气门定位电位器实际上是怠速电位器，由节气门定位器驱动。电脑据此确定节气门定位器的实际位置。

c. 节气门电位器（节气门位置传感器）由节气门轴驱动，用以反应驾驶员的意图。

d. 怠速开关的作用是向 ECU 提供节气门关闭信号。只有怠速开关闭合时，ECU 才控制直流电动机的转动，并根据节气门定位器的反馈信号修正发动机怠速。

② 工作原理　发动机 ECU 首先根据节气门位置传感器和怠速开关信号确定发动机工况状态，然后根据发动机负荷、转速、进气温度等信号确定运行转速，最后指令节气门驱动装置中的直流电动机旋转，从而实现运行速度控制。电脑通过节气门定位电位器监控节气门开度的大小，并与其内存中的设定值相比较。若实际值大于设定值，将减小节气门开度；反之增加节气门开度。若 ECU 没有收到节气门定位电位器信号或电机损坏，节气门控制单元中

的应急弹簧将起作用。若发动机怠速运行，则发动机处于快怠速状态。

（二）燃油供给系统

1. 燃油泵

油箱的两个油室中都含有一个电动燃油泵和一个输送泵。如图 1-35 所示，在压力调节器的帮助下，电动燃油泵产生一个 0.4MPa 的燃油系统压力，并由发动机控制单元驱动。燃油泵是主油泵。当发动机运转时，它为发动机连续供应燃油。在油箱的油量小于 20L 时进行启动，或发动机负载与发动机转速较高时，辅助燃油泵也会开启，以便快速建立油压。输送泵 1 将燃油从主油室输送到辅助燃油泵所在的预供油箱中，而输送泵 2 将燃油从副油室泵入燃油泵所在的预供油箱中，这种供油方式的泵也称为双级电动汽油泵。

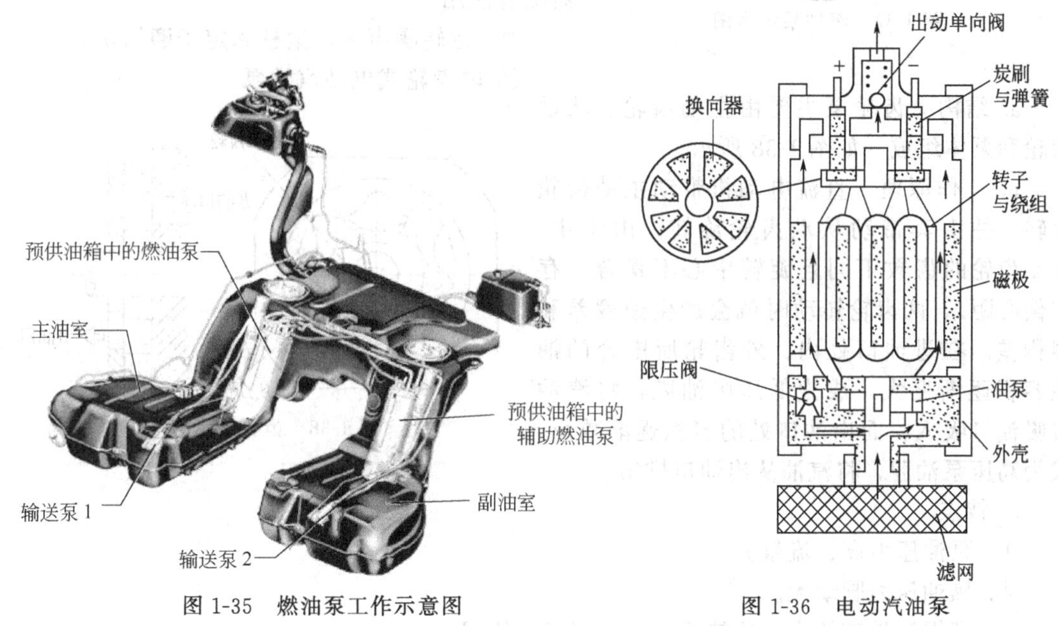

图 1-35 燃油泵工作示意图

图 1-36 电动汽油泵

电动燃油泵按结构分为滚柱式、内齿轮式、涡轮式、叶轮式四种，现在普遍应用的是内齿轮式和涡轮式两种。

（1）结构 四种油泵结构相似，都是由直流电动机和泵体两部分组成，如图 1-36 所示，都装在一个壳体内。在电动汽油泵的出油口处设有一个出油单向阀，可在发动机熄火后，防止燃油倒流，以保持系统有一定的残余压力，便于下次启动。

在电动汽油泵的进油口或出油口处设有一个限压阀，可在汽油滤清器或高压管路堵塞等意外情况发生时，打开而卸压，以保护直流电动机。

在电动汽油泵的进油口处安装一个滤网，可防止杂质进入汽油泵造成卡死或密封不良。在汽油泵外壳与其支架以及汽油泵总成与油箱之间都装有减振橡胶垫，以防止汽油泵的振动传给油箱而产生噪声。

（2）具体部件结构与工作原理

① 滚柱式电动汽油泵

a. 结构 滚柱式电动汽油泵简称滚柱泵，主要由泵体、偏心转子和滚柱组成，如图 1-37所示。

b. 工作原理 转子在直流电动机的驱动下旋转，滚柱在离心力作用下与泵体的内表面贴合，起到密封作用，于是在相邻两个滚柱之间形成了一个密封空腔。由于转子的旋转中心

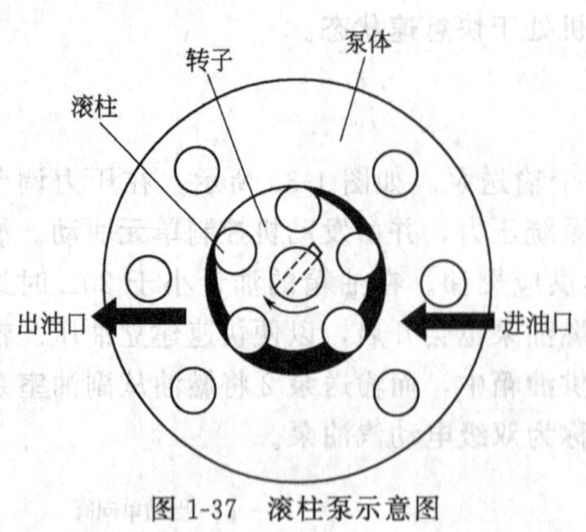

图 1-37　滚柱泵示意图

与泵体内壁的几何中心不重合，因而转子旋转时进油口滚柱间的容积逐渐增大，成为低压吸油腔，将汽油自吸油口吸入；而在出油口处两滚柱间的容积逐渐减小，成为高压泵油腔，将汽油从出油口排出。所排出压力燃油流经直流电动机内腔，经出油单向阀流出。

c. 特点

ⅰ. 泵油压力高、流量大。

ⅱ. 油压脉动大，必须与燃油压力脉动衰减器配合使用。

ⅲ. 运转噪声大，滚柱和定子磨损快。

② 内齿轮式电动汽油泵

a. 结构　齿轮泵主要由主动齿轮、从动齿轮和泵体组成，如图 1-38 所示。

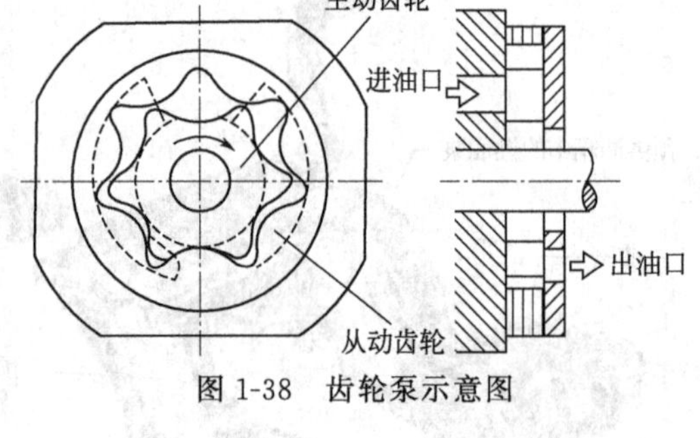

图 1-38　齿轮泵示意图

b. 工作原理　直流电动机带动主动齿轮旋转，并由其带动从动齿轮旋转。由于主、从动齿轮的齿数不同且旋转中心不重合（存在偏心距），两齿轮转动时就会产生速度差和容积差。在进油口处内、外齿轮所围合的油腔容积逐渐变大，成为低压吸油腔，将汽油自吸油口吸入；而出油口处的容积逐渐减小，成为高压泵油腔，将汽油从出油口排出。

c. 特点

ⅰ. 泵油压力高、流量大。

ⅱ. 燃油压力脉动大。

ⅲ. 磨损和噪声较小，比较适合在乘用车上使用。

③ 涡轮式电动汽油泵

a. 结构　涡轮泵主要由涡轮和壳体组成，涡轮外缘的两侧制有许多均匀分布的叶板，如图 1-39 所示。

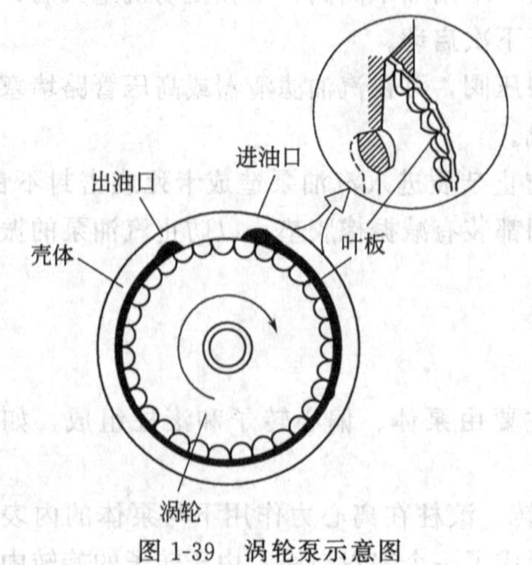

图 1-39　涡轮泵示意图

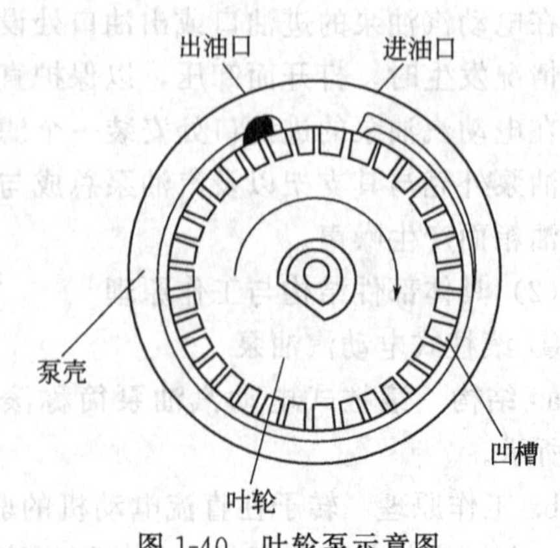

图 1-40　叶轮泵示意图

b. 工作原理　涡轮旋转时可将燃油从进油口挤压到出油口而产生压力。这种压力的产生靠的不是容积的变化，而是由涡轮叶片和液体分子之间反射出来的脉冲在通道全长上建立起压力，使液体在涡轮运输途径和通道内产生旋流使压力增高，流量增大。

c. 特点

ⅰ. 泵油压力高、流量大。

ⅱ. 燃油压力脉动小。

ⅲ. 运行噪声低、磨损小，可靠性高。

④ 叶轮式电动汽油泵

a. 结构　叶轮泵主要由叶轮和泵壳组成，如图 1-40 所示。

b. 工作原理　叶轮上的叶片形状和排列方式（叶片沿叶轮呈辐射状，且不等距）与涡轮泵不同，但工作原理和特点与涡轮式电动汽油泵相同。在压力和效率方面叶轮泵优于涡轮泵。

2. 喷油器

发动机控制单元根据汽缸做功顺序启动喷油器。发动机控制单元 1 启动汽缸组Ⅰ的喷油器，如图 1-41 所示，所有喷油器用固定夹直接固定在一根共用燃油轨上，并在相应进气门入口前直接喷射微小的雾化燃油颗粒，根据发动机的工况，喷入适量的燃油。发动机控制单元启动汽缸组Ⅱ的喷油器。

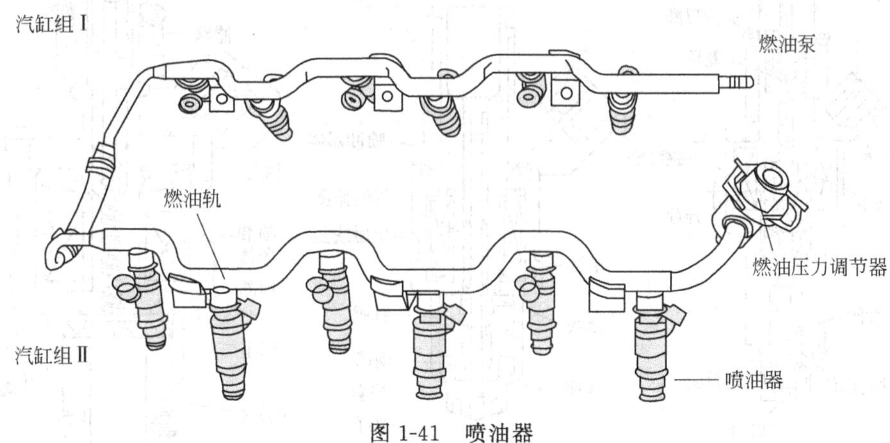

图 1-41　喷油器

(1) 喷油器的分类

① 按喷油器安装位置分

a. 单点（SPI）喷油器　位于节气门上方。

b. 多点（MPI）喷油器　通过隔热垫圈安装在进气歧管上。

② 按喷油阀的形式分

a. 球阀式　通常称为孔式，有单孔、双孔和多孔之分。

b. 轴针式　因针阀下部有一段探入喷口的轴针而得名。

c. 片阀式　由阀片和带有量孔的阀座组成。

③ 按电磁线圈阻值分

a. 低阻值喷油器　电磁线圈阻值约为 0.6～4Ω。由于线圈的匝数少，电感小，因而动态响应性好。低阻值喷油器由 ECU 提供的大电流驱动，所以又叫电流驱动型喷油器，通常用在单点喷射系统中。电流驱动型喷油器若用在多点喷射系统中，必须串接限流电阻。

b. 高阻值喷油器　电磁线圈阻值约为 10～18Ω。由于线圈阻值较高，电感大，因而动态响应性差，通常用在多点喷射系统中。高阻值喷油器由蓄电池电压驱动，所以又叫电压驱动型喷油器。

④ 按进油方式分

a. 顶部进油方式　燃油从喷油器的顶部进入，流过电磁线圈内部的针阀环形腔，由喷口喷出。由于进油口的面积小，燃油流动速度慢，因而冷却效果差。

b. 腰部进油方式　燃油从喷油器电磁线圈外部的环形腔进入中部的针阀环形腔，再由喷口喷出。它的进油口面积大，燃油流动速度快，冷却效果好且不易堵塞。

(2) 喷油器的结构

① 轴针式喷油器　由壳体、电磁线圈、复位弹簧、衔铁、针阀和滤网等组成，如图1-42 (a) 所示。其优点是针阀前端的轴针伸入喷孔，可使燃油以环状喷出，有利于雾化，且由于轴针在喷口中不断运动，故喷孔不易堵塞。缺点是燃油雾化质量稍差，且由于针阀质量较大，因而动态响应性较差。

② 球阀式（孔式）喷油器　球阀式（孔式）喷油器与轴针式喷油器的主要区别在于孔式喷油器用短的空心球阀代替了实心针阀，如图1-42 (b) 所示。球阀的质量小，具有动态响应性好、灵敏度高的优点。球阀式喷油器的阀座上一般有1～6个小孔，压力燃油经小孔喷出后可得到良好的雾化效果，不足之处是易阻塞。

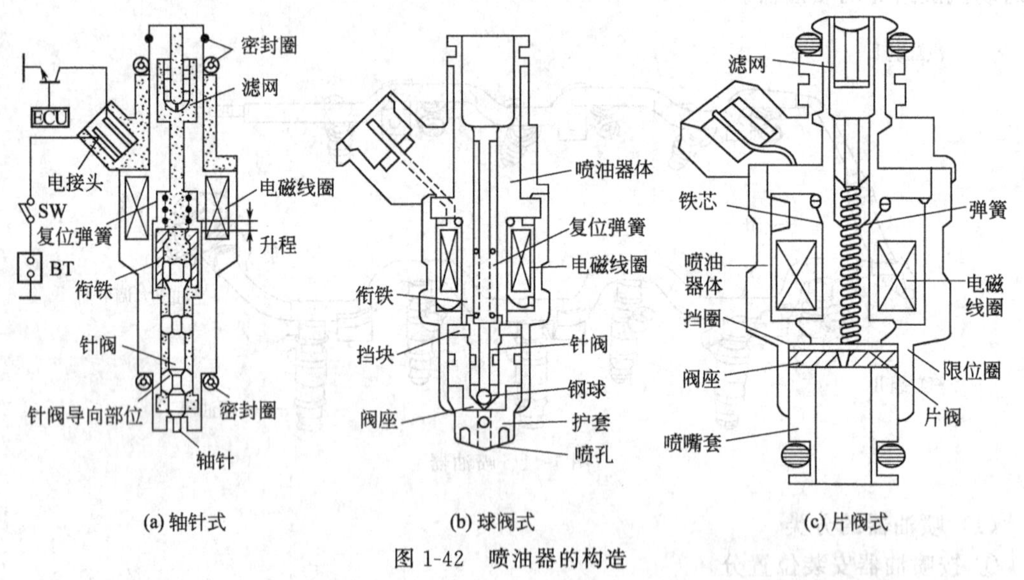

(a) 轴针式　(b) 球阀式　(c) 片阀式

图1-42　喷油器的构造

③ 片阀式喷油器　主要由片阀、阀座、弹簧、铁芯、电磁线圈等组成，如图1-42 (c) 所示。喷油阀为片状结构，阀座有量孔。由于片阀的面积大、质量小，且回位弹簧的弹力小，所以电磁线圈通电时，片阀极易被吸离阀座而喷油。这种喷油器不仅具有响应速度快、密封性好，而且有较大的动态流量范围、抗堵塞能力强、耗电量小，所以广泛应用。

(3) 工作过程

① 喷油　如图1-43所示，打开点火开关，ECU控制内部的晶体管VT导通，主继电器工作，将电源提供到喷油器电磁线圈的正极。ECU将喷油器驱动信号作用于大功率晶体管VT1并使其导通，于是喷油器电磁线圈通电而产生电磁吸力，克服回位弹簧的弹力将衔铁吸起，于是针阀打开，燃油从喷口喷出。喷油量的多少取决于喷油持续时间的长短，而喷油持续时间由发动机ECU根据传感器信号决定。

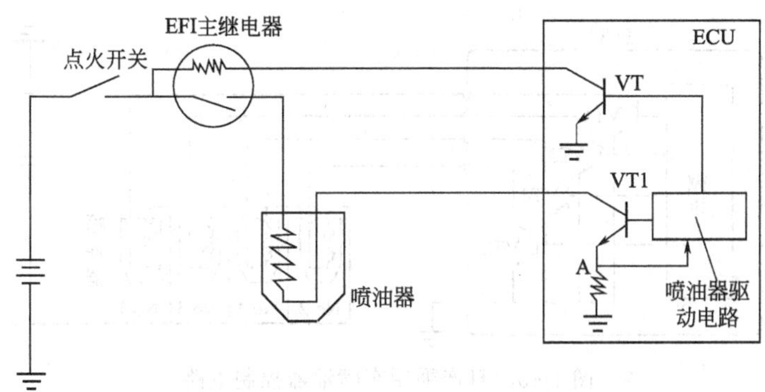

图 1-43 喷油器驱动电路

② 停止喷油 ECU 控制大功率晶体管 VT1 截止，喷油器电磁线圈搭铁回路被切断，针阀在弹簧作用下迅速回位，燃油停止喷射。

（4）喷油器的控制电路 喷油器的控制方式有同时喷射、分组喷射和顺序喷射三种。目前广泛采用顺序喷射方式。

① 分组喷射电路 下面以丰田佳美 2.2 乘用车（四缸机）的喷油器控制电路为例加以说明。

该车喷油器的控制电路如图 1-44 所示，采用分组喷射方式。1、3 缸为一组，2、4 缸为一组。

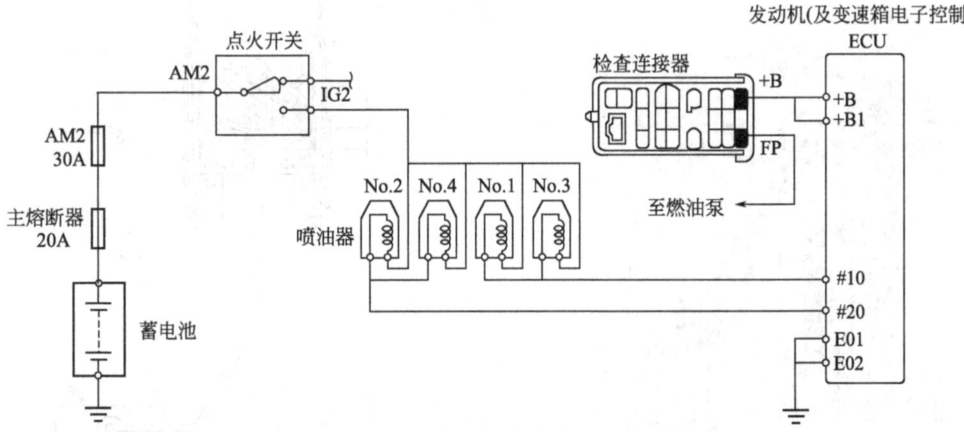

图 1-44 丰田佳美 2.2 乘用车喷油器控制电路

当 1 缸处于排气上止点前约 60°时，ECU 控制＃10 端子与搭铁回路接通，于是 1、3 缸喷油器同时喷油：当 4 缸处于上止点前约 60°时，电脑控制＃20 端子与搭铁回路接通，于是 2、4 缸喷油器同时喷油。

② 顺序喷射电路 下面以日产乘用车喷油器的控制电路为例加以说明。该车喷油器的控制电路如图 1-45 所示，采用顺序喷射方式。当 1 缸处于排气上止点前约 64°时，ECU 控制大功率晶体管 VT1 导通，1 缸喷油器线圈通电而喷油；ECU 会在各缸排气行程上止点前约 64°按照 1—3—4—2 的顺序控制各缸的大功率晶体管导通，从而实现顺序喷射。

当上止点位置传感器损坏时，ECU 便无法确定 1 缸活塞压缩冲程上止点的位置，通常采取降级模式处理，即将顺序喷射降为同时喷射。

3. 燃油箱液面传感器

燃油箱液面传感器的任务是检测燃油箱中当前燃油的液面状态，并将相应的信号发送给控制单元和仪表盘上的指示仪表。除了电动燃油泵、燃油滤清器等部件外，还有燃油箱液面

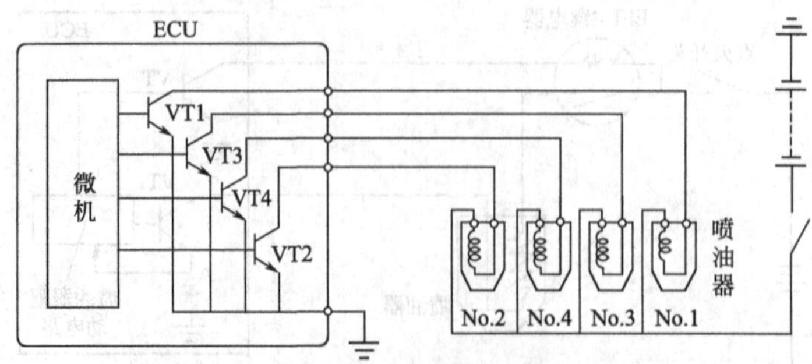

图 1-45 日产乘用车喷油器控制电路

传感器，它是汽油箱或柴油箱总成中的一个部件，以保证燃油能无故障地供给发动机（见图1-46）。

（1）结构 燃油箱液面传感器（见图 1-47）是由防燃油泄漏的封闭外壳、带滑动触头臂（滑动触头弹簧）的电位器、双电位器电阻滑道、电阻底板和电气插头组成。浮子杠杆与电位器转轴（定位销）通过转轴与滑动触头弹簧相连。浮子杠杆的另一端与浮子相连，按使用情况它们之间可转动或不动。电阻底板的设计和浮子杠杆、浮子形状与燃油箱匹配。

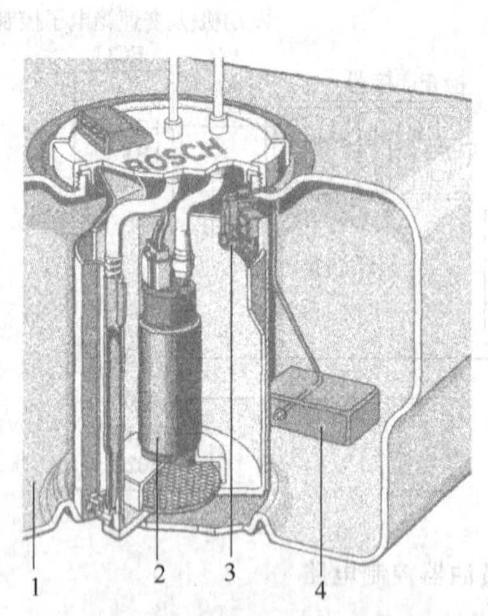

图 1-46 燃油箱燃油液面传感器
1—燃油箱；2—电动燃油泵；3—燃油箱燃油液面传感器；4—浮子

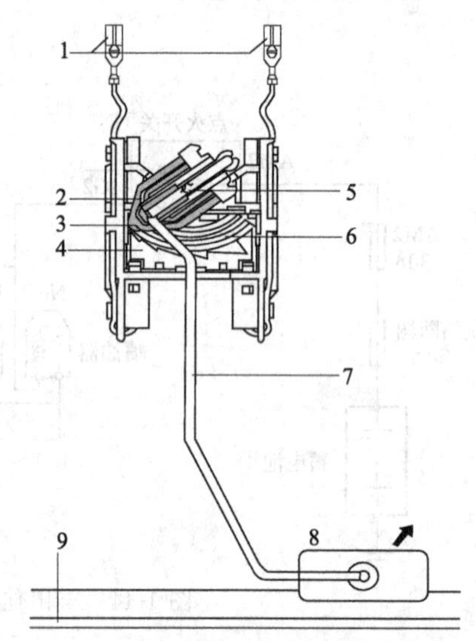

图 1-47 燃油箱燃油液面传感器结构
1—插头；2—滑动触头弹簧；3—触头铆接点；4—电阻底板；5—定位销；6—双触头；7—浮子杠杆；8—浮子；9—燃油箱底板

（2）工作原理 在燃油箱燃油液面变化时，通过定位销 5 与浮子杠杆 7 固定连接的电位器滑动触头弹簧，靠它的特殊的滑动触头在双电位器的电阻滑轨上滑动，将浮子的转角信号转换成与转角成比例的电压信号。浮子转动的两端挡块，将浮子在最大和最小液面间转动范围限制在 100°以内，这样还可抑制传感器的滑动噪声。燃油箱液面传感器的工作电压为 5～13V。

（三）电子控制系统

1. 曲轴位置/凸轮轴位置传感器

曲轴位置传感器亦称点火信号发生器，用于点火正时控制。传统点火系统中的曲轴位置传感器是分电器凸轮轴和断电器。这里所说曲轴位置传感器是指用于电子点火系统的位置传感器。无论传统的还是电子曲轴位置传感器，除用于点火正时控制外，还是检测发动机转速的信号源。

曲轴位置传感器是判定喷油、点火时刻的基本信号，凸轮轴位置传感器是判定喷油、点火时刻缸序的基本信号。因其两者信号检测原理相同，故整合到一起来讲述。曲轴位置/凸轮轴位置传感器整体按检测方式分电磁感应式、霍尔感应式、光电感应式等。其中，电磁感应式和霍尔感应式应用比较多。就其安装部位，有在曲轴前端、凸轮轴前端及分电器内的，车型不同，所采用的结构形式也不完全相同。

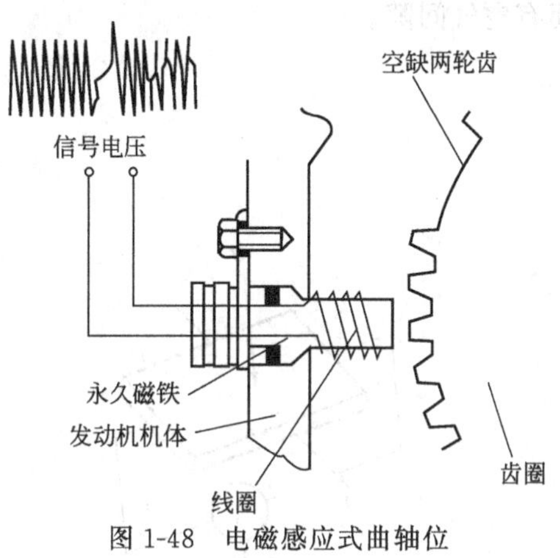

图 1-48 电磁感应式曲轴位置/凸轮轴位置传感器

(1) 电磁感应式

① 结构 以大众车系为例，电磁感应式转速（曲轴位置）传感器由永久磁铁、线圈和齿圈等组成。线圈阻值为 480～1000Ω。如图 1-48 所示，齿圈的圆周上均匀分布有 60 个轮齿，每个轮齿对应的曲轴转角为 360°/60＝6°。其中有两个轮齿空缺，故也将此传感器称为 58＋2 式曲轴位置传感器，供 ECU 识别第 1～4 缸活塞上止点位置和发动机转速之用。

② 工作原理 发动机运转时，曲轴位置传感器的永久磁铁与齿圈空气隙是不断变化的，这一变化会引起磁回路中磁通量的变化，于是在线圈中就会产生感应电动势，其信号波形如图 1-49 所示。齿圈上的每个轮齿通过传感器时便在感应线圈中感应出一个交变电压信号，ECU 据此计算发动机转速/转角；而在缺齿处产生一个畸变的交变电压信号，ECU 据此确定各缸上止点的位置。ECU 根据这些交变信号和畸变信号计算出发动机转速/转角和曲轴位置后，即可准确控制喷油时刻和点火提前角。

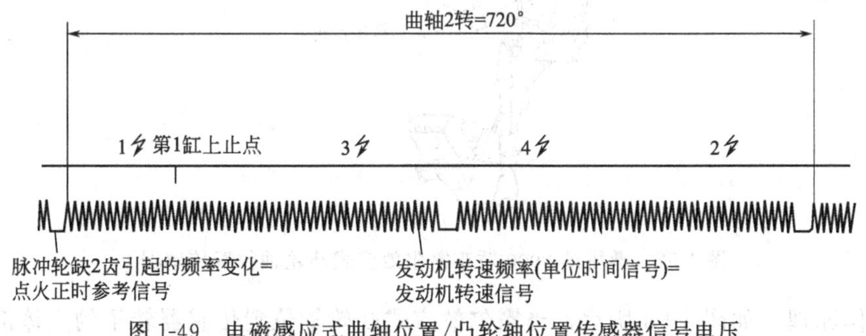

图 1-49 电磁感应式曲轴位置/凸轮轴位置传感器信号电压

(2) 霍尔效应式

① 霍尔效应 图 1-50 为霍尔效应示意图。霍尔触发器也称霍尔元件，是一个半导体基片。当外加电压作用在触发器两端时，便有电流 I 通过半导体基片。如果在垂直于电流 I 的方向上同时外加磁场 B 的作用，则在垂直于电流 I 和外加磁场 B 的方向上，半导体基片两端产生电压 U_H。这一现象是由美国物理学家霍尔发现的，所以命名为霍尔效应。该电压称为霍尔电压。

霍尔电压与通过霍尔元件的电流和磁感应强度成正比，与基片的厚度成反比。

② 结构 霍尔式信号发生器主要由霍尔触发器 1、带窗口的信号转子 2 和永久磁铁 3 组

成。信号转子与凸轮轴同步转动，如图 1-51 所示。

桑塔纳 2000 轿车采用了霍尔效应式凸轮轴位置传感器，并将其安装在汽缸盖前端的凸轮轴齿轮后方，如图 1-52 所示。霍尔效应式凸轮轴位置传感器主要由转子和霍尔传感器组成。转子安装在凸轮轴齿轮后方，由凸轮轴驱动，其上有一个 180°的开口。霍尔传感器中的霍尔元件是一个半导体片，固定在一个陶瓷支座上。霍尔元件片的对面装有永久磁铁，中间有空气间隙。

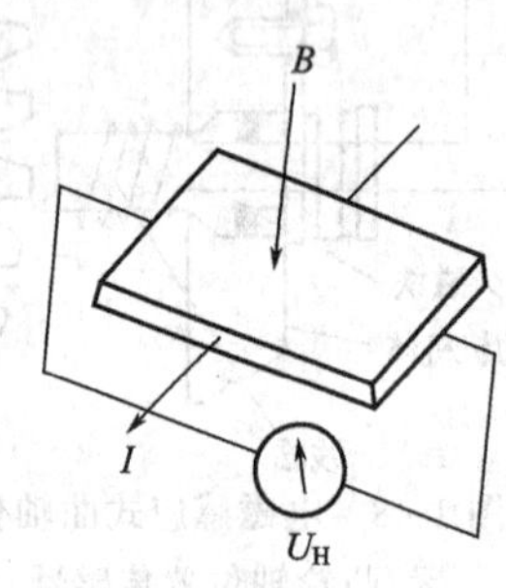

图 1-50 霍尔效应

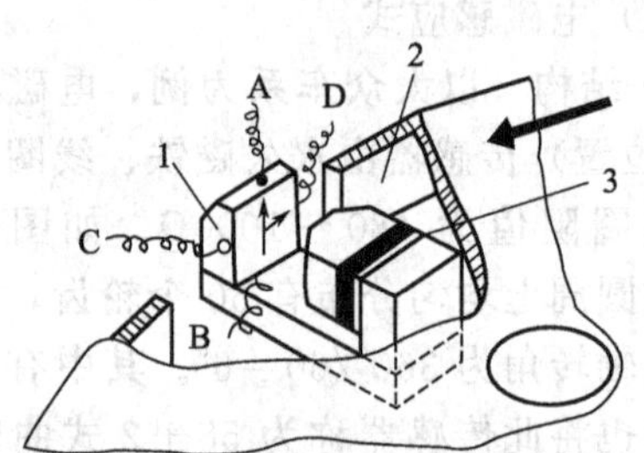

图 1-51 霍尔式信号发生器

1—霍尔触发器；2—带窗口的信号转子；3—永久磁铁

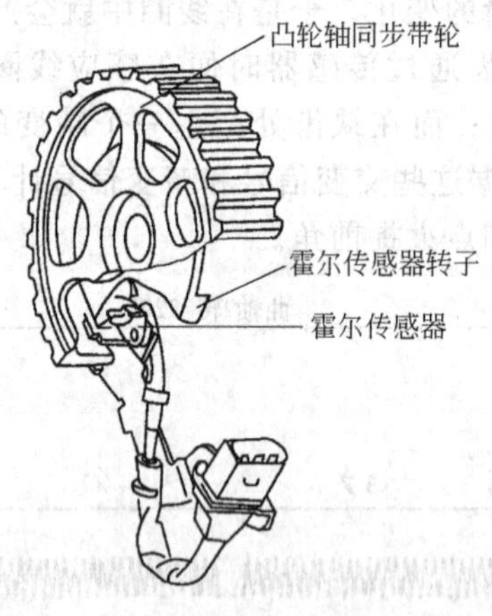

图 1-52 桑塔纳 2000 轿车霍尔效应式凸轮轴位置传感器

③ 工作原理 如图 1-53 所示，当霍尔效应式凸轮轴位置传感器转子的实体部分进入霍

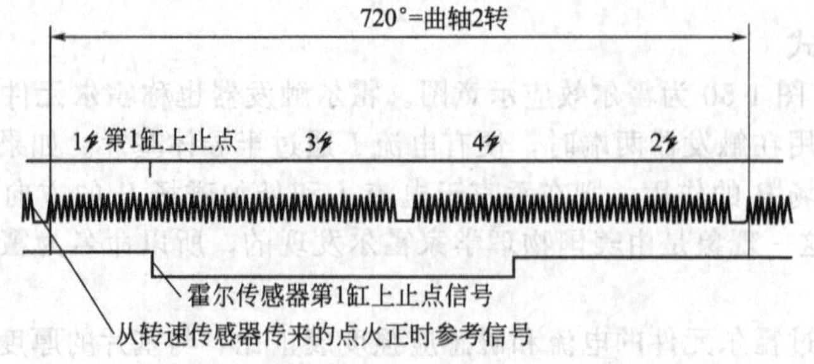

图 1-53 霍尔效应式曲轴位置/凸轮轴位置传感器信号电压

尔元件的气隙时，传感器输出高电平（5V）；当转子的实体部分离开霍尔元件时，传感器输出低电平（0V）。凸轮轴旋转一周，高低电位各占180°（各相当于360°曲轴转角）。发动机ECU将霍尔电压信号由低电平变为高电平的瞬间后的180°确定为第一缸活塞处于压缩冲程上止点的位置（霍尔电压信号由高电平变为低电平的转折点），并据此确定点火和喷油正时以及点火和喷油顺序。

霍尔效应式传感器的输出信号都是矩形电压脉冲，是数字信号，可直接被ECU接收，其信号电压的大小与发动机转速无关。这种传感器的结构简单、测量精度高、工作可靠、抗干扰能力强，因而被广泛使用。

（3）光电感应式　光电感应式信号发生器产生脉冲信号的原理如图1-54所示。光电感应式信号发生器主要由光源（发光二极管）、光接收器（光敏二极管）和遮光盘（叶片）、电子电路等组成。发光二极管是一种特殊的二极管，当二极管中有电流通过时，其上就会发光。而光敏二极管接收到光时，就会在电路里产生电压。当叶片随轴转动时，发光二极管交替地照射到光敏二极管上，因此光敏二极管就会断续地产生电压。此断续电压经电子电路整形放大，转变成脉冲电压（0V或5V）信号输出。

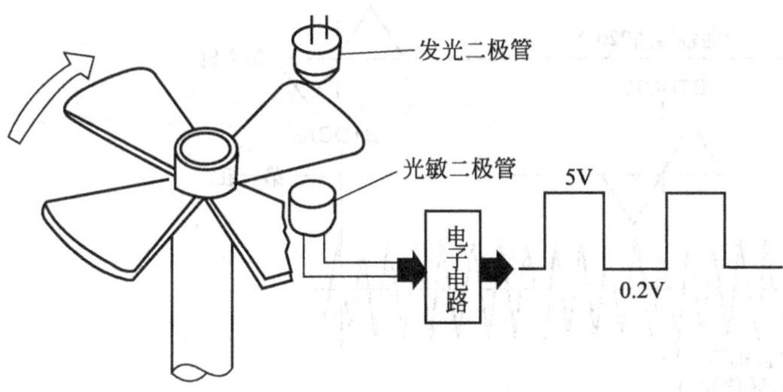

图1-54　光电感应式信号发生器原理

① 结构　风神蓝鸟乘用车的光电感应式曲轴和凸轮轴位置传感器安装在分电器内，主要由两个发光二极管、两个光电晶体管、遮光盘和控制电路组成，如图1-55所示。

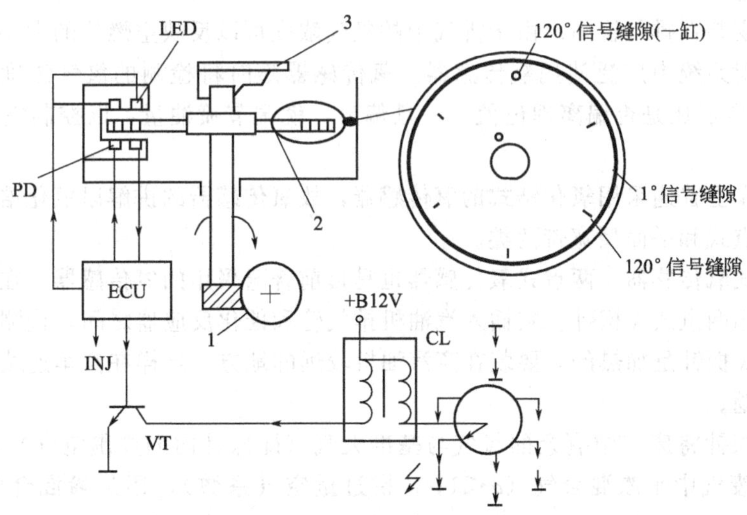

图1-55　光电感应式凸轮轴位置传感器

1—驱动轮；2—遮光盘；3—分火头

发光二极管、光电晶体管和控制电路固定在分电器外壳上，发光二极管和光电晶体管的位置两两相对。遮光盘固定在分电器轴上，其外圆周均匀刻有360条辐射状缝隙，每转过一条缝隙对应于凸轮轴的1°转角。在遮光盘的内侧间隔60°分布着6个窗口，其中一个最宽，其余五个宽度相等。

② 工作原理 当遮光盘挡住发光二极管（LED）发出的光线时，光电晶体管截止，光敏二极管（PD）输出低电平，ECU 输入低电平信号。当发光二极管发出的光线通过缝隙照射到光电晶体管时，光敏二极管输出高电平，ECU 输入高电平信号。凸轮轴旋转一周，对应于 360 条缝隙，控制电路将输出 360 个凸轮轴 1°转角（曲轴 2°转角）信号，此信号即为发动机转速信号。对应于遮光盘内侧的 6 个窗口中最宽的一个，控制电路将输出代表第一缸活塞处于压缩冲程上止点位置的信号，即基准缸位置信号。对应于其余的窗口，控制电路将输出分别代表其他缸活塞压缩冲程上止点位置的信号，如图 1-56 所示。

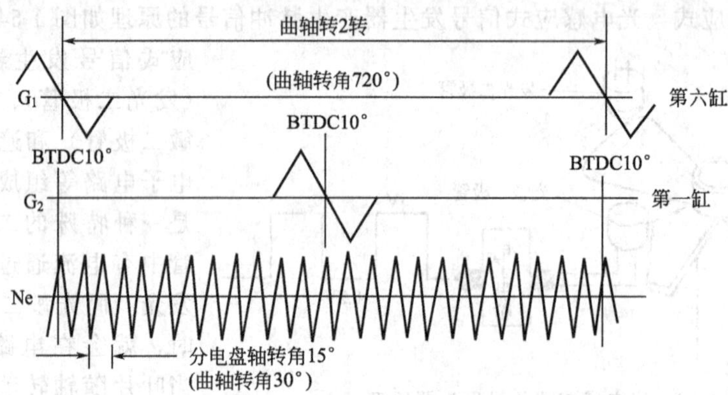

图 1-56 光电感应式曲轴和凸轮轴位置传感器信号

光电感应式传感器输出的也是矩形电压脉冲，是数字信号，可直接被 ECU 所接收，其信号电压的大小与发动机转速无关。光电感应式传感器的优点与霍尔式传感器相同，缺点是发光二极管和光电晶体管的透镜怕油污和光照，所以要求分电器的密封性要好。

2. 氧传感器

氧传感器安装在排气管内。由于排气中的氧气浓度可以反映空燃比的大小，所以，在电子控制燃油喷射系统中广泛使用氧传感器。氧传感器随时将检测的氧气浓度反馈给 ECU，ECU 据此判断空燃比是否偏离理论值，一旦偏离，就调节喷油量，以控制空燃比收敛于理论值。

现在的汽车上普遍采用氧化锆式的氧传感器，故氧传感器的讲解以氧化锆式为例，氧传感器又分为两点式和平面型宽带两类。

(1) 两点式氧传感器 两点式氧传感器也是目前普遍采用的氧传感器，在有两点 λ 调节的汽油机上使用两点式 λ 探针。它插入汽油机排气管和催化反应器之间，检测所有汽缸的废气流动。因为 λ 探针是加热的，要装在离汽油机较远的地方，这样在汽车连续、满负荷行驶时不会发生问题。

两点式 λ 探针将废气中剩余的氧气与基准大气（即探针内的周围空气）中的氧气含量比较，可指出废气中是浓混合气（$\alpha<1$；α 指过量空气系数），还是稀混合气（$\alpha>1$）。λ 探针的信号电压 U_S 随过量空气系数 α 的跳跃特性线，可将混合气调节在 $\alpha=1$ 上（见图 1-57）。

① 指形 λ 探针

a. 有保护管的陶瓷探针 固体电解质是一个不透气的陶瓷体。它是一个氧化锆和氧化钇组成的一端封闭的管子（指形）。固定电解质陶瓷体的管子内外表面装有薄的、微孔的铂层电极。管子及其外层的铂电极伸入排气管内。铂电极起着催化反应器的作用：废气在铂电极的外表面处被催化处理，并达到化学当量平衡（$\alpha=1$）。另外，在接触废气的表面，涂覆多层微孔陶瓷保护层（尖晶石层）以防脏污和腐蚀损伤铂电极。铂电极还有金属管保护陶瓷体，使其免遭机械和热冲击。金属保护管的多槽结构对防止过大的热负荷和化学腐蚀特别有效，还可阻止当废气温度较低时探针陶瓷体受到强烈冷却。背对废气的陶瓷体内部敞开的空间与作为基准气体的外部大气相通（见图 1-58）。

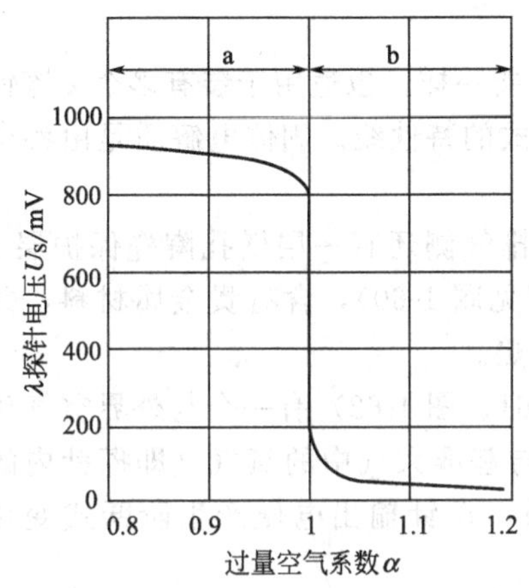

图 1-57 600℃工作温度时两点式 λ 探针的特性线

a—浓混合气，空气不足；

b—稀混合气，空气过剩

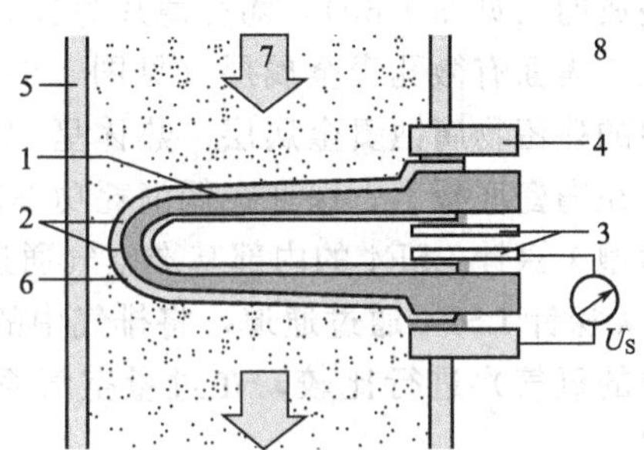

图 1-58 指形 λ 探针在汽油机排气管上的安装

1—λ 探针陶瓷体；2—铂电极；3—触头；4—壳体触头；5—排气管；6—微孔陶瓷保护层；7—废气；8—大气；

U_S—λ 探针电压

b. 有加热元件和接头的 λ 探针体 陶瓷支承管 2 和弹簧片 10 将活性 λ 探针陶瓷 5 保持在 λ 探针壳体 1 中，并将它们密封（见图1-59）。在支承管 2 和活性 λ 探针陶瓷 5 之间的接触件 6 将内电极引到连接电缆 3 上。金属密封环将外电极与探针壳体 1 相连（图中未标出）。金属护套 7（它同时也是弹簧片 10 的支座）将探针内部各零件固紧并防止内部脏污。连接电缆 3 在向外引出的接触处压紧。耐热的套管防止探针受潮和机械损伤。

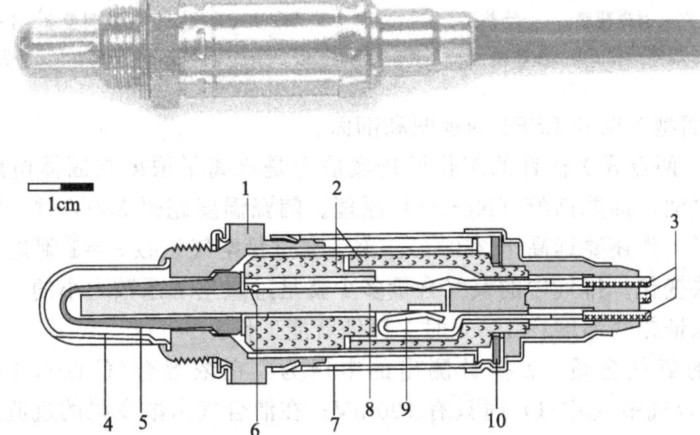

图 1-59 加热的指形 λ 探针 LSH25 的视图和刮回

1—探针壳体；2—陶瓷支承管；3—连接电缆；4—有槽的保护管；5—活性 λ 探针陶瓷；6—接触件；7—护套；8—加热元件；9—加热元件的夹紧接头；10—弹簧片

指形λ探针有一个加热元件8，在发动机低负荷工作时，即排气温度低时，活性λ探针陶瓷5的温度由加热元件8的加热功率决定。在高负荷时，则由发动机排气温度决定。排气温度在150～200℃时，加热元件的加热功率能使活性陶瓷达到足够的工作温度。发动机启动后加热元件加热20～30s就可使λ探针达到工作温度。活性陶瓷加热的工作温度高于350℃，这样可保证发动机很低的、稳定的有害气排放。不加热的λ探针仅用在较早的车型上。

② 平面型λ探针

a. 结构　平面型λ探针的功能与加热的指形λ探针功能一样，也适用于装有多个λ探针的废气装置上和在车诊断OBDⅡ上。在$\alpha=1$时都有阶跃式的特性线。固体电解质是由各个陶瓷薄片叠成的（见图1-60），陶瓷薄片为长矩形。

测量室3表面有微孔贵金属层（见图1-61）。在正对排气侧还有一层微孔陶瓷保护层2以防排气中的残留物腐蚀贵金属层。热体呈“回”形状（见图1-60），含有贵金属材料，并绝热地集成在陶瓷底板上，保证在低消耗功率时能快速加热。

在平面型λ探针LSF4的内部基准空气通道（见图1-61、图1-62）有一个与外界空气相通的入口。λ探针LSF4通过通道，将排气中的剩余氧气与基准大气中的氧气（即探针内的周围空气中的氧气）进行比较，在过量空气系数$\alpha=1$时，探针输出电压产生阶跃式变化（见图1-57）。

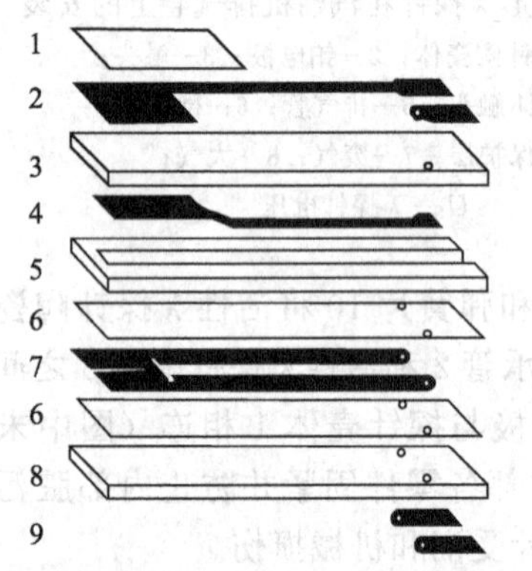

图1-60　平面型λ探针功能层

1—微孔保护层；2—外电极；3—λ探针薄膜；4—内电极；5—基准空气通道薄膜；6—绝热层；7—热体；8—热体薄膜；9—连接触头

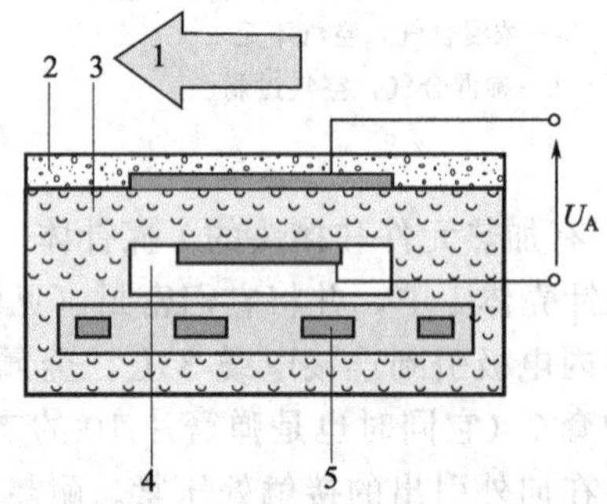

图1-61　平面型λ探针简图

1—排气；2—微孔陶瓷保护层；3—带微孔贵金属保护层的测量室；4—基准空气通道；5—热体；U_A—输出电压

图1-62是平面型λ探针LSF4的视图和剖面。

b. 工作原理　两点式λ探针的工作原理实质上是氧离子浓度与固体电解质（陶瓷）组成的氧离子浓度电池，即能斯特（Nernst）原理。陶瓷温度超过350℃时，氧离子就可通过陶瓷（良好、可靠工作还要远高于350℃）。因为在过量空气系数$\alpha=1$附近，排气侧会出现电压信号的阶跃式变化。排气中的氧气含量多少就是过量空气系数大小的一个尺度。集成在探针内的热体可保证排气温度在150℃时λ探针就能工作。

根据排气中的氧气含量，λ探针测出的电压为：在浓混合气（$\alpha<1$）中可达800～1000mV，在稀混合气中（$\alpha>1$）时只有100mV；在混合气由浓变稀的过渡过程中，输出电压$U=450\sim500$mV。

陶瓷体的温度，即固体电解质的温度影响氧离子的导电能力。同时λ探针的输出电压与过量空气系数α有关。图1-57中的λ探针输出电压随过量空气系数的变化只适用于陶瓷体

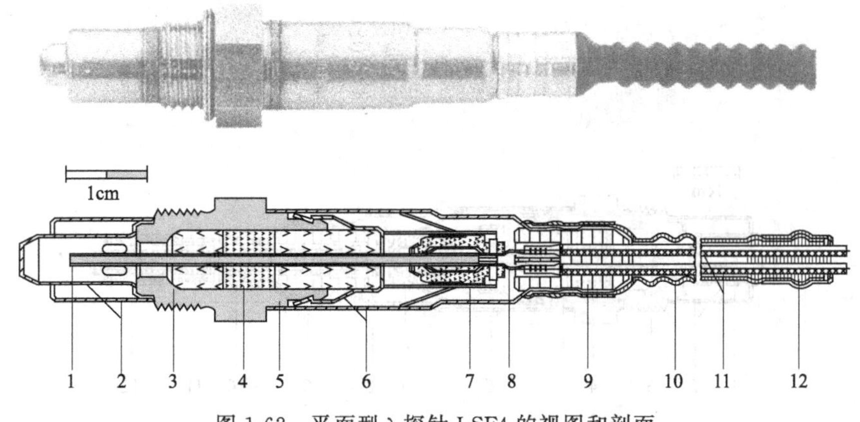

图 1-62 平面型λ探针 LSF4 的视图和剖面

1—平面测量室；2—双保护管；3—密封环；4—密封包；5—探针壳体；6—保护套；7—接触支座；8—接触夹片；9—聚四氟乙烯（PTFE）套管；10—聚四氟乙烯成型软管；11—5 芯导线；12—密封

工作温度为 600℃的情况。此外，在混合气成分变化时，电压变化的响应时间主要取决于陶瓷体的温度。在陶瓷体温度低于 350℃时，电压变化的响应时间为秒级。在最佳工作温度 600℃时，电压变化的响应时间小于 50ms。在发动机启动后，陶瓷体达到最低工作温度约 350℃时，λ探针开始工作，发动机的排放受到λ探针的闭环控制。

过高的陶瓷体温度会缩短其寿命，所以λ探针在排气管上的安装应使其温度适当（对指型λ探针不超过 850℃，对平面型λ探针不超过 930℃）。

（2）平面型宽带氧传感器　使用平面型宽带λ探针可在很大范围内确定排气中氧气的浓度和在燃烧室内的过量空气系数。λ探针插入排气管内，并检测各汽缸的总的排气质量流量。它可精确测量燃料与空气的化学当量点，即过量空气系数 $\alpha=1$；也可精确测量稀混合气 $\alpha>1$ 和浓混合气 $\alpha<1$ 的情况。与λ探针调节系统一起测量，可测出 $0.7<\alpha<\infty$（空气中的氧的含量为 21%）范围内的连续电流信号（图 1-63）。这样，平面型宽带λ探针不仅可用在两点式调节（$\alpha=1$）的发动机闭环控制的管理系统中，还可用在浓混合气、稀混合气的调节概念中。它适用于汽油机稀薄燃烧（即 FSI/GDI 发动机）、柴油机、气体发动机、煤气机的λ调节系统中，所以也称为通用的λ探针。

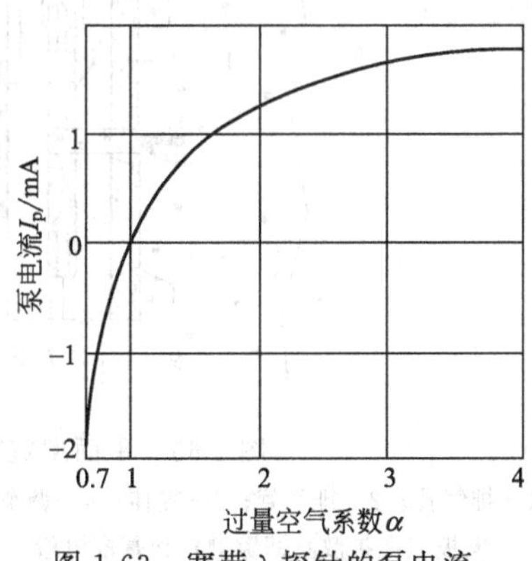

图 1-63　宽带λ探针的泵电流，I_p 随过量空气系数 α 的变化

为精确控制有害气体的排放，在一个系统中也可使用多个λ探针，如在催化反应器前后，或是在各个排气歧管上。

① 结构　平面型宽带λ探针（见图 1-64）是一个平面型的两室边界电流探针。它的测量室（见图 1-65）是二氧化锆（ZrO_2）的陶瓷体。测量室内有能斯特（Nernst）浓度室 7 和氧气泵室 8。能斯特浓度室就是传感器室，其作用同两点式λ探针。氧气泵室是输送氧气。氧气泵室 8（见图 1-65）的安排应使两个扩散室 6 形成约 10～50μm 的间隙。在间隙内有两个微孔的 Pt 电极，即一个泵电极，一个能斯特测量电极。扩散室间隙通过进气孔 10 与排气孔 1 相通。微孔的扩散阻挡层 11 限制排气中的氧分子通过。

能斯特浓度室的一边通过基准空气通道 5 的开口与外界空气相通。能斯特浓度室的另一

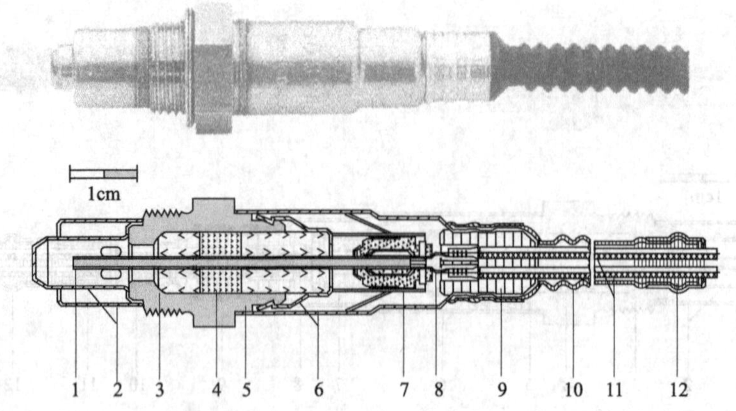

图 1-64 平面型宽带 λ 探针视图和剖面

1—测量室，由能斯特浓度室和氧气泵室组成；2—双保护管；3—密封环；4—密封包；5—探针壳体；6—保护套；7—接触支座；8—接触夹片；9—聚四氟乙烯（PTFE）套管；10—聚四氟乙烯成型软管；11—五芯导线；12—密封能斯特

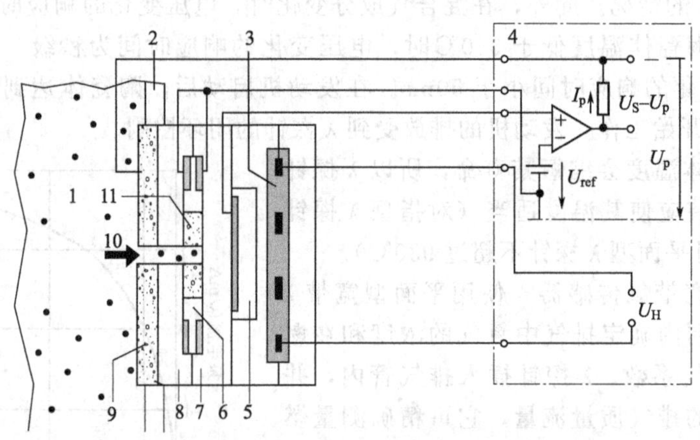

图 1-65 平面型宽带 λ 探针测量室结构和在排气管上的位置

1—排气孔；2—排气管；3—热体；4—调节电路；5—带有基准空气通道；6—扩散室间隙；7—带有能斯特测量电极（在扩散室间隙侧）和基准电极（在基准室侧）的能斯特浓度室；8—带有氧气泵电极的氧气泵室；9—微孔保护层；10—排气入口；11—微孔扩散阻挡层；I_p—氧气泵电流；U_p—氧气泵电压；U_H—热体电压；U_{ref}—基准电压，$\alpha=1$ 时 $U_{ref}=450$mV；U_S—探针电压

边与扩散室间隙 6 中的排气接触。

λ 探针有一个调节电路 4，以产生输出信号和调节 λ 探针温度。

集成在 λ 探针中的热体 3 用以加热探针，使探针尽快达到 650～900℃ 的最佳工作温度，也可减小由于排气温度变化对输出信号的影响。

② 工作原理 发动机排气通过氧气泵室 8 的入口 10 进入能斯特浓度室 7 的测量空间，即扩散室间隙 6。能斯特浓度室将扩散室间隙中的排气与基准空气通道中的外界空气进行比较，就可在扩散室间隙中调节过量空气系数 α。调节过程如下：

利用在泵室 8 上的 Pt 电极建立的泵电压 U_p，通过扩散阻挡层 11 进入的排气中的氧气泵入或泵出扩散室间隙 6。在控制单元中的电路，利用能斯特浓度室调节在泵室 8 的 Pt 电极上的泵电压 U_p，使扩散室间隙 6 中的排气成分不变，$\alpha=1$。在稀混合排气中，泵室从扩散室间隙 6 中向外泵出氧气时，为正的泵电流；在浓混合排气中，将周围排气中的氧气泵入扩散室间隙 6 中时，为负的泵电流；在 $\alpha=1$ 时没有氧气输送，泵电流为零。泵电流与排气中的氧浓度成正比，而且是过量空气系数 α 的一个尺度，但不是线性尺度。

3. 加速踏板信号

在操纵普通发动机时，驾驶员只要踩动加速踏板（油门踏板）就可通过滑绳或拉杆操纵汽油机的节气门或柴油机的喷油泵供油齿杆，使汽车按驾驶员的意愿加速、等速或减速行驶。

在电控发动机上，加速踏板传感器（也称为踏板位移发送器 PWG）承担了机械连接的功能。加速踏板传感器检测踏板的位移和转角，并将此电气信号传输给发动机电控单元。单独的加速踏板传感器，见图 1-66（a)，是可供选择的一种方案，也可选组装好的加速踏板模件，见图 1-66（b)、(c)。组装好的加速踏板模件包括加速踏板和加速踏板传感器。

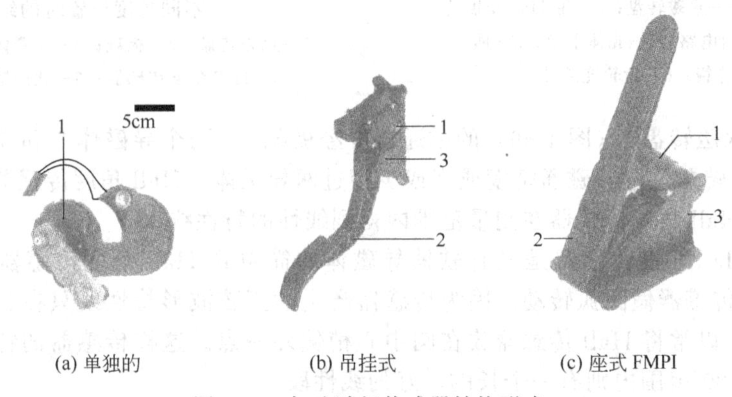

(a) 单独的　　(b) 吊挂式　　(c) 座式 FMPI

图 1-66　加速踏板传感器结构形式

1—传感器；2—汽车专用踏板；3—踏板支座

结构与工作原理：

(1) 电位器式加速踏板传感器　电位器式加速踏板传感器的主要部分是电位器。电位器产生一个与踏板位置有关的电压。按存储在控制单元中的传感器特性线，控制单元将电压转换成加速踏板的位移或角度位置。

为诊断和防止出现故障，传感器做成双传感器，即冗余设计。加速踏板传感器是监控系统的组成部分。为识别故障，需要保持两电位的独立信号。有一种形式的传感器工作时只用第二个电位器，它在发动机所有工况下供电，电压大小为另一个电位器（第一个电位器）的一半（图 1-67)。还有一种形式的传感器用怠速开关代替第二个电位器。怠速开关将加速踏板的怠速位置信号传输到控制单元。对有自动变速器的汽车，还使用另一种开关以产生汽车在高挡换低挡时的电信号。

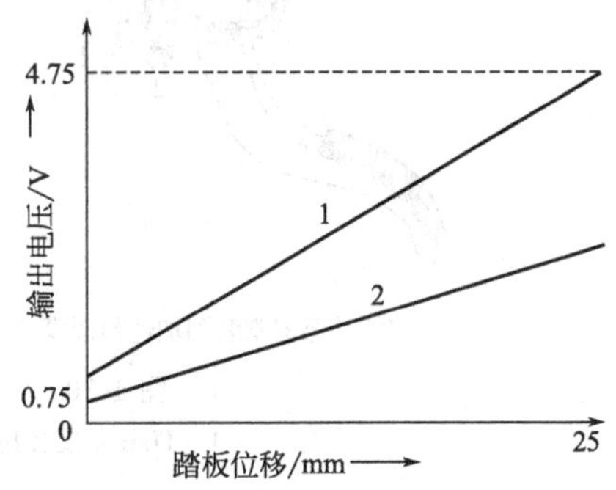

图 1-67　有冗余电位器的加速踏板传感器特性线

1—第一电位器（导向电位器)；2—第二电位器（供电电压为第一电位器供电电压的一半）

(2) Hall 角度传感器　ARS1 (Angle Of Ratation Sensor) 型 Hall 角度传感器是由可动磁铁的基本原理衍生出来的，测量范围约 90°（见图1-68、图 1-69)。

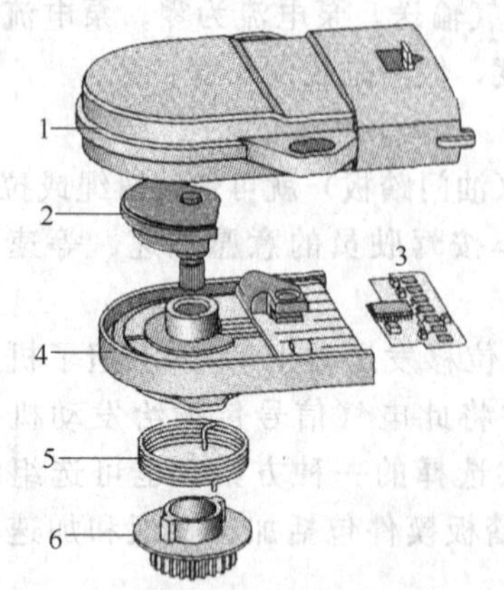

图 1-68　ARS1 型 Hall 角度传感器

1—壳体盖；2—永磁转盘；3—带 Hall 角度传感器的求值电路；4—壳体下部；5—回位弹簧；6—齿轮连接件

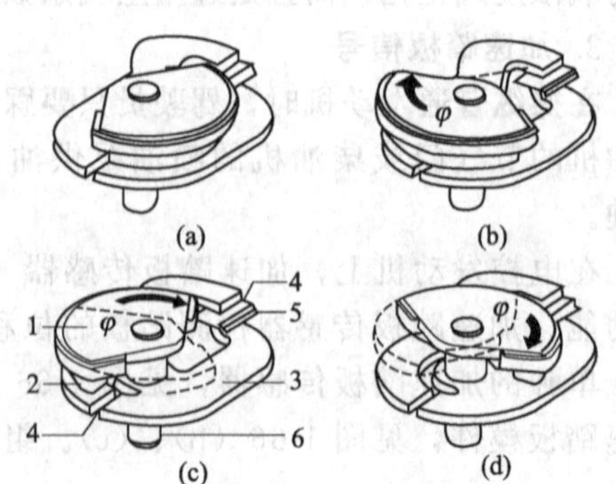

图 1-69　ARS1 型 Hall 角度传感器在不同角度位置时的结构

1—永磁转盘；2—极靴；3—导磁体；4—空气隙；5—Hall 角度传感器；6—软磁轴；φ—转角

半环形的永磁转盘 1（图 1-69）的磁通密度经极靴 2、两个导磁体 3 和软磁轴 6 返回到永磁转盘 1。按转角位置，磁通密度或多或少穿过两导磁体。Hall 角度传感器就放在导磁体中，这样可使 Hall 角度传感器在测量范围内得到线性的特性线。

ARS2 型 Hall 角度传感器是没有软铁导磁体的简单式 Hall 角度传感器（见图 1-70）。磁铁围绕 Hall 传感器做圆弧转动。因为传感器产生的正弦波形特性线只在较短的线段内才有好的线性，所以常将 Hall 传感器放在圆中心稍偏外一点。这样传感器的特性线就不是正弦波状，但在 180°范围内则有一个长的、好的线性段。

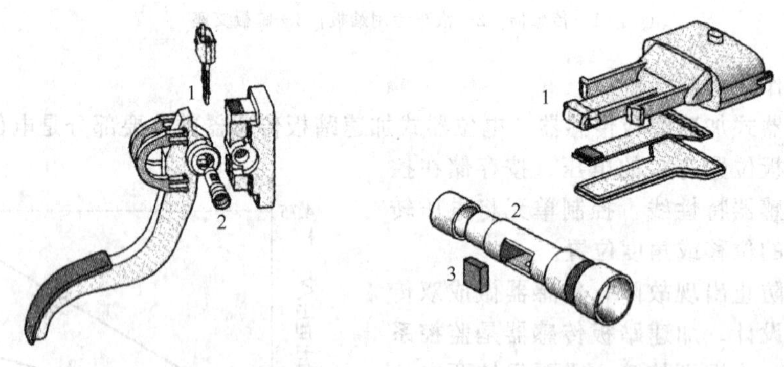

(a) 传感器安装到加速踏板模件上　　(b) 各部件

图 1-70　ARS2 型 Hall 角度传感器

1—Hall 角度传感器；2—加速踏板轴；3—磁铁

4. 电子控制单元（ECU）

（1）电子控制单元的硬件　ECU 主要由输入回路、微机和输出回路组成，如图 1-71 所示。

电子控制单元的功能有以下几个方面：给传感器提供参考（基准）电压（2V、5V、9V、12V）；接收传感器或其他装置输入的信息，将输入的信息转变为微机所能接收的信号；存储分析计算所用的程序、车型的特点参数、运算中的数据及故障信息；运算分析，即根据信息参数求出执行命令并输出给执行器；将输出的信息与标准值对比，查出故障并输出

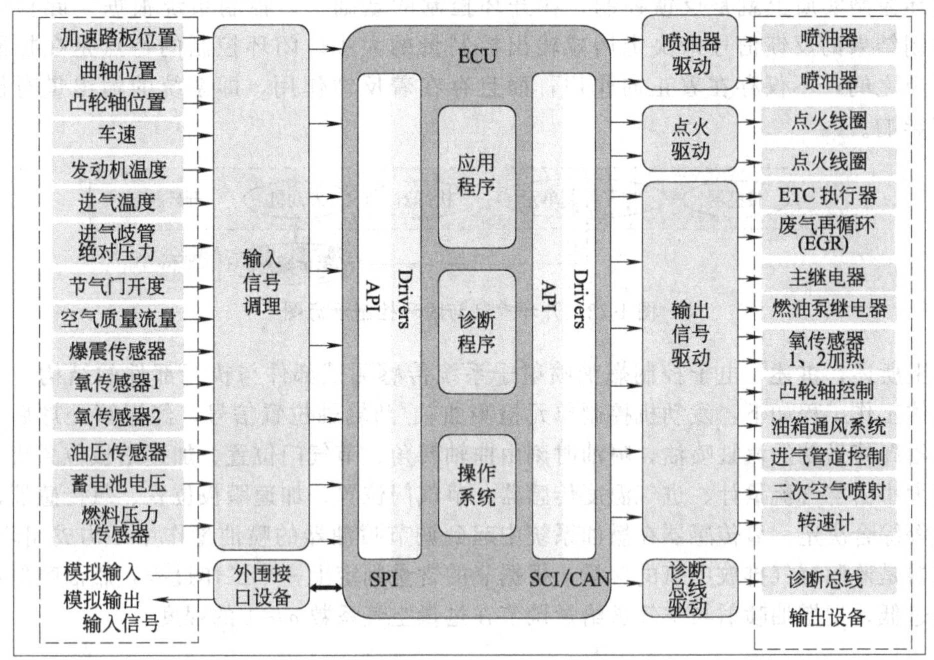

图 1-71 ECU 组成

故障信息；自我修正（自适应功能）。

(2) 电子控制单元的软件　软件包括控制程序和数据两部分。控制软件大多数采用模块化结构，将整个控制系统的程序分成若干个功能相对独立的程序模块，每个模块分别进行设计、编程和调试，最后将调试好的程序模块连接起来。这种结构方式可使程序设计和调试容易，修改变动方便，可按需要进行取舍。

软件中最主要的是主控程序。主控程序可根据使用和控制要求设定内容。主控程序的主要任务是整个系统初始化、实现系统的工作时序、控制模式的设定，常用工况及其他各工况模式下喷油信号和点火信号输出程序。软件中还有转速和负荷的处理程序、中断处理程序、查表及插值程序等。

为了能对发动机进行最优控制，应在发动机台架、排放转鼓试验台和道路上进行匹配试验，得到基本喷油量和基本点火提前角的三维图，以及其他为匹配各种运行工况而确定的修正系数、修正函数和常数等，都以离散数据的形式存在存储器中，作为控制的依据。

(3) 工作过程　发动机启动时，ECU 进入工作状态，某些程序从 ROM 中取出进入 CPU。这些程序可以用来控制燃油喷射、点火时刻、怠速等。通过 CPU 的控制，一个个指令逐个地进行循环执行。

根据发动机工况的需要，ECU 有开环控制和闭环控制两种控制方式（图 1-72）。

① 开环控制　发动机工作时，ECU 根据传感器的信号对执行器进行控制，而控制的结果（如燃烧是否完全、怠速是否稳定、是否有爆燃发生等）是否达到预期目标无法做出分析，控制的结果对控制过程没有影响，这种控制方式称为开环控制。开环控制的特点是在控制器与被控对象之间只有正向控制作用而没有反馈控制作用。

② 闭环控制　由上述可知，开环控制系统调整空燃比和点火提前角的准确程度受到发动机技术状况和控制程序及数据的限制。另外，开环控制系统无法将影响空燃比和点火提前角的其他控制参数一一兼顾，因此很难达到精确的控制。

闭环控制实质上就是反馈控制。在开环控制的基础上，控制系统根据实际检测到的开环控制结果的反馈信号来决定增减输出控制量的大小。闭环控制的特点是在控制器与被控对象之间，不仅存在着正向作用，而且存在着反馈作用，即系统的输出量对控制量有直接影响。

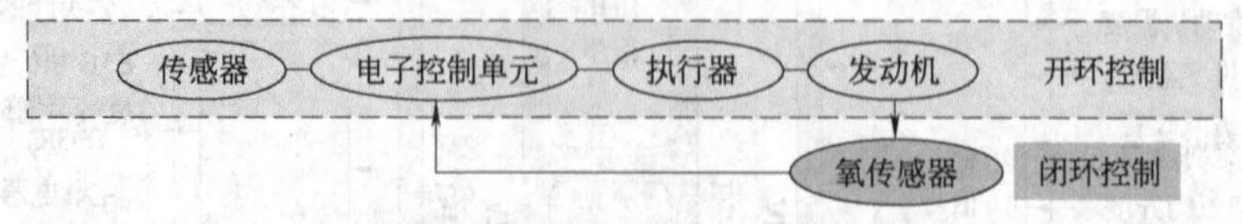

图 1-72 开环控制与闭环控制示意图

综上所述，讲述了电子控制燃油喷射子系统传感测试部件与执行部件的结构、工作原理，具体工作工程如下：发动机控制单元检测曲轴/凸轮轴位置信号，经运算处理后，驱动喷油器给即将做功的汽缸喷油，喷油时刻由曲轴转角、节气门位置、加速踏板位置决定，喷油量的大小由空气流量计、进气温度传感器、节气门位置、加速踏板位置、氧传感器、水温传感器等综合决定，氧传感器在燃油系统中起到调节喷油器的喷油量作用，构成闭环控制，氧传感器是监测尾气排放中氧的含量，根据氧的含量判定上一个工作过程，燃油喷射量的过高还是过低，把燃油喷射与空气进给量调节在过量空气系数 $\alpha=1$ 的程度。

第三节 点火闭环控制子系统

一、点火系统发展概况

发动机点火系统的发展经历了传统点火系统（有触点）、晶体管点火系统（无触点）和电子控制点火系统（微机控制）三个发展阶段。20 世纪 70 年代，美国 GM 公司采用了集成电路（IC）点火装置，高能点火（HEI）系统，并在分电器内装上点火线圈和点火控制线路，力图将点火系统做成一体，这种电路具有结构紧凑、可靠性高、成本低、耗电少、不需冷却、响应性好等特点。后期又采用数字式点火时刻控制系统，称为迈塞（MISAR）系统。该系统体积小，由中央处理器（CPU）、存储器（RAM/ROM）和模/数（A/D）转换器等组成。系统可根据输入的冷却液温度、转速和负荷等信号，计算出最佳点火时刻。美国克莱斯勒公司首先创立了模拟计算机对发动机点火时刻进行控制的控制系统。

传统的点火系统，其点火时刻的调整是依靠机械离心式调节装置和真空式调节装置完成的，由于机械的滞后、磨损及装置本身的局限性，故不能保证点火时刻在最佳值。而用 ECU 控制的点火系统，则可方便地解决以上问题。因为用微机可考虑更多的对点火提前角影响的因素，使发动机在各种工况下均能达到最佳点火时刻，从而提高发动机的动力性、经济性、改善排放指标。ECU 控制的点火系统是随着电子技术的进步而发展起来的一门新技术，也是汽车电子化的必然趋势。

二、电子控制点火系统的组成

电子控制点火系统主要由传感器、电脑（ECU）和点火执行器三部分组成，如图 1-73 所示。

(1) 除电子控制燃油喷射系统所用的传感器外，在闭环控制电子点火系统中还需增加爆震传感器。

(2) 点火控制是发动机电脑（ECU）的主要功能。ECU 接收各种传感器送来的信号，

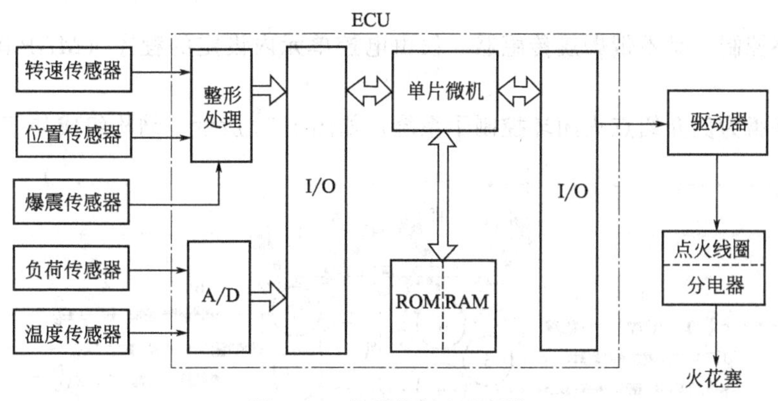

图 1-73 电子控制点火系统

经过数据处理后可向点火执行器（点火控制模块或点火线圈）发出控制信号，实现各缸的顺序点火和点火正时控制。发动机电脑对点火系统的控制主要包括点火提前角控制、闭合角控制（通电时间控制）和爆震控制。

(3) 点火控制模块作为电子点火系统的执行元件，由它驱动点火线圈工作实现点火。通常具有缸序判别、闭合角控制、基本点火正时控制、转速信号输出、安全信号反馈等功能。

三、电子控制点火系统的分类

1. 按有无分电器分

(1) 有分电器式电子控制点火系统 主要由点火开关、点火线圈、分电器、高压线、火花塞、发动机转速/转角传感器、曲轴位置传感器、爆震传感器、发动机电脑和点火控制模块等组成。

(2) 无分电器式电子控制点火系统（又称直接点火系统） 是在有分电器式电子控制点火系统基础上取消了分电器，由发动机电脑或点火控制模块直接控制点火线圈，实现火花塞点火的点火系统。该系统又可分为二极管配电和点火线圈配电两种方式。如图 1-74 所示。

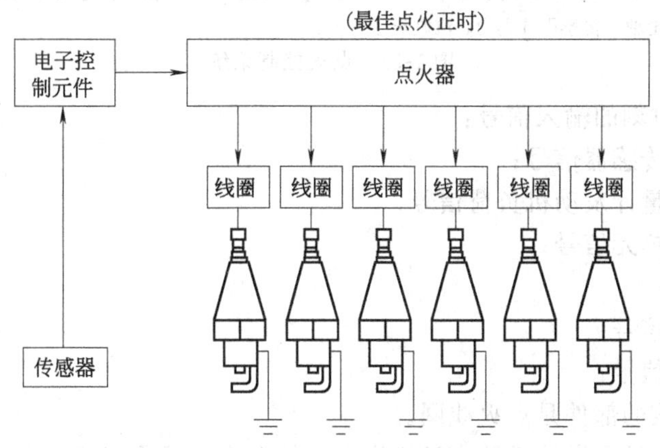

图 1-74 无分电器点火系统结构

随着无分电器式电子控制点火系统的出现，有分电器式电子控制点火系统已淘汰。

2. 按控制方式分

(1) 闭环控制 是带有爆震传感器，能根据发动机是否发生爆震及时修正点火提前角的点火系统。

（2）开环控制 是不带爆震传感器，仅由电控单元内设定的程序（MAP 图）控制点火的点火系统。

下面以辉腾为例介绍点火闭环控制子系统，如图 1-75 所示，结构组成如下。

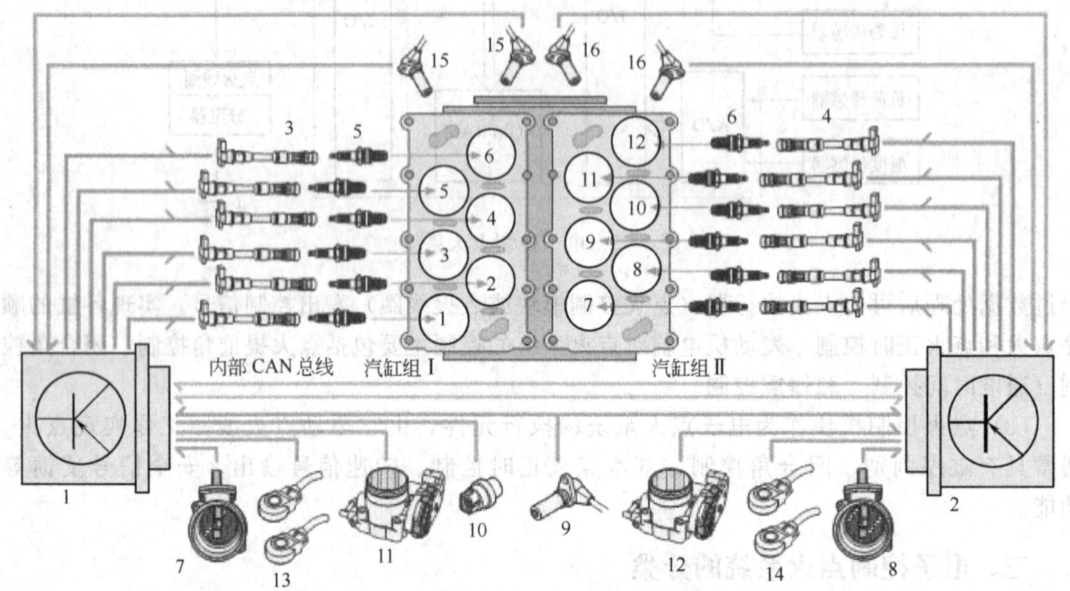

汽缸组Ⅰ

1—发动机控制单元 1

3—汽缸组 1 带输出级的单火花点火线圈

5—汽缸组 1 火花塞

7—带进气温度传感器的空气质量流量计 1

9—发动机转速传感器

10—温度传感器

11—节气门控制单元 1，汽缸组Ⅰ

13—爆震传感器 1 与 2，汽缸组Ⅰ

15—霍尔（凸轮轴）传感器 1 与 3，汽缸组Ⅰ

汽缸组Ⅱ

2—发动机控制单元 2

4—汽缸组Ⅱ带输出级的单火花点火线圈

6—汽缸组Ⅱ火花塞

8—带进气温度传感器的空气质量流量计 2

9—发动机转速传感器

12—节气门控制单元 2，汽缸组Ⅱ

14—爆震传感器 3 与 4，汽缸组Ⅱ

16—霍尔（凸轮轴）传感器 2 与 4，汽缸组Ⅱ

图 1-75 点火控制系统

用于计算点火时刻的输入信号：

① 发动机转速传感器信号；

② 空气质量流量计发动机负荷信号；

③ 节气门控制单元信号；

④ 冷却液温度；

⑤ 爆震传感器信号；

⑥ 霍尔传感器信号；

点火控制装置核的部件是点火线圈。

发动机转速等信号在燃油系统中已经讲解，故在本处不再叙述。点火闭环控制系统指的是带有爆震传感器的点火系统，可对点火时刻进行调节。

四、爆震控制

爆震控制是发动机 ECU 根据爆震传感器提供的爆震信号的强度和频度相应地推迟点火

时间，防止爆震发生的控制。

爆震是汽油机运行过程中产生的一种最有害的故障现象。爆震会使气体强烈振动，产生噪声；也会使火花塞、燃烧室、活塞等机件过热，导致发动机相关机件损坏。为了最大限度地发挥汽油机的潜能，应把点火提前角控制在接近临界爆震点，因此必须对点火提前角进行爆震反馈控制。

爆震传感器实质就是振动传感器，用于检测发动机有无爆燃发生，检测方法有三种：一是检测汽缸压力；二是检测发动机振动；三是检测燃烧噪声。如汽车发动机出现不正常的爆震燃烧。爆震由传感器检测并转换成电信号输入到控制单元。通常在 4 缸直列发动机上装 1 个爆震传感器，5 缸、6 缸发动机上装两个，8 缸、12 缸发动机上装两个或多个。爆震传感器安装在发动机的缸体上部。

爆震传感器分为磁致伸缩式和压电式两种类型。

1. 磁致伸缩式爆震传感器

(1) 结构　磁致伸缩式爆震传感器的外形和结构如图 1-76 所示。它由高镍合金材料的磁芯、永久磁铁、感应线圈和壳体等构成。

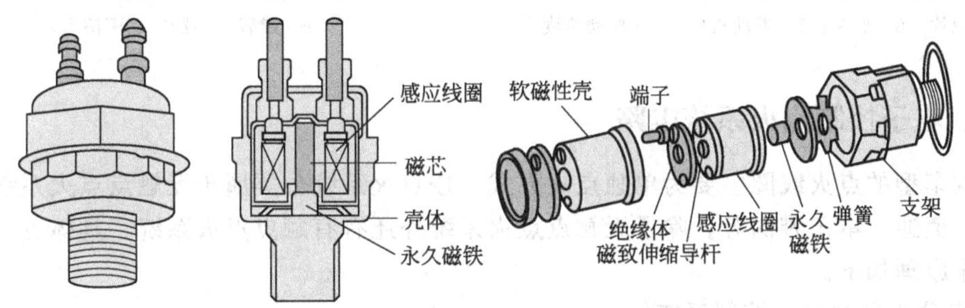

图 1-76　磁致伸缩式爆震传感器

(2) 工作原理　当机体振动时，磁芯受到机体振动的影响，在传感器内产生轴向振动，使通过感应线圈的磁通量发生变化，产生感应电动势。传感器输出电压信号的大小与发动机振动的频率有关，当传感器与发动机缸体产生共振时，传感器的输出电压将达到最大值，ECU 根据该传感器的输出电压，就可以判断出发动机是否产生了爆震。

2. 压电式爆震传感器

(1) 结构　压电式爆震传感器安装在发动机体上，如图 1-77 所示，由压电陶瓷、壳体、插头、发动机体等组成。

(2) 工作原理　传感器内的振动质量 2 在振动的激励下由于惯性而产生压力 F，并作用在传感器的环形压电陶瓷 1 上，使陶瓷内部发生电荷移动，在其上下端面形成电压，通过接触片输入到控制单元处理（见图 1-77、图 1-78）。

传感器的灵敏度用单位加速度的输出电压（mV/g）表示。压电传感器的输出电压先在高阻抗的交流电压放大器中放大，再在点火管理系统或 Motronic 发动机管理系统中处理。

大众辉腾 W12 型发动机的每个汽缸组上有两个爆震传感器，它们连接在曲轴箱上。所有连接插头与插座都带有色标，以避免将传感器与发动机线束中的插头混淆。利用霍尔信号，爆震信号被选择性地指定给各个汽缸。

若爆震传感器检测到某个汽缸中发生爆震，那么发动机管理系统将改变该汽缸的点火时刻（点火提前角向“滞后”方向调节），直至不再发生爆震。若确认该汽缸中没有继续发生爆震的趋势时，那么控制单元将其点火提前角恢复到最初位置（向“提前”方向调节）。

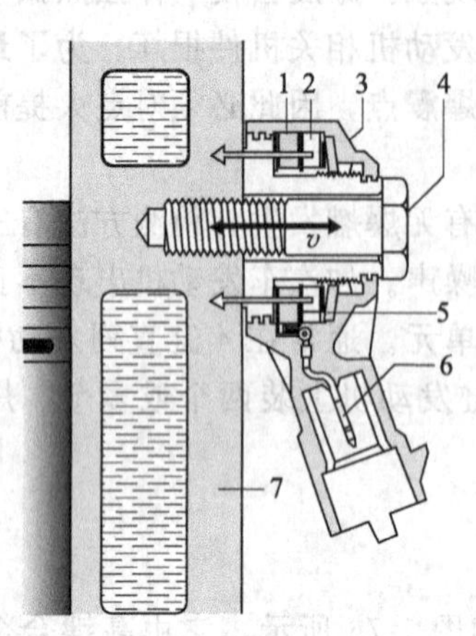

图 1-77 压电式爆震传感器的结构与安装

1—压电陶瓷；2—振动质量；3—壳体；4—螺钉；5—接触片；6—插头；7—发动机体；v—振动速度

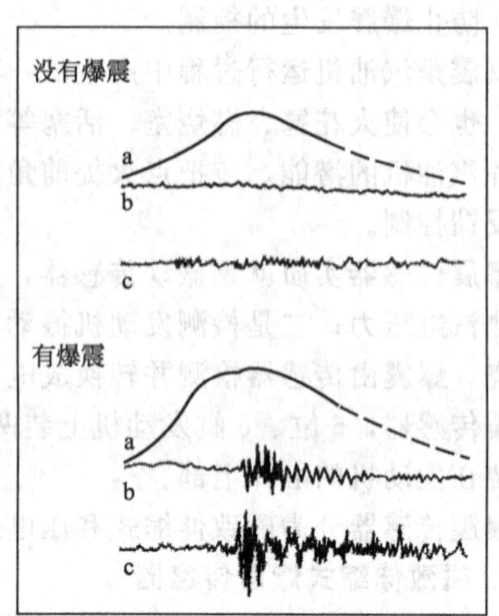

图 1-78 爆震传感器的电压信号

a—缸内气体压力；b—滤波的压力信号；c—爆震传感器的电压信号

五、电子控制点火系统电路

新款车型的点火线圈主要为单独点火方式。按点火系统分类属于无触点点火系统，如大众迈腾、奥迪、本田雅阁等。除了无触点点火系统外还有有触点点火系统。具体点火系统结构与工作原理如下。

1. 有分电器式点火控制系统

有分电器式点火系统电路如图 1-79 所示。

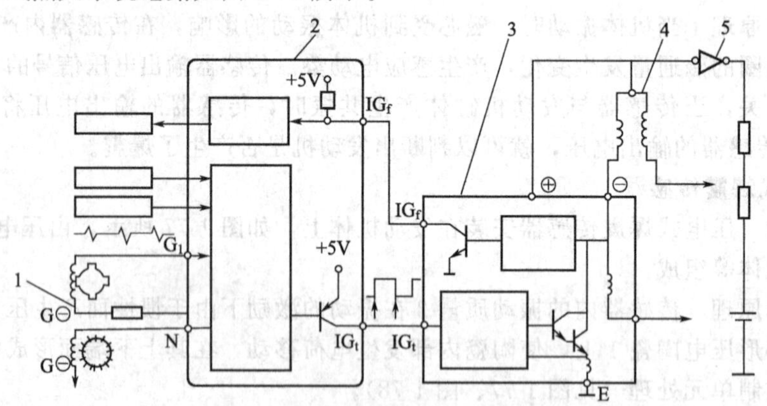

图 1-79 有分电器式点火系统电路

1—信号发生器；2—ECU；3—点火控制器；4—点火线圈；5—点火开关

ECU 根据各输入信号，确定点火时刻，并将点火正时信号 IG_t 送至点火器，当 IG_t 信号变为低电平时，点火线圈一次侧被切断，二次线圈中感应出高压电，再由分电器送至相应缸火花塞点火。

为了产生稳定的二次侧电压和保证系统的可靠工作，在点火器中设有闭合角控制回路和点火确认信号（IG_f）安全保护电路。

2. 无分电器的点火控制系统

无分电器的点火控制系统有二极管分配式和点火线圈分配式两大类。

(1) 二极管分配式　二极管分配式无分电器点火系统采用同时点火方式，工作原理如图1-80所示。

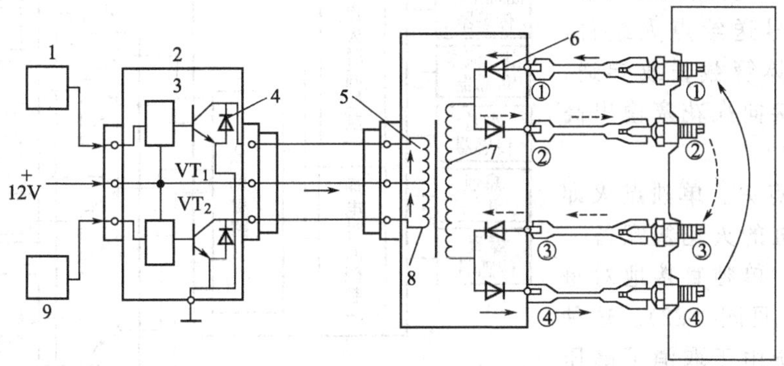

图1-80　二极管分配式同时点火的无分电器点火系统工作原理图

1—1、4缸触发信号；2—电子点火控制器；3—控制部分；4—稳压器；
5,8——一次线圈；6—高压二极管；7—二次线圈；9—2、3缸触发信号

点火顺序为①-③-④-②的四缸发动机，当ECU接收到曲轴位置传感器相应信号时，向点火控制器发出点火信号，点火控制器的控制回路使VT_1截止，一次线圈5中的电流被切断，在二次线圈中感应出下“+”上“-”的高压电，经④缸和①缸火花塞构成回路，两个火花塞均跳火，此时①缸接近压缩终了，混合气被点燃，而④缸正在排气，火花塞点空火。曲轴转过180°后，ECU接收到传感器信号后再次向点火控制器发出触发信号，VT_2截止，一次线圈8中电流被切断，二次线圈感应出上“+”下“-”的高压电，并经②缸和③缸火花塞构成回路，同时跳火，此时③缸点火做功，②缸火花塞点空火。依次类推，发动机曲轴转②圈，各缸做功一次。

(2) 点火线圈分配式　点火线圈分配式无分电器点火系统是将来自点火线圈的高压电直接分配给火花塞，有同时点火和单独点火两种形式。

① 同时点火。同时点火即用一个点火线圈对到达压缩和排气上止点的两个汽缸同时实施点火，处于压缩的一缸，混合气被点燃而做功，正在排气的另一缸火花塞点空火（见图1-81）。

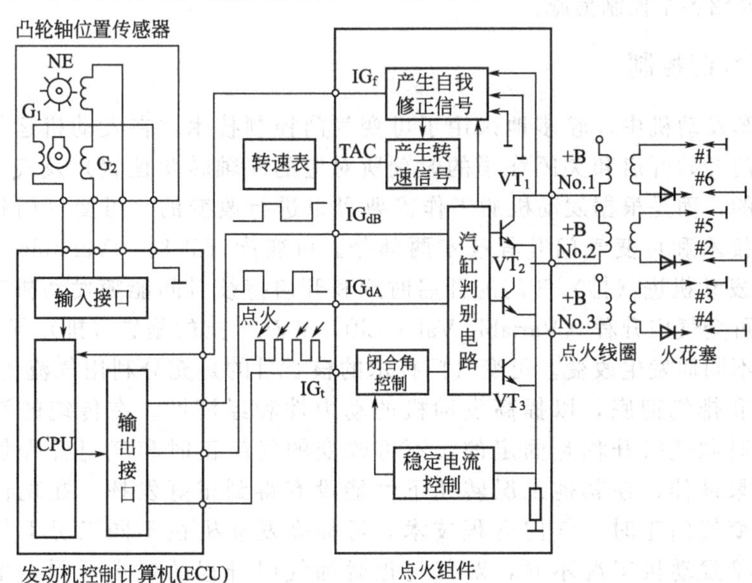

图1-81　点火线圈分配式同时点火的无分电器点火系统

ECU根据凸轮轴位置传感器信号，选择相应点火的汽缸，并将点火信号送给点火组件，使相应的晶体管截止或导通，点火线圈直接向火花塞输出高压电。

② 单独点火。单独点火即为每一个汽缸的火花塞配备一个点火线圈，单独直接地对每个汽缸点火（见图1-82）。这种单独点火系统由于取消了高压线，能量损失小，效率高，电磁干扰少。

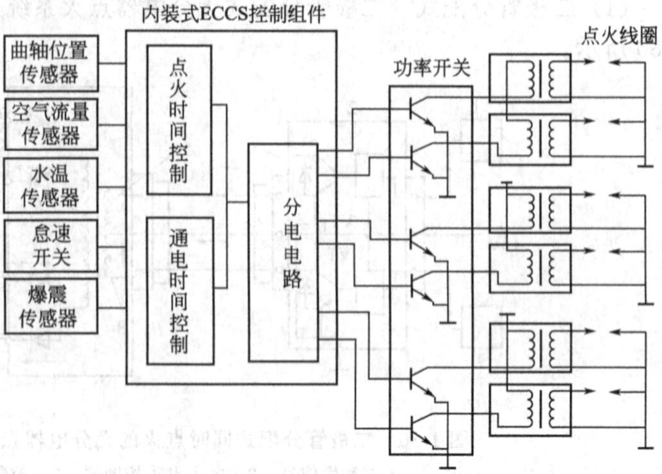

图1-82　单独点火式无分电器点火系统

综上所述，电子点火子控制系统的工作过程如下：发动机控制单元检测曲轴/凸轮轴位置信号，经运算处理后，将高压电传递给火花塞，给即将做功的汽缸点火。点火时刻由曲轴转角、节气门位置、加速踏板位置等信息输入发动机控制单元，与发动机控制单元中存储的图谱比较，发动机控制单元也将输入信号考虑在内。爆震传感器在点火系统中起到调节点火时刻的作用，构成闭环控制，爆震传感器是监测汽缸内部可燃混合气燃烧的爆震情况，若超出爆震控制值，则爆震传感器将此信号传递给发动机控制单元，发动机控制单元将根据此信号来调节点火时刻，控制可燃混合气点燃时刻，从而控制爆震。

第四节　充气效率控制子系统

在不改变发动机容积的情况下，增加进入汽缸的空气量，提高充气效率是提高发动机动力性、经济性的有效途径，充气效率控制有以下措施：可变气门、谐波增压、废气涡轮增压。下面详细介绍各个控制措施。

一、可变气门控制

在现代汽车发动机中，较多地采用了可变气门控制技术，在发动机运行过程中，气门正时（指气门开始开启和关闭终了的时刻所对应的曲轴转角位置）及气门升程规律并不是始终固定的，而是根据发动机的工作需要可以进行改变的。可变气门控制技术包括可变配气正时技术和可变气门升程技术两部分。可变配气正时（Variable Valve Timing，VVT）指的是发动机进（排）气门的开启时刻和开启持续时间能随发动机工况的不同而发生改变；而可变气门升程（Variable Valve Lift，VVL）指的是进（排）气门的升程能随发动机工况的不同而发生改变。可变气门技术的核心目的是充分利用气流的惯性和压差，实现进气充分和排气彻底，以提高发动机的动力性和经济性。在传统的汽车发动机运行中，气门正时和气门升程是固定的，不可改变的气门正时和气门升程仅在某一工况转速范围内效果最佳，在其他工况转速下性能没有得到很好发挥。在现代发动机生产中，采用了可变气门正时、气门升程技术，可提高发动机在不同工况下的经济性、动力性，其原因是发动机工况不同，对气门正时和气门升程的要求不同，主要表现在以下几个方面。

第一，在发动机转速较高时，希望进气门提早开启（增大开启相位角）、推迟关闭（增大关闭延迟角），提高充气量，提高发动机功率。另一方面，进排气门早开晚关，使气门重叠角增大，特别是在中等负荷时，有更多的废气可以进入进气管，随同新鲜气体进入汽缸，可提高排气再循环，有利于降低 NO_x 的排放和降低油耗。

第二，在发动机转速较低时，如果仍像高速那样使进气门提早开启、延迟关闭，则会造成气门重叠角过大，可使大量废气进入进气管，将会导致发动机怠速不稳。因此在低速时，希望进气门相对延尺开启，提早关闭，能有效提高发动机转矩、降低油耗和改善启动性能，提高怠速稳定性，减少新鲜混合气窜入排气管的数量，有利于减少 HC 的排放。

第三，气门升程大小，也希望能随发动机转速和负荷变化而变化，一般是高转速、大负荷时气门升程大，减少气门节流损失，提高充气效率和燃油经济性；在转速低、小负荷时，则希望气门升程减小，因为此时不必减少节气门开度便能减少进气量，从而减少进气管泵气损失，同时有利于增强进气涡流强度、加速燃烧、改善冷启动和降低油耗。

由上可知，现代汽车发动机采用可变气门电子控制后，能根据发动机性能优化的要求，在发动机中、低转速和高转速状态下，适时地改变气门正时和气门升程，有利于更好地发挥汽油发动机的性能。

1. 本田车系的 VTEC 机构

轿车可变气门控制机构（variable valve& valve lift electronic control，VTEC），意为可变气门正时与升程电子控制。VTEC 机构可同时改变配气相位和气门升程，使发动机在低、高速均有良好的动力性和经济性。

（1）结构　本田的 VTEC 机构由主进气摇臂、辅助进气摇臂、中间进气摇臂以及正时活塞、同步活塞 A、同步活塞 B、油压控制电磁阀等组成，如图 1-83 所示。两进气门分别由主进气摇臂、辅助进气摇臂以及两单独的不同升程和不同相位的凸轮驱动。主进气摇臂和辅助进气摇臂之间装有中间进气摇臂，中间进气摇臂由中间凸轮驱动，中间进气摇臂不直接与气门接触，但主、辅助、中间进气摇臂三者可以靠同步活塞的移动而联动。中间进气凸轮的升程最大，主进气凸轮次之，辅助进气凸轮最小（最高处略高于基圆）。

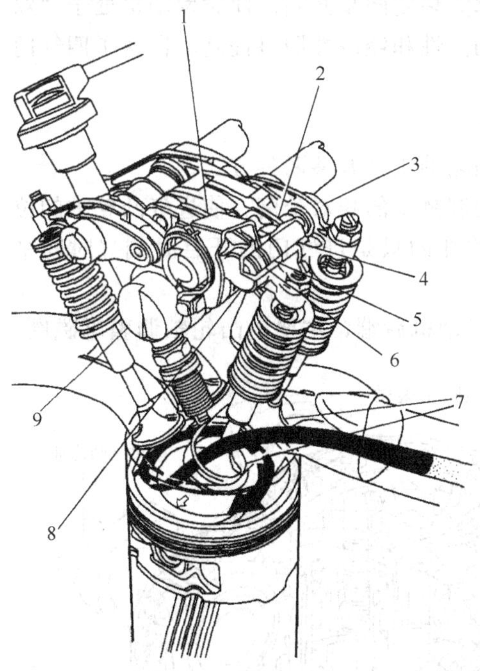

图 1-83　VTEC 结构图

1—正时板；2—中间进气摇臂；3—辅助进气摇臂；4—同步活塞 B；5—同步活塞 A；6—正时活塞；7—进气门；8—主进气摇臂；9—凸轮轴

（2）工作原理

① 发动机低速运转时　当发动机低速运转时，VTEC 电磁阀不工作，油道内只有润滑油压而无控制油压。各摇臂中的活塞都在各自的活塞孔中，各摇臂可以独立摆动。主、次进气门分别由主进气凸轮和辅助进气凸轮通过主进气摇臂和辅助进气摇臂单独驱动。中间进气摇臂处于“空摆”状态，不起作用。此时只有主进气门以正常的升程工作，辅助进气门只处在稍微开启状态，以防止双孔喷油器喷出的燃油积聚在气门口处而不能进缸。故低速运转时，发动机处于“单进双排”的气门工作状态，如图 1-84 所示。由于是单气门进气，进气涡流强度大，有利于提高充气效率，保证低速工作的平稳性和净化性。

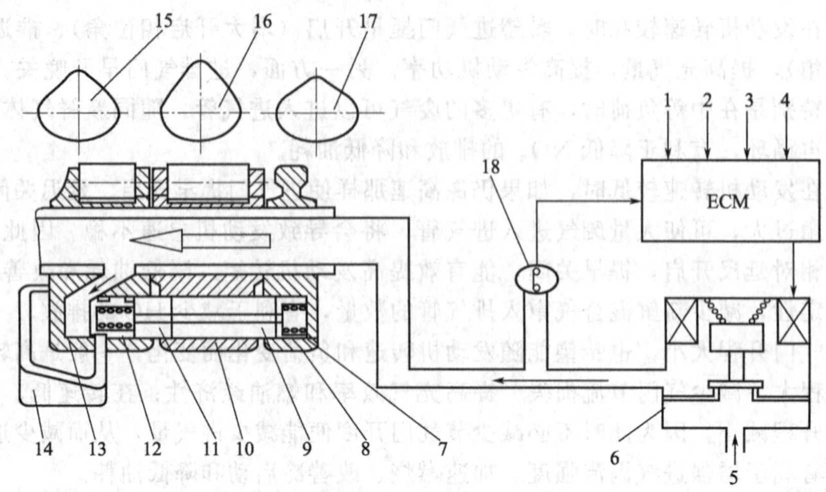

图 1-84 VTEC 机构工作原理图

1—发动机转速；2—发动机负荷；3—发动机冷却水温；4—车速；5—主油道油压；6—VTEC 电磁阀；7—止动活塞；8—辅助进气摇臂；9—同步活塞 B；10—中间进气摇臂；11—同步活塞 A；12—正时活塞；13—主进气摇臂；14—正时板；15—主进气凸轮；16—中间进气凸轮；17—辅助进气凸轮；18—油压报警开关

② 发动机高速运转时　发动机转速达到 2300～3200r/min、车速高于 10km/h、发动机水温高于 60℃、节气门开度达到 25%以上时，发动机 ECU 控制 VTEC 电磁阀通电而开启液压油道，使油压升高。油压作用在正时活塞上，使同步活塞 A 和 B 朝同一方向移动，将主进气摇臂、中间进气摇臂和辅助进气摇臂连为一体。由于中间进气凸轮的升程最大、相位角最大，因而主、辅进气门在中间进气摇臂带动下都大幅度同步开闭。此时发动机处于“双进双排”的气门工作状态，提高了充气效率，因而动力性和经济性明显提高，保持了四气门发动机的高效率输出。

2. 大众车系可变配气相位（VVT）机构

大众车系可变配气相位可分为链系正时调整和凸轮轴正时调整两种方式。

（1）链条正时调整机构　大众车系是通过油压控制链条的相对长度，使进气凸轮轴的位置相对曲轴转动一个角度（凸轮轴调整）实现的，改变的只是进气门的开启时刻（时间平移），而气门升程不变。

① 结构　大众车系的可变配气相位机构安装在发动机后端，主要由凸轮轴调整电磁阀、电控液压活塞、链条张紧器等组成，如图 1-85 所示。排气凸轮轴由曲轴正时齿带驱动，因而排气门的配气相位不能改变。进气凸轮轴由排气凸轮轴正时齿轮通过正时链条驱动，因而进气门的配气相位可以改变。

② 工作原理　进气凸轮轴的相对位置改变，由 ECU 控制的凸轮轴调整电磁阀，电磁阀通过电控液压活塞位

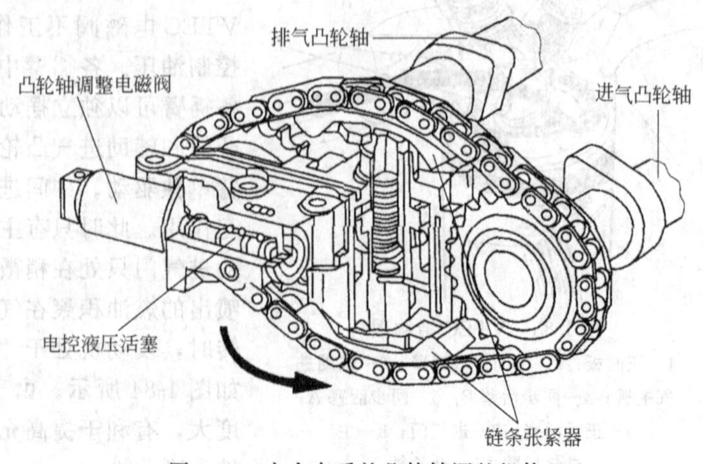

图 1-85　大众车系的凸轮轴调整机构

置的改变将机油压力作用于链条张紧器，从而改变链条的相对长度来完成的，如图 1-86 所示。

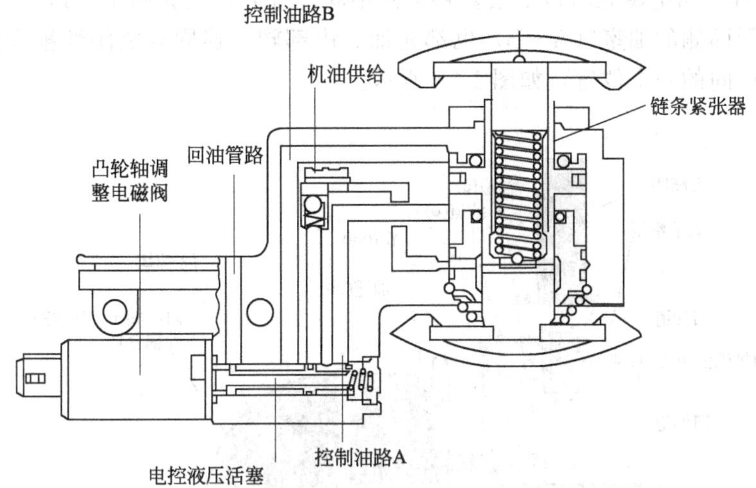

图 1-86 大众车系的凸轮轴调整机构（VVT）的工作原理

凸轮轴调整机构的工作油路与汽缸盖的油道相通，其工作油压为主油道油压。

a. 当发动机转速低于 1300r/min 时，凸轮轴调整电磁阀不通电，控制油路 A 与主油道相通，链条张紧器保持原始位置，配气相位无变化（不调整），避免了混合气回流进气管。此时链条张紧器的位置叫功率调整位置。

b. 当发动机转速大于 1300r/min 时，凸轮轴调整电磁阀通电，电控液压活塞右移，控制油路 B 与主油道相通，链条张紧器在油压作用下向下顶起，使进气凸轮轴相对排气凸轮轴向前转动一个角度，进气门开闭时刻提前角（3°～4°），提高了充气效率。此时链条张紧器的位置叫扭矩调整位置。当发动机转速超过 3600r/min 时调整结束，链条张紧器回到功率调整位置。

（2）凸轮轴正时调整机构　凸轮轴正时调整是通过机油建立液压压力，在电磁阀的控制下，调节进排气门内的内部转子，使凸轮轴位置相对曲轴位置转动一个角度，来实现配气相位的改变。

① 结构　凸轮轴正时调整主要由进气凸轮轴叶轮调节器、排气凸轮轴叶轮调节器、电磁阀等组成，如图 1-87 所示。发动机控制单元通过电磁阀调节凸轮轴位置调节器的供油量，N205 控制进气凸轮轴调节器进油量，N318 排气凸轮轴调节器进油量。

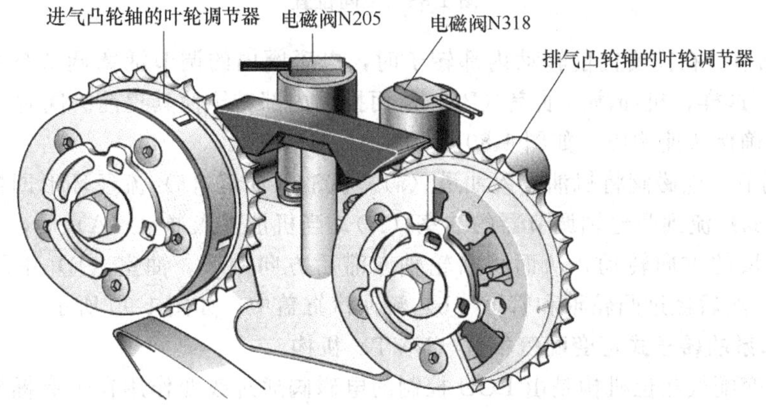

图 1-87 凸轮轴结构

② 工作原理 凸轮轴正时调整由电磁阀调节实现，电磁阀调节分三个过程。

a. 中间位置。当电磁阀将调节活塞移动到中间位置时，会让两个油道（a+b）都充油，而且让内部转子两侧的油室（A+B）也都充油。内部转子连同与之刚性耦合的凸轮轴就会处于调节范围中间的一个位置，如图 1-88 所示。

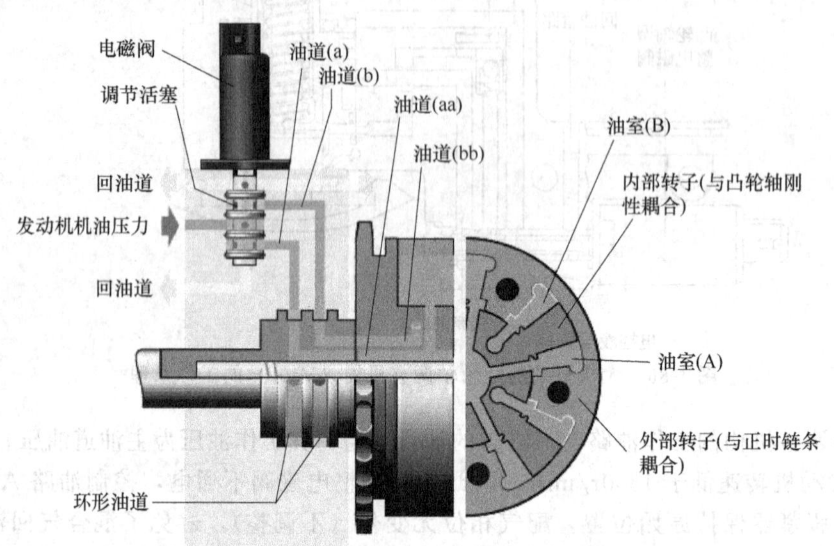

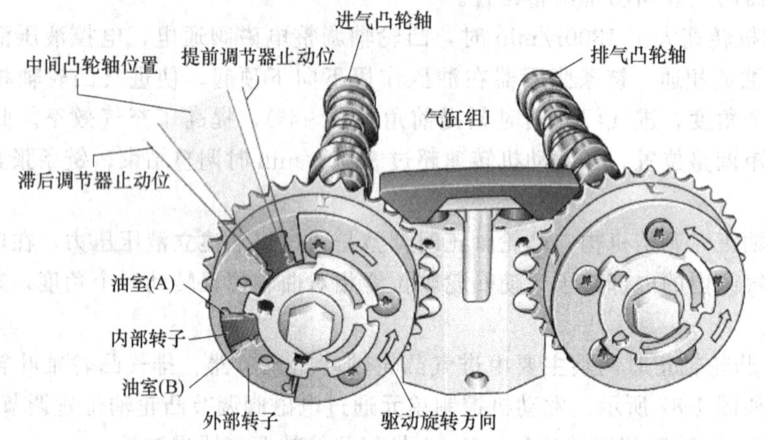

图 1-88 中间位置

b. 提前调节。在需要向前转动内部转子时，电磁阀内的调节活塞调节自身位置，让油道（b）进油。这样，机油流入油室（B），从而推动内部转子使其提前。同时，油室 A 通过电磁阀放油以确保快速响应，如图 1-89 所示。

c. 滞后调节。电磁阀将机油导入油道（a）。机油从油道（a）流经环形凹槽和凸轮轴然后经由小孔（aa）流到凸轮轴调节器的油室（A）。当机油进入油室（A）后，内部转子按照与驱动旋转相反的方向转动，从而将凸轮轴向滞后方向调节。油室（B）中的油通过小孔（bb）被压出。然后经过凸轮轴和管道（b）流回汽缸盖中，如图 1-90 所示。

3. 丰田车系的转子式可变配气相位（VVT）机构

转子式可变配气相位机构是由 ECU 控制的电磁阀通过改变作用在带有螺旋花键的活塞上的机油压力大小，使进气凸轮轴正时齿轮的位置相对于凸轮轴（或曲轴）转动一个角度实

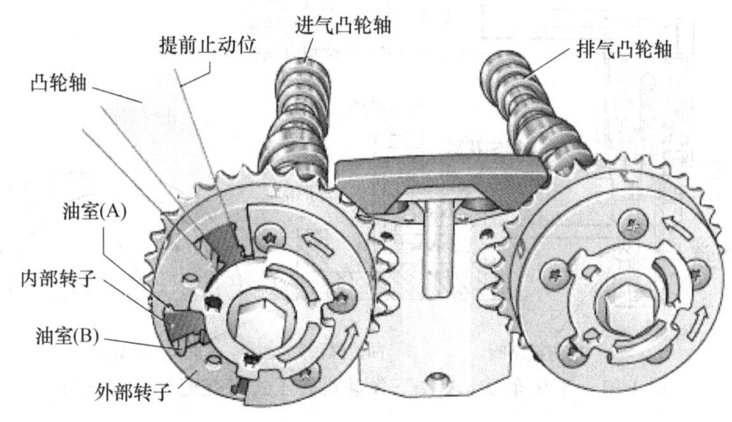

图 1-89 提前调节

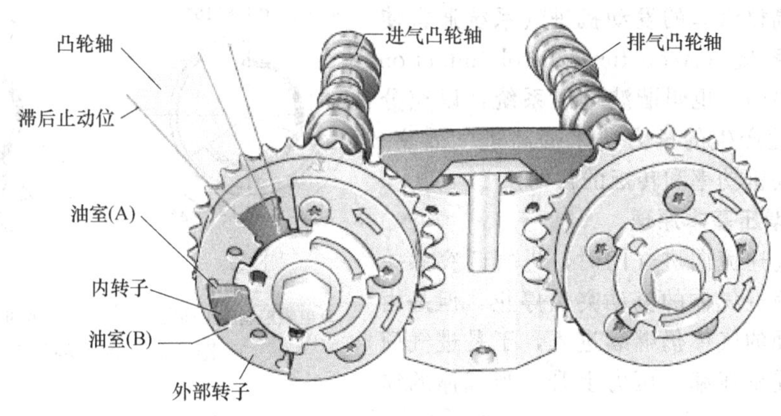

图 1-90 滞后调节

现配气相位调节的。这种调整只是改变进气门开启的早晚（时间平移），而不改变进气门的升程。

(1) 结构　丰田车系的 4A-GE5 发动机的可变配气相位机构安装在进气凸轮轴的前端，主要由电磁控制阀、活塞、回位弹簧等组成，如图 1-91 所示。环形活塞的外表面有直的外花键，并与固定在凸轮轴前端的环形轴套的内花键相配合；环形活塞的内表面则有与凸轮轴旋向相反，并与凸轮轴正时齿轮相配合的螺旋花键。环形活塞轴向移动时与凸轮轴无相对转动，但可驱动正时齿轮相对于凸轮轴转动一个角度从而实现配气相位的调节。

(2) 工作原理　发动机 ECU 根据节气门开度、发动机转速、进气量、冷却液温度等信号，自动地输出指令，驱动电磁控制阀控制油路的通断。

① 怠速时　电磁控制阀不通电，环形活塞左腔与回油道相通。在回位弹簧作用下，环形活塞处在左侧，进、排气门叠开角小（16°）以保持怠速稳定，如图 1-92 所示。

② 当发动机中小负荷时　电磁控制阀通电，环形活塞左腔与主油道相通。在油压作用下，环形活塞右移，凸轮轴相对曲轴向前转动 15°（曲轴转角 30°），实现进气门提前开启和关闭。此时进气门的滞后角变小（40°），保证了发动机的低速扭矩特性。

③ 当发动机大负荷、高转速时　电磁控制阀不通电，环形活塞左腔与回油道相通。环形活塞在回位弹簧作用下处于左侧，此时进气门滞后角加大，保持了发动机的动力性。

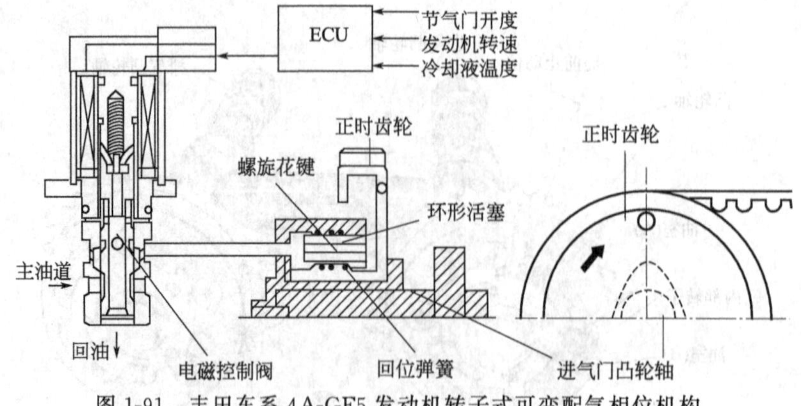

图 1-91 丰田车系 4A-GE5 发动机转子式可变配气相位机构

二、谐波增压

一些中高档汽车的发动机进气系统通常使用声控进气系统（Acoustic Control Induction System，ACIS），也叫谐波增压系统，以充分利用气流惯性产生的压力波来提高进气效率，达到提高发动机功率和转矩的目的。

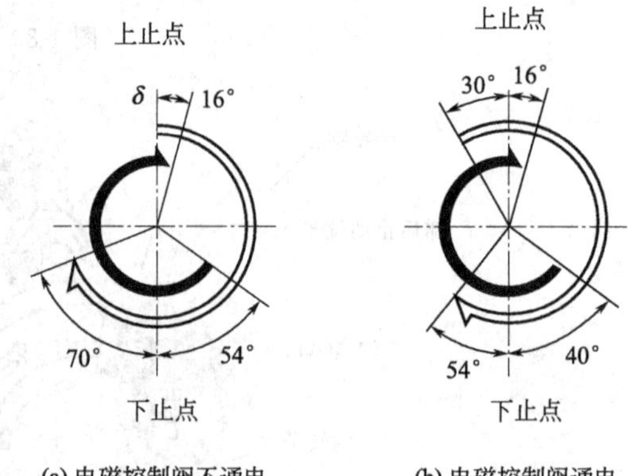

图 1-92 配气相位图

1. 谐波增压基本原理

当气体高速流向进气门时，进气门突然关闭，进气门附近气体的流动突然停止，但是由于惯性，后面的气体仍继续进入，于是进气门附近的气体受到压缩，压力上升。当气体的惯性效应消减后，被压缩的气体开始膨胀，向进气气流的相反方向流动，压力下降。膨胀气体的膨胀波传到进气管口时又被反射回来，于是形成了压力波。

由间断进气而引起的进气压力波动对发动机进气量影响很大，进气管长度、发动机转速等进气系统参数会改变进气压力波的频率，因而适当调整这些参数，可以有效地利用进气管的压力波，以增加充气效率，改善扭矩特性。

试验证明，发动机在不同转速情况下都对应有一最佳的进气管长度和进气管容量。匹配得当，即可获得较高的进气效率。

进气管长度较长时，压力波的波长就长，发动机在中低转速时功率增大。进气管长度较短时，压力波的波长就短，发动机在高速时功率增大。如果能根据发动机的运行工况使进气管长度改变，则可兼顾增大功率和增大转矩两种情况。

按照进气系统固有频率的改变方法不同，可将谐波增压装置分为可变进气管长度（如奥迪 A6）和可变进气管容积（Variable Volume Intake System，VVIS）（如丰田皇冠）两种类型。

2. 奥迪 A6 可变进气管长度谐波增压装置

（1）结构 奥迪 A6 乘用车可变进气管长度谐波增压装置由谐波增压电磁阀、风门、进气歧管长进气道、进气歧管短进气道等组成，如图 1-93 所示。

（2）工作原理 V6 发动机的多路径进气歧管由两节不同长度和不同直径的进气管道合并而成，如图 1-93 所示。发动机低转速时，进气通过细长的管道，有助于提高进气涡流，

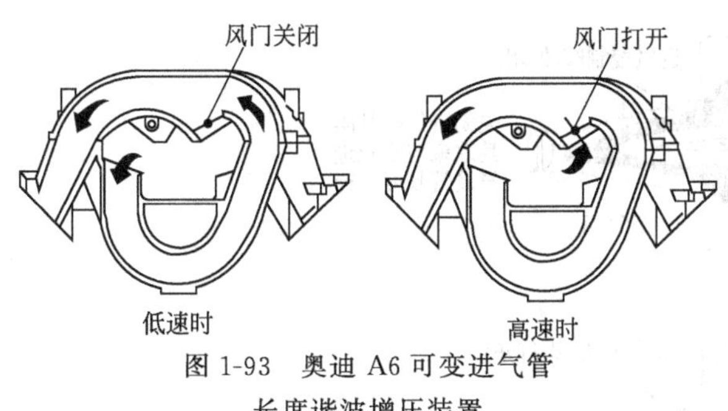

图 1-93 奥迪 A6 可变进气管长度谐波增压装置

增加输出扭矩。发动机高转速时，进气通过粗短的管道，有助于提高充气效率，提高发动机功率。

ECU 根据发动机转速信号，通过谐波增压电磁真空阀控制六个风门的开闭，即可改变进气路径。转速在 4100r/min 及以下时，风门被关闭，使用长管道，获得最大扭矩；转速在 4100r/min 以上时，风门完全打开，进气歧管由长管道转换为短管道，以获得较高的输出功率。

3. 丰田皇冠乘用车可变进气系统容积谐波增压腔系统

(1) 结构 丰田皇冠 2JZ-GE 发动机的可变进气管容积谐波增压系统是由可控进气控制阀（ACIS 阀）、真空拉力器、真空电磁阀（VSV）、真空罐等组成，如图 1-94 所示。进气控制阀将 6 个进气歧管分为两组，怠速和小负荷工况时阀门关闭，中等负荷和大负荷工况时阀门开启。

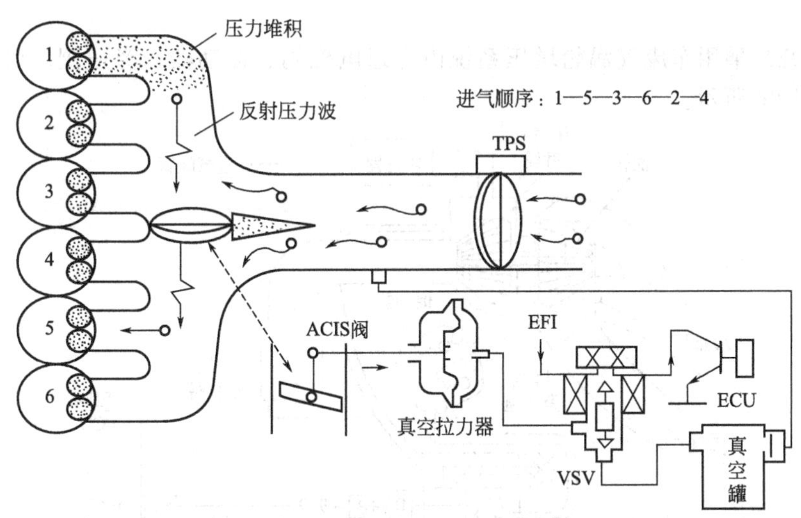

图 1-94 丰田皇冠乘用车 2ZJ-GE 发动机谐波增压系统

(2) 工作原理 可变进气管容积谐波增压系统的进气管长度虽不能改变，但由于在进气管中部增设了一个进气控制阀和真空拉力器，可实现压力波路线长度的改变，从而兼顾了低速和高速的进气增压效果，如图 1-95 所示。

当进气控制阀关闭时，进气管内的脉动压力波传递长度为从空气滤清器到进气门的距离。这一距离较长，进气管路容积小，气流速度高，适用于发动机中低速运行，可形成较强的惯性增压效果。

当进气控制阀打开时，进气脉动压力波传递长度为进气控制阀与各缸进气门之间的距离。这一距离较短，进气管路容积大，可使发动机在高速运行时也能得到较好的惯性增压，其效果与缩短进气歧管长度一样。

三、废气涡轮增压

进气增压是提高发动机动力性、经济性的有效措施之一，已成为发动机技术发展的方向。

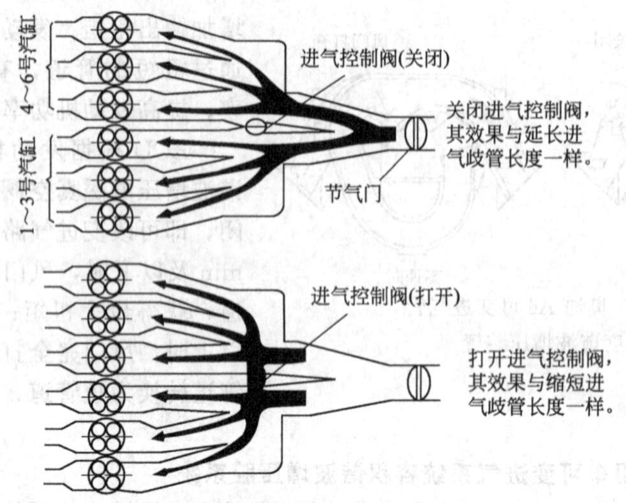

图 1-95 谐波增压系统的工作原理

目前柴油机已基本实现增压化，汽油机增压技术也日益成熟。国产乘用车中采用涡轮增压技术的有宝来、奥迪、帕萨特等。下面以日产 300ZX 乘用车废气涡轮增压系统为例进行介绍。

1. 结构

日产 300ZX 乘用车废气涡轮增压系统由旁通电磁阀、促动器、旁通阀、涡轮增压器等组成，如图 1-96 所示。

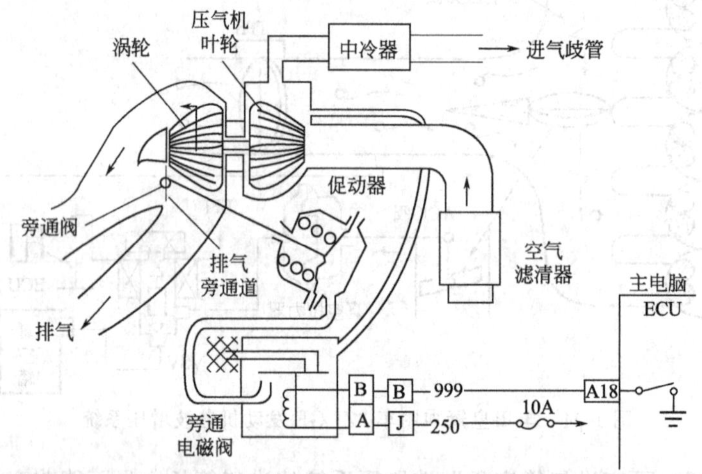

图 1-96 日产 300ZX 乘用车废气涡轮增压系统的组成与工作原理

旁通电磁阀由发动机 ECU 控制，其作用是控制进入促动器的气体压力。

促动器由旁通电磁阀控制，其作用是控制旁通阀的开启和关闭。

旁通电磁阀装在排气通道中，其作用是控制废气流动方向。

涡轮增压器由涡轮、压气机组成，涡轮与压气机叶轮同轴，转速高达 100000r/min。普通轴承不能保证涡轮在如此高速下工作，所以采用浮式滑动轴承。

2. 工作原理

(1) 当 ECU 检测到的进气压力低于 0.1MPa 时，ECU 控制的旁通电磁阀的搭铁回路断开，旁通电磁阀开启，从废气涡轮增压器出口引入的压缩空气，经旁通电磁阀进入促动器。促动器膜片克服弹簧的张力，带动推杆使排气管中的旁通电磁阀关闭。此时全部废气流经涡轮，从而带动压气机叶轮高速旋转，实现进气增压。

（2）当进气压力高于0.1MPa时，发动机在高转速、大负荷下工作时，排气流量大，为防止造成增压器转速过大和增压过高，ECU将旁通电磁阀搭铁回路接通，旁通电磁阀关闭，切断通往促动器的压缩空气。促动器膜片在弹簧作用下带动推杆使旁通电磁阀开启，排气旁通道打开，部分废气不流经涡轮而直接排出，于是增压器转速降低，增压压力下降。

有的车系在涡轮处装有"排气温度传感器"，发动机ECU用废气温度信号控制压比（压气机的出口压力与进口压力之比）的升高，以防止爆燃。

在装有进气歧管绝对压力传感器MAP的系统中，发动机ECU可直接利用MAP信号进行压比控制，而无需另加排气温度传感器。

（3）增压空气的冷却。由于进气增压作用会导致空气温度升高而体积变大，反而使实际进气量减少，影响进气效果，因此在进气增压系统中，通常都装有中冷器，可对增压的空气进行冷却，以提高充气效率。

第五节 废气排放控制子系统

汽油是有特殊的芳香气味、易挥发、易燃的无色液体，主要成分为C_4～C_{12}脂肪烃和环烃类，并含少量芳香烃、硫化物和铅。燃烧后除生成CO_2和H_2O外，还有CO、HC、NO_x、铅化物和二氧化硫等，而后面的几种排放物会对环境造成污染，对人体造成危害。

一、发动机排放污染物的生成及影响因素

汽车排放污染物主要包括发动机排气、曲轴箱废气和汽油蒸气三个方面。在采用排放控制系统之前，发动机排气污染大约占总污染的65%左右；曲轴箱排放污染占20%左右；汽油蒸气排放污染占15%左右。

1. 发动机工作后所排出的废气

发动机工作后所排出的废气中，主要有CO、HC、NO_x三种有害成分，其排放量与空燃比的关系如图1-97所示。

（1）一氧化碳（CO） CO是可燃混合气在空气量不足时，不完全燃烧的产物。当空燃比在16以上时，CO的浓度变化不大；当空燃比小于16时，CO的浓度急剧增加。

（2）碳氢化合物（HC） HC也是可燃混合气不完全燃烧的产物（即有未燃的，也有燃料分解的产物）。在空燃比约为17时，HC浓度有一个最低值。大于或小于17，HC的浓度均增加。HC主要来自汽缸里的冷激边界层。当火焰燃烧扩展到汽缸壁，在紧靠缸壁附近的混合气由于壁面的冷却，可能使火焰完全熄灭，激冷层的混合气因为不能完全燃烧而卷入排气，造成HC浓度大为增加。此外，油箱和供油管路接头处的汽油蒸发也是造成HC浓度增加的原因之一。

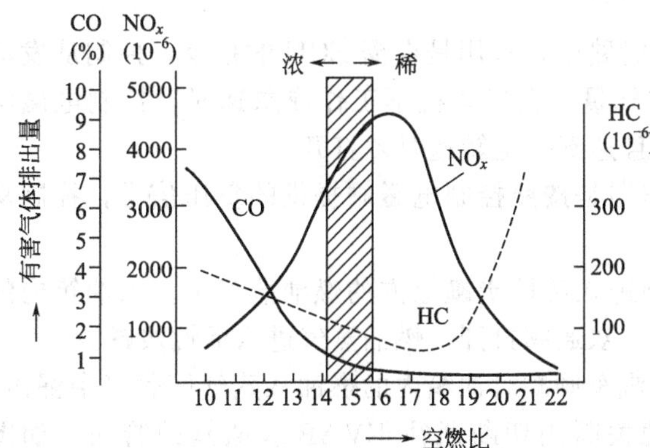

图1-97 空燃比与排气污染物排放量的关系

（3）氮氧化物（NO_x） NO_x是空气中的N_2和O_2发生化学反应的产物。NO_x是在高温多氧的条件下产生的，其生成量取决于混合气成分、反应温度和反应时间。空燃比在16附近时NO_x生成量最多。火焰温度越高，反应时间越长，

NO_x 生成量就越多。

(4) 铅化物排气中的铅化物主要是由于使用含铅汽油造成的。

试验证明，发动机怠速时 CO 的排放量最多，NO_x 最少；行驶时，NO_x 排放量最多，HC 最少；加速时，各种有害气体的排放量都增加，其中 NO_x 的增加最显著；减速时，NO_x，最少，HC 却显著增加。

2. 曲轴箱窜气

在发动机压缩和做功行程，可燃混合气或废气经活塞环、汽缸间隙窜入曲轴箱中，易稀释机油、产生热分解，导致机油变质、生成油泥和积炭等。同时降低发动机的润滑性能，使汽车零件加速磨损，易引起活塞环卡死，造成拉缸。由于废气的窜入使曲轴箱内压力升高，容易造成曲轴和凸轮轴油封的漏油。

窜气的主要成分是 HC，占 70%～80%，剩下的 20%～30%是 CO、CO_2、NO_x、PbO_2 等。

3. 汽油蒸气

汽油蒸气的主要成分是 HC。环境温度升高时，油箱内燃油蒸气膨胀、顶开油箱的蒸气阀而排入大气，若不回收汽油蒸气，将造成严重的大气污染。此外，汽油泵、燃油管等接头处渗出的汽油蒸气也会造成大气污染。

二、发动机排放污染物的控制措施

发动机排放污染物的控制措施分为机内净化和机外净化两个方面。机内净化是从改善发动机燃烧过程入手，尽可能防止有害物的产生。最常见的机内净化措施是控制空燃比、点火正时和排气再循环（EGR），采用可变进气系统、多气门技术等。机外净化是对汽车排出的废气进行处理，主要采用曲轴箱强制通风（PCV）、三效催化转换器（TWC）、汽油蒸气排放控制（EVAP）、排气管二次空气喷射等措施。

1. 燃油蒸发控制系统

燃油蒸发控制系统是用活性炭罐回收汽油蒸气，然后吸入汽缸燃烧。主要是为了降低 HC 排放。为了防止油箱内汽油蒸气排入大气而造成污染，在发动机控制系统中普遍采用了由 ECU 控制的燃油蒸发控制（EVAP）系统。下面以广州本田雅阁乘用车为例介绍。

(1) 结构　广州本田雅阁乘用车的燃油蒸发（EVAP）控制系统是由活性炭罐、控制膜片阀、控制电磁阀、燃油箱关断阀、双通阀等组成，如图 1-98 所示。

① 活性炭罐　活性炭罐内部装有颗粒状活性炭，用来吸收和储存汽油蒸气。具有表面积大、吸附能力强、易清洗等特点。

② 控制电磁阀　控制电磁阀安装在真空管路中，作用是根据 ECU 的指令，控制从发动机进气管到 EVAP 排放控制膜片阀的真空空气量。在发动机不工作或怠速时，控制电磁阀关闭，当发动机冷却液温度达到 75℃以上，且达到一定转速时才打开。

③ EVAP 排放控制膜片阀　膜片阀的作用是按照控制电磁阀提供的负压信号，控制从活性炭罐吸入到进气管中的汽油蒸气回收量。

④ EVAP 双通阀　双通阀的作用是控制进入活性炭罐上方的燃油蒸气量。当油箱内的燃油蒸气压力高于 EVAP 双通阀的设定值时，双通阀打开，燃油蒸气进入活性炭罐。

⑤ 燃油箱关断阀　关断阀的作用是防止汽车倾翻时油箱内的燃油从蒸气回收管中漏出。在汽车倾翻时，依靠不锈钢小球的重力驱动关断阀切断通往 EVAP 双通阀的管路，如图 1-99所示。

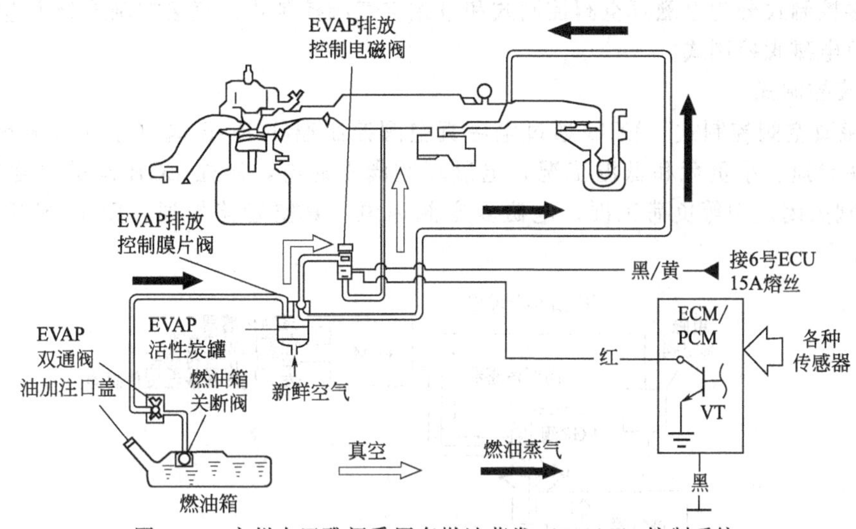

图 1-98 广州本田雅阁乘用车燃油蒸发（EVAP）控制系统

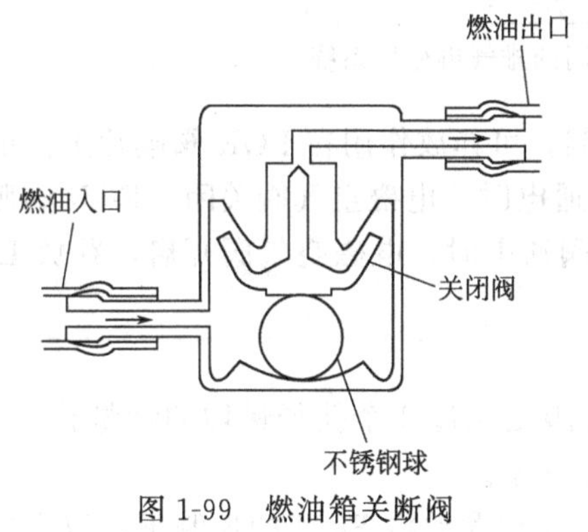

图 1-99 燃油箱关断阀

(2) 工作原理

① 在发动机停机、怠速运转和未达到正常工作温度时

ECU 使三极管 VT 截止，控制电磁阀与控制膜片阀均关闭。当油箱内燃油蒸气的压力高于 EVAP 双通阀的设定值时，双通阀打开，燃油蒸气通过燃油箱关断阀和 EVAP 双通阀，进入活性炭罐的上部，如图 1-98 所示。

② 当发动机工作温度正常、转速达到一定值时

ECU 根据发动机转速、温度、空气流量等信号，使三极管 VT 导通，EVAP 排放控制电磁阀（ACF）开启，使进气歧管的负压导入 EVAP 排放控制膜片阀的上方，阀片向上拱曲，EVAP 排放控制膜片阀开启。在进气歧管负压的作用下，空气经活性炭罐下方进入，使吸附在活性炭表面的汽油分子重新蒸发并一起被吸入发动机汽缸燃烧，于是活性炭恢复吸附能力。

工作条件：a. 发动机必须达到工作温度（冷却液温度高于 75℃）；b. 发动机的转速必须高于怠速转速（2000r/min）；c. 发动机在中小负荷工况。

不同车系的汽油蒸气排放（EVAP）控制系统有所不同，如桑塔纳 2000 时代超人乘用车的汽油蒸气排放（EVAP）控制系统，它的控制电磁阀（ACF）是以占空比方式工作的，由其直接控制从活性炭罐到进气歧管的燃油蒸气回收量。

2. 排气再循环（ERG）系统

排气再循环系统是将发动机排出的一部分废气引入进气系统，控制最高燃烧温度、氧的浓度和高温下燃烧的持续时间。主要目的是为了减少 NO_x 的生成。排气再循环量通常以 EGR 率来表示，它反映再循环废气量占总进气量的百分率。

$$\text{EGR 率}=\frac{\text{再循环废气量}}{\text{吸入空气量}+\text{再循环废气量}}\times 100\%$$

(1) 分类　微机控制的排气再循环系统按控制方式的不同，可分为间接控制式和直接控

制式。间接控制式分为电磁真空阀控制式和电磁空气阀控制式；直接控制式分为电磁阀组合控制式和单电磁阀控制式。

① 间接控制式

a. 电磁真空阀控制式　ECU 通过电磁真空阀控制通往 EGR 阀（排气再循环控制阀）的负压。在怠速、小负荷和低温工况，电磁真空阀不通电，通往 EGR 阀的真空管路被切断，EGR 阀关闭。中等负荷工况，电磁真空阀通电，真空管路导通，EGR 阀开启，如图 1-100所示。

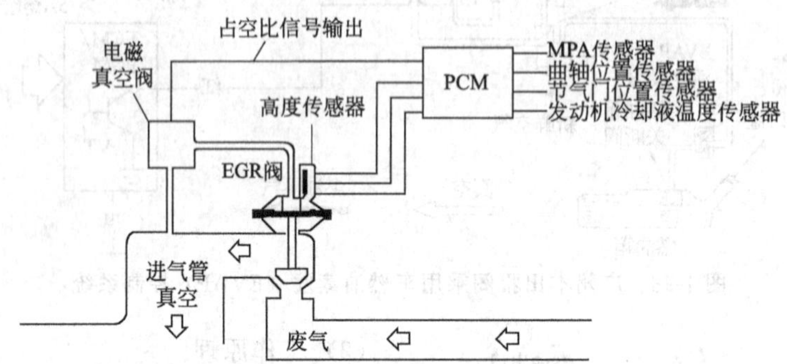

图 1-100　不同占空比脉冲电压控制的排气再循环系统

b. 电磁空气阀控制式　通过对电磁空气阀的控制，可释放作用在 EGR 阀膜片上方的进气歧管的负压，达到控制 EGR 率的目的。电磁阀不通电时，电磁空气阀关闭，EGR 阀膜片上方与进气管的真空管路导通，EGR 阀开启。电磁阀通电时，电磁空气阀开启，释放 EGR 阀的膜片上方的负压，EGR 阀关闭。

② 直接控制式

a. 电磁阀组合控制式　电磁阀组合控制式 EGR 阀是通过 3 个孔径递增的计量孔，以 8 种不同流量的组合，控制从排气管流回进气歧管的废气量。

b. 单电磁阀控制式　单电磁阀控制式 EGR 阀，能在发动机 ECU 的控制下，以占空比的方式控制 EGR 率。通常在电磁阀上装有高度传感器，ECU 据此可实现 EGR 率的闭环控制。

EGR 系统的控制有多种形式，其中全电子控制式应用比较广泛。下面以奥迪 A6 的 EGR 系统为例介绍，如图 1-101 所示。

(2) 奥迪 A6 EGR 系统

① 组成　奥迪 A6 乘用车的 EGR 系统是由控制单元、排气再循环（EGR）阀、排气再循环温度传感器、连接管道、软管等组成，如图 1-101 所示。

排气再循环阀包括 EGR 控制电磁阀、EGR 阀，EGR 控制电磁阀安装在空气滤清器总成后部，由发动机 ECU 控制。其作用是将电信号转换为用来调节传到 EGR 阀的负压信号，间接控制 EGR 阀，属于电磁空气阀控制式。

② 工作过程

a. 当发动机在启动、暖机、怠速、小负荷工况时　此时不需要排气再循环，ECU 输出占空比为 100%的脉冲信号（持续高电平），EGR 控制电磁阀常通电，其阀门关闭。由于 EGR 阀膜片上方无负压，EGR 阀将保持关闭状态，阻止废气进入进气歧管。

b. 当发动机在中等负荷时　ECU 根据发动机的冷却液温度 CTS（>60℃）、进气温度、发动机转速 SP（>1500r/min）、节气门开度（>20%）等信号确定排气再循环量，通过输出固定频率的矩形脉冲信号，以占空比的形式控制 EGR 控制电磁阀的工作（占空比可为

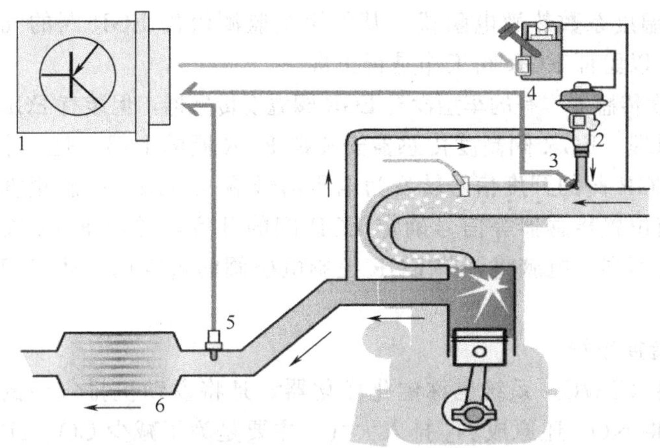

图 1-101 奥迪 A6 乘用车排气再循环（EGR）系统

1—控制单元；2—排气再循环（EGR）阀；3—排气再循环温度传感器；4—排气再循环节拍阀；5—催化净化器上游的 λ 传感器；6—催化净化器

0～100%），可将 EGR 膜片阀上方的负压控制在适当的水平上，EGR 阀的阀芯在 EGR 膜片阀带动下打开一定开度，一定量的废气进入进气歧管。

c. 当发动机在大负荷、急加速和急减速工况时

为了保证发动机的动力性和减少排气污染，EGR 控制电磁阀常通电，断开真空通道，EGR 阀保持关闭状态，无排气再循环。

③ 主要部件的结构与工作原理

a. EGR 控制电磁阀　EGR 控制电磁阀是一个由电磁线圈控制的常开真空开关阀，如图 1-102 所示。当电磁线圈不通电时，EGR 控制电磁阀开启；当接通点火开关时，EGR 控制电磁阀关闭；当发动机达到中等负荷时，ECU 给 EGR 控制电磁阀提供不同的占空比脉冲电压，来控制 EGR 电磁阀的开闭时间。

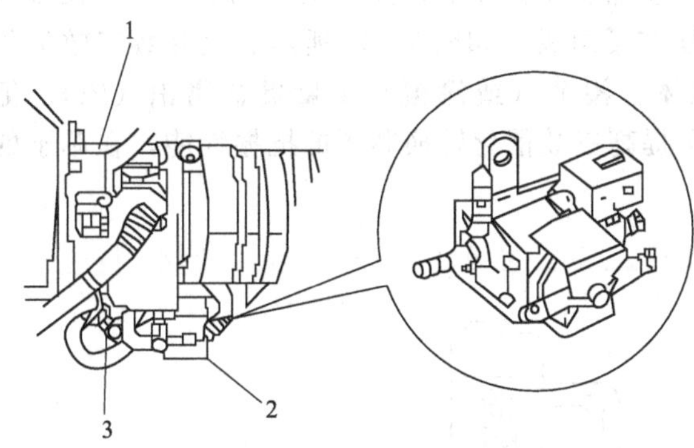

图 1-102 奥迪 A6 乘用车 EGR 控制电磁阀

1—空气流量计；2—EGR 控制电磁阀；3—进气歧管转换阀

b. EGR 阀　EGR 阀安装在节气门附近，由阀门、阀座等组成，如图 1-103 所示。其作用是调节流入进气系统的废气量。在中等负荷工况时，控制电磁阀工作，将进气管负压提供到 EGR 膜片阀的上方，使阀门打开，把发动机排出的一部分废气引入进气系统中，与空气一起进入汽缸中燃烧，以抑制 NO_x 的生成。

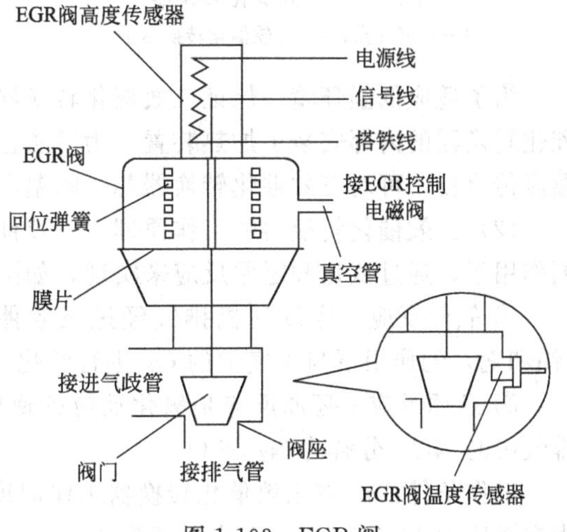

图 1-103 EGR 阀

c. EGR阀温度传感器　奥迪A6乘用车EGR温度传感器位于EGR阀的出口侧，如图1-101所示，为负温度系数热敏电阻式，其作用是监测流出EGR阀的气体的温度，间接确定排气再循环量，以验证EGR阀工作是否正常。

d. EGR阀高度传感器　有的车型没有EGR阀温度传感器，但装有EGR阀高度传感器。

结构与工作原理　EGR阀高度传感器安装在EGR阀的上部，是一个由柱塞推动的电位器。其作用是将EGR阀的开度信号转变为电压信号输入电脑，电脑根据发动机的转速、负荷、水温、节气门位置传感器等信号确定EGR阀的开度，并与EGR阀高度传感器所提供的开度相比较。若不同，电脑将调节EGR控制电磁阀的占空比，使EGR阀达到最佳开度，如图1-103所示。

3. 三效催化转换系统

三效催化转换（TWC）系统也称催化净化器，是将发动机排气中的CO和HC氧化成CO_2和H_2O，并将NO_x还原成N_2排入大气。主要是为了减少CO、HC和NO_x的排放。

三效催化转换器是汽车排气系统中的最重要的机外净化装置，它可将发动机排气中的HC、CO、NO_x通过氧化和还原反应转变为无害的CO_2、N_2和H_2O，从而使汽车排气得以净化。下面以奥迪A6乘用车的TWC系统为例介绍。

(1) 三效催化转换器的结构　三效催化转换器位于汽车底部正中央，用螺栓固定在排气歧管的后部，主要由金属外壳和三效催化转换芯子组成，如图1-104所示。大多数三效催化转换芯子以蜂窝状陶瓷作为载体，在陶瓷载体上浸渍（或涂覆）少量贵金属铂（Pt）、钯（Pd）或铑（Rh）的混合物作为催化剂。为了提高三效催化转换芯子的抗振性能，在芯子的外面通常用钢丝包裹。

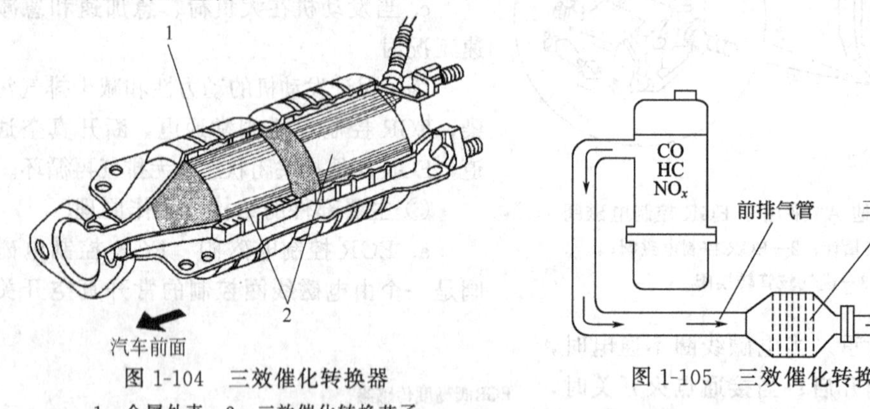

图1-104　三效催化转换器

1—金属外壳；2—三效催化转换芯子

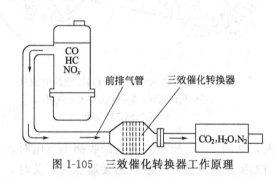

图1-105　三效催化转换器工作原理

为了适应低温环境，保证三效催化转换器的作用，有的车型（如奔驰乘用车），在三效催化转换器的内部安装了加热装置。为了防止过热，有的车型在三效催化转换器内部加装了温度传感器，可对三效催化转换器芯子的温度进行动态检测。

(2) 三效催化转换器的工作原理　三效催化转换器净化废气的过程，必须在高温、催化剂作用下，通过氧化和还原反应来实现，如图1-105所示。

① 氧化反应　当发动机排气经过三效催化转换器时，排气中的HC和CO在催化剂（铂和钯）的作用下与排气中的O_2进行氧化（燃烧）反应，被氧化成为H_2O和CO_2。

② 还原反应　还原反应是氧化反应的逆反应，在催化剂（铑）的作用下，可将发动机排气中的NO_x分解为N_2和O_2。

工作条件：a. 在三效催化转换器工作温度达到250～350℃时，即可进行有效转化；b. 当空燃比为14.7±0.1，工作温度为400～800℃时，三效催化转换器能最有效地减少HC、

CO、NO_x 的含量，并保持较长的使用寿命。

注意一定不能使用含铅汽油，因为铅化合物会堆积在三效催化转换器管孔内表面的活性材料上，使废气不能与催化剂接触。另外，混合气长期过浓，烧机油等也会造成催化剂的碳污染，使催化剂失去活性。

当发动机缺缸，未燃烧的部分混合气在三效催化转换器内进行二次燃烧时，三效催化转换器芯子的温度会增加到1400℃以上，很容易造成陶瓷材料破碎，导致排气管阻塞。

(3) 车载诊断系统（OBD-Ⅱ） 有的车型在三效催化转换器前后各装一个氧传感器，用以监测三效催化转换器是否失效。ECU根据前（主）氧传感器信号对空燃比进行反馈控制，将空燃比控制在14.7±0.1；ECU根据后（副）氧传感器信号电压大小及其变动率与前（主）氧传感器信号进行对比，即可确定三效催化转换器的工作状况，从而确定转换器的好坏。这是因为在三效催化转换器中进行的氧化和还原反应必然消耗废气中的部分氧，使得后氧传感器的信号电压比前氧传感器信号电压的幅值和波动频率减小，如图1-106所示。当催化剂完全损耗或失效时，三效催化转换器后部排气中氧的含量与前部排气中的氧的含量十分接近。

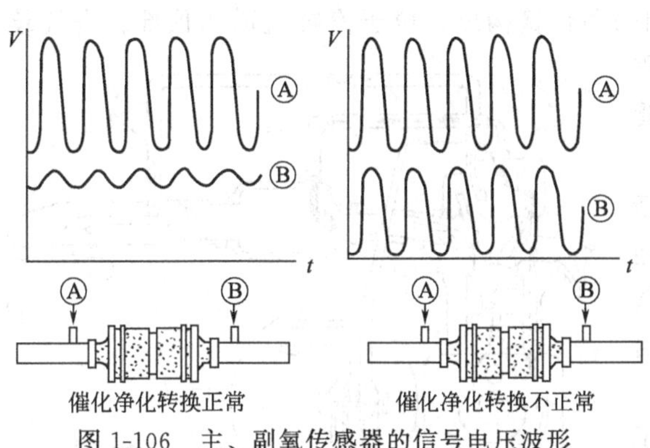

图1-106 主、副氧传感器的信号电压波形

三效催化转换器正常工作时，由于存在氧化和还原反应，必然会放出热量，因此经过三效催化转换器的排气温度会升高大约40℃，这也是判断三效催化转换器好坏的依据。

4. 曲轴箱强制通风装置

曲轴箱强制通风装置是将窜入曲轴箱内的废气导入进气系统，再循环燃烧。主要是为了降低窜入汽缸内的HC化合物气体排入大气。下面分别以大众奥迪和本田雅阁为例介绍。

(1) 奥迪2.0TFSI曲轴箱通风系统

① 结构 曲轴箱通风采用油气分离式，由汽缸体及汽缸盖内的通风道、旋流式油气分离器、曲轴箱通风管等组成，如图1-107所示。

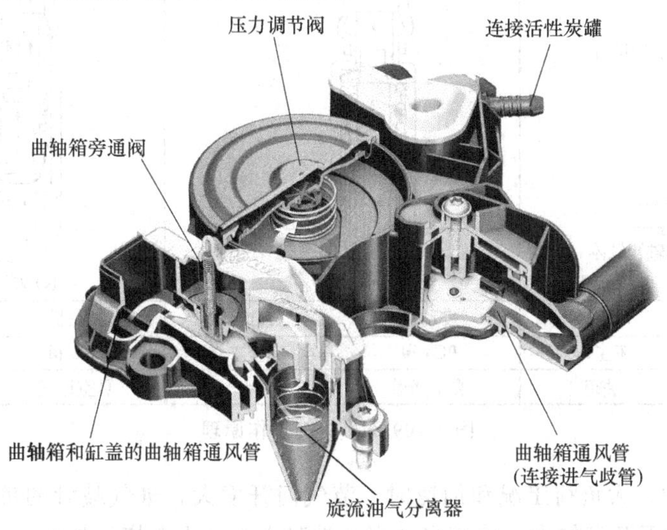

图1-107 奥迪2.0TFSI曲轴箱通风系统结构

② 工作原理　为防止曲轴箱中的机油蒸气进入大气，由发动机汽缸体内和汽缸盖内的曲轴箱通风道经过旋流式油气分离器的双级压力调节阀，再到节气门后方进入进气道。油气分离器中的双级压力调节阀开闭由阀门弹簧的弹力、曲轴箱压力及进气管真空度等因素决定。工作时，旋流式油气分离器将吸入的机油蒸气置于旋转运动状态，在离心力的作用下，机油被甩到油气分离器壁上并形成较大的油滴回流到曲轴箱，气体则被送入进气歧管，双级压力调节阀将进气管内约 70kPa 的真空度缩小至 4kPa 左右，以防止全部的进气歧管真空压力和曲轴箱内压力都作用到曲轴箱通风装置上，吸出机油或损坏发动机机体密封件。

(2) 广州本田雅阁的曲轴箱强制通风系统

① 结构　曲轴箱强制通风装置，如图 1-108 所示，主要由通风软管 2、PCV 软管 3 和 PCV 阀 1 等组成。PCV 阀是由一柱塞式阀门和弹簧构成，位于汽缸盖罩的顶部。进气歧管的负压决定了 PCV 阀的关闭及开启的程度，从而控制了窜缸气体被吸入进气歧管的数量。

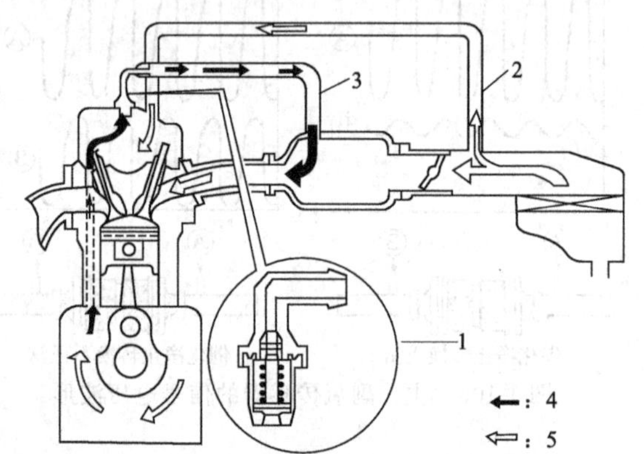

图 1-108　广州本田雅阁曲轴箱强制通风系统原理图

1—PCV 阀；2—通风软管；3—PCV 软管；4—窜气；5—新鲜空气

② 工作原理　经空气滤清器过滤的新鲜空气进入曲轴箱内，与窜气混合后，通过汽缸盖罩，经由 PCV 阀控制，流入进气系统，其流量随着节气门开度的变化而自动调节。

a. 当发动机不运转时　PCV 阀不工作，真空通道关闭，如图 1-109(a) 所示。

b. 发动机在怠速工况时　节气门完全关闭时，进气歧管的负压较大，PCV 阀的开度较小，因而被吸入进气歧管的窜气也较少，以保持怠速的稳定，如图 1-109(b) 所示。

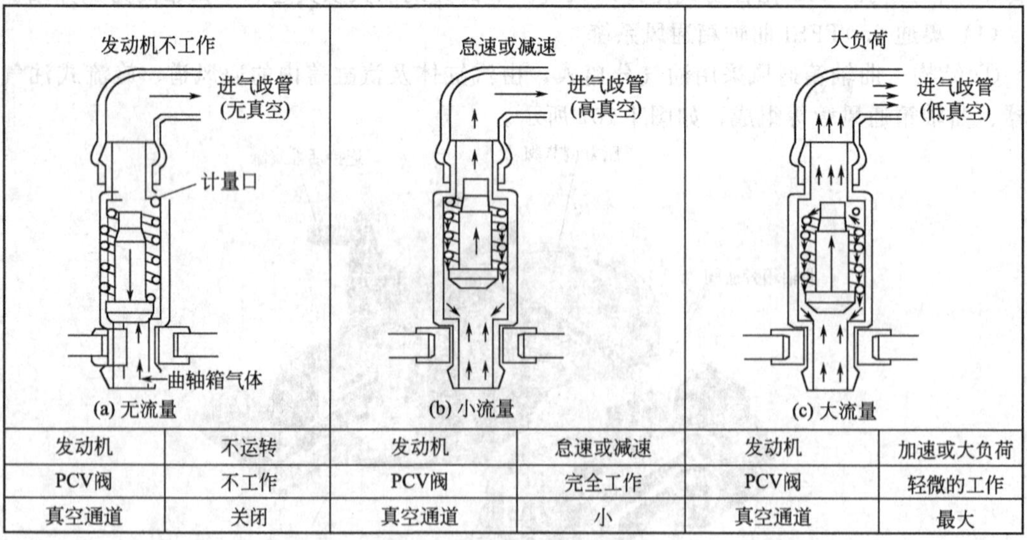

(a) 无流量　(b) 小流量　(c) 大流量

发动机	不运转	发动机	怠速或减速	发动机	加速或大负荷
PCV阀	不工作	PCV阀	完全工作	PCV阀	轻微的工作
真空通道	关闭	真空通道	小	真空通道	最大

图 1-109　PCV 阀工作原理

c. 发动机在中、大负荷工况和加速时　节气门开度大，进气歧管的负压较小，PCV 阀在其弹簧力的作用下开度较大，使较多的窜气被吸入汽缸再燃烧，如图 1-109(c) 所示。

5. 二次空气喷射系统

二次空气喷射系统是将压缩空气喷入排气总管或催化转换器中，使未燃烧的HC和CO因氧气的增加而继续燃烧，主要是为了降低发动机冷启动时HC和CO的排放量，同时可提高三效催化转换器的转换效率。下面以奥迪A6乘用车二次空气系统为例介绍。

(1) 结构　奥迪A6乘用车二次空气系统是由控制单元1、二次空气泵继电器2、二次空气阀3、二次空气泵5等组成，如图1-110所示。

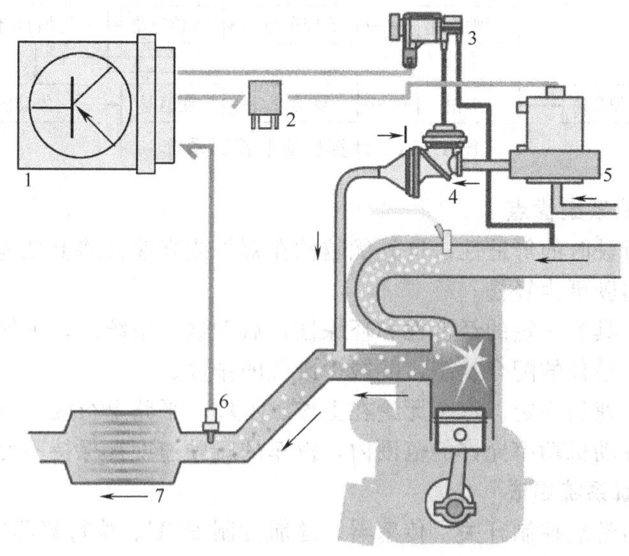

图1-110　奥迪A6乘用车二次空气系统原理图

1—控制单元；2—二次空气泵继电器；3—二次空气阀；4—组合阀；5—二次空气泵；6—催化净化器上游的λ传感器；7—催化净化器

(2) 工作原理　当发动机冷启动时（冷却液温度为5～33℃），发动机控制单元通过二次空气泵继电器来启动二次空气泵电机，使压缩空气到达进气组合阀。与此同时，发动机控制单元启动真空阀，使真空罐的负压作用到进气组合阀上。于是进气组合阀开启，将压缩空气喷到汽缸盖的排气通道中。随着空气的喷入，未燃烧的混合气开始燃烧，既降低了排气污染，又提高了排气温度，从而缩短了催化转换器的预热过程，改善了冷启动阶段的排放质量。二次空气系统工作的时间由发动机温度控制，最长可持续100s。

第六节 巡航控制子系统

一、巡航控制系统(CCS)

1. 电子控制巡航系统发展历程

汽车巡航控制系统（简称CCS）的发展始于20世纪60年代，经历了机械巡航控制系统、晶体管巡航控制系统、模拟微型计算机巡航控制系统和数字微型计算机巡航控制系统四个发展阶段。自20世纪80年代初开始，数字微型计算机巡航控制系统得到广泛应用。

数字微型计算机巡航控制系统的控制过程如图1-111所示。驾驶员操纵巡航控制开关，将车速设定、减速、恢复、加速、取消等命令输入计算机。当驾驶员通过巡航控制开关输入设定命令时，计算机便记忆此时车速传感器输入计算机的车速，并按该车速对汽车进行等速行驶控制。汽车在巡航行驶过程中，通过比较电路将实际车速与设定车速不断进行比较，计算出实际车速与设定车速的差值，然后通过补偿电路输出命令给执行部件，执行部件控制发动机节气门开大或关小，使实际车速接近设定车速。

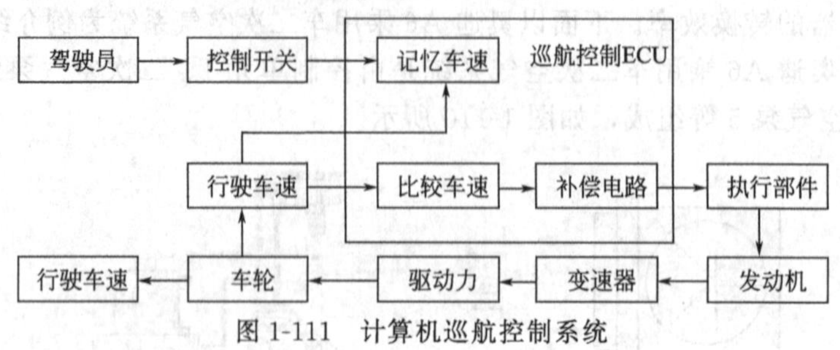

图 1-111 计算机巡航控制系统

2. 电子控制巡航系统优点

(1) 提高汽车行驶时的舒适性。这种优越性在郊外或高速公路上尤为显著，大大减轻了驾驶员的负担，使驾驶更为轻松。

(2) 节省燃料，具有一定的经济性和环保性。启动这一系统后，可使汽车燃料的供给与发动机功率之间处于最佳的配合状态，并减少废气的排放。

(3) 保持汽车车速的稳定。汽车无论在上坡、下坡、平路上行驶，或是在风速变化的情况下行驶，只要在发动机功率允许的范围内，汽车的行驶速度都保持不变。

3. 电子控制巡航系统组成

巡航控制系统由巡航控制开关、传感器、巡航控制 ECU、执行器等组成。

4. 电子控制巡航系统工作过程

巡航控制开关和传感器将信号送至 ECU，ECU 根据这些信号计算出节气门的合理开度，并给执行器发出信号，调节节气门的开度，保持汽车按设定的车速等速行驶。

5. 电子控制巡航系统的使用及注意事项

(1) 巡航控制系统的使用方法

① 设定巡航车速 巡航系统工作时的最低车速一般为 30km/h，这是为了防止汽车转弯时，由于巡航行驶而发生危险。设定巡航车速的方法是：按下巡航控制主开关，踏下加速踏板使汽车加速。当达到希望的车速时（必须高于巡航系统工作时的最低车速），将巡航控制开关推至设定/减速位置后放松，开关放松时的车速即被巡航控制 ECU 记忆为设定车速，巡航系统开始工作。此时驾驶员可以放松加速踏板，巡航系统控制节气门按设定车速等速行驶。

② 加速 当汽车巡航行驶时，如果要使巡航设定车速提高，应将巡航控制开关置于恢复/加速位置保持不动，汽车将逐渐加速。当汽车加速至所希望的车速时，放松巡航控制开关，汽车将按新的较高的设定车速等速行驶。

当汽车巡航行驶时，如果需要使汽车临时加速（如超车），则只需踏下加速踏板汽车即可加速，放松加速踏板后，汽车仍按原来设定的车速巡航行驶。

③ 减速 当汽车巡航行驶时，如果要使巡航设定车速降低，应将巡航控制开关置于设定/减速位置保持不动，汽车将逐渐减速。当汽车减速至所希望的车速时，放松巡航控制开关，汽车将按新的较低的设定车速等速行驶。

④ 点动升速和点动降速 当汽车以巡航控制模式行驶时，如果需要对巡航设定车速进行微调时，只要点动一次恢复/加速开关（接通恢复加速开关后立即放松开关，时间不超过 0.6s），巡航设定车速就升高约 1.6km/h；只要点动一次设定/减速开关，车速就降低约

1.6km/h。

⑤ 取消巡航控制　取消巡航控制有几种方式可以选择：一是将巡航控制开关的取消开关接通然后释放；二是踏下制动踏板；三是对于装有手动变速器的汽车可以踏下离合器踏板；四是对于装有自动变速器的汽车可以将变速杆置于空挡位置。

⑥ 恢复巡航行驶　如果通过操作退出巡航控制开关中的任何一个开关，使巡航控制取消，要恢复巡航行驶，只要将恢复/加速开关接通然后放松开关，汽车将恢复原来巡航行驶。但如果车速已降低至30km/h以下，或实际车速低于设定车速16km/h以上，ECU将不能恢复巡航行驶。

（2）注意事项

① 巡航系统在以下情况不应该开启：交通密集或不适宜的路面，如水滑路面，碎石路面等。

② 当系统启动后，不允许不踩离合器就换入空挡，否则发动机会因转速过高而损坏。

③ 行驶中在下坡时巡航装置不能保持速度的恒定，因为重力会使车速不断增加，这时需要人为制动。

④ 带自动变速器车上的巡航装置只有当换挡杆处于D、3、2挡时才能被激活。当将换挡杆移到P、N、R、1挡时，系统停止工作。

6. 电子控制巡航系统部件结构与原理

（1）巡航控制开关　巡航控制开关一般采用手柄式开关，安装于方向盘下方，如图1-112所示。也有的采用按键式开关，装在方向盘上。以丰田车系为例，巡航控制开关包括主开关（MAIN）、设定/减速开关（SET/COAST）、恢复/加速开关（RES/ACC）和取消开关（CANCEL）。

① 主开关　主开关（MAIN）是巡航控制系统的主电源开关，位于巡航控制开关的端部，为按键式开关，如图1-112所示。按下主开关，电源接通；再按一次主开关，电源断开。当主开关接通时，如果将点火开关关闭，主开关也关闭。当再次接通点火开关时，巡航主开关并不接通，而保持关闭。

② 控制开关　手柄式巡航控制开关一般由设定/减速开关、恢复/加速开关和取消开关组成。该开关为自动回位型。当向下推控制开关时（图1-112中的方向C），设定/减速开关接通，放松控制开关时，开关自动回到原始位置；当向上推控制开关时（图1-112中的方向B），恢复/加速开关接通；当向后拉控制开关时，取消开关接通（图1-112中的方向D）。

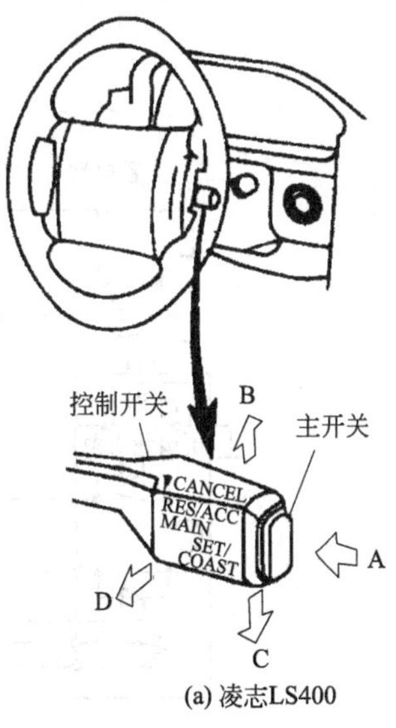

(a) 凌志LS400

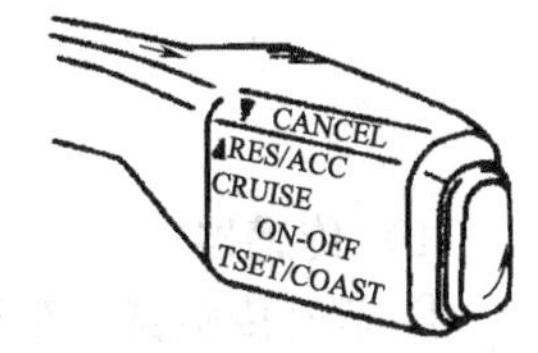

(b) 丰田佳美

图1-112　巡航控制开关

③ 退出巡航控制开关　退出巡航控制开关是指开关接通后能使巡航系统自动退出工作的开关。退出巡航控制开关除取消开关外，还包括制动灯开关、驻车制动开关、离合器开关（手动变速器）和空挡启动开关（自动变速器）。

a. 制动灯开关　制动灯开关由常闭和常开两个开关组成，如图1-113所示。开关A为常开开关，踏下制动踏板时开关闭合，将制动灯的电源电路接通，制动灯点亮。同时，电源电压经开关A加在巡航控制ECU上，将制动信号输入巡航控制ECU，巡航控制ECU取消巡航控制系统的控制，巡航系统停止工作。开关B为常闭开关，当踏下制动踏板时，开关B断开，直接切断巡航控制ECU对巡航控制执行器的控制电路，确保巡航系统停止工作。

b. 驻车制动开关 当使用驻车制动器时，驻车制动器开关接通，将驻车制动信号送至巡航控制 ECU，巡航控制 ECU 将取消巡航系统的工作。同时，驻车制动灯点亮。

c. 离合器开关 对于装有手动变速器的汽车，当踏下离合器踏板时，离合器开关接通，将取消信号送至巡航控制 ECU，巡航控制 ECU 将取消巡航控制系统的工作。

d. 空挡启动开关 对于装有自动变速器的汽车，当将变速杆移至 N（空挡）位时，空挡启动开关接通，将取消信号送至巡航控制 ECU，巡航控制 ECU 将取消巡航控制系统的工作。

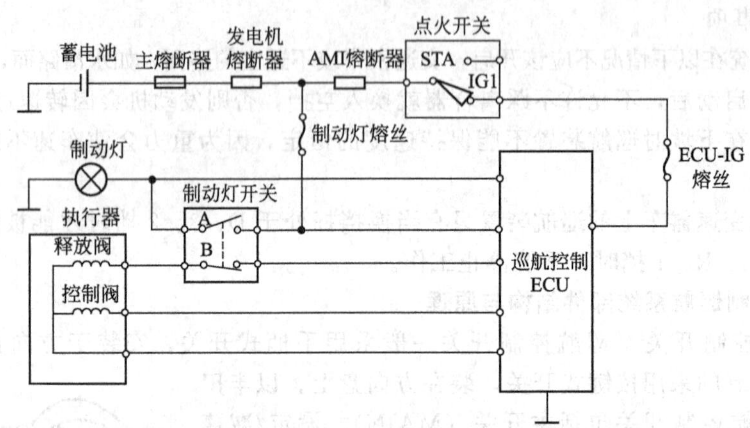

(a) 丰田Cressida真空驱动执行器

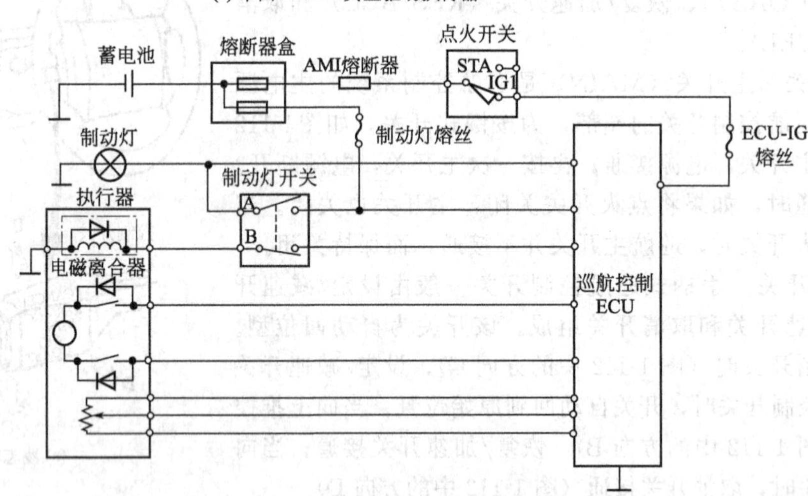

(b) 丰田陆地巡洋舰电动机驱动型执行器

图 1-113 制动灯开关电路

（2）传感器

① 车速传感器 车速传感器信号可同时用于发动机控制、自动变速器控制和巡航控制等。对于巡航控制系统而言，车速传感器信号的作用是给巡航控制 ECU 提供车速信息，同时用于巡航车速的设定参考，将实际车速与设定车速进行比较，以便实现等速控制。车速传感器结构与工作原理，前面已阐述，在此不再叙述。

② 节气门位置传感器 节气门位置传感器一般为线性输出型。节气门位置传感器信号可同时用于发动机控制、自动变速器控制和巡航控制等。对于巡航控制系统而言，节气门位置传感器信号的作用是巡航控制 ECU 用于计算输出与节气门开度的关系，以确定输出量的

大小。节气门位置传感器结构与工作原理，前面已阐述，在此不再叙述。

③ 节气门控制摇臂传感器　节气门控制摇臂传感器可对巡航控制 ECU 提供节气门摇臂位置信号。节气门摇臂位置传感器为电位器式，该信号的作用是巡航控制 ECU 根据节气门摇臂位置信号对节气门进行控制。在此不再叙述。

(3) 控制单元　巡航控制 ECU 接收来自巡航控制开关、车速传感器信号和其他的开关信号，按照存储的程序对巡航系统进行控制。巡航控制 ECU 有以下控制功能。

① 记忆设定车速功能　当主开关接通，车辆在巡航控制车速范围内（一般为30～200km/h）行驶时，操作设定/减速（SET/COAST）开关可以设定巡航车速。ECU 将设定的车速存储在存储器内，并将按设定车速控制汽车等速行驶。

② 等速控制功能　ECU 将实际车速与设定车速进行比较，确定节气门是否应该开大或关小，并根据实际车速与设定车速的差值，计算出节气门开大或关小的量，然后对执行器进行控制，保证汽车按设定车速等速行驶。

③ 设定车速调整功能　当汽车以巡航控制模式行驶时，如果需要使设定车速提高或降低，则只要操作恢复/加速或设定/减速开关，就可以使设定车速改变，巡航控制 ECU 将记忆改变后的设定车速，并按新的设定车速进行巡航行驶。

④ 取消和恢复功能　当汽车以巡航控制模式行驶时，如果接通取消开关或接通任何一个其他的退出巡航控制开关，巡航控制 ECU 将控制执行器使巡航控制取消。取消巡航控制以后，要想重新按巡航控制模式行驶，只要操作恢复/加速开关，巡航控制 ECU 即可恢复原来的巡航控制行驶。

⑤ 车速下限控制功能　车速下限是巡航控制所能设定的最低车速。不同的车型稍有不同，一般为 30km/h。车速低于 30km/h 时，巡航车速不能被设定，巡航系统不能工作。当巡航行驶时，如果车速降至 30km/h 以下，则巡航控制将自动取消，且巡航 ECU 存储器内存储的设定车速将被清除。

⑥ 车速上限控制功能　车速上限是巡航控制所能设定的最高车速，一般为 200km/h。车速超过该数值，巡航控制车速不能被设定。汽车在巡航控制模式行驶时，如果操作加速开关，车速也不能加速至 200km/h 以上。

⑦ 安全电磁离合器控制功能　当汽车以巡航控制模式行驶时，如果因为下坡汽车车速高于设定车速 15km/h，则巡航控制 ECU 将切断巡航控制系统的安全电磁离合器使车速降低。当车速降低至比设定车速高出不足 10km/h 时，安全电磁离合器再次接通，恢复巡航控制。

⑧ 自动取消功能　当汽车以巡航控制模式行驶，若出现执行器驱动电流过大，伺服电动机始终朝节气门打开的方向旋转时，则巡航控制 ECU 存储器内存储的设定车速将被清除，巡航控制模式将被取消，主开关同时关闭。此外，当巡航控制 ECU 诊断出系统有故障时，将会使巡航系统自动停止工作。

⑨ 自动变速器控制功能　当具有自动变速器的汽车以巡航控制模式行驶时，如果上坡时变速器在超速挡，车速降至比设定车速低 4km/h 以上时，巡航控制 ECU 将超速挡取消信号送至自动变速器 ECU，取消自动变速器超速挡。当车速升至比设定车速低 2km/h 时，巡航控制 ECU 将超速挡恢复信号送至自动变速器 ECU，恢复自动变速器超速挡。

⑩ 诊断功能　如果巡航控制系统发生故障，巡航控制 ECU 的自诊断系统能够诊断出故障，并使仪表板上的巡航指示灯闪烁，以便提醒驾驶员。同时，巡航控制 ECU 将故障码存储在存储器内。通过巡航控制指示灯的闪烁或使用故障诊断仪可以读取故障码。

(4) 执行器　巡航控制系统的执行器由 ECU 控制，根据 ECU 的控制信号控制节气门的开度，以保持车速恒定。巡航控制系统执行器有真空驱动型和电动机驱动型两种。

① 真空驱动型执行器 真空驱动型执行器依靠真空力驱动节气门。真空源有两种取得方式：一种是从发动机进气歧管取得；另一种是从发动机进气歧管和真空泵取得，如图1-114所示。当进气歧管真空度较低时，真空泵参与工作，提高真空度。真空驱动型执行器主要由控制阀、释放阀、两个电磁线圈、膜片、回位弹簧和空气滤清器等组成。

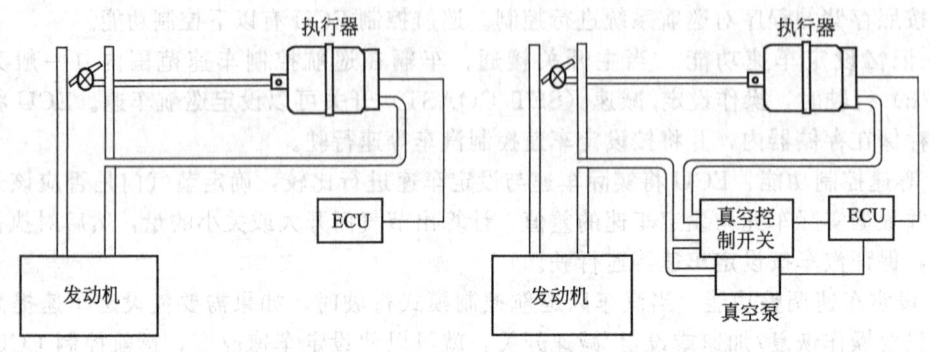

(a) 从进气歧管取得真空源 (b) 从进气歧管和真空泵取得真空源

图 1-114 真空驱动型执行器的控制方法

控制阀用来控制膜片后方的真空度，以改变膜片的位置，从而控制节气门，如图1-115所示。当ECU给控制阀电磁线圈通电时，与大气相通的空气通道关闭，与进气歧管相通的真空通道打开，执行器内的真空度增加，膜片左移将弹簧压缩，与膜片相连的拉杆将节气门开大。当控制阀电磁线圈断电时，与进气歧管相通的真空通道关闭，与大气相通的空气通道打开，空气进入执行器，膜片右移，节气门关小。ECU通过占空比信号控制电磁线圈的通电与断电，通过改变占空比控制执行器内的真空度，从而控制节气门的开度。

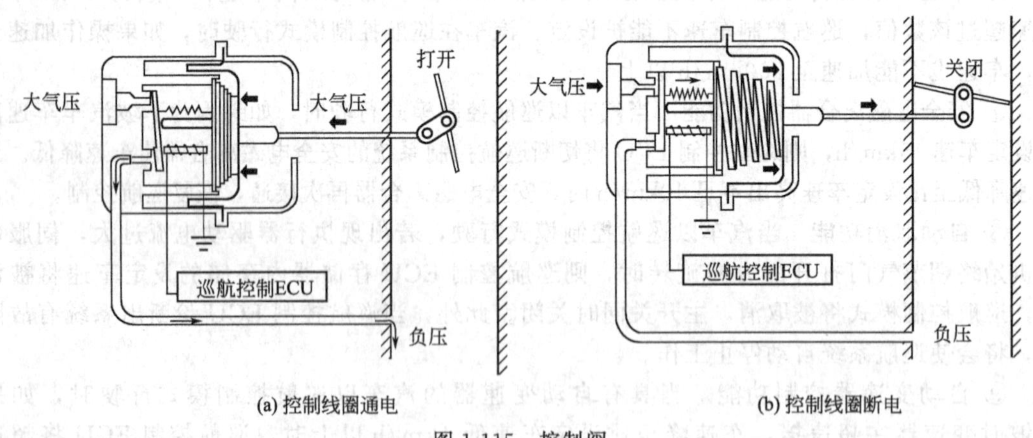

(a) 控制线圈通电 (b) 控制线圈断电

图 1-115 控制阀

释放阀的作用是当取消巡航控制时，使空气迅速进入执行器，将巡航控制立即取消。释放阀的工作原理如图 1-116(b) 所示。巡航系统工作时，释放阀电磁线圈中有电流通过，与大气相通的空气通道关闭，由控制阀控制执行器内的真空度，从而控制节气门的开度，保持汽车等速行驶。取消巡航控制时，巡航控制ECU使控制阀电磁线圈断电，控制阀与大气相通的空气通道打开，释放阀电磁线圈也断电，与大气相通的空气通道也打开，让空气迅速进入执行器，使巡航控制立即取消。

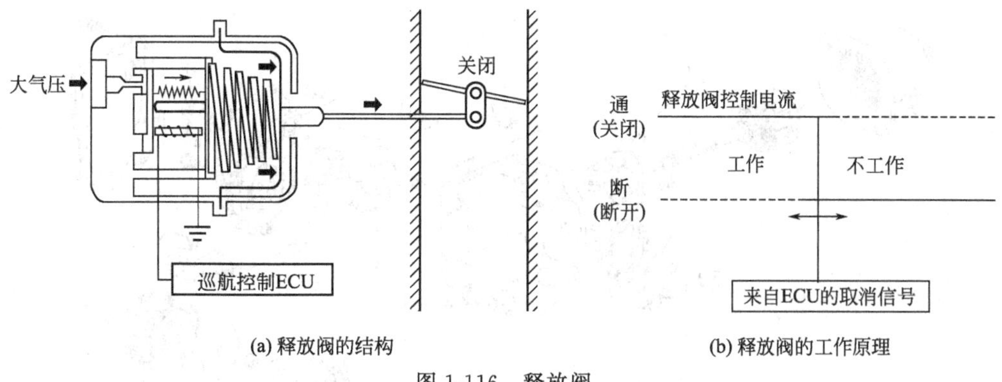

(a) 释放阀的结构　(b) 释放阀的工作原理

图 1-116　释放阀

真空泵由电动机、边杆、膜片和 3 个单向阀等组成，如图 1-117(a) 所示。真空泵的作用是在进气歧管真空度较低时为巡航系统执行器提供真空源。

真空泵的工作原理如图 1-117(b) 所示，当进气歧管真空度较高时，单向阀 A 被打开，由发动机进气歧管向执行器提供真空源，真空泵不工作。当进气歧管真空度较低时，真空控制开关检测到真空泵进气室的真空度变化，并将信号送至巡航控制 ECU，巡航控制 ECU 接通真空泵电源，真空泵电动机转动，带动膜片上下往复运动。当膜片向下运动时，膜片上方产生真空，将单向阀 B 打开，为执行器提供真空源，单向阀 A 和 C 关闭；当膜片向上运动时，单向阀 B 关闭，单向阀 C 打开，将空气排入大气。

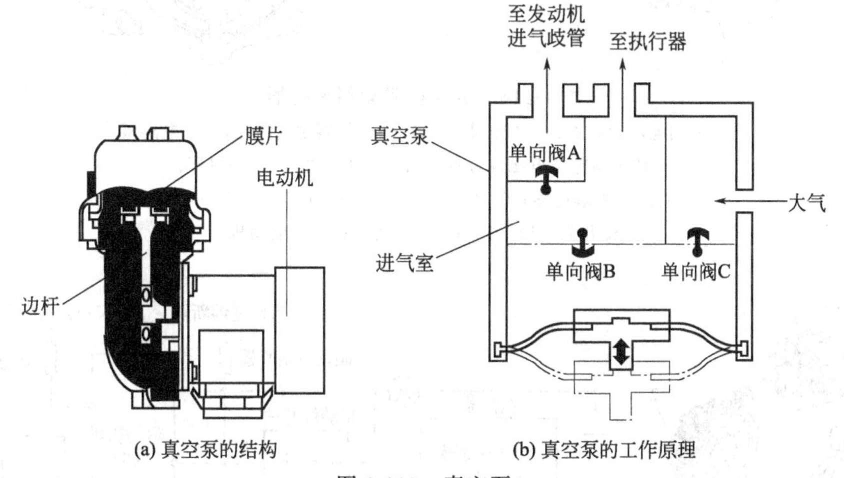

(a) 真空泵的结构　(b) 真空泵的工作原理

图 1-117　真空泵

② 电动机驱动型执行器　电动机驱动型执行器由电动机、传动机构、电磁离合器和电位器等组成，结构如图 1-118 所示。

巡航控制 ECU 控制电动机的工作，使电动机顺时针或逆时针旋转，从而改变节气门的开度。当 ECU 控制电动机工作时，电动机轴上的蜗杆 16 带动电磁离合器 17、5 外圆上的蜗轮旋转，蜗轮通过电磁离合器带动小齿轮旋转，小齿轮带动主减速器 21、8 齿扇转动，齿扇通过齿扇轴带动控制臂 19、9 转动，控制臂上的销轴通过拉索使节气门开大或关小。为了防止节气门完全打开或完全关闭后电动机继续转动，电动机安装了两个限位开关 11 和 12，用于控制电动机的转动。

电磁离合器及其控制电路如图 1-119 所示。电磁离合器用于接通或断开电动机与节气门拉索之间的联系。当巡航控制 ECU 给执行器发出控制信号时，蜗轮及电磁离合器 2 和离合

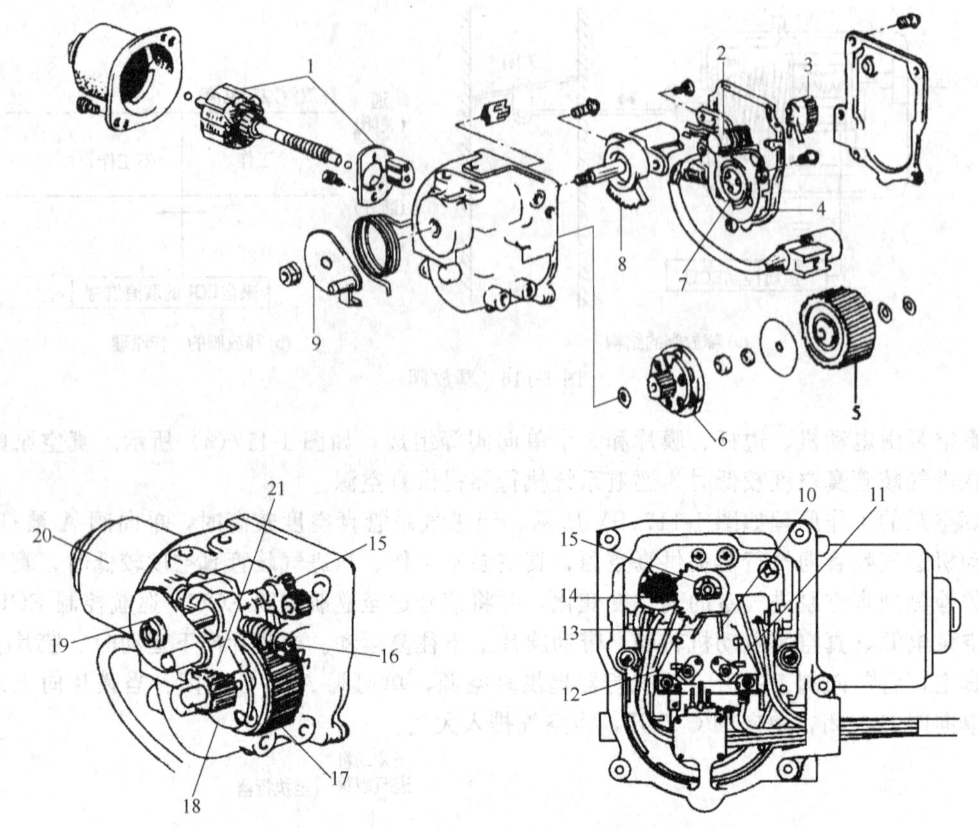

图 1-118 电动机驱动型执行器

1—驱动电动机；2,14—电位器；3,15—电位器主动齿轮；4—电路板；5,17—蜗轮及电磁离合器；6,18—离合器片；7—滑环；8,21—主减速器；9,19—控制臂；10—杆 B；11,12—限位开关；13—杆 A；16—蜗杆；20—电动机

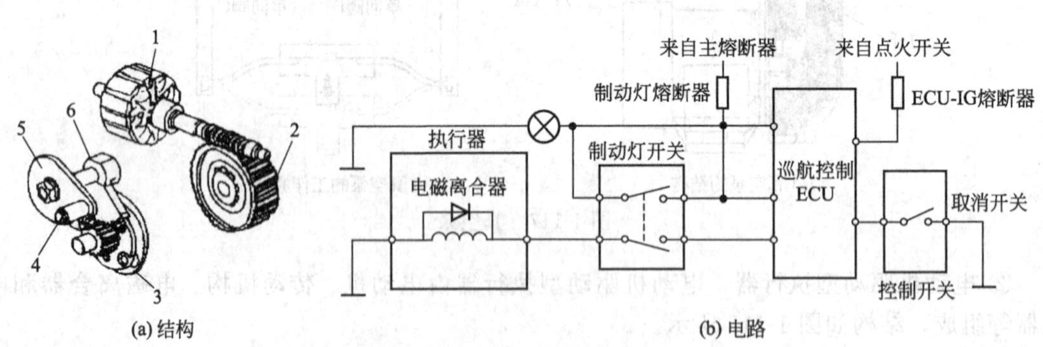

(a) 结构　　(b) 电路

图 1-119 电磁离合器及其控制电路

1—驱动电动机；2—蜗轮及电磁离合器；3—离合器；4—节气门拉索轴；5—控制臂；6—齿扇

器 3 接合，电动机通过蜗杆蜗轮传动和电磁离合器及齿轮和主减速器齿扇 6 的啮合带动控制臂 5 转动，通过销轴拉动拉索使节气门旋转。若取消巡航控制，则 ECU 使电磁离合器断电分离，节气门不受电动机控制。

电位器及其电路如图 1-120 所示。当电动机带动主减速器齿扇转动改变节气门的开度时，主减速器齿扇轴同时带动电位器主动齿轮旋转，然后电位器主动齿轮通过从动齿轮带动电位器内的滑动臂转动，电位器就可以产生节气门控制臂位置信号。当对巡航控制系统进行巡航车速设定时，电位器将节气门控制臂信号送至巡航控制 ECU，ECU 将此数据存储于存储器内，行车中 ECU 以此数据作为参照，控制节气门控制臂，使实际车速与设定车速相符。

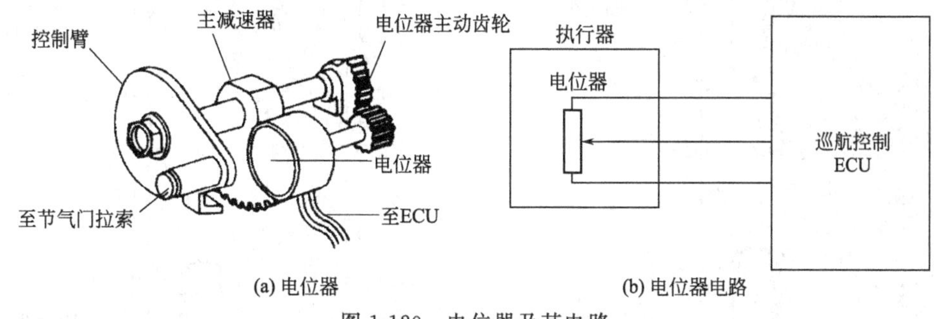

图 1-120　电位器及其电路

二、自动车距控制（APC）

自动车距控制系统（简称 APC）是传统的定速巡航装置（CCS）的扩展。CCS 将车速调节到驾驶员预设的车速。APC 系统以同样的方式实现驾驶舒适功能。另外，当前方车辆比本车速度慢时，自动调整本车速度。

自动车距控制是一种提高舒适性的驾驶员辅助系统。它减轻了驾驶员在驾车过程中的负担，从而提高了驾驶安全性。现以大众辉腾轿车为例讲述 APC。

自动车距控制系统是对传统的定速巡航装置（CCS）的扩展补充，故具有以下功能。

匀速：如果在车距控制传感器的探测区域内没有发现车辆，则保持期望车速行驶，如图 1-121 所示。

减速：如果一辆带 APC 系统的汽车探测到前方同一车道上有一辆行驶较慢的汽车，如图 1-122 所示，APC 系统会自动减小发动机的扭矩，并在必要时采取必要的制动，以此将两车车距调节到驾驶员预设的值，该值为受时间控制的值。

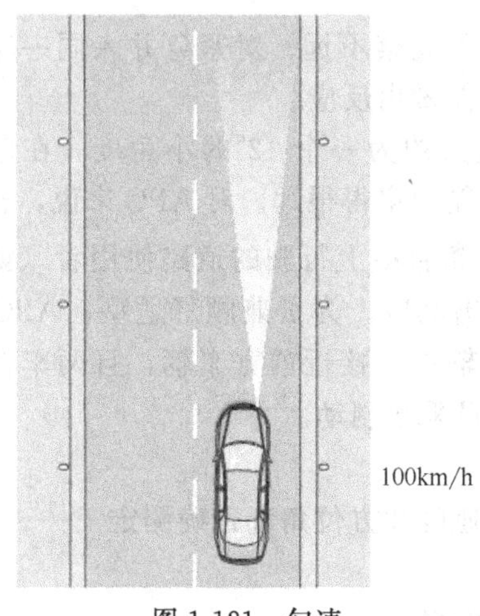

图 1-121　匀速

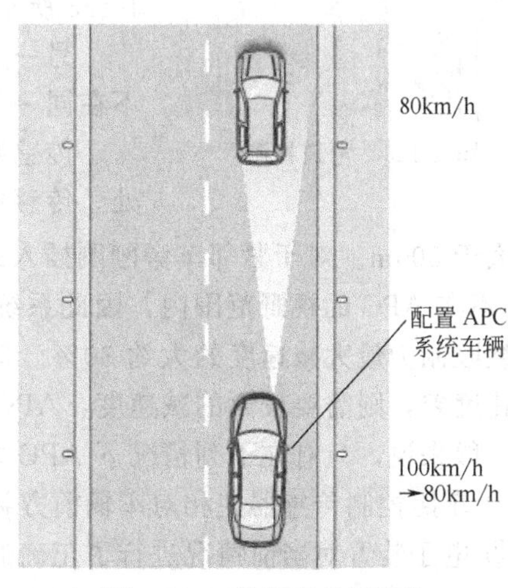

图 1-122　前方有车辆减速

在前方有慢车插入时，APC 通过减速做出反应。使本车速度与前车速度相当。如图 1-123所示。

加速：若前方车辆加速或者变换行车道，那么 APC 会使本车重新加速，恢复到预设车速。如图 1-124 所示。

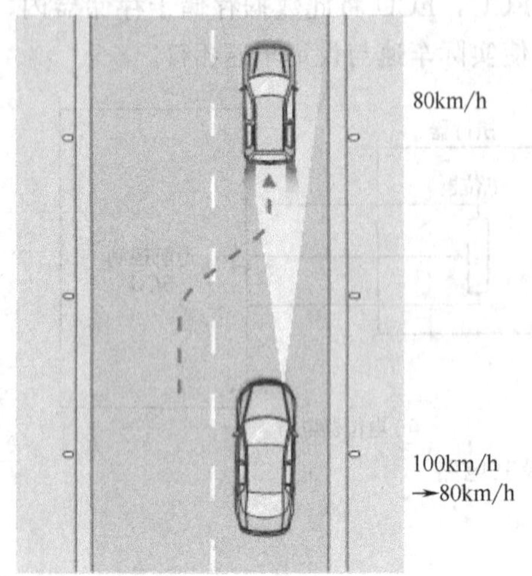

图 1-123 前方插入车辆减速

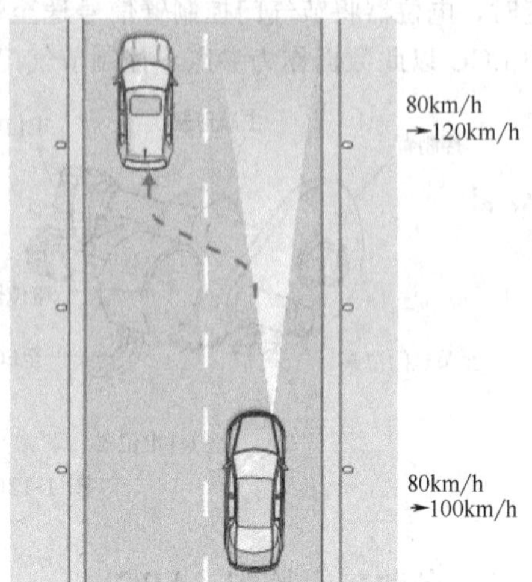

图 1-124 前方车辆加速或变道

自动车距控制虽然是巡航控制系统的扩展补充，但由于受其本身传感器探测距离和角度的约束，在功能上还是有一些缺陷的，现将功能限制介绍如下。

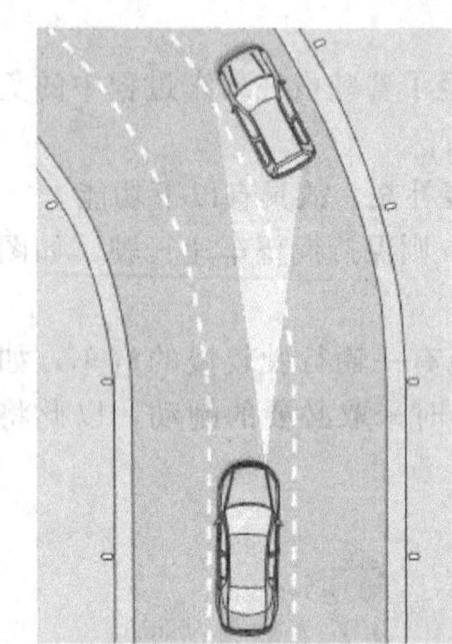
图 1-125 弯道检测

第一方面：静态物体探测不到，转弯处做出错误判断。

APC 的最高限速为 180km/h。这一限速是由车距控制传感器的可探测距离 150m 确定的。

在弯道行驶的情况下，尽管具备 APC 车辆的行车道前方没车，但是 APC 可能会对右侧行车道上行驶的车做出反应。车道探测的精确度受到车速的影响，车速越高，需要的车距越大，行车道预报的精确度越低。特别是在左转弯时。如图 1-125 所示。

另一方面：急转弯处观察不远；对紧急并入同一车道或不在同一车道的车辆不能做出反应。

传感器的探测区域大约为一个 12°的小角度。在急转弯处，传感器对行车道不能观察得很远。对 APC 来说，转弯半径要大于 500m。对于紧邻车旁刚刚插入或者不在同一条直线上行驶的道路使用者（如摩托车），不在 APC 的视野范围内，因此系统不能对其做出反应。为了兼顾舒适型，APC 的减速度被限制为最大减速度的大约 30%。但是，如果车辆正在接近前方车辆，且两车存在较大的速度差，则需要较大的减速度，APC 会提醒驾驶员采取制动。

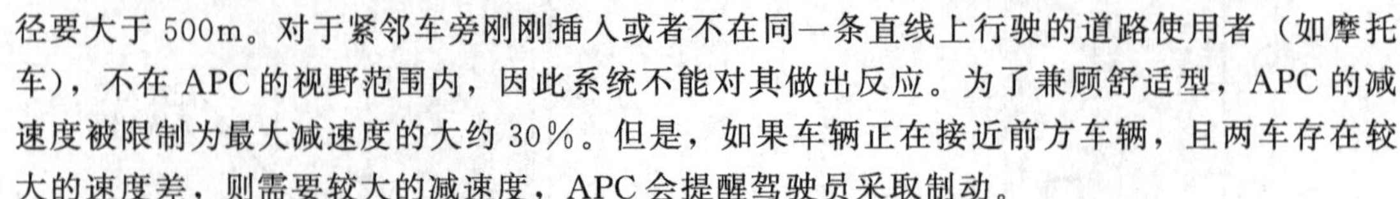

一般来说，只有在下列情况下 APC 才能起作用：

① 车距控制传感器把相对车辆前方物体的距离、速度和方位角都正确测定

② 电子装置对当前情况进行了正确的分析。

APC 主要适合于在高速公路和城间公路进行直线行驶。

为了实现上述功用，自动车距控制由多功能方向盘、仪表板上的 APC 显示器、油门踏板、制动踏板、车距控制传感器、电子制动助力器等组成。如图 1-126 所示。

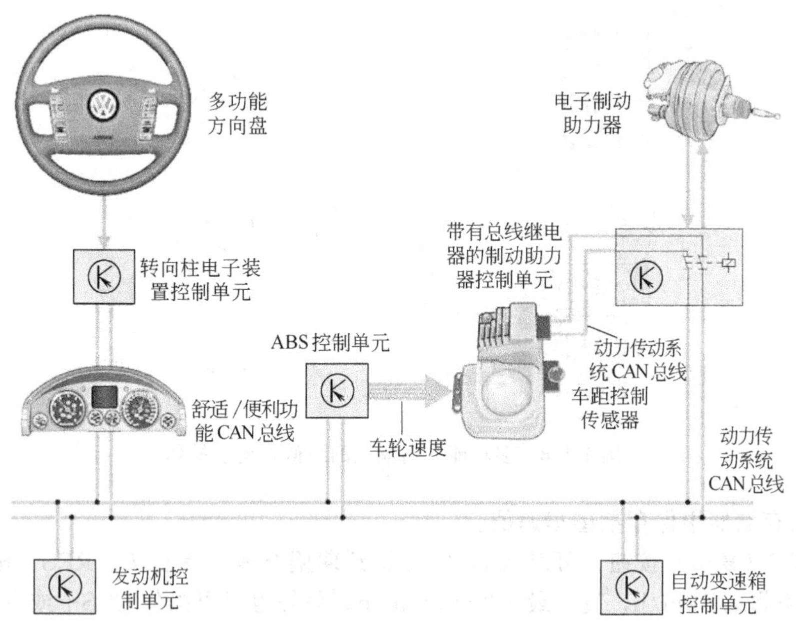

图 1-126 自动车距控制系统

1. 多功能方向盘

APC 系统的操作主要通过多功能方向盘上的按钮进行，但是也可以像定速巡航装置一样，通过油门踏板和制动踏板进行操作。方向盘上的按钮与转向柱电子装置控制单元相连，如图 1-127 所示。后者将数据通过舒适/便利功能 CAN 总线发送到组合仪表。组合仪表内的网关负责在舒适/便利功能 CAN 总线和动力传动系统 CAN 总线之间进行数据交换。

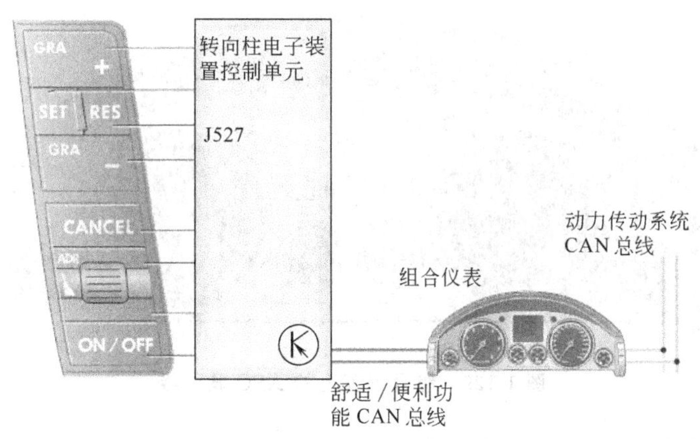

图 1-127 多功能方向盘连接

APC 系统主要利用多功能方向盘上的左侧按键组操作，如图 1-128 所示。但是制动踏板和油门踏板以及换挡杆的位置也对 APC 系统有影响。在发动机启动后，APC 总是处在“关闭”状态，必须按 ON/OFF 按钮切换到“待命模式”。期望车速存储器保持为空状态，车距设置为标准值 1.4s。在行驶中（$v>30$km/h），可以通过 SET（设置）按钮把当前车速存储为期望车速，且可以启用 APC。重复按 SET 按钮，每按一次期望车速就会减少 1km/h，直到降到最低值 30km/h。按 CANCEL（取消）按钮，将 APC 切换到“待命模

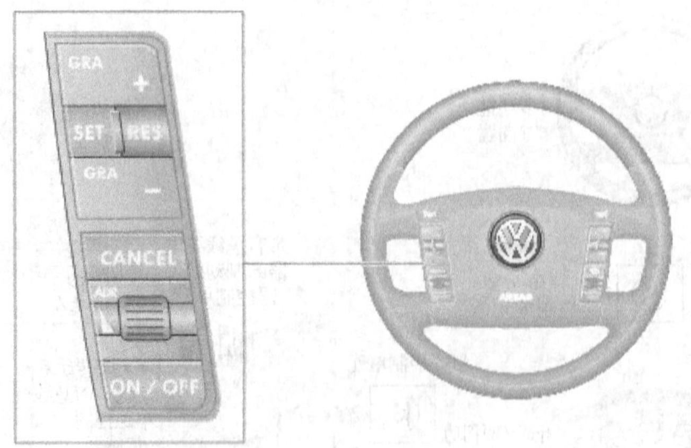

图 1-128 多功能方向盘上的左侧按键组操作

式”，同时在存储器中保存期望车速值。

通过 RES（复位）按钮，可以将 APC 复位到期望车速。重复按“RES”按钮，每按一次期望车速就提高 1km/h，直到最大值 180km/h。另外也可以操作 CCS＋或者 CCS－按钮，以 10km/h 为单位提高或降低期望车速。让驾驶员感觉到舒适的跟车距离是与速度相关的。速度越高，需要的车距越大。但是，装备 APC 系统的车辆与前方车辆的跟车时间应该保持不变。所谓跟车时间即通过两车之间的距离所需要的时间。与速度相关的跟车距离也被称为时间间隔。通过 ON/OFF 按钮，可以将跟车时间设置成标准值 1.4s。同时也可以借助调节轮分 7 挡在 1～3.6s 范围内调节。

2. 组合仪表上的 APC 显示器

驾驶员获得的 APC 系统信息显示在几个显示器上，如图 1-129 所示，其中有些显示是备用显示。

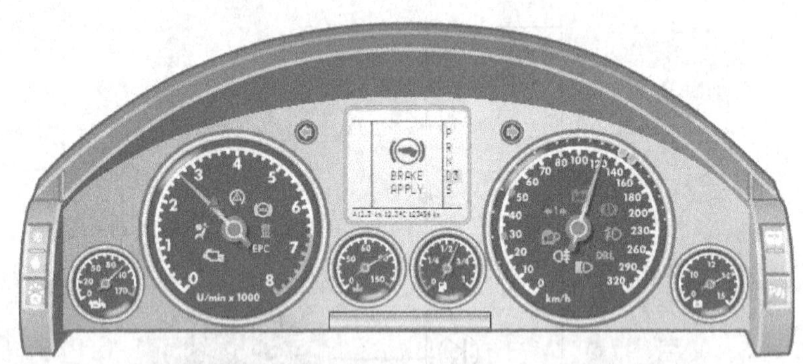

图 1-129 组合仪表上的 APC 显示器

① 彩色显示器中部的 APC 大显示器。

② 彩色显示器左下侧 APC 小显示器。

③ 环绕车速表的二极管环。

④ 转速表内用于 APC 的“Apply brake”（施加制动）红色符号。

⑤ 两级声音信号。

环绕车速表的二极管环和转速表内的自动车速控制红色符号是备用的。在彩色显示器不可用时，它给驾驶员提供最基本的信息。设定的期望车速通过车速表内的二极管环显现出来。

可视显示器由两个声音信号来辅助：一个不连续的警告音和一个连续的警告音。当

APC由活动状态切换到“待命模式”或“关闭状态”时，不连续的警告音响起。在红色警告符号亮时，连续警告音响起。

大的APC显示器与各种信息娱乐系统共享显示器的中间部分，也就是说，当其他的显示活动时，APC显示就会消失。在这种情况下，为了不使驾驶员错过信息，在显示器的左下部有一个小的APC显示器保持活动。不活动的显示元素为灰色，活动的显示元素为橙色。非常重要的信息用红色显示。

在APC系统关闭时，在显示器上会出现“APC OFF”（APC关闭）的字样，如图1-130所示。

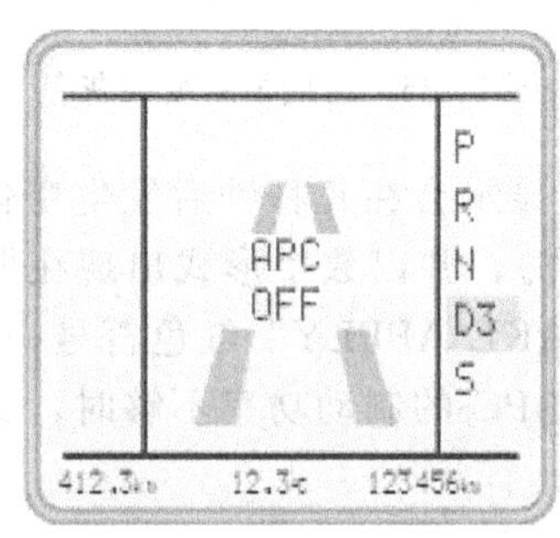

图1-130　APC关闭

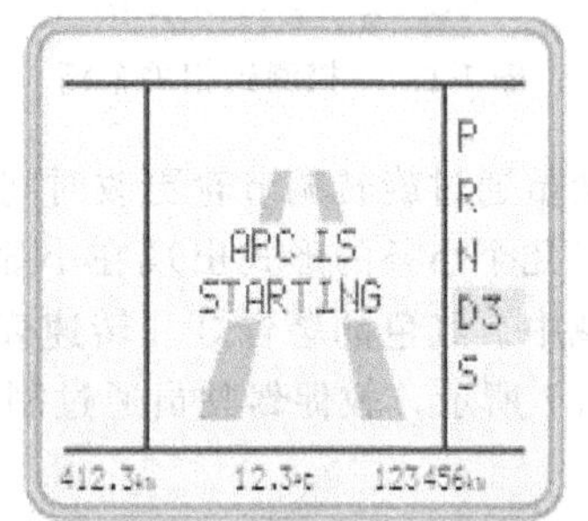

图1-131　APC正在启动

在按下ON/OFF按钮启动自动车距控制后，显示器上就会出现信息“APC IS STARTING”（APC正在启动），如图1-131所示。

在APC转换到“待命模式”。在该模式中，显示内容用灰色表示。大的显示器显示固定样式的行车道，在行车道的尽头显示期望车速，如图1-132所示。在定速巡航控制模式（CCS模式）中，不会探测和显示前方行驶车辆。

如果探测到前方行驶的相关车辆，它也会被显现出来，如图1-133所示。小的显示器显示APC的符号，并提供期望车速。

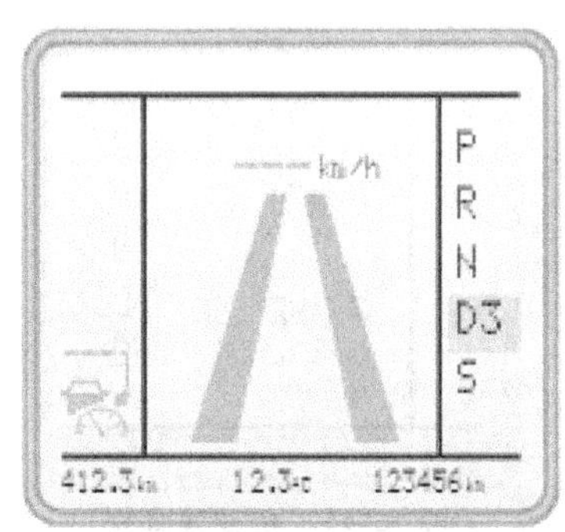

图1-132　前方无车辆期望车速

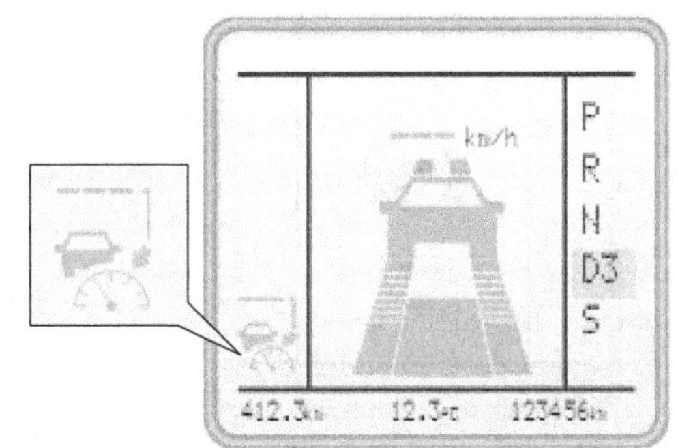

图1-133　前方有车辆期望车速

按SET或RES按钮打开APC。活动的显示元素为橙色。如果探测到相关车辆，它就会出现在显示器上。由于显示车速不再与实际车速相符，速度显示变成灰色。与前方车辆的时间间隔（跟车距离）被分为7级。由驾驶员主动设置的时间间隔为橙色表示。中部的条标出本车相对前方车辆的位置。如果驾驶员踩油门踏板加速，那么本车的颜色出现在显示器中如图1-134所示。如果是在CCS模式中，期望车速的颜色由橙色变为灰色，如图1-135所示。

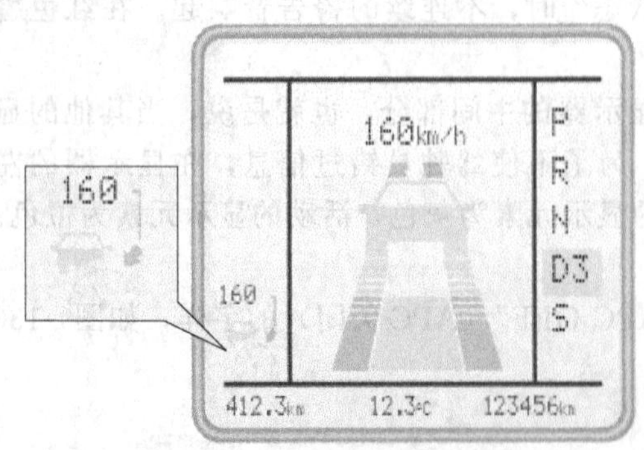

图 1-134　探测到相关车辆

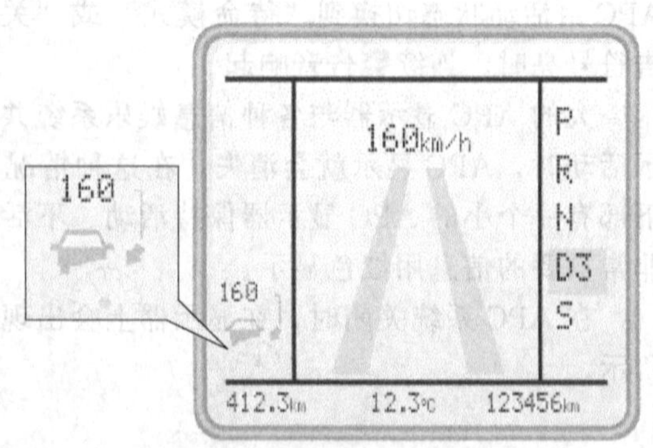

图 1-135　速度显示变成灰色

驾驶员通过旋转调节轮更改时间间隔（跟车距离），显示会在几秒钟后发生变化。时间间隔会以几个小条的形式出现在小显示器上（见图 1-136），并以数字形式出现在期望车速显示区域中。红色的警告灯和转速表内的 APC 的“BRAKE APPLY”红色符号一同亮起，如图 1-137 所示，敦促驾驶员通过制动来控制车辆。在 APC 的制动功率不够时，这是非常必要的。

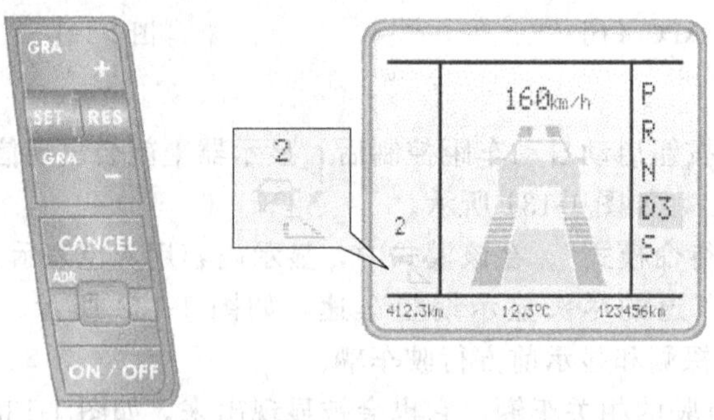

图 1-136　时间间隔

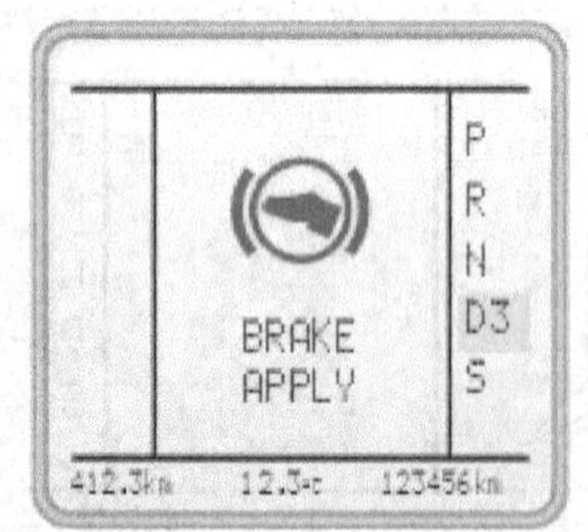

图 1-137　“BRAKE APPLY”红色符号

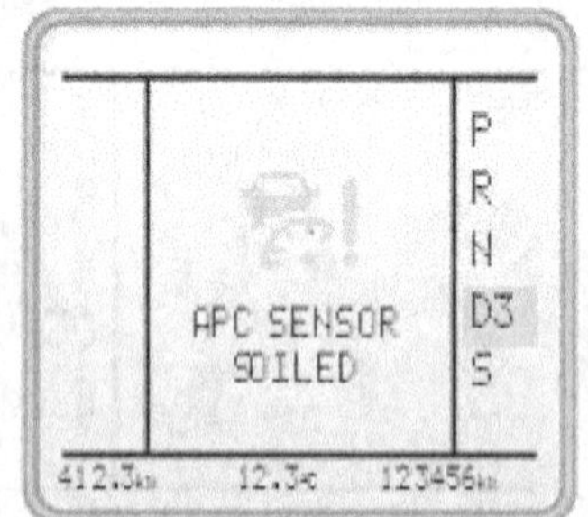

图 1-138　传感器脏污

如果传感器脏污，则会显示出来。但系统还是处于活动状态。如果内部诊断发现故障，则系统也会显示出来。该系统将切换到“待命模式”。几秒钟后故障信息停止活动，如图 1-138所示。

3. 油门踏板、制动踏板及选挡杆

在 APC 系统启用时，可以通过踩油门踏板将其停用，并使车辆加速。如果松开油门踏板，APC 又会恢复其功能，使车辆减速到期望车速或到当前的时间间隔（跟车距离）。

踩下制动踏板立即停用自动车距控制，同时期望车速保存在存储器中（“待命模式”）。

如果换挡杆由位置“D”移至“N”、“R”或“P”位置，则自动车距控制功能停用。在其他换挡杆位置时，APC 仍会处于启用状态。

如果没有达到 30km/h 的最低车速或超过了 180km/h 的最高超速，APC 功能关闭。同样，ESP、TCS、EBC 或 ABS 的制动操作会使 APC 系统停用，但在关闭之前，APC 系统要首先结束当前的制动操作。这些影响动力性的系统的工作与 APC 的任何制动操作无关。

4. 右侧车距控制传感器

右侧车距控制传感器由透镜、校准镜、收发器单元、电子分析装置组成，如图 1-139 所示。APC 系统中，是通过一个基于毫米波雷达技术的传感器进行距离测量的。系统同时测量视野范围内几个物体的距离，以及沿车辆纵向的相对车速。通过这些测量值，计算出每个物体与其视野范围中心线的角度偏差（方位角）。该雷达技术依靠电磁波工作，该波以光速 c 进行传播。频率为 f 的波运行一个周期需要一个波长 λ 自动车距控制传感器的发射频率为 $f=76.5\text{GHz}$，其波长 $\lambda=3.92\text{mm}$。

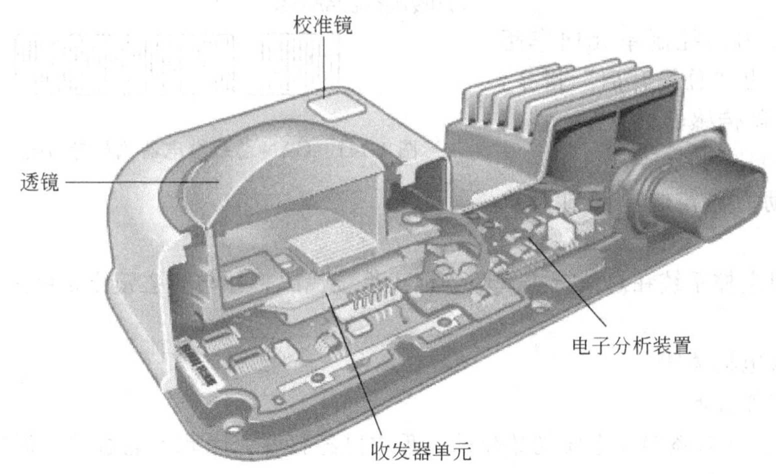

图 1-139 车距控制传感器

5. 制动助力器控制单元

制动助力器控制单元的作用是控制制动压力的建立和释放。由于防盗安全方面的原因，车距控制传感器的总线接口不能直接停用，只能通过制动助力器控制单元将其关闭，如图 1-140 所示。

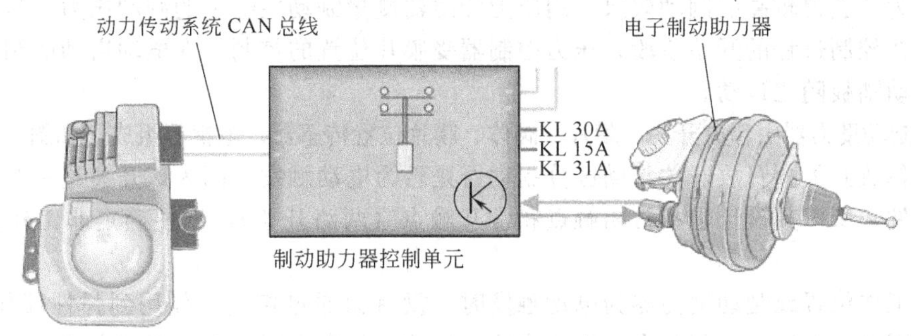

图 1-140 制动助力器控制单元

6. 防盗报警装置

由于车距控制传感器以及相关的 CAN 总线接口安装在车辆的外部区域，因此可以查询防盗锁止系统代码。为了避免影响防盗锁止系统的功能，需要利用制动助力器控制单元里面的 CAN 总线继电器执行专门的开启程序，如图 1-141 所示。

t_0 时刻：

① 端子 15 接通

② 制动助力器控制单元初始化开始

t_1 时刻：

① 制动助力器控制单元初始化结束

② 总线继电器关闭

③ 车距控制传感器通过 CAN 总线发送系统信息

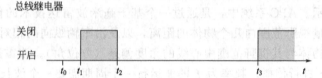

t_2 时刻：

① 制动助力器控制单元向车距控制传感器发出“总线开启”指令，以抑制车距控制传感器内 CAN 控制器的“总线关闭”指令。

② 制动助力器控制单元打开总线继电器。

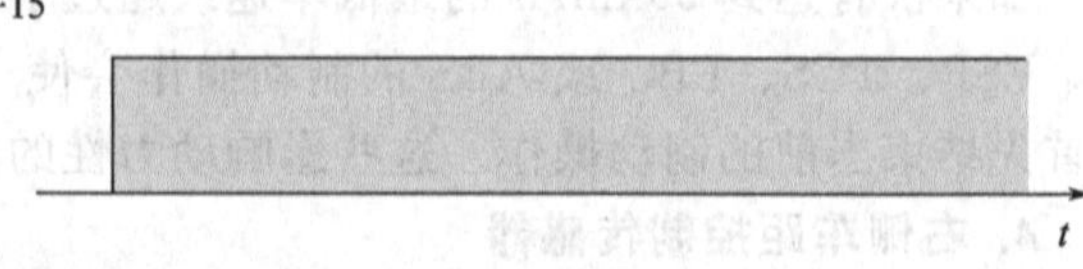

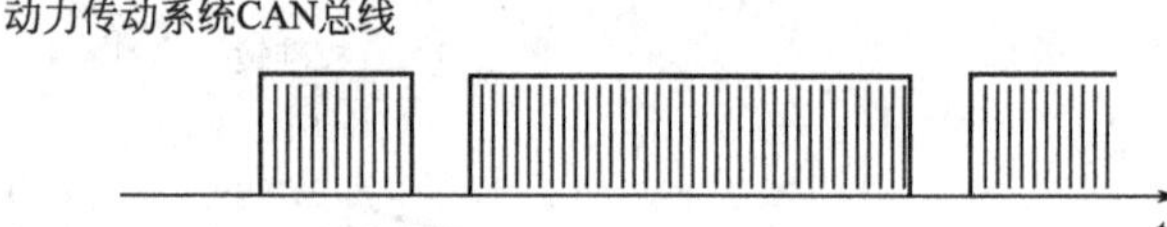

图 1-141　CAN 总线继电器执行专门的开启程序

③ 发动机电控系统在总线上查询防盗锁止系统代码，并与防盗锁止系统进行通信。

t_3 时刻：

① 总线继电器关闭

② 正常工作开始

总线继电器在防盗锁止系统初始化的过程中已经打开，因此不能通过车距控制传感器查询防盗锁止系统的代码。

7. 电子制动助力器（EBS）

APC 系统中的电子制动助力器（EBS）的任务是启动制动器，以控制与前方车辆的距离。同时提供一个特殊的值，使制动轻柔、舒适。在串联式制动助力器内，集成一个比例控制阀（调整量与励磁电流成正比），且该助力器上带膜片式位置传感器（无级电位器）和释放开关。为了获得较高的制动效果，用压力传感器测量制动主缸上的制动压力，从而对其进行控制。在控制过程的开始阶段，压力控制器受膜片位置的控制。在电动启动的制动操作过程中，制动踏板随之运动。

电子制动助力器由释放开关、膜片、阀体、膜片位置传感器、电枢等组成，如图 1-142 所示。

(1) 释放开关　释放开关帮助区分制动器是否为电动触发。因为该开关是一个有关安全的关键部件，所以其设计包括常闭触点和常开触点（两路开关），以便确定非工作位置和工作位置。

在非工作位置或制动助力器为电动触发时，没有力通过控制杆作用到弹性反作用盘上，因此反作用盘为无压力作用状态。在此位置，释放开关靠在制动助力器的壳体上，电路开关 1 闭合，如图 1-143(a) 所示。

如果驾驶员踩制动踏板，压力通过控制杆施加到反作用盘上。反作用盘被压缩。释放开关抬离制动助力器壳体。电路开关 2 闭合，如图 1-143(b) 所示。

(2) 工作过程

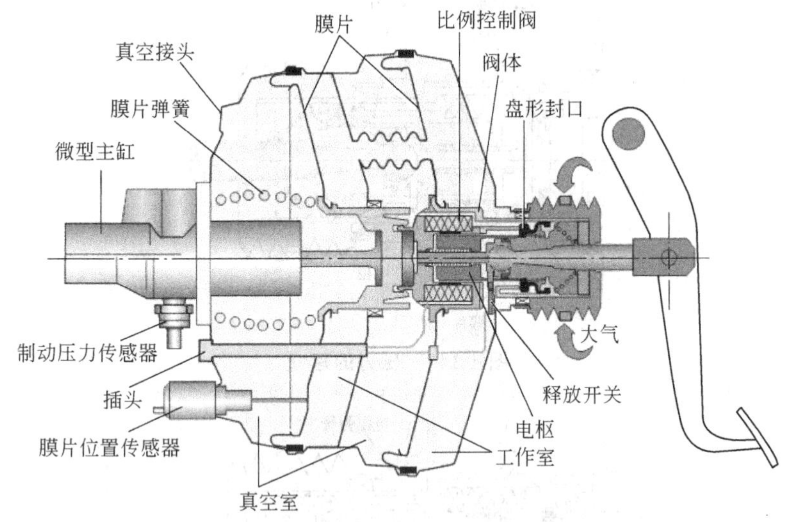

图 1-142 电子制动助力器结构

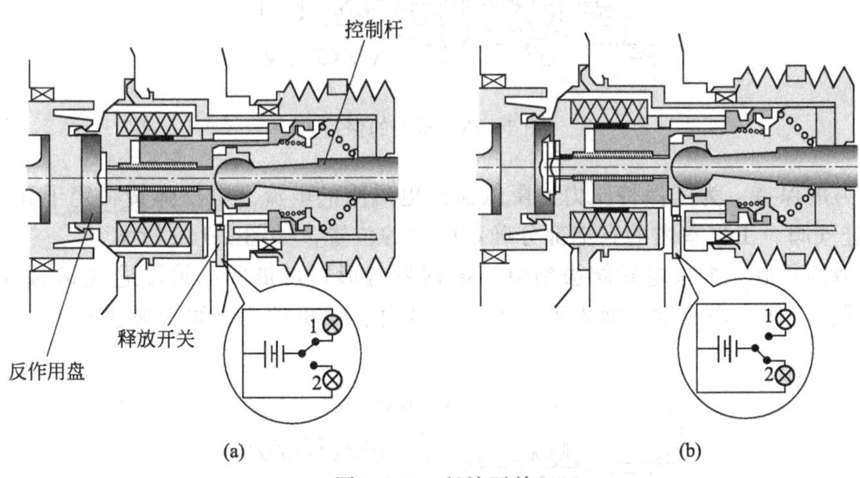

图 1-143 释放开关

① 初始位置 功率放大器在其初始位置，真空已经建立起来，且比例控制阀断电。电子制动助力器的功能由封闭边（起阀门作用）和盘形封口确定。工作室的压力取决于阀门位置，如图 1-144 所示。

电枢的封闭边作为进气阀。阀体的封闭边作为排气阀。两阀的开启和关闭通过封闭边抬离或靠在盘形封口上实现。

② 压力的建立 当压力的建立为电动触发时，比例控制阀通电。定子和电枢之间的气隙变小。进气阀打开，外界空气进入工作室。膜片压缩膜片弹簧。所建立的压力可接近制动压力的 30%，如图 1-145所示。

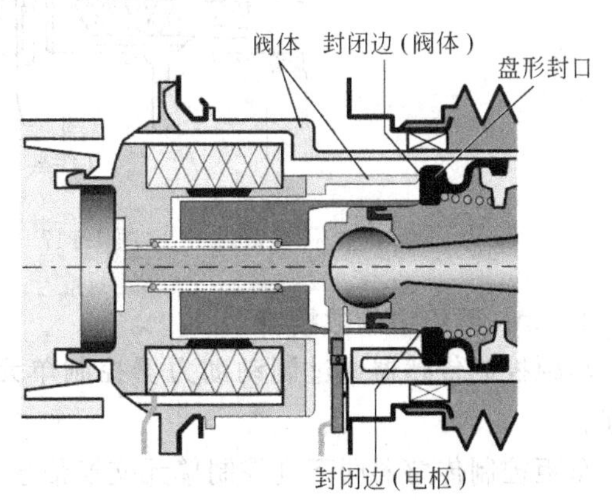

图 1-144 初始位置

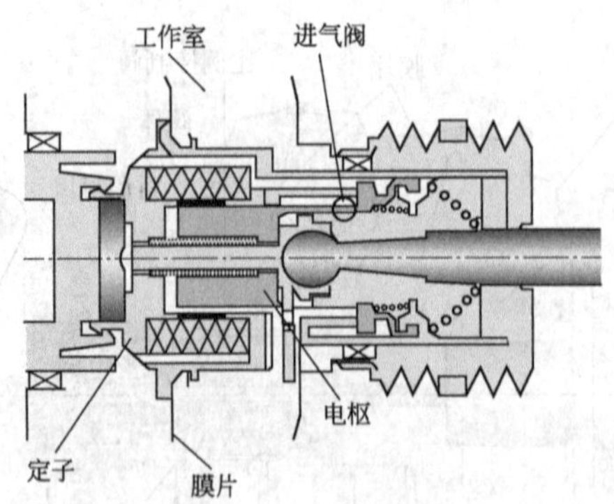

图 1-145　压力的建立

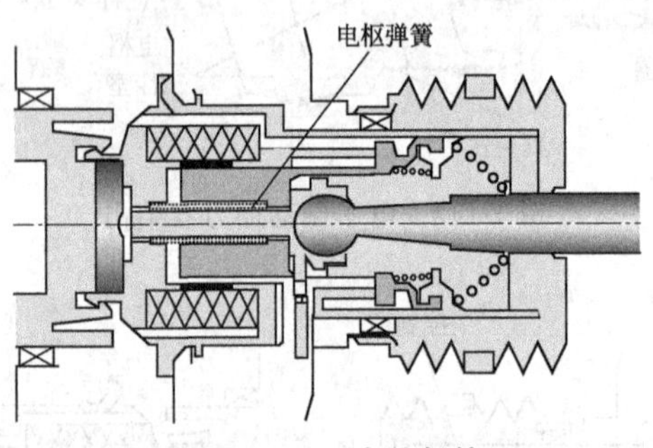

图 1-146　压力的保持

③ 压力的保持　为了保持压力，降低流经电磁阀的电流。电枢弹簧将定子和电枢推离，从而关闭进气阀。工作室内的真空部分确定膜片的位置，如图 1-146 所示。

④ 压力的释放　如果电磁阀被断电，电枢将盘形封口推回，越过进气阀的封闭边。排气阀被打开。工作室内的空气涌入真空室，并经由发动机抽出。膜片弹簧松开，如图 1-147 所示。

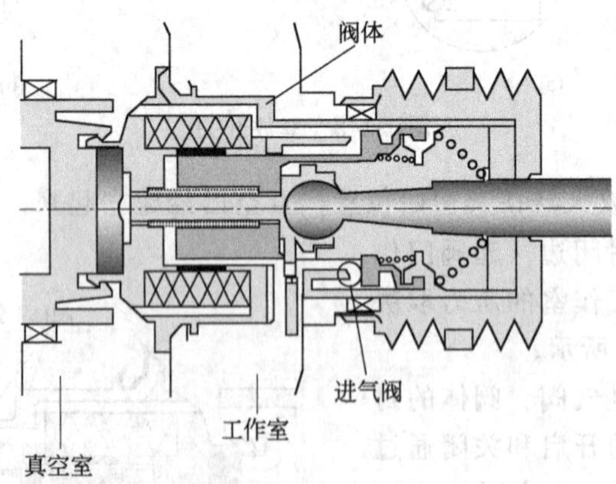

图 1-147　压力的释放

8. CAN 网络中的数据流

车距控制传感器通过制动助力器控制单元内的总线继电器与动力传动系统 CAN 总线相连。

车距控制传感器同下列控制单元交换信息：

① 制动助力器控制单元；

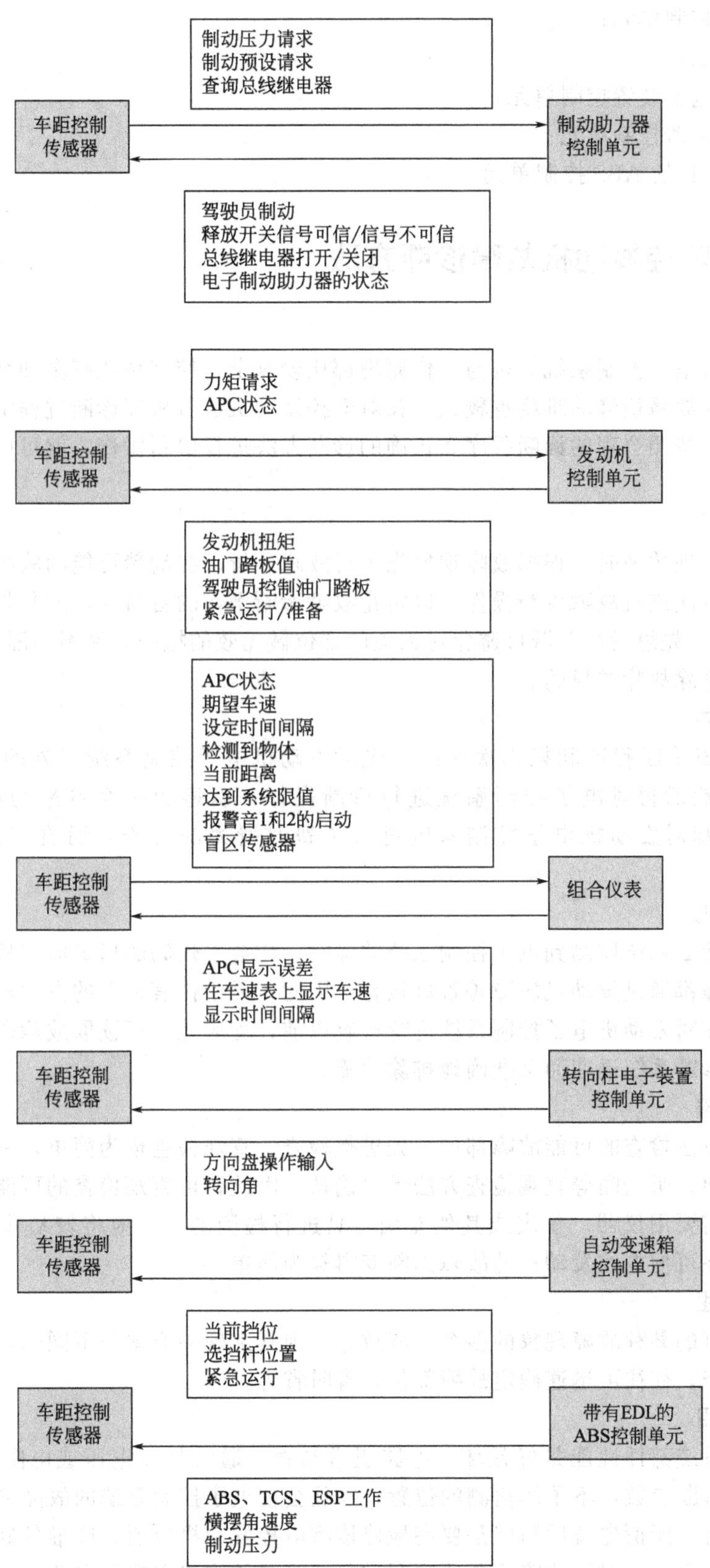

图 1-148 车距控制传感器间控制单元交换信息

② 发动机控制单元；

③ 组合仪表；

④ 转向柱电子装置控制单元；

⑤ 自动变速器控制单元；

⑥ 带有 EDL 的 ABS 控制单元。

第七节　电控发动机故障诊断方法

由于发动机电子控制系统结构与工作原理都比较复杂，控制系统有多种结构类型且差异较大，因此，其故障检修的难度也较大。在对电控发动机进行故障诊断过程中，如果遵循一些基本的原则，按照合理的诊断程序和正确的诊断方法进行诊断操作，就可以准确、迅速地排除故障。

1. 先思后行

当发动机出现故障时，根据故障现象先进行故障分析，在清楚可能的故障原因后再选择适当的程序和方法进行故障诊断操作，以防止故障诊断操作的盲目性，尤其是故障原因比较复杂故障现象，“先思后行”既可避免对无关的部位做无效的检查，又不会漏检有关的部位，达到准确迅速排除故障的目的。

2. 先外后内

在选择故障诊断程序和操作次序时，先对发动机电子控制系统以外的可能的故障部位进行检查，然后再对电子控制系统进行诊断操作，以避免一个本来与电子控制系统无关的故障，却对发动机电子控制系统进行了费时费力的检查，而真正的故障却未能找到。

3. 代码优先

当故障自诊断系统监测到电子控制系统故障时，均会以代码的形式储存故障信息，但并不是所有的故障都通过发动机故障警告灯报警。因此，无论仪表板上的发动机故障警告灯是否亮起报警，在对发动机电子控制系统进行检查以前，均应先进行读取故障码操作，以便充分利用故障自诊断系统迅速而又准确地排除故障。

4. 先简后繁

能以简单方法检查的可能故障部位，先进行检查。直观检查最为简单，一些较为显露的故障通过看、摸、听、闻等直观检查方法予以确认，因此，可直观检查的可能故障部位应首先予以检查。需要用仪器、仪表或其他专用工具进行检测的，也应将较易检查的安排在前面。这样，往往可使电控发动机的故障诊断变得较为简单。

5. 先熟后生

电控发动机的某种故障现象的多个可能故障原因其出现的概率是不同的，对常见的故障部位先进行检查，往往可迅速确定故障部位，省时省力。

6. 先备后用

电子控制系统部件性能是好是坏、电路正常与否，通常是以电压或电阻等参数值来判断。没有这些诊断参数，不了解检测的位置，往往会使电子控制系统的故障诊断变得很困难或根本无法进行。所谓先备后用就是要在检修该型电控发动机以前，应准备好有关的诊断参数和其他检修资料，以保证故障诊断的顺利进行。除了从维修手册及专业书刊获取这些资料外，另一个有效的途径是通过对未发生故障发动机电子控制系统有关部件和检测要点的测量，获得对同类型发动机进行故障诊断所需的诊断参数。

本章小结

本章的讲解是使学生明确在维修发动机电子控制系统时应具备的知识点，在维修汽车的发动机电子控制系统时首先了解发动机电子控制系统的分类、工作过程及相互联系；掌握燃油喷射闭环控制子系统、点火控制闭环控制子系统、进气、排气、巡航控制系统的结构与工作原理，针对具体故障采用理论分析，通过仪器设备检测，判断具体故障点，避免靠维修经验误诊断。在维修过程中，培养自己科学、严谨、求实的工作作风。

思考题

1. 发动机管理系统的分类方式？
2. 发动机管理系统的特点？
3. 发动机管理系统的工作过程？
4. 燃油喷射闭环控制子系统的工作原理？
5. 点火控制闭环控制子系统的工作原理？
6. 谐波进气控制的工作原理？
7. 在发动机电子控制系统中为什么要安装曲轴位置传感器？

工作任务

一辆奥迪 A6L（行车证首发时间：2011 年 2 月）的汽油发动机发动不了。已经检查过发动机机械部分和混合气形成系统，没有发现任何问题。请诊断出故障原因并进行修理。

导向 1. 查出造成故障的相关分系统。

信息 2. 请画一张反映简单点火装置基本原理的草图，并描述点火的过程。

制作一张合适的表，填入相关内容，让人一眼就能看出是点火系统。

名称	特征

设法画出点火装置的电路图。用不同颜色在图上标出初级电路和次级电路。

3. 了解哪些传感器对点火系统的正常工作是必不可少的，同时写出相应的测量参数。

4. 借助 ELSA 故障查找指南确定故障所在位置。

计划 5. 制定故障查找步骤的工作计划。

序号	工作步骤	工具和辅助设备

实施6. 根据工作计划实施故障查找。

计划7. 制定一份更换损坏零部件的工作计划。

序号	工作步骤	工具和辅助设备

实施8. 请根据制定的工作计划更换损坏的部件。

9. 请用示波器检查传感器信号，并将实际图像与规定图像进行比较。

检查10. 将所有资料按顺序正确完整地汇总在一起，形成完整的工作记录。

附：工作任务分析参考

常规思路：对于配置发动机管理系统车辆的维修，首先用诊断仪器连接发动机控制单元，读取故障存储器中的信息，根据故障信息，具体检查、判断故障点。

此车的维修思路：此车检查过发动机机械部分和混合气形成系统，没有发现任何问题。故检查点火系统，此车的点火系统为闭环、单火花点火线圈控制。因汽车无法启动，是个共性故障，在思路上要考虑各系统的数据传输的工作状况，不要考虑点火系统具体部件，如可以考虑信号源、电控单元、控制单元间数据传输等，故先用大众专用解码器 V. A. G 5051、V. A. S 5052 等来诊断。

具体诊断过程：

① 连接检测设备，进入发动机控制单元。

② 进入控制单元后，读取故障码。

③ 根据故障码的信息，用万用表测试故障部件。若部件检测后，确认已损坏，更换部件。

④ 启动汽车，再次检查控制单元，确认更换是否解决故障。

故障分析：

因点火系统故障不能启动汽车，在奥迪 A6L 中，可能是点火线圈等部件损坏所致，因其发动机控制单元具备自检功能，能将发动机控制单元所控制的电子部件错误信息记录在控制单元的故障存储器上，维修人员可通过读取故障信息，并根据故障信息查找故障。

第二章 » 自动变速器电子控制系统

学习目标

1. 了解自动变速器的发展、分类方式及组成。
2. 掌握电控液力自动变速器、无级变速器、双离合器自动变速器的结构与工作原理。
3. 为了检验学生应用这些知识的能力，引用企业车间工作任务案例，让学生了解自动变速器的诊断过程和故障分析方法，培养学生的检修能力。

第一节 认识自动变速器

汽车变速器是一套用于来协调发动机的转速和车轮的实际行驶速度的变速装置。变速器可以在汽车行驶过程中，在发动机和车轮之间产生不同的变速比，通过换挡可以使发动机工作在其最佳的动力性能状态下。汽车自动变速器（Automatic Transmission，AT）是指汽车行驶过程中离合器和变速器的操纵都实行了自动化，即可以实现自动换挡的变速器。

一、自动变速器发展历程

自动变速器的发展整体可分为三个阶段：液力自动变速器阶段，电控液力变速器阶段，智能控制变速器阶段。

1. 液力自动变速器阶段

20 世纪 30 年代后期，美国通用公司在汽车上进行实验，并于 1940 年在通用公司的奥兹莫比尔（Oldsmoble）型车上第一次装备上液力变矩器＋四挡行星齿轮机构的自动变速器，被称为现代自动变速器的鼻祖。

2. 电控液力变速器阶段

20 世纪 80 年代，电子控制技术随计算机的发展进入实用化阶段，此时日本、意大利、德国等大公司都致力于自动变速器的研究，推动电控自动变速器发展并日趋完善。控制系统由电控系统和液控系统两部分组成。电控系统由电脑、传感器、电磁阀及控制电路等组成，将车速、节气门位置等信号转换为电信号传递给电脑，电脑将这些信号处理后，发出执行信号，作用于换挡电磁阀，利用液压换挡执行机构实现自动换挡。

3. 智能控制变速器阶段

德国宝马公司自 1992 年起，陆续推出用于四挡和五挡自动变速器的自适应控制技术，能够自动识别驾驶员的类型、环境条件和行驶状况，并对换挡规律做出调整。德国大众公司也推出了四挡（01M）、五挡（01V）和六挡（09 系列）自动变速器的自适应控制技术，如大众迈腾 09G-AG6 自动变速器采用了 CAN 总线式信息传递控制系统，此系统具有模糊控制功能，通过信号传感器能对高速公路、坡道识别，并能根据各种传感器输入的信息在控制单元中进行逻辑分析处理，同时具有自学习适应功能，使得车辆能按照驾驶员的意图自动换挡。

二、自动变速器的功能

汽车的变速器，不管是手动的，还是自动的，其基本功能都是一样的。

(1) 它是汽车功率传递的核心，能改变转速比和扭矩比。

(2) 通过与引擎配合，使汽车具有良好的动力性与经济性。

(3) 它能增大引擎输出的扭矩和速比变化的范围，使汽车有良好的工况适应性及路面通过能力。

(4) 它能在引擎旋转方向不变时，改变行车方向，实现倒车功能。

(5) 它能切断引擎与驱动轮之间的动力传输，产生空挡工况，实现引擎怠速运转。

三、自动变速器的分类

对变速器采用液压和电子控制技术，使变速器能够根据汽车行驶工况的变化，自动地变速变矩，成为电子控制的自动变速控制系统，即电控自动变速器，它能根据油门踏板程度和车速变化，自动地进行变速。而驾驶者只需操纵加速踏板控制车速即可。虽说自动变速汽车没有离合器，但自动变速器中有很多离合器，这些离合器能随车速变化而自动分离或合闭，从而达到自动变速的目的。目前常用的电控自动变速器按照其工作原理的不同，大致可分为三种：电控液力自动变速器、电控无级变速器和双离合器变速器。

第二节 电控液力自动变速器

一、认识电控液力自动变速器

电控液力自动变速器（ECT，Electronic-controlled Automatic Transmission）是目前市场上应用最为广泛的自动变速器。它通过传感器和开关监测汽车和发动机的运行状态，接受驾驶员的指令，并将所获得的信息转换成电信号输入到电控单元。电控单元根据这些信号，通过电磁阀控制液压控制装置的换挡阀，其打开或关闭通往换挡离合器和制动器的油路，从而控制换挡时刻和挡位的变换，以实现自动变速。

二、电控液力自动变速器的组成

电控自动变速器由液力变矩器、行星齿轮系统、液压控制系统和电子控制装置组成。

1. 液力变矩器

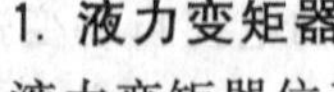

液力变矩器位于自动变速器的最前端，如图 2-1 所示，它通过螺栓与发动机的飞轮相连，其作用与采用手动变速器的汽车中的离合器相似。它利用液力传动的原理，将发动机的动力传给自动变速器的输入轴。此外，它还可以起减速、增扭和耦合的作用。

图 2-1 液力变矩器

2. 行星齿轮系统

行星齿轮系统是自动变速器的主要组成部分，如图 2-2 所示，它包括齿轮变速机构和换挡执行机构。齿轮变速机构可以使变速器实现不同的传动比，使其处于不同的挡位。大部分汽车的齿轮变速机构有 3～6 个前进挡和一个倒挡。这些挡位与液力变矩器配合，就可以获得由起步至最高车速的整个范围的自动变速。

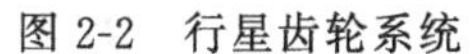

图 2-2 行星齿轮系统

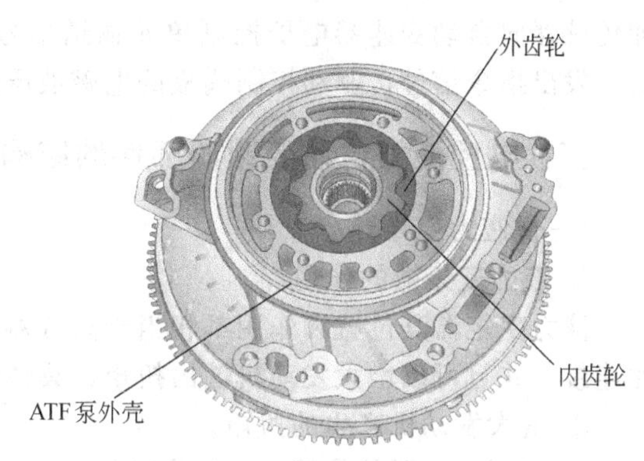

图 2-3 液压泵

3. **液压控制系统**

液压控制系统包括有液压泵、控制阀板总成和液压管路。液压泵也称为ATF泵，如图2-3所示，位于液力变矩器后方。阀板总成通常安装在齿轮变速器下方的油底壳内。驾驶员通过自动变速器的选挡杆改变阀板内手控阀的位置，液压控制系统接收节气门开度和车速信号，利用液压自动控制原理，按照控制单元逻辑程序规律控制齿轮变速器中换挡执行元件的工作，实现自动换挡。

4. **电子控制系统**

控制系统一般由传感器、电子控制单元和执行元件三部分组成。如图2-4所示。电子控制单元是电控系统的核心控制元件。它实际上是一个微型计算机，一方面接收来自传感器的信号，另一方面完成对这些信息的处理，并发出相应的指令来控制执行元件的动作。传感器是感知信息的部件，负责向电子控制单元提供系统的工作情况和运行状况，从而使电子控制单元正确管理系统的运转。执行元件负责电子控制单元发出的各项指令，是指令的完成者。

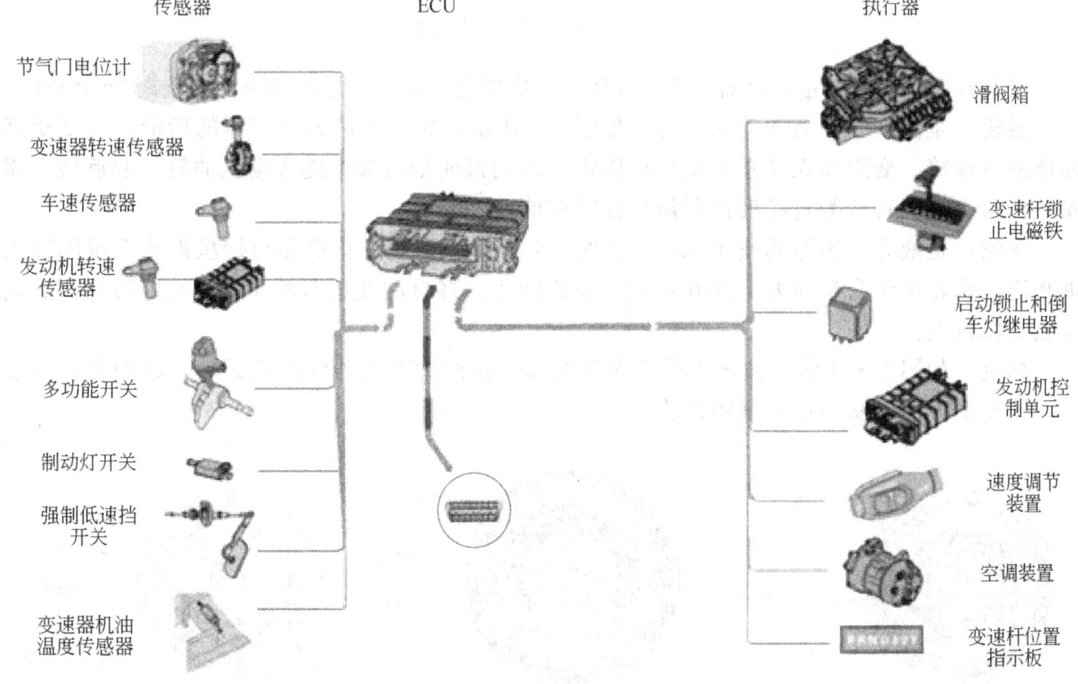

图 2-4 电子控制系统

即传感器向自动变速器电子控制单元输送信号，信号在电子控制单元中经过逻辑运算处理后，发出指令信号，驱动控制阀板的电磁液压阀工作，实现各挡位变换。

三、电控液力自动变速器部件的结构与工作原理

（一）液力变矩器

1. 液力变矩器的作用

液力变矩器其位置和作用都相当于离合器，与离合器不同的是液力变矩器是常接合、柔性连接，并且可以增大发动机输出扭矩，具体作用如下。

① 增大发动机产生的扭矩。

② 起到离合器的作用，传递发动机扭矩至变速器。

③ 缓冲发动机和传动系的扭转振动。

2. 液力变矩器的组成结构

图 2-5 为液力变矩器，它有一个密闭工作腔，液体在腔内循环流动，其中泵轮、涡轮和导轮分别与输入轴、输出轴和壳体相连。

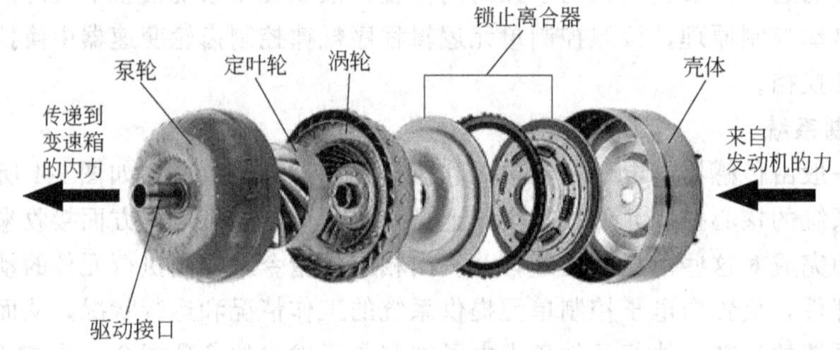

图 2-5　液力变矩器的结构

目前普遍采用带锁止离合器的液力变矩器，由泵轮、涡轮、导轮和单向锁止离合器组成。

泵轮：是液力变矩器的输入元件，如图 2-6 所示，它位于液力变矩器的后端，与变矩器壳体刚性连接。变矩器壳体总成用螺栓固定于发动机曲轴后端，随发动机曲轴一起旋转。将发动机的机械能转变为自动变速器液压油的动能。

涡轮：是液力变矩器的输出元件，如图 2-7 所示，它通过花键孔与行星齿轮系统的输入轴相连。涡轮位于泵轮前方，其叶片面向泵轮叶片。将自动变速器液压油的动能转变为涡轮轴上的机械能。

导轮：如图 2-8 所示，位于涡轮和泵轮之间，是液力变矩器的反应元件，改变自动变速器油的流动方向，从而达到增矩的作用。

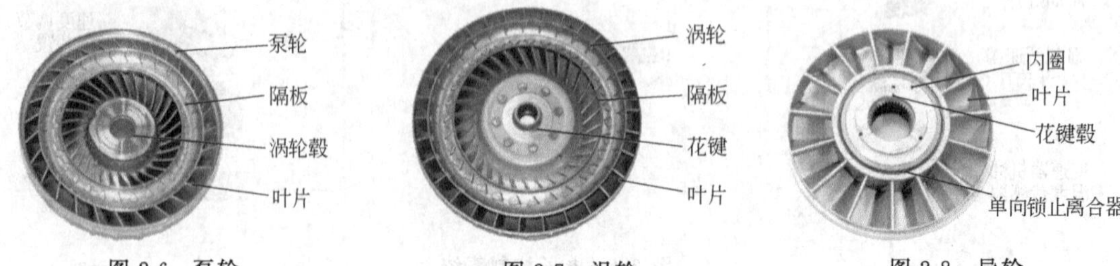

图 2-6　泵轮　　图 2-7　涡轮　　图 2-8　导轮

单向锁止离合器：由于液力传动不可避免地要带来能量损失。因此在车速较高时，随着涡轮转速与泵轮转速接近，变矩器通过电磁阀引入压力油将锁止离合器与壳体直接相连，使涡轮与泵轮刚性接合，实现机械传动，提高传递的效率。

单向锁止离合器位于涡轮前面，由锁止活塞、减振盘和涡轮传动板组成，单向锁止离合器前面和其相对应的外壳上均有摩擦材料，如图 2-9 所示。靠电磁阀适时地开启和关闭引入不同方向的压力油作用在单向锁止离合器的前面或后面，从而使单向锁止离合器锁止或分离。

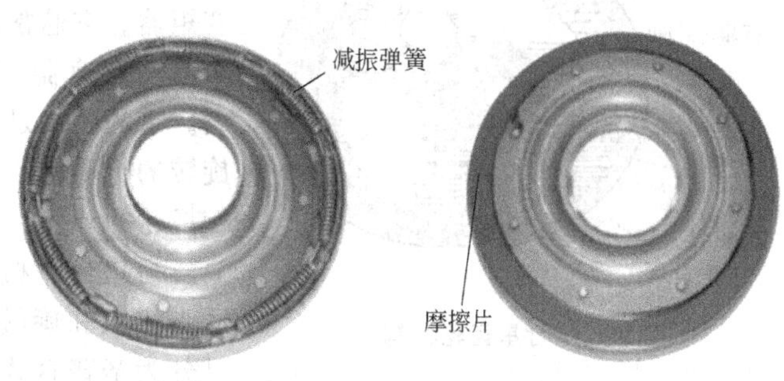

图 2-9　单向锁止离合器

液力变矩器连接顺序如图 2-10 所示。

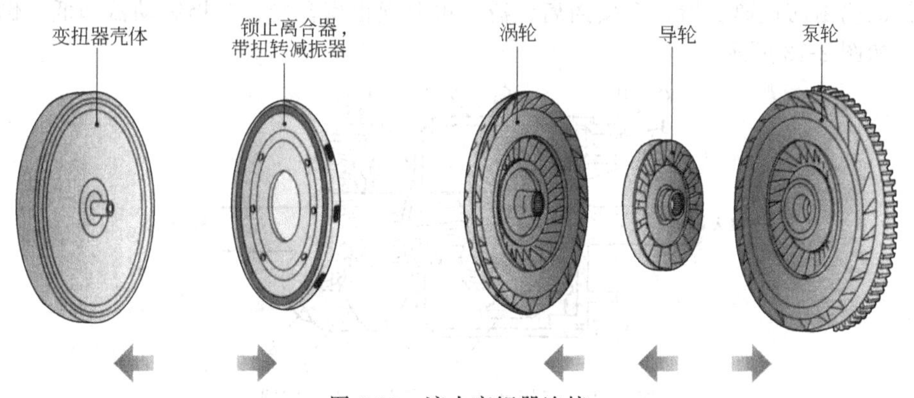

图 2-10　液力变矩器连接

3. **液力变矩器的工作原理**

泵轮是主动件，涡轮悬浮在变矩器内，通过花键与输出轴连接，是从动件。导轮悬浮在泵轮与涡轮之间，通过单向锁止离合器及导轮轴套固定在变矩器外壳上。为保证变矩器的性能和工作液的良好循环，导轮、泵轮、涡轮的叶片都弯成一定的弧度并沿径向倾斜排列。

发动机启动后带动泵轮旋转，由于离心力的作用，工作液既有随泵轮一起转动的圆周运动，又有冲向涡轮的轴向分速度，推动涡轮与泵轮同向转动。

当涡轮转速较小时，从涡轮流出的工作液向后流动，冲击导轮叶片的前面。因为导轮被单向锁止离合器限定不能向后转动，所以导轮的叶片将向后流动的工作液导向向前推动泵轮叶片，促进泵轮旋转。这相当于导轮与泵轮都对液力变矩器内的工作液施加了正向力矩。当输入与输出转速稳定时，两正向力矩之和大小等于涡轮对工作液的反向力矩，从而使涡轮的输出力矩大于泵轮的输入力矩，起到增大扭矩的作用。涡轮的转速越低，导轮改变工作液流动方向的作用越强，增大力矩的作用越明显。

（二）行星齿轮系统

虽然液力变矩器能在一定范围内自动、无级地改变转矩比，以适应汽车行驶阻力的变化，但由于它的变矩能力与传动效率之间存在矛盾，且变矩比一般在 2～4 范围内，难以满足实际使用的需要，因而在自动变速器中，液力变矩器后串联机械变速器，增大转矩比范围，增大转矩比范围，同时实现转向可逆和切断动力的能力，使变速器具有倒挡和空挡。大部分都是采用行星齿轮变速器，具有体积小、结构简单、操作容易、变矩范围大等优点。行星齿轮系统是自动变速器的主要组成部分，它包括齿轮变速机构和换挡执行机构。

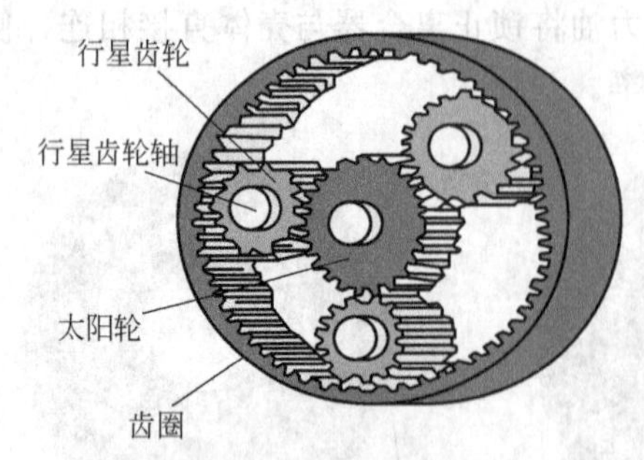

图 2-11　行星齿轮机构

1. 行星齿轮机构

行星齿轮变速器，是用行星齿轮机构实现变速的变矩器。它通常装在液力变矩器的后面，共同组成液力自动变速器。行星齿轮机构因类似于太阳系而得名。它的中央是太阳轮，太阳轮的周围有几个围绕它旋转的行星轮，行星轮之间，有一个共用的行星架。行星轮的外面，有一个大齿圈。如图 2-11 所示。

行星齿轮机构的作用是通过改变传动比，获取适当扭矩和旋转速度，提高汽车适应能力。按结构可分为辛普森式和拉维娜式两种。

(1) 辛普森式行星齿轮机构　辛普森式行星齿轮机构（如图 2-12 所示）是 3 速行星齿轮系统，能提供 3 个前进挡和 1 个倒挡。该系统行星齿轮机构的两个行星排共用 1 个太阳轮，执行机构由前进离合器、直接挡离合器、单向锁止离合器、二挡制动器和低、倒挡制动器组成，如图 2-13 所示。

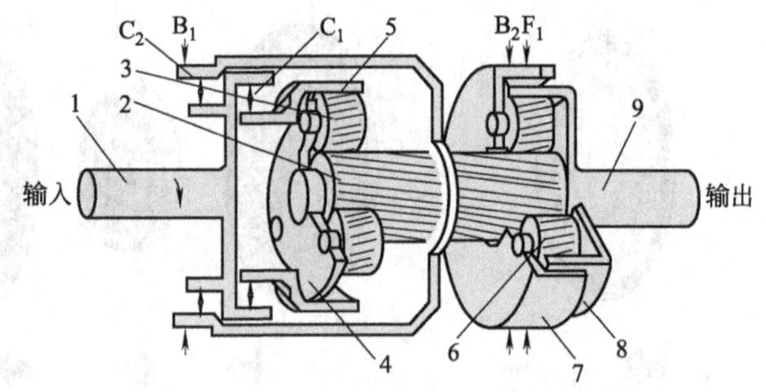

图 2-12　三挡辛普森式行星齿轮变速器

1—输入轴；2—公共太阳轮；3—前行星齿轮；4—前行星架；5—前齿圈；6—后行星齿轮；7—后行星架；8—后齿圈；9—输出轴；C_1—前进挡离合器；C_2—高、倒挡离合器；B_1—2 挡制动器；B_2—低、倒挡制动器；F_1—单向离合器

输入轴通过直接挡离合器和前进离合器分别与太阳轮和前排齿圈相连。二挡制动器可以用来固定太阳轮。低、倒挡制动器可使后行星架成为固定元件。单向锁止离合器保证后排行星架只能沿顺时针方向转动。前排行星架和后排齿圈与输出轴相连而成为输出元件。

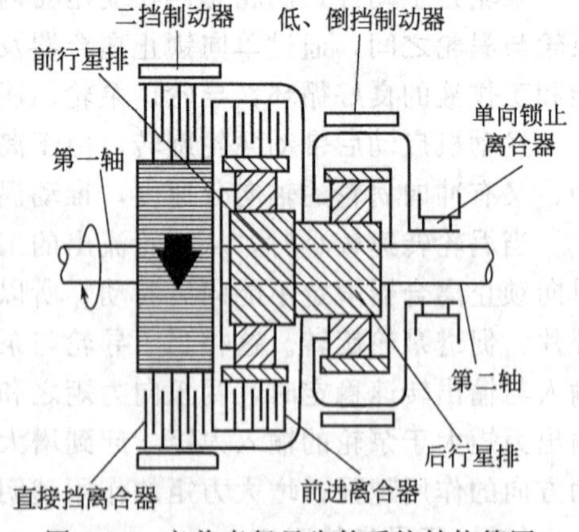

图 2-13　辛普森行星齿轮系统结构简图

该行星齿轮系统各挡工作原理如下。

P 位：即停车挡，如图 2-14 所示。大多数自动变速器通过锁住输出轴实现驻车。停车锁止机构由止动爪和输出轴外齿圈等组成。止动爪固定在变速器壳体上。当变速器换挡操纵手柄位于除 P 位以外的任一位置时，止动爪在弹簧的作用下压紧在锁止凸轮表面。当操纵手柄推至 P 位时，手控连杆机构通过锁止凸轮将止动爪推向输出轴外齿圈，并嵌入其外齿，使输出轴与壳体相连而无法转动。

N 位：执行机构元件不工作。前、后行星排所有元件均不受约束，无法传递动力，变速器位于空挡。

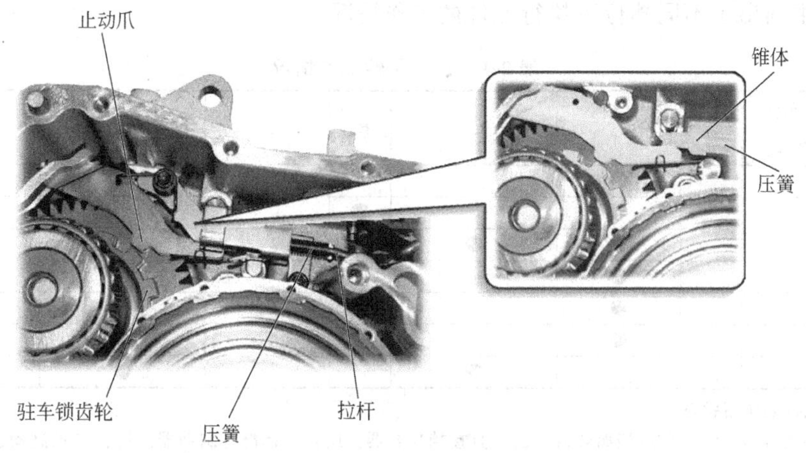

图 2-14 停车挡

D位1挡：如图 2-15 所示，前进离合器接合，前排齿圈成为输入元件。单向锁止离合器使后行星架无法逆时针旋转。动力传递路线是第一轴、前排齿圈、太阳轮、后排齿圈、第二轴。

D位2挡：如图 2-16 所示，前进离合器接合使前排齿圈成为输入元件，二挡制动器将太阳轮固定。动力经第一轴、前排齿圈和前排行星架输出给第二轴。

D位3挡：如图 2-17 所示，前进离合器和直接挡离合器工作。此时，前排太阳轮和齿圈均与第一轴相连。因此，行星架也与它们同速转动，形成直接挡，将第一轴的动力直接传给第二轴。

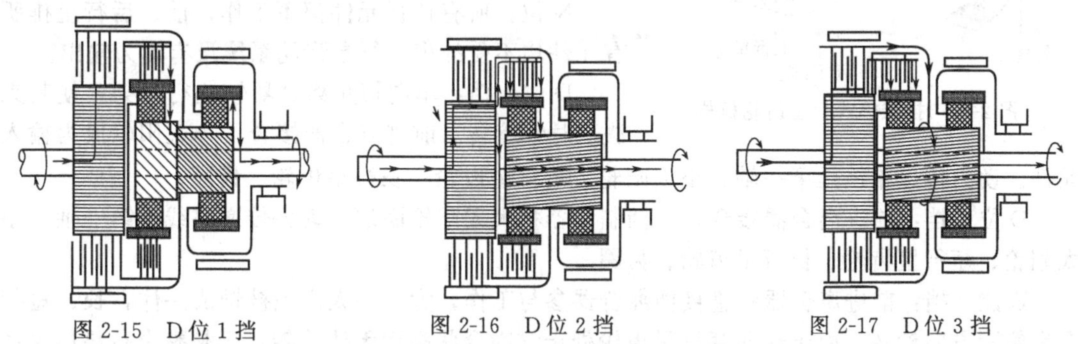

图 2-15 D位1挡　　图 2-16 D位2挡　　图 2-17 D位3挡

L位：如图 2-18 所示，强制发动机制动挡。动力传递路线与D位1挡相同。差别是L位利用低、倒挡制动器固定后排行星架。

R位：如图 2-19 所示，直接挡离合器接合，前排太阳轮成为输入元件。低、倒挡制动器固定后排行星架。动力经第一轴、太阳轮、后排行星齿轮和后齿圈传至第二轴。由于行星架是固定元件，使第二轴的旋转方向与第一轴相反，因此变速器得到倒挡。

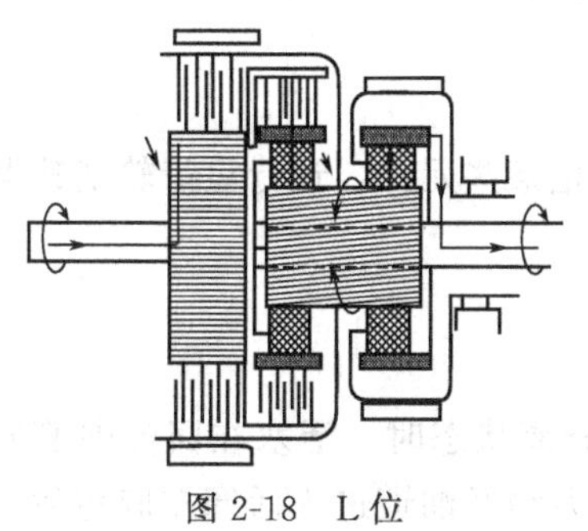

图 2-18 L位

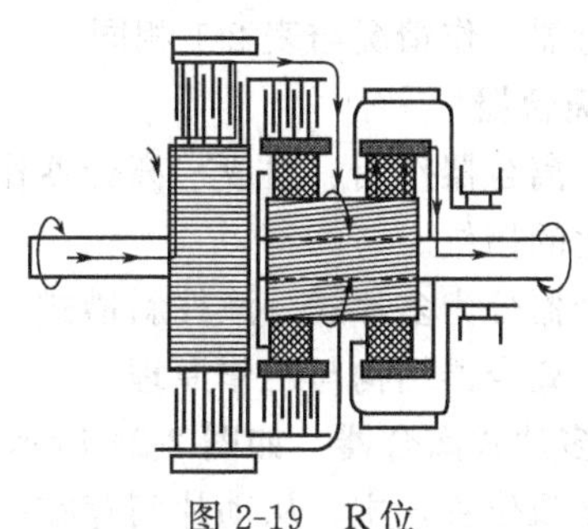

图 2-19 R位

表 2-1 中列出了不同挡位下执行元件的工作情况。

表 2-1　执行元件工作情况

挡位＼执行元件	C_0	C_1	C_2	B_1	B_2	B_3	F_1
D 位 1 挡		●					●
D 位 2 挡		●		●			
D 位 3 挡		●	●				
S 位 1 挡		●					●
S 位 2 挡		●			●		
L 位 1 挡		●				●	●
R 挡			●			●	

注：●本执行起作用状态。

C_0：超速挡离合器。C_1：前进挡离合器。C_2：直接挡离合器。B_1：二挡滑行制动器。B_2：二挡制动器。B_3：低、倒挡制动器。F_1：第一单向锁止离合器。

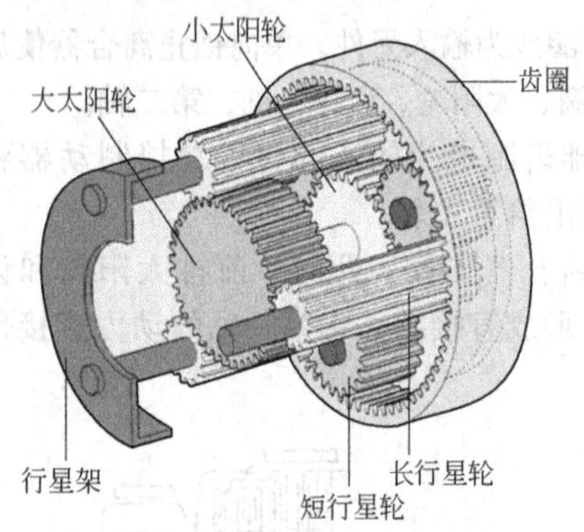

图 2-20　拉维娜式行星齿轮机构

(2) 拉维娜式行星齿轮机构　拉维娜式（如图 2-20所示）应用于 3 速、4 速、5 速和 6 速自动变速器，该系统的两排行星齿轮机构共用一个齿圈和一个行星架，行星架上的两套行星齿轮相互啮合，其中短行星齿轮与小太阳轮啮合，长行星齿轮与大太阳轮啮合的同时与齿圈内齿啮合。

该行星齿轮系统各挡工作原理如下。

N 位：所有执行元件都不工作，前、后行星排所有元件均不受约束。行星齿轮系统没有动力输出。

D 位 1 挡：单向锁止离合器锁止行星架，使其无法逆时针旋转。前进离合器接合，小太阳轮成为输入元件。动力传递路线是第一轴、小太阳轮、短行星齿轮、长行星齿轮、齿圈。

D 位 2 挡：前进离合器接合，二挡制动器将大太阳轮固定。动力传递路线是第一轴、小太阳轮、短行星齿轮、长行星齿轮、齿圈。

D 位 3 挡：前进离合器和直接挡离合器参与工作，大、小太阳轮被锁成一体，长、短行星齿轮同方向旋转。由于这两套行星齿轮处于常啮合状态而无法旋转，于是整个行星齿轮系统被连锁成一体，以直接挡传递动力。

L 位 1 挡：与 D 位 1 挡相似。与其区别在于用低、倒挡制动器代替单向锁止离合器锁止行星架。动力传递路线不变。

R 位：直接挡离合器工作，大太阳轮成为输入元件，低、倒挡制动器将行星架固定。动力传递路线是大太阳轮、长行星齿轮、齿圈。小太阳轮和短行星齿轮空转。

执行器工作情况与表 2-1 相同。

2. 离合器

(1) 离合器作用、组成　离合器作用是驱动和锁止某些元件，让行星齿轮变速器组成不同传动比的挡位。

离合器分为多片式、滚柱斜槽式、楔块式。

(2) 离合器结构与工作原理

① 多片式离合器　如图 2-21 所示，离合器处于分离状态时，活塞在回位弹簧的作用下处于左极限位置，主、从动片间存在一定间隙。当压力油经油道进入活塞左腔室后，液压力

克服弹簧张力使活塞右移，将所有主、从动片依次压紧，离合器接合，该元件成为输入元件。动力经涡轮轴、壳体、主动片和花键毂传至行星齿轮机构。油压撤除后，活塞在回位弹簧的作用下回位，离合器分离，动力传递路线被切断。

② 滚柱斜槽式、楔块式离合器　如图 2-22 所示，滚柱斜槽式、楔块式离合器均为单向锁止离合器，滚柱斜槽式离合器工作原理是在外环逆时针旋转时，滚柱在内外环反作用力、离心力和弹簧弹力的作用下回到斜槽内，实现自由旋转状态，当外环顺时针旋转时，滚柱在离心力的作用下，克服弹簧弹力，与内环和外环结合，在内外环作用力挤压下，实现锁止。

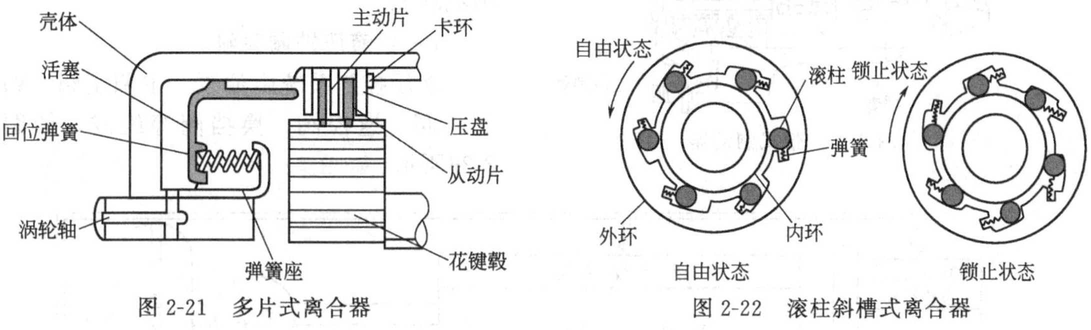

图 2-21　多片式离合器　　图 2-22　滚柱斜槽式离合器

楔块式离合器工作原理与滚柱斜槽式离合器工作原理类似，故在此不再叙述，结构如图 2-23 所示。

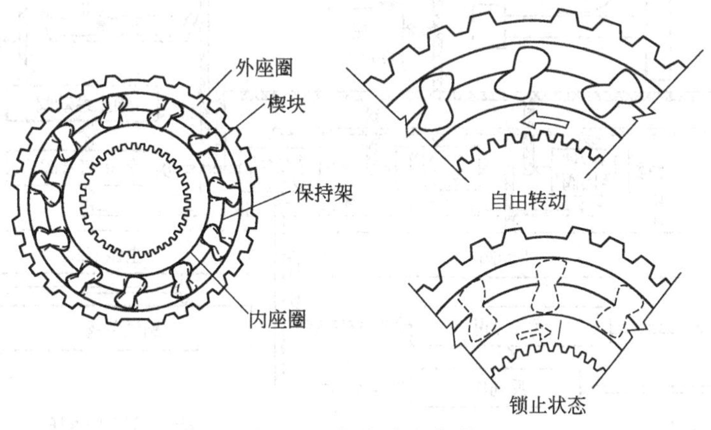

图 2-23　楔块式离合器

3. 制动器

(1) 制动器作用、组成　制动器是夹持行星齿轮部件之一，作用是使行星齿轮部件不能转动，以获得必需的传动比。

制动器分为片式制动器和带式制动器。

(2) 制动器结构与工作原理

① 片式制动器　片式制动器的结构如图 2-24 所示，是将铜片、摩擦片、挡圈等部件装入制动毂中。工作原理是液压油作用于制动器活塞，

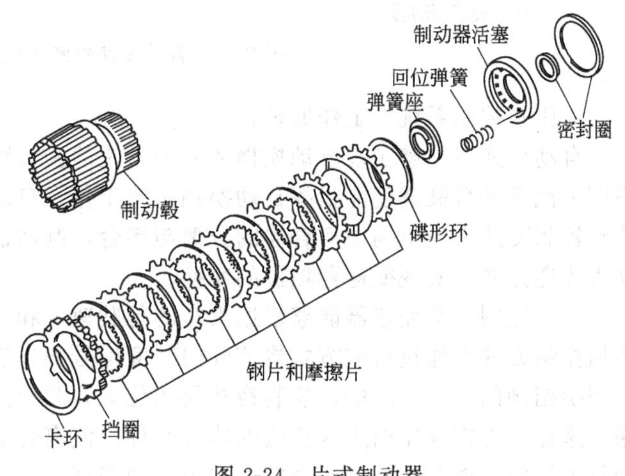

图 2-24　片式制动器

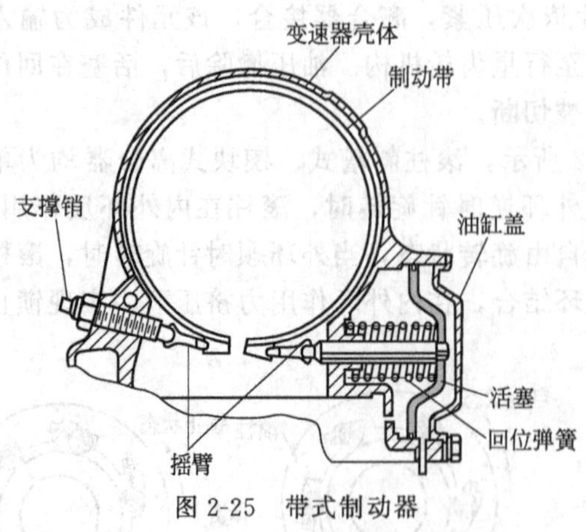

图 2-25 带式制动器

使活塞向左移动，在液压力的作用下，活塞克服弹簧压力，钢片和摩擦片抱死，制动毂在钢片的作用下不旋转，实现制动。

②带式制动器 带式制动器，如图2-25所示，工作原理是液压油作用于活塞左侧，活塞克服回位弹簧弹力，将力传递给摇臂，摇臂带动制动带收紧，实现部件抱死状态。

（三）液压控制系统

液压控制系统由油泵、主调压阀、副调压阀、速控阀、换挡阀等组成，如图2-26所示。

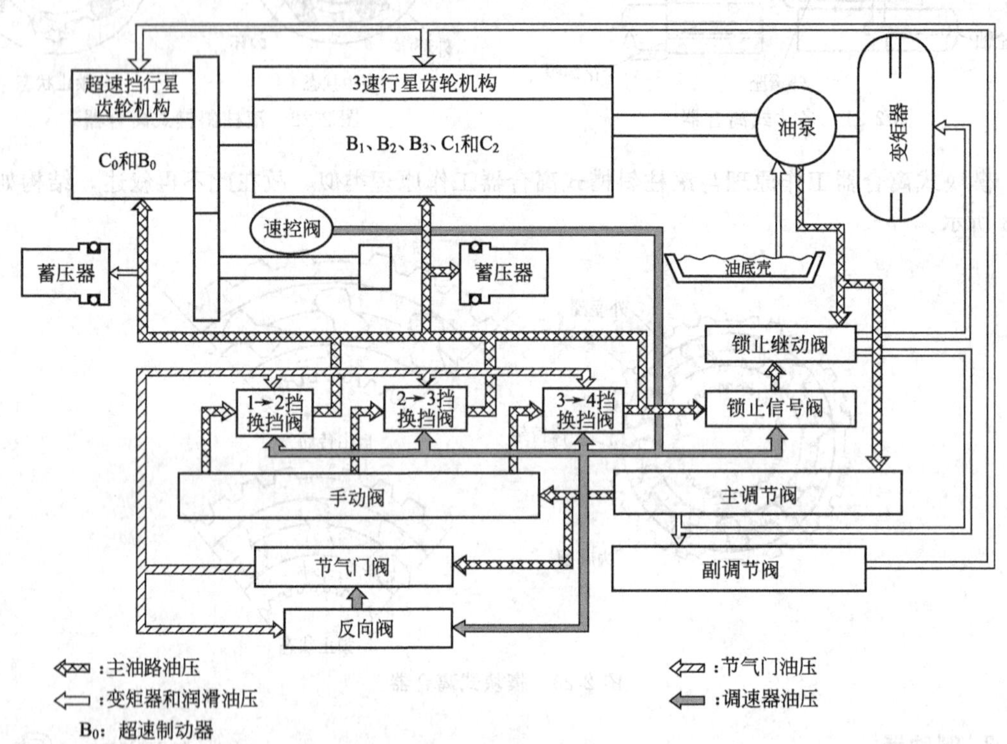

图 2-26 自动变速器液压式控制系统

液压式控制系统的工作原理：

自动变速器能够实现自动换挡的原因，是驾驶员踏下油门的位置、发动机进气歧管的真空度和汽车的行驶速度能指挥自动换挡系统工作。自动换挡系统中各控制阀不同的工作状态能够控制变速齿轮机构中离合器的分离与接合，制动器的制动与释放，改变变速齿轮机构的动力传递路线，实现变速器挡位的变换。

液压控制自动变速器能够根据汽车的行驶速度和节气门开度的变化，自动变换挡位。其换挡控制方式是通过机械方式将节气门开度信号和车速转换成控制油压，并将该油压分别施加到换挡阀的上、下两端，控制换挡阀的位置，改变换挡执行元件（离合器和制动器）的油路。这样，工作液压油进入相应的执行元件，使离合器接合或分离，制动器制动或松开，控制行星齿轮变速器的升挡或降挡，实现自动变速。

1. 油泵

油泵的作用是为自动变速器中的变矩器、换挡执行机构、液压控制阀等部件提供其所需的一定压力和流量的液压油。在自动变速器的供油系统中，常用的油泵有内啮合齿轮油泵、转子式油泵和叶片式油泵，如图2-27～图2-29所示。应用最广泛的是齿轮油泵。

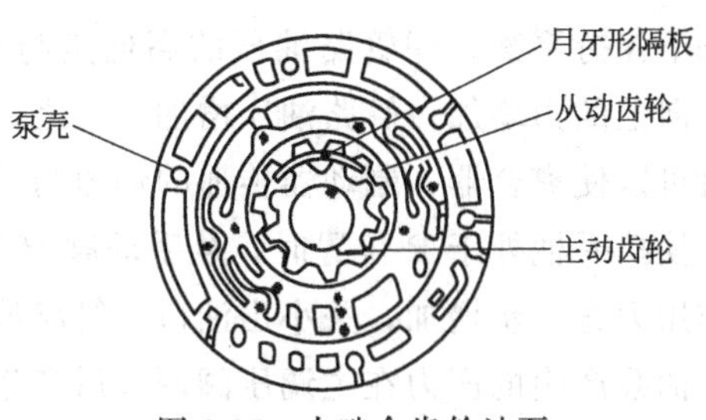

图2-27　内啮合齿轮油泵

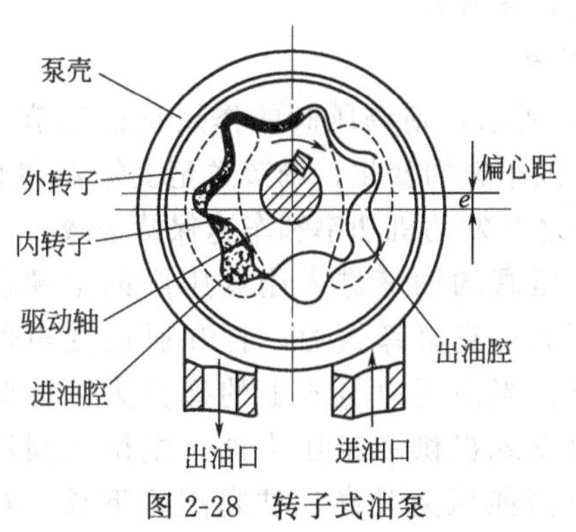

图2-28　转子式油泵

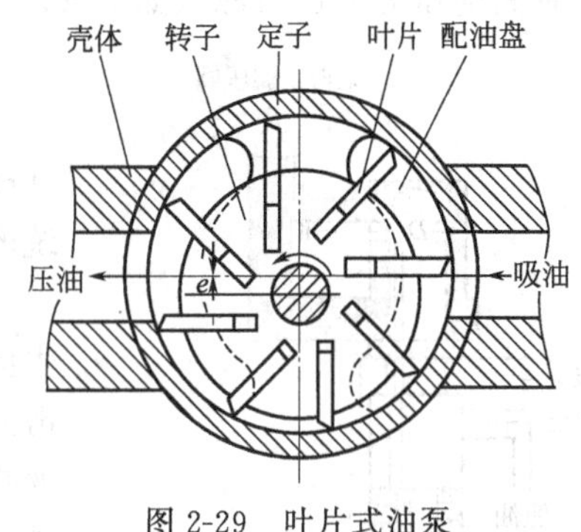

图2-29　叶片式油泵

现以内啮合式齿轮泵为例，说明工作原理。

油泵的齿轮紧密地装在泵体的内腔，月牙形隔板将主、从动齿轮隔开，并将主、从动齿轮之间空出来的容积分隔成两部分。油泵的主动齿轮转动时，主动齿轮与从动齿轮的轮齿在月牙形隔板的一侧不断地脱离啮合，在另一侧不断地进入啮合。主、从动齿轮在脱离啮合的一侧容积增大，产生真空，油液被大气压力压入，直到充满整个容积；在进入啮合的一侧容积减小，产生挤压，不断挤压油液，迫使油液通过出口进入液压回路。

2. 主调压阀

如图2-30所示，主调压阀的作用是根据换挡手柄的挡位、汽车行驶的速度和节气门开度的变化，自动调节流向自动变速器液压系统的油压力（管路油压力），使其与发动机功率相符，防止液压油泵功率损失。

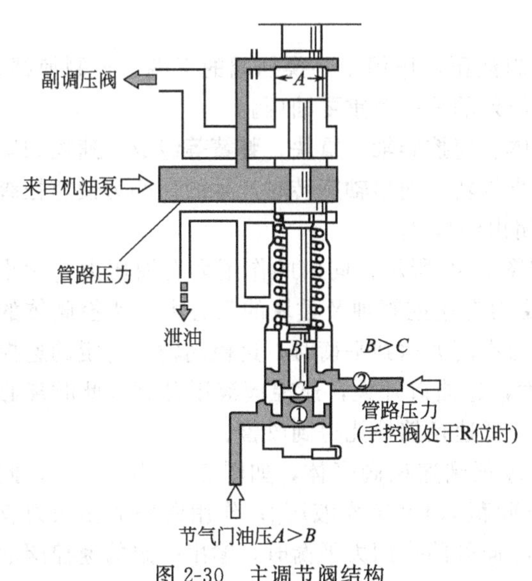

图2-30　主调节阀结构

来自油泵的压力油进入主调压阀，使柱塞产生向下的作用力，克服弹簧力，打开出油口泄油。当向下的作用力与弹簧力平衡时保持管路油压一定，与此同时输出一定油压力给副调压阀。

当管路油压波动时，会发生诸如发动机转速升高、油泵转速增加、向下的作用力增大、阀体下移、开大出油口、泄油量增大，保持管路油压不变等情况。

当踩下加速踏板时，从节气门阀来的油压作用在主调压阀下端，向上的作用力增大，关小出油口，使泄油减少。当向上的作用力与向下的作用力达到新的平衡时，管路油压在新的状态下保持平衡。即管路油压的高低是与节气门位置（加速踏板位置）相关的，节气门开大，向上的力增加，管路油压增加；反之，节气门关小，向上的力减小，管路油压下降。这样就可以使离合器、制动器传递的动力与节气门位置相适应。

换挡手柄处于R位置时，从手动阀R位置来的油压也作用于主调压阀的下端，使向上的作用力进一步增加，关小出油口，管路油压进一步升高，以适应倒挡的需要。

油泵产生的压力在主调压阀调节后产生管路压力。管路压力是用于控制自动变速器的最基本、最重要的压力，它用于操作自动变速器内所有的离合器和制动器，同时也是自动变速器内所有其他压力的压力源（如节气门油压、速控油压等）。

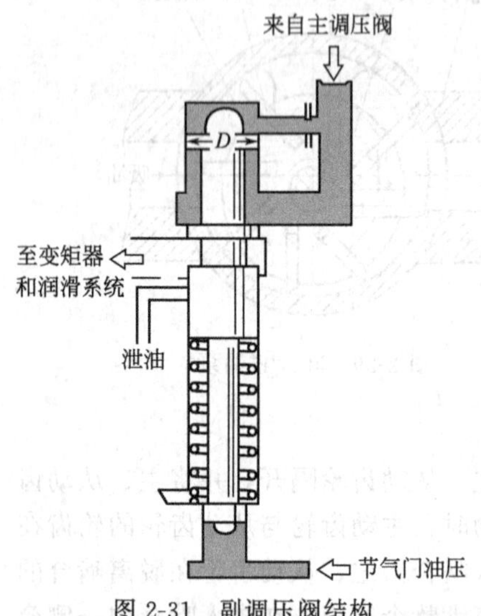

图 2-31 副调压阀结构

3. 副调压阀

如图 2-31 所示，副调压阀的作用是根据节气门的开度和汽车行驶车速的变化，调节送至变矩器和润滑系统的油压，使之与发动机功率和车速保持一致。

来自主调压阀的油液进入副调压阀的上端后，产生向下的作用力，克服弹簧力，打开通往变矩器和润滑系统的油路。当油压力与向上的弹簧力平衡时，为变矩器和润滑系统提供一定压力油。主调压阀压力波动时，会发生诸如压力升高、柱塞阀体下移、打开出油口、卸压，从而使通往变矩器和润滑系统的油压保持不变。

踩下加速踏板时，从节气门阀来的油压作用在副调压阀下端，向上的作用力增大，关小出油口，使泄油减少。当向上的作用力与向下的作用力达到新的平衡时，管路油压在新的状态下保持平衡，即使变矩器和润滑系统的油压与节气门的开度相适应。

4. 速控阀

速控阀的作用是输出一个与车速相关的控制油压，作用于各换挡阀的下端，控制换挡。速控阀油压是液控自动变速器中除节气门阀油压外的另一个重要油压。

离心式速控阀　离心式速控阀由壳体、阀体、速控阀轴、重块、弹簧等组成。速控阀安装在自动变速器输出轴上，与变速器输出轴同步旋转。输出轴旋转时产生的离心力使速控阀轴、重块、阀体一起外移，打开进油口1，关闭出油口2。

在速控阀轴凸缘未顶到速控阀壳体时，如图 2-32 所示，向内的作用力有油压力［大小为(面积 B－面积 A)×工作液压］；向外的作用力有速控阀轴及重块的离心力、速控阀体的离心力和弹簧力。当上述向内的作用力与向外的作用力达到平衡时，速控阀输出一定的速控阀液压（见图 2-33）。转速升高时，离心力加大，进油口开大，速控阀液压升高，此时离心力包括速控阀轴及重块，速控阀液压上升较快，低速换挡性能得到改善。

随着转速升高，离心力加大，速控阀轴凸缘顶到速控阀壳体，如图 2-32(b) 所示，此时向内的作用力有油压力［大小为：(面积 B－面积 A)×工作液压］；作用向外的作用力有速控阀体的离心力和弹簧力。当向内的作用力与向外的作用力平衡时，输出一定的速控阀油压。转速升高时，离心力加大，速控阀液压升高。此时不包括速控阀轴及重块的离心力，速控阀液压上升平缓。

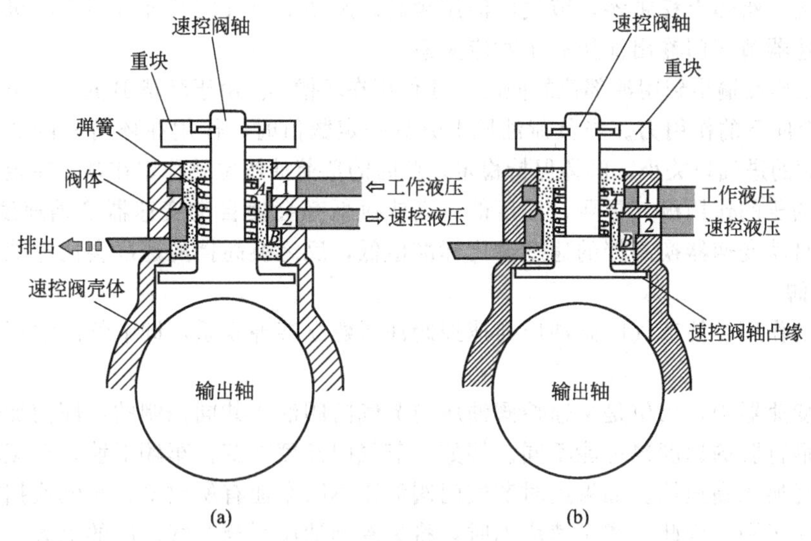

图 2-32 离心式速控阀结构图

速控阀油压与车速相对应，速控阀建立的压力油被送到各换挡阀的下端，作为换挡信号，是自动变速器中一个重要的控制油压。

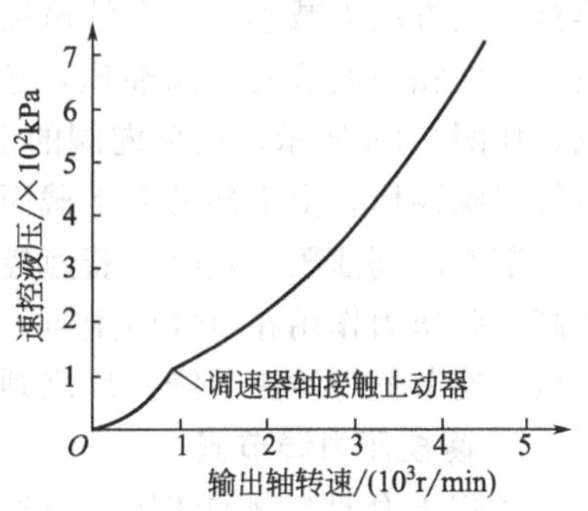

图 2-33 速控液压输出特性

5. 节气门阀

节气门阀受加速踏板控制，其作用是产生一个随节气门开度变化而变化的油压力，此油压力的主要作用如下：

(1) 作用于主调节阀下端，控制管路油压的高低，使之与节气门开度相适应；

(2) 作用于副调节阀下端，控制变矩器和润滑油压的高低，使之与变速器输出功率相适应；

(3) 作用于各换挡阀（变速阀）的上端，作为换挡信号。

节气门阀由节气门阀体和强制降挡柱塞（换低速变速旋塞）等组成，如图 2-34 所示。

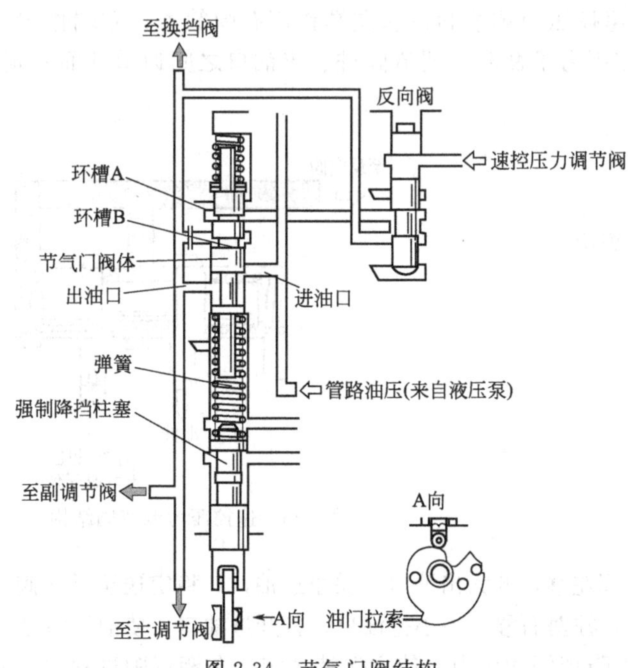

图 2-34 节气门阀结构

来自油泵的管路油压从节气门阀的进油口进入。由于进油口的节流作用，出油口压力低于进油口压力，出口的油压即为需要的负荷油压。

当踩下加速踏板时，强制降挡柱塞上移压缩弹簧，向上的作用力增大，节气门阀体上移，进油口开大，从节气门输出的油压增高。节气门开度越大，强制降挡柱塞压缩弹簧的力越大，阀体上移越多，节气门油压越高。发动机节气门开度（即发动机负荷）的大小与自动变速器节气门输出油压有了对应关系。

节气门油压在输出到用油部位的同时，还作用在环槽 B。由于环槽 B 的上、下截面积不相等，产生一个向下的作用力。当负荷油压上升到一定数值时，作用在环槽 B 的油压使阀体下移，节气门阀的进油口关小，阀体保持稳定，此时的负荷油压也就稳定在某一特定数值。

节气门油压的作用极其重要，油压的过高或过低都会使自动变速器换挡速度产生变化。油压过低，自动变速器换高挡的速度会比标准值低，反之换高挡的速度会比标准值高。

6. 反向阀

反向阀的作用是使节气门阀油压与速控阀油压建立某种联系，即节气门油压与车速有一定的关联性。

在自动变速器中，挡位是由速控阀油压与节气门阀油压共同控制的，即使加速踏板的位置相同，车辆行驶的速度也可能不同。例如，节气门开度不变，车辆下坡，车速增加，自动变速器应适时换入高速挡。如果此时节气门阀油压不随车速有所改变，车辆换挡时机与平路上就会有很大区别。为此，在车速增加时，将速控阀油压引至节气门阀的上方，产生一个向下的作用力，使节气门阀油压下降。由于节气门阀油压作用在各换挡阀的上方，从而使得各换挡阀上方的力减小，下方的速控阀油压随车速增加而加大，这样换挡时刻就提前了。这时应有与之相应的节气门阀油压，这一任务由反向阀产生的断流压力作用在节气门阀上端完成。如图 2-35 所示，在反向阀的上方作用着速控调节油压，油压力向下；中部环槽作用着节气门阀油压，由于环槽上下截面积不相等，即 $A>B$，环槽内的作用力向上。

节气门阀油压一定时，若速控阀油压升高，反向阀下移，开大进油口，输出的断流压力升高，此压力作用在节气门上方，使节气门阀体下移，如图 2-35 所示，关小节气门阀的进油口，使节气门油压下降；反之则升高。

7. 速控压力调节阀

速控压力调节阀的作用是将速控阀油压调节成恒定的压力来控制反向阀（断流阀），减小低速时油泵对发动机功率的消耗。

速控压力调节阀如图 2-36 所示，速控压力调节阀柱塞左端作用有弹簧力，右端作用有速控压力调节阀油压力。当柱塞两端作用力平衡时，调节阀进、出油口之间通道截面一定，速控压力调节阀油压一定。

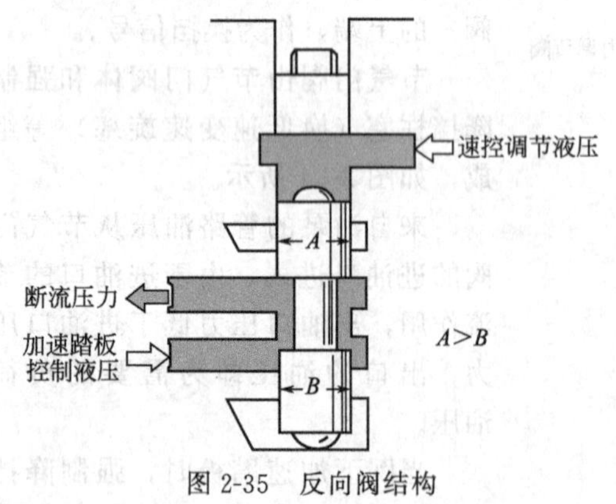

图 2-35　反向阀结构

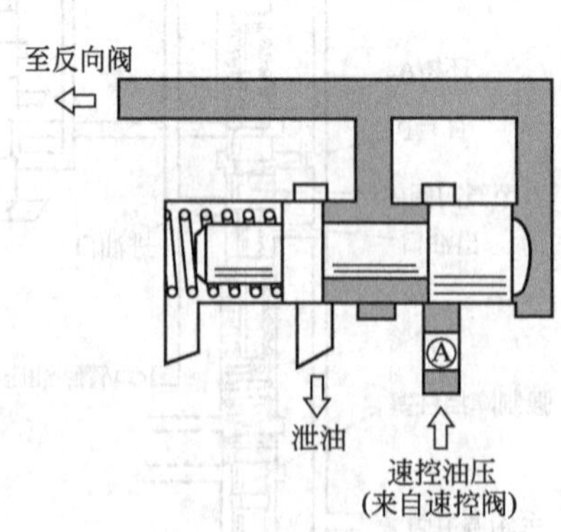

图 2-36　速控压力调节阀结构

当速控压力调节阀油压增加时，柱塞左移，开大出油口，关小进油口，稳定送至反向阀的油压力；当速控压力调节阀油压减小时，柱塞右移，关小排油口，打开进油口，使油压稳定。

锁止调节阀的作用是用来调节进入降挡阀的压力，使之保持稳定。车辆行驶过程中，如遇到行驶阻力增加或需要超车的情况时，可将加速踏板踩到底（此时节气门开度大于85%），自动变速器将自动进行降挡操作。此时参加工作的除各换挡阀之外，还有锁止调节阀和降挡阀。

锁止调节阀如图 2-37 所示，来自管路的油压作用在阀体的右端，与作用在阀体左端的弹簧力平衡，以保持至降挡阀的压力。管路油压增加时，阀体左移，关小进油口，开大出油口，压力减小；管路油压减小时，阀体右移，开大进油口，关小出油口，压力增加，保证将稳定的压力油送至降挡阀的油压。

8. 中间调节阀

如图 2-38 所示，在手控阀处于位置 2 时，中间调节阀调节来自中间变速阀（或称中间换挡阀，位于 2-3 挡换挡阀的上端）的管路压力，经调节后的油压经过 1-2 挡换挡阀进入制动器，用以减小换挡冲击。

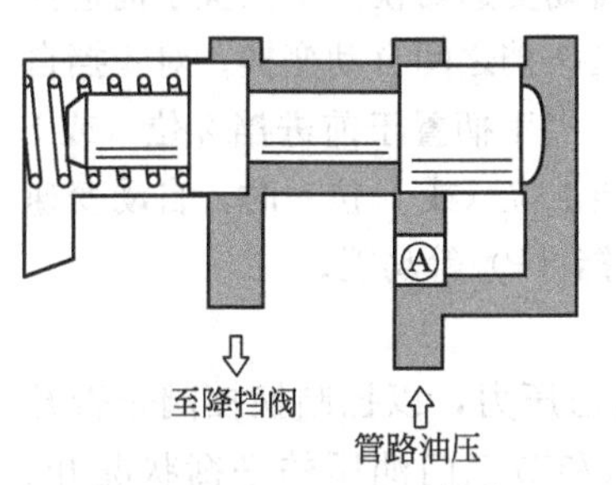

图 2-37　锁止调节阀结构

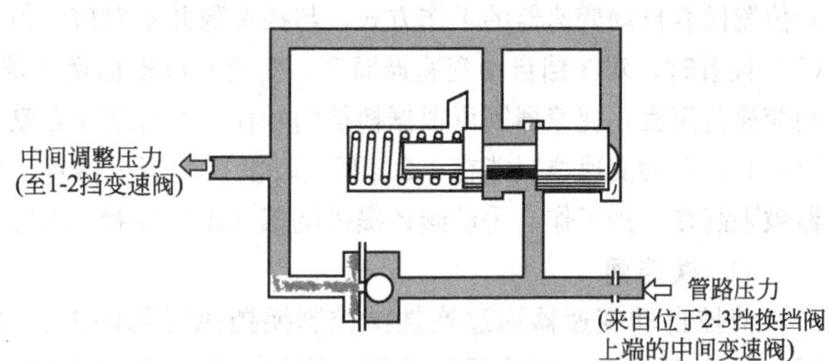

图 2-38　中间调节阀结构

中间调节阀如图 2-38 所示，来自手控阀 2 位置的管路油压作用在阀体的右端，与作用在阀体左端的弹簧力平衡，以保持制动器的油压力。管路油压增加时，阀体左移，关小进油口，压力减小；管路油压减小时，阀体右移，开大进油口，压力增加，保证将稳定的油压力送至制动器。

9. 低速行车调速阀

如图 2-39 所示，在手控阀处于 L 位置时，低速行车调速阀调节来自手控阀的管路油压，调节后的油压送至低速行车变速阀（位于 1-2 挡换挡阀的上端），经 1-2 挡换挡阀、倒挡制动器顺序阀进入制动器的油压保持稳定，减少换挡冲击。

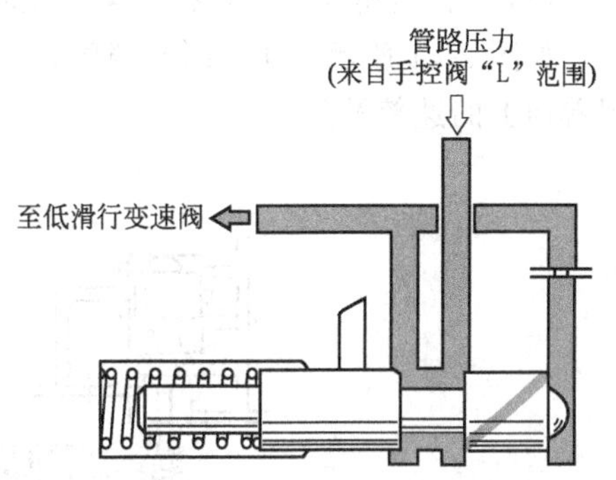

图 2-39　低速行车调速阀结构图

低速行车调速阀如图 2-39 所示，来自手控阀 L 位置的管路油压作用在阀体的右端，与作用在阀体左端的弹簧力平衡，以保持至制动器的油压力。管路油压增加时，阀体左移，关小进油口，压力减小；管路油压减小时，阀体右移，开大进油口，压力增加，保证将稳定的油压力送至制动器。

10. 手控阀

手控阀由换挡手柄通过联动装置控制。通过手控阀可对自动变速器液压控制系统的油路进行切换，对不同的换挡执行元件进行控制，实现不同的换挡需要。

手控阀结构如图 2-40 所示，在阀体上有多条油道，其中第 4 条为与主管路相连的进油道，其余为出油道，分别通往“P”挡、“R”挡、“D”挡、“2”挡和“L”挡位相应的滑阀或直接通往换挡执行元件。

手控阀是安装在控制系统阀板总成中的多路换向阀，由驾驶室内的自动变速器换挡手柄控

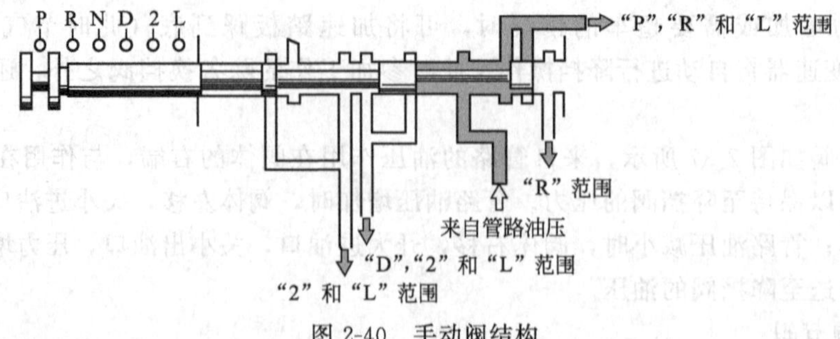

图 2-40 手动阀结构

制。自动变速器换挡手柄的作用与普通手动变速器的换挡手柄不同，手动变速器换挡手柄的工作位置就是变速器的挡位，变速器有几个挡位，换挡手柄就有几个工作位置；自动变速器换挡手柄的位置代表自动变速器的工作方式，与挡位数并不对应。例如，自动变速器换挡手柄置于前进挡（D）位置时，对3挡自动变速器而言，变速器可根据换挡信号在1-3挡之间自动变换；对4挡自动变速器而言，变速器则可根据换挡信号在1-4挡之间自动变换。当手柄置于前进挡2位（或S位）时，自动变速器只能在1-2挡间自动变换。当手柄置于前进挡1位（或L位）时，自动变速器被限制在1挡工作。手动阀还提供倒挡（R）、空挡（N）、停车挡（P）等功能。

11. 换挡阀

液控自动变速器通过换挡阀控制换挡执行元件进、出油通道压力，以控制换挡阀是否开通，从而实现自动变速器的升挡、降挡。换挡阀根据速控油压和节气门油压的平衡状况开、闭进油通道。

换挡阀是一种由弹簧和液压力作用的方向控制阀，一般有两个工作位置，可以实现升挡或降挡的自动变换。每个换挡阀只有两个位置，只能在两个挡位之间切换。对于3挡自动变速器而言，要设置两个换挡阀；对4挡变速器而言，要有三个换挡阀。

（1）1-2挡换挡阀　1-2挡换挡阀的作用是控制自动变速器在1挡、2挡之间的变换。

如图2-41所示为1-2挡换挡阀，阀的上端作用着向下的节气门油压和弹簧力，下端作用着向上的速控油压。

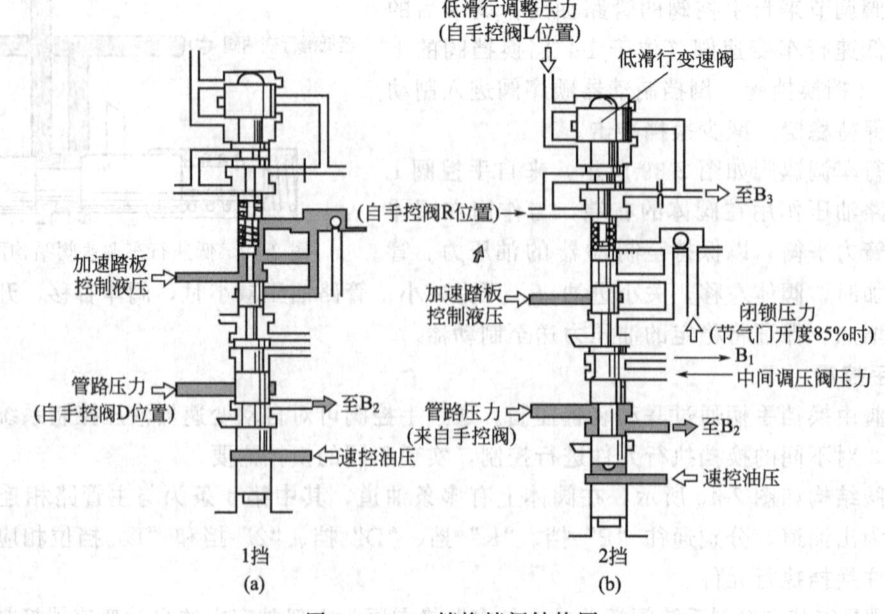

图 2-41 1-2挡换挡阀结构图

当速控油压力小于向下的合力时，柱塞位于下方，如图 2-41(b) 所示，来自手控阀的管路油压通道被堵塞而不能送至制动器 B_2。

与此同时，另有管路油压通过 3-4 挡换挡阀被送至超速离合器 C_0，通过手控阀的油压作用于离合器 C_1，这时 C_0、C_1 起作用，变速器处于 1 挡。

当速控油压升高（车速增加）时，速控阀油压将柱塞推向上方，如图 2-42 所示。此时，从手控阀来的主油压经 1-2 挡换挡阀下端通道被送至制动器 B_2，变速器自动升入 2 挡。

柱塞上移后，节气门油压通道关闭，此时柱塞向下的作用力只剩下弹簧力，变速器从 2 挡降至 1 挡的速度低于从 1 挡升至 2 挡的速度，减少了变速器频繁换挡的可能性。

如果手控阀处于 L 位置，由低速行车调速阀产生的油压作用在 1-2 挡换挡阀上部的低滑行变速阀上端，增加了 1-2 挡换挡阀柱塞上方的压力，柱塞下移，来自手控阀 L 位置的油压经低速行车调速阀（调整压力)→低滑行变速阀→倒挡制动顺序阀→B_3 的内外活塞，实现 L 挡的 1 挡传动。这时，低滑行变速阀下移，增加了 1-2 挡柱塞上方的压力，换挡柱塞不能上移，L 挡时变速器不能实现 2 挡传动。

(2) 2-3 挡换挡阀　2-3 挡换挡阀的作用是控制自动变速器 2 挡、3 挡之间的变换。

2-3 挡换挡阀如图 2-42 所示，换挡阀柱塞的受力情况与 1-2 挡换挡阀相似，其上端作用节气门油压和弹簧力，下端作用速控油压。

当 2 挡柱塞处于下端时，如图 2-42 所示，车速低，从 1-2 挡换挡阀来的油液被阻隔不能进入 C_2。随着车速增加，速控油压上升，使柱塞上移，通向离合器 C_2 的油路打开，变速器自动升入 3 挡。

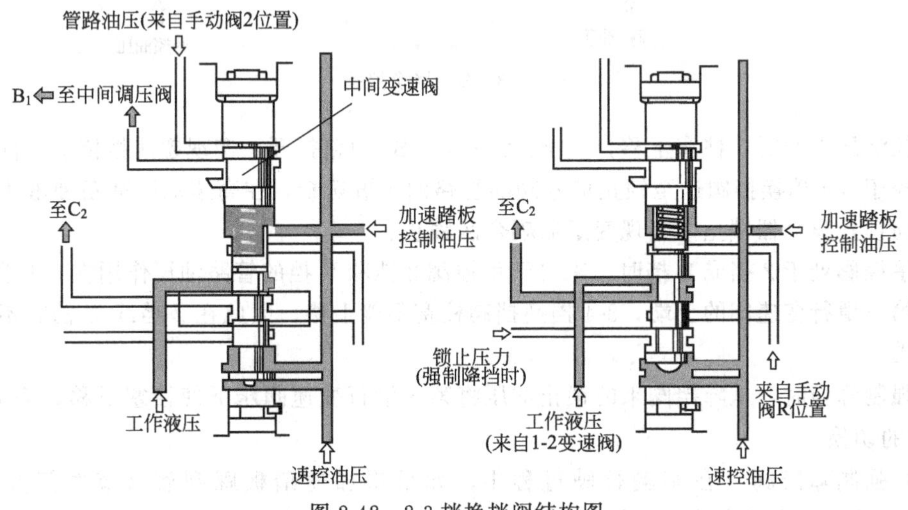

图 2-42　2-3 挡换挡阀结构图

车速下降时，速控油压降低，柱塞在弹簧力作用下向下移，关闭 C_2 通道，实现降挡操作。当处于 3 挡时，速控油压作用面积大于 2 挡（向上的力大），因而降 2 挡的车速低于升 3 挡的车速。

变速器在 3 挡工作时，如果节气门开度大于 85%，节气门凸轮会使降挡阀上移，由锁止调节阀产生的锁止压力通过降挡阀进入 2-3 挡换挡阀柱塞中部环形通道，强制换挡阀柱塞下移，切断通往 C_2 的油路，实现强制降挡操作。

若变速器手控阀处于 2 位置，来自手控阀的管路油压通过 1-2 换低速定时阀，进入 2-3 挡换挡阀上部的中间变速阀上端，使其下移，压住 2-3 挡换挡阀，使之处于下端不能升起（不能升入 3 挡)，同时，这股油压通过中间变速阀→中间调压阀→1-2 挡换挡阀→制动器 B_1

实现传动。

当速控油压使 1-2 挡换挡阀柱塞上移时，B_1 提供有发动机制动效果的 2 挡传动。

由于中间变速阀下移压住 2-3 挡换挡阀柱塞，使之不能上移，因此在 2 挡位置不可能实现 3 挡传动。

(3) 3-4 挡换挡阀　3-4 挡换挡阀的作用是控制自动变速器 3 挡、4 挡之间的变换。

3-4 挡换挡阀如图 2-43 所示，变速器在 3 挡以下工作时，通过油泵来的管路油压→3-4 挡换挡阀→超速离合器 C_0（见图 2-26）实现传动。

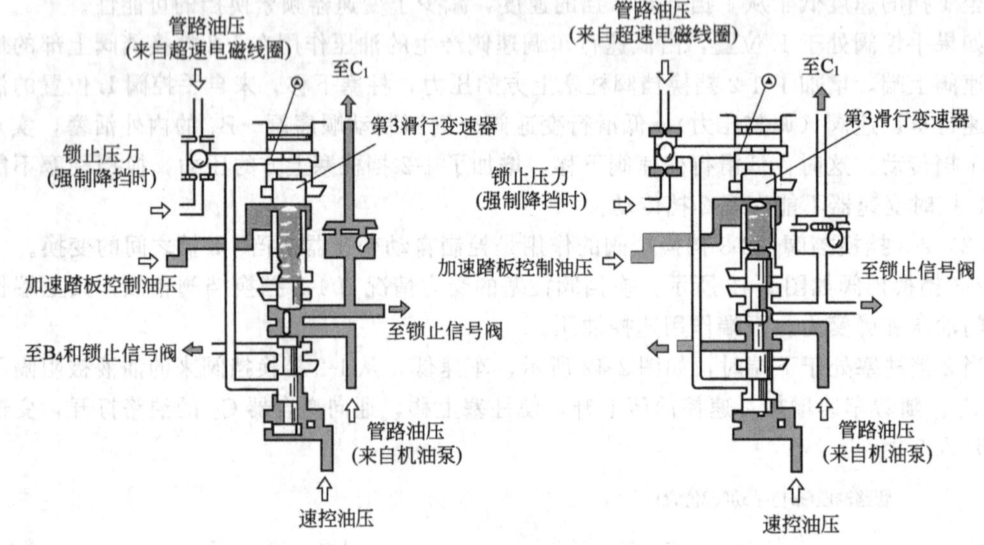

图 2-43　3-4 挡换挡阀

速控油压上升时，柱塞上移，C_0 油路关闭而 B_0 油路打开，实现超速挡传动。同时，另一股受控于 3-4 挡换挡阀送至锁止信号阀的管路油压被切断，在高速范围准备使液力变矩器内的单向锁止离合器锁止，实现变矩器耦合区锁止。

当手控阀处于 2 挡或 L 挡时，来自于手控阀 2 挡和 R 挡的管路油压作用在 3-4 挡换挡阀上部的第三滑行变速阀的上端，3-4 挡换挡阀柱塞不能上移，因此在 2 挡或 L 挡时不可能升入超速挡。

当强制降挡时，从降挡阀来的锁止油压将第 3 滑行变速阀压下使柱塞下移，完成 B_0 与 C_0 油路的切换。

(4) 强制降挡阀　在车辆行驶过程中，如果将加速踏板踩到底（节气门开度大于 85%），变速器会在原来挡位的基础上自动降低一个挡位，这个过程叫强制降挡。在以下两种情况下，一般驾驶员会将加速踏板踩到底：一是在较高车速时超车；二是在较低车速时需要很大的驱动力。对于装有自动变速器的车辆来讲，驾驶员能够操作的只有加速踏板，无论是高转速还是大转矩，都只能通过控制加速踏板来实现。另外，变速器挡位的变换只能通过换挡阀的移动来实现。

强制降挡的过程通过两个阀门实现：锁止调节阀和强制降挡阀。强制降挡阀位于节气门阀的下方，兼起节气门阀活动弹簧座的作用。强制降挡阀的位置由节气门凸轮的转动角度来决定，而节气门凸轮通过节气门拉索受控于加速踏板的位置。

当节气门的开度较小时，强制降挡阀上端的阀芯将锁止油压的进油口与出油口隔开，锁止油压不能进入换挡阀的油道。当节气门的开度超过 85%时，强制降挡阀上移，锁止油压的进油口与出油口相通，锁止油压进入各换挡阀的油道。

如图 2-44 所示，节气门开度达 85％时，从降挡阀出来的锁止油压被送至 3-4 挡换挡阀上端的第 3 滑行变速阀的上端，施加一向下的力，压下 3-4 挡换挡阀，使阀体下移，自动变速器从 4 挡降至 3 挡。同时，这一锁止压力也被送到其他换挡阀，若车速继续下降（速控油压继续下降），自动变速器会继续自动降低挡位。

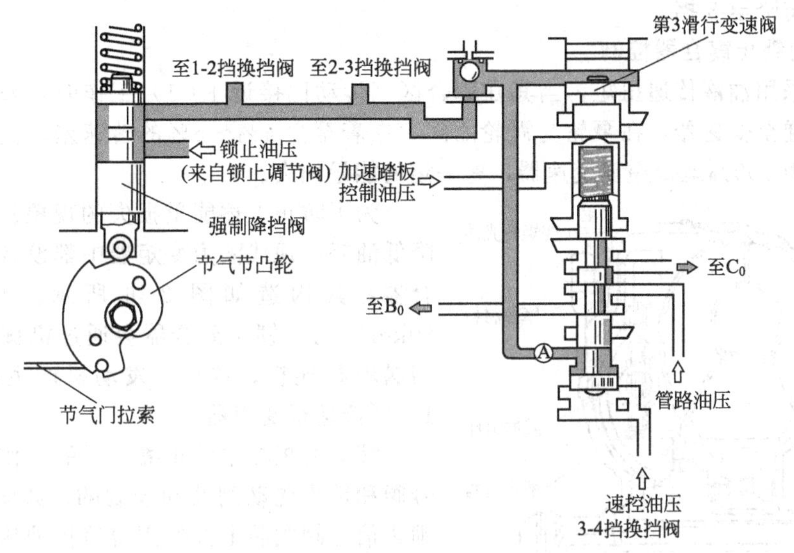

图 2-44 强制降挡工作原理

（5）超速挡电磁阀 超速挡电磁阀的作用是控制 3-4 挡换挡阀的油路，实现升挡的目的。

超速挡电磁阀的结构和工作原理如图 2-45 所示，超速电磁阀由位于换挡手柄上的控制开关（O/D OFF 开关）控制，电磁阀的针阀控制泄油口的开启和关闭。

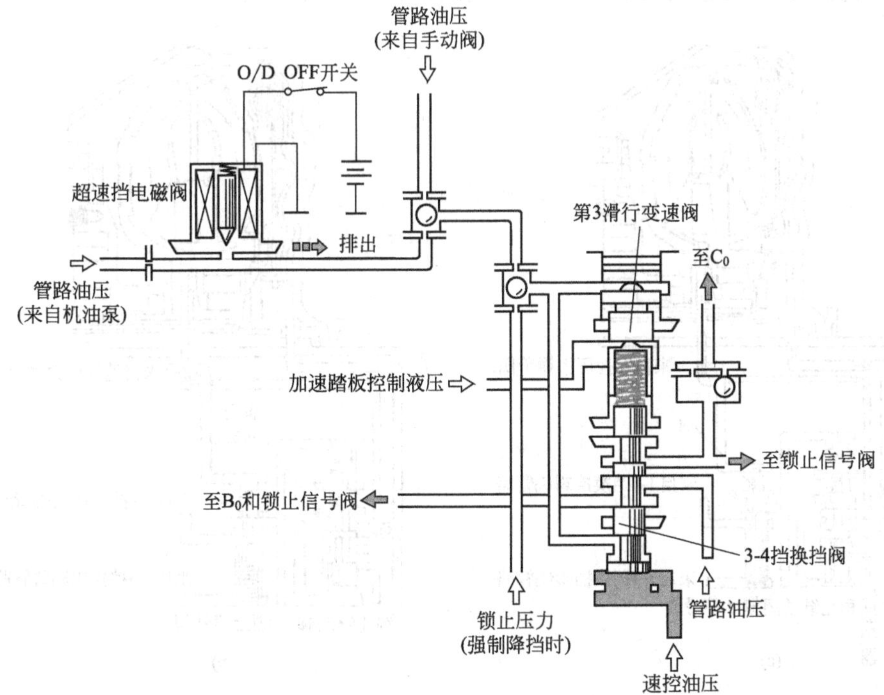

图 2-45 超速挡电磁阀的结构和工作原理

开关闭合时，电磁线圈产生磁场吸力将针阀吸起，如图 2-45 所示，泄油口开启，泄油口右侧通向 3-4 挡换挡阀的油路卸压。此时 3-4 挡换挡阀上方无油压作用，达到相应车速时自动变速器可以升入 4 挡。

在 4 挡行驶时，若驾驶员断开 O/D OFF 开关，电磁吸力消失，针阀被弹簧复位，泄油口关闭，经节流后的管路油压进入 3-4 挡换挡阀的上方和下方环槽内，换挡阀被强制压下，自动变速器将降至 3 挡。

12. 单向锁止离合器控制

变矩器采用油液传递扭矩，当其在耦合区（传动比接近 1∶1）工作时，来自发动机的输入扭矩传递至变速器，在泵轮与涡轮之间存在着至少 4%～5%的转速差。变矩器不能将发动机的动力 100%地传递至变速器，有一定的能量损失。

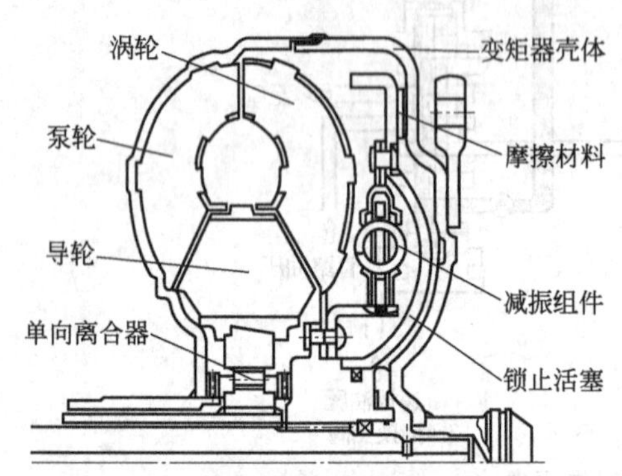

图 2-46 变矩器单向锁止离合器结构

为了防止上述能量损失的现象发生，也为了降低油耗，现代液力变矩器中都设有单向锁止离合器，其构造如图 2-46 所示。当车速大于 60km/h 时，锁止离合器会通过机械机构将泵轮与涡轮相连接。这样，发动机产生的动力几乎 100%传递至变速器。

液力变矩器中锁止离合器的工作是由锁止信号阀和锁止继动阀共同控制的。如图 2-47 所示，锁止信号阀阀芯上方作用着速控油压，下方与超速挡换挡阀油路相通。当车速较低时，速控油压也低，锁止信号阀在弹簧的作用下保持在上方位置，将通往锁止继动阀下端的主油路切断，使锁止继动阀在上方弹簧力和油压力的作用下保持在下方位置，变矩器的锁止离合器压盘左侧与变矩器阀进油道相通，锁止离合器处于分离状态，发动机动力全部经液力变矩器传递，如图 2-47(a) 所示。

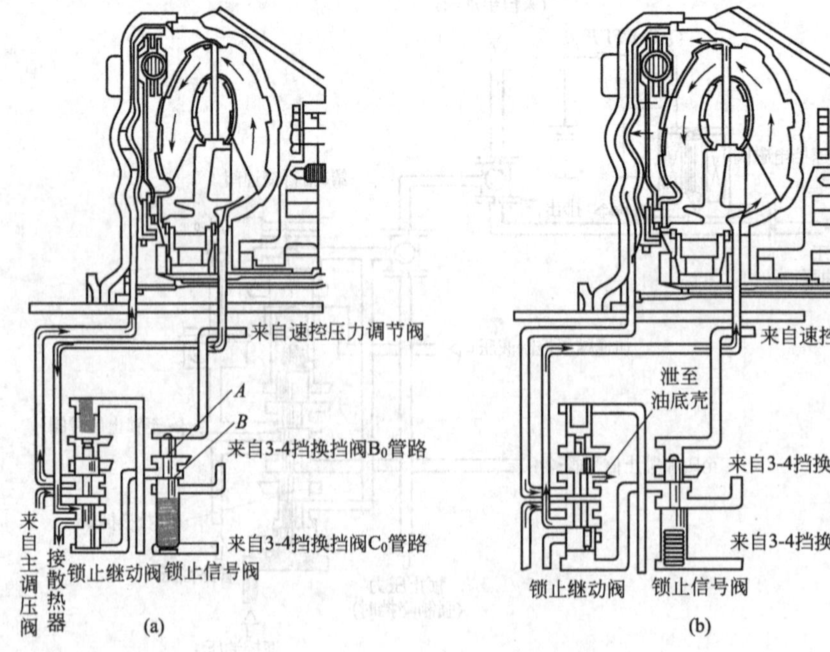

图 2-47 锁止信号阀和锁止继动阀工作原理

当汽车以超速挡行驶且达到一定的车速时，速控油压的作用力增大，将锁止信号阀推至下端，来自超速挡油路的压力油经锁止信号阀中部进入锁止继动阀下端，锁止继动阀阀芯升至上位，锁止离合器左侧油腔与泄油口相通，锁止离合器接合，发动机动力经锁止离合器直接传至行星齿轮变速器输入轴，如图 2-47(b) 所示。

锁止离合器锁止时对应的车速称为锁止工作点（耦合器工作点）。若自动变速器带有多功能开关，且功能开关未置于超速挡状态，则锁止继动阀保持在下方位置。

当车速下降，速控油压降低，锁止信号阀在其回位弹簧的作用下回到上位，锁止继动阀阀芯也回至下位，锁止离合器左侧油腔通压力油，离合器解锁，即又处于分离状态。

为防止锁止离合器因车速在锁止点附近的变化而出现反复地锁止、解锁工作，必须使锁止点与解锁点的车速不同，即有一个滞后。滞后是这样实现的：锁止信号阀阀芯中段上部直径较下部小，设上部的面积为 A，下部面积为 B，即 $A<B$。作用在锁止信号阀上端的速控油压大于弹簧力，锁止信号阀下移，锁止离合器锁止。此时锁止信号阀中部作用着来自超速挡换挡阀的油压，作用力大小为 $(B-A)\times P_c$（P_c 为超速挡油压），方向朝下。在此油压力的作用下，即使车速较锁止点略低，锁止信号阀的回位弹簧也不能将阀芯推至上位。只有当回位弹簧能克服其阀芯中部超速挡油压力和上端的速控油压力时，锁止信号阀才会在上位工作，此时的车速较锁止点低得多，避免了锁止离合器频繁地锁止和解锁。

13. 蓄压器

蓄压器也称为蓄压减振器或储能减振器，常用来缓冲换挡冲击，一般由减振活塞和弹簧组成，如图 2-48 所示。它与离合器或制动器并联安装，压力油进入离合器或制动器活塞工作腔 A 的同时也进入蓄压器，将蓄压器活塞压下，以此方式降低 A 缸的压力，避免离合器或制动器片快速接合时引起的冲击。

如图 2-49 所示为自动变速器中所备有的 3 个蓄压器，分别与 3 个前进挡换挡执行元件的油路相通，对应于各挡动作时起作用。当变速器换挡时，主油路在进入离合器等换挡执行元件的同时，进入蓄压器的活塞下部。在压力油通入执行元件的初期，油压不是很高，主要作用是消除离合器、制动器这些执行元件摩擦片间的间隙，使其开始接合。此后，压力迅速增大，若没有蓄压器，摩擦片将在瞬间接合并被加载，造成较大的换挡冲击。若有蓄压器，情况就不同：油压的升高使蓄压器活塞克服弹簧力上升，容积增大，油路中部分压力油进入蓄压器工作腔，延长了换挡执行元件液压缸的充油时间，油压的增长速度减缓，摩擦片逐渐接合，从而减小了换挡冲击。

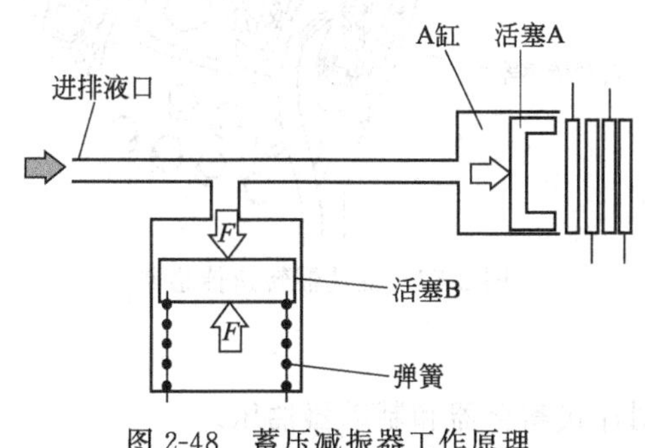

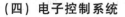

图 2-48 蓄压减振器工作原理

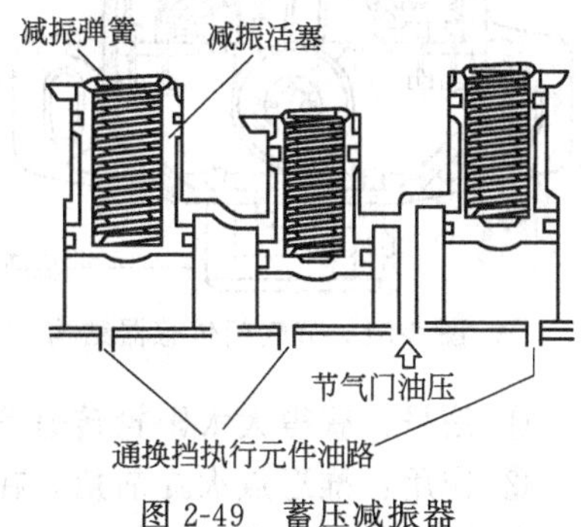

图 2-49 蓄压减振器

(四) 电子控制系统

1. 传感器

(1) 节气门位置传感器（如图 2-50 所示）

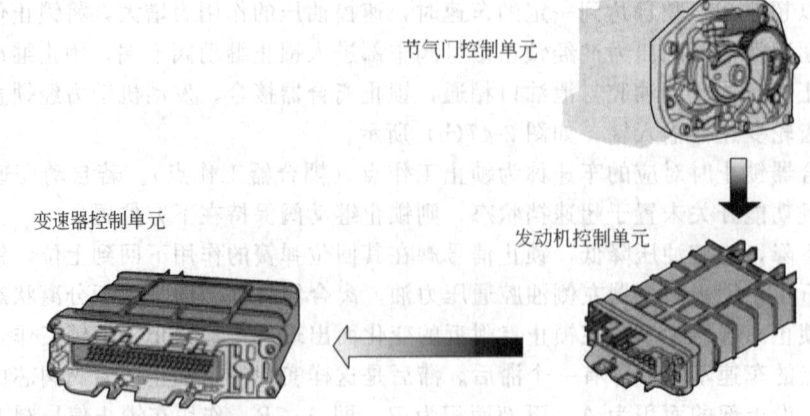

图 2-50　节气门位置传感器连接

信号通过发动机控制单元传递至自动变速器控制单元。

① 信号：节气门位置信号、节气门踏下速度信号。

② 作用：确定换挡点（与速度信号配合，程序控制）、控制变速器油压，使换挡时速度变化较平稳。

③ 结构与工作原理：如图 2-51 所示，节气门位置传感器安装在节气门体上，随着节气门开度的变化和节气门轴的转动带动该传感器内的电刷滑动或导向凸轮转动，将节气门打开的角度信号转换成电信号送到 ECU。节气门开度传感器一方面用来检测节气门打开的角度，作为发动机负荷大小的参考信号；另一方面反映节气门开度变化的速度，反映驾驶员的驾车意图。对于自动变速器的电子控制系统来说，节气门位置传感器主要是用于检测节气门的开度，反映发动机的负荷大小，作为换挡时刻控制的一个重要信号。对于发动机燃油喷射系统来说，节气门位置传感器是喷油量控制的一个重要信号。在发动机管理系统中已经讲述，故在此不再叙述。

(2) 变速器转速传感器（如图 2-52 所示）

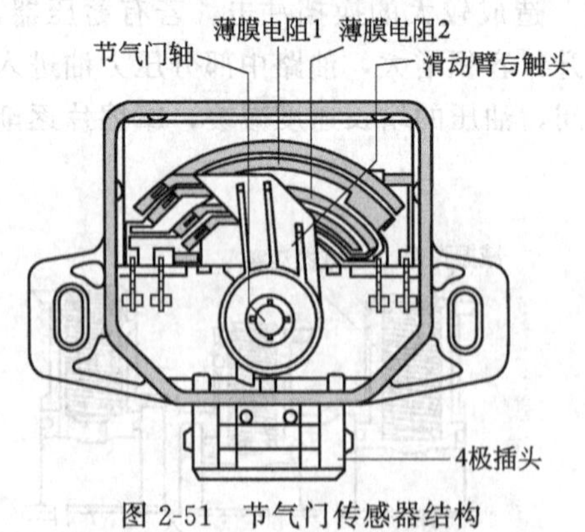

图 2-51　节气门传感器结构

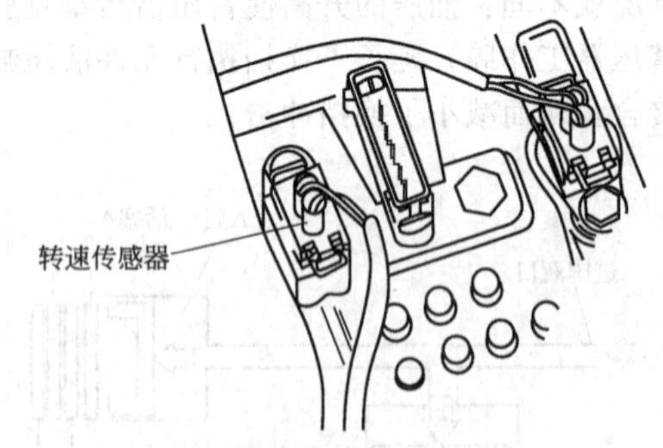

图 2-52　变速器转速传感器

① 信号：获得大太阳轮转速信号。

② 作用：推迟点火提前角，在换挡过程中控制片式离合器和制动器油压。

③ 结构与工作原理：如图 2-53 所示。有源变速器转速传感器有一个差动霍尔元件、集成的信号处理电路和双线电源接口。工作时接通电源，供电电压为 U_V。传感器检测脉冲轮（铁磁齿轮），或冲压成的波形齿，或多极显极转子的转速信号。传感器与脉冲轮间的空气间隙为 0.1～2.5mm。传感器利用霍尔效应，提供与转速相关的等幅电压。它可测接近零的很

低转速。为输出信号，用增量信号将供电电流调制。调制电流最小 7mA，最大 14mA。在控制单元中通过测量电阻 R_M 将调制电流转换成信号电压 U_{RM}。

(3) 车速传感器（如图 2-54 所示）

① 信号：车辆行驶速度信号。

② 作用：根据车速传感器信号和变速器转速传感器、节气门位置传感器信号，用以确定换挡时刻、确定锁止离合器滑差、保证巡航系统工作（D、3、2 位，车速>30km/h）。

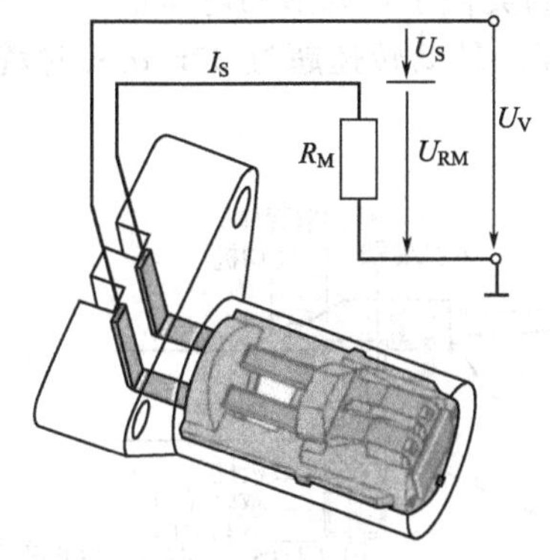

图 2-53 有双线电源接口的霍尔传感器

I_S—传感器供电电流和信号电流；R_M—测量电阻（在控制单元中）；U_{RM}—信号电压；U_V—供电电压；U_S—传感器电压

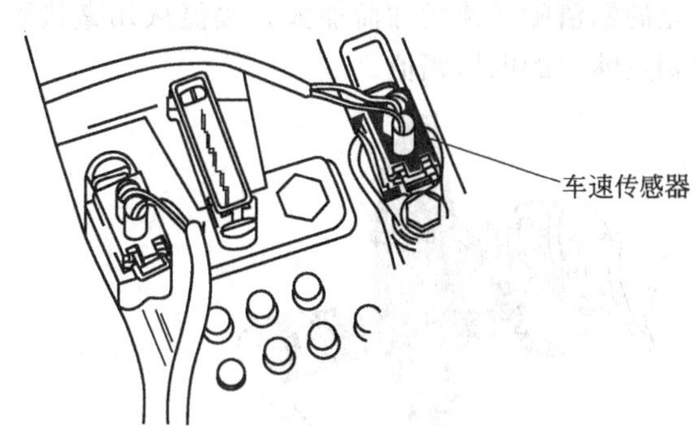

图 2-54 车速传感器（黑色插头）

③ 结构与工作原理：电磁感应式车速传感器如图 2-55 所示，电磁感应式车速传感器由永久磁铁和电磁感应线圈组成。当输出轴转动时，停车锁止齿轮或感应转子的凸齿不断地靠近或离开车速传感器，感应线圈的磁通量发生变化，产生交流感应电压。车速越高，输出轴的转速也越高，感应电压的脉冲频率也越大。电脑根据感应电压脉冲频率的大小计算出车速。

(4) ATF 油温度传感器（如图 2-56 所示）

图 2-55 电磁感应式车速传感器

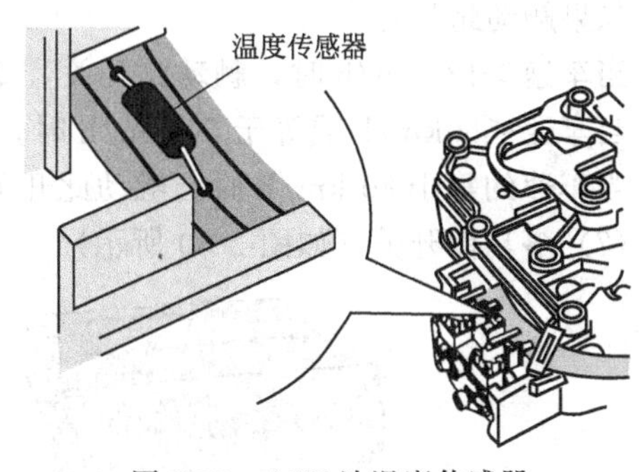

图 2-56 ATF 油温度传感器

① 信号：ATF 油温度。

② 作用：使自动变速器工作在最适宜的温度。

③ 结构与工作原理：ATF 温度传感器为 NTC（负热敏电阻），工作原理为随着温度的升高阻值降低，电脑根据电阻分得的电压值判断 ATF 温度。

(5) 发动机转速传感器（如图 2-57 所示）

① 信号：感知发动机的转速，通过发动机控制单元来获取。

② 作用：可作为车速传感器的替代信号，用来与车速传感器做比较，确定锁止离合器的打滑量。

③ 结构与工作原理：如图 2-58 所示，传感器直接安装在脉冲轮（转子）对面。它们间有一空气间隙。在传感器软磁铁芯，即极柱的外面是感应线圈。而极柱与永久磁铁相连。磁场通过极柱进入脉冲轮。通过感应线圈的磁通密度取决于在工作时传感器对面的脉冲轮是在齿的空隙位置还是在齿的位置。齿使磁场集中，磁通密度就大；齿间隙使磁场在该处减弱，磁通密度就小。磁场的变化在线圈中感应出与转速成比例的类似于正弦形的电压信号。电压变化的幅值随转速增加而加大，幅值从几毫伏到超过 100V。最低转速超过 30r/min 时就可达到足够大的电压幅值。

图 2-57　发动机转速传感器

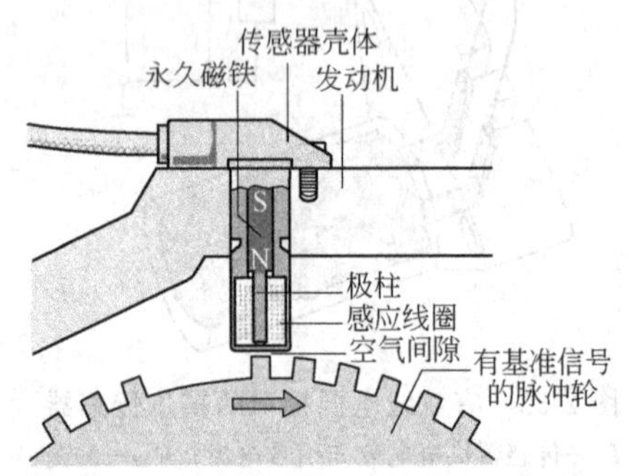

图 2-58　感应式转速传感器结构

脉冲轮齿数与使用情况有关。在电磁阀控制的发动机管理系统中，可使用 60 个齿的脉冲轮，其中 2 个齿空缺，实际为 58 个齿。用特别大的空隙作为基准信号，以确定曲轴位置。该基准信号为控制单元提供同步信号。

另一种形式的脉冲轮是在圆周上各有 1 个与某汽缸相对应的齿。如 4 缸发动机，在脉冲轮圆周上就有 4 个相对应的 4 个齿，产生 4 个电压脉冲信号。

(6) 强制低速挡开关

如图 2-59 所示，与油门拉索制成一体，节气门在全开或超过 95%开度时，此开关应闭合。

如果触动此开关：

当车速＞120km/h 时，触动此开关，变速器控制单元不反应。

当车速＜50km/h 或等于 50 km/h 时，触动此开关，则向下换一挡。

当车速约等于 80 km/h 时，触动此开关，切断空调机 8s。

(7) 多功能开关（如图 2-60 所示）

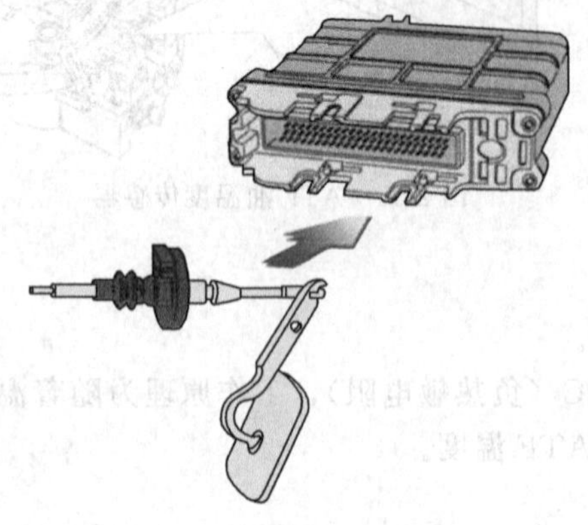

图 2-59　强制低速挡开关

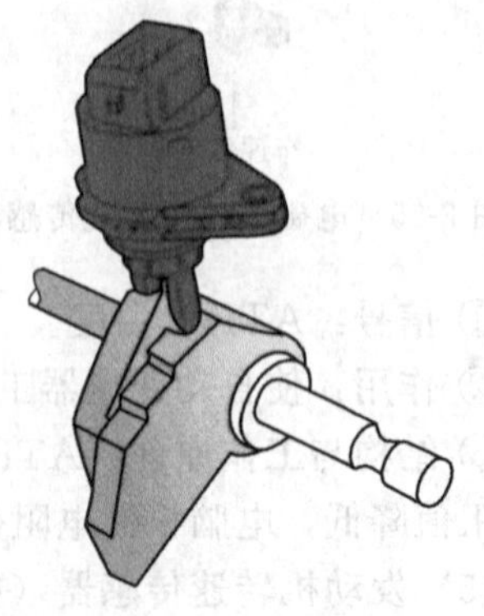

图 2-60　多功能开关

① 信号：获得换挡操纵杆的位置信号。

② 作用：接通倒车灯开关（挂倒挡时）若排挡杆位于行驶挡位，则控制启动机电路使其无法通电控制巡航系统。

(8) 刹车灯开关（如图 2-61 所示）

① 信号：获得驾驶员制动信号。

② 作用：用于解除排挡杆锁定、解除巡航系统工作。

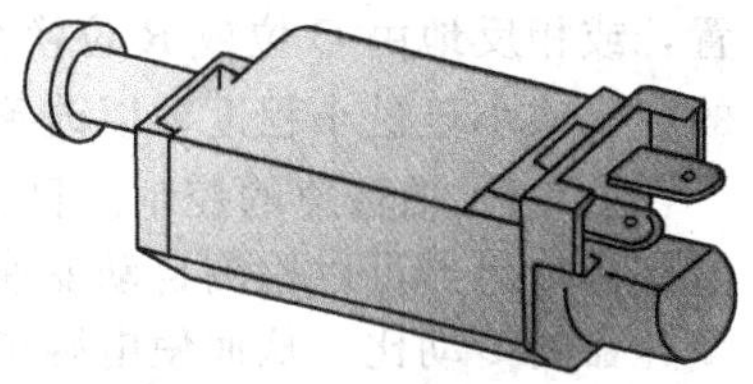

图 2-61　刹车灯开关

2. 控制单元

控制单元作用如下。

① 接受信号：接受传感器传递的信号。

② 处理信号：在 ECU 内部逻辑、运算处理。

③ 发出指令：传递控制指令给执行器。

④ 监控作用：监控变速器电控元件的运行。

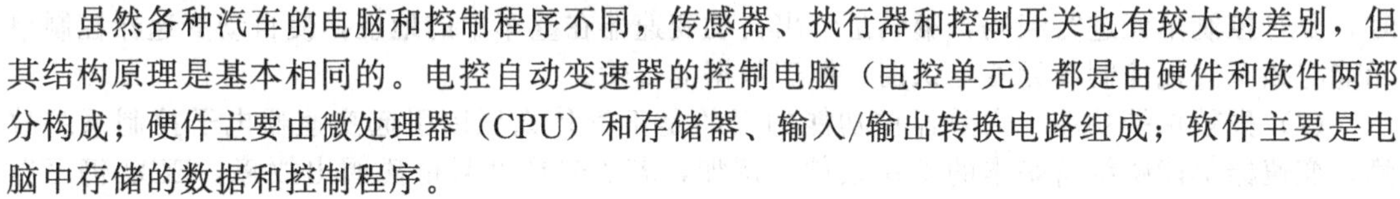

虽然各种汽车的电脑和控制程序不同，传感器、执行器和控制开关也有较大的差别，但其结构原理是基本相同的。电控自动变速器的控制电脑（电控单元）都是由硬件和软件两部分构成；硬件主要由微处理器（CPU）和存储器、输入/输出转换电路组成；软件主要是电脑中存储的数据和控制程序。

电脑及控制电路的功能如下。

(1) 换挡时刻控制　在控制程序存储器内存有几种换挡模式。在驾驶时，根据驾驶模式选择开关位置自动设定换挡模式。控制系统根据选定的换挡模式、车速和节气门开度，向换挡电磁阀输出控制信号，实现换挡。汽车在每一特定行驶工况下，都应有一个与之相对应的最佳换挡时刻。控制电脑可以做到在汽车的任何行驶条件下，让自动变速器都按最佳换挡时刻进行换挡，使汽车的动力性和经济性等综合指标达到最佳。

(2) 锁止时间和锁止压力的控制　电控自动变速器中，液力变矩器的锁止离合器的动作也是由电脑控制的。在驾驶中，根据选定的换挡模式、车速和节气门开度向锁止电磁阀输出控制信号，使锁止离合器接合或分离。在换挡时，即使锁止离合器处于接合状态也会暂时分离，以减少换挡冲击，使换挡更加平顺，换挡后又会自动锁止。

此外，还利用锁止电磁阀调节作用于锁止离合器的液压力，使锁止离合器接合和分离更为柔和、平顺。

(3) 油压控制　新型电控自动变速器的控制系统取消了节气门阀，用油压电磁阀来产生节气门油压。节气门油压随发动机负荷增大而增高，满足传递大功率时对离合器、制动器等执行元件液压缸工作压力的要求。油压电磁阀为脉冲式电磁阀，电脑根据测定的节气门开度、车速等信号，控制发出脉冲信号给油压电磁阀，改变油压电磁阀输出油压。

除正常的主油路油压控制外，电脑还可以根据各传感器测得的自动变速器的工作状况，在一些特殊情况下，对主油路油压做适当的修正，以防止换挡时产生冲击。

(4) 换挡品质控制　随着电脑技术的不断发展，电控自动变速器的控制范围越来越广泛，控制功能也越来越完善，可以采用多种方法控制换挡过程，以改善换挡品质，提高汽车的乘坐舒适性。

① 换挡油压控制。在换挡的瞬间，电脑通过油压电磁阀适当降低主油路油压，以减小换挡冲击，改善换挡品质。

② 发动机扭矩控制。在升挡或降挡的瞬间，通过延迟发动机的点火时间或减少喷油量，暂时减少发动机的输出扭矩，以减小换挡冲击和汽车加速出现的波动。

③ 换挡控制。在选挡杆由驻车挡或空挡（P 或 N）位置换至前进挡或倒挡（D 或 R）位

置，或相反地由D位或R位换至P位或N位时，通过调整发动机的喷油量，将发动机转速的变化减小至最小程度，以改善换挡品质。

④ 输入轴转速的控制。目前一些新型电控自动变速器装有输入轴转速传感器，电脑通过这一传感器可以检测自动变速器输入轴转速，并由此计算出液力变矩器的传动比以及自动变速器的传动比，从而使电脑更精确地控制自动变速器的工作。

（5）发动机制动控制　目前一些新型电控自动变速器的超越离合器（为利用发动机的制动作用而设置的执行元件）的工作也是由控制电脑通过电磁阀来控制的。控制电脑按照设定的程序，当选挡杆位置、车速和节气门开度等信号满足一定条件时，向超越离合器电磁阀发出控制信号，打开相应的控制油路，超越离合器动作，使自动变速器具有反向动力传递能力，从而在汽车滑行时实现发动机制动。

（6）自动诊断功能　ECU在工作的同时不断地检测各传感器、执行元件和ECU的本身。当检测到故障时，ECU自动做出判断，并点亮仪表板的故障指示灯，同时，把故障的元件以代码形式记忆在控制电脑的存储器中，以便检修时读取。在更换自动变速器控制单元时，要对控制单元进行编码，编码是给出自动变速器在整车中的地址，使自动变速器控制单元能与整车其他控制单元相互识别，便于数据的传输。

（7）失效保护功能　失效保护功能的目的是不管什么原因引起变速器电子控制系统故障，变速器仍能够维持基本的工作条件。例如，若1号或2号电磁阀出故障，ECU仍可以通过控制剩下的一个电磁阀使汽车继续行驶；即使1号和2号电磁阀都出故障，仍可以通过手动变速使汽车行驶。

（8）自动模式选择控制　在有模式开关的电控自动变速器上，驾驶员可以通过开关改变自动变速器的控制模式。在不同的模式下，自动变速器的换挡规律有所不同，从而满足不同的行驶要求。新型电控自动变速器的控制电脑具有很强的运算和控制功能，并具有一定的智能控制。这种变速器的控制电脑通过对各个传感器测得的汽车行驶状况和驾驶员的操作方式运算分析，自动选择采用不同的换挡模式，满足不同的行驶要求。

3. 执行元件

电控自动变速器执行系统为电磁阀控制，通电线圈产生磁场，对阀体产生吸引，改变阀体位置，从而改变ATF油流向，以此来控制挡位的变换。

第三节　电控无级变速器（CVT）

一、认识电控无级变速器（CVT）

汽车电子控制连续可变传动比自动变速器系统（Electronic Controlled Continuously Variable Transmission System），简称电控无级变速器（CVT）。它实现了不依靠齿轮切换变速而能够无级连续变速，它的变速比不是间断的点，而是一系列连续的值，可以实现传动比的连续改变，譬如可以从3.455一直变化到0.85，从而得到传动系统与发动机工况的最佳匹配，实现了良好的经济性、动力性和驾驶平顺性，而且降低了排放和成本，因此它是一种比较理想的汽车动力传动装置。

二、电控无级变速器系统（CVT）的组成

电控无级变速器系统（CVT）主要是由变速传动机构、液压控制系统和无级变速控制系统三大部分组成。其中，液压控制系统和无级变速控制系统的功能、组成和原理与ECT大同小异，但变速传动的结构组成和变速原理却有很大不同。奥迪01J CVT（如图2-62所示）主要由飞轮减振装置、前进挡离合器/倒挡制动器及行星齿轮装置、速比变换器、液压控制单元和电控单元组成。

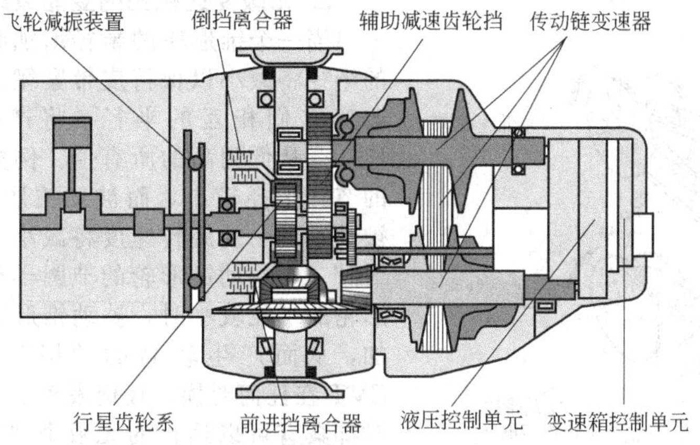

图 2-62　奥迪 01J CVT 的基本组成

其主要特点是：

(1) CVT 采用传动带和工作直径可变的主、从动轮相配合传递动力；

(2) CVT 可以自动改变传动速比，实现传动速比的全程无级连续改变；

(3) 没有传统变速器换挡时那种“停顿”的感觉，从而得到传动系统与发动机工况的最佳匹配；

(4) 提高车辆的燃油经济性和动力性；

(5) 改善驾驶者的操纵方便性及乘坐舒适性。

三、无级变速传动机构工作原理

1. 无级变速传动机构的组成

CVT 结构比传统变速器简单，它主要靠主、从动轮和金属带来实现速比的无级变化。其原理是与普通的变速箱一样大小不一的几组齿轮在操控下有分有合，形成不同的速比，像自行车的踏板经大小轮盘与链条带动车轮以不同的速度旋转。由于不同的力度对各组齿轮产生的推力大小不一，致使变速箱输出的转速也随之变化，从而实现不分档次的徐缓转动。

CVT 还有各种微处理器和传感器，但上述三种部件是实现此项技术的关键元件（见图 2-63）。

CVT 带式无级变速器的基本机构包括一对主动锥形轮和一对被动锥形轮及传动带（钢制链条），每个主动锥形轮由两个锥盘组成，一个锥盘固定不动，另一个锥盘可以轴向移动。

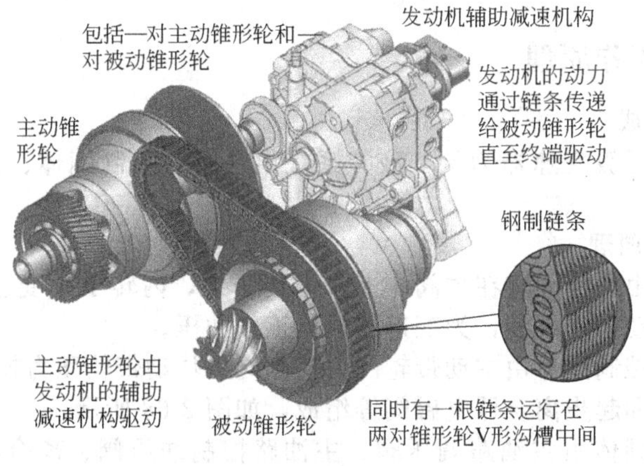

图 2-63　无级变速器传动机构的组成

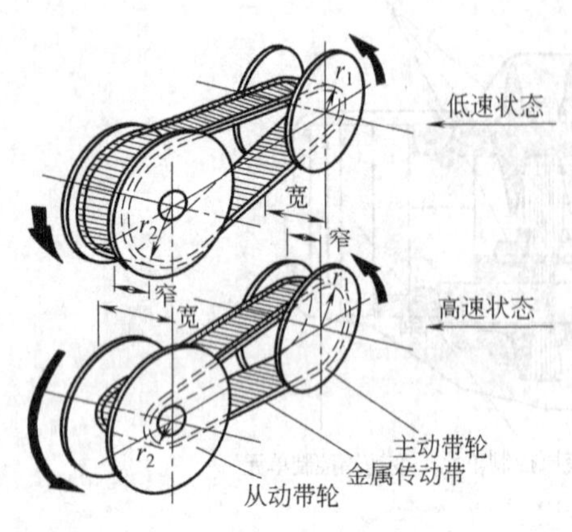

图 2-64 金属带（链）式无级变速器的变速原理

2. **无级变速机构的变速原理**

当一个锥形轮的半径增加时，另一个锥形轮的半径将减小以保持皮带紧绷。随着两个锥形轮改变它们相互的半径，将产生了无数个传动比——从低到高的所有值。例如，当主动锥形轮的节圆半径较小，而被动锥形轮的半径较大时，被动锥形轮的旋转速度将减小，从而产生较低的"挡"。当主动锥形轮的节圆半径较大，而被动锥形轮的半径较小时，被动锥形轮的旋转速度将增加，从而产生较高的"挡"。因此在理论上，CVT在任何时候、任何发动机上或处于任何车速时都具有可以运行的无数个"挡"。无级变速的变速原理如图 2-64 所示。

传动比的变化：

① 主动传动轮与被动传动轮的轮槽宽度相等，工作半径相等，传动比等于 1，如图 2-65 所示。

② 当主、被动传动轮的活动部分同时向上移动时，主动轮槽变窄，传动带向外移动，工作半径增大；被动轮槽变宽，传动带向里移动，工作半径减小，传动比小于 1，如图 2-66 所示。

③ 当主、被动传动轮的活动部分同时向下移动时，主动轮槽变宽，传动带向里移动，工作半径减小；被动轮槽变窄，传动带向外移动，工作半径增大，传动比大于 1，如图 2-67 所示。

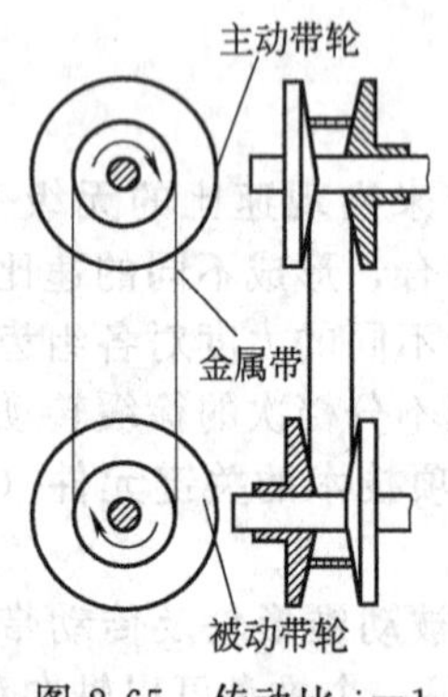

图 2-65 传动比 $i=1$

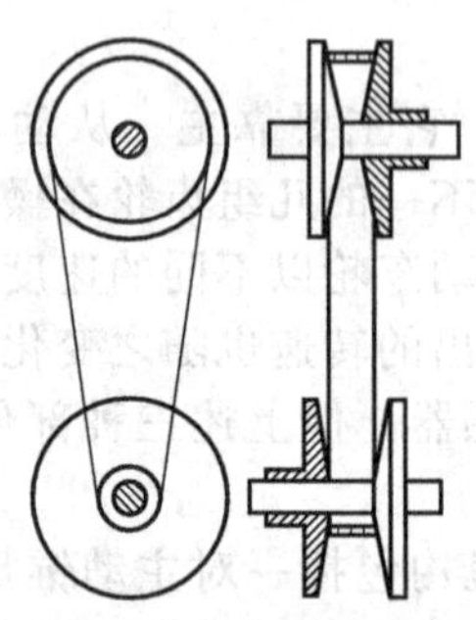

图 2-66 传动比 $i<1$

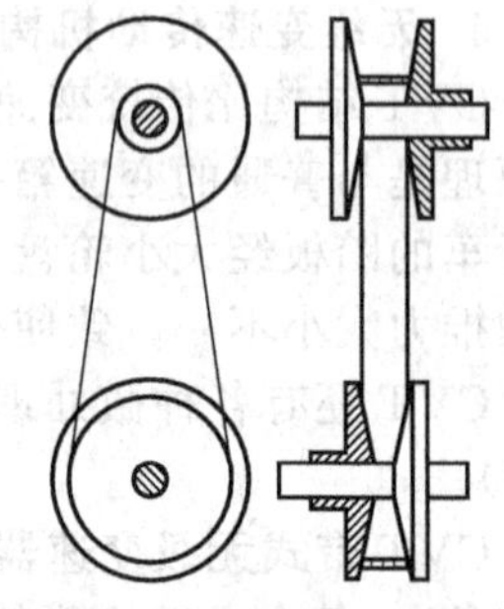

图 2-67 传动比 $i>1$

四、液控系统工作原理

1. **液控系统的组成**

以本田飞度汽车无级变速器为例，液控系统由油泵、控制阀体、主阀体和手动阀体等组成。

2. **液控系统工作原理**

（1）油泵　油泵由螺栓固定在主阀体上，为转子泵，内转子由变速器输入轴驱动旋转，内转子带动外转子转动向外泵油，为变速器提供工作油压。

（2）控制阀体　控制阀体由主动带轮压力控制阀、从动带轮压力控制阀、主动带轮电磁阀、从动带轮电磁阀和起步离合器电磁阀等组成，如图 2-68 所示。

（3）主阀体　主阀体由主油路调压阀、主油路控制油压阀、离合器减压阀、换挡限止阀、起步离合器蓄压器、起步离合器换挡阀、起步离合器后备阀和润滑阀等组成，如图2-69

所示。主油路控制油压阀根据带轮电磁阀提供的油压，调节主油路调压阀的控制油压，使主油路调压阀输出主油路油压。离合器减压阀降低输入油压，为离合器、制动器及带轮电磁阀提供工作油压。润滑阀降低输入油压，为行星架、离合器、钢带等提供润滑油压。

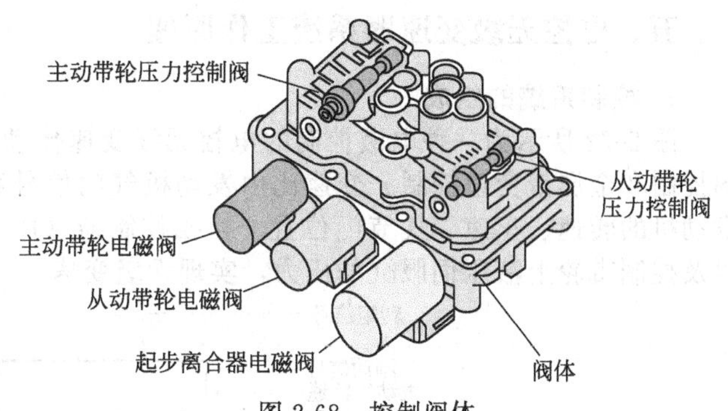

图 2-68　控制阀体

起步离合器蓄压阀缓冲起步离合器油压，使起步离合器接合柔和。换挡限止阀、起步离合器换挡阀、起步离合器后备阀等的作用是为了当电子控制系统出现故障时，对起步离合器进行液压控制。

(4) 手动阀体　手动阀体由手动阀、倒挡限止阀等组成，如图 2-70 所示。手动阀有 P、R、N、D、S、L 位置，它主要切换进入前进离合器和倒挡制动器的油路，使前进挡离合器或倒挡制动器工作。倒挡限止阀由倒挡限止电磁阀提供的倒挡锁止压力进行控制，当车辆以 10km/h 的速度行驶时，倒挡限止阀截止通向倒挡制动器的液压回路，以防止误挂倒挡。液压控制图如图 2-71 所示。

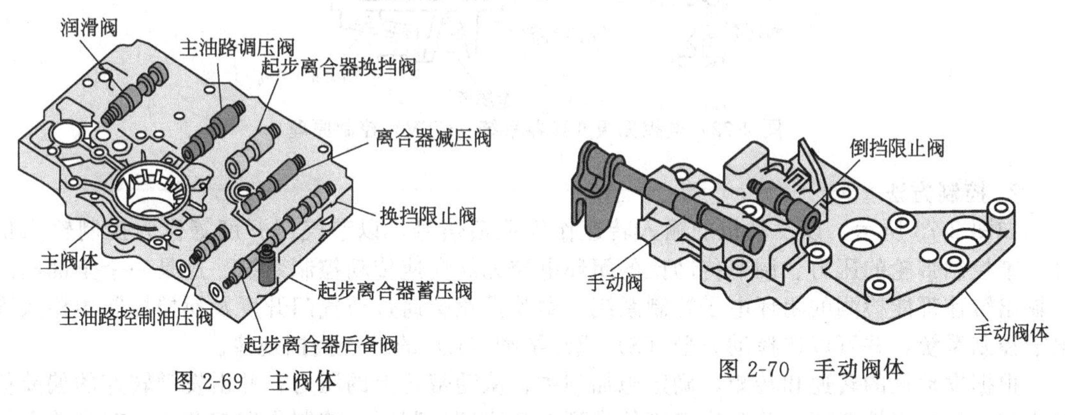

图 2-69　主阀体

图 2-70　手动阀体

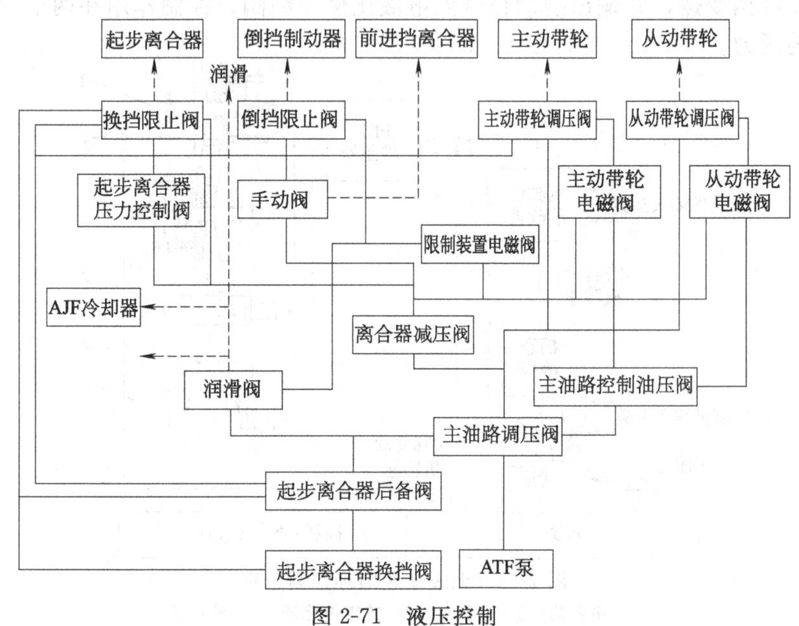

图 2-71　液压控制

五、电控无级变速器系统工作原理

1. 控制系统的组成

图 2-72 所示为一种电液控制的电控无级变速传动的控制系统。系统中包括电磁离合器的控制和金属带变速控制。变速比由发动机气门信号和主动工作轮转速所决定，ECU 根据发动机的转速、车速、气节门位置、换挡控制器（P、R、N、D）的信号控制电磁离合器，以及控制带轮上液压伺服缸的压力，实现无级变速。

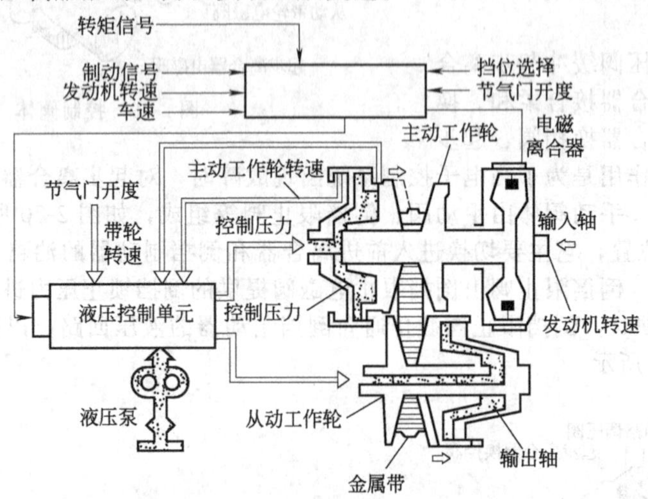

图 2-72 电控无级变速器系统（CTV）控制原理

2. 控制方法

如图 2-73 所示，以发动机的输入转速作为反馈信号，以节气门开度等作为控制输入信号，来控制带轮的压力、调节传动比的闭环电控无级变速传动控制系统。这是一个全部输入和输出转速都能检测的闭环电子控制系统。驾驶员意图通过节气门开度及换挡控制器输入到电子控制系统，并可以选择动力型（S）或经济型（E）的最佳换挡规律。

根据发动机的转速和转矩，确定施加到主、从动带轮上的压力，并由发动转速的偏差信号决定升挡或将挡变速，并输出控制信号到电液比例控制阀，控制作用在两个运转带轮上的液压伺服缸的压力。

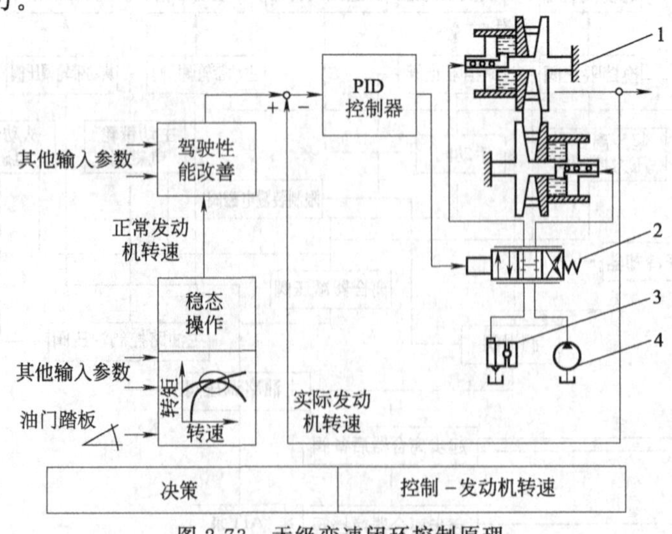

图 2-73 无级变速闭环控制原理

1—输入轴；2—控制阀；3—转矩传感器；4—液压泵

第四节 双离合器式自动变速器 DCT

一、认识双离合器式自动变速器

双离合器式自动变速器（Dual Clutch Transmission ，DCT），又称直接换挡变速器(Direct Shift Gearbox，DSG)，除了拥有手动变速器的灵活性及自动变速器的舒适性外，还能提供无间断的动力输出，如图 2-74 所示。它分为湿式双离合变速器和干式双离合变速器，湿式用的变速箱油比较多，体积较大，可以承受较大的扭力，干式用的变速箱油较少，体积更小，更紧凑，效率更高，适合小型车，但能承受的扭力不如湿式大。

图 2-74 双离合器式自动变速器

二、双离合器式自动变速器的组成

目前市场上广泛使用的 DCT 大都采用三轴齿轮变速结构式，DCT 主要由双离合器、空心轴、两个平行的分变速器、控制器和油泵等组成。其中双离合器、空心轴和分变速器为核心机械部件。发动机输出的转矩通过双离合器后进入 DCT 的输入端。DCT 的双离合器中的离合器 1 和离合器 2 分别连接输入轴 1 和输入轴 2，输入轴 1 为实心的传动轴，输入轴 2 为空心的传动轴，因此两根输入轴同轴，输入轴 1 装在输入轴 2 内。实心的传动轴连接了 1、3、5 及倒挡，而空心的传动轴则连接 2、4 及 6 挡，两台离合器各自负责一根传动轴的啮合动作。1 挡、3 挡、5 挡和倒挡与心轴构成分变速器 1，2 挡、4 挡和 6 挡构成分变速器 2，两个分变速器的输出端同时与主减速器齿轮啮合。如图 2-75 所示。

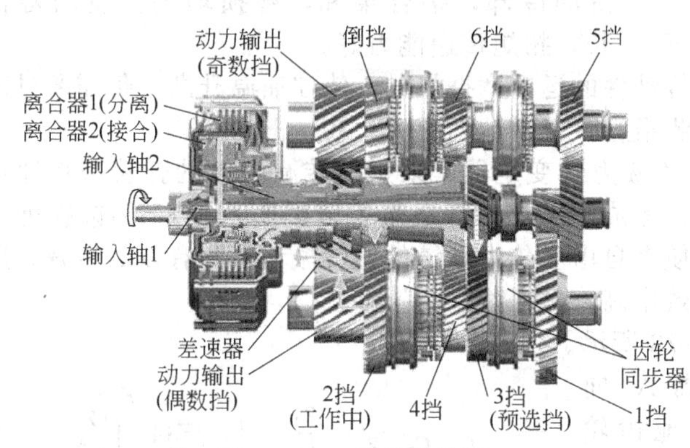

图 2-75 DCT 的结构图

三、双离合器式自动变速器的工作原理

DCT 内含两台自动控制的离合器，当变速器运作时，一组齿轮被啮合，而接近换挡时，下一组齿轮已被预选，但离合器仍处于分离状态；当换挡时，一台离合器将使用中的齿轮分离，同时另一台离合器啮合已被预选，在整个换挡期间能确保最少有一组齿轮在输出动力，从而不会出现动力中断的状况。如图 2-76 所示。

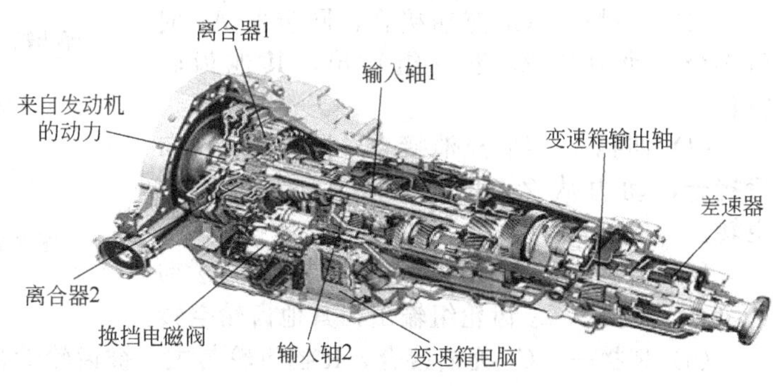

图 2-76 双离合器式自动变速器的工作原理

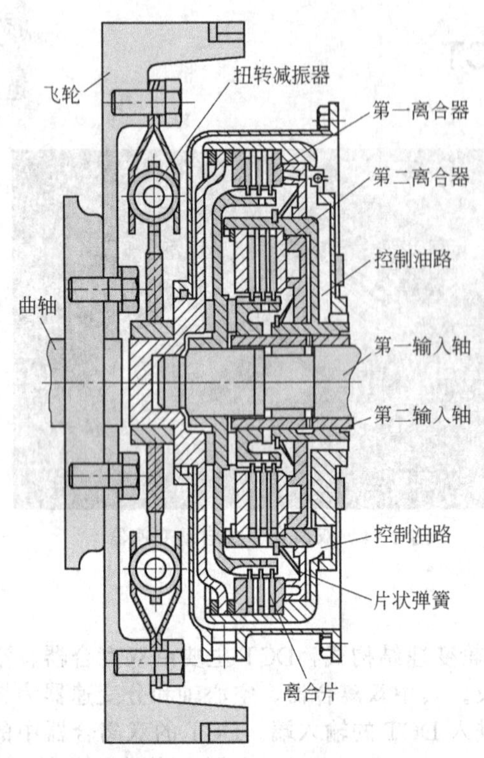

图 2-77 双离合器式自动变速器的工作过程

双离合器式自动变速器的具体工作过程如图 2-77 所示。

(1) 两个油浴湿式摩擦式离合器 C_1 和 C_2，通过扭转减振盘连接飞轮，其输出端分别驱动齿轮组的奇数挡和偶数挡。即：第一离合器 C_1——控制 1、3、5、R 挡位；第二离合器 C_2——控制 2、4 挡位或 6 挡位。C_1 和 C_2 的分离与接合，由 ECU 控制作用在活塞上的油压来实现，交替转换传力挡位，满足自动换挡的需求。

(2) 和手动式变速器 MT 一样，用三个锁环式惯性同步器 A_1、A_2、A_3 分别控制各挡位常啮齿轮的连接，组成五个或六个前进挡和一个倒挡 R。

(3) 离合器 C_1 和 C_2 的离合控制，和同步器与常啮齿轮的连接控制，采用电控液动方式，通过液压缸充油或泄油进行快速换挡控制。

(4) 多片湿式双离合器的滑磨热，利用自动变速器的 ATF 油来吸收，使摩擦片得到良好的冷却，接合柔和，磨损均匀，使用寿命长，扭矩传递能力好。

(5) 离合器在换挡时的滑磨热量和传动件的运动摩擦热量，使控油温升高，仍需通过冷油器进行散热冷却。并用油温传感器监测报警，正常油温应为＋30～＋90℃。

(6) 取消了结构复杂和传动效率低的液力式变矩器，采用扭转减振盘的弹簧来传递动力，并吸收传动系统的扭转振动和噪声，形成了一个“双质量扭转减振系统”。因减振弹簧的位置半径大、刚度小、压缩转角大，使多自由度传力系统的扭转振动得到有效的衰减。所以，动力传递柔和、平稳、可靠，传动效率高，故障率少。

DCT 系统各挡动力传递过程如图 2-78 所示。

(1) 一挡——C_1 充油接合，同步器 A_1 向前接合，动力从 Z_1 齿轮组输出，其他齿轮空转。

(2) 二挡——C_2 充油接合，同步器 A_3 向前接合，动力从 Z_2 齿轮组输出，其他齿轮空转。

(3) 三挡——C_1 充油接合，同步器 A_1 向后接合，动力从 Z_3 齿轮组输出，其他齿轮空转。

(4) 四挡——C_2 充油接合，同步器 A_3 向后接合，动力从 Z_4 齿轮组输出，其他齿轮空转。

(5) 五挡——C_1 充油接合，同步器 A_2 向前接合，动力从 Z_5 齿轮组输出，其他齿轮空转。

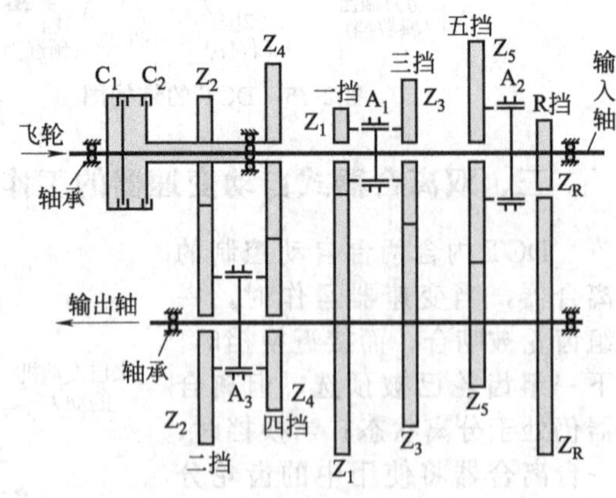

图 2-78 DCT 系统各挡动力传递过程

(6) R 挡——C_1 充油接合，R 挡齿轮与主、被齿轮啮合，动力从 Z_R 齿轮组输出，其他齿轮空转。

四、双离合器式自动变速器的控制系统

DCT 电控液动换挡系统与传统的 ECT 控制系统类同，也分为两部分（见图 2-79）：

（1）电控部分　DCT/ECU 和 EFI/ECU 联网工作，采集各传感器的信号和开关信号，进行信息反馈，监控双离合器的工作质量，如：换挡控制、柔和控制、同步控制、报警自诊等内容。实时对车辆的运行状况进行综合处理和判断，进行自动换挡逻辑控制，离合器操纵机构，完成挡位的自动转换。

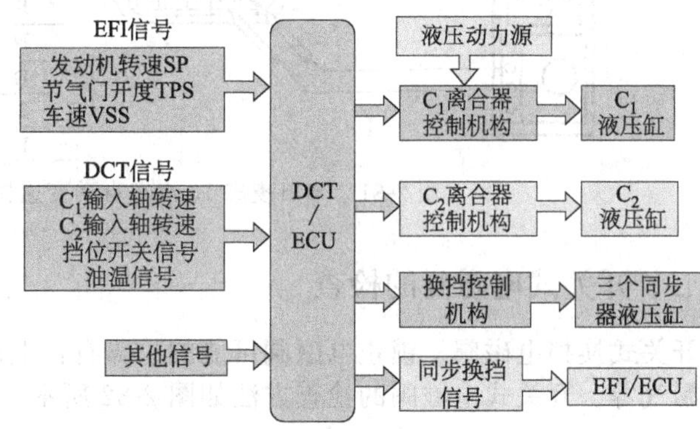

图 2-79　DCT 电控液动换挡系统

（2）液动部分　两个离合器以及换挡机构的工作动力由液压动力源供给。液压动力源为：油泵、油路板、液压换挡滑阀、双离合器和三个同步器的液压缸。如图 2-80 所示。

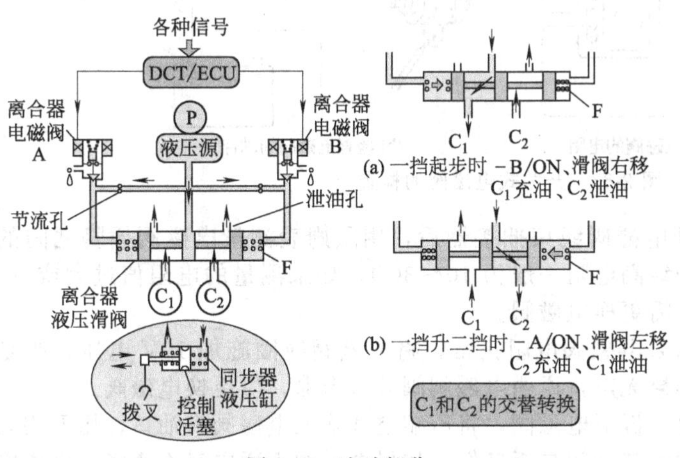

图 2-80　液动部分

① 发动机不运转时，液压换挡系统无油压，电磁阀断电关闭，液压滑阀在 *F* 力的作用下，处在中间位置，两个离合器都是泄油状态。

② 发动机运转时，液压油作用在液压滑阀的两端，油压平衡，滑阀不动，仍为泄油状态。

③ 汽车起步时，变速手柄在 D 挡，电脑接到节气开度 TPS 起步信号，使电磁阀 B 通电开启泄油，液压滑阀右移，离合器 C_1 充油接合，同步器 A_1 也向前接合，换入一挡行驶。

④ 汽车升挡时——当需要升挡时，电磁阀 A 通电开启泄油，B 阀断电关闭充油，液压滑阀左移，离合器 C_2 充油接合，同步器 A_2 也向前接合，换入二挡行驶。

⑤ 其他挡位的升挡和降挡过程和同步器的控制原理，皆类同故略。

第五节　自动变速器电子控制系统部件的故障检修

自动变速器 ECU 及一些与发动机电子控制系统共用或结构相似的传感器，其故障检修方法参见发动机电控系统的有关内容。

一、挡位开关的检查

挡位开关的可能故障有：安装位置不当而使挡位开关信号不正确、挡位开关内部触点接触不良。挡位开关一般的故障检查方法如下。

用举升机举起汽车后，拨开挡位开关线束插接器，检测各挡位下各插脚之间的通断情况（见图 2-81）。如果与正常情况不符，应调整或更换挡位开关。

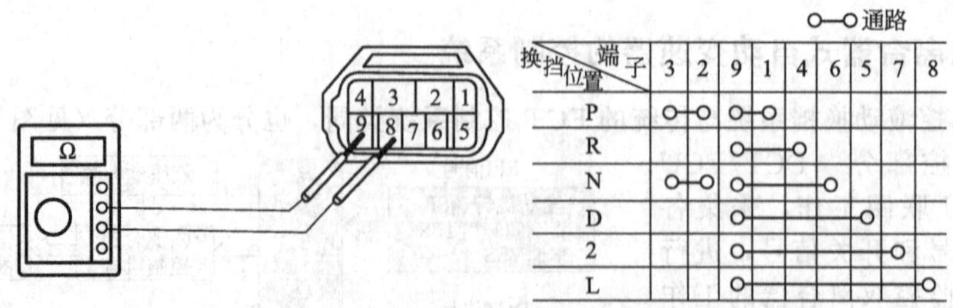

图 2-81　丰田凌志 10 汽车自动变速器挡位开关检查

二、开关式电磁阀的检查

开关式换挡电磁阀、锁止电磁阀可能的故障有：电磁阀线圈短路、断路；电磁阀阀芯卡滞或漏气等。开关式电磁阀的检查方法如图 2-82 所示。

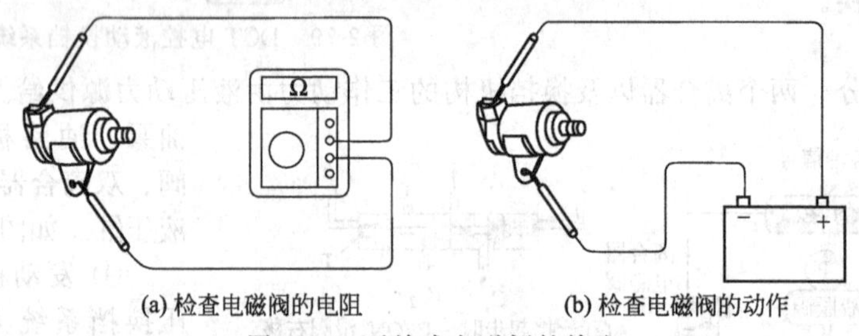

(a) 检查电磁阀的电阻　　(b) 检查电磁阀的动作

图 2-82　开关式电磁阀的检查

(1) 检测电磁阀电阻。拨开电磁阀线束插接器后，用欧姆表测量电磁阀插脚之间的电阻，自动变速器开关式电磁阀的线圈电阻一般为 10～30Ω。如果测量的电阻值过大或过小，说明电磁阀线圈有断路或短路，需更换电磁阀。

(2) 检测电磁阀的动作。如果电磁阀电阻正常，将电磁阀线圈施加 12V 电压，听是否有电磁阀动作的“咔嗒”声。如果无声，说明电磁阀阀芯有卡滞，应更换电磁阀。

(3) 检查电磁阀的开闭情况。拆下电磁阀，将压缩空气吹入电磁阀进油口，用万用表检测电磁阀线圈通电和不通电，判断其开闭是否良好。如果电磁阀不通电时不通气，则通电时就应通气，如果不是这样，说明电磁阀已损坏，需更换。

三、脉冲工作方式电磁阀的检查

在占空比脉冲控制下工作的开关式电磁阀检查方法如图 2-83 所示。

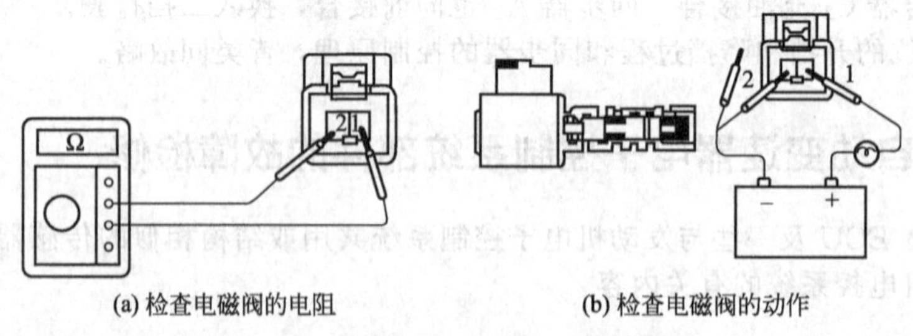

(a) 检查电磁阀的电阻　　(b) 检查电磁阀的动作

图 2-83　脉冲工作方式电磁阀的检查

(1) 检测电磁阀电阻。拨开电磁阀线束插接器后，用欧姆表测量电磁阀插脚与搭铁之间的电阻。自动变速器线性脉冲式电磁阀的线圈电阻一般为 3～5Ω。如果测量的电阻值过大或过小，说明电磁阀线圈有断路或短路，需更换电磁阀。

(2) 检测电磁阀的动作。拆下电磁阀，对电磁阀线圈加 4V 左右的电压，应能听到电磁阀动作的响声；对于滑阀式电磁阀，应能看到电磁阀阀芯向外移动，断开电源时，电磁阀阀芯应会退回。否则说明电磁阀阀芯有卡滞，应更换电磁阀。

本章小结

本章的讲解使学生了解了电控液力自动变速器、无级变速器和双离合自动变速器电子控制系统的结构与工作原理，根据这些知识能够对自动变速器系统故障进行分析，通过仪器设备检测，判断具体故障点，避免靠维修经验误诊断。在维修过程中，培养学生科学、严谨、求实的工作作风。

思考题

1. 自动变速器的分类方式？
2. 自动变速器的组成及功能？
3. 阐述自动变速器汽车牵引时的注意事项。
4. 简述液力变矩器分类、组成。
5. 简述行星齿轮机构组成。
6. 简述行星齿轮机构工作原理。
7. 简述电子控制系统组成。
8. 简述自动变速器控制单元的工作原理。

工作任务

一个客户反映：他的车在换挡时车身抖动一下，车辆行驶 7000km。此车为一汽大众捷达车，搭载 01M 自动变速器。

导向1. 了解电控自动变速器的诊断过程。

信息2. 了解自动变速器使用及注意事项，掌握自动变速器的液力变矩器、行星齿轮机构、液压控制系统、电子控制系统的结构与工作原理。

设法找到 01M 自动变速器结构图、电路图。

将 01M 变速器的传感器和执行器用一张表列出，在表中安排一栏说明这些部件的作用，再安排一栏说明它们发生故障时表现出的现象特点。

接上解码器，读取故障信息，检查结果。

传感器/执行器	作　　用	故障情况下产生的影响
节气门位置传感器		
变速器转速传感器		
车速传感器		
ATF 油温度传感器		
发动机转速传感器		
强制低速挡开关		
多功能开关		

计划 3. 制作一份仔细检查此故障现象的工作计划。

序　号	工 作 步 骤	工具和辅助设备

实施4. 对控制单元编码检查

5. 请将诊断结果和修理费用通知顾客。

检查 6. 检查维修后，变速器工作是否正常，列出检查工作步骤和要使用的工具与辅助设备。

序号	工作步骤	工具和辅助设备

展示7. 记录从接收客户定单到终检的整个工作任务完成的过程，开具做自动变速器修理工作任务的发票。

8. 请将诊断结果和修理费用通知顾客。

附：工作任务分析参考

常规思路：对于配置电控自动变速器汽车的维修，首先用诊断仪器进入自动变速器控制单元，读取故障存储器中的信息，根据故障信息，具体检查、判断故障点。

此车的维修思路：因此车在不同挡位均出现换挡抖动现象，此现象是共性故障，在维修思路上要考虑数据传输的工作状况，不要考虑具体，如可以考虑信号源、电控单元、控制单元间数据传输等，不要考虑挡位离合器或制动器。因是自动变速器汽车，故先用大众专用解码器 V. A. G5051、V. A. S5052 等来诊断。

具体诊断过程：

1. 试车发现换挡时冲击大，用 V. A. S5052 查询变速器故障存储器，显示两个故障，分别为：

(1) 节流阀体位置传感器 G69 信号超差

(2) 发动机/变速器电气连接线 2 无信号

2. 用 V. A. S5052 进入地址码 02：(自动变速器)，选择功能

08 (读取测量数据块)，在 001、002 显示组显示如下：

怠速工况显示组 001 显示为：P　4.98V　50%　　00000111

显示组 002 显示为：0.000A　0.000A　12.76V　2.68V

正常值应为：约为 0.669A

3. 用万用表测试 J220 (发动机控制单元) 与 J217 (变速器控制单元) 之间的连接线 2，结果正常，更换新的发动机控制单元重新检查故障依旧，接上 V. A. G1598/31，测试第 115 脚的信号输出，结果无信号输出，通过发动机控制单元检测 J338 (节流阀体)，一切正常。再进一步分析，怀疑发动机控制单元编码有问题，找了一辆新车查询发动机控制单元编码为 coding 00003，而不是 coding 00001，重新给发动机控制单元正确编码 (正确编码为 coding 00003)，清除变速器控制单元的故障存储器，再查询无故障记忆，试车一切正常。

故障分析：

1. 换挡抖动的原因

因J217接收不到J220发送的节气门位置信号，J217为保护变速器，而将油压调节电磁阀断电，从而导致变速器的工作油压过高，使离合器与制动器的供油过快，导致换挡冲击较大。

2. 更换新的发动机控制单元故障依旧的原因

2V MPI（ATI）发动机的控制单元版本号为SC04，而新的控制单元的编码也为coding 00001，所以更换新的控制单元故障依旧。

第二篇 汽车底盘电子控制技术

随着汽车性能的提高，要求车辆在任何条件下都能够具有充分的制动力和稳定性，能够顺利地停下，汽车"安全且易于操作"是至关重要。另外如果不能防止在道路上行驶时汽车所发生的各种不愉快的振动，就无法保证乘车的舒适性。本篇介绍如何通过采用电子控制技术实现汽车在制动、转向、悬架系统的上述目标。

第三章 » 汽车行速稳定性控制系统

学习目标

1. 了解 ABS、ASR 的发展、分类方式及组成。
2. 掌握 ABS、ASR 结构、工作原理、控制方式。
3. 了解 ESP 的功能。
4. 掌握 ESP 的结构和工作原理。
5. 引用企业车间工作任务案例，让学生解决工作任务，培养学生的检修能力。

ABS 可以防止制动时车轮抱死，ASR 可以防止驱动轮驱动时发生滑转，这两种系统都改善了汽车的行驶稳定性。从控制的角度，主动地改进了汽车的稳定性，称它们是行驶稳定性控制系统。

第一节 汽车电子控制防抱死系统 (ABS)、防滑系统 (ASR)

ABS 和 ASR 是英文 Anti-lock Braking System 和 Acceleration Slip Regulation 的缩写，中文翻译为防抱死制动装置系统和驱动防滑控制系统，由于驱动防滑控制系统主要是通过调节车轮的牵引力实现对车轮的防滑控制，因此该系统也称为牵引力控制系统（Traction Control System)，丰田公司则称其为 TRAC 或 TRC。它们是现代汽车用于提高主动安全性的两项重要措施。

一、认识 ABS 和 ASR

1. ABS、ASR 发展历程

汽车 ABS 的发展可追溯到 20 世纪初，当时设计的 ABS 装置安装在铁路机车上，第二

次世界大战结束后又开发了飞机用ABS技术。1985年起，德国的博世、戴维斯和美国的本迪克斯等公司开始对ABS技术生产大量投资，以适应汽车生产对ABS需要增加的要求。1987年初，德国的博世又开发出驱动防滑装置ASR（它是ABS技术的进一步完善和补充），该装置可防止加速时车轮打滑，以提高汽车加速时的牵引性能，改善其操纵稳定性，1988年，博世开始批量生产ASR。现代高级轿车把ASR与ABS结构一体化，共用微处理器和传感器组成汽车统一的防滑控制系统。

2. ABS、ASR的功能

ABS是防止制动过程中，车轮被完全抱死，保持方向稳定性和转向操纵能力，并缩短操纵距离的装置（见图3-1）。ASR的作用是防止汽车在起步、加速过程中车轮的滑转，特

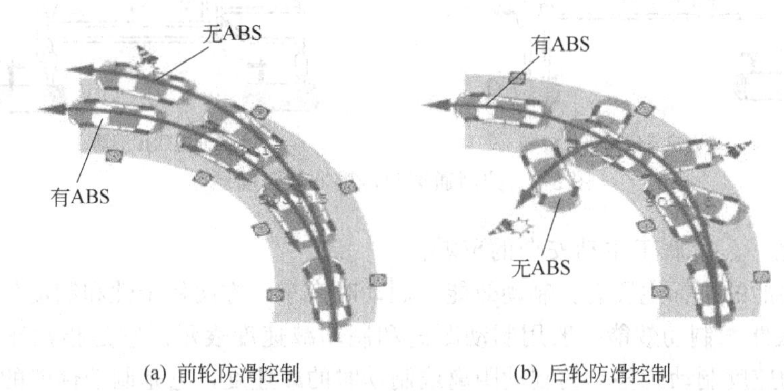

(a) 前轮防滑控制　　(b) 后轮防滑控制

图3-1　有无ABS的比较

别是防止汽车在非对称路面或转弯时驱动轮的空转，是提高汽车在驱动过程中的方向稳定性、转向操纵能力和加速性能的安全装置（见图3-2）。从而起到保护乘客和车辆的作用，大大降低因制动等而引起交通事故出现的概率。本节着重介绍制动防抱死系统和驱动防滑系统的结构、工作原理和典型的控制系统。

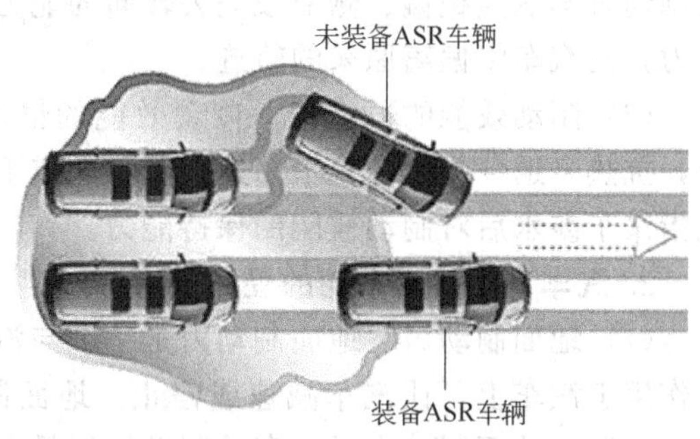

图3-2　循迹控制ASR系统作用于起步防滑控制

3. ABS和ASR系统的分类

（1）ABS系统按生产厂家可分为：博世（Bosch）ABS系统、坦孚（Teves）ABS系统、达科（Delco）ABS系统和本迪克斯（Bendix）ABS系统，这四种系统都是广泛应用的系统，而且还在不断发展、更新和换代。

按控制通道和传感器数目可分为：四通道四传感器、三通道三传感器、三通道四传感器、二通道二传感器、二通道三传感器、二通道四传感器，如图3-3所示。

（2）采用制动控制的ASR的液压系统可以分为两大类。一类是ASR与ABS的组合结构。在ABS系统中增加电磁阀和调节器，从而增加了驱动控制功能。另一类是在ABS的液压装置和轮缸之间增加一个单独的ASR的液压装置。

二、ABS、ASR系统的理论基础

1. 汽车制动性能

汽车制动性能是指汽车在行驶时能在短距离停车且维持行驶方向稳定性和在下长坡时能维持一定车速的能力。另外也包括在一定坡道能长时间停放的能力。汽车制动性能是汽车的

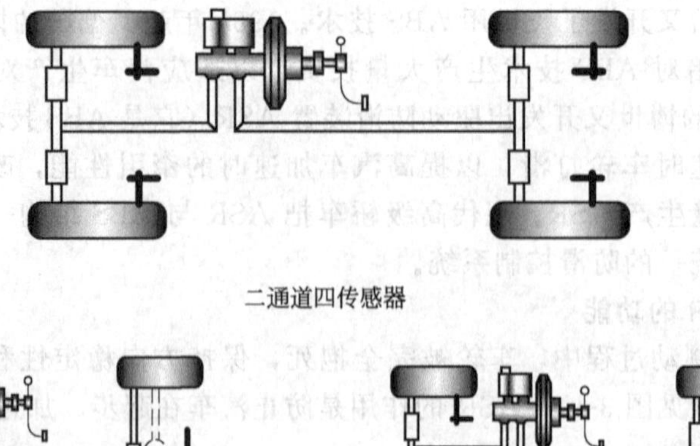

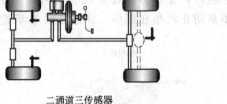

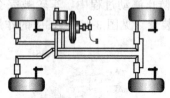

图 3-3 控制通道和传感器数目简图

重要使用性能之一。它属于主动安全的范畴。

评价制动性能的指标主要有：制动效能、制动时汽车的方向稳定性和制动效能的恒定性。

（1）制动效能　制动效能一般用制动距离和制动减速度表示。它是指汽车在良好的路面上，以一定的初速度制动到停车的制动距离或制动时的减速度，它是制动性能的最基本指标。

（2）制动时汽车的方向稳定性　通常用制动时汽车仍能按给定轨迹行驶的能力。即汽车在制动时不发生跑偏、侧滑或失去转向的能力，如果制动时汽车发生跑偏、侧滑或失去转向能力，则汽车将偏离原来的轨迹。

（3）制动效能的恒定性　制动效能的恒定性，是指抗热衰退性能和抗水衰退性能。其中，抗热衰退性能是指汽车高速行驶制动或下长坡时制动性能的保持程度；抗水衰退性能，是指汽车涉水后对制动效能的保持能力。

2. 汽车制动时对车轮的受力分析

（1）地面制动力　地面制动力是一个与汽车的行驶方向相反的力，由地面提供，通过轮胎作用于汽车上，让汽车减速或停止。地面制动力越大，制动减速度越大，制动距离也越短。所以，地面制动力对汽车的制动性能具有决定性的影响。

如果忽略车轮及与其一起旋转部件的惯性力矩和车轮的滚动阻力，车轮在良好路面上制动时的受力情况如图 3-4 所示。T 为车轴对车轮的推力；F_x 为地面纵向制动力，是地面对

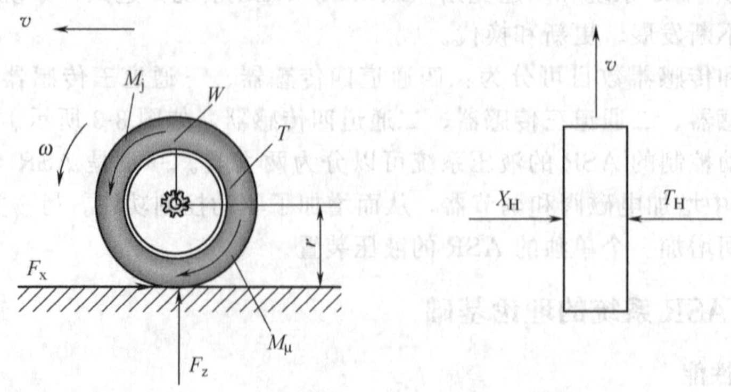

图 3-4 汽车车轮在制动时的车轮受力情况

T_H—车轴对车轮的横向推力；X_H—地面对车轮的横向反作用力；v—汽车行驶速度；ω—车轮角速度

车轮的切向反力；F_z 为地面对车轮的法向反作用力；W 为车轮垂直载荷；M_μ 为制动器的摩擦转矩；r 为车轮工作半径。

地面制动力是在制动器的摩擦转矩作用下产生的。在车轮没有拖滑，路面附着力足够时，地面制动力主要取决于制动器的摩擦转矩，地面制动力与制动器摩擦转矩之间的关系为

$$F_x=\frac{M_\mu}{r} \tag{3-1}$$

(2) 制动器制动力　在轮胎周缘克服制动器摩擦转矩所需的力称为制动器制动力，用 F_μ 表示。计算公式为

$$F_\mu=\frac{M_\mu}{r} \tag{3-2}$$

(3) 附着力　附着力 F_φ 是指汽车轮胎和道路在接触面上无相对位移时的切向地面反作用力的极限值。在硬路面上，驱动轮反作用力的极限值 F_φ 与法向反作用力 F_z 成正比，即

$$F_\varphi=\varphi F_z \tag{3-3}$$

式中　F_φ——轮胎道路附着力，N；

F_z——法向反作用力，N；

φ——附着系数。

(4) 地面附着系数　汽车在不同路面行驶时，车轮与地面间的附着能力的大小用附着系数表示。干燥路面附着系数大，冰雪、潮湿路面附着系数小。

附着系数 φ 越大，附着力 F_φ 也越大。附着系数的大小除了与路面的情况、轮胎的结构和胎面花纹有关外，还与车轮的运动状况即运动中的滑移程度有关。

由于汽车车轮与地面在侧向和纵向的附着能力是不同的，故附着力有侧向附着力和纵向附着力之分。与轮胎平面平行的附着力为纵向附着力，用 $F_{\varphi x}$表示；垂直于轮胎平面的附着力，称横向附着力，或称侧向附着力，用 $F_{\varphi y}$表示。与之相对应的附着系数分别是纵向附着系数 φ_x 和侧向附着系数 φ_y。关系式如下

$$F_{\varphi x}=\varphi_x F_z \tag{3-4}$$

$$F_{\varphi y}=\varphi_y F_z \tag{3-5}$$

也就是说，在紧急制动情况下，地面纵向附着系数 φ_x 的大小对提高地面制动力以使汽车具有更大的制动效能有着直接的影响；侧向附着系数 φ_y 的大小对防止车辆侧滑、甩尾起着决定性的作用。

综上所述，汽车的地面制动力首先取决于制动器制动力，但同时又受地面附着条件的限制。只有汽车具有足够的制动器制动力，同时地面又能提供高的附着力时，才能获得足够的地面制动力，而提高附着力就必须提高附着系数 φ。

3. 滑移率、滑转率与附着系数的关系

(1) 滑移率与附着系数的关系　汽车车轮在路面上的纵向运动可以区分为纯滚动、纯滑动和边滚边滑的滑移三种形式。

车轮滑移成分在车轮纵向运动中所占的比例可以用滑移率 s 来表示，其滑移率 s 的定义式如下

$$s=\frac{v-r\omega}{v}\times 100\% \tag{3-6}$$

式中　s——车轮的滑移率；

v——车轮中心的纵向速度，m/s；

r——车轮的自由滚动半径，m；

ω——车轮的转动角速度，rad/s。

当车轮纯滚动时，$v=r\omega$，$s=0$；当车轮抱死纯滑动时，$\omega=0$，$s=100\%$；当车轮滑移时，$0<s<100\%$。由此可见，滑移率越大，滑移成分越多。

当滑移率不同时，附着系数也不一样。图 3-6 是试验所得的轮胎-道路附着系数曲线，即 φ-s 曲线。

如图 3-5 所示，一般情况下，干燥路面比潮湿路面的附着系数大，而冰雪路面附着系数相对较小。在路面上，当滑移率 s 达到 20%左右时，纵向附着系数相对较大，制动效能相对较高。因此，把纵向附着系数最大时的滑移率称为理想/最佳滑移率。由（a）图可见，理想状态是使滑动率保持在 10%～20%之间的稳定区域，这样便可获得较大的纵向、侧向附着系数，地面所能提供的纵向附着力和侧向附着力也就较大，制动效能相对最好。而汽车制动防抱死系统（ABS）的主要作用就是把滑移率控制在 10%～30%之间，使汽车获得较高的制动效能，且可保持对汽车方向的控制能力。

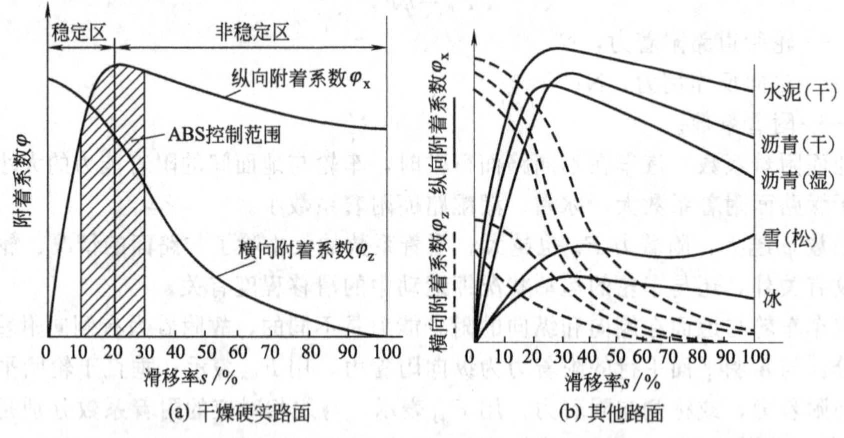

图 3-5　干燥硬实路面与其他路面上附着系数与滑移率的关系（φ-s 曲线）

φ_x—纵向附着系数；φ_z—横向附着系数；s—滑移率

在汽车制动过程中，如果前轮先抱死，汽车将失去转向能力，也有可能跑偏，但一般不会出现侧滑；如果后轮先抱死，将会出现非常危险的侧滑现象。为了防止后轮先抱死，有些汽车在制动系统中加了比例阀，以调节前、后车轮的制动液压力。如果把汽车制动时的滑移率控制在 10%～20%之间，前后车轮都不抱死拖滑，则汽车制动时跑偏、侧滑和失去转向能力等现象都不会出现。

在汽车制动时，如果车轮抱死滑移，车轮与路面间的侧向附着力将完全消失。如果只是前轮（转向轮）制动到抱死滑移而后轮还在滚动，汽车将失去转向能力。如果只是后轮制动到抱死滑移而前轮还在滚动，即使受到不大的侧向干扰力，汽车也将产生侧滑（甩尾）现象。这些都极易造成严重的交通事故。因此，汽车在制动时不希望车轮制动到抱死滑移，而是希望车轮制动到边滚边滑的状态。

由试验得知，汽车车轮的滑移率在 15%～20%时，轮胎与路面间有最大的附着系数。所以为了充分发挥轮胎与路面间的这种潜在的附着能力，在非制动状态（滑移率为 0）下，制动附着系数等于 0；在制动状态下，滑移率达到最优时，制动附着系数最大，在此之前的区域为稳定区域；之后，随着滑移率的增大，制动附着系数反而减少，侧向附着系数也下降很快，汽车进入不稳定区域，特别是当滑移率为 100%时，侧向附着系数接近于 0，也就是上述所说的制动抱死滑移状态。所以应将制动滑移率控制在稳定区域内。

（2）滑转率与附着系数的关系　汽车车轮在路面上的“打滑”可以区分为车轮制动时的滑移和车轮驱动时的滑转两种形式。

滑转率是汽车在驱动过程中车轮滑转的速度。轮速与车速差值在车轮纵向运动中所占的比例可以用滑转率 s_d 来表示，其定义式如下

$$s_d=\frac{r\omega-v}{r\omega}\times100\% \tag{3-7}$$

式中　s_d——滑转率；

ω——车轮的角速度，rad/s；

r——为车轮的半径，m；

v——汽车的速度，m/s。

当车速 $v=0$ 时，$s_d=100\%$，即车轮在原地打滑；当 $v=r\omega$ 时，$s_d=0$，表明车轮作纯滚动；当 $v<r\omega$，$0<s_d<100\%$时，车轮边滚边滑。不同的滑转率，附着系数不同。由图 3-6（φ-s_d 曲线）可以看出，在不同路面上，附着系数随滑转率的变化而变化。当滑转率 s_d 在 20%左右时，纵向附着系数 φ 几乎达到峰值。此后，随着滑转率的继续增大，附着系数有所减小。

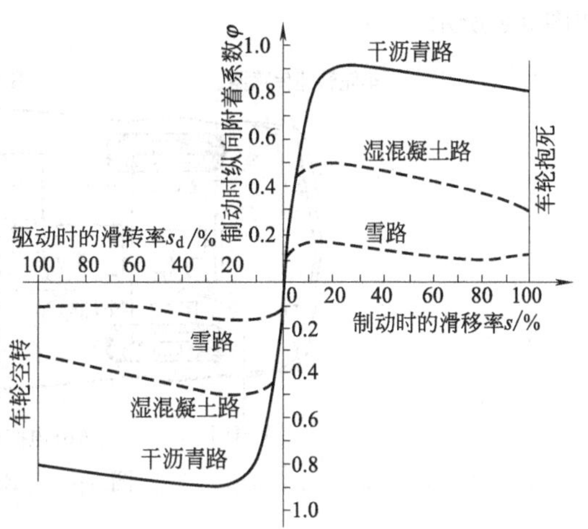

图 3-6　滑转率 s_d 与驱动/制动附着系数的关系（φ-s_d 曲线）

4. ABS、ASR 系统的特点

（1）ABS 系统特点

ABS 系统是充分利用轮胎和地面的附着系数，控制制动液压力的方法，给各车轮施加最合适的制动力。其具有以下特点：

① 在紧急制动时，保持转向系统可控性，可以改变汽车行驶方向；

② 充分发挥制动的效能，缩短制动距离和时间；

③ 避免轮胎与地面之间的剧烈摩擦，降低了轮胎磨损；

④ 制动时，减少制动踏板的颤动和噪声。

（2）ASR 系统特点

ASR 能在驱动车轮滑转时自动调节滑移率，充分利用驱动车轮的最大附着力。其具有以下特点。

① ABS 和 ASR 都是用来控制车轮相对地面的滑动，以使车轮与地面的附着力不下降。ABS 控制的是汽车制动时车轮的“拖滑”，主要是用来提高制动效果和确保制动安全；ASR 是控制车轮的“滑转”，用于汽车在不同路况起步、加速及行驶时，控制最佳驱动力和确保行驶稳定性。

② 虽然 ASR 也可以和 ABS 一样，通过控制车轮的制动力大小来抑制车轮与地面的滑动，但 ASR 只对驱动车轮实施制动控制，汽车的行驶稳定性得以提高。

③ ASR 在汽车起步及一般行驶过程中工作（除非驾驶员将 ASR 选择开关关闭，使 ASR 控制系统不能进入工作状态），当车轮出现滑转时即可起作用，而当车速很高（80～120km/h）时一般不起作用。ABS 则是在汽车制动时工作，在车轮出现抱死时起作用，当车速很低（<8km/h）时不起作用。

④ ASR 在处于防滑转控制过程中，如果汽车制动，ASR 就立即中止防滑转控制，以使

制动过程不受ASR的影响。

此外，在ASR起作用时，可通过仪表板上的ASR指示灯或蜂鸣器向驾驶员提醒不要踩刹车过猛（紧急制动）、注意方向盘的操作、不要猛踩加速踏板等，以确保行车的安全。它还减少了轮胎的磨损，可降低汽车的燃油消耗等优点。

三、ABS、ASR系统组成

1. ABS系统组成

目前，世界上生产ABS的厂家较多，其产品的形式和结构不尽相同，但一般来说，汽车制动防抱死系统主要是在普通制动系统的基础上，加装车轮转速传感器、ABS电控单元、制动压力调节器等。控制部件的安装位置如图3-7所示，ABS ECU与输入/输出信号的关系如图3-8所示。

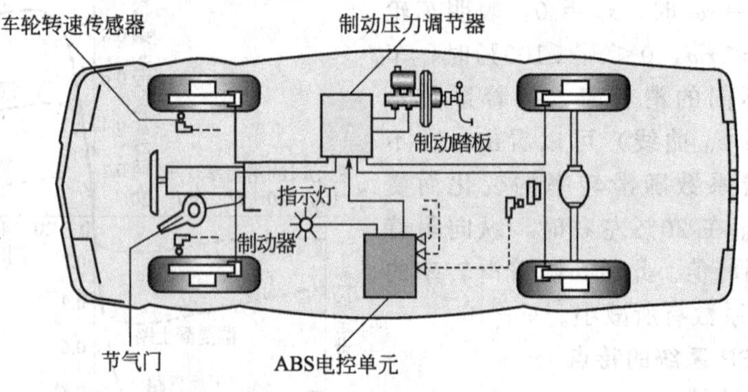

图3-7　ABS系统组成图

2. ASR系统组成

ASR由传感器和开关、ECU、执行器组成。典型的ASR的传感器包括4个轮传感器（ABS共用）和主、辅节气门位置传感器；开关有ASR选择开关；ABS/ASR ECU是两个系统共用的ECU；执行器包括ASR制动执行器、辅节气门执行器、ASR工作指示灯和ASR关闭指示灯。

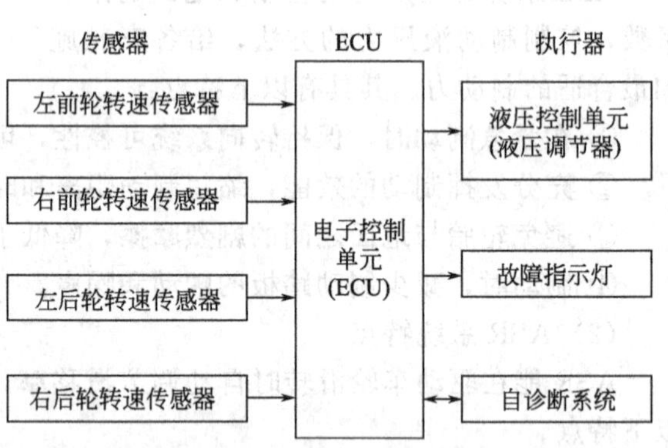

图3-8　ABS ECU与输入/输出信号的关系

目前，只要装有ASR的汽车，通常都装有ABS，集成在ABS控制单元内，共用ABS系统的车轮转速传感器、制动压力调节器和节气门，构成具有制动防抱死和驱动防滑转功能的防滑控制（ABS/ASR）系统。

四、ABS、ASR工作原理

1. ABS工作原理

在制动时轮速传感器测量车轮的速度，如果一个车轮有抱死的可能时，车轮减速度增加很快，车轮开始滑转。如果该减速度超过设定的值，控制器就会发出指令，让电磁阀停止或减少车轮的制动压力，直到抱死的可能消失为止。为防止车轮制动力不足，必须再次增加制动压力。在自动制动控制过程中，必须连续测量车轮运动是否稳定，应通过调节制动压力

（加压、减压和保压）使车轮保持在制动力最大的滑转范围内，从而避免出现车轮抱死现象，可使汽车在制动时维持方向稳定性和缩短制动距离，有效提高行车的安全性。

汽车 ABS 工作原理与工作过程可通过图 3-9 予以阐述。

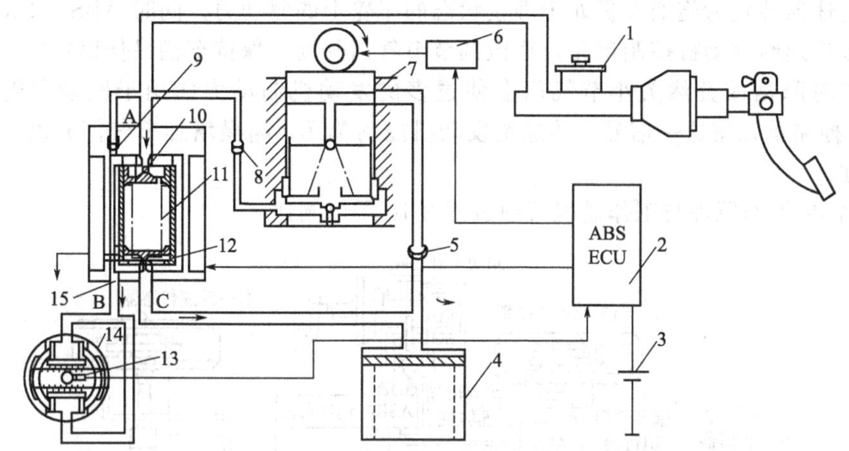

图 3-9 汽车 ABS 工作原理与工作过程

1—主缸；2—ABS ECU；3—蓄电池；4—储液器；5,8,9—单向阀；6—电动泵驱动电动机；7—电动泵；10—A 孔；11—回位弹簧；12—C 孔；13—车速传感器；14—轮缸；15—B 孔

（1）普通制动（ABS 不工作状态） 在制动力较小、车轮未出现滑移或车速较低时，处于不工作状态，即 ABS 的 ECU 无指令给液压调节器的电磁线圈，阀体在回位弹簧力的作用下打开 A 孔、B 孔，关闭 C 孔，来自主缸的制动液通过 A 孔、B 孔进入轮缸，产生制动效果；解除制动时，轮缸的制动液经 B 孔、A 孔及单向阀流回主缸。此时，电动泵的电动机也处于不工作状态。

（2）紧急制动（ABS 工作）

① 减压状态 当车轮要抱死时，ABS 的 ECU 发出控制指令，给液压调节器的电磁线圈提供较大电流，电磁线圈产生强磁吸力吸引阀体，阀体克服回位弹簧力将 A 孔关闭，切断了主缸的进液通路，同时打开 C 孔，轮缸内的制动液从 B 孔经 C 孔进入储液器，电动泵在这时也接收 ABS 的 ECU 指令开始运转，将储液器中的制动液泵回主缸。由于轮缸制动液经上述回路返回主缸而使压力下降，防止车轮抱死。至于液压降低的程度，由 ABS 的 ECU 根据车轮速度传感器的信号进行控制。

② 保持状态 轮缸减压后，如果车轮处于最佳滑移率的范围之内，ABS 的 ECU 会根据传感器的信号发出相应指令，使液压调节器的电磁线圈通较小的电流，使阀体保持在中间位置，此时正好关闭 A 孔和 C 孔，使轮缸处于保持压力状态。

③ 增压状态 当车轮制动器制动力不足时，通过车轮转速传感器检测信号，ABS 便停止向液压调节器的电磁线圈供电，阀体在弹簧力作用下回位打开 A 孔，关闭 C 孔，主管路中的高压制动液便可通过 A 孔、B 孔到达轮缸，使其轮缸液压升高，从而加大制动力。

2. ASR 工作原理

ASR，其全称是 Acceleration Slip Regulation，即牵引力控制系统或驱动防滑系统，其目的就是要防止车辆尤其是大功率汽车，在起步、加速时驱动轮打滑现象，以维持车辆行驶方向的稳定性。

ASR 可以通过减少节气门开度来降低发动机功率或者由制动器控制车轮打滑来达到对

汽车牵引力的控制。

在摩擦系数较低的冰雪路面上，启动汽车或制动汽车时，轮速、车速传感器测量车轮的速度与车速，当节气门开度大而产生车轮打滑时，控制制动器对打滑车轮施加制动压力，这个力通过差速器转化为施加在仍处于静止状态的车轮上的驱动力，同时ABS/ASR控制单元将这一信号传递给发动机控制单元，略微调节节气门开度，保持车辆最佳稳定性。汽车在光滑路面行驶时降挡或突然关小节气门会使过多的发动机制动力作用于驱动车轮上，这时ABS/ASR控制单元将这一信号，传递给发动机控制单元，略微增加节气门开度，保持车辆最佳稳定性。

汽车ASR工作原理与工作过程可通过图3-10予以阐述。

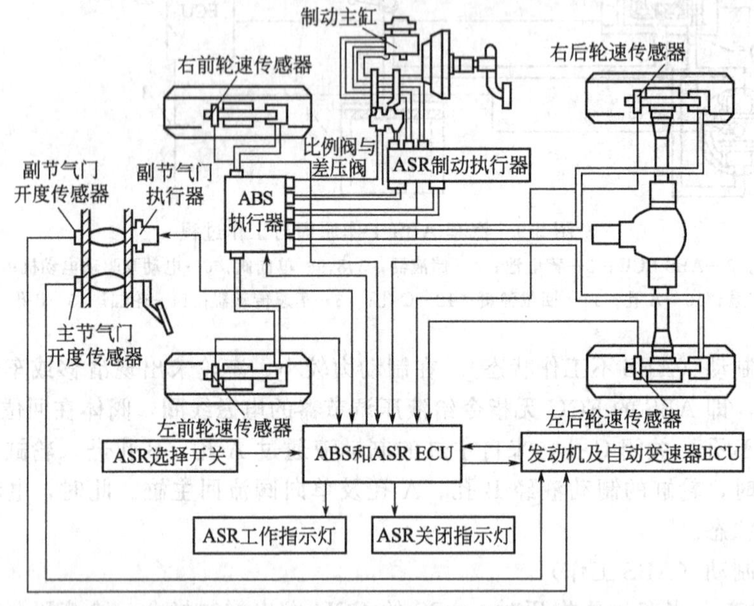

图3-10　汽车ASR工作原理

如图3-10所示是一种典型的具有防抱死制动和驱动防滑功能的汽车防滑控制系统。其中，驱动防滑系统和防抱死制动系统共用车轮转速传感器和ECU，只在通往驱动车轮制动轮缸的制动管路中增设一个驱动防滑系统制动压力调节装置，在由加速踏板控制的主节气门上方增设一个由步进电动机控制的副节气门，并在主、副节气门外各设置一个节气门开度传感器，即可实现驱动防滑控制。

当汽车在雨雪湿滑的路面上起步或加速时，如果汽车防滑控制系统的ECU通过四个轮速传感器送来的信号，判断汽车某一侧的车轮滑转率超过规定值时，ECU便向驱动防滑系统制动执行器和制动防抱死系统执行器发出控制指令，继续对滑转的车轮施加制动。之后滑转的轮开始减速；滑转车轮的滑转率也随之下降。当滑转率降低到规定值后，汽车防滑控制系统ECU即发出指令，减小或停止对滑转车轮的制动。如果这时该侧车轮又开始滑转，则汽车防滑控制系统ECU又重新开始下一个控制循环，直至滑转率减小到规定值而正常行驶。驱动防滑系统除了具有以上基本功能外，还有以下两种功能：一是驱动防滑系统只有在车轮滑转时才开始工作，在其余的所有时间内，驱动防滑是处于准备工作状态，而并不干预常规行驶；另一种功能是如果驱动防滑系统出现故障，则发动机和制动系统仍可以按照没有装备驱动防滑系统时那样工作，只是仪表盘上的驱动防滑系统报警灯提醒驾驶员驱动防滑系统出了故障。

五、ABS和ASR部件的结构与原理

1. 传感器

ASR传感器只有转速传感器和车速传感器与ABS共享，其节气门开度传感器与发动机电子控制系统共享。

车轮转速传感器用于检测车轮的转速，并将转速信号输入ECU。车轮转速传感器一般安装在车轮处，但有些安装在主减速器或变速器中。车轮转速传感器有电磁感应式和霍尔效应式两种类型。

（1）电磁感应式车轮转速传感器　电磁感应式车轮转速传感器主要由感应线圈和齿圈组成。安装在车轮处。车轮转速传感器直接面对齿圈，齿圈是一个与车轮轮毂相连的齿轮，极柱与永久磁铁相连，永久磁铁的磁场进入齿圈内。车轮转动时，齿圈的齿与齿隙交替变换，使永久磁铁通过极柱的磁通密度不断变化，从而影响到极柱外面的线圈中的磁场变化，使线圈感应出交变电压，并在线圈两端取出，交变电压的频率和幅值与车轮转速成正比。车轮静止时感应电压为零。传感器在车轮上的安装不都一样，所以极柱的形状不同，用得最广的有径向安装在齿圈的錾子形极柱和轴向安装在齿圈的菱形极柱，如图3-11～图3-13所示。

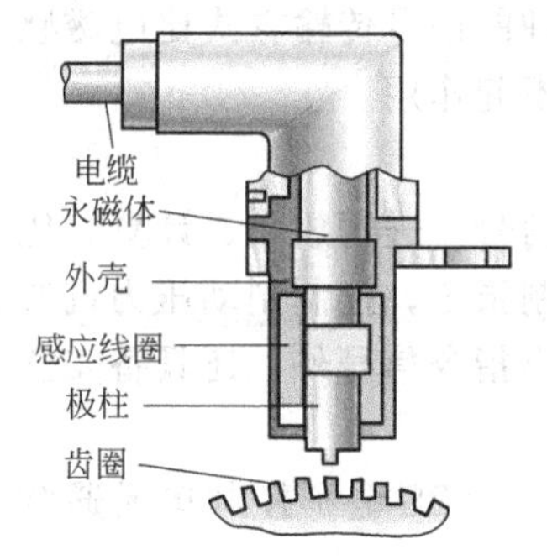

图3-11　錾子形极柱车轮转速传感器

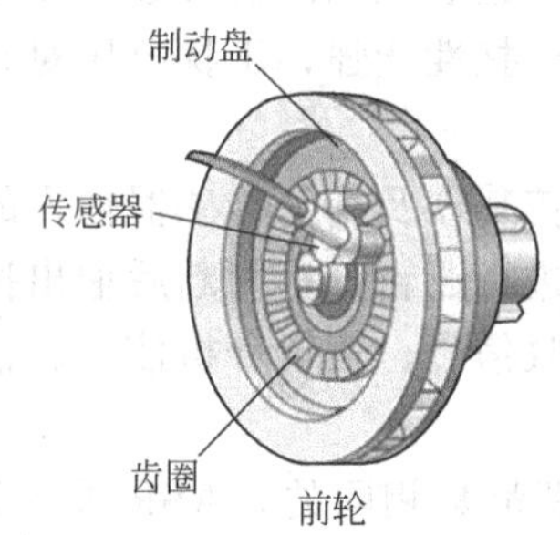

图3-12　轴向安装的菱形极柱

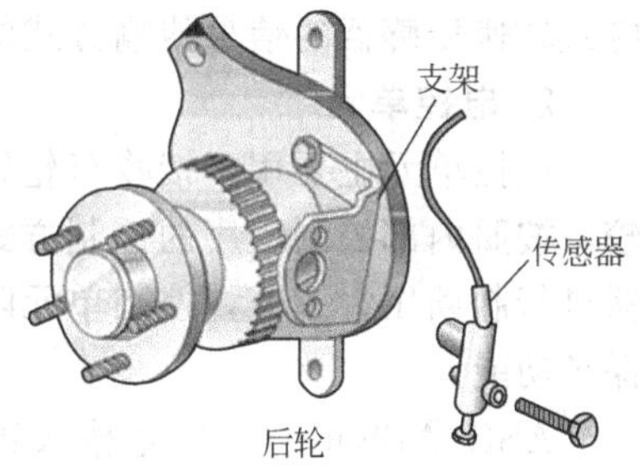

图3-13　径向安装的錾子形极柱

电磁感应式车轮转速传感器的工作原理如图3-14所示。当齿圈的齿隙与传感头的永久性磁铁端部相对时，磁芯端部与齿圈之间的空气隙最大，传感头的永久性磁铁所产生的磁力线就不容易通过齿圈。感应线圈周围的磁场较弱，如图3-14(a)所示；而当齿圈的齿顶与传感头的磁铁端部相对应时，磁铁端部与齿圈之间的空气间隙最小。传感头永久性磁铁所产生的磁力线就容易通过齿圈，感应线圈周围的磁场就较强。如图3-14(b)所示，当齿圈随车轮旋转时，齿圈的齿顶和齿隙交替地与传感器磁铁端部相对。传感器感应线圈周围的磁场随之发生强弱交替变化。使永久磁铁上的线圈产生一交变电压，交变电压的频率与齿圈的齿数和转速成正比，因

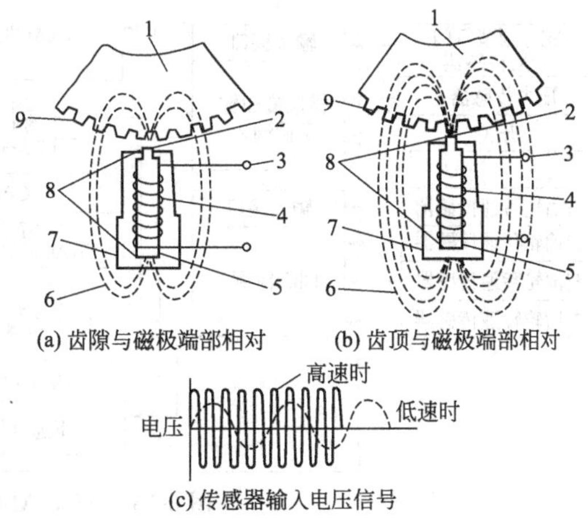

图3-14　电磁感应式车轮转速传感器工作示意图

1—齿圈；2—磁极端部；3—感应线圈引线；4—感应线圈；5—永磁性磁极；6—磁力线；7—电磁感应式轮速传感器；8—磁极；9—齿圈齿顶

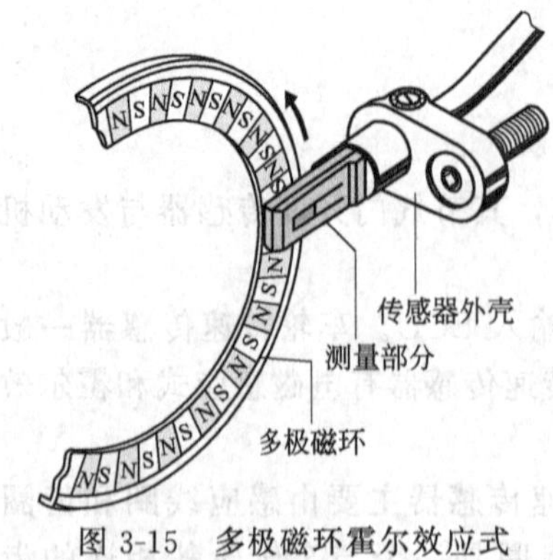

图 3-15 多极磁环霍尔效应式车轮转速传感器

此转速传感器输出的交变电压频率将与车轮的转速成正比。另一方面，车轮转速也会影响转速传感器输出的交变电压的幅值，见图 3-14(c)。

(2) 霍尔效应式车轮转速传感器 霍尔效应式车轮转速传感器是有外接电源的有源传感器。霍尔效应式车轮转速传感器是利用霍尔效应的原理制成的。在使用时，多极磁环圆周交替分布着磁极，如图 3-15 所示。传感器的测量部分在多极磁环连续转动时感应不断变化的磁极磁场，产生电压输出信号。这种传感器体积小、质量轻，容易安装在汽车车轮轴承上。

传感器的核心部分是霍尔元件。这种元件能产生与通过它们的磁通密度大小有关的电压。该电压在与集成在传感器中的信号处理电路中进行处理。与电磁感应式转速传感器不同的是需处理的信号电压大小与车轮转速无关，车轮在几乎静止状态时还一样可以测到电压信号。

典型的有源转速传感器在测点处有放大器。它与霍尔测量元件一起集成在传感器壳体内。双芯电缆将传感器与控制单元相接。供电电压在 4.5～20V 范围内。转速信息以记忆电流的方式传输。电流的频率与车轮的转速成正比。这种数字化处理的信号传输方式比电磁感应式转速传感器的信号传输方式的抗干扰性能强，干扰电压对它不起作用。

2. 电控单元

电控单元主要用于接收车轮转速传感器及其他传感器输入的信号，进行放大、计算、比较，按照内部控制程序的控制方式，进行逻辑分析判断后输出控制指令，控制制动压力调节器进行制动压力调节，控制单元除接收信号、逻辑分析信号、输出指令信号外，还具备安全保护功能。

ASR/ABS 的一些信号输入和处理都是相同的，ASR 控制器与 ABS 电子控制单元通常组合在一起，如图 3-16 所示。

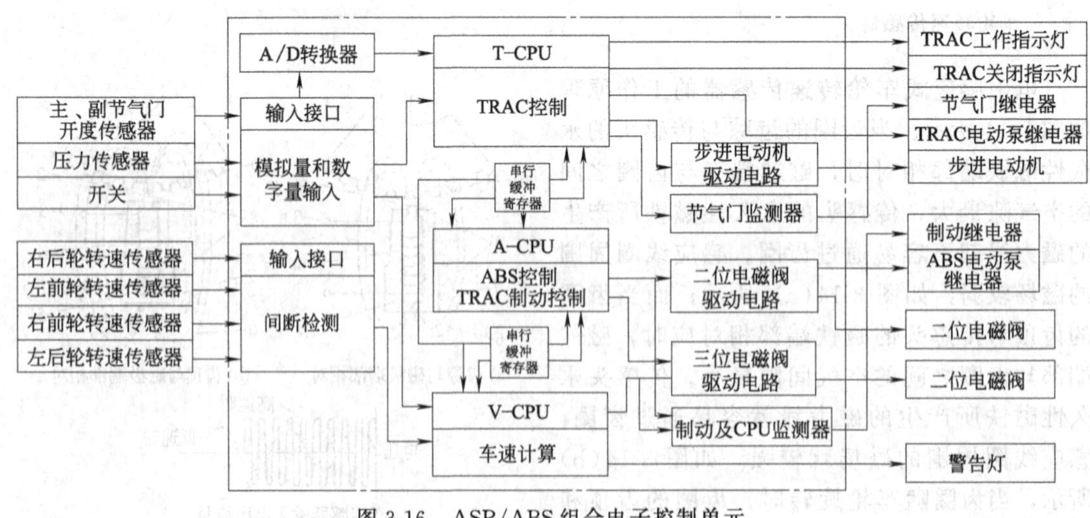

图 3-16 ASR/ABS 组合电子控制单元

3. 执行器

当 ABS/ASR ECU 判定需要对滑转车轮进行制动时，ABS/ASR ECU 将控制 ASR 制动执行器使高压制动液进入滑转车轮的制动轮缸对车轮进行制动。如图 3-17 所示，ASR 制动执行器由两部分组成，一部分是制动供能总成，由液压泵 9、蓄能器 10 和压力传感器 12 组成；另一部分是电磁阀总成，由 3 个二位二通电磁阀组成。制动供能总成的作用是为车轮制动器提供高压液压源。液压泵工作时，将制动液泵入蓄能器中，当蓄能器内的压力达到规定值时，压力传感器将压力信号传至 ABS/ASR ECU，ECU 使液压泵停止工作；当压力传感器检测到系统压力低于规定值时，ECU 使液压泵重新工作，从而保证制动供能总成内总是保持恒定的油压。

电磁阀总成的作用是控制 ASR 工作时的制动油路，其中的储液罐隔离电磁阀 13 和蓄能器隔离电磁阀 14 为常闭电磁阀，制动主缸隔离电磁阀 15 为常开电磁阀。ASR 制动压力执行器工作时可分为增压、保压、减压三个过程。

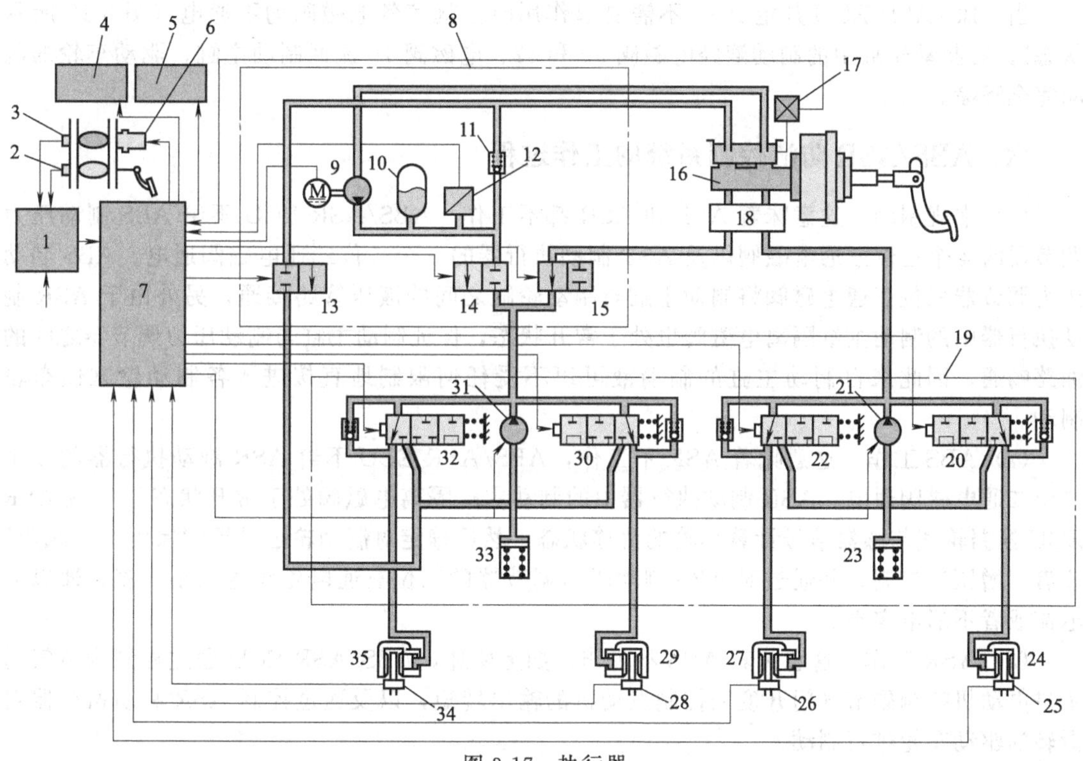

图 3-17 执行器

1—发动机/自动变速器 ECU；2—主节气门位置传感器；3—副节气门位置传感器；4— ASR 关闭指示灯；5— ASR 工作指示灯；6—副节气门执行器；7— ABS/ASR ECU；8— ASR 制动执行器；9— ASR 液压泵；10—蓄能器；11—限压阀；12—压力传感器；13—储液罐隔离电磁阀；14—蓄能器隔离电磁阀；15—制动主缸隔离电磁阀；16—制动主缸；17—液位开关；18—比例阀和平衡阀；19— ABS 制动压力调节器；20—右前调压电磁阀；21—前回油泵；22—左前调压电磁阀；23—前储液器；24—右前制动轮缸；25—右前轮速传感器；26—左前轮速传感；27—左前制动轮缸；28—右后轮速传感器；29—右后制动轮缸；30—右后调压电磁阀；31—后回油泵；32—左后调压电磁阀；33—后储液器；34—左后轮速传感器；35—左后制动轮缸

(1) 增压过程。当 ABS/ASR ECU 需要对滑转车轮进行制动时，就使 ASR 制动执行器中的 3 个电磁阀都通电，制动主缸隔离电磁阀 15 将制动主缸至后制动轮缸的制动管路封闭，蓄能器隔离电磁阀 14 将蓄能器至 ABS 制动压力调节器的制动管路接通，储液罐隔离电磁阀 13 将 ABS 制动压力调节器至制动主缸储液罐之间的回油管路接通。蓄能器中具有一定压力的制动液就会经蓄能器隔离电磁阀 14，然后经 ABS 制动压力调节器的两个三位三通电磁阀 30 和 32 进入两个后轮制动轮缸对后驱动轮进行制动，并且随着电磁阀通电时间的延长，制动轮缸内的压力逐渐增大。如果只需要对某一个驱动车轮进行制动，ABS/ASR ECU 只要给另一驱动车轮的 ABS 制动压力调节器的电磁阀通以小电流，ASR 制动供能总成的制动液就不能进入这一车轮的制动轮缸使该车轮制动。

(2) 保压过程。当 ABS/ASR ECU 判定需要保持两驱动车轮的制动压力时，就使 ABS 制动压力调节器中的两个电磁阀 30 和 32 通以小电流，两电磁阀都处于中间位置，将两后制动轮缸的进、出液管路都封闭，两后制动轮缸的制动压力就保持不变。

(3) 减压过程。当 ABS/ASR ECU 判定需要减小两驱动车轮的制动压力时，就使两个电磁阀 30 和 32 通以大电流，电磁阀将两后制动轮缸的进液管路封闭，而将两后制动轮缸的出液管路连通，两后制动轮缸中的制动液经电磁阀 30 和 32、电磁阀 13 流回到制动主缸储液罐，两后制动轮缸的制动压力减小。

当 ABS/ASR ECU 判定 ASR 不需要起作用时，就使各电磁阀均不通电（图 3-17 所示状态），后制动轮缸中的制动液经电磁阀 30 和 32、电磁阀 15 流回制动主缸，驱动车轮的制动完全解除。

六、ABS/ASR 防滑控制系统的工作过程

(1) 常规制动　这意味着 ABS 和 ASR 都不工作，ABS/ASR ECU 不给 ABS 制动压力调节器的 4 个三位三通电磁阀以及 ASR 制动执行器的 3 个二位二通电磁阀通电。ABS 制动压力调节器三位三通电磁阀将制动主缸与制动轮缸之间的液压管路接通，另外由于 ASR 制动执行器中的制动主缸隔离电磁阀也处于常开状态，保证制动主缸与制动压力调节器之间的油路畅通，因此来自制动主缸的制动液可以不受任何限制地直接进入各制动轮缸使车轮制动。

(2) ABS 工作　这意味着 ASR 不工作，ABS/ASR ECU 不给 ASR 制动执行器的 3 个二位二通电磁阀通电，ASR 制动执行器中的制动主缸隔离电磁阀处于常开状态，ABS/ASR ECU 根据轮速传感器信号计算车轮的滑移状态，然后确定对制动轮缸进行“保压”、“减压”或者“增压”控制，并通过对 ABS 制动压力调节器的三位三通电磁阀通以小电流、通以大电流或者不通电实现。

(3) ASR 工作　这意味着 ABS 不工作，如上所述，ABS/ASR ECU 通过控制副节气门步进电动机控制副节气门开度来控制发动机的输出转矩，以及通过控制 ASR 制动执行器对滑转的驱动车轮进行制动。

第二节 ESP 车身电子稳定系统

ESP 是 Electronic Stability Program 的缩写，意为电子稳定程序，应用于大众、奥迪、奔驰等车系。与此功能相似的系统在其他车系上的名称有所不同。例如丰田的车辆稳定性控制 (Vehicle Stability Control，VSC) 系统、宝马的动态稳定控制（Dynamic Stability Control，DSC）系统、沃尔沃的动态稳定循迹控制（Dynamic Stability Tracing Control，DSTC）系统和三菱的主动稳定控制（Active Stability Control，ASC）系统等。

一、认识车身电子稳定系统（ESP）

1. ESP 的系统发展历史

1995 年奔驰 S 级轿车是首先使用 ESP 系统的轿车型产品，1999 年梅赛德斯-奔驰公司正式宣布全车系都将 ESP 列为标准配备；宝马与奥迪于 2001 年也宣布全车系都将 ESP 列为标准配备；美国 3 大汽车厂家通用、福特和克莱斯勒已在 2006 年前将 ESP 作为大部分 SUV

的标准安全配置。美国运输部（DOT）与国家公路交通安全管理局（NHTSA）宣布：自2011年9月开始，所有在美销售的2012年款汽车，必须配备电子车身稳定系统，才能获准于美国市场销售。这使美国成为首个在汽车上强制安装主动安全系统的国家。

2. ESP的系统的功能

有ESP与只有ABS、ASR的汽车的区别在于，ESP是一个主动安全系统。它是建立在其他牵引控制系统之上的一个非独立的系统。它通过对从各传感器传来的车辆行驶状态信息进行分析，然后向ABS、ASR发出纠偏指令，来帮助车辆维持动态平衡，并纠正驾驶人的错误，防患于未然。ESP可以使车辆在各种状况下保持最佳的稳定性，在转向过度或转向不足的情形下效果更加明显。

二、ESP的系统的组成

ESP电控系统由传感器、ECU、执行器组成。ESP电控系统包含ABS（防抱死刹车系统）及ASR（防侧滑系统），是这两种系统功能上的延伸，在原ABS及ASR的基础上增加方向盘转角传感器（监测方向盘的转向角度）、横摆角速度传感器（监测汽车转弯时的离心力）、侧向加速度传感器（监测车体绕垂直轴线转动的状态）等；ECU控制单元增加ESP的控制功能；执行器在原来ABS和ASR执行器的基础上改进功能，使ASR制动供给装置可以对每一个车轮都进行单独制动（ASR只能对驱动车轮进行制动），通过这些传感器的信号对车辆的运行状态进行判断，进而发出控制指令（见图3-18）。

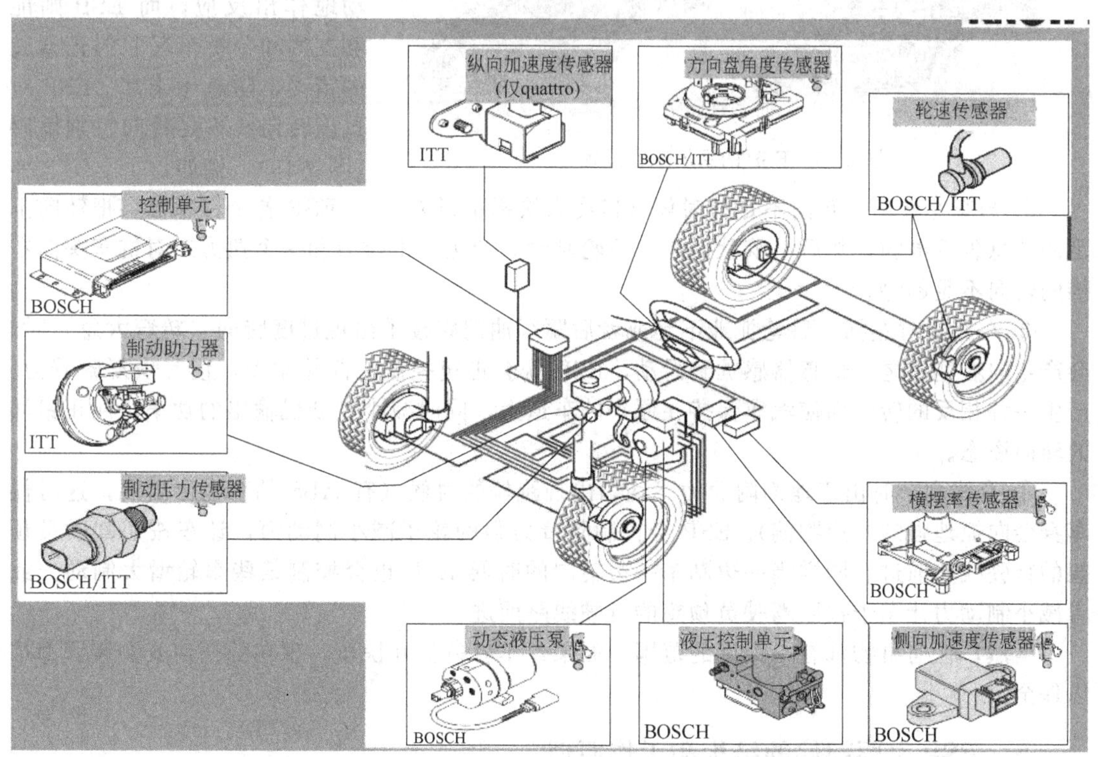

图3-18 ESP控制框图

三、ESP的系统的工作原理

在汽车行驶过程中，方向盘转角传感器监测驾驶者转弯方向和角度，车速传感器监测车速、节气门开度，制动主缸压力传感器监测制动力，而侧向加速度传感器和横摆角速度传感器则监测汽车的横摆和侧倾速度。ECU 根据这些信息，通过计算后判断汽车要正常安全行驶和驾驶者操纵汽车意图的差距，然后由 ECU 发出指令，调整发动机的转速和车轮上的制动力，如果实际行驶轨迹与期望的行驶轨迹发生偏差，则 ESP 系统自动控制对某一车轮施加制动，从而修正汽车的过度转向或不足转向，以避免汽车打滑、转向过度、转向不足和抱死，从而保证汽车的行驶安全。

四、ESP 的系统工作过程

ESP 系统能够识别汽车的不稳定状态，并通过对制动系统、发动机电子控制系统和变速箱管理系统实施控制，从而有针对性地弥补车辆的滑动，以防车辆滑出轨道。它实际是一种牵引力控制系统，与其他牵引力控制系统比较，ESP 不但控制驱动轮，而且可控制从动轮。如后轮驱动汽车常出现的转向过多情况，此时后轮失控而甩尾，ESP 便会刹慢外侧的前轮来稳定车子；在转向过少时，为了校正循迹方向，ESP 则会刹慢内后轮，从而校正行驶方向。有 ESP 与只有 ABS 及 ASR 的汽车，它们之间的差别在于 ABS 及 ASR 只能被动地作出反应，而 ESP 则能够探测和分析车况并纠正驾驶的错误，防患于未然。ESP 对过度转向或不足转向特别敏感（图 3-19），例如：

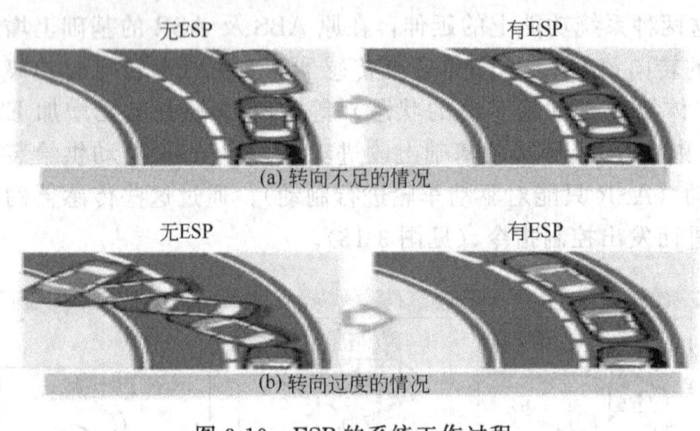

图 3-19　ESP 的系统工作过程

① 当车左转出现转向不足的时候（速度太快拐不过来了），ESP 各个传感器会把转向不足的消息告诉电脑，然后电脑就控制左后轮制动，产生一个拉力和一个扭力来对抗车头向右推的转向不足趋势。

② 在路滑时左拐，后轮抓地不足或者后驱车油门踩猛了出现过度转向（转弯太急）时，会产生向右侧甩尾，传感器感觉到滑动，ESP 就会迅速控制右前轮制动，使其恢复附着力，产生一种相反的转矩而使汽车保持在原来的车道上，同时减小发动机输出的功率，纠正错误的转向姿态。

③ 直线刹车时由于地面附着力不均匀出现跑偏的时候（有 ABS 的车也会出现，这时候车身会向抓地强的一边跑偏）。ESP 会控制附着力强的轮子减小制动力，让车按照驾驶员预想的行驶线路前进。同样当一边刹车一边转向的时候 ESP 也会控制某些车轮增大制动力或者减小制动力让车子按照驾驶员预想的行驶线路前进。

当然，任何事物都有一个度的范围，如果驾车者盲目开快车，现在的任何安全装置都难以保全。

五、ESP 主要部件的结构和工作原理

1. 方向盘传感器（图 3-20）

安装位置：转向柱上，转向开关与方向盘之间，与安全气囊时钟弹簧集成为一体。

任务：向带有 EDL/TCS/ESP 的 ABS 控制单元传递方向盘转角信号。

测量范围：±720°。

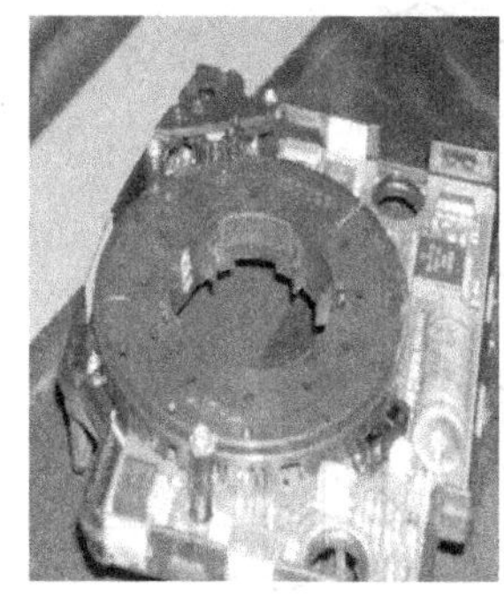
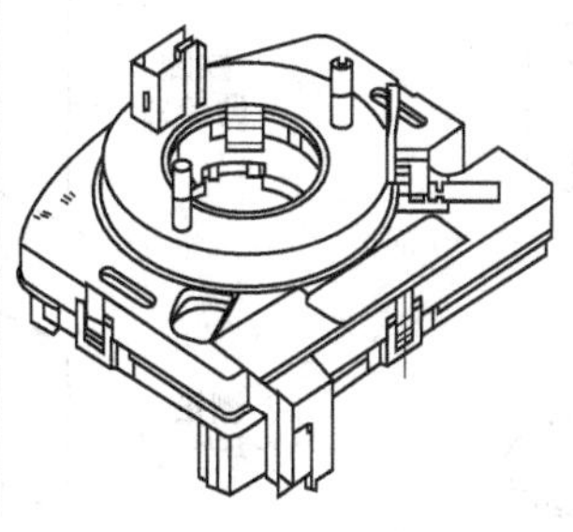
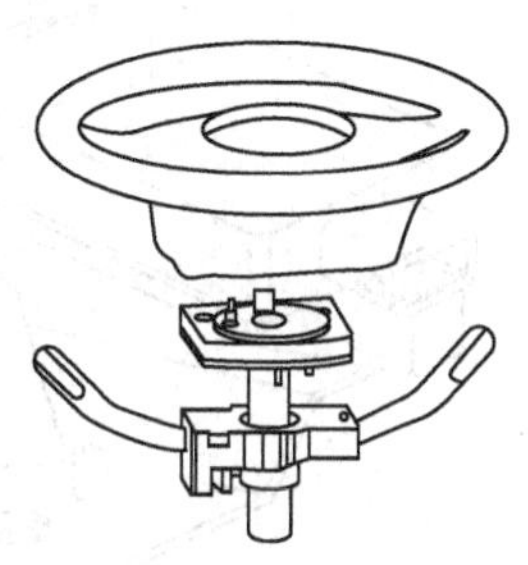

图 3-20 方向盘传感器

测量精度：1.5°。

分辨速度：1～2000°/s。

失效影响：系统将不能识别车辆的预期行驶方向（驾驶员意愿），导致 ESP 不起作用。

自诊断：更换控制单元或传感器后，需重新标定零点。标定方法及工作参数见自诊断部分。

电路连接：G85 是 ESP 系统中唯一一个直接由 CANbus 向控制单元传递信号的传感器。打开点火开关后，方向盘被转动 4.5°（相当于 1.5cm），传感器进行初始化。

拆装注意事项：安装时，要保证 G85 在正中位置，观察孔内黄色标记可见；进行标定。

方向盘转角传感器的作用是检测方向盘的转动方向、转动角速度和转动角度，以便 ECU 根据方向盘转角的大小和转角变化速率来识别驾驶人的意图，确定车辆的预期行驶方向。常见的方向盘转角传感器有电位器式、光电式、电磁式、霍尔式、磁阻式等。图 3-21 所示为各向异性磁阻（AMR）式方向盘转角传感器。转向轴带动传动齿轮 1 转动，齿轮 1 驱动两个齿数不等（差一个齿）的测量齿轮 2 转动，两个驱动齿轮中有磁铁 3，磁铁上方有各向异性磁阻传感器 5 及集成电路 4，当转向盘转动时，带动驱动齿轮 2 中的磁铁 3 转动，各向异性磁阻传感器 5 中的磁场变化，使磁阻传感器的电阻变化，电阻的变化即反映了测量齿轮的位置，也就反映了方向盘的旋转角度。由于两个测量齿轮的齿数不同，其转速不同，故产生的信号的相位不同，因此可以判断方向盘的转动方向。

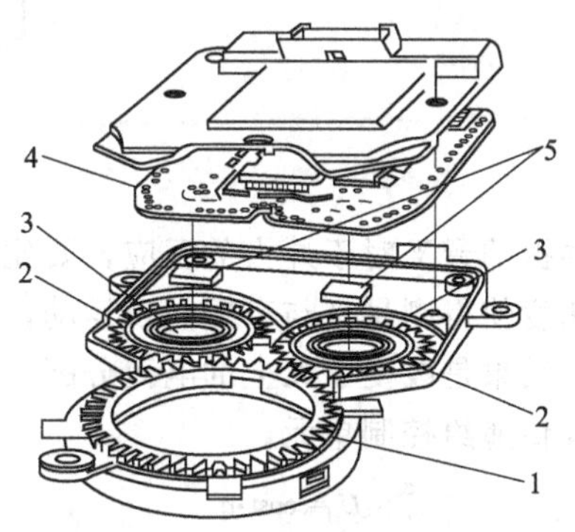

图 3-21 转向盘转角传感器的结构

1—传动齿轮；2—测量齿轮；3—磁铁；4—集成电路；5—各向异性磁阻传感器

2. 横摆角速度传感器

（1）结构 基本组件是一个硅单晶体制成的双叉微机械系统，该系统在一个小电子部件内，这个电子部件装在传感器内。如图 3-22 所示，双音叉由 1 个励磁调音叉，1 个测量调音叉构成，在其“腰部”处与其他硅元件相连。

在 ESP 系统中，该传感器用于确定车辆是否绕垂直轴转动，人们称之为偏转率或转定率。

（2）原理 其基本工作原理简化成图 3-23 所示双调节叉结构，1 个励磁音叉，1 个测量音叉。双叉经过匹配，使得励磁音叉在 11kHz 时共振，而测量音叉在 11.33kHz 时产生共振，向双叉施加 11kHz 的交变电压，在励磁音叉上发生共振，而测量音叉上不出现。发生

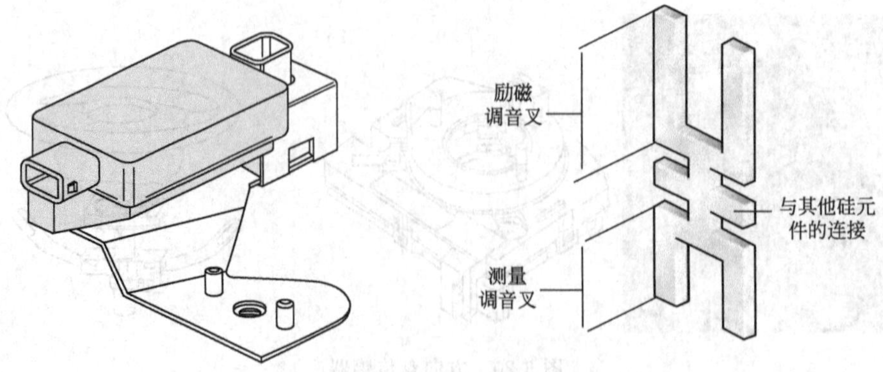

图 3-22　横摆角速度传感器

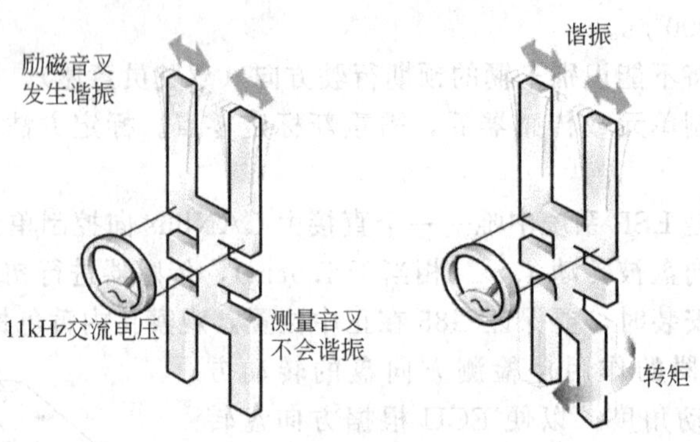

图 3-23　工作原理

共振的音叉对于外力的反应，要比没有发生共振的音叉运动响应慢。这意味着，车辆的角加速度使得测量叉与车辆同步运动，而共振叉滞后于车辆的运动。结果，双叉发生扭动。扭动的结果是改变了叉上的电荷分配，电极可测出这个改变，传感器感将其处理后作为信号并将其传递给控制单元。

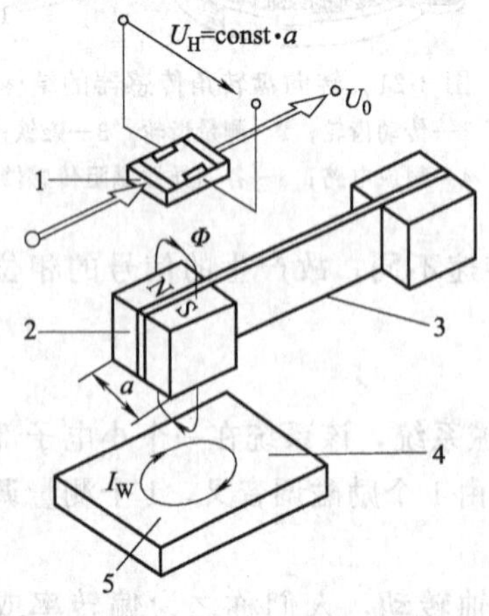

图 3-24　加速度传感器的原理

1—霍尔传感器；2—永久磁铁；3—片状弹簧；4—阻尼板；5—NN 涡流（阻尼）；U_H—霍尔电压；U_0—电源电压；Φ—磁场；a—检测的侧向加速度

3. 侧向速度传感器

侧向加速度传感器的作用是检测汽车行驶时的侧向加速度，以便 ECU 根据侧向加速度信号和横摆角速度信号判断车辆的实际行驶方向。图 3-24 为常见的霍尔式加速度传感器的原理，霍尔式加速度传感器有一个片状弹簧 3，一端固定，另一端有永久磁铁 2，永久磁铁 2 同时作为振动质量，与片状弹簧组成弹簧-质量系统。永久磁铁的上方是带有信号处理集成电路的霍尔传感器，永久磁铁的下方有一块铜阻尼板 4。如果传感器受到侧向加速度 a 的作用，传感器的弹簧-质量系统将离开其静止位置而偏移，偏移程度与加速度的大小有关。运动的磁铁在霍尔元件中产生霍尔电压 U_H，经信号处理电路处理后输出能够反映加速度大小的信号电压。阻尼板 4 的功用是产生感应涡流 I_W，其磁场与永久磁铁磁场相互作用衰减片状弹簧 3 的振动。

第三节 ABS的故障诊断与检修

一、防抱死制动系统的故障诊断

1. ABS故障自诊断

（1）ABS系统的自检　当点火开关接通后，ABS的ECU的自诊断系统就立即对其外部电路进行自检，并以ABS警告灯亮起表示。自检结束（一般为3s左右），ABS灯熄灭，表示ABS电子控制系统正常。

如果灯不亮或一直亮均说明ABS电路中有故障，应对其进行检查。ABS的ECU对制动压力调节器电磁阀的检查是通过控制阀的开闭循环实现。发动机启动后，车辆第一次到达60km/h，ABS系统自检完成。

如果在上述自检过程中ECU发现异常，或在制动过程中ABS工作失常，ECU就会停止使用ABS，这时，ABS警告灯亮起，并储存故障代码。

（2）ABS系统故障码的显示方式　在检修ABS系统故障时，应先取出ABS电脑储存的故障代码，以便准确、迅速地排除故障。不同的车型，故障代码的显示方式各有不同，大致有如下几种形式。

① 在ABS有故障时，仪表板上的ABS警告灯就会闪烁，或是ABS电脑盒上的发光二极管（LED）闪烁直接显示故障代码。

② 将检查插接器或ABS电脑盒上的有关插孔跨接，使仪表板上的ABS灯闪烁来显示故障代码。

③ 用专用检测设备连接故障诊断接口读取故障信息。

2. ABS故障检修注意事项

当ABS电子控制系统出现了故障，且通过故障自诊断系统取得了故障码，就可按故障码的提示检修故障。如果故障码提示的故障排除后，故障现象并未完全消失，或无故障码提示，当汽车出现了紧急制动时车轮被抱死、制动效果不良等故障时，就应根据故障现象分析故障原因，并采用正确的方法检修故障。检修时注意如下几点。

① 如果出现ABS灯不亮、常亮、车轮抱死等故障现象时，应先检查导线的接头和插接器有无松脱、蓄电池是否亏电等。这些影响ABS正常工作的因素容易出现，而且检查方法又很简单，先对其进行检查，有利迅速排除故障。

② 当汽车出现制动不良故障时，首先直观检查制动油路、泵及阀等有无漏损。如果正常，则应区分是普通制动系统（制动器、制动主缸或轮缸、制动管路等）不良还是ABS电子控制系统的故障。辨别的方法是：拆下ABS继电器线束插接器或ABS制动压力调节器电磁阀线束插接器，使ABS制动压力调节器电磁阀不能通电工作，让汽车以普通制动器工作方式制动，如果制动不良故障消失，则说明是ABS电子控制系统有故障；否则，为普通制动系统有故障。

③ 拆检车轮转速传感器时，不要碰撞或敲击传感器头，也不要以传感器齿轮当撬面，以免损坏传感器。

④ 有蓄压器的ABS在需要拆检ABS液压控制器件时，应先进行卸压，以避免高压油喷出伤人。卸压的方法是：关掉点火开关，然后反复踩制动踏板20次以上，直到感觉踩制动踏板力明显增加（无液压助力）时为止。通常在拆检制动压力调节器部件、制动轮缸、蓄压器及电动液压泵、后轮分配比例阀、制动液管路、压力警告和控制开关时，需要先进行卸压。

二、防抱死制动系统主要部件的故障检修

1. 车轮转速传感器故障的检查

车轮转速传感器的可能故障有：车轮转速传感器感应线圈有短路、断路或接触不良等；车轮转速传感器齿圈有缺损或脏污；车轮转速传感器信号探头部分安装不牢（松动）或磁极与齿圈之间有脏物。车轮转速传感器故障的检查方法如下。

① 直观检查。主要检查传感器安装有无松动，导线及线束插接器有无松脱。

② 检测传感器电阻。用欧姆表检测传感器感应线圈的电阻，如果电阻过大或过小，均说明传感器不良，应更换。

③ 检测传感器信号。将汽车举升使车轮悬空，在车轮转动时，用交流电压表测量传感器的输出信号电压，电压表应该有电压指示，其电压值应随车轮的转速的增加而升高，一般情况下，应能达到 2V 以上。

④ 检测传感器波形。可用示波器检测传感器的输出信号电压波形，正常的信号电压波形应是均匀稳定的正弦电压波形。如果信号电压无或有缺损，应拆下传感器做进一步的检查。

2. 制动压力调节器的检查

制动压力调节器的可能故障有：制动压力调节器电磁阀线圈断路或短路；制动压力调节器中的阀有泄漏。制动压力调节器故障的检查方法如下。

① 检测电磁阀电阻。用欧姆表检测电磁阀线圈的电阻，如果电阻无穷大或过小等，均说明电磁阀有故障。

② 检测电磁阀的工作。加电压试验，将制动压力调节器电磁阀加上其工作电压，看阀能否正常动作。如果不能正常动作，则应更换制动压力调节器。

3. ABS 控制继电器的检查

继电器的常见故障有触点接触不良、继电器线圈不良等，检查方法如下。

① 检查继电器是否动作。对继电器施加其正常的工作电压，看继电器能否正常动作；若能正常动作，则用欧姆表检测继电器触点间的电压和电阻，正常时触点闭合时的电压应为零。若电压大于 0.5V，则说明触点接触不良。

② 检测继电器线圈电阻。用欧姆表检测继电器线圈的电阻，电阻值应在正常范围之内。

本章小结

本章的讲解是使学生掌握在维修 ABS、ASR 和 EPS 车辆时应具备的基本知识，只有掌握了 ABS、ASR 和 EPS 结构、工作原理、控制方式，才能针对具体故障应用理论分析的方法，通过仪器设备检测，判断具体故障点，避免靠维修经验误诊断。在掌握维修能力的同时，提高个人素养，了解 ABS、ASR 和 EPS 的发展、分类等信息，培养创新能力，培养自己科学、严谨、求实的工作作风。

思考题

1. 简述 ABS 控制单元的工作原理。
2. 阐述 ABS、ASR 工作过程。
3. EPS 的功能是什么？

4. 简述 EPS 的工作原理。

工作任务

一个客户开着凌志 430 进厂，要求维修，反映情况如下：客户反映汽车仪表板 ABS 灯常亮，车辆行驶 200000km。

导向1. 了解 ABS 系统的诊断过程。

2. 了解 ABS、ASR 分类方式及组成，ABS、ASR 结构、工作原理、控制方式。

信息3. 设法找到凌志 430ABS 系统结构图、电路图。

将凌志 430ABS 系统的传感器和执行器用一张表列出，在表中安排一栏说明这些部件的作用，再安排一栏说明它们发生故障时表现出的现象特点。

接上解码器，读取故障信息，检查结果。

传感器/执行器	作　用	故障情况下产生的影响
车速传感器		
车轮转速传感器		
汽车减速度传感器		
电动泵		
主控制阀		
故障指示灯		

计划 4. 制作一份仔细检查此故障现象的工作计划。

序号	工作步骤	工具和辅助设备

实施5. 对速度传感器尘土清理。

6. 请将诊断结果和修理费用通知顾客。

检查 7. 检查维修后，ABS 灯是否正常工作，列出检查工作步骤和要使用的工具与辅助设备。

序号	工作步骤	工具和辅助设备

展示 8. 记录从接收客户定单到终检的整个工作任务完成的过程，开具做 ABS 修理工作任务的费用发票。

附：工作任务分析参考

常规思路：对于配置 ABS 汽车的维修，首先用诊断仪器进入 ABS 控制单元，读取故障存储器中的信息，根据故障信息，具体检查、判断故障点。

此车的维修思路：因该车仪表板 ABS 灯常亮，在思路上要考虑车速传感器信号源，因其容易受污垢影响，导致信号不准确，引发 ABS 系统故障。用丰田专用诊断仪或 X431 诊断。

具体诊断过程：

① 用 X431 查询 ABS 故障存储器，显示 1 个故障，为右后轮转速传感器对地短路或断路。

② 用万用表检测，旋转车轮，检查转速传感器引脚无信号输出。

③ 查看转速传感器信号端，有泥土封住传感器头部，去除泥土，旋转车轮，有信号输出，连接好车轮信号插接器，清除故障码，启动汽车，自检后，ABS 指示灯熄灭。

故障分析：

① ABS 指示灯常亮的原因如下。

因车轮转速传感器工作原理是磁场发生变化，感应出电动势，将其信号发送至 ABS 控制单元，以此判断车轮转速的高低。当无此信号时，控制单元接收不到此信号，ABS 指示灯亮，提示 ABS 系统出现故障。

② 清除泥土，故障排除原因如下。

清除传感器头部泥土后，电磁感应线圈能感应出磁场变化，故在永久磁铁上的电磁感应线圈中能产生一交流信号，将此信号送至 ABS 控制单元，故障得以解决。

第四章 » 电子控制动力转向系统

学习目标

1. 了解电子控制动力转向系统的发展历程；
2. 掌握电子控制动力转向系统的组成、工作过程；
3. 掌握电子控制转向系统部件结构与工作原理传感器；
4. 了解线控转向系统的组成和工作原理；
5. 掌握电子控制动力转向系统故障诊断方法。

第一节 认识电子控制动力转向系统

机械转向系统是依靠驾驶员操纵转向盘的转向力来实现车轮转向，在一定程度上增加了驾驶员的劳动强度；电子控制动力转向系统则是在驾驶员的控制下，借助于电控系统的电动机提供辅助转矩的电控动力转向系统。

一、电子控制动力转向系统发展历程

在汽车的发展历程中，转向系统经历了四个发展阶段：从最初的机械式转向系统（Manual Steering，简称 MS）发展为液压助力转向系统（Hydraulic Power Steering，简称 HPS），然后又出现了电控液压助力转向系统（Electro Hydraulic Power Steering，简称 EHPS）和电动控制动力转向系统（Electric Power Steering，简称 EPS），即电子控制动力转向系统。

美国通用汽车公司在 20 世纪 50 年代率先在轿车上采用了液压助力转向系统。但是，液压助力转向系统无法兼顾车辆低速时的转向轻便性和高速时的转向稳定性，因此在 1983 年日本 Koyo 公司推出了具备车速感应功能的电控液压助力转向系统。这种新型的转向系统可以随着车速的升高提供逐渐减小的转向助力，但是结构复杂、造价较高，而且无法克服液压系统自身所具有的许多缺点，是一种介于液压助力转向和电动控制动力转向之间的过渡产品。到了 1988 年，日本铃木公司首先在小型轿车 Cervo 上配备了 Koyo 公司研发的转向柱助力式电动控制动力转向系统；1990 年，日本本田公司也在运动型轿车 NSX 上采用了自主研发的齿条助力式电子控制动力转向系统，从此揭开了电子控制动力转向在汽车上应用的历史。现在的大众迈腾、本田雅阁等轿车采用的就是电子控制动力转向系统。

二、电子控制动力转向系统优点

1. 电子机械助力、省油，噪声小，没有液压部分

传统的液压助力转向系统由发动机带动转向油泵，不管转向或者不转向都要消耗发动机部分动力。而电动助力转向系统只是在转向时才由转向电动机提供助力，不转向时不消耗能量。因此，电动助力转向系统可以降低车辆的燃油消耗。

与液压助力转向系统对比试验表明：在不转向时，电动助力转向可以降低燃油消耗

2.5%；在转向时，可以降低5.5%。

2. 随速转向、主动回正，直线行驶

转向助力大小可以通过软件调整，能够兼顾低速时的转向轻便性和高速时的操纵稳定性，回正性能好。传统的液压助力转向系统所提供的转向助力大小不能随车速的提高而改变。这样就使得车辆虽然在低速时具有良好的转向轻便性，但是在高速行驶时方向盘太轻，产生转向“发飘”的现象，驾驶员缺少显著的“路感”，降低了高速行驶时的车辆稳定性和驾驶员的安全感。

电动助力转向系统提供的助力大小可以通过软件方便地调整。在低速时，电动助力转向系统可以提供较大的转向助力，提供车辆的转向轻便性；随着车速的提高，电动助力转向系统提供的转向助力可以逐渐减小，转向时驾驶员所需提供的转向力将逐渐增大，这样驾驶员就感受到明显的“路感”，提高了车辆稳定性。

电动助力转向系统还可以施加一定的附加回正力矩或阻尼力矩，使得低速时方向盘能够精确地回到中间位置，而且可以抑制高速回正过程中方向盘的振荡和超调，兼顾了车辆高、低速时的回正性能。

3. 结构紧凑，质量轻，生产线装配好，易于维护保养、有助于保护环境

电动助力转向系统取消了液压转向油泵、油缸、液压管路、油罐等部件，而且电机及减速机构可以和转向柱、转向器做成一个整体，使得整个转向系统结构紧凑、质量轻，在生产线上的装配性好，节省装配时间，易于维护保养，省去了液压控制部件，在维护、维修中无排放污染，有利于环境保护。

三、电子控制动力转向系统分类

根据电动机布置位置分为：转向轴助力式、齿轮助力式、齿条助力式，如图4-1所示。

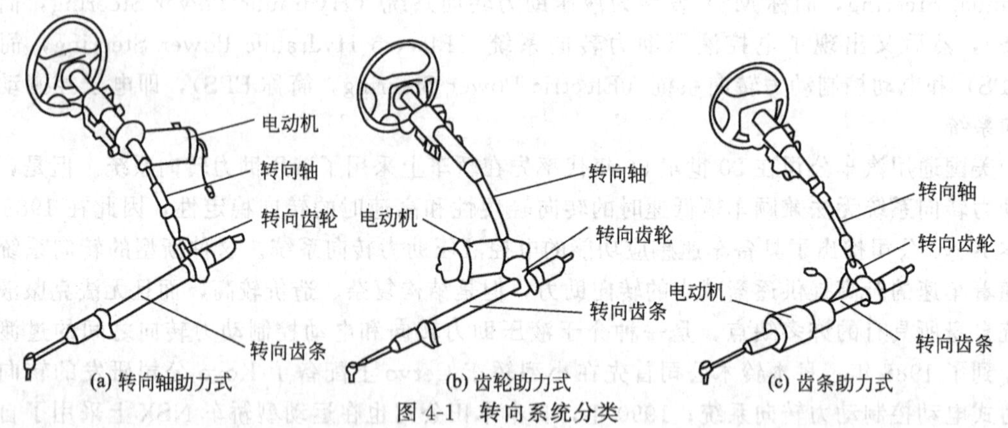

图4-1　转向系统分类

转向轴助力式的电动机固定在转向轴一侧，并装有一个电磁控制离合器，通过减速机构与转向轴相连，直接驱动转向轴助力转向。

齿轮助力式电动助力转向系统的电动机和减速机构与小齿轮相连，直接驱动齿轮助力转向。

齿条助力式电动助力转向系统的电动机和减速机构则直接驱动齿条。

四、电子控制动力转向系统组成

电子控制转向系统由转向角传感器、力矩传感器、电机、EPS控制单元、伺服齿轮等组成，如图4-2所示。

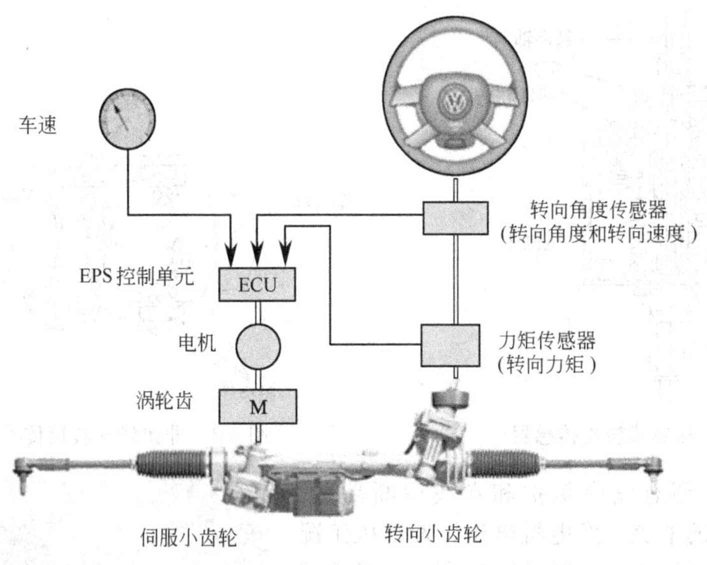

图 4-2 电子控制转向系统

五、电子控制动力转向系统工作过程

电动助力转向系统的工作过程如下。首先，转矩传感器测出驾驶员施加在方向盘上的操纵力矩，车速传感器测出车辆当前的行驶速度，然后将这两个信号传递给控制单元；控制单元根据转向力、车速、发动机转速、转向角度、转向速度和存储在控制单元中的特性曲线图评估出要保持直线行驶状态电机需要提供的必要力，控制单元将目标助力力矩转化为电信号指令驱动电机工作，电机产生的助力力矩经减速机构放大作用在机械式转向系统上，和驾驶员的操纵力矩一起克服转向阻力矩，实现车辆的转向。

六、电子控制动力转向系统主要部件结构与工作原理

1. 转矩传感器

转矩传感器测量驾驶员作用在方向盘上力矩的大小与方向，有的转矩传感器还能够测量方向盘转角的大小。

转矩传感器有接触式与非接触式两种。如图 4-3 所示为一种接触式转矩传感器，它在转向轴与转向小齿轮之间安装了一个扭杆。当转向系统工作时，利用滑环和电位计测量扭杆的变形量并转换为电压信号，通过信号输出端将信号输入到控制单元，在控制单元中经计算得到所产生的转矩大小。

如图 4-4 所示非接触式转矩传感器，它有两对磁极环，当输入轴与输出轴之间发生相对转动时，磁极环之间的空气间隙发生变化，从而引起电磁感应系数的变化，在线圈中产生感应电压，并将电压信号转换为转矩信号。非接触式转矩传感器的优点是体积小、精度高，缺点是成本较高。

汽车的行驶速度也是电子控制转向系统的控制信号，它是由车速传感器来测量的。

2. 电子控制单元

电子控制单元（ECU）的功能是根据转矩、转向角、车辆行驶速度等传感器传来的信号，进行逻辑分析与计算后发出指令，控制电动机和离合器的动作。控制单元靠壳体与部件相连，如图 4-5 所示。

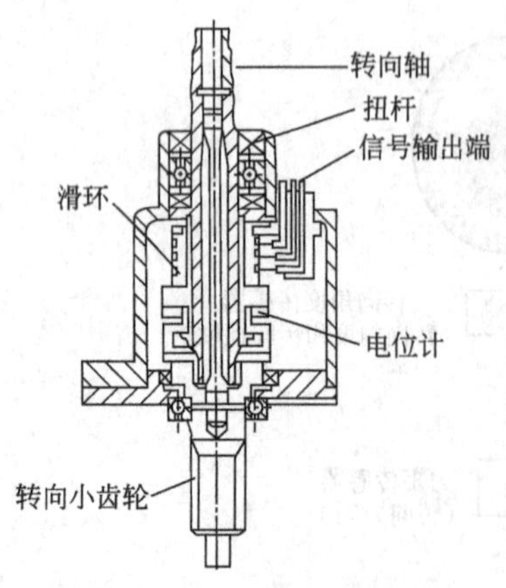

图 4-3 接触式转矩传感器

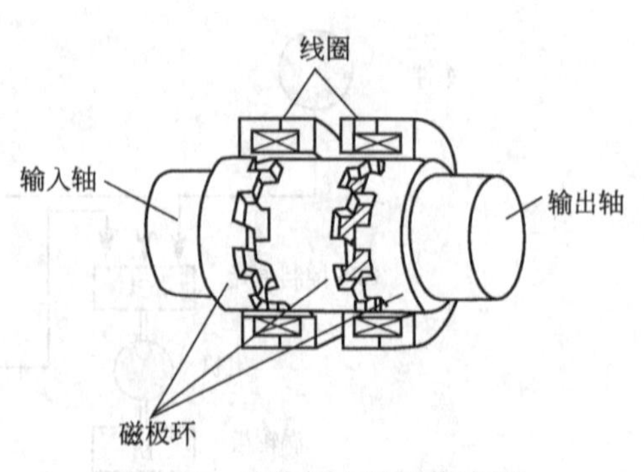

图 4-4 非接触式转矩传感器

此外，ECU 还有安全保护和自我诊断功能。通过采集电动机的电流、发电机电压、发动机工况等信号，判断其系统工作状况是否正常。一旦系统工作异常，将自动取消助力作用，同时还将故障诊断信息送至故障存储器存储。

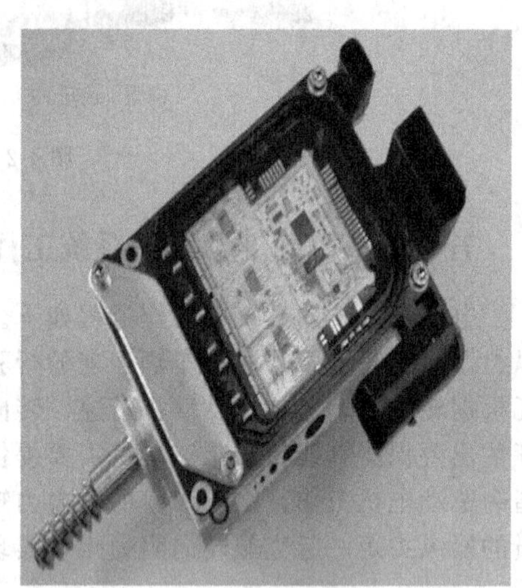

图 4-5 控制单元

3. **执行器**

(1) 电动机 如图 4-6 所示，电动机是电子控制转向系统的动力源，其功能是根据电子控制单元的指令输出适当的辅助转矩。目前采用较多的是永磁式直流电动机，它分为有刷式和无刷式两种。电动机对 EPS 系统的性能有很大影响，所以 EPS 系统对电动机有很高的要求，不仅要求转矩大、转矩波动小、转动惯量小、尺寸小、质量轻，而且要求可靠性高、易控制。为此，设计时常针对电子控制转向系统的特点，对电动机的结构做一些特殊处理，如沿转子的表面开出斜槽或螺旋槽，定子磁铁设计成不等厚等。

(2) 减速机构 电子控制转向系统的减速机构与电动机相连，起降速增扭作用。常采用蜗轮蜗杆机构、滚珠螺杆螺母机构和行星齿轮机构等。蜗轮蜗杆减速系统一般应用在转向轴助力式电子控制转向系统上，而行星齿轮式减速机构则被应用在齿条助力式电子控制转向系统和齿轮助力式电子控制转向系统上。

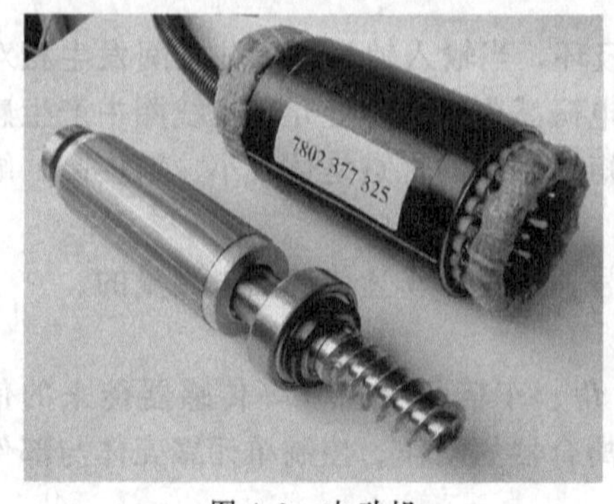

图 4-6 电动机

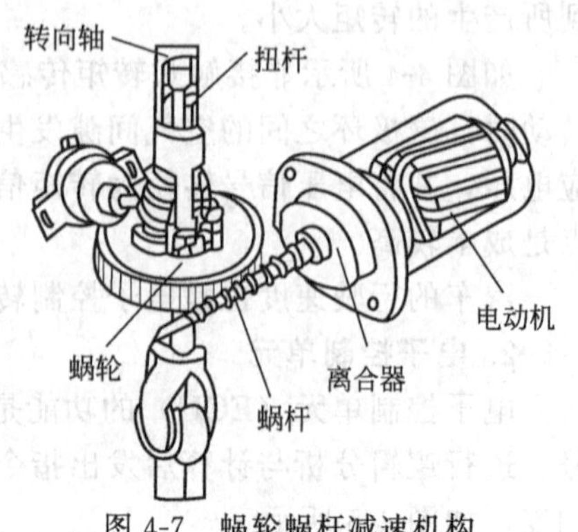

图 4-7 蜗轮蜗杆减速机构

图 4-7 所示蜗轮蜗杆机构中，蜗杆与电动机的输出轴相连，通过蜗轮和蜗杆的啮合传动将电动机的转矩作用到转向轴上，以实现转向助力。

第二节 线控转向系统

一、认识线控转向系统

线控技术（X-by-Wire）可理解为电控方式。这里的“X”代表着汽车中传统上由机械或液压控制的各个功能部件，如：制动、转向、悬架、油门、离合器、门锁等。

典型的有线控转向（Steer-by-Wire）、线控制动（Brake-by-Wire）等（如图 4-8 所示）。

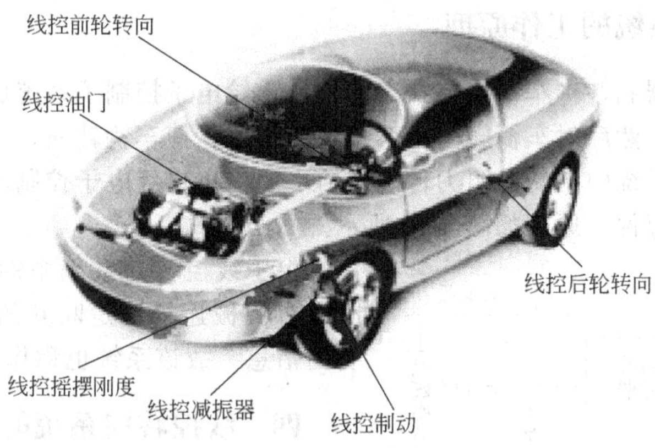

图 4-8 线控技术

二、线控转向系统的组成

线控转向系统取消了传统的机械式转向装置，转向器与转向柱间无机械连接。

结构如图 4-9 所示。

线控转向系统由方向盘模块、电控单元（ECU）和转向器模块 3 部分以及自动防故障系统、电源等辅助系统组成。

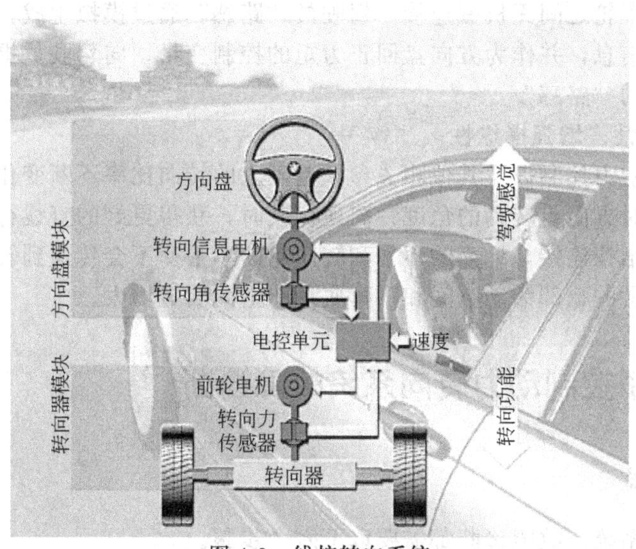

图 4-9 线控转向系统

• 方向盘总成包括方向盘、方向盘转角传感器、方向盘回正力矩电机等，其功能主要是将驾驶员的转向意图（通过测量方向盘转角）转换成数字信号，传递给控制器；同时接收控制器送来的力矩信号，产生方向盘回正力矩，以提供给驾驶员相应的路感信息。

• 电控单元对采集的信号进行分析处理，判别汽车的运动状态，向方向盘回正力矩电机和转向执行电机发送指令，保证各种工况下都具有理想的车辆响应。

• 转向执行总成包括前轮转角传感器、转向执行电机等。它接收控制器的命令，由转向执行电机控制转向车轮转角，实现驾驶员的转向意图。

• 自动防故障系统是线控转向系统的重要模块，它包括一系列的监控和实施算法，针对不同的故障形式和故障等级做出相应的处理，以求最大限度地保持汽车的正常行驶。它采用严密的故障检测和处理逻辑，以保证汽车的安全性能。

三、线控转向系统的工作原理

来自方向盘传感器和各种车辆当前状态的信息送给电子控制子系统后，利用计算机对这些信息进行控制运算，然后对车辆转向子系统发出指令，使车辆转向。

同时车轮转向子系统中的转向阻力传感器给出的信息也经电子控制子系统，传给方向盘子系统中模拟路感的部件。原理如图 4-10 所示。

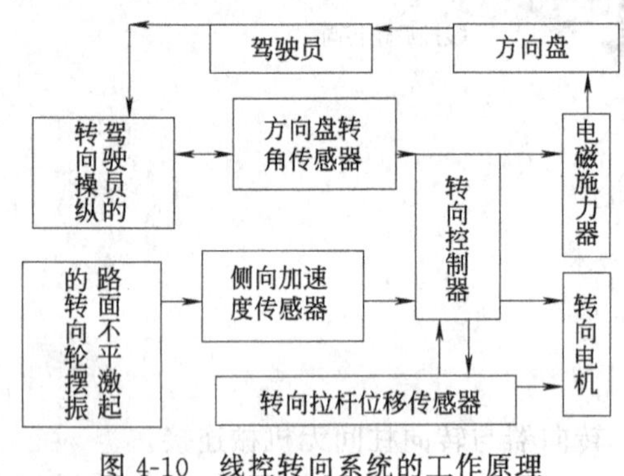

图 4-10　线控转向系统的工作原理

由于线控转向系统中的方向盘和转向轮之间没有机械连接，是断开的，通过总线传输必要的信息，故该系统也称作柔性转向系统。

四、线控转向系统的优点

1. 提高汽车安全性能

去除了转向柱等机械连接，完全避免了撞车事故中转向柱对驾驶员的伤害；智能化的 ECU 根据汽车的行驶状态判断驾驶员的操作是否合理，并做出相应的调整，能够自动对汽车进行稳定控制。

2. 改善驾驶员的路感

方向盘和转向车轮之间无机械连接，驾驶员“路感”通过模拟生成，反映汽车实际行驶状态和路面状况的信息，并作为方向盘回正力矩的控制变量，向驾驶员提供有用信息，为驾驶员提供更为真实的“路感”。

3. 改善驾驶特性、增强操纵性

基于车速、牵引力控制以及其他相关参数基础上的转向比率不断变化，低速行驶时，可以减少转弯或停车时方向盘转动的角度；高速行驶时，获得更好的直线行驶条件。增强汽车舒适性消除了机械结构连接，地面的不平和转向轮的不平衡不会传递到转向轴上，减缓了驾驶员的疲劳，驾驶员的腿部活动空间和汽车底盘的空间明显增大。

第三节　电子控制动力转向系统故障诊断

一、检修步骤

对于任何一个系统，故障诊断都需要以下六个步骤。

① 确认故障存在。
② 收集更多的故障信息。
③ 分析故障信息。
④ 按一定的逻辑顺序进行进一步检测。
⑤ 排除故障。
⑥ 对所有系统进行检查。

二、常见故障及可能原因

表 4-1 列出了电子控制动力转向系统的常见故障现象及其可能原因，对故障诊断有参考价值。表中的操作是假定已接了一个合适的压力表装置。

表 4-1 电子控制动力转向系统的常见故障现象及其可能原因

故障现象	可能的故障原因
动力转向助力过小或者不工作	①给 ECU 的电源电压过低，或者搭铁不良； ②机械故障； ③给驱动电动机的电源电压过低，或者搭铁不良； ④转向传感器不工作

本章小结

本章的讲解是使学生掌握在维修电子控制转向系统时应具备的知识点，了解线控转向系统的组成和工作原理；在维修汽车的电子控制转向系统首先应了解电子控制系统的组成、工作过程，传感器、ECU、执行器的结构与工作原理。在维修过程中，培养自己科学、严谨、求实的工作作风。

思考题

1. 简述电子控制转向系统的组成与工作过程。
2. 简述电子控制转向系统传感器结构与工作原理。
3. 简述电子控制转向系统的执行器结构与工作原理。
4. 简述电子控制转向系统的控制单元的作用。
5. 简述线控转向系统的组成和工作原理。

工作任务

一个客户进厂维修，反映情况如下：打方向盘归正时，前轮跑偏，已经做过方向盘定位，但前轮跑偏没有改变，到 4S 店检查。此车为一汽大众迈腾车，配置为电子转向助力系统。

导向1. 了解电子控制转向系统的工作原理。
2. 了解电子控制转向系统部件的工作原理。

信息3. 将电子控制转向系统的传感器和执行器用一张表列出，在表中安排一栏说明这些部件的作用，再安排一栏说明它们发生故障时发动机表现出的现象特点。接上解码器，读取故障信息，检查结果。

传感器/执行器	作　用	故障情况下产生的影响

计划 4. 制作一份仔细检查此故障现象的工作计划。

序号	工作步骤	工具和辅助设备

实施 5. 进行五轮定位，并在定位后对控制单元进行零点归位。

6. 请将诊断结果和修理费用通知顾客。

检查 7. 检查维修后，试车运行。检验维修结果。

展示 8. 记录从接收客户定单到终检的整个工作任务完成的过程，开具做电子控制转向系统修理工作任务的发票。

附：工作任务分析参考

常规思路：对于配置电子控制转向系统汽车的维修，首先用诊断仪器进入方向盘电气控制单元，读取故障存储器中的信息，根据故障信息，具体检查、判断故障点。

此车的维修思路：此车在其他的修配厂已经已经做过定位，但没有解决故障。故到修配厂后，要重新做定位，定位包括4个轮胎和方向盘，简称五轮定位。做定位后因是电子控制转向系统的汽车，控制单元要记录新的方向盘位置信息，故在控制单元中要设置为出厂时的初始状态，即零点定位。如不改变控制单元中的信息，控制单元记录的是以前跑偏的故障信息，即使做过定位后，故障仍然不会改变。

具体诊断过程：

① 连接大众V. A. S5052仪器，检查控制单元信息。

② 连接定位设备，进行五轮定位校正。

③ 用大众V. A. S5052做零点定位适应。

第五章 » 电子控制悬架系统

学习目标

1. 了解电子控制悬架系统的发展历程、分类方式及组成；
2. 掌握电子控制悬架系统控制目标、结构、工作原理；
3. 掌握电子控制悬架系统的故障诊断与检测方法；
4. 为了检验学生应用这些知识的能力，引用企业车间工作任务案例，让学生完成工作任务，培养学生的检修能力。

第一节 认识电子控制悬架系统

悬架是指车架（或承载式车身）与车桥（或车轮）之间传力连接装置的总成。它的作用除了把路面作用于车轮上的垂直反力（支承力）、纵向反力（驱动力和制动力）和侧向反力以及这些反力所造成的力矩传递到车架（或承载式车身）上，还要使悬架随不同的路况和行驶状况做出不同的反应，使汽车的操作的稳定性和乘坐舒适性达到最佳的和谐状态。电控悬架系统能够根据车身高度、车速、转向角度及速率、制动等信号，由电子控制单元（ECU）控制悬架执行机构，使悬架系统的刚度、减振器的阻尼力及车身高度等参数得以改变，从而使汽车具有良好的乘坐舒适性和操纵稳定性。

一、电子控制悬架的发展历程

1987 年，世界上首次推出装有空气弹簧的主动悬架，它是一种通过改变空气、弹簧的空气压力来改变弹性元件刚度的主动悬架。1989 年又推出了装有油气弹簧的主动悬架。

空气悬架目前的应用范围相当广泛，特别是在商用车领域，100%的中型以上客车和80%以上的卡车都使用了空气悬架系统。而现在在乘用车上，高档汽车和 SUV 车型对其应用很广泛。

二、电子控制悬架的功能

(1) 车高调整：无论车辆的负载多少，都可以保持汽车高度一定，车身保持水平，从而使前大灯光束方向保持不变；当汽车在坏路面上行驶时，可以使车高升高，防止车桥与路面相碰；当汽车高速行驶时，又可以使车高降低，以便减小空气阻力，提高操纵稳定性。

(2) 减振器阻尼力控制：通过对减振器阻尼系数的调整，防止汽车急速起步或急加速时车尾下蹲；防止紧急制动时的车头下沉；防止汽车急转弯时车身横向摇动。

(3) 防止汽车换挡时车身纵向摇动等，提高行驶平顺性和操纵稳定性。

(4) 弹簧刚度控制：与减振器一样在各种工况下，通过对弹簧性系数的调整，来改善汽车的乘坐舒适性与操纵稳定性。

三、电子控制悬架的分类

按悬架控制方式分：半主动式、主动式悬架两类。

（1）半主动式悬架　半主动悬架是指只能对悬架减振器阻尼系数进行调节控制的悬架。由于弹簧刚度调节相对较难，半主动悬架主要通过调节减振器的阻尼系数实现。半主动悬架没有专门产生控制力的元件，它按照传感器传递的数据由控制器算出所需的控制力，然后通过调节减振器的阻尼来模拟控制力，以衰减车身的振动。

（2）主动式悬架　主动悬架能够根据悬挂质量的振动加速度，利用电控部件主动地控制汽车的振动。主动悬架一般由隔振弹簧、控制器和作动器组成。

主动悬架不但能很好地隔离路面振动，而且能控制车身运动，比如启动和制动时的俯仰、转弯时的侧倾等，另外还可以调节车身的高度，提高轿车在恶劣路面的通过性。不过主动悬架结构复杂，能耗大且成本很高，故目前主要应用于赛车和高级轿车上。主动悬架的减振效果最好，同时还解决了“平顺性和操纵稳定性”的矛盾。

随着汽车工程技术的进步，乘坐舒适和操纵稳定的汽车悬架技术得到了广泛重视和深入研究，在汽车工业领域中主动悬架受到日益广泛的重视，已成为悬架技术发展的重要趋势。

四、 电子控制主动悬架系统的组成

电子控制悬架系统由传感器、ECU、执行器三部分组成。

电子控制悬架系统因车型不同结构略有差别，本节以大众辉腾轿车为例，说明其结构与工作原理。如图 5-1 所示是大众辉腾轿车上装备电控空气主动悬架系统，它能系统地控制汽车的车身高度、行驶姿势和悬架系统的阻尼力特性。该系统主要由减振器调节按钮、水平高度调节按钮、前后车辆高度传感器、水平高度调节系统压力传感器、电控单元、水平高度调节系统排放阀、减振支柱阀、减振器调节阀等组成。安装位置如图 5-2 所示。

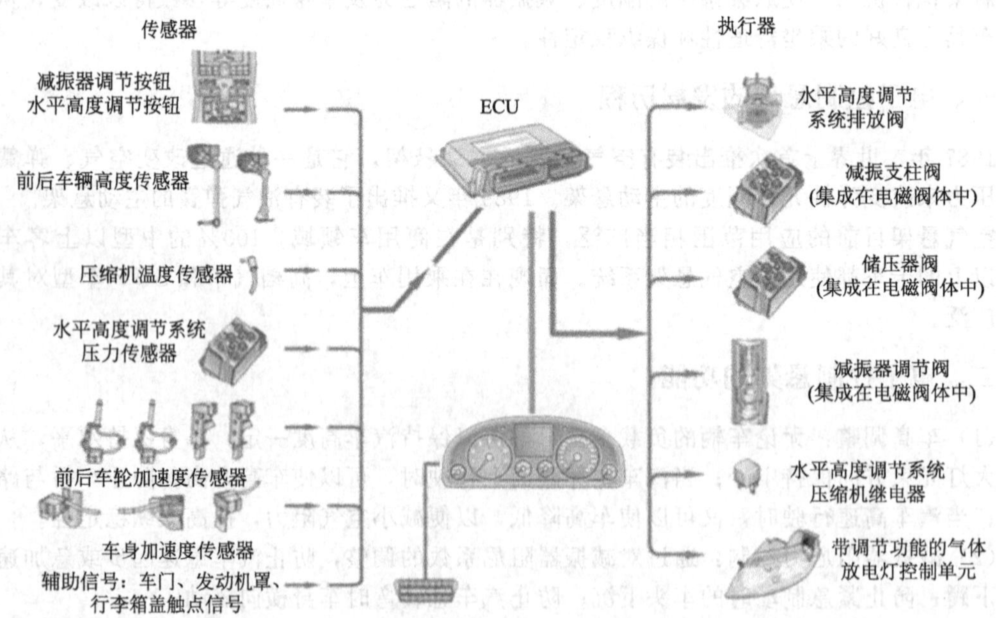

图 5-1　电子控制主动悬架系统

五、电子控制主动悬架系统工作过程

电子控制悬架系统的工作原理是根据汽车的行驶路况，由水平高度传感器、前后轮加速度传感器等传感器，将产生的信号传递给控制单元，这些信息在控制单元内部经逻辑运算处

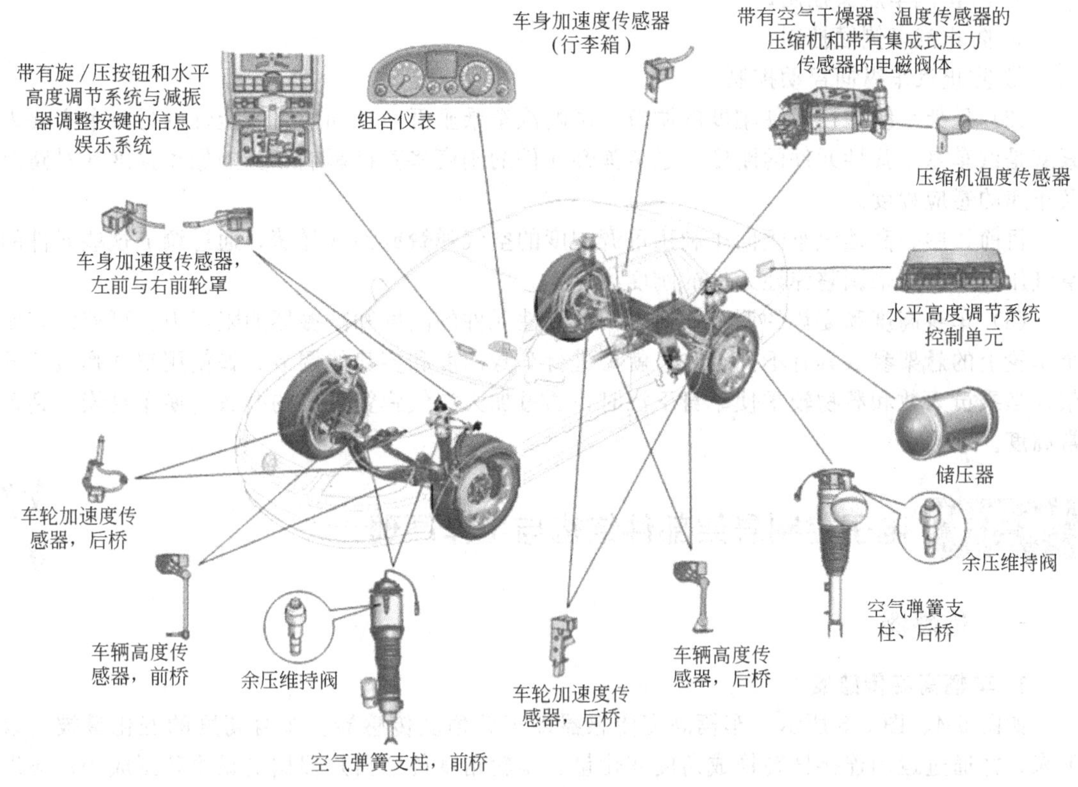

图 5-2　位置结构图

理后，ECU 发出指令信号，信号作用于水平高度调节系统排放阀、减振调节阀等执行部件，通过这些部件的控制，来控制汽车的车身高度、行驶姿势和悬架系统的阻尼力。

六、电子控制悬架系统的控制目标

装备电子控制主动悬架系统的汽车能够根据本身的负载情况、行驶状态和路面情况等，主动地调节包括悬架系统的阻尼力、汽车车身高度和行驶姿势、弹性元件的刚度在内的多项参数。

这类悬架系统大多采用空气弹簧或油气弹簧作为弹性元件，通过改变弹簧的空气压力或油液压力的方式来调节弹簧的刚度，最大可能满足车辆的乘员舒适型，优化驾驶安全性以及降低路面传递到车内的噪声，提高驾驶员的操作稳定性。

汽车电子控制悬架系统控制目标是当车辆运动时，外部作用力与冲击力会使车辆沿纵向振颤、横摆、起伏、倾斜，横向振动、扭振，垂直方向振动冲击、扭振。如图 5-3 所示。

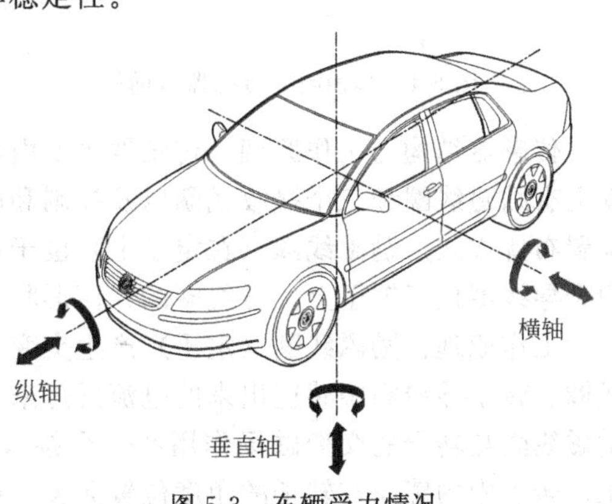

图 5-3　车辆受力情况

减小振动，提高乘员的舒适性、安全性及车辆的操纵稳定性，主要从以下三方面进行调节。

(1) 减振器的阻尼力调节　通过减振器阻尼力的调节可控制：

① 防止车尾下蹲控制；

② 防止汽车点头控制；

③ 防止汽车侧倾控制；

④ 防止汽车纵向摇动控制。

（2）悬架系统弹性元件刚度的调节　影响汽车乘坐舒适性和行驶安全性的另一个主要因素就是汽车悬架弹性元件的刚度，悬架弹性元件的刚度将直接影响车身的振动强度和对路况及车速的感应程度。

目前，中、高档汽车倾向于利用可调刚度的空气弹簧或油气弹簧，通过调节这些元件的空气压力的办法来调整弹性元件的刚度。

（3）车身高度和姿势的调节　通过调节弹性元件的刚度和减振器的阻尼力，可使汽车四个车轮上的悬架参数具有不同组合，就可进行车身高度和姿势的调节。如使用空气弹簧的悬架，当乘员人数和载物较重使车身下沉时，通过加大空气弹簧气压的办法，使车身恢复到正常高度。

第二节　电子控制悬架部件结构与工作原理

一、传感器

1. 车辆高度传感器

如图 5-4、图 5-5 所示，车辆高度传感器即车轮角度传感器。车身高度的变化量被记录下来，并通过运动连接杆转换成角度变化量。车轮角度传感器是根据电磁原理制成的；输出信号为水平高度调节系统提供一个与角度成正比的 PWM（脉冲宽度调制）信号。对于每一侧和每个车桥，这四个高度传感器都是一样，只是连接机构不同。

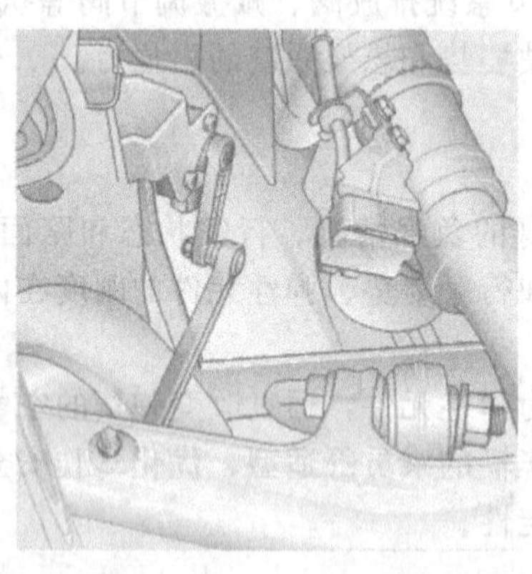

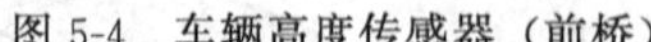

图 5-4　车辆高度传感器（前桥）

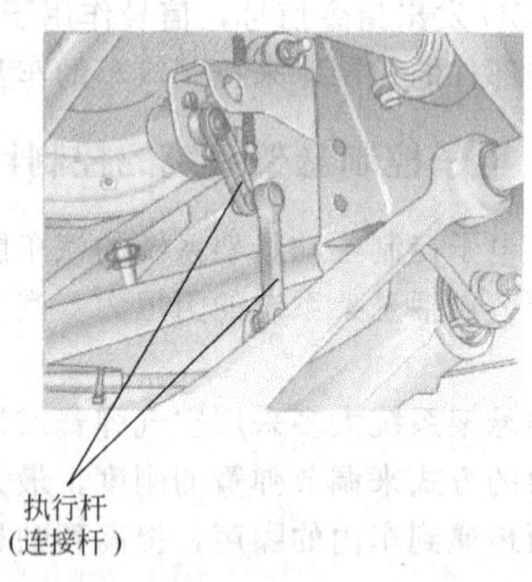

图 5-5　车辆高度传感器（后桥）

传感器结构与工作原理：传感器主要由定子和转子组成。定子由一个多层电路板构成，其上有励磁线圈和三个接收线圈以及控制和电子解析单元。三个接收线圈为星形连接且采用偏置布置方式。励磁线圈（在定子上）位于电路板的背面。转子连接着执行杆并随其运转。闭合导线圈位于转子上。导线圈的几何形状与三个接收线圈相同。结构如图 5-6 所示。

工作原理：励磁线圈（定子）产生交变电磁场（初级磁场）。该交变磁场穿过转子的导线圈。转子导线圈中感应出来的电流反过来也会产生一个转子导线圈交变磁场（次级磁场）。励磁线圈与转子的交变磁场作用在三个接收线圈上，并在其上感应出与位置相关的交流电压。转子中的感应与转子的角度位置无关，接收线圈的感应取决于它们到转子的距离，也就

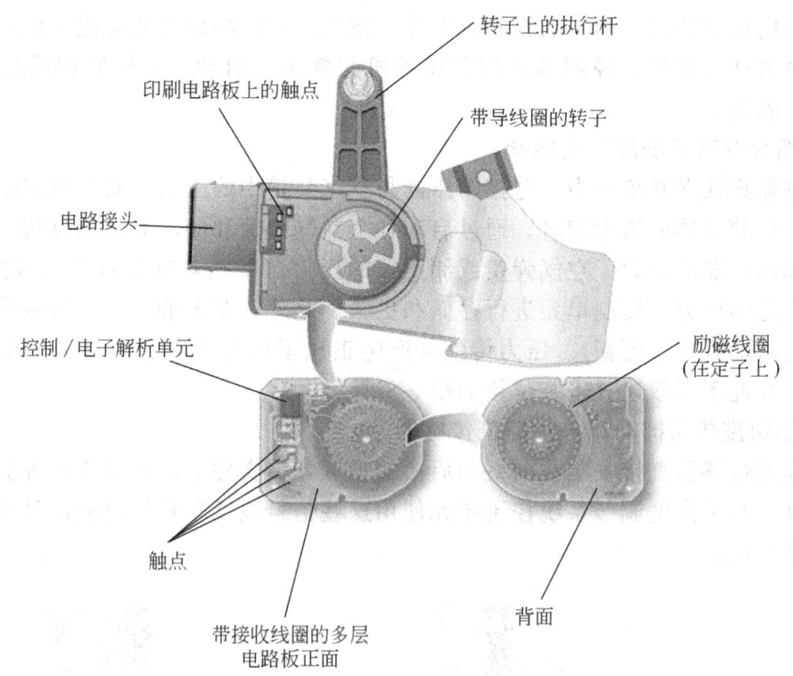

图 5-6 车辆高度传感器结构

是它们与转子的相对角度位置。由于转子与各个接收线圈的交叠随角度位置变化而变化，所以接收线圈中的感应电压幅值也随着它们的角度位置变化而变化。电子解析单元将接收线圈的交流电压进行整流和放大并使之与三个接收线圈的输出电压成比例（成比例测量）。在该电压求值后，结果被转换成高度传感器的输出信号，并提供给控制单元进行下一步处理。原理如图 5-7 所示。

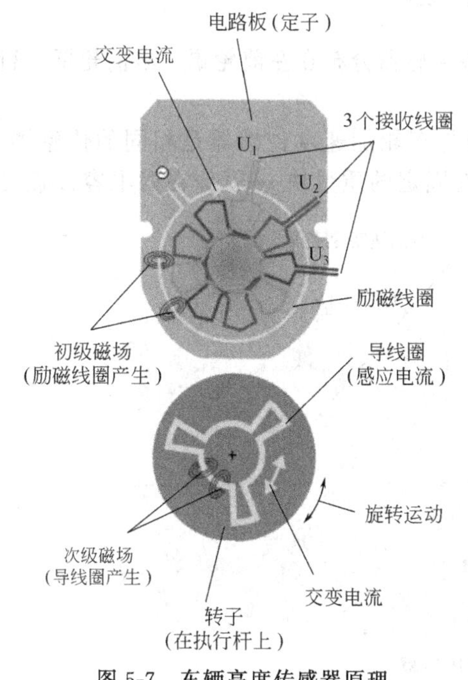

图 5-7 车辆高度传感器原理

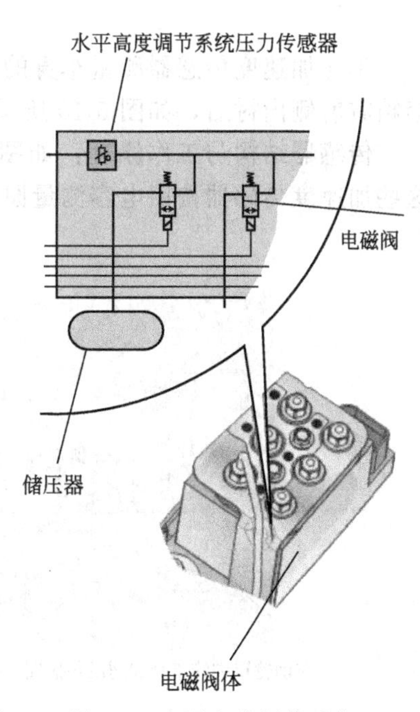

图 5-8 水平高度调节系统

2. 压缩机温度传感器（过热保护）

压缩机温度传感器为了确保系统的有效性，在压缩机汽缸盖上装有温度传感器。当压缩机温度超过最大许可值后，控制单元切断压缩机并禁止它启动。工作原理同其他温度传感器，在此不再叙述。

3. 水平高度调节系统压力传感器

压力传感器集成在阀单元中，监控储压器与空气弹簧中的压力。对上升控制进行检查并在自诊断时提供储压器的压力信息。通过启动各个空气弹簧和储压器的电磁阀，就可确定相应空气弹簧和储压器的压力。空气弹簧或储压器的压力测量在对其进行充气或放气时进行。用这种方式确定的压力由控制单元进行存储和更新。此外，在车辆运行中每六分钟对储压器压力进行一次附加判定（更新）。压力传感器产生正比于压力的电压信号。工作原理同其他压力传感器，在此不再叙述。安装位置如图 5-8 所示。

4. 车轮加速度传感器与车身加速度传感器

车轮加速度传感器直接安装在前桥和后桥的空气弹簧支柱上，如图 5-9 所示。它们测量车轮的加速度。水平高度调节系统控制单元使用这些信号以及车身加速度信号来计算支柱相对车身的运动方向。

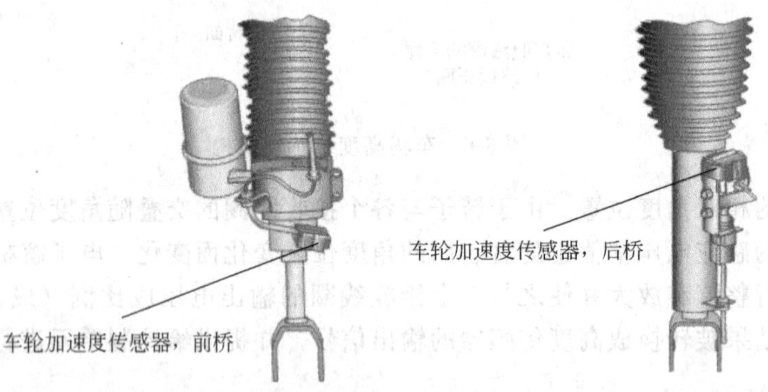

图 5-9　车轮加速度传感器

车身加速度传感器测量车身的垂直加速度，这些传感器分布在左前轮罩、右前轮罩、行李箱右前侧内衬后，如图 5-10 所示。

传感器结构与工作原理：如图 5-11 所示，车身与车轮加速度传感器是相同的传感器。这些加速度传感器按照电容测量原理工作。一个柔性固定的质量块 m 就像在两电容极板之

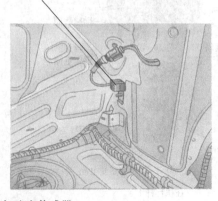

行李箱中的车身加速度传感器

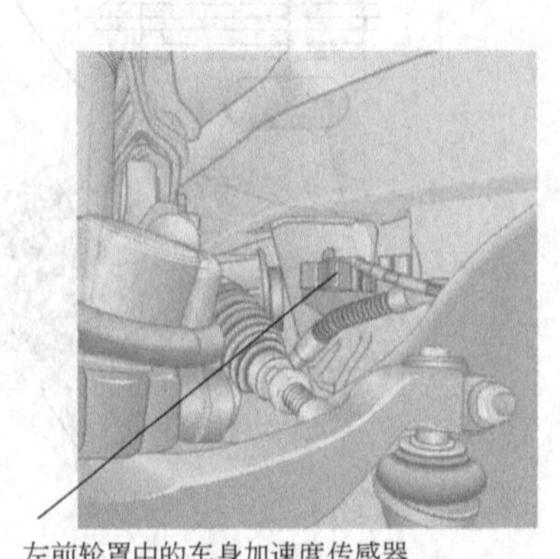

图 5-10　车身加速度传感器

间摆动的中央电极，并按照摆动大小将电容器 C_1 和 C_2 的电容量向相反方向解调。一个电容器的极板间距 d_1 的增加量等于另一个电容器极板间距 d_2 的减小量。各个电容器的电容量因此改变。电子解析单元为水平高度调节系统控制单元提供一个模拟信号电压。

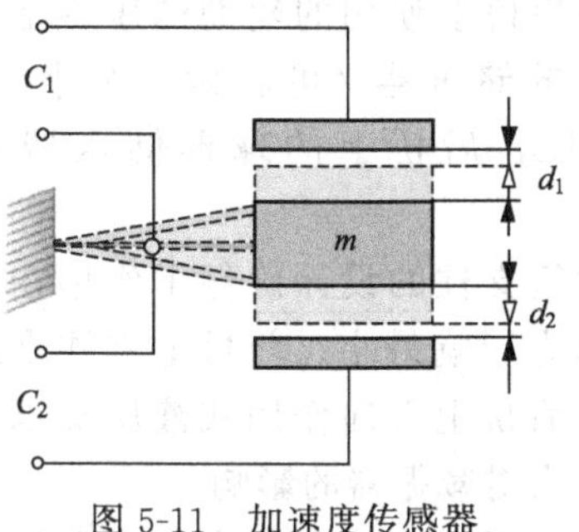

图 5-11 加速度传感器

图 5-12 水平高度调节系统控制单元

二、控制单元

水平高度调节系统控制单元，如图 5-12 所示。此控制单元位于行李箱中左侧的饰件后面。它用螺栓固定在继电器与保险丝盒的后面。作为中央控制单元，它具有以下作用。

① 控制空气悬架和减振器；

② 监控整个系统；

③ 诊断整个系统并且通过 CAN 总线（动力传动系统 CAN 总线）进行通信。

水平高度调节系统控制单元具有一个附加的处理器（双处理器）；空气弹簧的运算主要在第一处理器上运行，减振控制主要在第二处理器上运行。其内部工作原理同自动变速器、ABS 控制单元，故在此不再叙述。

三、执行机构

1. 空气弹簧支柱

前后车桥上的空气弹簧支柱都使用带有外部导套的双层气囊。如图 5-13 所示，空气弹

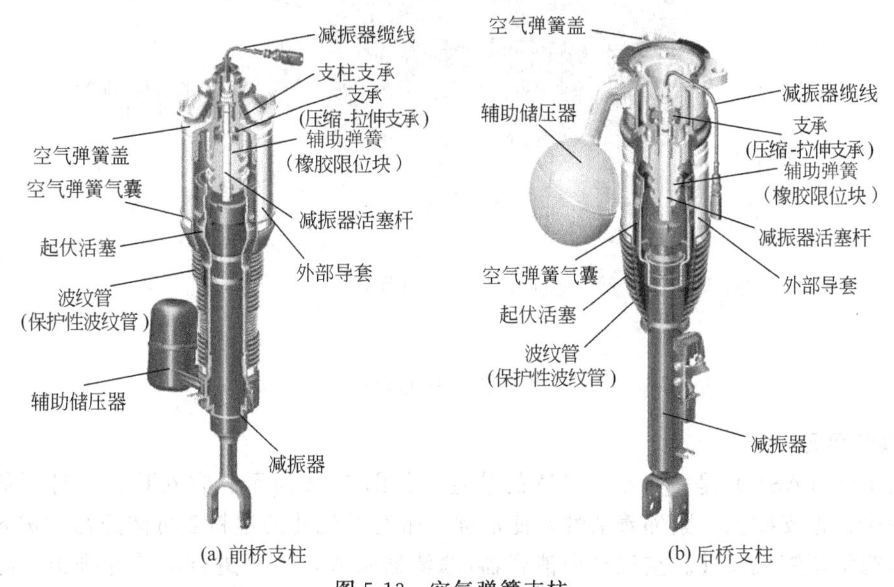

(a) 前桥支柱　(b) 后桥支柱

图 5-13 空气弹簧支柱

簧气囊裹在充气减振器外部（双管式充气减振器）。空气弹簧气囊的囊壁很薄，可以提供极佳的悬挂响应。通过将起伏活塞轮廓、外部导套与直接连接在支柱上的辅助储压器组合起来，就得到了所需的弹簧刚度。

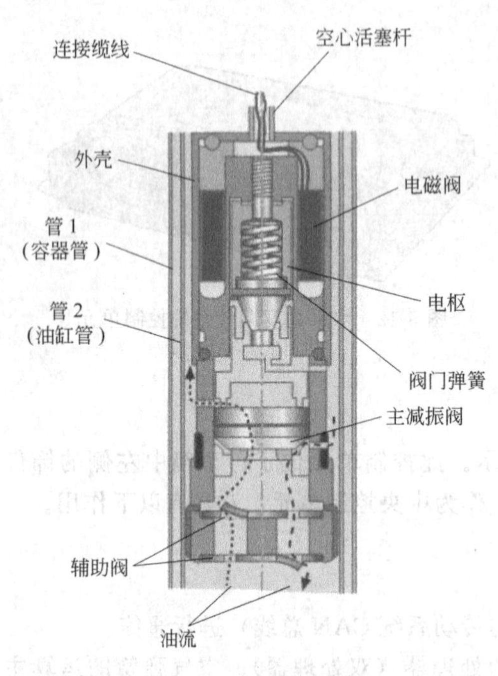

图 5-14　减振器调节阀

前桥与后桥上使用的辅助储压器是不同的。前桥上的储压器（可看做一个小汽缸）容量为 0.4L，后桥上的球形储压器容量为 1.2L。

空气弹簧支柱的设计确保了作用在减振器上的横向力影响最小。前桥上支柱支承的特殊设计与后桥上万向作用式液压支承有助于减小横向力对减振器的影响。

余压维持阀都直接安装在每个空气弹簧支柱的空气管接头上。它们可在空气弹簧支柱保留约 3.5bar（1bar＝0.1MPa）的余压。这样可使得部件的组装与固定变得更方便。

外部导套除了对空气弹簧气囊和波纹管有导向作用之外，还可以保护空气弹簧气囊不被弄脏和损坏。

2. 减振器调节阀

双管式充气减振器可通过集成在活塞上的电控阀门进行大范围减振力调节。通过改变流经电磁阀的电流，从而改变流经活塞阀的油流，使减振力可以在几毫秒内适应瞬间的减振需求。如图 5-14 所示。

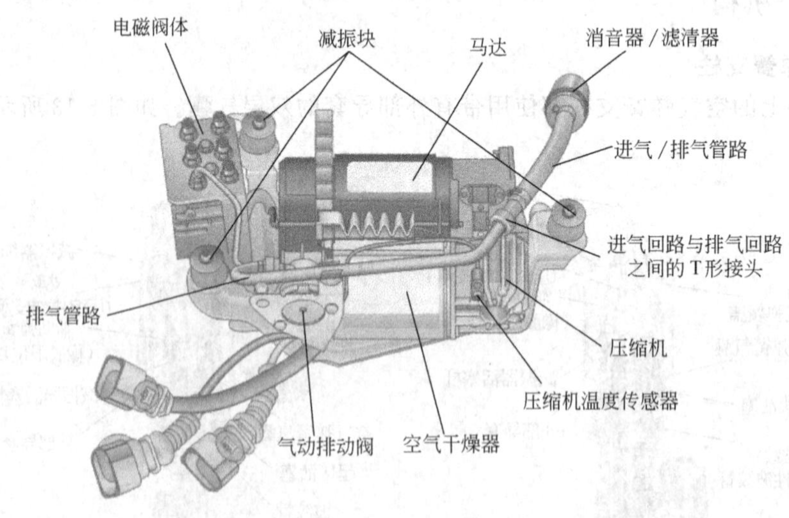

图 5-15　供气单元

3. 供气单元

供气单元（ASU）是一个小巧紧凑的装置，如图 5-15 所示。它安装在车身下备用车轮舱内的一个抗振支撑上，紧邻着活性炭滤清器。带有通气孔的塑料盖可防止污物进入。空气经由行李箱给压缩机供气。空气经由消音器/滤清器吸入，然后进行清洁并排出。温度传感器保护压缩机不会过热，并确保在各种气候与驾驶条件下为空气悬架供气。

此供气单元包括：带有马达的压缩机单元、干运转压缩机、空气干燥器、余压维持单元、最大压力限制器、排放阀、带空气滤清器的消音器、压缩机温度传感器（用于过热保护的温度传感器）、带有压力释放阀的气动排放阀以及电磁阀体，其上带有各个空气弹簧支柱和储压器的控制阀以及一个用于监控储压器的集成式压力传感器。

工作原理如下：

(1) 压缩机单元　压缩空气利用带集成式空气干燥器的单级活塞压缩机产生。为了防止污物进入气囊和空气干燥器（干燥器滤芯），该压缩机采用所谓的干运转压缩机设计。免润滑轴承与 PTFE（聚四氟乙烯）的活塞环确保它有很长的使用寿命。水平高度调节系统排放阀、带有压力限制阀的气动排放阀和 3 个止回阀都集成在空气干燥器壳体中。为了避免过热，压缩机在超过一定温度后会自动切断。

(2) 进气/压缩循环　如图 5-16 所示。当活塞向上运动时，空气经过消音器/滤清器从进气接头被吸入曲轴箱。汽缸中活塞上方的空气被压缩，然后通过止回阀 1 流入空气干燥器。经过压缩和干燥后的空气通过止回阀 2 和压力接头进入阀门和储压器。

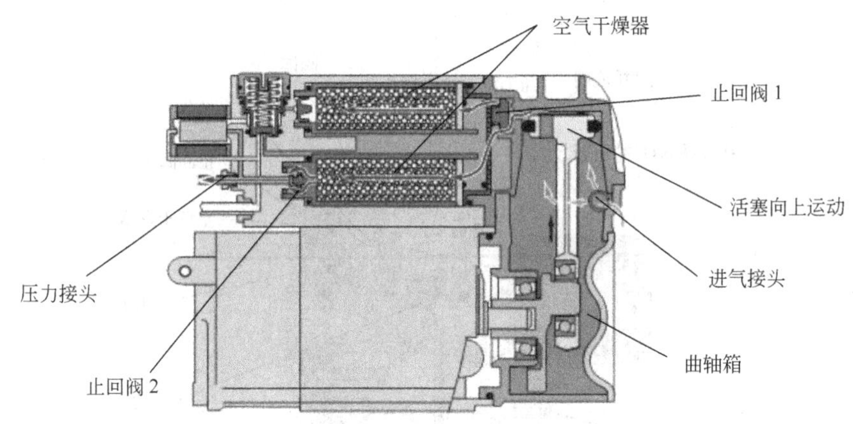

图 5-16　进气/压缩循环

在活塞向下运动时，吸入曲轴箱的空气经旁通膜片阀然后流入汽缸，如图 5-17 所示。

(3) 充气/提升循环　如图 5-17 所示。如要给弹簧充气（即升起汽车）时，控制单元需要同时激活压缩机继电器与空气弹簧阀。

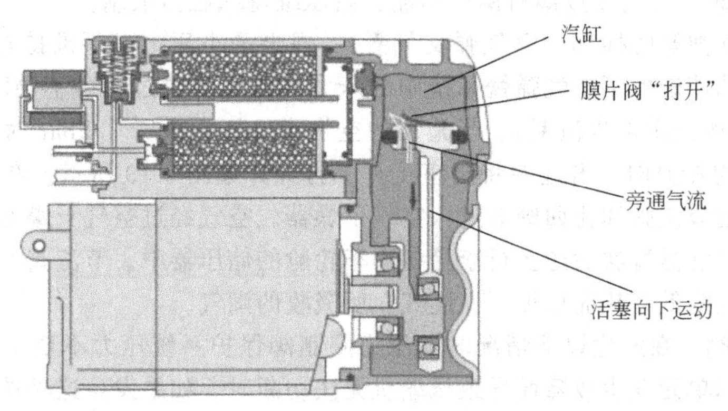

图 5-17　充气/提升循环

(4) 排气/降低循环　如图 5-18 所示。减振支柱阀及排放阀在排气循环中同时启动（打开）。空气弹簧压力送至气动排放阀然后从那里经过空气干燥器、压力限制阀和消音器/滤清器送到行李箱中的备用车轮舱。

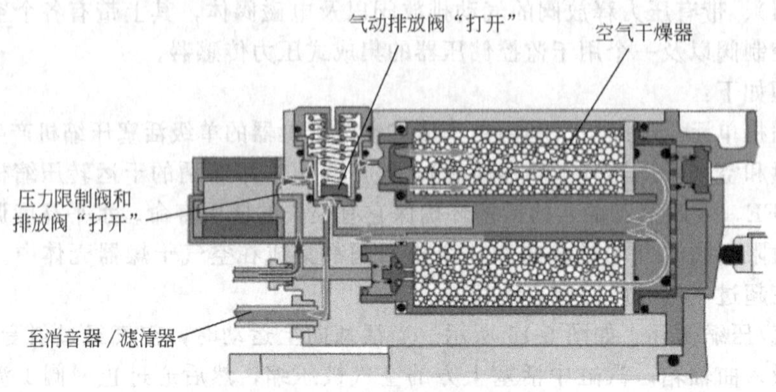

图 5-18　排气/降低循环

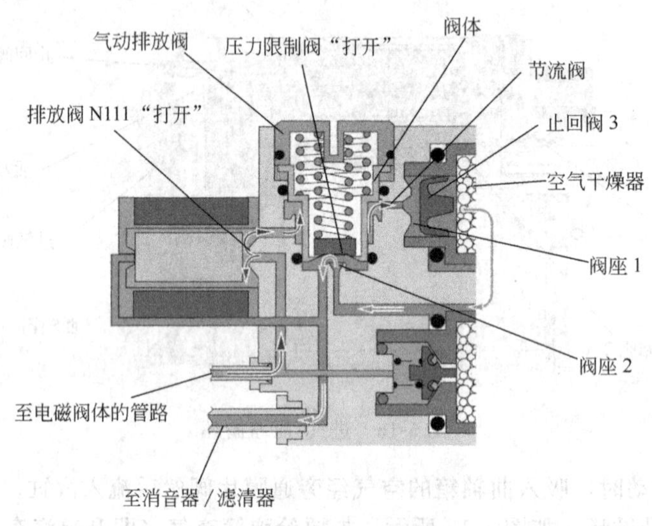

图 5-19　气动排放阀

① 气动排放阀　气动排放阀有两个功能：余压维持和压力限制。

为了避免空气弹簧的损坏（空气弹簧气囊），规定最小压力必须维持在 3.5bar（余压）以上。余压维持功能确保了空气弹簧系统中的压力在压力释放过程中不会降到 3.5bar 以下（除非气动排放阀的上游发生泄漏）。当施加的空气弹簧压力大于 3.5bar 时，此阀的阀体克服两个阀门弹簧的弹力向上升起并将阀座 1 和 2 打开，如图 5-19 所示。在空气弹簧压力的作用下，空气经过节流阀和止回阀 3 进入空气干燥器。空气经过空气干燥器后，将气动排放阀打开，经排气滤清器过滤后送至行李箱备用车轮舱的储压器中。节流阀下游气压的骤减会导致空气相对湿度降低，从而增加了“废气”所吸收的潮气。

② 压力限制阀　在发生以下情况时，压力限制阀保护系统压力不至于过高，例如当继电器触点或者控制单元发生故障而导致压缩机无法切断时。如果发生这种情况，当压力超过大约 20 bar 时压力限制阀克服弹力而打开，压缩机输送的空气通过滤清器送出。

③ 空气干燥器　压力系统中的空气必须经过除湿以避免发生腐蚀和结冰问题。

空气干燥器用于给空气除湿。空气干燥器采用了再生技术，压入水平高度调节系统的空气流经硅酸盐颗粒并在其中进行干燥。该颗粒可以根据温度吸收大气中超过自身固有重量20%的潮气。若干燥后的空气由于操作需要（降低弹簧）而被排出，它会从颗粒中流过并吸收颗粒吸收的潮气，再放到大气中。正是这种再生过程，使这种空气干燥器无需保养。它不需要定期更换。由于该种空气干燥器只能在放气过程中再生，如果系统中有水分或潮气，说明空气干燥器或系统有故障。

④ 储压器　从储压器中抽取压缩空气可以让车辆高度快速升高并且噪声很小。只有在车辆运动中才能给储压器充气。这样就几乎听不到压缩机的运转。

如果储压器能够提供足够大的压力，车辆可以在压缩机不工作的情况下升高。当储压器与空气弹簧之间的压差达到 3bar 时足以升起车辆。储压器是铝制的，容量为 5L。最大操作压力约为 16bar。

⑤ 空气供给策略　当车速低于 35km/h 时，空气主要由储压器提供（如果它可以提供足够的压力）。储压器只有在车速高于 35km/h 时才充气。当车速高于 35km/h 时，空气主要由压缩机供给。这种供气策略保证系统可以安静地运行，且可以保存蓄电池电能。即使驾驶员没有调节车辆高度，只要压缩空气从储压器中抽出，压缩机就开始运转。

四、电磁阀

该空气悬架总共有六个电磁阀。排放阀连同气动排放阀共同构成了一个集成在干燥器壳体中的功能单元。排放阀是二位三通阀，并且在关闭后断电。气动排放阀有两个作用：限制压力和维持余压。水平高度调节系统储压器阀和四个减振支柱阀都在电磁阀体中。电磁阀体中的阀都是二位二通阀，并且在关闭后断电。

第三节　电子控制悬架系统的故障诊断与检测

一、电子控制悬架系统故障自诊断

电子控制悬架系统有故障自诊断功能，可以自动监测、诊断悬架系统的工作情况及工作中出现的故障。当系统出现故障时，悬架 ECU 将故障以故障码形式存入存储器，同时点亮仪表板上的“悬架系统故障指示灯”，提示司机。在排除故障时，可将存储器内故障码调出，以便快速、准确地判断故障类型及出现的部位。现以日本丰田凌志（LS400）轿车为例，介绍电子控制悬架系统故障自诊断方法。

1. 故障代码的读取方法

① 将点火开关转到接通（ON）位置。

② 用跨接线将诊断插座（TDCL）或检查用连接器的 T_c、E_1 两端子连接，如图 5-20 所示。

③ 根据仪表板上车身高度控制指示灯“NORM”闪烁情况读取故障码。丰田凌志 LS400 轿车悬架自诊系统故障码是两位，第一次连续闪烁次数为十位数，第二次连续闪烁的次数为个位数。

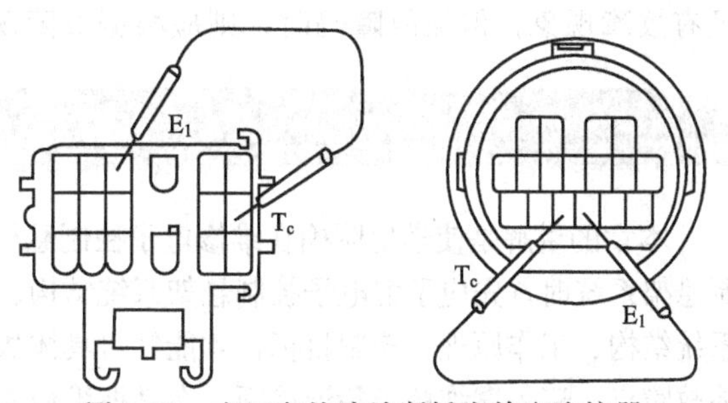

图 5-20　丰田车故障诊断插座检查连接器

2. 故障码的清除

对于日本丰田凌志 LS400 轿车，电子控制悬架自诊系统清除故障码有两种方法。

① 关断点火开关，拆下 1 号接线盒中的 ECU-B 熔断丝 10s 以上，故障码就被清除。

② 关断点火开关，用跨接线将车身高度控制连接器的端子 9 与端子 8 连接，同时使检查连接器的端子 T_c 与 E_1 连接，保持在这状态 10s 以上，然后接通点火开关，并脱开跨接线及连接器各端子，则故障码可以被清除。

3. 故障码

丰田凌志 LS400 轿车电子控制悬架系统故障码所指示的故障如表 5-1 所示。

表 5-1 丰田凌志 LS400 轿车电子控制悬架系统故障码所指示的故障

故障代码	故障部位	故障说明
11	右前高度传感器电路	车身高度传感器电路断路或短路
12	左前高度传感器电路	
13	右后高度传感器电路	
14	左后高度传感器电路	
21	前悬架控制执行器电路	悬架控制执行器电路断路或短路
22	后悬架控制执行器电路	
31	1 号高度控制阀电路	高度控制阀电路断路或短路
33	2 号高度控制阀电路(右后悬架)	
34	2 号高度控制阀电路(左后悬架)	
35	排气阀电路	排气阀电路断路或短路
41	1 号高度控制继电器电路	1 号高度控制继电器电路断路或短路
42	压缩电动机电路	压缩机电动机断路,压缩机电动机被锁住
51	至 1 号高度控制继电器的持续电流	供至 1 号高度控制继电器的电流通电超过 8.5min
52	至排气阀的持续电流	供至排气阀的电流通电超过 6min
61	悬架控制信号	悬架 ECU 失灵
71	悬架控制执行器电源电路	悬架控制执行器电源电路断路
		AIR SUS 熔丝烧断
72	高度控制 ON/OFF 开关电路	高度控制 ON/OFF 开关一直在 OFF 位置
		高度控制 ON/OFF 开关电路断路

二、电子控制悬架系统故障检修

当电子控制悬架系统出现故障后，首先使用故障自诊系统，读取故障码，按表 5-1 所示查找故障部位，分析故障原因后，立即排除。若故障码所示的故障原因排除后故障仍存在或虽有故障现象，但无故障码时，则应根据故障现象分析故障原因，然后对系统进行检查。

本章小结

本章的讲解是使学生明确在维修电子控制悬架系统时应具备的知识点，在维修汽车的电子控制悬架系统时首先应了解电子控制悬架系统结构、工作原理、控制目标，只有掌握电子控制悬架系统结构、工作原理、控制目标，才能针对具体故障采用理论分析，通过仪器设备检测，判断具体故障点，避免靠维修经验误诊断。在掌握维修能力的同时，提高个人素养，了解电子控制悬架系统的发展、分类等信息，维修过程中，培养自己科学、严谨、求实的工作作风。

思考题

1. 简述电子控制悬架系统的作用。
2. 简述电子控制悬架系统的分类。
3. 简述电子控制悬架系统控制目标。
4. 简述电子控制悬架系统的结构组成。
5. 简述电子控制悬架系统车辆高度传感器结构与工作原理。
6. 简述电子控制悬架系统的供气控制过程。

工作任务

一个客户进厂维修，反映情况如下：在高速公路上行驶，时速已经 180km/h，汽车底盘不能降低。此车为大众辉腾轿车，配置为电子控制空气悬架。

导向1. 了解电子控制空气悬架工作过程。

2. 了解电子控制空气悬架部件的结构与工作原理。

信息3. 设法找到大众辉腾电子控制空气悬架的结构图、电路图。

将大众辉腾电子控制空气悬架的传感器和执行器用一张表列出，在表中安排一栏说明这些部件的作用，再安排一栏说明它们发生故障时发动机表现出的现象特点。

接上解码器，读取故障信息，检查结果。

传感器/执行器	作　用	故障情况下产生的影响

计划 4. 制作一份仔细检查此故障现象的工作计划。

序号	工作步骤	工具和辅助设备

实施5. 对故障部件更换。

6. 请将诊断结果和修理费用通知顾客。

检查 7. 检查维修后，试车运行。检验维修结果。

展示 8. 将维修后的车辆用大众 V. A. S5052 检测，并进行路试。

附：工作任务分析参考

常规思路：对于电子控制空气悬架的维修，首先用诊断仪器进入电控悬架控制单元，读取故障存储器中的信息，根据故障信息，具体检查、判断故障点。

此车的维修思路：此车在高速公路上不能降低底盘，可能是水平高度调节电磁阀体出现故障、水平高度传感器故障。因是电子控制空气悬架汽车，故先用大众专用解码器 V. A. G5051、V. A. S5052 等来诊断。

具体诊断过程：

① 用 V. A. S5052 查询电控悬架控制单元存储器，显示 1 个故障，为水平高度调节系统压缩机马达对地断路或断路。

② 更换新的水平高度调节系统压缩机马达，故障排除。

故障分析：

水平高度调节系统压缩机马达损坏，无法产生空气压缩，故无法调节悬架高度。

第三篇 汽车车身电子控制技术

随着人们对汽车安全、舒适和方便等方面提出的更高要求，为减轻驾驶员的负担，车身电子控制技术得到了迅速发展，显著提高了汽车的使用性能。本篇车身电子控制技术内容主要包括：安全气囊与安全带系统、汽车电子防盗控制系统、电子控制空调系统、照明设备的电子控制技术、汽车仪表信息系统、信息娱乐系统共 6 章。内容涉及汽车车身电子控制系统的基本原理、基本结构、故障诊断与排除。

第六章 安全气囊与安全带系统

学习目标

1. 了解电子控制安全气囊系统的发展、分类方式及组成；
2. 掌握电子控制安全气囊的结构组成与工作原理；
3. 掌握电子控制安全气囊系统故障诊断与维修的基本方法。

第一节 认识安全气囊与安全带系统

对乘员最有效的被动保护方法之一就是人体约束装置，它包括安全带约束系统和安全气囊约束系统，安全带与安全气囊统称为辅助约束系统（SRS)，属于被动安全保护装置。

一、安全气囊系统的发展历程

安全气囊（Supplemental Restraint System 或 Supplemental Restraint Safe Air Bag System，缩写为 SRS，即辅助防护系统或辅助防护安全气囊系统）是一种被动安全系统。它是一种当汽车遇到冲撞而急剧减速时能很快膨胀的缓冲垫，可以保护车内乘员不致撞到车厢内部，具有不受约束、使用方便和美观等优点，现已逐步发展到作为标准件安装到一些小型、紧凑型轿车上。

安全气囊是美国机械工程师约翰·赫缀克（John W. hertrick）1953 年发明的。从 20 世纪 70 年代开始采用座椅安全带和驾驶员正面气囊以来，已挽救了成千上万人的生命。

目前，侧面安全气囊开发研制工作方兴未艾，欧洲汽车公司处于领先地位。其主要原因有两个方面：一是欧洲汽车价格等级相对较高，增加气囊成本影响不大；二是欧洲侧面碰撞试验标准比美国严格。

二、安全气囊系统的分类

1. 根据碰撞类型

根据碰撞类型的不同，安全气囊可分为正面碰撞防护安全气囊系统、侧面碰撞防护安全气囊系统和顶部碰撞防护安全气囊系统。正面碰撞防护安全气囊系统在欧美轿车的驾驶员和副驾驶员处有较高的安装率，实际交通事故统计表明，安全气囊与三点式安全带配合使用，对正面碰撞事故中的乘员具有更好的保护效果。侧面碰撞防护安全气囊系统和顶部碰撞防护安全气囊系统也将逐渐普及。

2. 按照安全气囊安装数目分

按照安全气囊安装数目可分为单气囊系统（只装在驾驶员侧）和双气囊系统（驾驶员侧和副驾驶员侧各有一个安全气囊）两种。

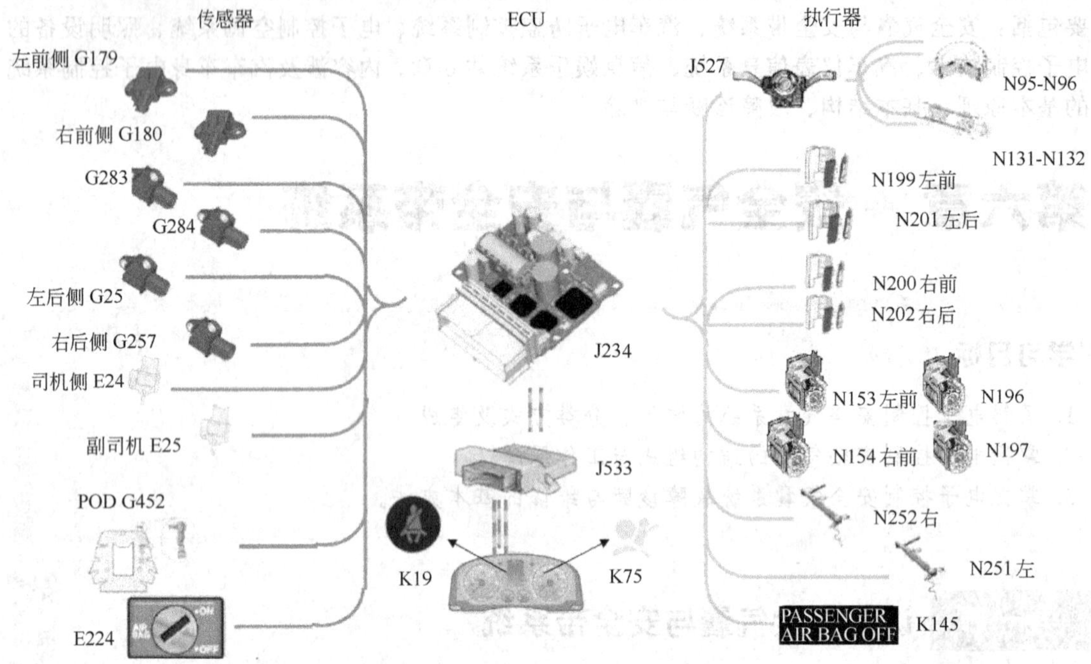

G179—驾驶员侧侧面安全气囊碰撞传感器　G180—副驾驶员侧侧面安全气囊碰撞传感器
G283—前部安全气囊碰撞传感器，驾驶员侧　G284—前部安全气囊碰撞传感器，副驾驶员侧
G256—驾驶员侧后部侧面安全气囊碰撞传感器　G257—副驾驶员侧后部侧面安全气囊碰撞传感器
E24—驾驶员侧安全带拉紧器　E25—副驾驶员侧安全带拉紧器
G452—坐椅坐人识别压力传感器　E224—用于关闭副驾驶员侧安全气囊的开关
K19—安全带指示　K75—安全气囊指示
J533—数据总线诊断接口，在左侧脚部空间内，中控台附近　J234—安全气囊控制单元，副仪表板后下方
N95—驾驶员侧安全气囊点火器 1　N96—驾驶员侧安全气囊点火器 2
N131—副驾驶员侧安全气囊点火器 1　N132—副驾驶员侧安全气囊点火器 2
N199—侧面安全气囊点火器，驾驶员侧　N200—侧面安全气囊点火器，副驾驶员侧
N201—后部侧面安全气囊点火器，驾驶员侧　N202—后部侧面安全气囊点火器，副驾驶员侧
N153—驾驶员侧安全带拉紧器触发装置　N154—副驾驶员侧安全带拉紧器触发装置
N196—驾驶员侧后部安全带拉紧器引爆装置　N197—副驾驶员侧后部安全带拉紧器引爆装置
N251—驾驶员侧头部安全气囊触发装置　N252—副驾驶员侧头部安全气囊触发装置
K145—安全气囊关闭指示灯，副驾驶员侧

图 6-1　安全气囊系统组成

3. 按照安全气囊的触发机构分

按照安全气囊的触发机构可分为电子式和机电式两种。电子式安全气囊只用一个减速仪，一般都安装在朝着车厢的前方。机电式安全气囊要求在车前方有多个传感器。为最大限度地减少偶然触发充气的可能性，可同时共用两种机构，只有当两种机构的传感器都探知到一个冲击时，气囊才触发而充气膨胀。

三、安全气囊系统的组成

安全气囊系统主要由传感器、执行器、电控单元（ECU）等组成。如图 6-1 所示。

四、安全气囊系统工作原理

1. 安全气囊工作过程

当汽车遭受前方一定角度范围内的碰撞时，安装在汽车前部和 SRS 的 ECU 内部的碰撞传感器都会检测到汽车突然减速的信号，并将信号输入 SRS 的 ECU，以便判断是否发生碰撞。当汽车遭受碰撞且减速度达到设定值时，SRS 的 ECU 发出控制指令将气囊组件中的点火器（电雷管）电路接通，电雷管引爆使点火剂（引药）受热爆炸（即电热处通电发热引爆炸药）。点火剂引爆时，迅速产生大量热量，使充气剂（叠氮化钠固体药片）受热分解并释放出大量氮气充入气囊，气囊便冲开气囊组件上的装饰盖板鼓向驾驶员和乘员，使驾驶员和乘员面部和胸部压靠在充满气体的气囊上，在人体与车内构件之间铺垫一个气垫，将人体与车内构件之间的碰撞变为弹性碰撞。通过气囊产生变形和排气节流来吸收人体碰撞产生的动能，从而达到保护人体之目的，如图 6-2 所示。

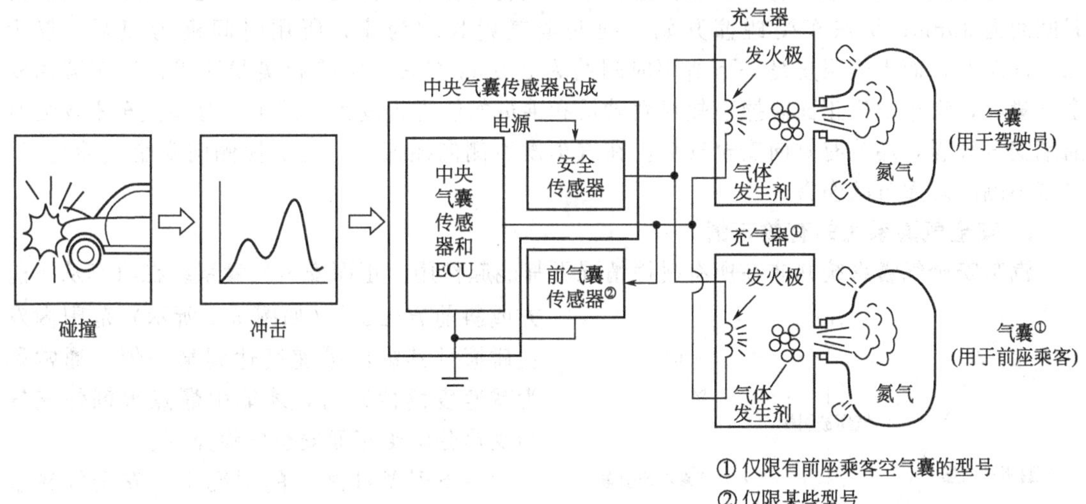

图 6-2 安全气囊工作过程

2. 安全气囊系统的动作过程

图 6-3 所示为大众宝来轿车车速为 40km/h 时与前面障碍物相撞时气囊的引爆过程。

撞墙 30ms 后，达到引爆系统引爆极限，点火器点燃气体发生器产生氮气，驾驶员仍然直坐着。

54ms 后，气囊已完全膨胀，驾驶员向前移动，安全带斜系在驾驶员身上并被拉长，部分冲击能量已被吸收。

84ms 后，驾驶员的头及身体上部压向气囊，气囊后面的排气孔将氮气在一定压力下匀速逸出。

110ms 后，驾驶员向后移动回到坐椅上，大部分气体从气囊中逸出，前方恢复清晰视野。

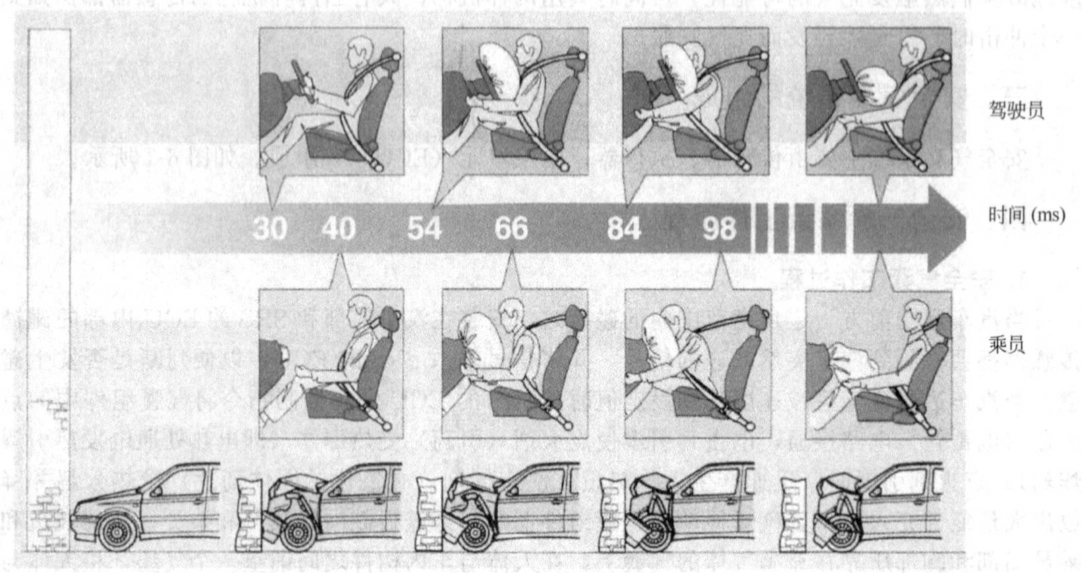

图 6-3 气囊引爆过程

由此可见，在安全气囊系统动作过程中，气囊动作时间极短。从开始充气到完全充满的时间约为 30ms；从汽车受碰撞开始，到安全气囊收缩为止，所用时间极为短暂，仅为 120ms 左右，而人的眼皮眨一下所用时间约为 300ms 左右。实验和实践证明，汽车装用安全气囊后，汽车发生正面碰撞事故对驾驶员和乘员的伤害程度大大减小。有些汽车不仅装有前端安全气囊，还装有侧向安全气囊，在汽车发生侧向碰撞时，也能使侧向安全气囊充气，以减小侧向碰撞时的伤害。

3. 安全气囊系统的有效范围

汽车安全气囊系统并非在所有碰撞情况下都能起作用。正面安全气囊系统在汽车从正前方或斜前方±30°（如图 6-4 所示）范围内发生碰撞且其纵向减速度达到某一值（通常称为减速度阈值）时，才能引爆点火剂使充气剂受热分解给正面安全气囊充气。

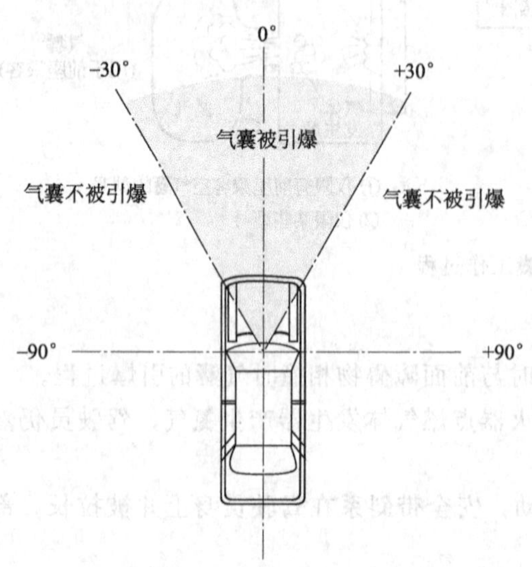

图 6-4 正面碰撞时安全气囊的有效范围

在下列条件之一的情况下，安全气囊系统不会引爆点火剂，也不会给安全气囊充气：

（1）汽车遭受侧面碰撞超过斜前方±30°时；

（2）汽车遭受横向碰撞时；

（3）汽车遭受后方碰撞时；

（4）汽车发生绕纵向轴线侧翻时；

（5）纵向减速度未达到设定阈值时；

（6）汽车正常行驶、正常制动或在路面不平的道路上行驶时。

减速度阈值由设计人员根据安全气囊系统的性能设定，不同车型安全气囊系统的减速度阈值可能有所不同。在美国，因为安全气囊系统是按驾驶员不配戴坐椅安全带来设计的，气囊体积大、充气时间长，所以安全气囊系统应在较低的减速度阀值时引爆点火剂，即汽车在较低的车速（12～22km/h）范围内行驶而发生碰撞时，安全气囊系统就应引爆点火剂，使充气剂（叠氮化钠）受热分解给气囊充气。在日本和欧洲，由于安全气囊系统是按驾驶员配戴坐椅安全带来设计的，气囊体积小、充气时间短，所以设定的减速度阈值较高。

汽车在较高车速（19～32km/h）范围内行驶而发生碰撞时，安全气囊系统才能引爆点火剂使充气剂受热分解给气囊充气。侧面安全气囊系统只有在汽车遭受侧面碰撞且其横向加速度达到设定的阈值时，才能引爆点火剂使充气剂受热分解给侧面安全气囊充气而不会给正面安全气囊充气。

五、安全气囊系统的使用及操作注意事项

（1）安全气囊被紧紧地折叠后置于气囊式方向盘的缓冲垫下及仪表板内，必须与安全带同时使用，才能完全发挥它的保护效果。

（2）安全气囊只能用一次，用完即报废。若仍需要，则需重新购置新品安装。

（3）安全气囊是在瞬间充胀弹出，人员的头部、胸部应与方向盘盖板及仪表板保持安全距离，才能使气囊发挥预期的功效，以免在汽车撞击时遭强力弹出的气囊撞伤。

（4）安全气囊充胀瞬间有较高的温度，且会有短暂的白色烟雾，在气囊泄气时，有热气散出，应避免灼伤。

（5）安全气囊按其被引爆的有效范围分为正向和侧向。正向引爆的安全气囊当在有效范围±30°内发生撞车，其纵向减速度达到某一值，气囊方可引爆。侧向引爆的气囊常用于保护后排乘员，只有侧向冲撞时，气囊才被引爆。

第二节 安全气囊系统部件结构与工作原理

一、碰撞传感器

传感器用于检测、判断汽车发生事故后的撞击信号，以便及时启动安全气囊，并提供足够的电能或机械能点燃气体发生器。

1. 碰撞传感器分类

传感器按其安装位置可分为前部安全气囊碰撞传感器、侧面安全气囊碰撞传感器、后座侧面安全气囊碰撞传感器。

（1）前部安全气囊碰撞传感器　交通事故产生的撞击会改变前部安全气囊碰撞传感器发送给安全气囊控制单元的信号，根据信号的情况，安全气囊控制单元内的一个极限下降值就被激活，这样可提高碰撞识别的准确性，并可提前点火触发安全气囊。安全气囊的提前触发大大提高了其保护作用。前端上部碰撞传感器位置如图 6-5 所示。

（2）侧面安全气囊碰撞传感器　在两个前车门内安装压力传感器。在发生侧面碰撞时，车辆的变形会使得车门内的压力短时升高，传感器会接收到这个压力升高的信息并将该信息传给安全气囊控制单元。侧面安全气囊碰撞传感器位置，如图 6-6 所示。

（3）后座侧面安全气囊碰撞传感器　后座侧面安全气囊碰撞传感器安装在汽车左、右 C 柱附近，这两个传感器是普通的碰撞传感器。

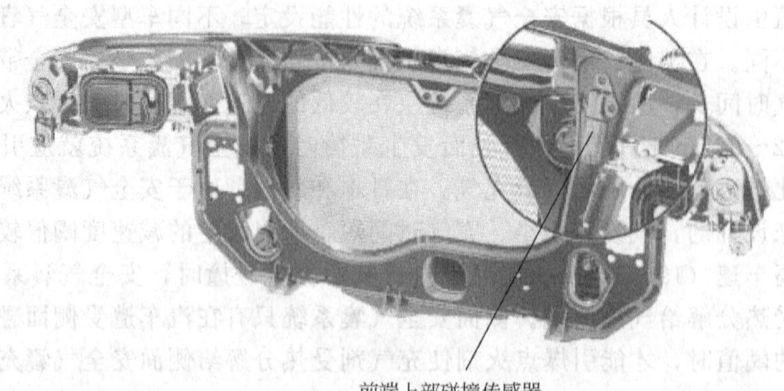

图 6-5 前端上部碰撞传感器位置示意图

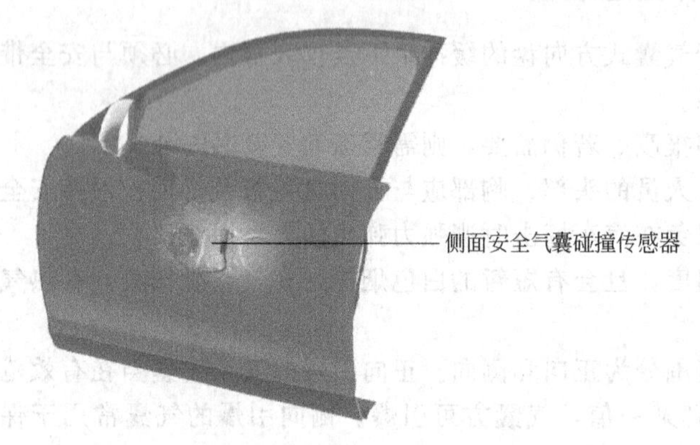

图 6-6 侧面安全气囊碰撞传感器位置示意图

2. 碰撞传感器的结构及工作原理

碰撞传感器主要由壳体、电子计算装置和微型机械式加速度传感器构成。简单地说，加速度传感器的结构就像电容器一样，有几个电容器片是固定的；对应的还有几个电容器片是活动的，它们是震动质量块。在发生交通事故时，震动质量块就被推向信号接收方向，于是电容器的电容就会发生变化，电子计算装置分析这个信息并将它处理成数字信号，再将此数据传给安全气囊控制单元。当压力状态改变时，压力传感器会对此作出反应，于是就可监控及分析微型机械式传感器的电阻。如图 6-7 所示。

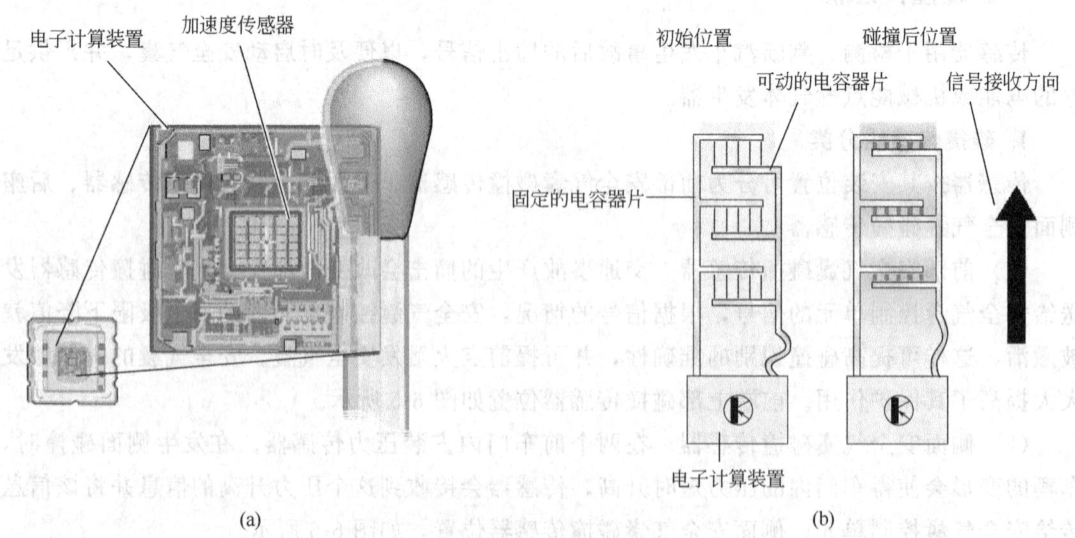

图 6-7 碰撞传感器的结构及工作原理图

二、安全气囊组件

气囊组件主要由气体发生器、点火器、气囊、饰盖和底板组成。驾驶员侧气囊组件位于方向盘中心处，乘客侧气囊组件位于仪表板右侧手套盒的上方。

(1) 气体发生器又称充气器，用于在点火器引爆点火剂时，产生气体向气囊充气，使气囊膨开。气体发生器用专用螺栓和专用螺母固定在气囊支架上，装配时只能用专用工具进行装配。气体发生器由上盖、下盖、充气剂（片状叠氮化钠）和金属滤网组成，如图 6-8 所示。上盖有若干个充气孔，充气孔有长方孔和圆孔两种。下盖上有安装孔，以便将气体发生器安装到气囊支架上。上盖与下盖用冷压工艺压装成一体，壳体内装充气剂、滤网和点火器。金属滤网安装在气体发生器的内表面，用来过滤充气剂和点火剂燃烧后的渣粒。

目前，大多数气体发生器都是利用热效反应产生氮气而充入气囊的。在点火器引爆点火剂的瞬间，点火剂会产生大量热量，叠氮化钠受热立即分解释放氮气，并从充气孔充入气囊。

(2) 点火器外包铝箔，安装在气体发生器内部中央位置，其分解图如图 6-9 所示。

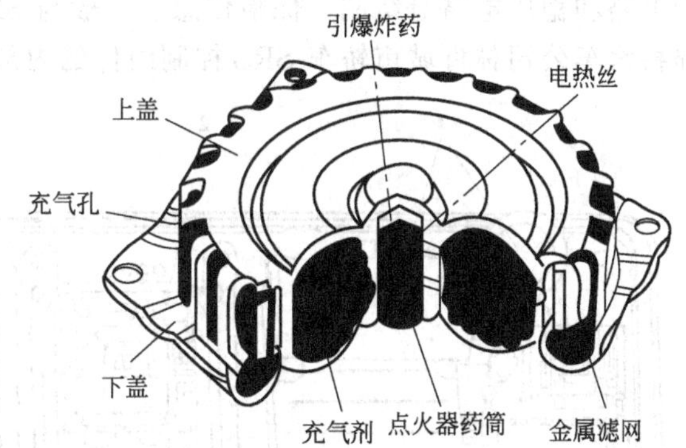

图 6-8 气体发生器

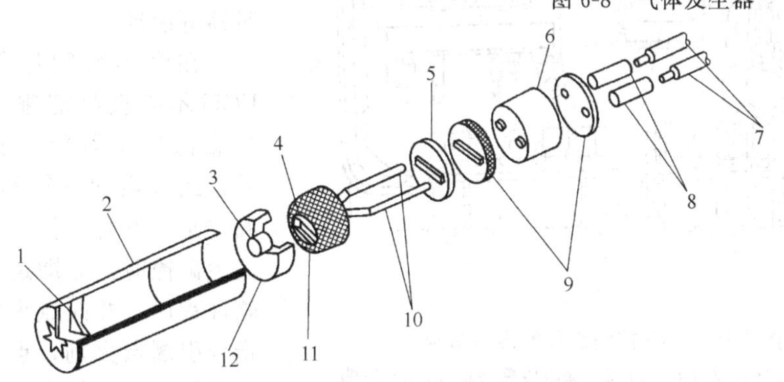

图 6-9 点火器分解图

1—引爆炸药；2—药筒；3—引药；4—电热丝；5—陶瓷片；6—基座（永久磁铁）；7—引出导线；8—绝缘套管；9—绝缘垫片；10—电极；11—电热头；12—药托

点火剂包括引爆炸药和引药，引出导线与气囊连接器插头连接，连接器中设有短路片（铜质弹簧片）。当连接器插头拔下或插头与连接器未完全结合时，短路片将两根引线短接，防止静电或导电将电热丝电路接通而造成气囊误膨开。

当 SRS 的 ECU 发出点火指令时，电热丝电路接通，电热丝迅速红热引爆引药，引爆炸药瞬间爆炸产生热量，药筒内温度和压力急剧升高并冲破药筒，使充气剂受热分解释放氮气充入气囊。

(3) 气囊按布置位置可分为驾驶员侧气囊、乘客侧气囊、后排气囊、侧面气囊、顶部气囊等；按大小可分为保护整个上身的大型气囊和主要保护面部的小型护面气囊。护面气囊成本较低，但一定要和坐椅安全带配合使用才有保护作用。由于欧洲车普遍使用安全带，所以欧洲汽车多采用小型气囊。美国汽车则针对未使用安全带设计，采用了大型气囊。目前汽车上配置的气囊数量有增多的趋势，别克 1995 年推出的概念车 XP2000 配备有 8 个安全气囊。

驾驶员侧气囊多采用尼龙布涂氯丁橡胶或有机硅制成。橡胶涂层起密封和阻燃作用。气囊背面有两个泄气孔。乘客侧气囊没有涂层，靠尼龙布本身的孔隙泄气。

(4) 饰盖是气囊组件的盖板，上面制有撕缝，以便气囊能冲破饰盖膨开。

(5) 底板气囊和充气器装在底板上，底板装在方向盘或车身上，气囊膨开时，底板承受气囊的反力。

三、安全气囊计算机

安全气囊计算机主要由安全气囊（SRS）逻辑模块、信号处理电路、备用电源电路、保护电路和稳压电路等组成，保险传感器一般与 SRS 的 ECU 一起被制作在 SRS 控制组件中。福特汽车公司林肯城市轿车 SRS 控制组件的内部结构如图 6-10 所示。

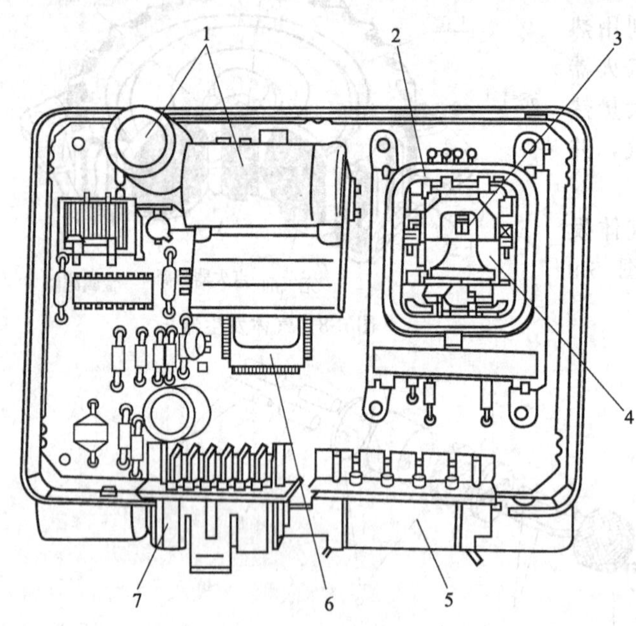

图 6-10 SRS 控制组件的内部结构

1—能量储存装置（电容）；2—保险传感器总成；3—传感器触点；4—传感器平衡块；5—四端子连接器；6—逻辑模块；7—SRS ECU 连接器

(1) SRS 逻辑模块 主要用于监测汽车纵向减速度或惯性力是否达到设定值，控制气囊组件中的点火器引爆点火剂。SRS 逻辑模块由模/数转换器、数/模转换器、串行输入/输出接口、只读存储器 ROM、随机存储器 RAM、可擦除可编程只读存储器 EEPROM 和定时器等组成。

在汽车行驶过程中，SRS 的 ECU 不断接收前碰撞传感器和防护碰撞传感器传来的车速变化信号，经过数学计算和逻辑判断后，确定是否发生碰撞。当判断结果为发生碰撞时，立即运行控制点火的软件程序，并向点火电路发出点火指令引爆点火剂，点火剂引爆时产生大量热量，使充气剂受热分解释放气体给 SRS 充气。

除此之外，SRS 的 ECU 还要对控制组件中关键部件的电路不断进行诊断测试，并通过 SRS 指示灯和存储在存储器中的故障代码来显示测试结果。仪表板上的 SRS 提示灯可直接向驾驶员提供安全气囊系统的状态信息。逻辑存储器中的状态信息和故障代码可用专用仪器或通过特定方式从串行通信接口调出，以供 SRS 系统故障检修参考。

(2) 信号处理电路 信号处理电路主要由放大器和滤波器组成，用于对传感器检测的信号进行整形、放大和滤波，以便 SRS 的 ECU 能够接收、识别和处理。

(3) 备用电源电路 安全气囊系统有两个电源，一个是汽车电源，另一个是备用电源。备用电源又称为后备电源或紧急备用电源。备用电源电路由电源控制电路和两个电容器组成。在单安全气囊系统的控制组件中，设有一个逻辑备用电源和一个点火备用电源。在双安全气囊系统的控制模块中，设有一个逻辑备用电源和两个点火备用电源，即两条点火电路各设一个备用电源。点火开关接通 10s 后，如果汽车电源电压高于 SRS ECU 的最低工作电压，那么逻辑备用电源和点火备用电源即可完成储能任务。

备用电源用于当汽车电源与 SRS 逻辑之间的电路切断后，在一定时间内维持安全气囊系统供电，保证安全气囊系统的正常工作。当汽车遭受碰撞而导致蓄电池和交流发电机与 SRS 的 ECU 之间的电路切断时，逻辑备用电源能在 6s 内向 ECU 供给电能，保持 ECU 能测出碰撞、发出点火指令等正常功能。点火备用电源能在 6s 内向点火器供给足够的点火能量引爆点火剂，使充气剂受热分解给气囊充气。时间超过 6s 后，备用电源供电能力降低，ECU 备用电源不能保证 ECU 测出碰撞和发出点火指令。点火备用电源不能供给最小点火能量，SRS 不能无气膨开。

（4）保护电路和稳压电路　在汽车电气系统中，许多电气部件有电感线圈，电器开关多，电器负载变化频繁。当线圈电流接通或切断、开关接通或断开、负载电流突然变化时，都会产生瞬时脉冲电压即过电压。若过电压加到安全气囊系统电路上，系统中的电子元件就可能因电压过高而导致损坏。为了防止安全气囊系统元件遭受损害，SRS ECU 中必须设置保护电路。同时，为了保证汽车电源电压变化时，安全气囊系统能够正常工作，还必须设置稳压电路。

第三节　安全气囊系统的故障诊断与检修方法

一、安全气囊故障检查注意事项

（1）安全气囊的故障很难确认，根据自诊断系统提取故障码是诊断和排除故障的重要途径和信息来源。因此在检查与排除安全气囊故障时，必须在拆下蓄电池负极电缆之前，读出故障码。

（2）检查工作务必在关闭点火开关，并将蓄电池负极电缆拆下 20s 或更长一段时间以后进行，因为安全气囊装备有备用电源，若检查工作在拆下蓄电池负极电缆后 20s 内就开始，安全气囊由备用电源供电，检查中很可能使安全气囊误膨胀；另外，汽车音响系统、防盗系统、时钟、电控坐椅、电控坐椅安全带收紧系统、微机控制驾驶位置设定的电控倾斜和伸缩转向系统、电控车外后视镜等系统均具有存储功能，当蓄电池负极电缆拆下后，存储的内容将会丢失。因此在检查工作开始之前，应通知车主将音响、防盗系统的密码和其他控制系统的有关内容记录下来。当检查工作结束后再重新设置密码和有关内容并调整时钟。绝不允许使用车外电源来避免各系统存储内容丢失，以免导致 SRS 误膨开。

（3）检查安全气囊时，即使只发生了轻微碰撞而 SRS 并未膨开，也应对前碰撞传感器、驾驶员 SRS 组件、乘员 SRS 组件、坐椅安全带收紧器等进行检查。

安全气囊对零部件的工作可靠性要求极高。所有零部件均为一次性使用部件，如需要更换零部件，则应使用新品，并且不允许使用不同型号车辆上的零部件。

在检修汽车其他零部件时，如有可能对安全气囊的传感器产生冲击，则应在检修工作开始之前，先拆下前碰撞传感器，以防 SRS 误膨开。

安全气囊的保险传感器采用了汞开关式传感器。由于水银蒸气有剧毒，因此保险传感器更换之后，换下的旧保险传感器不能随意毁掉，应作为有害废物处理。

当前碰撞传感器、SRS 的 ECU 或 SRS 组件摔碰之后导致壳体、支架、连接器有裂纹、凹陷时，应更换。

前碰撞传感器、SRS 的 ECU 或 SRS 组件不得曝晒或接近火源。

绝对不能检测点火器的电阻，否则有可能引爆安全气囊。检测其他部件电阻和检测安全气囊故障时，必须使用高阻抗万用表，即最好使用数字式万用表。如果使用指针式万用表，由于其阻抗小，表内电源的电压加到安全气囊上可能引爆安全气囊。

在安全气囊各总成或零部件表面上，均标有说明标牌或注意事项，使用与检查时必须按规定进行。

(4) 完成安全气囊的检查之后，必须对 SRS 指示灯进行检查。当点火开关转到接通或辅助位置时，SRS 指示灯亮 6s 左右后自动熄灭，说明安全气囊正常。

(5) 拆卸或搬运 SRS 组件时，安全气囊饰盖一面应朝上，不得将 SRS 组件重叠堆放，以防安全气囊误膨开造成严重事故。

(6) 在报废整车或报废 SRS 组件时，应在报废之前使用专用维修工具将安全气囊引爆。引爆工作应在远离电场干扰的地方进行，以免电场过强而导致安全气囊误爆。

(7) 汽车已发生过碰撞、安全气囊一旦引爆膨胀后，SRS ECU 就不能继续使用。

(8) 当连接或拆下 SRS 的 ECU 上的连接器时，因为保险传感器与 ECU 组件在一起，所以应在 ECU 组件安装固定之后再对保险传感器进行连接或拆卸，否则保险传感器就起不到保护作用。

(9) 安装方向盘时，其安装位置必须正确，即必须安装在转向柱管上，并使螺旋弹簧位于中间位置，否则会造成螺旋线束脱落或发生故障。安全气囊线束套装在黄色波纹管内，并与发动机总线束和地板线束连成一体，所有线束连接器均为黄色，以便于区别。当发生交通事故而使安全气囊线束脱开或连接器破碎时，都应修理或更换安全气囊。

二、安全气囊故障自诊断

安全气囊具有故障自诊断功能，安全气囊一旦发生故障，自诊断电路就能诊断出来，且控制仪表板上的 SRS 指示灯闪烁提示驾驶员安全气囊出现故障，同时将故障编成代码存入 SRS 的 ECU 存储器，以便检查安全气囊时，通过调用故障码尽快查到故障部位。

(1) 读取故障码　丰田汽车安全气囊的故障码，可用一根跨接线跨接诊断连接器上的 T_c、E_1 两个端子，通过仪表板上的 SRS 指示灯闪烁规律读取。

① 检查 SRS 指示灯。将点火开关转到 ON 挡或 ACC 挡位置，如 SRS 指示灯亮 6s 后熄灭，说明 SRS 指示灯及其线路正常，可以读取故障码。若 SRS 指示灯不亮，说明指示灯或其线路有故障，应检修后才能读取故障码。

② 将点火开关转到 ON 挡或 ACC 挡位置，并等待 20s 以上。

③ 用跨接线将 TDCL 诊断连接器的 T_c、E_1 两个端子短接。

④ 根据仪表板上的 SRS 指示灯闪烁情况读取故障码，故障码的闪烁规律如图 6-11 所示。

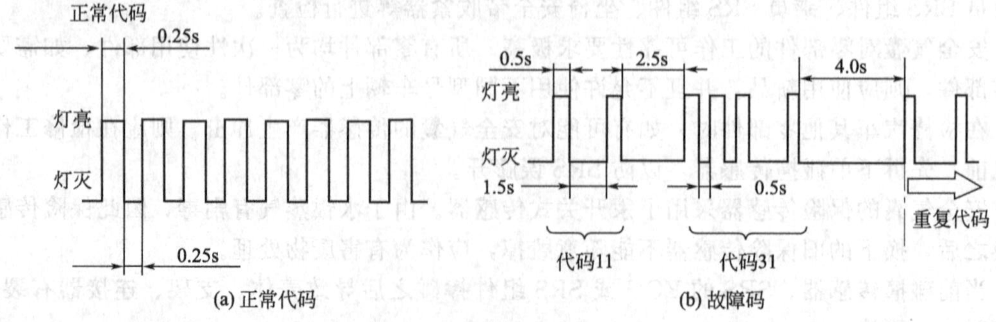

图 6-11　故障码的闪烁规律

若安全气囊功能正常，则仪表板上的 SRS 指示灯每秒闪烁两次，每次灯亮与灯灭时间均为 0.25s，高电平时灯亮，低电平时灯灭；若安全气囊有故障，SRS 指示灯闪烁显示故障码，故障码为两位数字，SRS 指示灯先显示十位数字，后显示个位数字。同一数字灯亮与灯灭时间均为 0.5s，十位数字与个位数字之间间隔 1.5 s。若有多个故障码，则故障码与故障码之间间隔 2.5s，并按由小到大的顺序显示故障码。故障码全部输出后，间隔 4s 再重复显示。

当点火开关置 ON 挡或 ACC 挡位置后，SRS 指示灯一直亮，但读取故障码时显示代码正常，说明蓄电池电压过低或 SRS 的 ECU 的备用电源电压过低，SRS 的 ECU 设计时未将此故障编成代码存入存储器。当电源电压恢复正常后约 10s，SRS 指示灯自动熄灭。

当 SRS 指示灯线路断路时不能显示故障码，所以在断路故障排除之前，SRS 指示灯无法显示故障码。

当安全气囊发生故障时，SRS 的 ECU 将故障编成代码 11 至 31 存入存储器中。如果 SRS 指示灯显示出表 6-1 以外的代码，说明 SRS 的 ECU 有故障。

当排除故障码 11 至 31 所指示的故障并清除故障码后，SRS 的 ECU 将代码 41 存入存储器，SRS 指示灯将一直发亮，直到故障码 41 被清除为止。

（2）故障码表　安全气囊故障码如表 6-1 所示。

表 6-1　安全气囊故障码

故障码	故 障 原 因	故 障 部 位	指示灯状态
正常	安全气囊正常		OFF
	安全气囊电源电压过低	蓄电池；SRS 的 ECU	ON
11	安全气囊点火器线路搭铁前碰撞传感器线路搭铁	安全气囊组件；螺旋线束；前碰撞传感器；SRS 的 ECU	ON
12	SRS 点火器引线与电源线搭铁 前碰撞传感器引线与电源线搭铁 前碰撞传感器引线断路 螺旋线束与电源线搭铁	安全气囊组件；螺旋线束；传感器线路；SRS 的 ECU	0N
13	SRS 点火器线路短路	安全气囊点火器；螺旋线束；SRS 的 ECU	ON
14	SRS 点火器线路断路	安全气囊点火器；螺旋线束；SRS 的 ECU	ON
15	前碰撞传感器线路断路	安全气囊线束；前碰撞传感器；SRS 的 ECU	ON
22	SRS 指示灯线路断路	安全气囊线束；SRS 指示灯；SRS 的 ECU	ON
31	SRS 备用电源失效 SRS ECU 故障	SRS 的 ECU	ON
41	SRS ECU 曾记忆过故障码	SRS 的 ECU	ON

（3）清除故障码　SRS 指示灯只有在存储器中的故障码全部清除后，才能恢复正常显示。读取故障码时，如 SRS 指示灯显示有故障码，说明安全气囊发生过故障，但是无法显示故障是发生在现在还是过去。因此，每当排除故障后，必须清除故障码，并在清除故障码之后，再次读取故障码，确认故障码已全部清除。

安全气囊故障码的清除方法与其他电控系统故障码的清除方法有所不同。当故障码 11 至 31 代表的故障被排除并清除故障码之后，SRS 的 ECU 将代码 41 存入存储器中，使 SRS 指示灯一直发亮，直到代码 41 清除后，SRS 指示灯才恢复正常显示。因此，清除安全气囊故障码需要分两步进行。第一步清除代码 41 以外的故障码，第二步清除代码 41。

① 清除代码 41 以外的故障码。关闭点火开关，拔下熔断器盒内的 ECU-B 熔断器或拆下蓄电池负极电缆 10s 或更长时间后，代码 41 以外的故障码即可被清除。

② 清除代码 41 以外的故障码注意事项。在清除故障码后接上蓄电池负极电缆时，必须关闭点火开关。若点火开关处于接通状态，会导致诊断系统工作失常。

拆卸蓄电池负极电缆清除故障码之前，应先将音响和防盗等系统的密码记录下来。否则，蓄电池负极电缆拆下后，音响和防盗等系统以及时钟存储的内容将会丢失。

③ 清除代码 41。安全气囊系统的代码 41 必须采用特定程序才能清除：

取两根跨接线，将其分别与 TDCL 诊断连接器的 T_C、AB 端子连接，如图 6-12 所示；接通点火开关并等待 6s 以上。

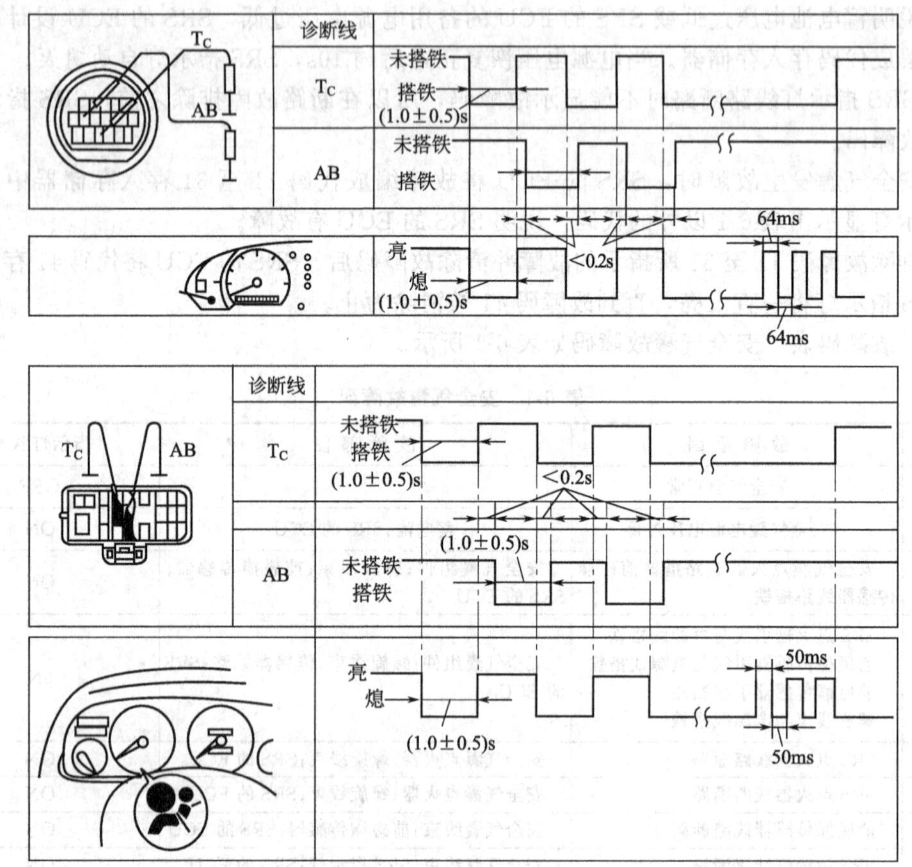

图 6-12　代码 41 的清除程序

先将连接 T_C 端子的跨接线端子搭铁（1.0±0.5）s，然后离开搭铁部位，并在端子离开搭铁部位后 0.2s 内，将连接 AB 端子的跨接线端子搭铁（1.0±0.5）s；

再将 AB 端子离开搭铁部位之前 0.2s 内，将 T_C 端子第二次搭铁（1.0±0.5）s；

再将 T_C 端子第二次离开搭铁部位之后 0.2s 内，将 AB 端子第二次搭铁（1.0±0.5）s；

再将 AB 端子第二次离开搭铁部位之前 0.2s 内，将端子 T_C 第三次搭铁；

再将 T_C 端子第三次搭铁 0.2s 内，将 AB 端子离开搭铁部位，并将 T_C 端子保持搭铁、AB 端子保持离开搭铁部位，直到数秒钟之后，SRS 指示灯以亮 64ms、灭 64ms 的闪烁周期闪烁时，代码 41 即被清除，此时再将 T_C 端子离开搭铁部位。

④ 清除代码 41 的注意事项。清除代码 41 时，必须按照上述规定的时间间隔进行操作，否则当时间间隔超出规定，则不能清除代码 41。

上述方法在清除代码 41 的同时，其他故障码也将立即被清除。因此，只有在调取故障码、排除故障、清除代码 41 以外的故障码，并再次读取故障码，确认安全气囊故障已经全部排除之后才能进行清除代码 41 的操作。

三、故障码的检查

以 LS400 轿车故障码 11 为例说明安全气囊故障的诊断与检查方法。

(1) 故障原因 SRS 点火器引线搭铁；SRS 点火器失效；前碰撞传感器故障；SRS ECU 至螺旋线束连接器之间的线束搭铁；螺旋线束搭铁；SRS 的 ECU 故障。

(2) 故障检查

① 检查准备。关闭点火开关，拆下蓄电池负极电缆，等待 20s 后，拆下 SRS 组件。

② 检查前碰撞传感器电路。拔下 SRS 的 ECU 线束连接器，先检测线束连接器的＋SR 与－SR 端子、＋SL 与－SL 端子之间的电阻，其值应为 755～885Ω。若阻值不符，说明端子＋SR、－SR、＋SL 或－SL 至前碰撞传感器之间的线束搭铁或前碰撞传感器电路搭铁。

再检测＋SR、＋SL 端子与车身之间的电阻，其值应为无穷大。如阻值正常，说明线束良好，故障出在传感器，即前碰撞传感器需要更换；否则，说明端子＋SR 或＋SL 至前碰撞传感器之间的线束搭铁，需要修理或更换线束。

③ 检查前碰撞传感器。脱开前碰撞传感器线束连接器，用万用表检测前碰撞传感器连接器各端子间的阻值，阻值应符合表 6-2 规定。否则，更换传感器。

表 6-2 前碰撞传感器的阻值

被测端子代号	阻值标准/Ω
＋S、＋A	755～885
＋S、－S	∞
－S、－A	<1

④ 检查 SRS 点火器线路和螺旋线束。拔下 SRS 组件与螺旋线束之间的连接器，用万用表检测螺旋线束一侧连接器的端子 D＋、D－之间的电阻，其值应为无穷大。否则，将 SRS ECU 与螺旋线束之间的连接器拔开，再次检测螺旋线束一侧连接器的端子 D＋、D－之间的电阻，其值应为零。否则，修理或更换螺旋线束。

⑤ 检查安全碰撞（图 6-10 中保险传感器）。读取故障码检查 SRS ECU。先将 SRS ECU 线束连接器插上，然后用导线将靠近 SRS 组件一端的螺旋线束连接器端子 D＋、D－用一只 2Ω 电阻连接起来，首先，螺旋电缆与 ECU 的连接器插上，螺旋电缆与气囊连接器不插。再将蓄电池负极电缆接上。其次，在未插的连接器螺旋线端的连接端子 D＋、D－之间跨接一个 2Ω 电阻。20s 以后，接通点火开关，过 2s 后，用跨接线将诊断连接器 TDCL 上的端子 T_C、E_1 跨接，同时利用 SRS 指示灯读取故障码。若无故障码输出或不输出 11 号故障码，说明 SRS ECU 正常；若输出 11 号故障码，说明与 SRS ECU 安装在一起的安全碰撞传感器（保险传感器）有故障，应更换 SRS ECU。当输出代码 11 以外的故障码时，可按故障码表示的故障进行检查。

⑥ 读取故障码检查 SRS 点火器。关闭点火开关，拆下蓄电池负极电缆，至少 20s 后插上 SRS 组件连接器，再接上蓄电池负极电缆。等待 20s 后，接通点火开关。再等 20s 后，用跨接线将诊断连接器 TDCL 上的端子 T_C、E_1 跨接，同时利用 SRS 指示灯读取故障码。如无故障码输出或不输出 11 号故障码，说明 SRS 点火器正常；如输出 11 号故障码，说明 SRS 点火器故障，需要更换 SRS 组件。当输出 11 号以外的故障码时，可按故障码表示的故障进行检查。

第⑥步骤的含义是：在第⑤步排除安全碰撞传感器故障的基础上，判断点火器有无故障。

拆下蓄电池负极电缆 20s 是消除故障码，消除后恢复系统的电器连接，再读取故障码以保证故障码含义的真实性。SRS 系统电路原理见图 6-13。

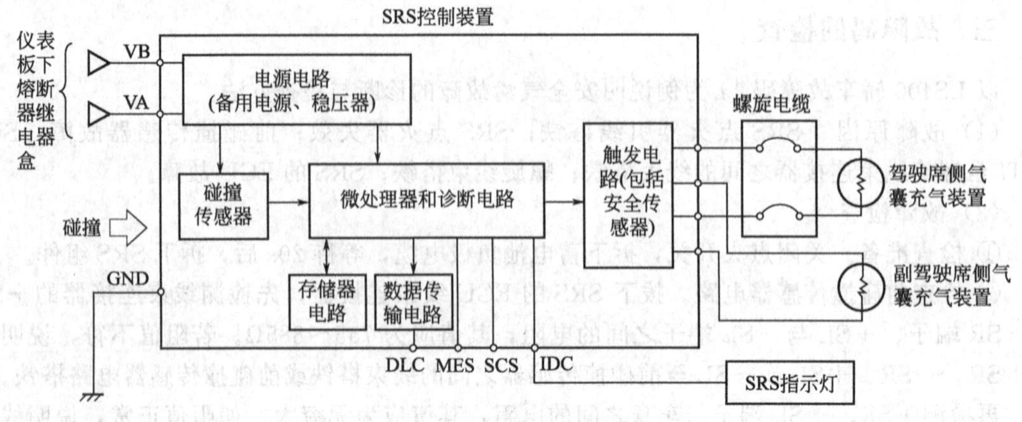

图 6-13 SRS系统电路原理

四、安全气囊报废处理

在报废整车或报废SRS组件时应在报废之前先用专用维修工具SST将安全气囊引爆。引爆工作应在远离电场干扰的地方进行，以免电场过强而导致安全气囊误爆。引爆SRS时，应按制造厂家规定的方法进行。有的规定在汽车上引爆，如图6-14所示，有的规定先从汽车上将SRS组件拆下，然后再按图6-15所示方法引爆。具体操作方法如下。

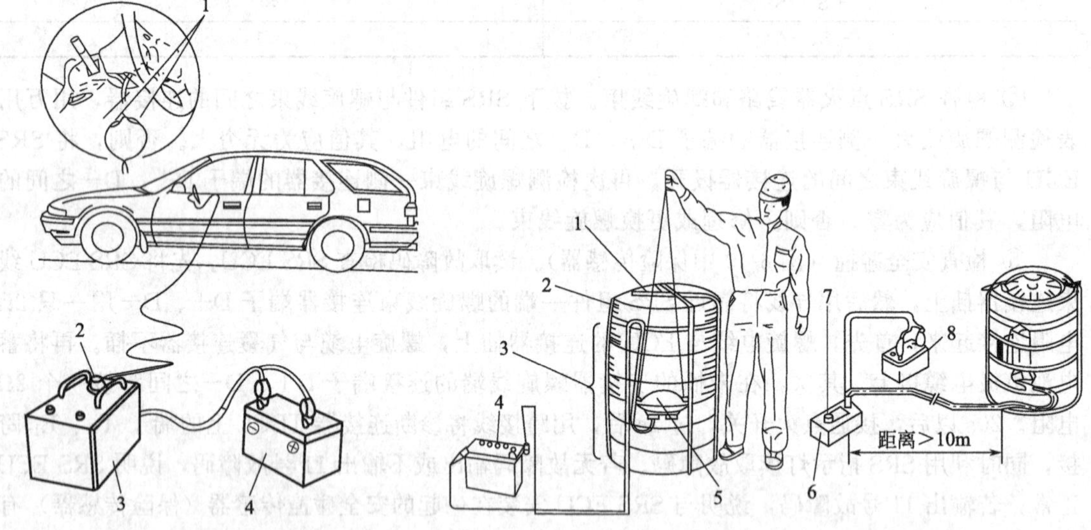

图 6-14 安全气囊的车上引爆

1—接线夹（黄色）；2—引爆开关；3—引爆器；4—蓄电池

图 6-15 安全气囊的车下引爆

1—固定轮胎的绳子；2—未拆轮辋的轮胎；3—拆掉轮辋的轮胎；4,8—蓄电池；5—安全气囊组件；6—引爆器；7—引爆

① 拆下蓄电池负极电缆。

② 拔下SRS组件与螺旋线束之间的连接器。

③ 剪断SRS组件线束，使连接器与线束分离。

④ 连接引爆器接线夹与SRS组件引线。

⑤ 先将引爆器放置距SRS组件10m以外的地方，然后再将电源夹与蓄电池连接。

⑥ 查看引爆器上的红色指示灯是否发亮，当红色指示灯发亮后才能引爆。

⑦ 按下引爆开关引爆SRS。待绿色指示灯发亮之后，将引爆后的SRS装入塑料袋内再

做废物处理。

本章小结

本章的讲解是使学生明确在维修带安全气囊的车辆时应具备的知识。只有掌握安全气囊传感器、安全气囊组件、安全气囊计算机的结构与工作原理、安全气囊系统的使用及维修注意事项，才能针对具体故障采用理论分析，通过仪器设备检测，判断具体故障点，避免靠维修经验误诊断。在维修过程中，培养自己科学、严谨、求实的工作作风。

思考题

1. 简述安全气囊系统的分类方式。
2. 简述安全气囊系统的组成及功用。
3. 阐述使用安全气囊时的注意事项。
4. 简述前碰撞传感器的分类和组成。
5. 简述安全气囊组件的组成。
6. 简述安全气囊系统的工作过程和动作过程。

工作任务

一位客户因为“安全气囊”指示灯亮，把他的汽车开到了修理厂，进行修理。

导向1. 从观察到的故障现象列述可能存在的各种原因。

信息2. 解释“安全气囊”指示灯始终亮着这种情况发生的条件和可能原因。

3. 设法搜集实施故障查找需要的资料。

计划 4. 制定实施故障查找的工作计划。

序号	工 作 步 骤	工　　具
1		
2		

实施 5. 实施故障查找。

计划 6. 写出更换故障部件的工作步骤。

实施 7. 根据自己确定的工作步骤更换故障部件。

检查 8. 清楚解码器中故障码，在试运转后重新读取故障存储器中的信息。

检查 9. 在交车之前检查检测证明，并准备好移交汽车的资料。

附：工作任务分析参考

常规思路：对于配置车载诊断系统汽车的维修，首先用诊断仪器进入安全气囊系统，读取故障存储器中的信息，根据故障信息，具体检查、判断故障点。

此车的维修思路：此车安全气囊指示灯亮的故障现象，可谓是个共性故障，可能的故障因素很多，在思路上要考虑大的方向，不要考虑具体，首先用解码器读取故障码，根据故障信息，用万用表检测故障信息所指的故障部件。

具体诊断过程：

1. 连接解码器，读取故障码。

2. 用万用表检测故障信息所指的故障部件。

3. 确定故障部位，更换新部件或处理故障部位。

故障分析：

只要是安全气囊控制单元所涉及的部件出现故障，都可引发安全气囊故障指示灯亮。要根据实车故障，采取相应的方法解决故障。

第七章 汽车电子防盗控制系统

学习目标

1. 了解电子防盗控制系统的发展、分类；
2. 掌握防盗系统的结构组成及工作原理；
3. 掌握电子防盗控制系统的使用与检修；
4. 为了检验学生应用这些知识的能力，引用企业车间工作任务案例，让学生解决工作任务，培养学生的检修能力。

第一节 认识汽车防盗控制系统

汽车防盗系统的作用是防止汽车在未被授权的情况下，利用汽车自身的动力将车辆盗走，即防止非法启动发动机。车辆防盗系统与发动机禁止启动系统是保证车辆安全的必要系统。

一、汽车防盗控制系统发展历程

1949 年，美国克莱斯勒公司开始采用联合按键来操纵汽车点火的电点火锁，这是世界上最早运用的电点火锁。

20 世纪 70 年代初期，国外生产的中高档轿车开始装备电子密码点火开关和电子控制门锁。

20 世纪 80 年代末，法国雷诺牌“未来”型高级轿车采用了红外线遥控车门，两扇侧门可以自动向前或向后开启与锁闭。

汽车防盗控制系统已由初期的机械控制，发展成为钥匙控制——电子密码——遥控呼救——信息报警的汽车防盗系统，由以前单纯的机械钥匙防盗技术走向电子防盗、生物特征式电子防盗。

二、汽车防盗控制系统功能

汽车防盗技术的发展是随着盗车案件的增多和汽车技术的发展而发展的。融合电子信息技术、数字信技术、传感器技术、控制技术、计算机处理技术和汽车网络技术于一身的汽车防盗技术正朝着高度智能化、功能多样化和网络化发展。

综合考虑，车辆防盗系统的功能主要包括以下三方面：防止非法进入汽车；防止破坏或非法搬运汽车；防止汽车被非法开走。换句话说，汽车防盗一般应从三个方面考虑：门锁的工作可靠性、发动机的防盗性、汽车的防盗报警功能。

三、汽车防盗系统的组成与分类

狭义的防盗系统主要是指一些防盗设备，如各种防盗锁和各类报警器，广义的防盗系统应包括中控门锁、发动机控制单元和报警系统。特别是汽车先进的门锁控制系统和发动机控制单元是先进的防盗系统不可或缺的一部分。

1. 防盗系统的组成

最基本的汽车防盗系统如图 7-1 所示，通常包括三个部分：报警启动/解除操作部分、控制电路部分、执行机构部分。点火开关首先启动防盗系统，接着由装在各类开关上的各类传感器检测是否出现非法进入汽车并开始启动发动机；或非法搬运汽车的情况，当探测到汽车出现异常时，防盗控制 ECU 向执行机构部分发出命令，一方面要求其发出报警信号，包括尖锐的警示声音和灯光闪烁，另一方面要求其阻止启动机和发动机运转，使汽车失去运动能力。

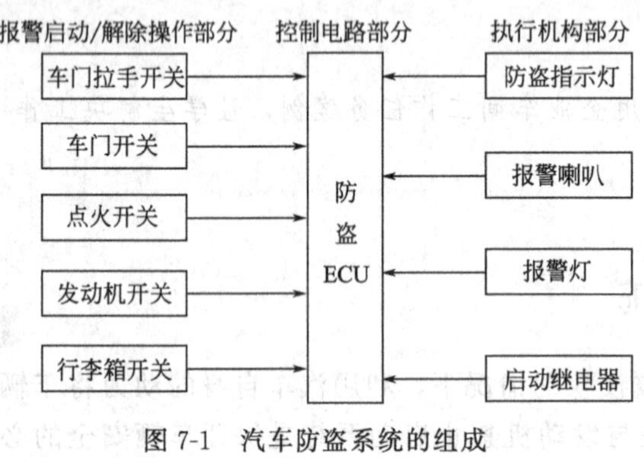

图 7-1　汽车防盗系统的组成

2. 汽车防盗系统的分类

汽车防盗设备的结构与功能可分为四大类：机械式防盗锁、电子式防盗系统、芯片式防盗系统和网络式（GPS）防盗技术，其中电子式防盗系统是应用最广泛的汽车防盗设备，网络式（GPS）由于造价和技术原因还处于试用阶段。

（1）机械式防盗锁　机械式防盗锁是早期的汽车防盗器材，它主要靠机械的方法锁定离合器、油路、变速挡、方向盘、制动器等来达到防盗的目的，如变速杆锁（锁住变速杆使其不能移动）、方向盘锁（也叫拐杖锁，挂在方向盘与离合器踏板之间）、轮胎锁（固定住轮胎）等。

（2）电子式防盗系统　车主通过遥控器来控制汽车，但是车辆的真实状况却无法反馈回车主。当电子式防盗系统启动（激活）之后，如有非法移动汽车，打碎玻璃，破坏点火开关锁芯，拆卸轮胎和音响，非法打开车门、燃油箱加注口盖、行李箱门或非法接通点火开关等，防盗系统均会立即报警。

（3）芯片式防盗系统　芯片式防盗系统是现在汽车防盗系统发展的重点。其基本原理是用密码钥匙锁住汽车的马达、电路和油路，在没有钥匙的情况下无法启动车辆。由于数字化的密码重码率极低，而且要用密码钥匙接触车上的密码锁才能开锁，杜绝了被扫描的弊病。它不仅比以往的电子防盗系统更有效地起到防盗作用外，还具有其他先进之处：它采用的独特射频识别技术可以保证系统在任何情况下都能正确识别驾驶者，在车主接近或远离车辆时可自动识别其身份，自动打开或关闭车锁；无论在车内还是车外，独创的 TMS37211 器件能够轻松探测到电子钥匙的位置。

目前进口的很多高挡车，以及国产的大众、广州本田等车型都装有原厂配备的芯片式防盗系统。

（4）网络式（GPS）防盗技术　该系统由卫星监控中心的中央控制系统、车辆上的移动 GPS 终端设备及 GSM 通信网络组成。正是由于 GPS 系统可以随时从电子地图了解车辆位置及情况，与车主保持联系，所以实现了对车辆的跟踪掌握。

目前这项技术正在开始应用到汽车租赁、物流车辆、出租车辆等管理及私家车防盗。

四、电子防盗控制系统的结构与原理

电子式防盗系统一般由车身防盗报警装置和发动机防启动装置两部分组成。当盗贼企图非法开锁或强行进入车内触发防盗报警系统后，车身防盗报警装置将发出刺耳的声音和闪光，恐吓盗贼，增加盗贼的心理压力，使其主动放弃，同时也提醒路人和车主采取相应措施；当盗贼企图非法启动车辆时，防盗系统使启动机或发动机电脑控制系统处于锁止状态，使其无法启动车辆，延长其盗车时间。部分原厂车为了降低成本，仅安装发动机防启动装置。

1. **车身防盗报警装置**

图 7-2 所示为轿车的车身防盗报警装置，控制原理框图见图 7-3。

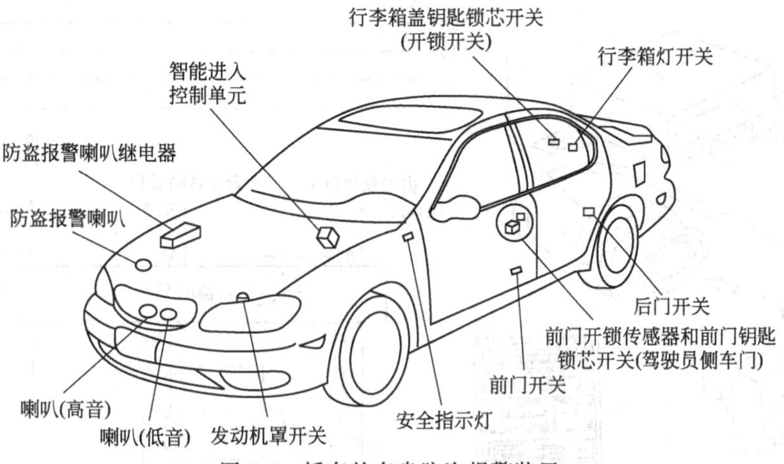

图 7-2 轿车的车身防盗报警装置

电子防盗报警装置的各部分组成及主要功能如下。

① 防盗控制器　即遥控防盗系统控制单元。它是防盗系统的核心和控制中心。

② 感应探测部分　它由传感器或探头组成，目前普遍使用的是振荡传感器，部分车辆也使用微波及红外探头，当车辆受到盗贼外力击打、非法开锁或非法进入车内时，将为防盗控制器提供触发信号。

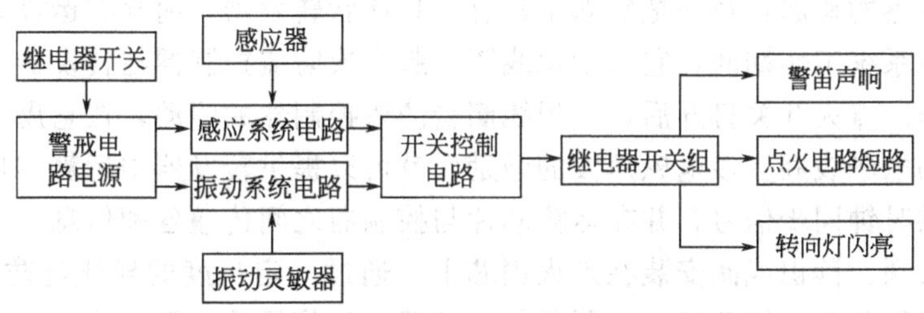

图 7-3 车身防盗报警装置控制原理框图

③ 门控部分　包括发动机罩开关、门开关及行李箱开关等。

④ 报警部分　包括安全指示灯和防盗喇叭。安全指示灯用于指示防盗系统的工作状态，当防盗系统被触发或非法动作（开、闭锁）时防盗喇叭发出警报。

其工作原理如下。

当车身防盗系统的激活处于预警状态时，防盗控制器根据车门开关、发动机盖开关、行李箱开关、点火开关等输入的信号，对汽车的不正常状态和非授权侵入进行监测。当判定出现不正常状态或非授权侵入时，电控单元将通过控制相应继电器使喇叭和报警器鸣响，使车灯和警告灯闪烁，发出声光报警信号，并通过防盗继电器切断点火和启动机电路，使汽车不能启动。声光信号持续报警时间可以进行预设，一般为 1～3min。

2. **发动机防启动装置**

大部分汽车原厂家的防盗系统多为防启动装置，即在车主离开汽车并设定防盗系统后，如有人非法进入车内，并试图用非法配制的点火钥匙启动车辆时，防发动机启动装置则断开发动机点火电路或通过发动机电脑控制系统切断喷油控制电路（有的车型也同时切断汽油泵电路），使启动机无法运转，从而防止车辆被盗。下面以桑塔纳 2000GSI 型轿车的防发动机启动装置为例，说明发动机防启动装置的原理。图 7-4 所示为桑塔纳 2000GSI 型轿车的防发动机启动装置的部件，由带转发器的钥匙、读识线圈和防盗控制器三部分组成，并由一个指识灯表示系统的不同状态。其控制电路如图 7-5 所示。

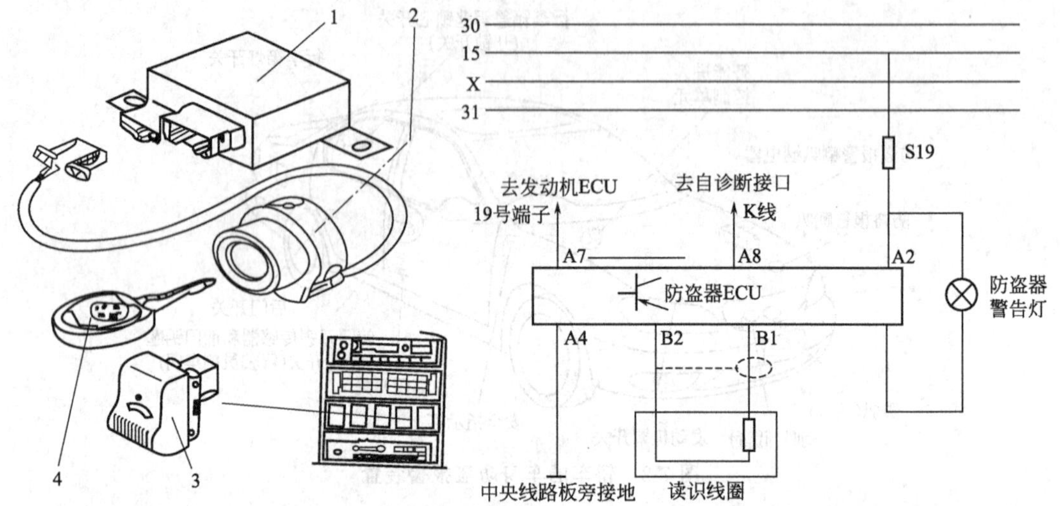

图 7-4　桑塔纳 2000GSI 型轿车电子防盗系统的部件

1—防盗器控制单元；2—防盗器读识线圈；3—防盗器警告灯；4—带转发器的汽车钥匙

图 7-5　桑塔纳 2000GSI 型轿车电子防盗系统控制电路

(1) 带转发器的钥匙：每一把钥匙中都有一只棒状转发器，内含有运算芯片和一个细小的电磁线圈。在系统工作期间，它与读识线圈一起完成防盗控制器与转发器中运算芯片信号及能量传递工作。点火开关打开后，读识线圈受防盗控制器的驱动，在它周围建立起电磁声波；转发器中的电磁线圈受该电磁声波的激励，就可以提供转发器中运算芯片工作所需的能量；还可以提供时钟同步信号，并在运算芯片与控制器之间传递各种信息。

(2) 读识线圈：读识线圈安装在点火锁芯上，通过一定长度的导线与防盗控制器相连，作为防盗控制器的负载，担负防盗控制器与转发器之间信号及能量的传递任务。

(3) 防盗控制器：防盗控制器是一个包含微处理器的电子控制器。只有在点火开关打开时才工作，它进行系统密码运算及比较，并控制整个系统的通信（包括与转发器和发动机控制器的通信），同时它还完成与诊断仪的通信。其内部框图如图7-6所示。

桑塔纳 2000GSI 型轿车防盗系统发动机防启动装置的原理如下。

当点火钥匙插入点火锁芯并将其旋至点火开关打开位置时，嵌在点火锁芯上的线圈马上受到防盗控制器的驱动，建立起一个电磁场。转发器受这个电磁场的激励才可以开始工作。

点火开关一打开，防盗控制器即通过读识线圈向转发器输出一 56bit 长度的随机数，这是一个询问过程。转发器的响应也是一个数，这个数由转发器根据从防盗控制器收到的随机数和其自身存储的密码信息经过特定的计算程序计算出一个数并将这个数与从转发器收到的数进行比较，只有两者吻合，防盗控制器才认为这把钥匙中的转发器是合法的。如果钥匙中没有转发器或者转发器信号太弱，防盗控制器将在 2s 内重复进行询问直至收到转发器的响

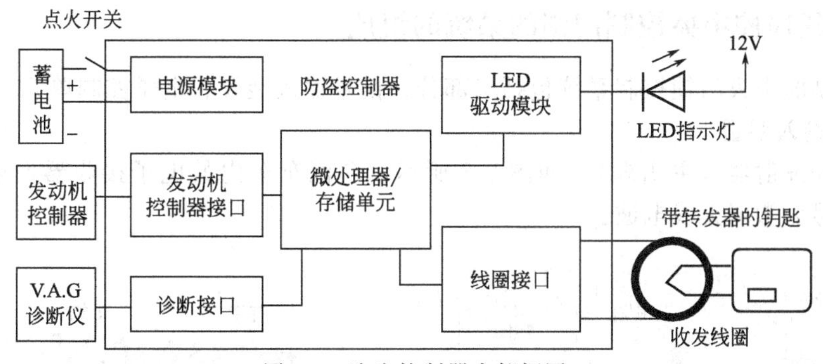

图 7-6 防盗控制器内部框图

应信号；若 2s 内一直没有收到转发器的响应信号，防盗控制器将向发动机控制器发出不允许启动的信号。如果钥匙中转发器非法，其响应信号也必然被防盗控制器确认为不正确，防盗控制器同样会向发动机控制器发出不允许启动的信号，在与转发器之间进行询问-应答过程的同时，防盗控制器与发动机控制器之间也存在着通信过程。在点火开关打开后，发动机控制器发出一个唤醒信号及一个内含发动机控制器识别码的请求信号给防盗控制器，只有发动机控制器识别码及转发器响应信号均与防盗控制器内存的有关信息相吻合，发动机控制器才会收到防盗控制器发出的允许启动信号。这之后，防盗系统停止工作，发动机控制器按照正常程序工作。

新钥匙配制需借助大众公司专用的 V. A. G 诊断仪及防盗控制器密码才能进行。

第二节 中央门锁控制系统

现代轿车采用的中央门锁控制系统采用集中控制方式控制所有车门、尾门及油箱盖一起上锁或开锁，并具有钥匙禁闭安全功能。所有车门的门锁可以通过驾驶室侧门上钥匙或无线遥控钥匙来操纵达到同时开闭功能，并且有一侧前门打开如果点火钥匙仍在锁内，即使已执行了锁门操纵，所有的车门也不会上锁，防止点火钥匙忘记在车内，打开时可单独开左前车门，也可同时打开所有车门及行李箱门，当驾驶员用钥匙锁定左侧前门时，其他三个车门及行李箱门锁也同时被锁好。对于无线遥控中央门锁，是在主点火钥匙（遥控器）内设有转发器，其发出的微弱无线电波信号进入汽车车内的接收器，然后再进入车身 ECU、驾驶员车门 ECU 和前排乘员 ECU，最终达到遥控车门锁的锁止和解锁的目的。图 7-7 是中央控制门锁系统结构。

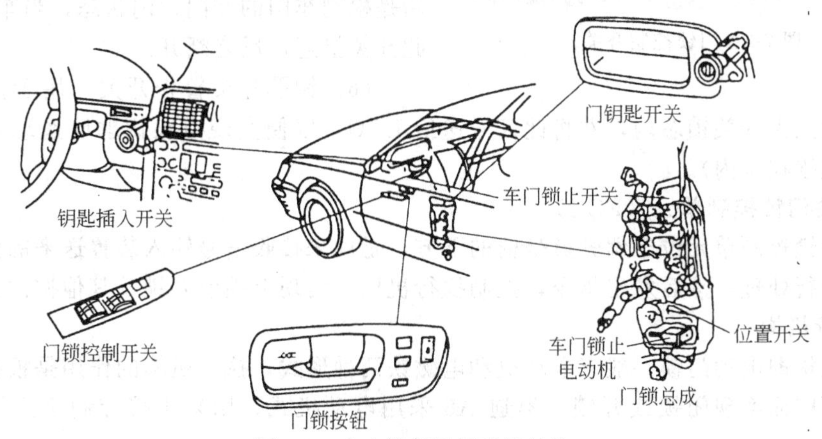

图 7-7 中央控制门锁系统结构

一、无线遥控中央控制门锁的系统的组成

电子控制的中央门锁控制系统包括三部分：信号输入装置、电子控制单元及执行器。

1. 信号输入装置

（1）遥控发射器（主钥匙）　如图 7-8 所示，向汽车车内的电子接收器发射密码信号，其发射的信号为微弱无线电波。

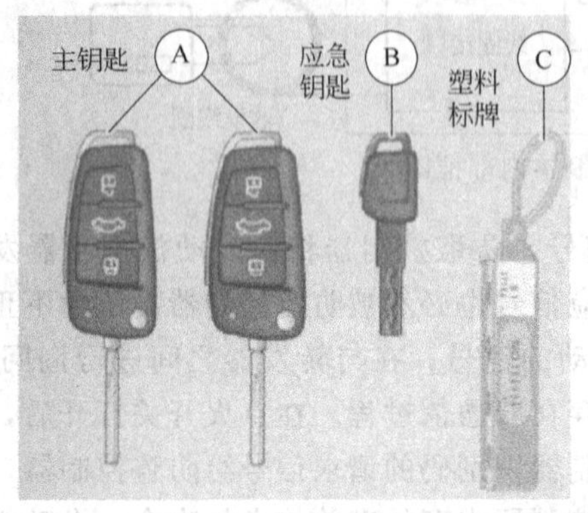

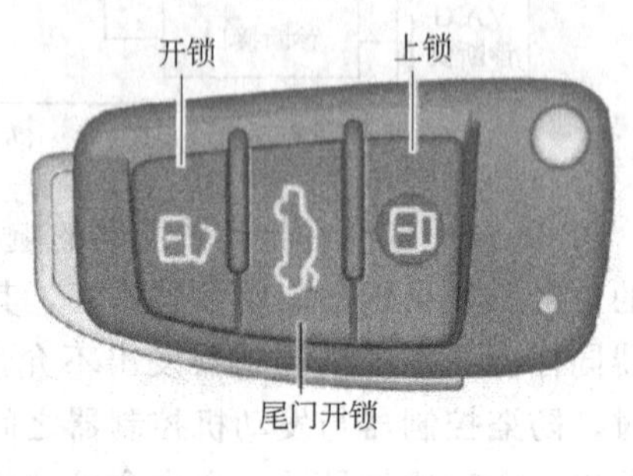

图 7-8　奥迪 A6 遥控发射器

（2）中央门锁控制开关　一般安装在驾驶员侧车门（或乘员侧车门）内侧的扶手上，如图 7-9 所示。它是将驾驶员的锁车门或开车门锁的意愿告诉中央门锁 ECU。操作时用中央门锁开关从车内上锁时无法在车外打开车门或尾门，但是激活了中央门锁防盗安全功能时，中央门锁开关即失效。

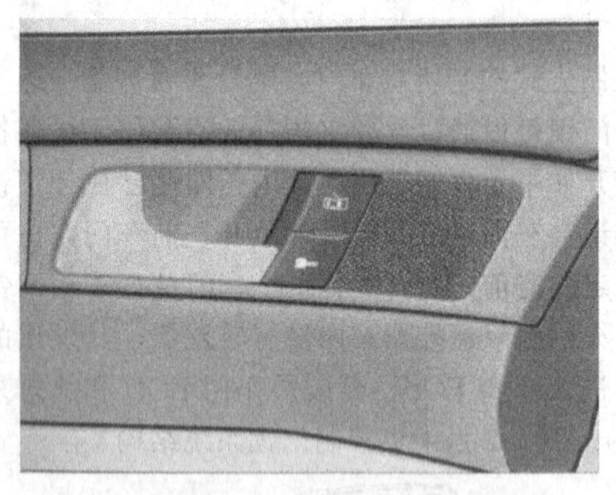

图 7-9　门锁控制开关

（3）钥匙控制开关　安装在门锁锁芯的内端。其作用是探测是否有用钥匙锁车门或打开门锁的要求，并将此要求告诉中央门锁 ECU。

（4）门控开关　也叫门控灯开关、车门微开开关，安装在汽车车门的门框上。其作用是探测车门的开、闭状态，并将车门状态信号送给中央门锁 ECU。当车门开启时，此开关接通，反之断开。

（5）门锁开关　安装在门锁总成内，其作用是检测车门的开门、闭状态，当车门开启时，此开关接通，反之断开。

（6）钥匙开锁警告开关　用于探测点火钥匙是否插在点火开关锁芯内，并将此信号送给 ECU，以便实现点火钥匙防遗忘功能（防止点火钥匙被锁在车内）。

2. 中央门锁控制单元（ECU）

中央门锁控制单元位于驾驶员坐椅的下方，是用来接收信号输入装置送来的信号，并将这些信号进行处理，然后发出指令，控制执行机构，实现上锁或开锁及其他控制功能。

3. 执行机构

执行机构即电动门锁一般有电动机和电磁铁两种形式，执行机构的作用是根据电路中电流方向的不同而实现闭锁或开锁，奥迪 A6 采用电动机式，用来直接控制车门锁的打开与关闭。

电磁线铁式执行机构的工作过程是：当给闭锁线圈通电时，该线圈产生的电磁力吸引柱塞向一方移动，通过拉杆将车门锁住；当给开锁线圈通电时，该线圈产生的电磁力吸引柱塞向另一方移动，通过拉杆将门打开。

图 7-10 所示为直流电机式门锁执行机构，该机构只有一个电磁线圈，活动铁芯为永久磁铁，通过利用控制直流电动机的正、反转来双向改变磁场方向，使活动铁芯向两个方向移动实现闭锁或开锁功能。

电动机操作的车锁体积小、耗电少，而电磁铁操作的车锁结构简单、动作敏捷，但体积大、质量大，工作时有撞击声。

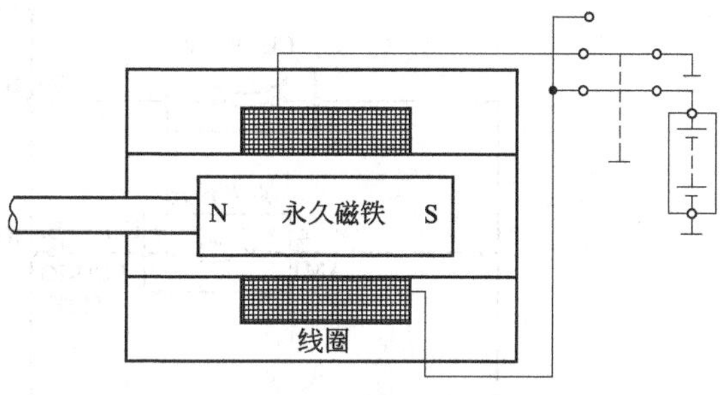

图 7-10 直流电机式门锁执行机构

二、 无线遥控中央门锁工作过程

图 7-11 所示的是无线遥控中央门锁控制系统的工作过程。遥控发射器发出变化的无线电信号（识别代码）被车辆天线接收后，进入中央门锁控制单元 ECU，经过处理识别确认后输出信号给门锁控制单元，门锁控制单元控制执行机构车门闭锁装置完成车门的闭锁和开锁。

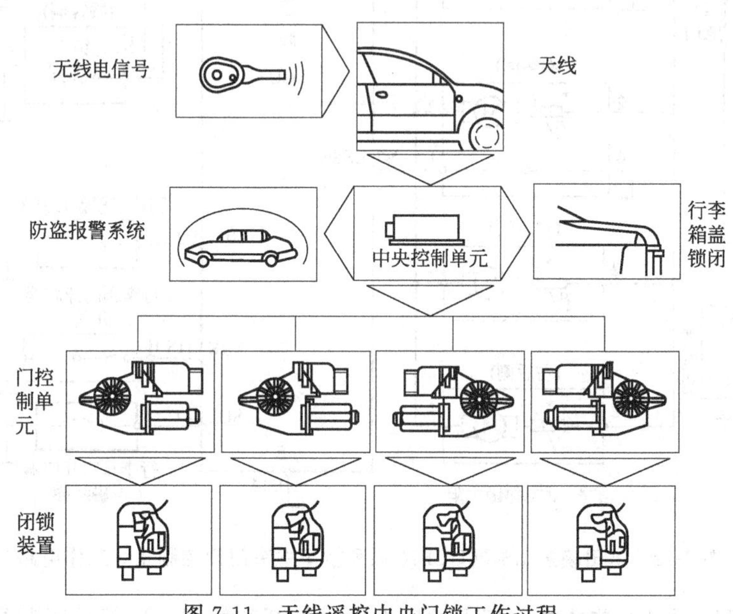

图 7-11 无线遥控中央门锁工作过程

三、典型中央控制门锁系统

丰田凌志 LS400UCF10 系列轿车：

(1) 普通中央门锁控制系统 该系统主要由防盗和门锁控制 ECU、两个钥匙操纵开关、两个门锁开关、两个门锁控制开关、四个门锁电机、四个位置开关及两个行李箱门开启器开关等组成。图 7-12 所示为该车中央门锁控制系统的工作电路。钥匙操纵开关、门锁开关和门锁控制开关用于向防盗和门锁控制 ECU 输送锁定（锁住车门）或未锁（打开车门）信号。防盗和门锁控制 ECU 据此向门锁电机输出锁定（锁住车门）或未锁（打开车门）指令，指挥门锁电机动作，完成锁住车门或打开车门动作。两个行李箱门开启器开关串联，只有当这两个行李箱门开启器开关都闭合时，防盗和门锁控制 ECU 才向行李箱门开启器电磁线圈发出开启指令，打开行李箱门。

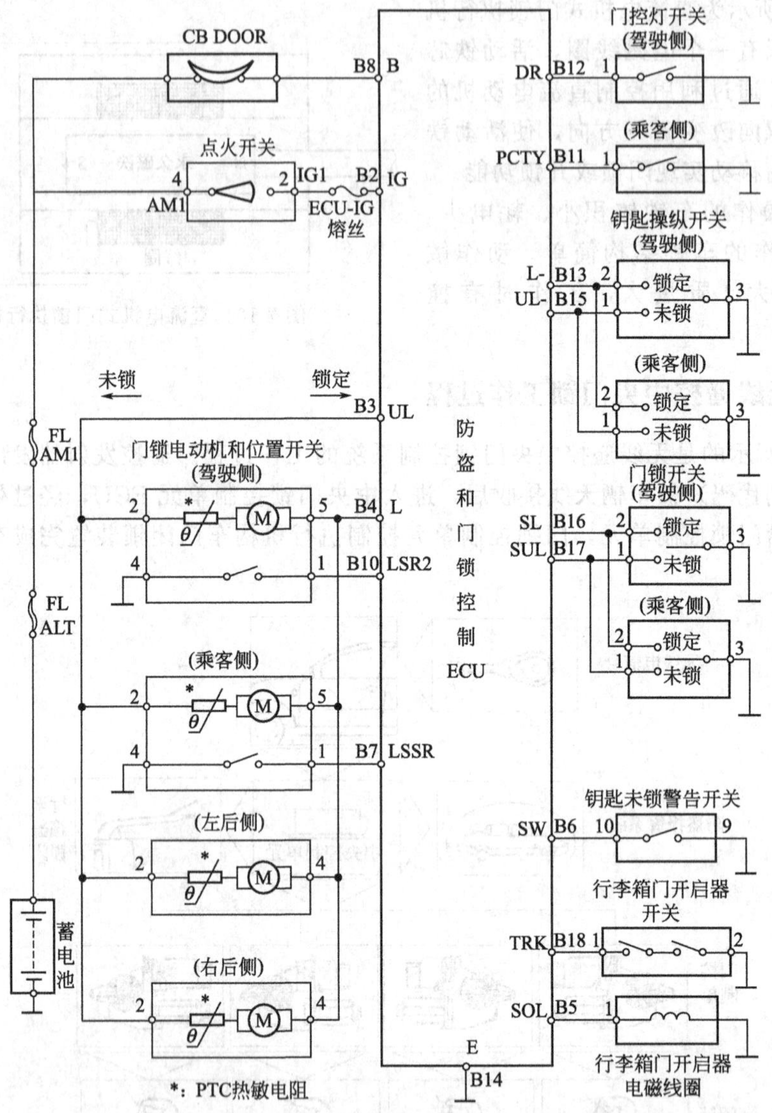

图 7-12　丰田凌志 LS400UCF10 系列轿车中央门锁控制系统工作电路

所有车门可以通过右前或左前门上的钥匙同时打开和关闭，这就是所谓的钥匙联动开门和锁门功能。若已执行了锁门操纵，而一侧前门打开且点火开关钥匙仍插在锁芯内，则所有的车门会自动打开，以防止点火开关钥匙忘在汽车内，这就是所谓的钥匙禁闭预防功能。

(2) 无线遥控中央门锁控制系统　和中央门锁控制系统相比，该系统增加了无线门锁 ECU、玻璃印刷天线、带发送器的点火开关钥匙及无线门锁主开关等。该系统的车门除了上述开启方式外，还可利用主点火钥匙（遥控器）上发送器发出的无线电信号来控制车门的开闭。发送器发出的信号被玻璃印刷天线接收后，再经匹配器输送到无线门锁 ECU，无线门锁 ECU 通过对信号进行判断后，向执行器门锁电动机输出信号，控制门锁的开闭。这样，可使车主离汽车一定距离时便可以打开或锁上所有车门锁。

第三节 电子防盗控制系统检修

一、汽车电子防盗系统的检修

目前使用的故障诊断仪器主要有 V. A. G1551/1552、国产的“修车王”和 H1551 等。

防盗系统的故障自诊断是通过防盗系统的警告灯进行出错识别和出错显示的。在防盗系统无故障的情况下，组合仪表中的防盗系统警告灯在接通点火开关后亮起，大约 3s 之后熄灭。如果出现下列情况之一，防盗系统发生故障：

① 不正确地进行点火钥匙的匹配。

② 点火钥匙中无转发器（应答器-读出存储器）。

③ 使用一个未经认可的点火钥匙。

④ 读识线圈出现故障。

⑤ 数据传输线的中有故障。

若出现上述故障，组合仪表中的防盗系统区警告灯在接通点火开关后持续闪亮。在系统发生故障时，只有先对故障进行查询才能彻底解决故障，所以必须进行自诊断，一般使用 V. A. G1551 等故障阅读仪来查询存储的信息，这里以 V. A. G1551 为例。

如果控制系统的传感器或者部件出现故障的话，那么就按出错类别的说明在故障存储器中存储这些故障，V. A. G1551 故障阅读仪可以存储故障。如果有时出现的故障在以后的 50 个启动过程之内不再出现的话，那么就可以清除它们。

二、中央控制门锁系统的检修

这里以凌志 LS400 轿车为例，它的中央门锁控制系统具有钥匙联动锁门和开锁功能，以及钥匙防遗忘功能。通过左前门或右前门上的钥匙操纵开关或门锁开关可使所有的车门同时上锁或开锁。如果钥匙忘记在点火开关内没有拔出，但已进行了锁门操作，当驾驶员侧车门打开时，所有车门锁会自动打开，以防钥匙忘记在点火开关里而被锁到车内。针对不同的故障现象，应按照不同步骤去检查有关部件和电路。

例如：凌志 LS400 轿车普通门锁系统的检修。

（1）故障现象　门锁控制系统无动作。

检查步骤：

① ECU 电源电路；

②执行器电源电路；

③ 行李箱开启器电磁线圈电路；

④ 门锁电动机电路；

⑤ 防盗系统和门锁控制 ECU。

（2）故障现象　不能用门锁控制开关和钥匙操纵开关锁上或打开所有或部分车门的门锁检查步骤：

① 门锁电动机电路；

② 防盗和门锁控制 ECU。

本章小结

本章的讲解使学生掌握了在维修具有电子防盗控制系统时应具备的基本知识，在维修电子防盗控制系统时首先应了解电子防盗控制系统系统的功能、工作原理；掌握电子防盗控制系统的部件功能、工作原理、控制过程，然后针对具体故障采用理论分析，通过仪器设备检测，判断具体故障点，避免靠维修经验误诊断。在维修过程中，培养自己科学、严谨、求实的工作作风。

思考题

1. 简述汽车防盗系统的组成与分类。
2. 简述电子防盗报警装置的各部分组成及主要功能。
3. 简述桑塔纳 2000GSI 轿车防盗系统发动机防启动装置的原理。
4. 简述中央控制门锁的组成与分类。

工作任务

一位客户因为中控锁打不开，只能手动打开驾驶员侧车门，把他的汽车开到了修理厂，进行修理。

导向 1. 从观察到的故障现象列述可能存在的各种原因。

信息2. 解释中控锁打不开这种情况发生的条件和可能原因。

3. 设法搜集实施故障查找需要的资料。

计划4. 制定实施故障查找的工作计划。

序号	工作步骤	工　具
1		
2		

实施 5. 实施故障查找。

计划 6. 写出更换故障部件的工作步骤。

检查 7. 在交车之前检查检测证明，并准备好移交汽车的资料。

附：工作任务分析参考

常规思路：对于配置车载诊断系统汽车的维修，首先用诊断仪器进入防盗系统控制单元，读取故障存储器中的信息，根据故障信息，具体检查、判断故障点。

此车的维修思路：此车防盗锁均不好用，只能手动打开车门锁，可能的故障因素很多，首先用解码器读取故障码，根据故障信息，用万用表检测故障信息所指的故障部件。

具体诊断过程：

① 连接解码器，读取故障码。

② 用万用表检测故障信息所指的故障部件。

③ 确定故障部位，更换新部件或处理故障部位。

故障分析：

中控锁不好用，可能是中控锁控制单元损坏，控制单元供电断路等故障。

第八章 电子控制空调系统

学习目标

1. 了解电子控制空调系统的作用、发展、分类；
2. 掌握电子控制空调系统的组成、工作过程；掌握传感器、ECU、执行器的结构与工作原理；
3. 掌握电子控制空调系统的故障诊断方法，为了检验学生应用这些知识的能力，引用企业车间工作任务案例，让学生解决工作任务，培养学生的检修能力。

第一节 认识电子控制空调系统

在不同的季节和天气条件下，人们希望车厢内总是保持舒适的状态。所谓空调是指某个场所的温度、湿度、空气的洁净度和空气的流动保持在适合于该场所状态的设备。轿车空调是采用人工制冷和采暖的方法，调节车内的温度、湿度、气流速度、洁净度等指标，从而为乘员创造清新舒适的车内环境，保证轿车的舒适性。

一、轿车空调系统的作用

1. 通风换气

轿车空调上都设置有新风门、排风门和空气过滤装置，在一些高档轿车上还有除菌和负离子发生装置。通常将进风口设置在车身表面的正压区，如散热器面罩处或风挡玻璃下沿。排风口设置在车身表面的负压区。

2. 加温

轿车空调基本都是利用发动机的冷却循环水作为热源来加热空气。由于人们普遍是脚对冷最敏感而头部对热最敏感，而热空气的密度小、冷空气的密度大，在自然状态下热空气向上升，所以采用加热功能时应选择吹脚，强迫热空气先吹向最下部的脚，然后再向上升，保持脚热头冷，而不应直接吹向脸部。

3. 制冷除湿

目前轿车采用的蒸汽压缩制冷，包含四个过程，分别为压缩、冷凝、节流和蒸发，它们分别由压缩机、冷凝器、膨胀阀和蒸发器来完成，称为制冷系统四大件。其中压缩过程直接消耗机械能，由于其消耗功率较大，轿车发电机的功率难以满足其要求，所以在轿车上都是以发动机通过皮带传动直接带动压缩机。蒸发过程是实现制冷的直接环节，低压液态制冷剂在蒸发器中吸收通过蒸发器的空气的热量，使空气温度降低而自己蒸发成低温气体，然后通过压缩机压缩成高温高压的气体，再在冷凝器中向车外空气散发热量冷凝成中温高压的液体，随后通过节流机构如膨胀阀、孔管等降低压力变成低温低压的液体后再次进入蒸发器形成循环以实现连续制冷。

4. 除霜除雾

在气候较冷的季节，当风挡玻璃内表面温度低于车内空气的露点时就会有微小的水珠凝结在风挡玻璃的内表面，形成雾，如果风挡玻璃内表面温度低于0℃时甚至会结霜，这将严重影响驾驶员的视线，危害行车安全。为保证行车安全，必须将这些霜和雾去除。采取将经空调系统中的暖风加热后的空气吹向风挡玻璃，使霜和雾重新变成水蒸气的方法，这是最基本的除霜除雾方法之一，这种方法已被绝大多数的车辆采用。但这种方法并不能减少座舱内水分的绝对含量，还有重新生成霜和雾的趋势。在轿车空调中还有更好的除霜除雾方法，就是先用制冷系统将空气温度降低到露点以下，使一部分水蒸气凝结成水分排到座舱外，再将空气加热到较高的干度吹向风挡玻璃，这样可以减少空气中水分的绝对含量，从根本上减小再次生成霜和雾的可能性。

综上所述，作为重要的舒适性和安全性的装备，空调系统已经成为强调舒适性和安全性的轿车的不可或缺的组成部分。

二、电子控制空调系统发展历程

1925年首先在美国出现利用汽车发动机冷却液通过加热器取暖的方法。

1954年美国通用汽车公司率先在轿车上安装了冷暖一体化空调器，使汽车空调具有了调控车内温度与湿度的功能。目前，这种具有调温、除湿、通风、过滤、除霜等功能的冷暖一体化空调已在汽车上得到了广泛的使用。

1964年通用汽车公司率先在轿车上安装了由模拟电子控制器进行自动控制的汽车空调，这种空调系统可预先设置温度，空调能自动地在设定的温度范围内工作。

1973年美国和日本联合研究由微处理器控制的汽车空调系统，并在1977年安装于汽车。由微处理器控制的自动空调系统不仅有更多的控制功能，还实现了空调运行与汽车运行的相关统一，提高了汽车的整体性能和最佳的舒适性。目前，这种以微处理器为控制核心的全自动空调系统已在中高档汽车上得到了广泛使用。

三、电子控制空调系统分类

1. 按空调机驱动方式分

(1) 独立式空调　独立式汽车空调由专用空调发动机来驱动制冷压缩机。独立式空调系统的制冷量大，工作稳定，但成本高，体积及质量大。独立式汽车空调多用于大、中型客车上。

(2) 非独立式空调　非独立式汽车空调由汽车发动机直接驱动制冷压缩机。这种汽车空调的缺点是制冷性能受汽车发动机工作的影响，工作稳定性较差。非独立式汽车空调多用于小型客车和轿车上。

2. 按空调的功能分

(1) 单一功能型空调　单一功能型汽车空调是将制冷系统、取暖系统、强制通风系统各自安装、单独操作，互不干涉，多用于大型客车和载货汽车上。

(2) 冷暖一体型空调　冷暖一体型汽车空调的制冷、取暖和通风共用一台风机及一个风道，冷风、暖风和通风在同一控制板上进行控制。冷暖一体型汽车空调结构紧凑，操作方便，多用于轿车上。

3. 按空调系统的调节方式分

(1) 手动调节空调　手动调节汽车空调由驾驶员拨动控制板的功能键和转动调节旋钮完成对温度、通风机构和风向、风速的调节。

(2) 自动控制空调　自动控制空调可由电子控制器根据各相关传感器的电信号，自动对温度、风量及风向等进行调节，能够对车内空气环境进行全季节、全方位、多功能的最佳调节和控制。

四、电子控制空调系统组成

电子控制空调系统由传感器、ECU、执行器三部分组成。

电子控制空调系统因车型不同结构略有差别，本节以大众辉腾轿车为例，说明其结构与工作原理。如图 8-1 所示是大众辉腾轿车上装备电控空调系统。

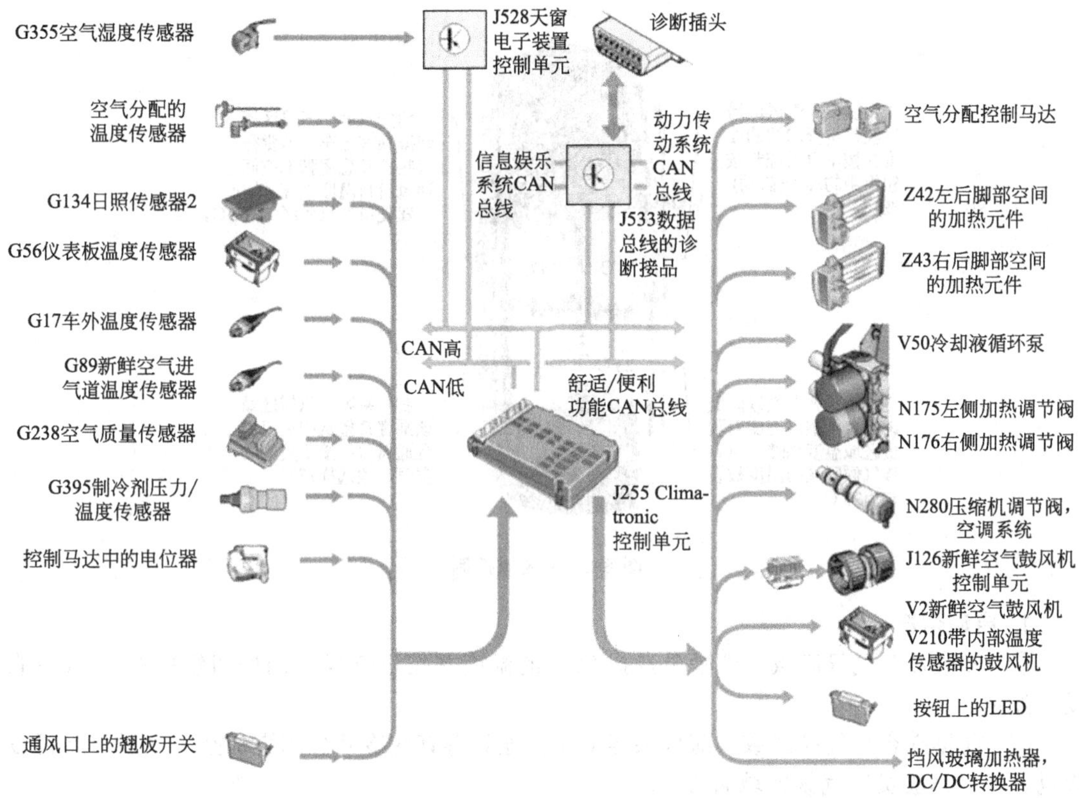

图 8-1 大众辉腾轿车上装备电控空调系统

该系统主要由空气湿度传感器、日照传感器、车外温度传感器、空调控制单元、空气分配控制马达、脚步空间加热元件等组成。

五、电子控制空调系统工作过程

电子控制器将各温度传感器输入的电信号与操作控制板设定的信号进行比较，经计算处理后做出判断，然后输出相应的调节和控制信号，通过相应的执行机构，对压缩机的开与停、送风温度、送风模式及风量、热水阀开度等进行调整，以实现对车内空气环境进行全季节、全方位、多功能的最佳调节和控制。

空调电子控制系统设置了经济运行方式。在此方式下运行，空调控制器会让压缩机在尽可能少的时间内工作，甚至不工作的情况下保持车内设置温度。如在车外温度与设定温度相差不大时，空调便可在此方式下工作，以达到节能的目的。

自动空调电子控制系统通常设有故障自诊断功能，当系统出现故障时，会及时采取相应的保护措施，并储存相应的故障码。

六、电子控制空调系统4角度气候控制的控制目标

大众车系装备4角度（简称4C）气候控制的温度调节范围基本上在18℃与28℃之间。是否可以调节各个坐椅区域的气候必须看周围条件，因为气候区域不是物理上分开的。现用一个实例来说明4区域调节。四位对空气温度与分配要求不同的乘客坐在4个气候区域中，如图8-2所示。

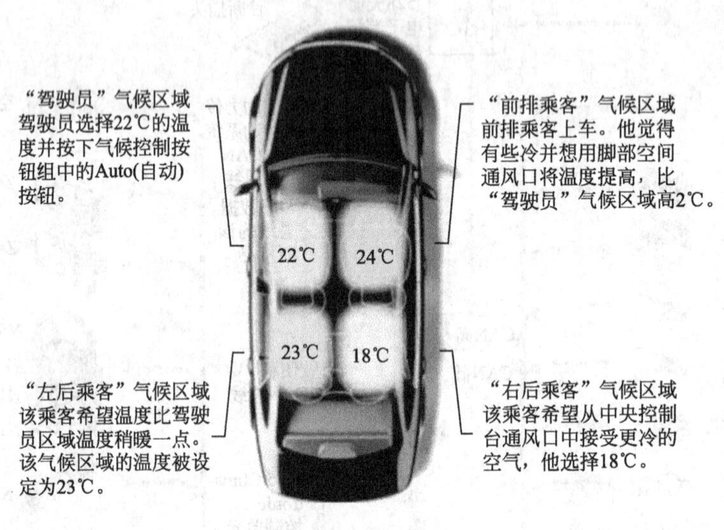
"驾驶员"气候区域
驾驶员选择22℃的温度并按下气候控制按钮组中的Auto(自动)按钮。
"前排乘客"气候区域
前排乘客上车。他觉得有些冷并想用脚部空间通风口将温度提高，比"驾驶员"气候区域高2℃。
22℃
24℃
23℃
18℃
"左后乘客"气候区域
该乘客希望温度比驾驶员区域温度稍暖一点。该气候区域的温度被设定为23℃。
"右后乘客"气候区域
该乘客希望从中央控制台通风口中接受更冷的空气，他选择18℃。

图8-2 4区域控制

1. 启动情况

①"驾驶员"气候区域 驾驶员选择22℃的温度并按下气候控制按钮组中的Auto（自动）按钮。

②"前排乘客"气候区域 前排乘客上车。他觉得有些冷并想用脚部空间通风口将温度提高，比"驾驶员"气候区域高2℃。

③"左后乘客"气候区域 该乘客希望温度比驾驶员区域温度稍暖一点。该气候区域的温度被设定为23℃。

④"右后乘客"气候区域 该乘客希望从中央控制台通风口中接受更冷的空气。他选择18℃。

2. 调节情况

为了满足四位对不同区域的温度需求，操作单元与各个气候区域所用的空气分配部件之间关系如下（假设车外温度12℃且为阴天）：

①"驾驶员"气候区域 在选择了自动功能后，空调系统用传感器系统判断保持本气候区域为22℃时加热空气所需要的强度。此时，空调系统控制单元决定流经热交换器的发动机冷却液流量。空调系统决定供给驾驶员脚部空间通风以及仪表板间接通风的通风口的暖气量，如图8-3所示。

②"前排乘客"气候区域 为了将该气候区域尤其是脚部空间中的温度提高2℃，前排乘客首先按下温度设置按钮。以0.5℃的幅度，该将气候区域的温度从22℃提高到24℃。然后用功能键选择右侧脚部空间通风口。此时，屏幕上出现手动符号"MAN"。与此同时，前排乘客侧的胸部通风口关闭，热的冷却液流经右侧热交换器以提供所需的温度；暖气从右侧脚部空间的通风口中送出，如图8-4所示。

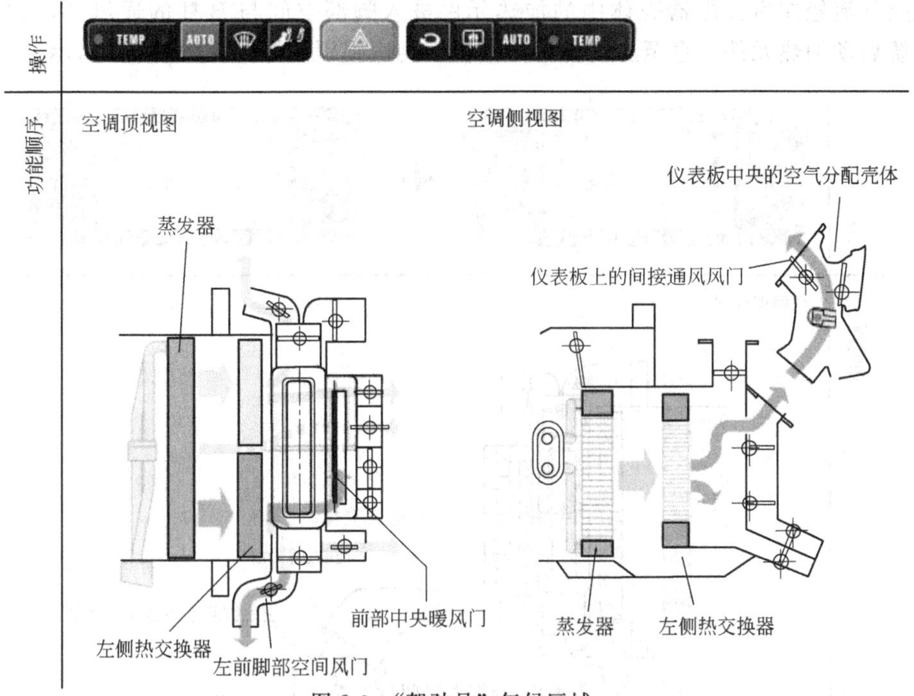

图 8-3 “驾驶员”气候区域

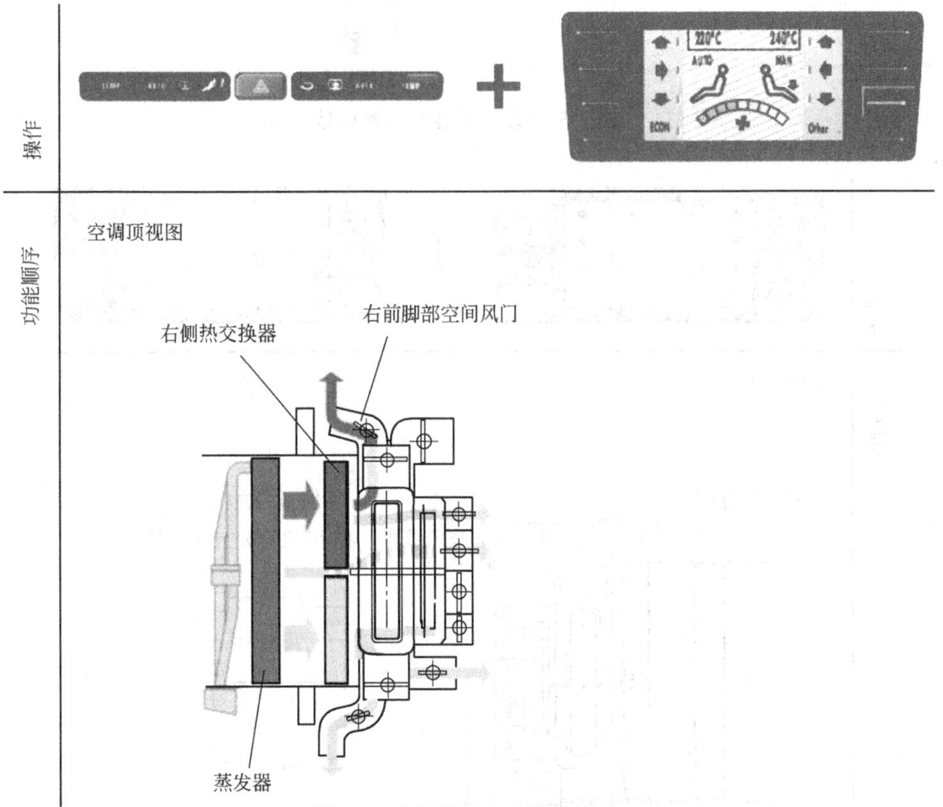

图 8-4 “前排乘客”气候区域

③“左后乘客”气候区域　为了增加该气候区域的温度，必须首先按下功能键“Other”（其他），显示屏上出现一个新菜单。通过按“TEMP”（温度）功能键，可以将温度增加到

23℃。空气流经左后分配器壳体中的加热元件进入脚部空间与B柱的通风口，进行增温。空调系统启动加热元件，直至温度传感器报告已经达到所需温度，如图 8-5 所示。

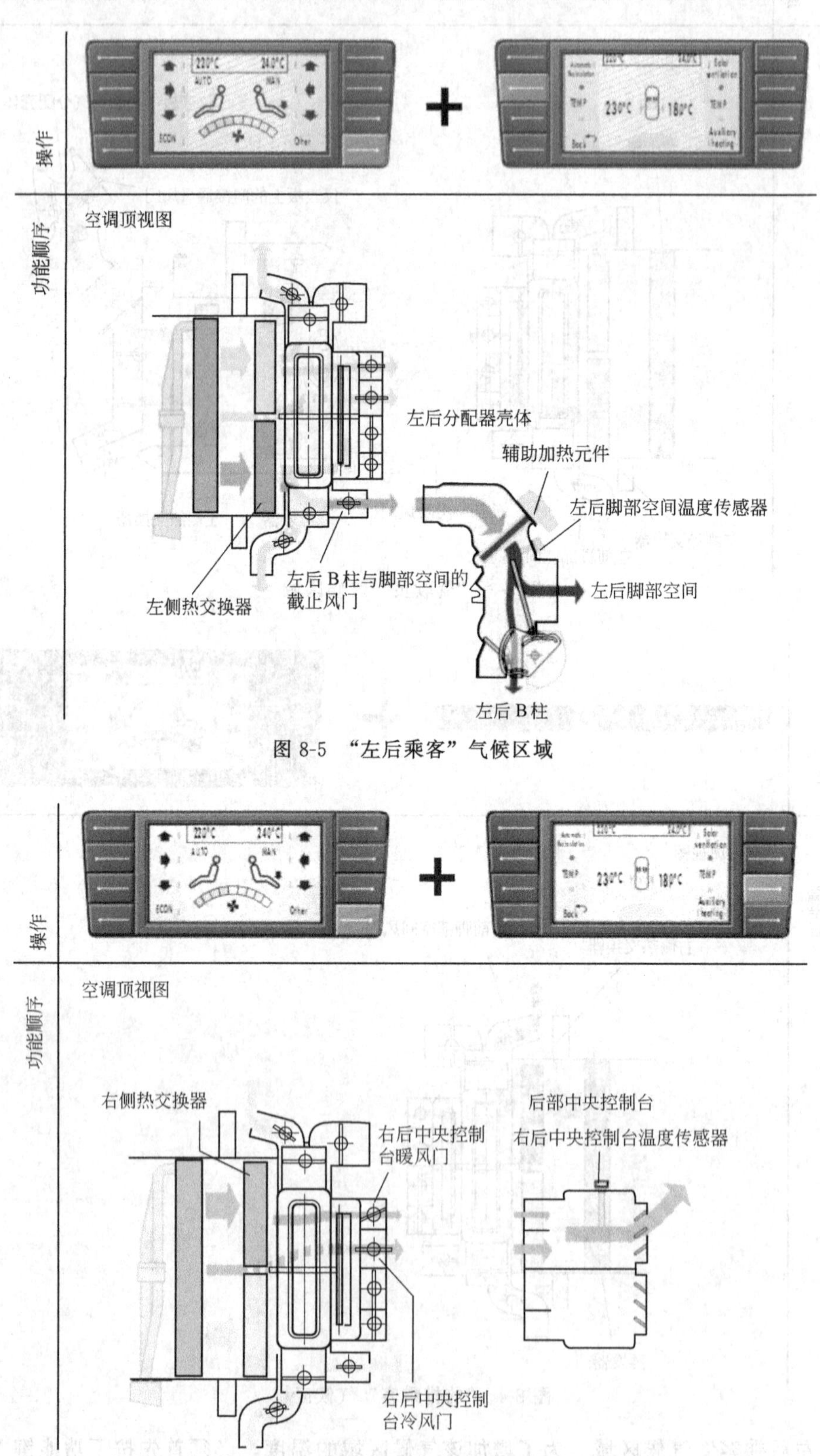

图 8-5 “左后乘客”气候区域

图 8-6 “右后乘客”气候区域

④“右后乘客”气候区域　该气候区域中的乘客需要更冷的空气通风。此时，必须首先按下“Other”（其他）按钮。出现新的显示。用“TEMP”（温度）功能键将温度设定为18℃，空调系统让气流经过空调的暖风与冷风门送到后部中央控制台的通风口。在此处，增加更冷的空气直至温度传感器报告已经达到了所需温度，如图 8-6 所示。

第二节　电子控制空调系统部件的结构与工作原理

一、传感器

1. 蒸发器温度传感器（如图 8-7 所示）

（1）信号及作用　它插在蒸发器后面的空调系统中，并检测蒸发器下游的空气温度。使用此信号，空调系统控制单元可以按照乘客的要求精确地调节压缩机的输出。

（2）功能　此温度传感器是一个 NTC 传感器。NTC 名称的含义是负热敏电阻。它描述了传感器中导体的物理特性。若加热 NTC 元件时，它的阻抗会显著下降，这也是负热敏电阻的特性，根据这一特性，制作成传感器，传感器电子装置将所测得的阻抗转换成电压信号，电压信号是所测温度的一种量度，如图 8-8 所示。

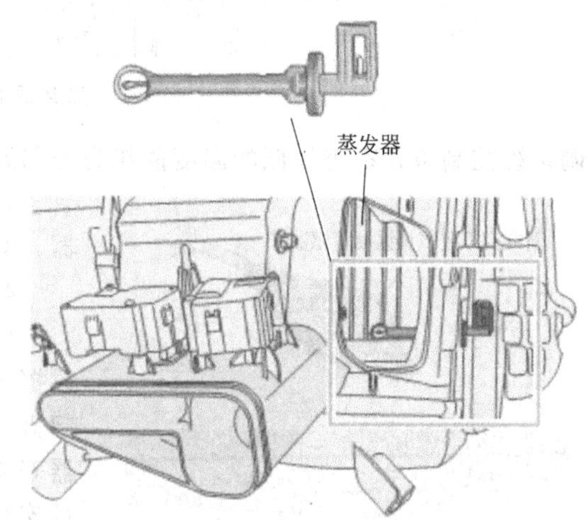

图 8-7　蒸发器温度传感器

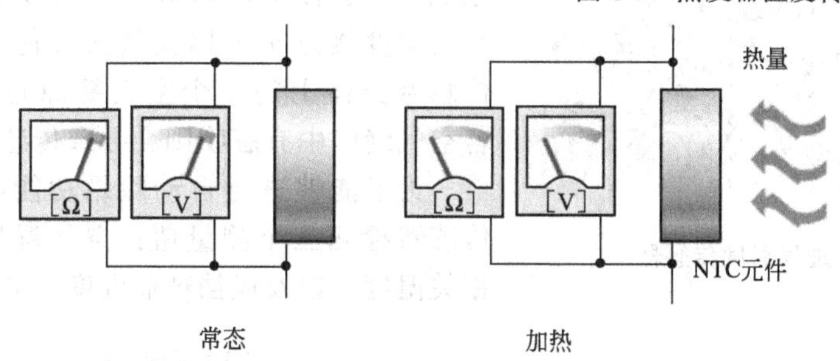

图 8-8　NTC 温度传感器特性

2. 左侧热交换器温度传感器与右侧热交换器温度传感器

（1）信号及作用　它们从空调的两侧插入，从而检测流出热交换器的空气温度，要实现两个热交换器独立的自适应控制就需要这两个传感器，如图 8-9 所示。这就是说，为了获得所需要的热量输出，要测量有多少水从冷却液供应管流入各个热交换器，需要使用这两个传感器的信号。

（2）结构与工作原理　它们也都是 NTC 传感器，其工作原理与蒸发器温度传感器相同。

3. 车外温度传感器与新鲜空气进气道温度传感器

（1）信号及作用　车外温度传感器安装在保险杠上，而新鲜空气进气道温度传感器位于通风室中空气质量传感器的旁边。两个 NTC 传感器信号都用于气候控制。在任何情况下，

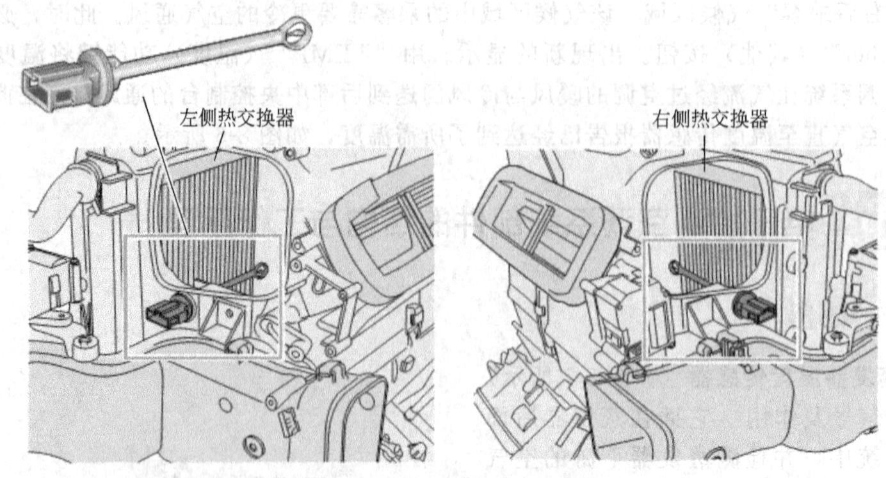

图 8-9　热交换器温度传感器

空调系统控制单元都将较低的温度值作为外部温度，如图 8-10 所示。

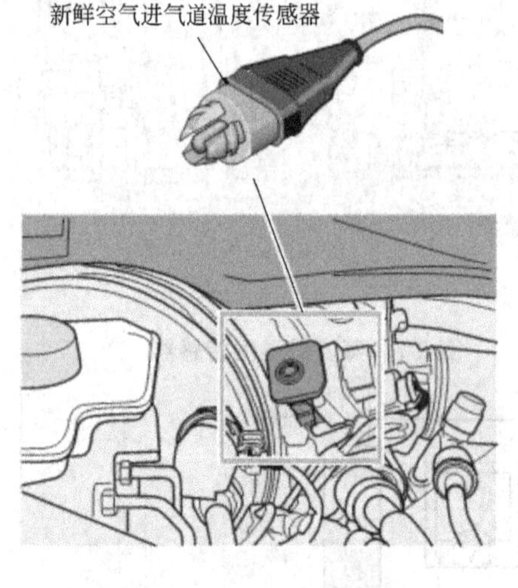

图 8-10　进气温度传感器

（2）结构与工作原理　它们也都是 NTC 传感器，其工作原理与蒸发器温度传感器相同。

4. 空气湿度传感器

（1）信号及作用　在外界温度很低的情况下，风挡玻璃上部的三分之一会变得非常冷因而容易起雾。为了能测量到该区域温度，空气湿度传感器安装在后视镜的根部。来自除霜器通风口的小量连续气流确保传感器探测区域的空气可以良好地混合，这样就可以认为风挡玻璃上所测位置的空气湿度接近于风挡玻璃的其他位置。空气通过传感器壳体上的一个空气缝隙达到传感器表面，若空气缝隙中有脏物则会导致传感器故障。

为了能够进行自动除霜功能的自动控制，该传感器检测三个测量值：空气湿度，传感器处的相关温度，以及风挡玻璃温度，如图 8-11 所示。

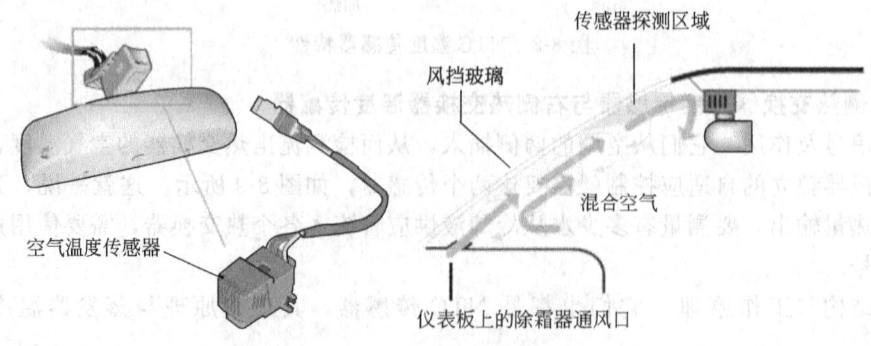

图 8-11　空气湿度传感器

（2）结构与工作原理　测量空气湿度是确定座舱内气态水（水蒸气）所占的比例。空气吸收水蒸气的能力取决于空气温度。这就是为什么在测量湿度等级时必须确定相关的空气温度。空气越热，吸收的水蒸气就越多。若富含水蒸气的空气冷却下来后，水分就会冷凝，形成细小水滴并附着在风挡玻璃上。

湿度是通过薄层电容传感器测量的。该传感器的工作模式等同于平行极板电容器。

电容器的电容，即存储电能的容量，取决于电容极板的表面积、间隔以及两极板之间填充材料的特性。此材料叫做电介质。这种特殊的电容器可以吸收水蒸气。吸收的水分改变了电介质的电气特性，从而改变了电容器的电容量。所以测得的电容值就表示了空气湿度。传感器电子装置将所测的电容值转换成电压信号，如图 8-12 所示。

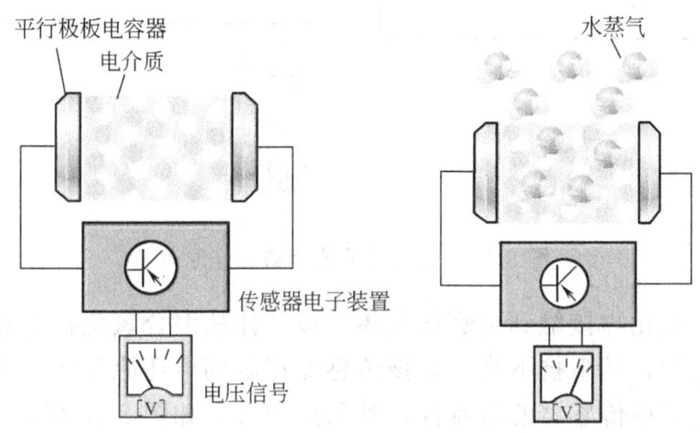

图 8-12　空气湿度传感器特性

为了确定空气湿度，测量湿度位置附近的温度也必须确定。此相关温度是很重要的，因为空气湿度非常依赖空气的温度。若湿度测量点距温度测量点太远，则该空气湿度可能不准确，因为温度的差异会导致湿度的不同。

5. 空气质量传感器

(1) 信号及作用　该传感器连同新鲜空气进气道温度传感器一起安装在通风室的新鲜空气进气区域。它的任务就是检测外界空气中的污染物，空气中的污染物是以可氧化或可还原气体形式存在的，基于这一认识，该传感器得以开发和应用，空调系统控制单元需要该传感器信号来执行自动空气再循环功能。若此功能开启，在该传感器检测到新鲜空气中有污染物时，进气风门被自动关闭并且空气再循环风门打开，如图 8-13 所示。

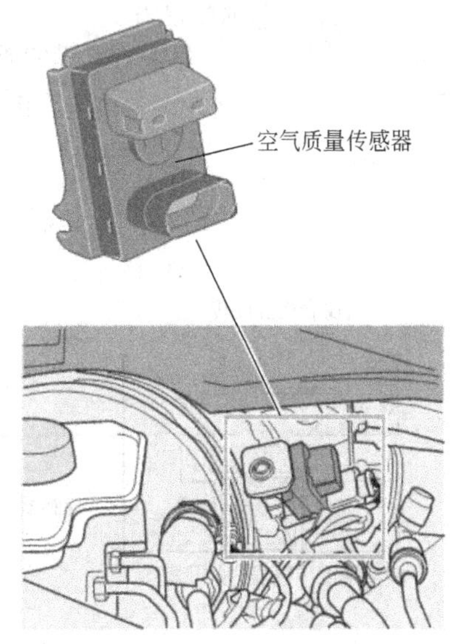

图 8-13　空气质量传感器

(2) 结构与工作原理　对污染物浓度的检测是基于电阻测量原理。若所测的电阻偏离了默认值，空调控制单元断定外界空气污浊并启动自动空气再循环功能。

该传感器的核心由混有钨的氧化物或混有氧化物的锡组成。当两种化合物接触到可氧化或可还原气体时，它们都改变各自的电特性。简而言之，当一种元素吸收氧时就发生氧化，当一种化合物释放氧时就发生还原。在另一方面，可还原气体试图让氧与其他元素或化合物结合，如图 8-14 所示。

可氧化气体包括诸如下面的气体：一氧化碳 (CO)、苯蒸气、汽油蒸气、碳氢化合物与未燃烧的或者燃烧不充分的燃油成分。

可还原气体包括诸如下面的气体：氮氧化物 NO_x。

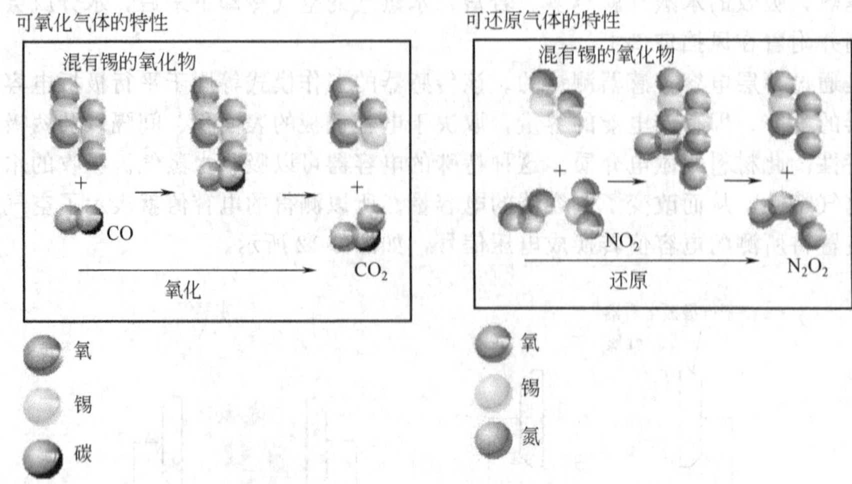

图 8-14　空气质量传感器工作原理

若传感器的混合氧化物接触到可氧化气体，该气体从混合氧化物上吸收氧，从而改变了该混合氧化物的电特性，其阻抗下降。若该传感器接触到可还原气体，该混合氧化物从气体中吸收氧，从而改变了该传感器的电特性，其阻抗上升，如图 8-15 所示。

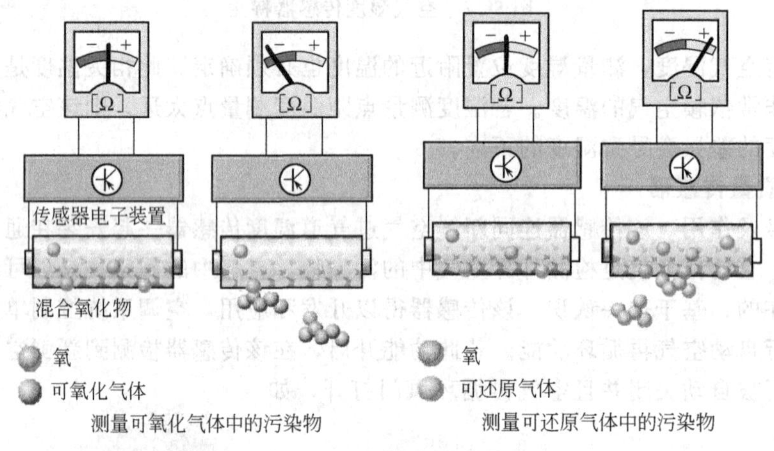

图 8-15　空气质量传感器特性

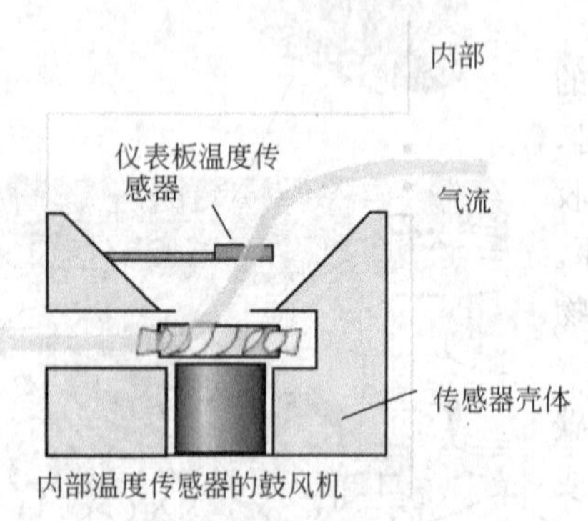

图 8-16　仪表板温度传感器

由于混合氧化物的化学与物理特性，它可以在可氧化与可还原气体同时出现时检测其中的污染物。

对于污染物检测，这意味着：若传感器阻抗上升，一定含有可氧化气体；若传感器阻抗下降，一定含有可还原气体。

6. 仪表板温度传感器

（1）信号及作用　它安装在中央控制台两烟灰缸之间隔栅的后面。它检测车内中央区域的空气温度，如图 8-16 所示。

（2）结构与工作原理　该传感器是一个 NTC 温

度传感器，它通过一个小鼓风机从车内吸取空气，传感器测量车内气流的温度，可以防止温度传感器处的局部升温。若仪表板处温度上升，会对仪表板中的空调系统内部温度传感器的工作产生影响。

7. 日照传感器

（1）信号及作用　它安装在仪表板除霜通风口之间的一个黑色塑料滤光器下面，阳光透过滤光器照射下来，该传感器检测日照的强度与方向。

（2）结构与工作原理　日照传感器壳体中含有两个光电二极管与一个光学元件。该光学元件分为两个腔室，每个各含一个光电二极管，如图 8-17 所示。

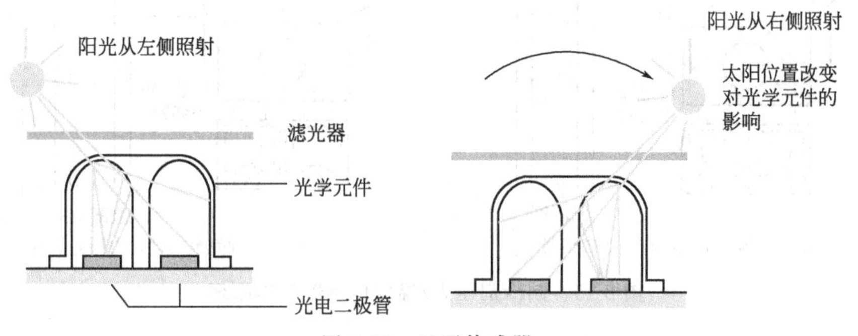

图 8-17　日照传感器

如果阳光从左侧照射到传感器上，光学元件本身的特性会将射线集中到左侧光电二极管上。从而，这个光电二极管上产生的电流会明显大于另一个光电二极管。若阳光从右侧照射，那么该侧的光电二极管就具有更高的电流，这样空调系统控制单元就可以判定车内的哪一侧受太阳影响而升温。空调管理系统可在车内空间进行空气调节时考虑日光照射的影响。这样即可抵消因日光直接照射对空气调节区的加热作用。

8. 制冷剂压力/温度传感器

（1）信号及作用　它位于发动机舱内压缩机与冷凝器之间的高压管路上，如图 8-18 所示，它将制冷剂温度与制冷剂压力信号送到空调系统控制单元。

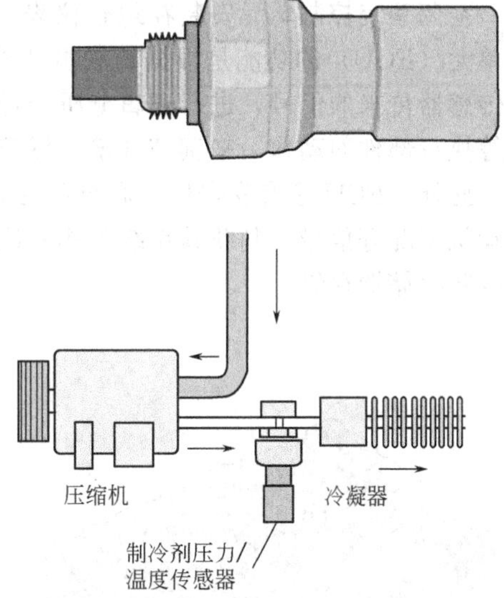

图 8-18　制冷剂压力/温度传感器

这两个信号用于控制散热器风扇，控制压缩机，以及检测制冷剂的损耗。在制冷剂发生大的泄漏而逸出时，压力会急剧下降。在此情况下，压力传感器的信号足以让控制单元检测到故障。如果冷却液逐渐损耗，那么此信号就不会足够强，因为少量制冷剂的损耗不会使压力变化达到系统可测量的程度。但是，由于制冷剂的量与蒸发器的量精确相关，所以缺少制冷剂会导致蒸发器中膨胀的冷却液气体热到可测量的程度，从而使压缩机后的制冷剂温度上升。

（2）结构与工作原理　温度检测传感器为 NTC 电阻传感器，其工作原理与蒸发器温度传感器相同。

压力测量传感器元件按照电容原理进行工作，它的工作原理可以用平行极板电容器进行简单说明，如图 8-19 所示。制冷剂回路中的压力变化改变了传感器中电容极板之间的间距。

由于电容极板之间的间距发生改变，电容量也就发生改变，即电容器存储电能的能力发生改变。若间距减小，电容量下降；若间距增大，电容量上升。传感器电子装置检测这种变化，并按比例将压力转换成电压信号。

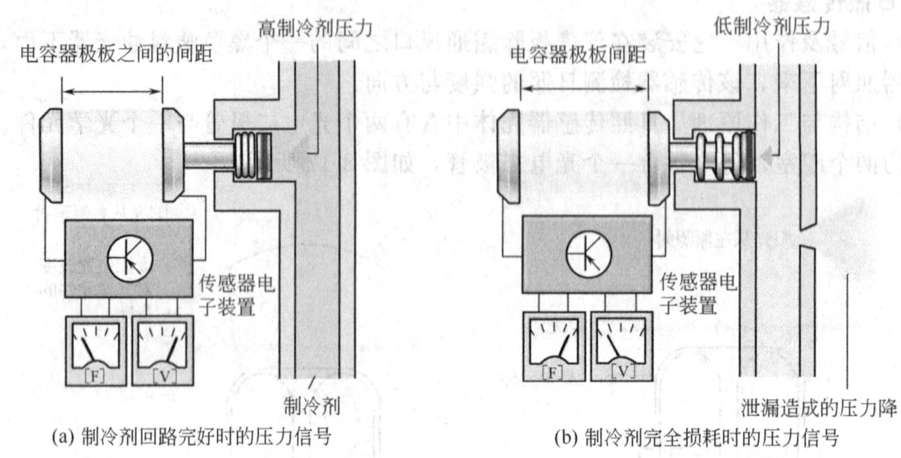

(a) 制冷剂回路完好时的压力信号　　(b) 制冷剂完全损耗时的压力信号

图 8-19　制冷剂压力/温度传感器工作原理

二、电控单元

空调系统控制单元安装在组合仪表后靠近驾驶员侧脚部空间，如图 8-20 所示。电子控制单元（ECU）的功能是根据驾驶员或乘员的意图以及车外温度传感器、空气质量传感器等传感器传来的信号，进行逻辑分析与计算后发出指令，控制空气分配控制电机、加热调节器等执行部件的动作，来调节环境区域温度或湿度。

此外，ECU 还有安全保护和自我诊断功能。通过采集空气质量传感器、制冷剂压力、发动机工况等信号，判断其系统工作状况是否正常。一旦系统工作异常，将故障诊断信息送至故障存储器存储。

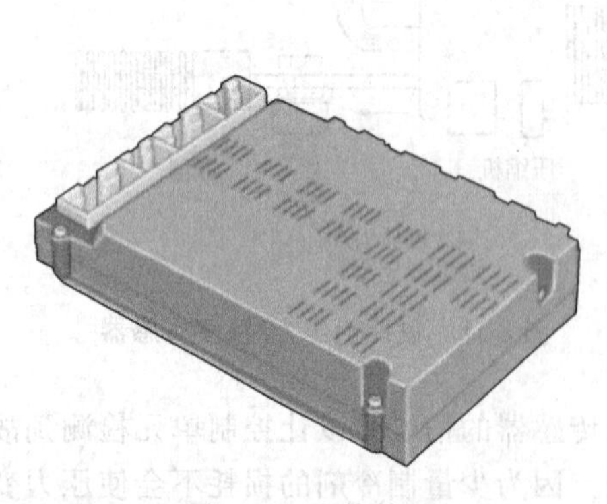

图 8-20　电控单元

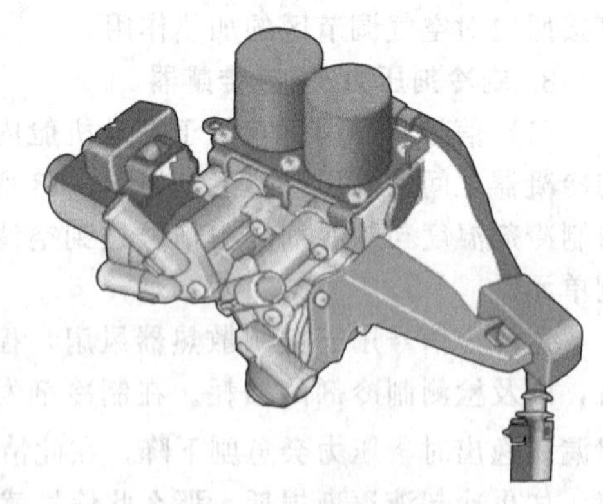

图 8-21　泵阀单元

三、执行器

1. 加热电磁阀

加热电磁阀在通风室中泵阀单元内，如图 8-21 所示。加热电磁阀为顺序阀，它由控制单元的一个脉冲宽度调制电压信号控制打开或关闭。通过这种控制，流到热交换器的冷却液可以与所需的热量输出确切地匹配，断电后，两个阀都打开。

2. 冷却液循环泵

冷却液循环泵也是泵阀单元的一部分，它的主要作用是阻止热交换器内的热量分层，为了防止分层现象的发生，冷却液在热交换器内连续循环。此外，当启用余热功能时空调系统控制单元会打开此泵。在发动机关闭后车内需要加热时，就会启用余热功能。两个泵由一个马达驱动，让冷却液在两个热交换器中循环。该泵安装在热交换器的回流管上。

3. 后脚部空间的加热元件

在后脚部空间的每个分配器壳体中各有一个加热元件，如图 8-22 所示。这些加热元件加热流经分配器壳体的气流。加热元件是 PTC 电阻，所以也叫做 PTC 元件。PTC 就是 Positive Temperature Coefficient 的缩写，正温度系数。PTC 电阻具有自我调节的特性。当接入该加热元件后，电流流经陶瓷制的 PTC 触片电阻。电阻可以加热到最大 160℃。当温度上升时，阻抗也增加，从而减小电流并防止过热。

热量输出的控制为脉冲宽度调制式。也就是说，空调系统控制单元给集成在加热元件中的一个继电器发送脉冲，该继电器控制加热元件电流的通断。其持续时间以及电流脉冲的频率由所需的热量输出决定。

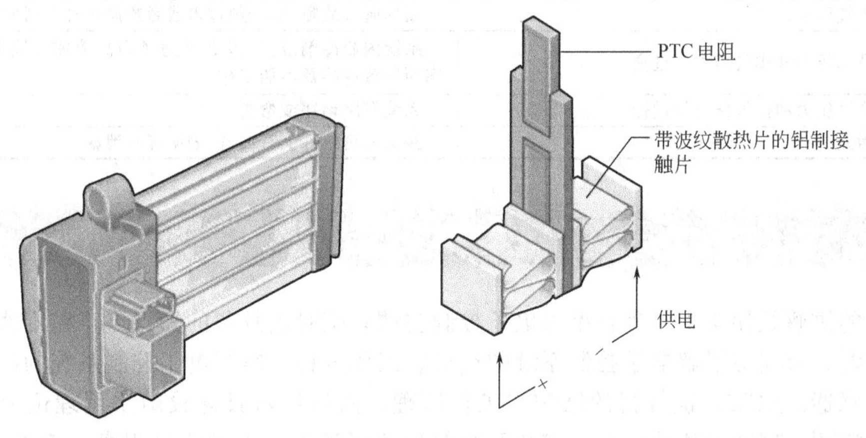

图 8-22　加热元件

4. 压缩机调节阀

该电磁调节阀安装在压缩机中并用一个弹簧锁止垫圈固定，如图 8-23 所示。它形成压

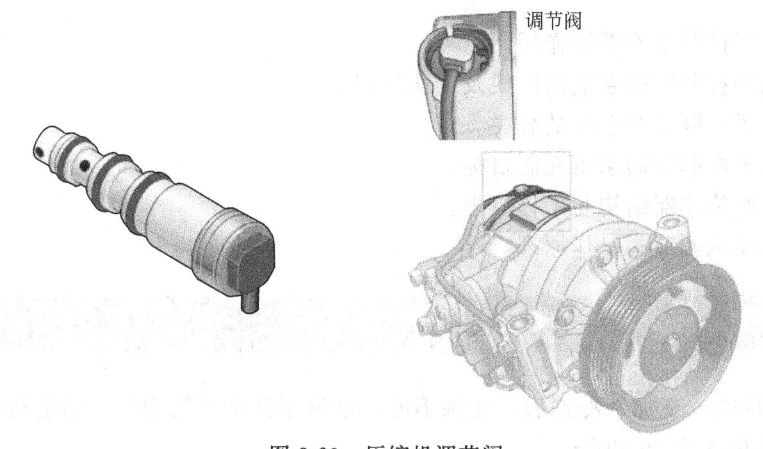

图 8-23　压缩机调节阀

缩机内低压、高压与曲轴箱压力之间的接口，这几种压力对斜盘进行调节。如果需要一个较高的冷却容量，空调系统控制单元将启用该调节阀。脉冲宽度调制电压信号驱动该调节阀中的一个挺杆。电压作用的持续时间决定了调整量。该调整改变了高压与压缩机曲轴箱压力之间的横断面开度。曲轴箱压力上升而且活塞的位移会使斜盘的倾斜度增大。

第三节　电子控制空调系统的故障诊断

表 8-1 列举了空调系统的某些常见故障现象以及可能的故障原因，但对维修很有参考价值。表中所述操作是假定已经连接好一个适当的压力表组。

表 8-1　空调系统故障的常见故障现象和可能的原因

故障现象	可能的原因
压缩机停止转动后，压力迅速下降到大约 195kPa，然后缓慢下降	系统中进入空气，或者在用水冷却冷凝器时，如果玻璃观察窗内无气泡，可能是制冷剂过多
压缩机排气压力过低	压缩机有故障；如果玻璃观察窗内可见到气泡，可能是制冷剂过少
压缩机排气温度低于正常值	蒸发器结冰
压缩机吸气压力过高	高压阀有故障，制冷剂过多或者膨胀阀开启时间过长
压缩机吸气压力和排气压力均过高	系统内制冷剂过多，或者因为风扇故障或冷凝器散热片堵塞而导致冷凝器不能工作
压缩机吸气压力和排气压力均过低	系统管路堵塞或弯折
制冷剂漏失	接头和密封件上有油迹，表明存在泄漏

本章小结

本章的讲解是使学生明确在维修电子控制空调系统时应具备的知识点，在维修电子控制空调系统时，首先应了解电子控制系统的组成、工作过程，掌握电子控制系统的组成、工作过程、传感器、ECU、执行器的结构与工作原理，然后针对具体故障采用理论分析，通过仪器设备检测，判断具体故障点，避免靠维修经验误诊断。在维修过程中，培养自己科学、严谨、求实的工作作风。

思考题

1. 简述电子控制空调系统作用。
2. 简述电子控制空调系统的组成及工作过程。
3. 简述电子控制空调系统的分类。
4. 简述电子控制空调系统控制目标。
5. 简述日照传感器结构与工作原理。
6. 简述压缩机调节阀工作原理。

工作任务

一位客户反映，新加制冷剂后，空调不凉，把汽车开到了修理厂，请进行修理。此车为宝马 X5，行驶里程为 50000km。

导向 1. 从观察到的故障现象列述可能存在的各种原因。

信息2. 空调不凉这种情况发生的的条件和可能原因。

3. 设法搜集实施故障查找需要的资料。

计划 4. 制定实施故障查找的工作计划。

序号	工作步骤	工具
1		
2		

实施 5. 实施故障查找。

计划 6. 写出更换故障部件的工作步骤。

实施 7. 根据自己确定的工作步骤更换故障部件。

检查 8. 在交车之前检查检测证明，并准备好移交汽车的资料。

附：工作任务分析参考

常规思路：空调不冷，检测空调压力；空调压缩泵、冷凝器是否工作正常。

此车的维修思路：此车是新充的制冷剂，故检测一下空调压力，是否存在压力过高或过低的现象，压力过高或过低都有可能导致空调不冷。

具体诊断过程：

① 连接压力表。

② 检测高低压压力。

③ 确定故障部位，更换新部件或处理故障部位。

故障分析：

此车是新换的制冷剂，将制冷剂充多了，导致压力过高，在膨胀阀处出现的是液体而非气体，带走的热量少，故驾驶室感觉不到凉。

第九章 » 照明设备的电子控制技术

学习目标

1. 了解汽车照明设备技术的发展历程；
2. 了解常用的几种照明光源工作原理；
3. 掌握照明设备的电子控制系统的组成和工作原理；
4. 掌握照明系统的检修方法。

第一节 认识照明设备

在道路安全性令人担忧的地方，汽车照明系统就显得尤为重要。如果在夜间、高速行驶时，前照灯突然失效，其后果将是灾难性的。为此，设计师们采用了许多技术，从自动转换电路到热力电路断电器。热力电路断电器会使车灯闪烁，而不是通过熔断器的熔断使它们熄灭。现代线束系统会对灯泡的每个灯丝进行单独熔断保护，即使前照灯的主电源失效，近光灯也会继续工作。

一、照明设备技术的发展历程

1989 年，哥伦比亚号电动汽车把电用于前灯和尾灯。最初的前大灯不能调光，为了克服这个缺点，后来采用了附加光度调节器。这种前大灯可以在垂直方向移动，但驾驶员必须下车搬动夹具装置。1925 年，导航公司推广了双丝灯泡，远光和近光的调节通过装在转向柱上的开关来控制。为了解决前照灯不产生眩目的问题，1932 年美国发明了不对称前照灯；1940 年以后汽车装有转向信号灯了，而且信号开关具有随时调节的功能。从 1992 年起奥迪就使用红色发光二极管（LED）作为制动灯和尾灯，并自 2004 年起使用白色 LED 灯作为日间行驶灯。

二、照明系统的分类

照明可根据照明装置的位置分为以下几类。

1. 车前照明

前照灯的主要功用是照亮道路，让驾驶者能够监视道路情况，及时看清障碍物并作出反应。前照灯射出的灯光影像也给对面的来车作为识别信号。转向信号灯则提示其他司机车辆将改变方向。当所有转向灯同时闪烁时，则警告可能发生紧急情况。

安装在车前端的前照灯和其他灯包括：

（1）远光、近光前照灯；

（2）雾灯；

（3）辅助行驶灯；

（4）转向信号灯；

（5）停车灯；

(6) 侧标志和轮廓灯；

(7) 白天行驶灯（有些国家规定使用）。

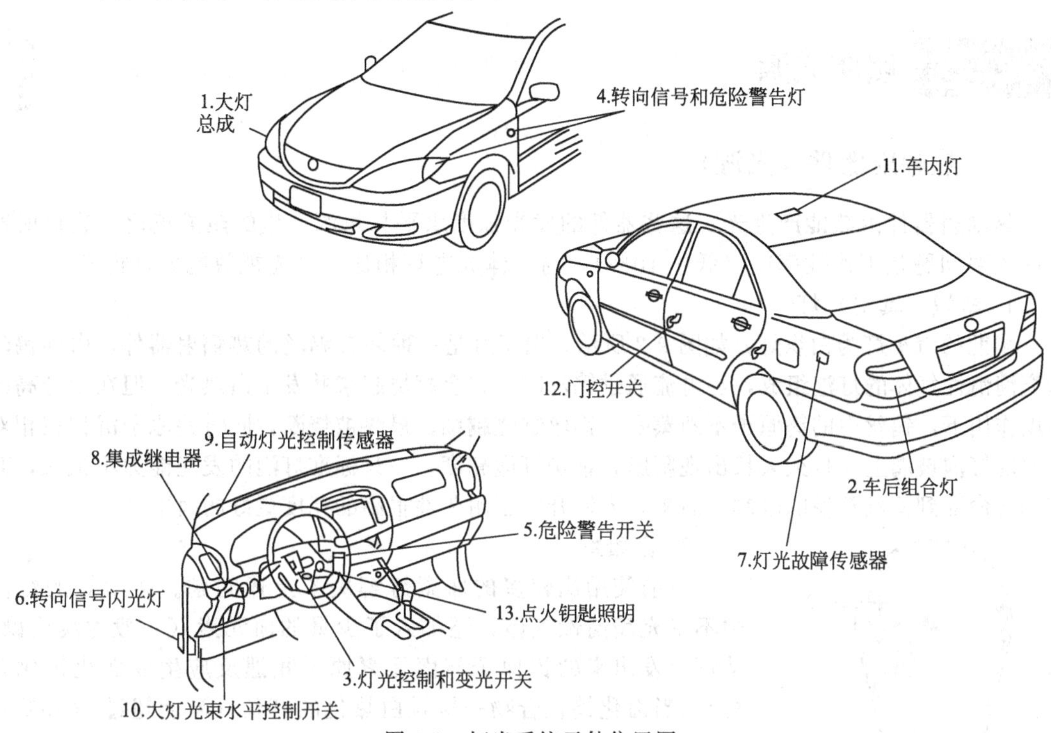

图 9-1 灯光系统元件位置图

2. 车后照明

装在车尾的灯在恶劣天气和黑夜打开，表明车辆位置，也示意车辆当前和将要行驶的方向。制动灯表明车辆是否正制动。转向信号灯示意所要改变的方向；当同时闪烁，则警告危险情况发生。在倒车时，倒车灯提供照明。

车辆尾部所装的灯包括：

(1) 制动灯；

(2) 尾灯；

(3) 雾警灯；

(4) 转向信号灯；

(5) 停车灯；

(6) 轮廓灯（车宽灯）；

(7) 倒车灯；

(8) 牌照灯。

3. 车内照明

车内照明的主要目的是保证对各控制器件和变速器的安全操作，以及反映操作情况的相应信息（它们都应尽可能少分散驾驶员注意力），而首先要求有良好照明的仪表板和各种控制件的单独照明灯（比如音响和导航系统的），以满足轻松和安全操作的基本要求。视觉和声音信号则应当按其优先顺序传给驾驶员。图 9-1 为灯光系统元件位置图。

三、车灯的功能

汽车照明的基本功能是车灯必须让驾驶员能够做到：

① 在黑暗中能够看到什么；

② 在黑暗（或能见度差的情况下）中能够被看到。

第二节 照明光源

一、热辐射器件（光源）

热辐射器件由热能产生光。这些器件的发光强度水平与热源产生的热成正比。热辐射器件的主要问题是工作效率低（低于10%），与气体放电灯相比，其光视效能要低得多。

1. 白炽（真空）灯

早期的汽车灯为白炽灯，如图9-2所示。白炽灯是一种装有钨丝的热辐射器件，由细钨丝和充满惰性气体的灯泡组成，当电流通过钨丝时，它会燃烧起来并发出白热光。但在十分高的温度作用下，钨丝中的钨原子不断蒸发，钨丝越烧越细，最终被烧断，同时钨原子沉积在相对较冷的灯泡玻璃上，日久天长出现阴影，影响灯泡亮度。一只标准灯泡的发光能力不很大，其使用寿命受到钨丝蒸发的限制。后来，人们开发了耐久性很高的亮度更好的卤素灯泡。

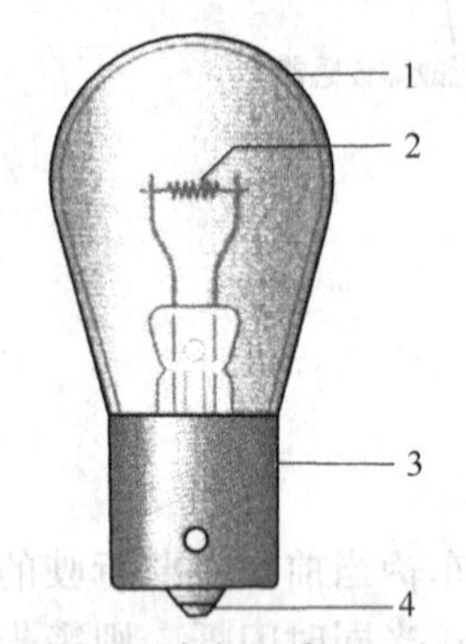

图9-2 白炽（真空）灯

1—玻璃泡；2—灯丝；3—灯头；4—电气接头

2. 卤素灯

目前使用比较多的卤素灯解决了上述问题。卤素灯的灯泡中不仅充满惰性气体，还加入了少量的卤元素（一般为溴或碘，从灯丝发出来的钨原子与卤元素原子相遇反应生成卤化钨化合物）。当卤化钨化合物一接触白热化的灯丝（温度超过1450℃），又会分解还原为钨原子和卤元素原子，钨原子又重新回到灯丝中去，卤元素原子则重新进入气体中。如此循环不已，灯丝几乎不会烧断，灯泡不会发黑。同时，卤素灯尺寸小，灯泡壳用耐高温、机械强度较高的石英玻璃或硬玻璃制成，所以充入惰性气体的压力较高，且因工作温度高，灯泡内的工作气压将比其他灯高很多，故钨的蒸发也受到更为有利的抑制。在相同功率下，卤素灯的亮度为白炽灯的1.5倍，寿命长2～3倍。

1971年出现了双丝卤素灯H4。H4卤素灯是双灯丝（见图9-3、图9-4），可以交替成为近光灯和远光灯。

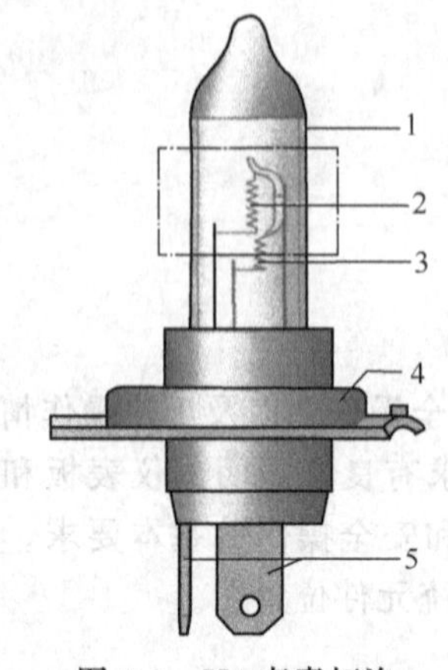

图9-3 H4卤素灯泡

1—玻璃泡；2—有罩近光灯丝；3—远光灯丝；4—灯座；5—电气接头

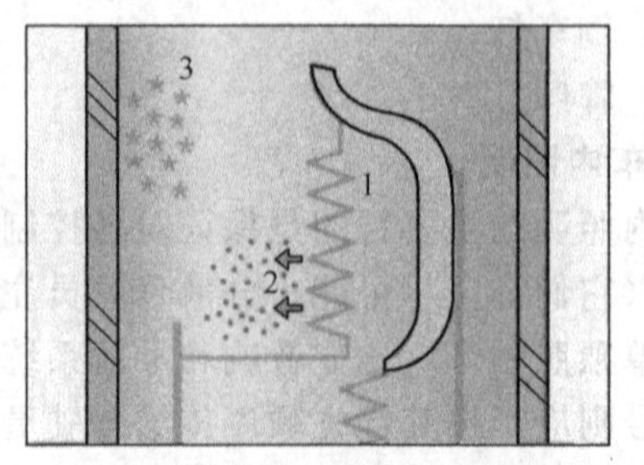

图9-4 H4卤素灯泡界面图

1—钨丝；2—钨蒸发物；3—钨卤化物

二、新型光源

1. 气体放电灯

HID是高压气体放电灯（High Intensity Discharge）的缩写，HID是21世纪高科技照明产品，名称源于高压放电技术。由于灯泡内部充填有稀有气体氙气，所以HID灯亦被称作氙气灯或氙气气体放电灯。HID最早被广泛用在运动场、大型户外建筑，军事设施照明等，近年来已逐步成为诸如宝马、奔驰等高档轿车的标准照明配置，并已逐渐多地出现在中低档车的配置中。

（1）氙灯灯泡的结构　氙灯灯泡的玻璃用坚硬的耐温耐压石英玻璃（二氧化硅）做成，卤素灯和普通灯泡是有灯丝的，但是氙灯的灯泡里则没有灯丝，取而代之的是装在石英管内的两个电极，石英管内是运用高科技工艺充入的惰性气体氙气及微量金属（少量的水银蒸气、金属卤化物），如图9-5所示。灯泡内充入高压氙气缩短灯被点亮的时间，灯的发光颜色则由充入灯泡内的氙气、水银蒸气和少量金属卤化物所决定。

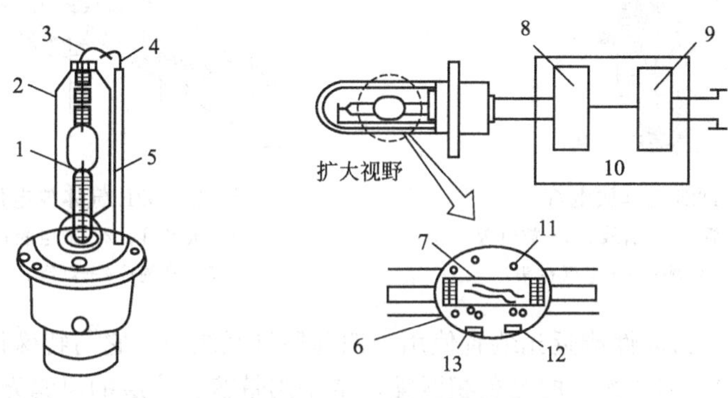

图9-5　氙灯灯泡的结构

1—电极；2—外部灯泡；3—外引线；4—引线；5—陶瓷管；6—电极（钨）；7—ArK；8—点火器；9—控制器；10—控制器；11—点火器气体；12—金属卤化物；13—汞

（2）氙气灯（HID）的工作（发光）原理　HID灯是依据高压电弧放电发光原理制作的，它采用了一个由滤波器、变频器和镇流器等组成的控制器（灯光ECU）。当灯开关接通以后，灯光ECU将系统中的电压由蓄电池电压升至22kV左右的高压脉冲电压，使灯泡内的电极之间产生电弧，造成灯泡内的氙气产生电离发光。同时几百赫兹以上的交流电（由灯光ECU产生）用来加热灯泡，使内部充入的金属物质蒸发，从而发出强的辐射光。由于高温导致灯光物质激发使内部压力升高，线光谱逐渐变为带光谱。这种光的持续辐射发出类似于白昼光。灯光接通的瞬间可产生55W卤素灯的亮度，3s后达到灯的额定光通量。之后ECU开始限制电流，待灯的工作状态稳定后，向灯提供80V或42V持续供电电压，使灯以恒定的输出功率工作。其

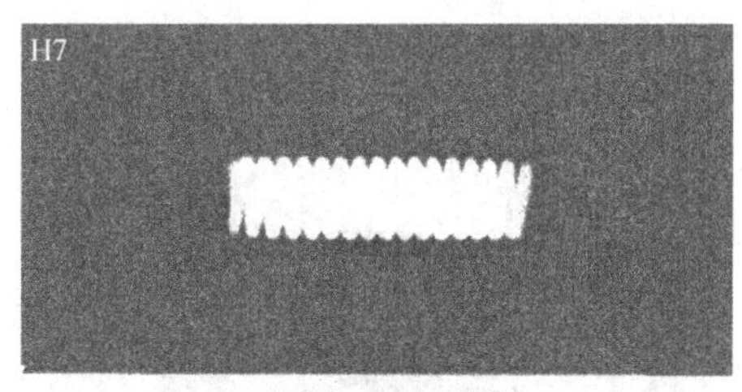

(a) 普通卤素灯发光

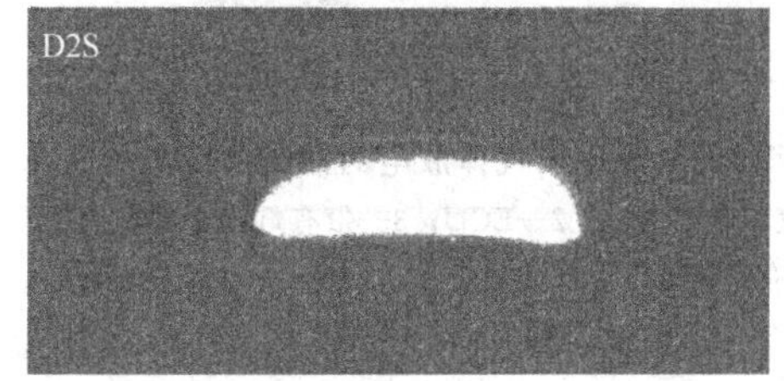

(b) 气体放电灯发光

图9-6　普通卤素灯发光与气体放电灯发光的比较

H7—卤素灯泡；D2S—气体放电灯

效果如图 9-6 所示。

(3) HID 灯应用的几种光学系统　HID 汽车前照灯既可以采用反射型的结构，也可以采用投影型的结构。现在常用的 HID 光源的型号为 D2S 和 D2R。前者用于投射型前照灯，后者用于反射型前照灯。

① 投射型前照灯（PES）　D2S 灯泡多用于椭圆体系统（PES）的前照灯（投射型前照灯）(见图 9-7)。

D2R 灯泡有集成型光屏设计，用以产生显著的明暗分界（与 H4 近光灯泡里的光屏相似)。这种灯泡属于反射型前照灯（见图 9-8)，与常规远光灯一同组成四前照灯系统。

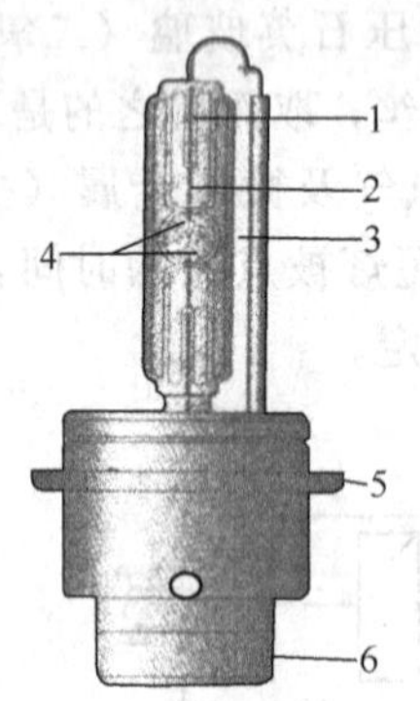

图 9-7　D2S 气体放电灯

1—防紫外线玻璃管；2—引线；3—放电腔；4—电极；5—灯座；6—电气接头

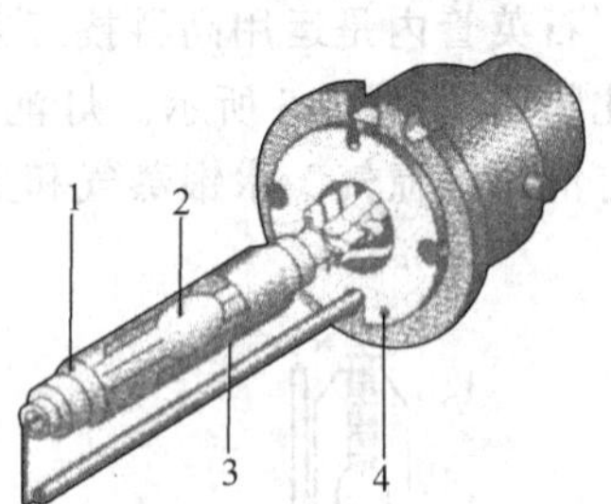

图 9-8　D2R 气体放电灯

1—玻璃管；2—放电腔；3—光闸；4—灯座；

光电子灯最初作为高性能近光装置使用于四前照灯系统中，它与特殊设计的卤素远光装置同时使用。为了与 HID 光源的光色相匹配，常采用带蓝色涂层的卤钨光源。

光电子气体放电前照灯与常规远光灯一同组成四前照灯系统（见图 9-9)。

由 PES 前照灯和 D1（第一代光源）气体放电单元组成的光电子气体放电前照灯系统在 1991 年首次登上历史舞台。当今装备有 PES 前照灯的新车，无例外地装有 D2S 单元（见图 9-10)。

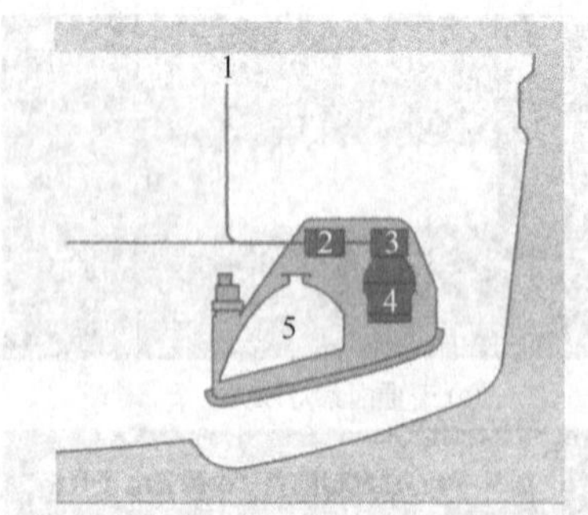

图 9-9　光电子气体放电的四前照灯系统

1—汽车电气系统；2—ECU；3—带有灯接头的点火器；4—有气体放电灯的前照灯光学系统；5—卤素远光灯

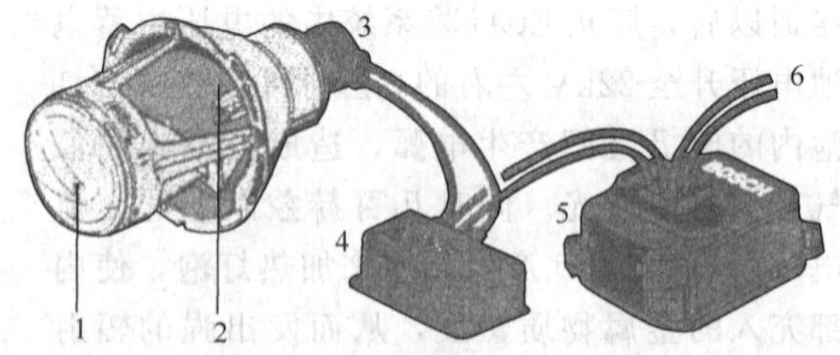

图 9-10　投射型前照灯中的光电子气体放电二灯系统

1—透镜；2—气体放电灯 D2S；3—插头；4—点火器；5—控制单元 ECU；6—汽车电气系统

② 反射型前照灯　如果光发射表面较大，光电子气体放电前照灯也能采用反射型前照灯的形式。在这种有较大发射表面的产品中，可集成光学聚焦单元，或者装有光面透镜。

近光光束由 D2R 气体放电单元产生，该单元设有百叶窗形光屏，用以生成明暗分界

（见图 9-11）。

③ 双光型的 HID 汽车前照灯　1999 年出现的双光型的 HID 汽车前照灯，采用一个 HID 光源。这种前照灯既可以产生远光，也可以产生近光。因此，一辆车上只要装两只前照灯就可以了。这样做，既缩小了车灯所占据的空间，又节省了电能，有利于经济型轿车的发展。

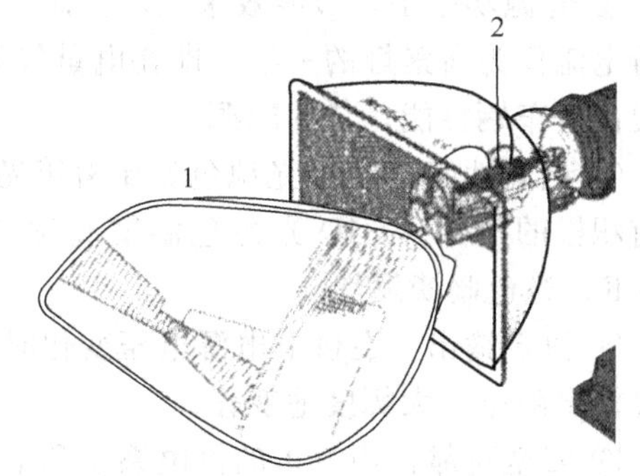

图 9-11　反射型前照灯中的光电子气体放电灯
1—透镜（有或无散射光学装置）；2—气体放电灯

a. 反射型双光电子气体放电前照灯系统　Bosch 公司在 1998 年首次推出双光电子气体放电前照灯反射系统，它只装一只气体放电灯泡，在一个双前照灯系统中产生远光和近光。其原理是依靠一个机电定位器，改变气体放电单元在反射器中的姿态，对变光开关作出响应，在两个位置中间移动，从而产生光投射图案不相同的远光和近光（见图 9-12）。

这种安排方式使双光电子气体放电前照灯具有以下优点：

ⅰ. 远光使用氙灯，大大提高了照明效果；

ⅱ. 由近到远距离连续移动的光分布为视觉判断提供了良好的条件；

ⅲ. 与常规灯光系统相比，大大减小了所占空间；

ⅳ. 由于只使用一只气体放电灯泡和一套镇流单元，所以费用比较低。

b. 投射型双光电子气体放电前照灯系统　投射型双光电子气体放电前照灯系统的基础是 PES 前照灯。它能移动产生明暗分界的百叶窗式光屏位置，使氙灯成为远光或近光工作状态(图 9-13)。

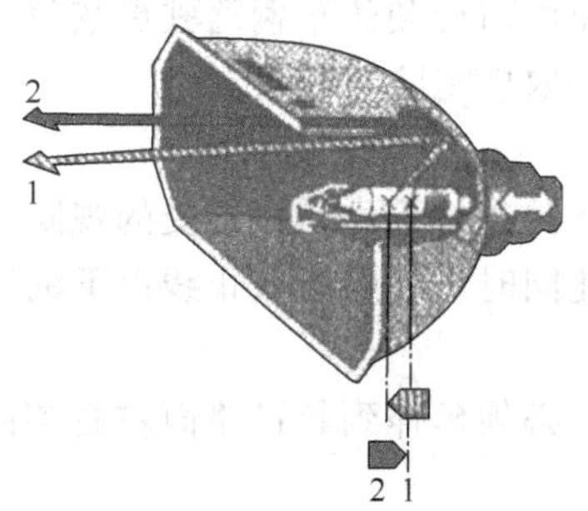

图 9-12　反射型双光电子气体放电前照灯
1—近光；2—远光

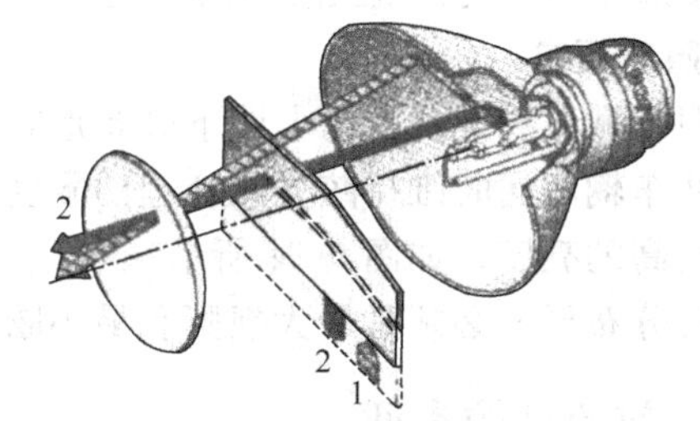

图 9-13　投射型双光电子气体放电前照灯系统
1—近光；2—远光

投射型双光电子气体放电前照灯系统的透镜直径只有 60～70mm 大小，是市售远近光前照灯中最紧凑的一种，但仍能提供高亮度的照明。

(4) 氙气灯泡（HID）的优点

① 亮度高：相对于传统采用钨丝燃烧发光的卤素灯泡，HID 亮度是卤素灯的 3 倍以上。一般的 55W 卤素灯只能产生 1000lm 的光，而 35W 氙气灯能产生 3200lm 的强光。车灯亮度的提高有效扩大了车前方的视觉范围，拥有超长及超广角的宽广视野，营造出了更为安全舒适的驾驶条件。

② 寿命长：HID 氙气灯是利用电子激发气体发光的，并无钨丝存在，克服了传统卤素灯泡内灯丝易脆断的缺陷。这种灯寿命较长，约为 3000h，是卤素灯的 10 倍（卤素灯只有 250h），大幅度超越了汽车夜间行驶的总时数，其使用寿命与汽车差不多。

③ 光源功率小，节能效果显著。氙气灯只有 35W，而发出 55W 卤素灯 3 倍以上的光，运行电流仅为卤素灯的一半，即耗电量仅为卤素灯的一半，大大减轻汽车电系统的负荷，相应提高了车辆性能，节约能源。

④ 色温性好：HID 光源色温比卤钨光源高，光色更白，这对提高行车人员的夜间能见度有积极的作用。HID 光源色温度高达 4300～12000K，6000K 接近日光。而卤素灯只有 3000K，光色暗淡发红。

⑤ 恒定输出：在供电电源电压变化时，HID 光源的光输出几乎是恒定的。而卤钨光源的光输出随电压大幅度地变化。

⑥ 安全可靠：当汽车的供电系统和电池出现故障时，镇流器自动关闭，停止工作。

2. 汽车 LED 照明

自 20 世纪 60 年代红光 LED 诞生以来，LED 从红、黄、绿到蓝、白和紫光，凭借其耗电少、使用寿命长、开关速度快等优点，被大量应用在指示灯、交通信号灯、手电筒、矿灯、显示屏、LED 光源、汽车和景观照明等。

LED 在汽车照明中被用作内饰灯、转向灯、阅读灯、大灯、刹车灯和第三刹车灯，其中用作第三刹车灯最多。在汽车照明领域，LED 具有十分广阔的应用前景。

第三节 前照灯系统

一、汽车前照灯的要求

1. 防止眩目的要求

当前照灯射出的强光束突然映进人的眼睛时，就会对视网膜产生刺激，瞳孔来不及收缩造成视盲的现象叫做眩目。夜间行车时，强烈光束会使对面行驶的车辆驾驶员眩目，从而容易引发交通事故。为避免此类现象发生，前照灯必须采取措施防止眩目。

2. 照度要求

从明暗截止线提供的暗上明下分布形式，在所有行驶条件下均是可接受的视野。这种布置使来往车辆相遇时维持眩光在合理的限度内，而与此同时，在明暗截止线以下的区域，应提供相当高的亮度。如图 9-14 所示。

光线分布形式必须是最大视野和最小眩光的综合，必须延伸到超过路面左右侧的边缘。

二、前照灯的类型

(1) 按照发射光束类型的不同，可分为远光前照灯、近光前照灯和远近光前照灯三类。

(2) 按照光源的不同分为白炽灯、卤素灯、气体放电灯和 LED 灯。

(3) 按照安装数量的不同可分为两灯制、四灯制和六灯制前照灯，如图 9-15 所示。

所有双辙车辆必须装两个近光前照灯和至少两个远光前照灯（或选装四个）。两灯制结构，采用的灯含有两个分开的光源（双灯丝），通过一个反射镜投射近光和远光，即每只灯具有远、近光双光束。四灯制结构，外侧一对前照灯产生远光和近光（为远、近双光束）或仅产生近光，而内侧一对前照灯仅提供远光照明（为远光单光束）。六灯制结构，不同于四灯结构，在主前照灯中合并了辅助雾灯。

(4) 按照安装方式的不同可分为外装式前照灯和内装式前照灯。

前者，整个灯具在汽车上外露安装；后者，灯壳嵌装于汽车车身内，装饰圈、配光镜裸露在外。

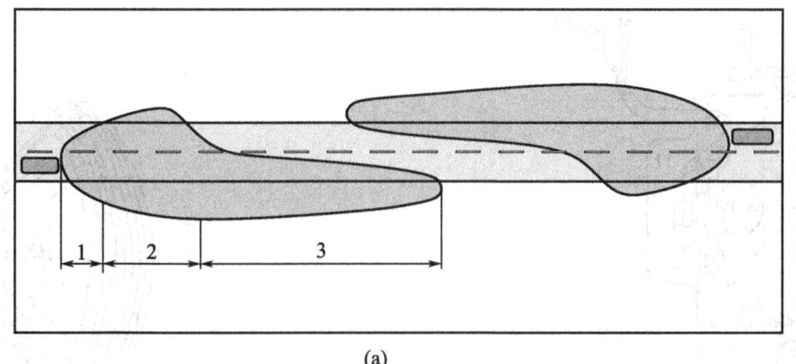

(a)

汽车前照灯的两种光束：

● 前照灯远光

光强较强，车前100m以内路段照明

● 前照灯近光

光强较弱，会车时用，车前30m以内路段照明

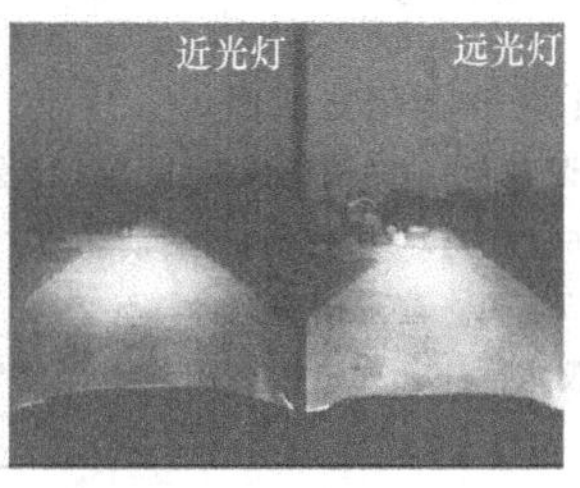

(b)

图 9-14 照度要求

1—大范围的侧面照明；2—目标路面的照明；3—好的照明深度

(5) 按照配光镜形状不同可分为圆形、矩形和异形前照灯三类。

(6) 按照光学组件的结构不同，可分为以下几种。

① 可拆式前照灯 可拆式前照灯由反射镜和配光镜组成，因此气密性差，反射镜易受湿气和尘埃污染而降低反射能力，严重降低照明效果，目前已很少采用。

② 半封闭式前照灯 半封闭式前照灯的结构如图9-16所示，其配光镜靠卷曲反射镜边缘上的牙齿而紧固在反射镜上，二者之间垫有橡皮密封圈，灯泡只能从反射镜后端装入。当需要更换损坏的配光镜时，应撬开反射镜外缘的牙齿，安上新的配光镜后再将牙齿复原。由于这种灯具减少了对光学组件的影响因素，维修方便，因此得到广泛使用。

③ 封闭式前照灯 封闭式前照灯（又叫真空灯），其反射镜和配光镜用玻璃制成一体，形成灯泡，里面充以惰性气体。灯丝焊在反射镜底座上，反射镜的反射面经真空镀铝，其结构如图 9-17 所示。

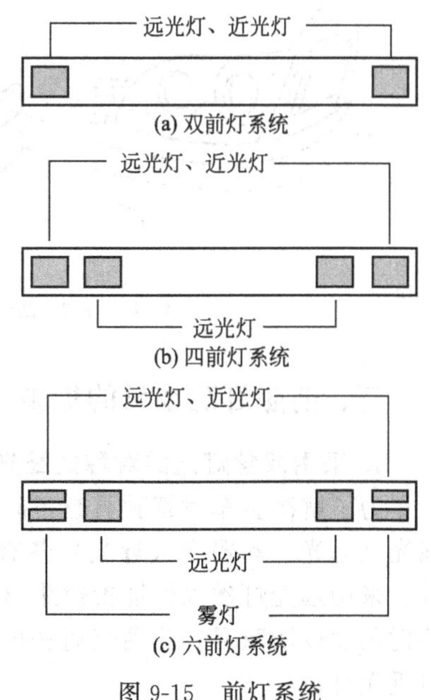

图 9-15 前灯系统

由于封闭式前照灯完全避免反射镜被污染以及遭受大气的影响，因此其反射效率高，照明效果好，使用寿命长，因此推广很快。但当灯丝烧断后，需要更换整个总成，成本高，因此限制了它的使用范围。

(7) 反射式前照灯和投射式前照灯

早期的反射器设计成抛物镜面。投射式前照灯的反射镜近似于椭圆形状，如图 9-18 所示，它具有两个焦点。第一焦点处放置灯泡，第二焦点是由光线形成的，凸形配光镜聚成第二焦点，再通过配光镜将聚集的光投射到前方。第二焦点附近设有遮光板，可遮挡上半部分

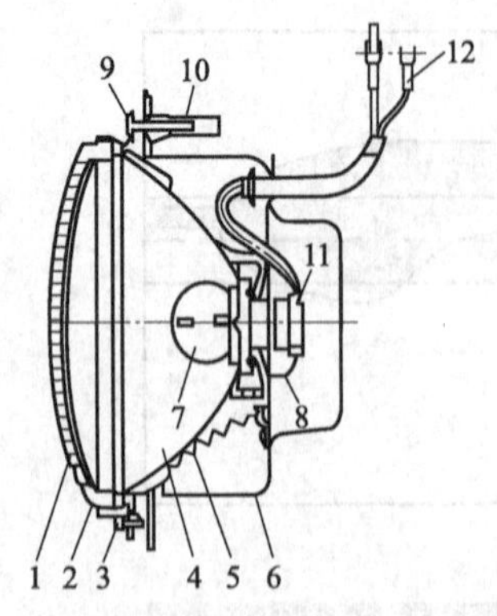

图 9-16　半封闭式前照灯

1—配光镜；2—调定阀；3—调整阀；4—反射镜；5—拉紧弹簧；6—灯壳；7—灯泡；8—防尘罩；9—调节螺钉；10—调整螺母；11—胶木插座；12—接线片

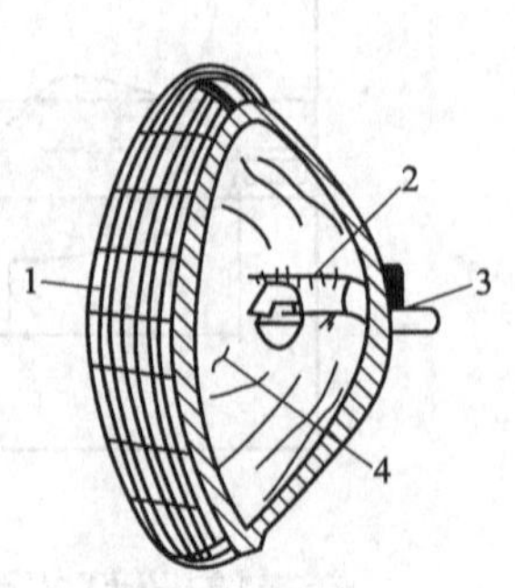

图 9-17　封闭式前照灯

1—配光镜；2—灯丝；3—插片；4—反射镜

光，形成明暗分明的配光。由于它的这种配光特性，因此也可用于雾灯。投射式前照灯所采用的灯泡为卤钨灯泡。

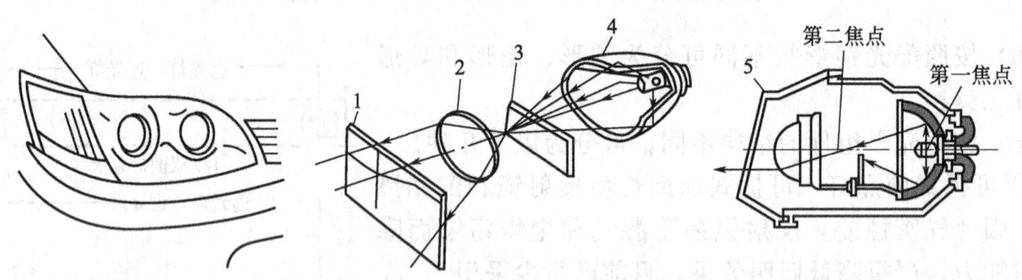

图 9-18　投射式前照灯

1—屏幕；2—凸形配光镜；3—遮光镜；4—椭圆反射镜；5—总成

三、前照灯防眩目的措施

1. 采用双丝灯泡的对称式配光

为了解决会车时驾驶员眩目问题，双光灯芯前照灯应运而生。1925 年出现了双丝灯泡，强光（远光）和弱光（近光）各有一个灯丝，通过变光开关切换无光和近光。在夜间行车时，采用远光灯丝以保证投射距离和照明亮度，在会车时采用近光灯丝缩短投射距离和改变照射角度以防眩目。我国交通法规定，必须在距对面来车 150m 以外互闭远光灯，改用防眩目近光灯。

双丝灯泡如图 9-19 所示。

2. 采用带遮光罩的双丝灯泡（非对称式配光）

带遮光罩的双丝灯泡如图 9-20 所示。这种遮光罩位置固定。

双丝卤素灯泡 H4，采用一个金属罩遮住近光的部分灯丝，只让反射器的上部反射光线，使光线投射到紧靠车辆前面。金属罩的边缘投射到路面，形成明暗分界。为了更好地防止眩目，配光屏安装时偏转一定的角度，左侧边缘倾斜 15°。

目前汽车前照灯系统中明暗截止线有两类，一类由水平线与一条 15°斜线组成，另一类则是由水平线与 45°斜线组成称 Z 形。

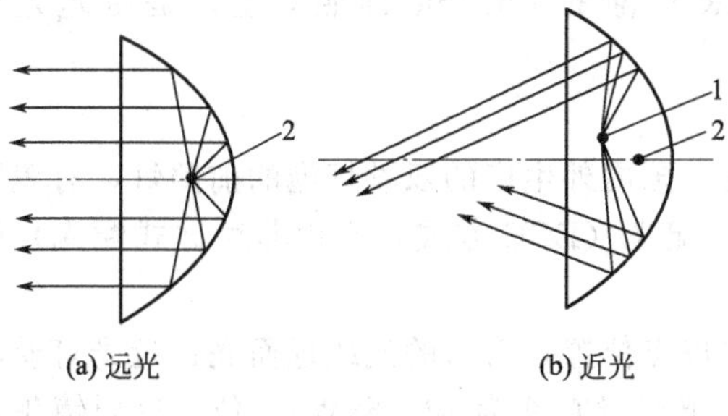

图 9-19　双丝灯泡

1—近光灯丝；2—远光灯丝

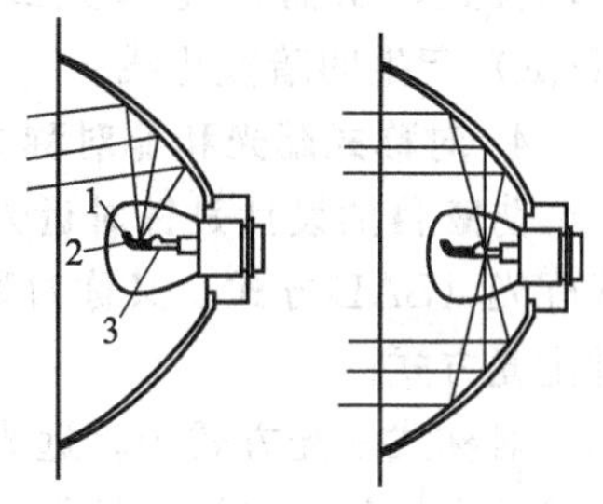

图 9-20　带遮光罩的双丝灯泡

1—近光灯丝；2—遮光罩；3—远光灯丝

非对称配光方式如图 9-21 和图 9-22 所示。

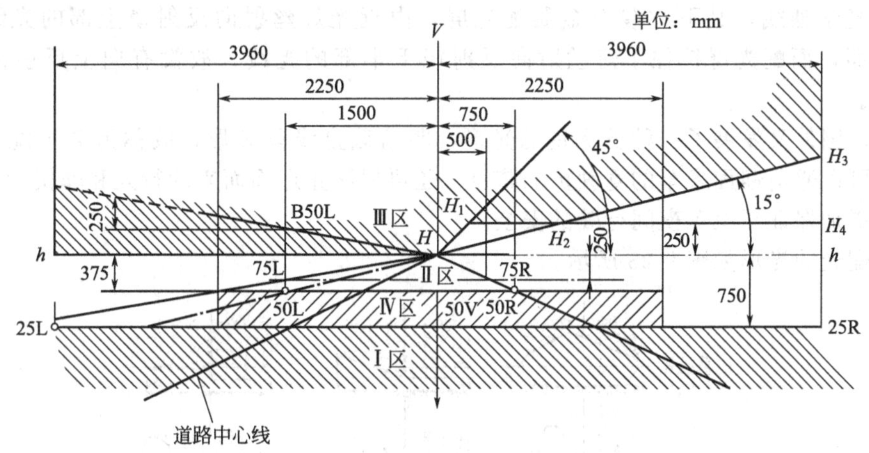

图 9-21　非对称配光方式（一）

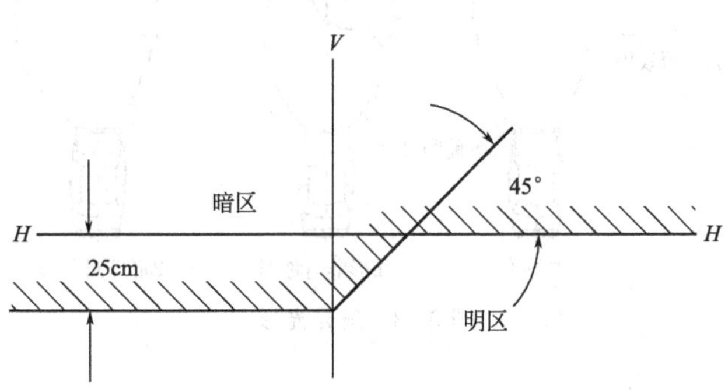

图 9-22　非对称配光方式（二）

3. 移动光源或遮光屏（非对称式配光）

现在，近光前照灯在光线分布区都要求有明暗截止线。随着 HID 灯和 LED 灯的出现，形成明暗截止线的方式已不局限于安装金属配光屏。

最新技术光电子气体放电灯（高强度气体放电 HID 灯）系统，只装一个气体放电灯泡，没有灯丝。由于 HID 具有高亮度的特点，如果使用时照射高度调节不当，在会车时将会对迎面来车的司机造成强烈的眩目，产生安全隐患。

反射型 HID（高强度气体放电灯）前照灯系统，依靠一个机电定位器在两个位置中间移动气体放电灯（光源），从而产生光投射图案不同的远光和近光。

投射型 HID（高强度气体放电灯）前照灯系统，能移动产生明暗分界的百叶窗式遮光屏的位置，从而产生远光或近光。在带有 D2R 灯泡的 Litronic 前照灯上，是由遮光屏（D2R）产生明暗截止线。

4. **对称式配光和非对称式配光**

防眩目的设计是针对近光的配光方式进行的。国内外生产的双丝灯泡的前照灯，有美国式配光（SAE 方式，又称对称式配光）和欧洲式配光（ECE 方式，又称非对称式配光）两种配光方式。

对称式配光方式中，远光灯丝位于反射镜的焦点位置，射出的光线远而亮；近光灯丝功率较远光灯丝小（远光灯丝功率为 45～60W，近光灯丝功率为 22～55W），位于反射镜焦点的上方并稍向右偏斜。由于其光线弱，且经反射镜反射后光线大部分向下倾斜，从而减小了对迎面来车驾驶员的眩目作用。

非对称式配光方式中，远光灯丝同样位于反射镜的焦点处，近光灯丝则位于焦点前方且稍高出光学轴线，其下方装有金属配光屏，由近光灯丝射向反射镜上部的光线，反射后倾向路面，而配光屏挡住了灯丝射向反射镜下半部的光线，故没有向上反射能引起眩目的光线。

近来，国外又发展了一种更优良的光形，明暗截止线呈 Z 形，故称为 Z 形配光。该种配光不仅可以避免迎面来车的驾驶员的眩目，还可以防止迎面而来的行人和非机动车使用者的眩目，更加保证了汽车夜间行驶的安全。

各种配光的光形如图 9-23 所示。

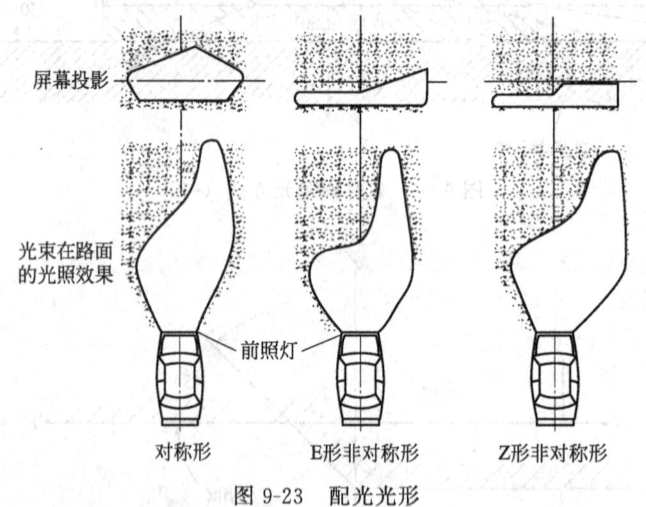

图 9-23 配光光形

四、汽车 HID 前照灯系统应用

光电子气体放电前照灯是在卤素灯照明基础上的重大进步（如图 9-24 所示）。与卤素灯相比，光电子气体放电前照灯可以产生更大的光通量和调配更合理的光分布，改善了路边照明，视野也有显著改善；在可能发生危急的情况和恶劣天气中，能改善视野和辨别方向。光电子气体放电前照灯装有自动光束控制装置和清洁器，符合 ECE-R48 规定。采用这些措施能保持光照明亮和充分合理地利用这种前照灯固有的远投射能力。

1. **博世（bosch）HID 汽车前照灯系统的结构及工作原理**

HID 汽车前照灯系统的主要部件有 HID 光源（氙气灯泡）、电子镇流器（如图 9-25 所示）和反射镜等。

前照灯的集成部件是电子镇流单元（EVG），电子镇流器由点火单元和控制器组成，负

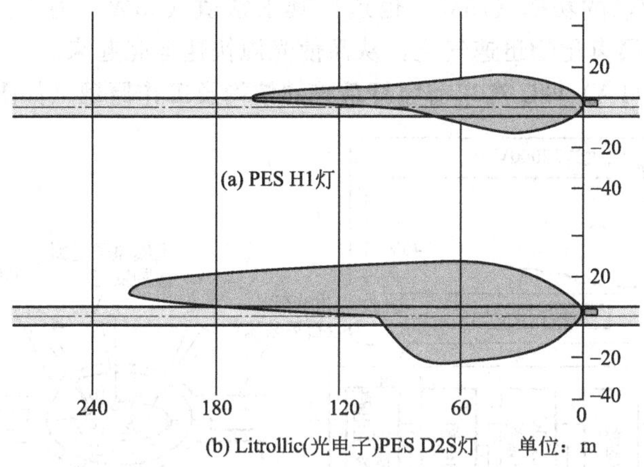

图 9-24　光分布图样（在道路水平面上）

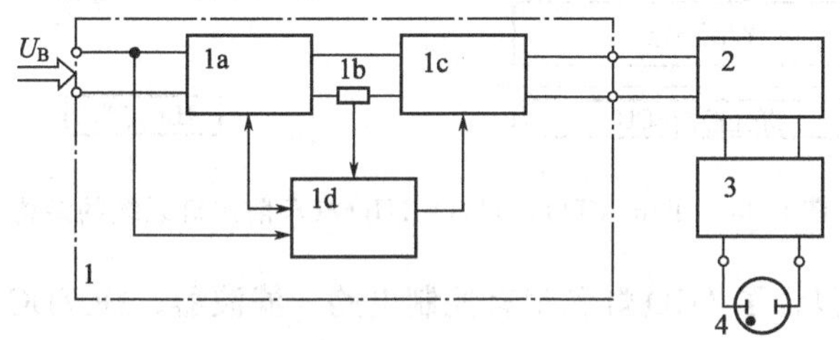

图 9-25　400Hz 交流电和灯泡脉冲点火的电子镇流装置 EVG
1—ECU（1a：DC/DC 转换器；1b：分流器；1c：DC/AC 转换器；1d：微处理器）；
2—点火装置；3—灯插座；4—D2S 灯；U_B—蓄电池电压

责气体放电灯的点火运行和状态监控。点火单元产生气体放电起弧（点火）所需的高电压为10～20kV；控制器调整加温（冷灯预热）阶段的电流，转而维持稳态工作时的 35W 连续电力。在点火后的数秒内，灯的电流上升，加速灯的点亮过程直到 100%的亮度。

该系统还能补偿蓄电池电压的波动，使光通量连续维持高水平。

如果因车上电源瞬时中断或故障使灯熄灭，灯系统能自动重新点火。电子镇流器能对故障起反应（比如灯损坏了），并及时切断电源，防止人员误触电而受伤。

过去，用于照明的一般气体放电光源（如荧光灯，高压钠灯，金属卤化物灯等）都是采用电磁式的镇流器，现在为了节电并改善光源的性能，正逐步采用电子镇流器。普通照明用的 HID 光源在启动之后，并不能立即达到稳定时的光输出，从启动到亮足需要几分钟的时间，这段时间称为温升时间。但是，对汽车前照灯 HID 光源，温升时间要尽可能短，灯在启动后极短的时间内光源就应亮足。现在，汽车行驶的速度非常快，以 180km/h 为例，每秒通过的距离达到 50m。倘若前照灯在开启后迟迟亮不起来，造成的后果是不堪设想的。因此，必须采用特殊设计的电子镇流器。

汽车前照灯 HID 光源用的电子镇流器的驱动方式大体上有三种：正弦波点灯，直流点灯和方波点灯。现在，方波点灯方式是主流。12V 直流电源（如蓄电池）输入经过滤波器后，由 DC/DC 变换器升压至直流 85V，再经全桥变频器将直流变为方波，加在 HID 光源上，叠加上由启动器产生的高压脉冲，就能使光源启动。控制电器用于控制变频器的工作以及故障安全保护。为保证该 HID 光源能在极短的时间内达到稳定，一方面光源中充入了高压氙气；另一方面，在电路设计上，使光源启动后的电流（2.6A）远远大于其正常工作电流（0.41A），相应启动的功率（75W）也远比其正常值（35W）为大。这些措施都可以使光源内充填的汞和金属卤化物迅速气化，从而使光源快速地亮起来。

2. 丰田（TOYOTA）HID 汽车前照灯系统的结构及工作原理（如图 9-26 所示）

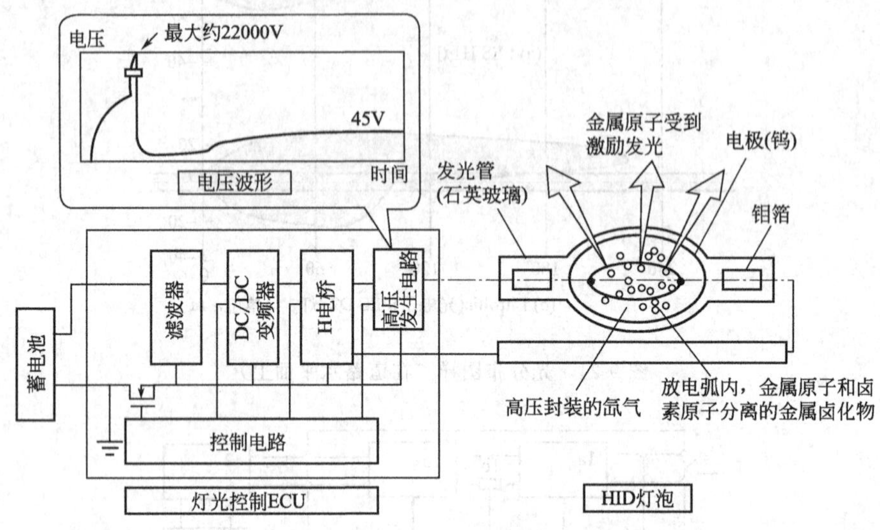

图 9-26 丰田（TOYOTA）HID 汽车前照灯系统的结构

在一个灯单元中包含了 HID 灯和带有控制电路、滤波器、DC/DC 变频器、整流电路和高压发生电路的灯光控制 ECU。这一部分是将来自大灯继电器的蓄电池电压转变为符合 HID 灯工作的电压。同时在这一单元中还可布置灯光调整系统的执行机构。

从图 9-27 中可以看出灯光开关的状态信号传给车身控制单元（图中的主体 ECU），再由车身控制单元发出执行信号至分电器，灯光分配电路（即分电器）分配给左右前照灯的继电器。通过继电器使两个大灯单元中的灯光控制 ECU 获得从蓄电池输入的电压，并生成 HID 灯工作所需的几百赫兹以上的约 22kV 的高电压。

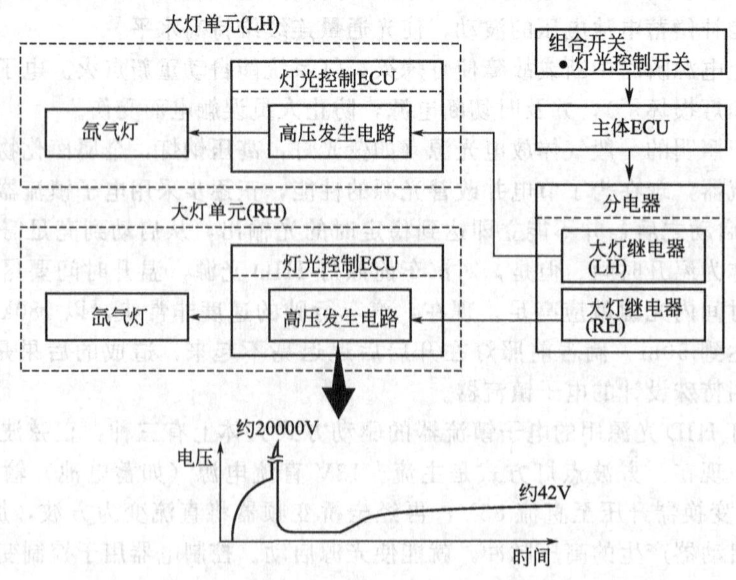

图 9-27 丰田（TOYOTA）HID 汽车前照灯工作原理

第四节 照明设备的电子控制技术

一、自动发光控制系统

1. 自动发光控制系统（图 9-28）

昏暗自动发光控制系统（自动灯光控制传感器在灯光控制开关处于 AUTO 位置或 OFF 位置）可以检测环境的亮度水平。其功用是：在行驶中，当车前的自然光的强度减低到一定程度时，根据环境亮度状况，它向灯光控制装置发出一个信息，先开尾灯，再开大灯。该系统还有一种功能：当环境亮度忽明忽暗时打开尾灯，但不使大灯忽明忽暗。例如在桥下行驶或者沿林荫道行驶时，若是经过一定时间，环境亮度仍低于规定值，大灯将点亮。灯光自动控制的类型取决于车型，有些车型的自动灯光控制传感器和灯光控制装置成为一体，有些车型尾灯和大灯同时点亮。

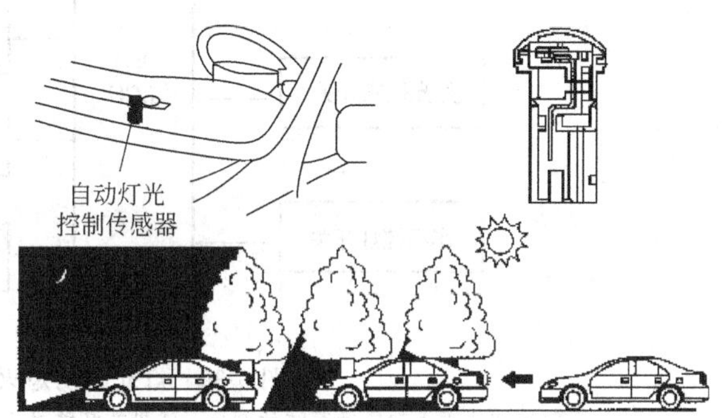

图 9-28 灯光自动控制示意图

自动发光控制系统主要由光传感器和控制元件、控制单元（ECU）和继电器等执行元件三部分组成。

2. 工作过程

当自动灯光控制传感器检测环境的照明水平时，它向灯光控制装置的端子输出一个脉冲信号。当灯光控制装置判断出环境照明下降时，触发尾灯和大灯继电器，打开尾灯和大灯。当灯光控制装置判断环境照明提高时，关闭尾灯和大灯。

3. 控制过程

光控制开关位于 AUTO（自动）位置时，灯光自动控制系统检测环境亮度水平，控制大灯和尾灯（驻车灯、尾灯和牌照灯），可将两者之一点亮。由集成于空调系统光照传感器中的灯光控制传感器检测环境亮度水平。该系统由主体 ECU 控制，控制组成图如图 9-29 所示。

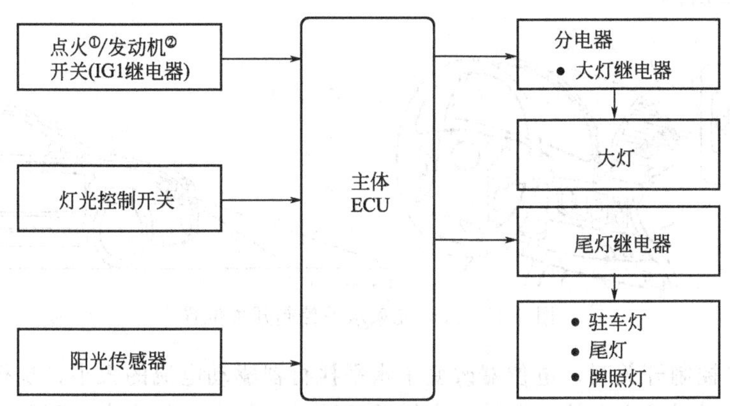

图 9-29 灯光自动点亮控制组成图

① 无智能进入和启动系统的车型；② 带有智能进入和启动系统的车型

当驾驶员在大灯、雾灯、驻车灯、尾灯或牌照灯未关的情况下离开车时，灯光自动控制关闭这些灯。满足下列所有条件时，车外灯熄灭：电源从点火开关 ON 状态转到 OFF 或 ACC；灯光控制开关位于 OFF 以外的位置；雾灯开关位于 ON 位置（仅适用于带有雾灯的车型）；关闭驾驶员侧车门后再次将其打开。系统组成如图 9-30 所示。

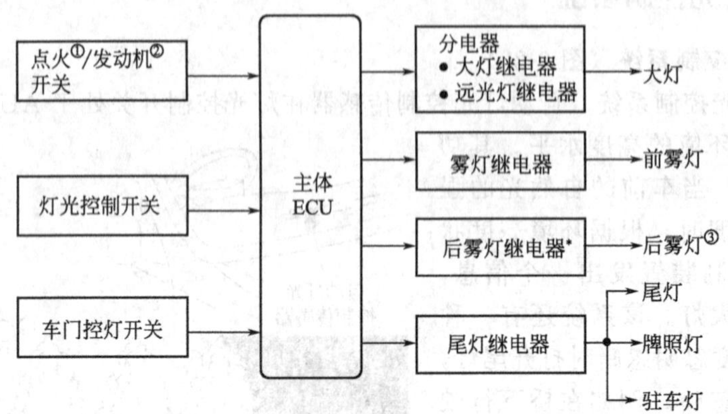

图 9-30　灯光自动熄灭控制组成图

① 无智能进入和启动系统的型号；②带有智能进入和启动系统的型号；③带后雾灯的型号

二、大灯光束水平控制系统

1. 手动水平调节（照明距离人工调节）

照明距离人工调整由驾驶员进行。由于乘客数量（重量）和行李重量改变而导致车辆状态改变时，驾驶员可用手动操作的开关，方便地控制调节开关的位置。该开关必须有锁止机构的标准设定位置，同时标准设定位置可作为设置光束基本位置的基准点。无论是不断变动，还是渐近控制，所有控制单元都必须与近处的手动开关相配合。必须在手动开关附近有明显的标记，该标记与不同载荷条件下设置的修正标记相对应，适应车辆的装载情况，以进行所需的垂直对光调节。所有结构变型均使用一个调节机构对前照灯反射镜（壳体结构）或对整个前照灯单元进行垂直调节。

通过该系统使用大灯光束水平控制开关，驾驶员可以手动将大灯光束水平（5 步）调整至相应水平，如图 9-31 所示。可以使用集成于大灯单元中的执行器调整大灯光束水平。电路控制如图 9-32 所示。

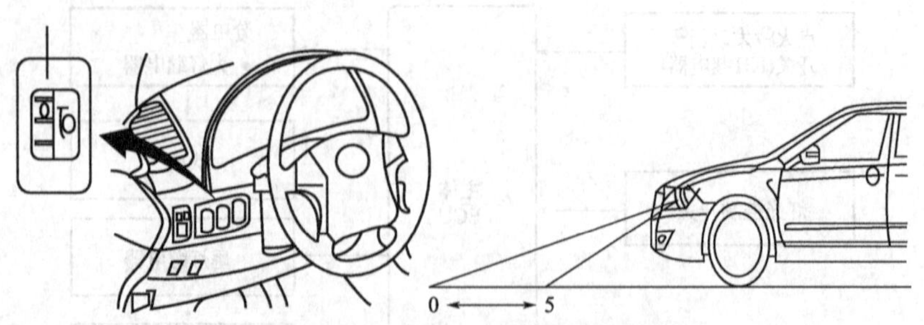

图 9-31　大灯光束水平控制开关位置

当拨动水平控制开关时，电位器改变了水平执行器驱动电流的大小，执行器中的电动机即可以顺时针或逆时针方向旋转，使输出轴前后移动，使大灯的光束上下移动。

2. 自动水平调节（照明距离自动调节、自动前光水平控制）

该系统能自动补偿载荷的变化，使近光的投射在 5cm/10m（0.5%）和 25cm/10m

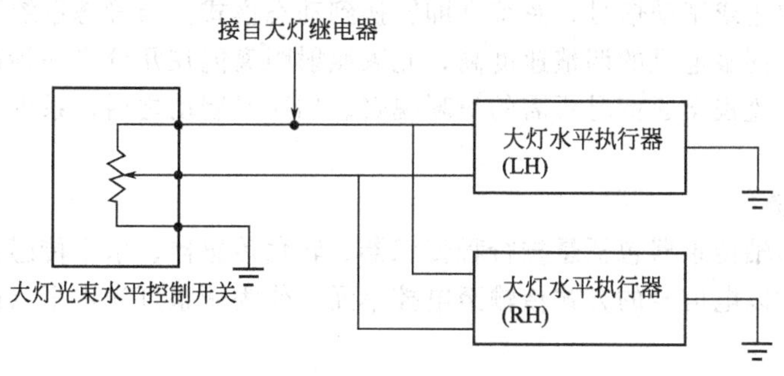

图 9-32 电路控制图

(2.5%) 之间俯仰，投射距离缩短或加长。

自动水平调节（自动前光水准）控制系统分为两大类：静态系统和动态系统。静态系统补偿行李箱和乘员室中载荷的变化；动态系统能改变前照灯的校准，包括起步和行进中的加速以及制动时发生的变动。

典型的照明距离自动调节系统包括以下部件（图 9-33）：

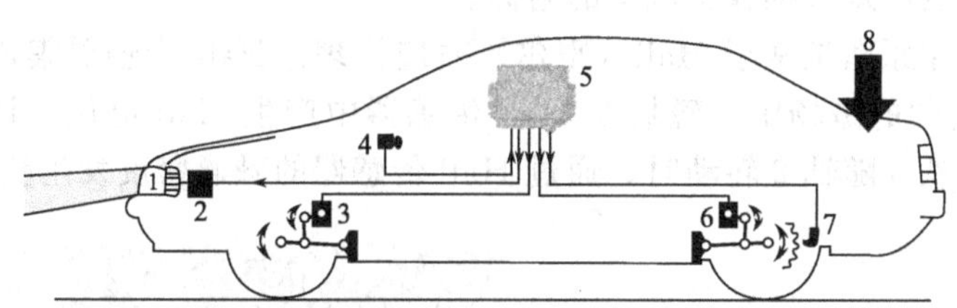

图 9-33 前灯水平动态自动控制系统原理示意图

1—前灯；2—执行器；3—前悬挂行程传感器；4—灯开关；5—电控单元；6—后悬挂行程传感器；7—车速传感器；8—负载质量

① 车轴上的传感器，能精确测出车辆的倾角；

② 电控单元（ECU），能利用传感信号算出车辆的姿态数据，与规定值进行比较，将偏差值作为控制信号传给前照灯伺服电机；

③ 执行器能将前照灯调整到正确角度。

该系统的主要原理是利用测定车内两个基准点（前、后轴位置）到地面的距离差，得出车辆的倾斜角度信号，从而进行水平调节。车轴传感器，把车身高度的变化（悬架变形量的变化）变换成传感器轴的旋转，将检测出的旋转角度信号转变为电压信号输入 ECU。在车左前轮和左后轮内侧各装一个车身高度传感器。

(1) 静态系统 除悬挂装置传感器来的信号外，静态系统还收到 ABS 控制单元电子测速电路送来的速度信号。根据这些信号，控制器即可判定车辆是静止不动，或速度有变化，还是在恒速行驶。以静态原理为基础的自动系统，总有非常大的响应惯性，因此只对长时间记录的倾角做修正。

每当车辆开动，系统就开始修正前照灯角度，以补偿载荷的任何变化。当车辆进入稳态工作，第二轮修正就开始。静态系统使用手动系统时，采用手动的伺服电机补偿前照灯当时的纵向角度与规定值之间的偏差。

(2) 动态系统 动态系统有截然不同的两种工作模式，能在所有行驶条件下保证前照灯的合理定向。其速度信号分析的辅助功能，使系统能区分静态校准无法识别的加速度和制动。

车辆在静止或恒速状态下，动态系统的工作与静态系统一样，有极大的响应惯性；但控制器一旦记录到加速或制动信号，系统立即转换到动态模式。与静态系统不同的是动态系统信号处理速度快，伺服电机的调整速度高，光束照射距离能在几分之一秒内调整好，保证驾驶员一直具有高效监视交通情况所需的清晰视野。加速或制动之后，系统自动回到响应延迟的工作模式。

3. **车轴传感器**

(1) 作用 车轴传感器包括悬挂行程传感器、转角传感器、水平传感器，其作用是将汽车的纵向倾斜变化以电信号的方式传输至电控单元，作为调整灯光水平（即投射距离）指令的基本依据。

在接入近光灯时，灯光水平自动控制系统可以适应汽车的纵向倾斜，以保证驾驶员有足够的视野，对迎面车辆没有盲区。静态的照明距离自动调节可以适应由于汽车负载引起的车身倾斜。动态的汽车照明距离可根据制动、加速引起的汽车俯仰运动而进行自动调节。轴传感器可以很精确地检测车体的倾斜角度。

(2) 结构和工作原理 用安装在车体前、后轴的传感器（转角传感器）可测量汽车的倾斜。通过与车轴或车轮悬挂装置相连接的传动杆上的转动杆可以测量汽车的跳动。由前、后轴传感器间测得的电压差可推算出汽车的俯仰。

轴传感器的工作原理是基于 Hall（霍尔）效应原理。Hall 传感器集成在转子 5 上（图 9-34）。转子处于均匀的磁场中。磁场在 Hall 传感器中产生 Hall 电压。该电压与磁通密度成正比。当环形磁铁 6 随轴 2 转动时，通过 Hall 传感器的磁通密度发生变化。

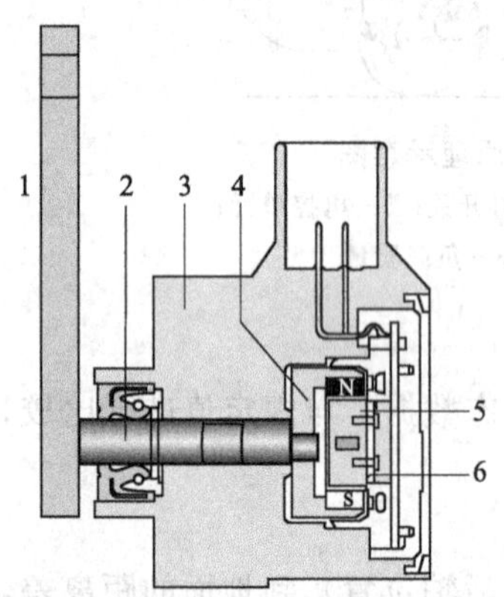

图 9-34 轴传感器断面

1—转动杆；2—轴；3—壳体；4—环形磁铁护套；5—带有 Hall 传感器的转子；6—环形磁铁

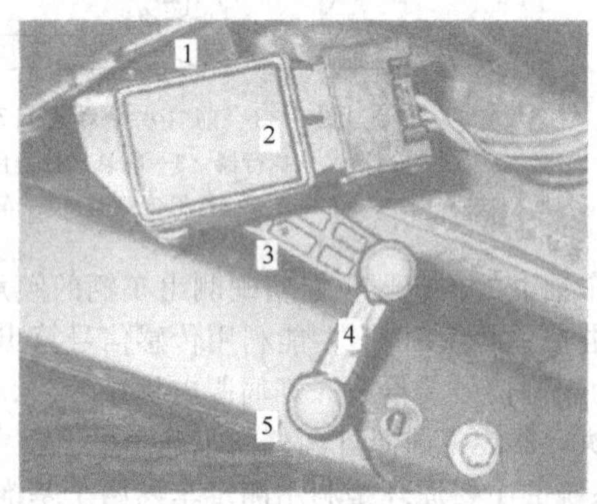

图 9-35 传感器在车上的安装

1—固定在车体上；2—带接插件的轴传感器；3—转动杆；4—传动杆；5—汽车轴

传动杆（图 9-35）将相应于汽车在受载、加速或制动引起的跳动传到轴传感器的转动杆上，并将它转换成与转角成比例的电信号。

4. **控制单元**

控制单元采集来自轴传感器的电信号，并得到前、后轴间的电压差。在考虑了汽车行驶速度后，可算出伺服电机位置的设定值。在匀速行驶时，动态照明距离自动调节保持在大阻尼状态，伺服电机的位置，即照明距离调节位置只是慢慢地与汽车俯仰状况相协调，以免遇到路面不平或凹坑冲击时不断校正照明距离。在汽车加速或制动时，照明距离自动调节马上进入动态工作方式，伺服电机位置在几毫秒内就与汽车俯仰相协调，然后又自动地回到大阻尼的慢速状态。当控制单元测到故障时，将警告显示请求信号输出到组合仪表（仪表 ECU）

并具有失效保护功能。

5. 执行器

(1) 液压机械执行器　这种执行器是通过手动开关（或水平传感器）和调节元件之间的连接软管传送液体来推动前光水准控制机构的。调节的程度与泵送的液体流量相适应。

(2) 真空执行器　使用这种执行器，手动开关（或水平传感器）调节来自进气歧管的真空度（负压），并将其传递到执行器（伺服元件）以改变调节程度。

(3) 电气系统　此系统使用步进（变速）电机作为执行器（伺服元件），可由车内的相应开关或由车轴传感器（悬挂装置行程传感器、水平传感器）传来的信号来控制。

(4) 双金属片执行机构　电感传感器接受前后桥与车身的相对位移，并把这一位移转变成表征车身实际高度的电信号。这一信号被输送到信号合成器，与标准信号发生器送来的标准信号进行比较，得到差值信号，经放大器放大后，输送给双金属片执行机构，双金属片随失调信号的变化，得到不同的热量，产生相应的变形，作用于转动杠杆，使前照灯围绕支点转动到适当的位置。图 9-36 是博世公司生产的步进（变速）电机执行机构前照灯自动调整系统的工作原理图。图 9-37 是丰田公司生产的带有执行器的大灯单元。

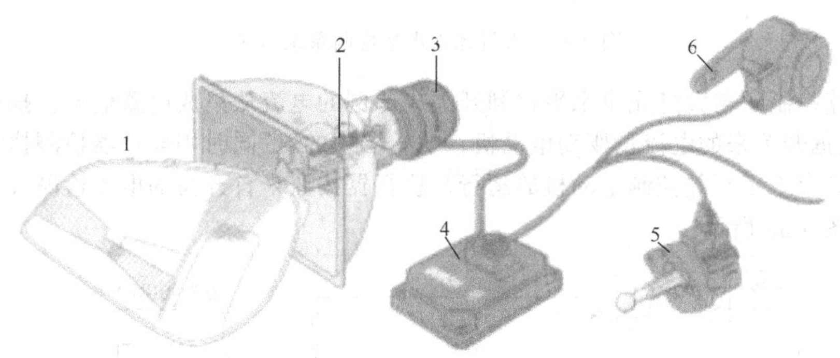

图 9-36　博世步进（变速）电机前照灯系统

1—透镜（有或无散射光学装置）；2—气体放电灯；3—单插头的点火器；
4—控制单元；5—步进电机；6—悬架行程传感器

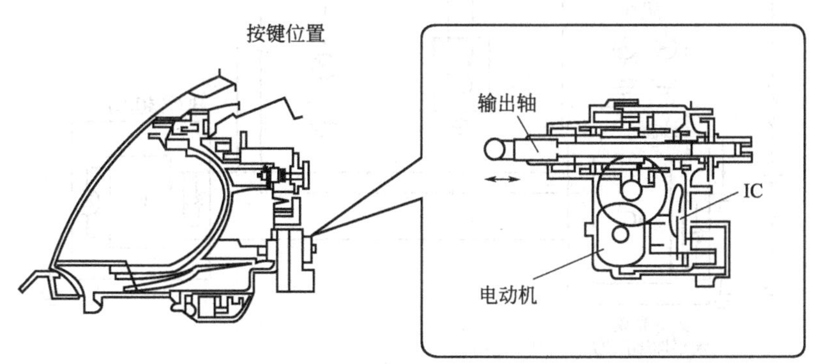

图 9-37　丰田公司生产的带有执行器的大灯单元

6. 控制电路

(1) 控制原理　丰田公司采用了自动大灯光束水平控制系统，该系统由大灯光束水平 ECU 控制。当车辆静止、大灯打开时，自动大灯光束水平控制系统根据车辆状态的变化程度操控大灯水平执行器。自动大灯光束水平控制系统主要由大灯光束水平控制 ECU、后高度控制传感器和两个大灯水平执行器组成。大灯光束水平控制 ECU 基于来自高度控制传感器的信号计算车辆状态的变化信息控制大灯水平执行器，执行器使电动机以顺时针或逆时针方向旋转，按照大灯光束水平控制开关信号使输出轴前后移动，使大灯的光束上下移动。如果更换了大灯光束水平控制 ECU，或者拆下了后高度控制传感器，必须初始化大灯光束水平控制 ECU。大灯光束水平控制系统组成如图 9-38 所示。

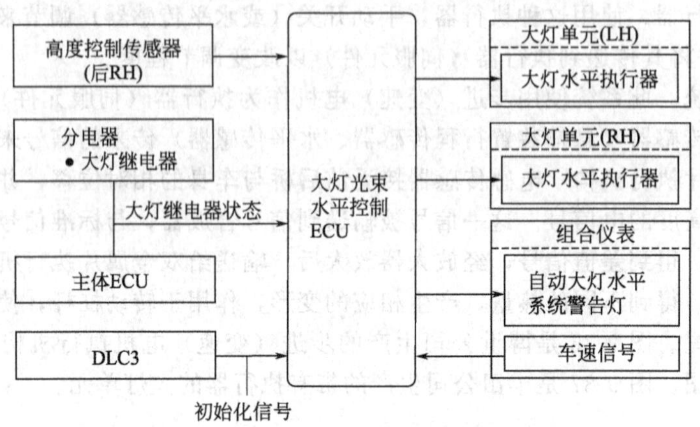

图 9-38 大灯光束水平控制系统组成

（2）电路控制 与大灯光束水平控制开关成比例的电流从集成电路输出。执行器左侧和右侧的 IC 根据开关来的电流量驱动电动机。执行器中的 IC 同时用电位器检测执行器的实际位置（大灯光束水平）并控制电动机的运行。执行器按照来自开关的电流检测大灯光束的水平位置，如图 9-39 所示。

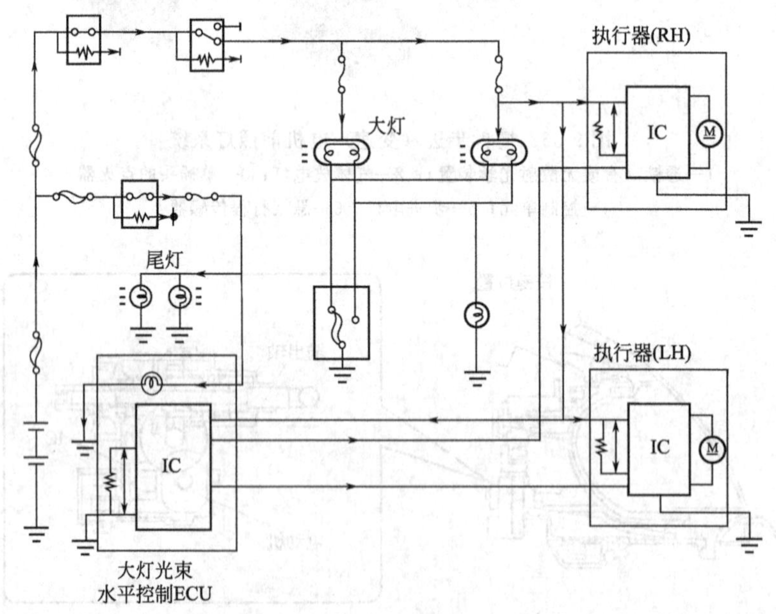

图 9-39 电流检测大灯光束的水平位置

7. 失效保护

检测到表 9-1 中任一故障时，大灯光束水平控制 ECU 将停止向大灯水平执行器传送输出信号，中止大灯水平控制，将警告显示请求信号传输到组合仪表。一旦收到此信号，组合仪表就点亮自动大灯水平系统警告灯，以警告驾驶员，失效保护状态见表所示。

表 9-1 失效保护

零 件	异常检测条件	自动大灯水平系统警告灯
高度控制传感器	异常高度控制传感器电源电压(4.6V 或更低) 异常高度控制传感器信号电压(0.25V 或更低 4.75V 或更高)	ON
电源电压	异常大灯光束水平控制 ECU 电源电压(9V 或更低、18.5V 或更高)	OFF
车速	检测到车速过快	OFF
驾驶时 ECU 复位	车辆行驶时大灯光束水平控制 ECU 复位(例如,大灯光束水平控制 ECU 电源电路暂时开路)	OFF

第五节 照明系统的检修

一、前照灯的检测与调整

1. 前照灯的检测

前照灯明亮均匀的照明和良好的防眩目是夜间行车安全的重要保障，因此，前照灯的检测是汽车安全检查的必要项目之一。前照灯的检查内容包括前照灯的安装高度、光轴中心偏移量及照明度等。常用的前照灯检测仪有集光式、屏幕式、投影式及自动追踪光轴式等几种。

2. 前照灯的调整

前照灯的调整主要是针对光束的偏斜。现代汽车前照灯一般都可进行上下、左右光束调整，但具体的结构形式不尽相同。当检测得出光束有偏斜时，可通过前照灯的光束调整螺钉（螺栓）将光束的偏移量消除。

一些高档轿车上设有汽车行进中的光束调整装置，用于克服车辆因载荷分布变化对前照灯光束的影响。这种电控的光轴调整装置一般由调整旋钮、伺服电动机及电子控制装置等组成。前照灯的反射镜可由电动机驱动，在上、下方向偏转。比如，当汽车后部载荷大而使前照灯光轴向上偏斜时，驾驶员可旋转调整旋钮，发出光轴调整电压信号。电子控制器通过分析比较后输出控制信号，控制伺服电机转动，使前照灯反光镜向下偏转一个适当的角度。

二、照明系统的故障诊断

以图 9-40 所示的大众迈腾汽车照明电路控制路线图为例，分析照明系统常见故障的可能原因，介绍故障诊断的基本方法。车灯开关实物如图 9-41 所示，开关位置见表 9-2。

表 9-2 车灯开关位置

符号	点火开关位置状态	
	关闭	打开
0	前雾灯、近光前照灯和侧边灯均为关闭状态	车灯开关关闭
AUTO	定向照明灯可能处于打开状态	前照灯自动控制功能处于打开状态
	侧边灯处于打开状态	侧边灯处于打开状态
	近光前照灯处于关闭状态(变光开关处于近光位置)。侧灯仍可能点亮一会儿。	近光前照灯处于打开状态(变光开关处于近光位置)

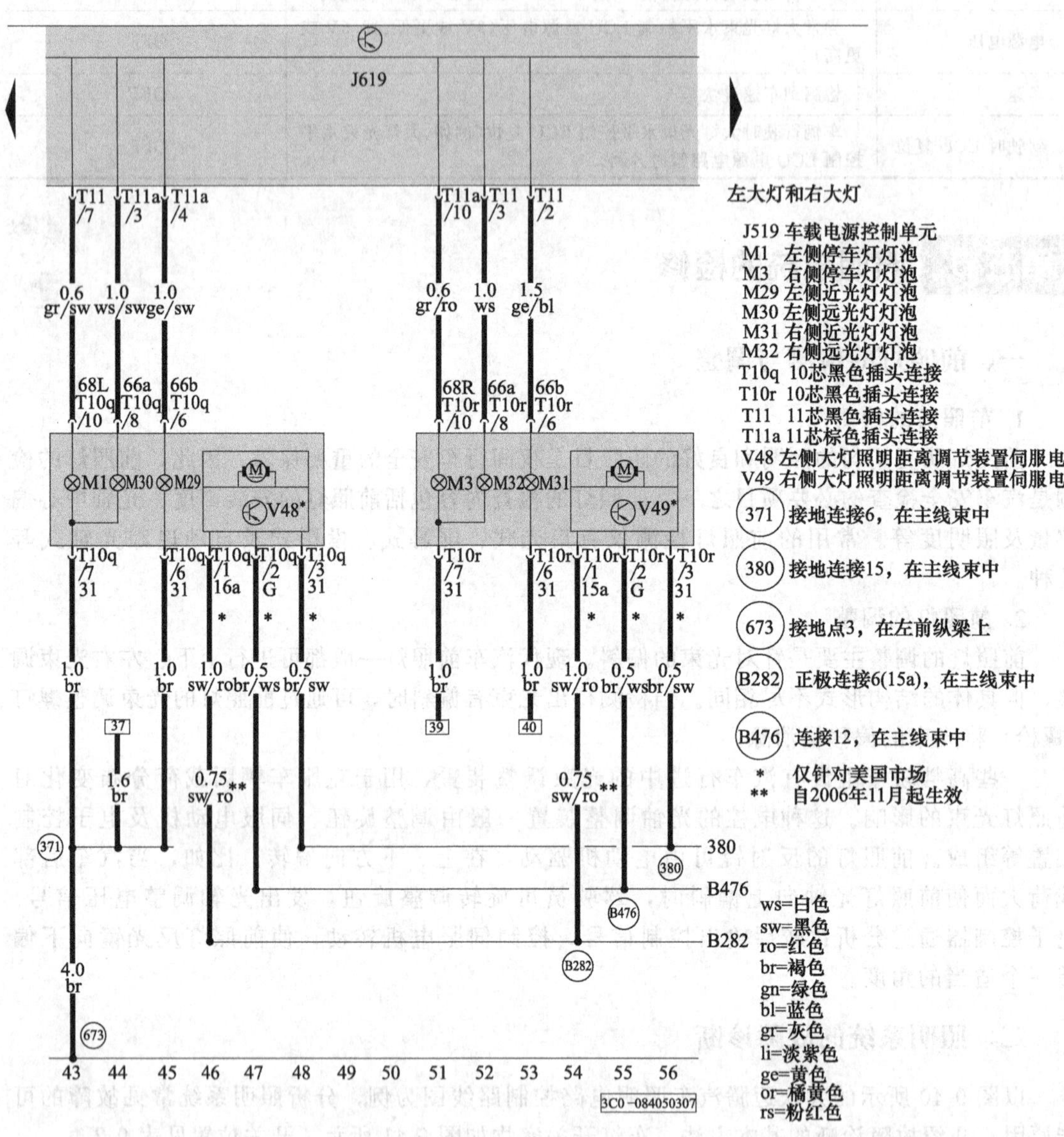

J619
T11 /7
T11a /3
T11a /4
T11a /10
T11 /3
T11 /2
0.6 gr/sw
1.0 ws/sw
1.0 ge/sw
0.6 gr/ro
1.0 ws
1.5 ge/bl
68L T10q /10
66a T10q /8
66b T10q /6
68R T10r /10
66a T10r /8
66b T10r /6
M1
M30
M29
V48*
M3
M32
M31
V49*
T10q /7 31
T10q /6 31
T10q /1 16a
T10q /2 G
T10q /3 31
T10r /7 31
T10r /6 31
T10r /1 15a
T10r /2 G
T10r /3 31
1.0 br
1.0 br
1.0 sw/ro
0.5 br/ws
0.5 br/sw
1.0 br
1.0 br
1.0 sw/ro
0.5 br/ws
0.5 br/sw
37
1.6 br
39
40
0.75 sw/ro **
0.75 sw/ro **
371
380
B476
B282
4.0 br
673
43 44 45 46 47 48 49 50 51 52 53 54 55 56
3C0-084050307
左大灯和右大灯
J519 车载电源控制单元
M1 左侧停车灯灯泡
M3 右侧停车灯灯泡
M29 左侧近光灯灯泡
M30 左侧远光灯灯泡
M31 右侧近光灯灯泡
M32 右侧远光灯灯泡
T10q 10芯黑色插头连接
T10r 10芯黑色插头连接
T11 11芯黑色插头连接
T11a 11芯棕色插头连接
V48 左侧大灯照明距离调节装置伺服电机
V49 右侧大灯照明距离调节装置伺服电机
371 接地连接6，在主线束中
380 接地连接15，在主线束中
673 接地点3，在左前纵梁上
B282 正极连接6(15a)，在主线束中
B476 连接12，在主线束中
* 仅针对美国市场
** 自2006年11月起生效
ws=白色
sw=黑色
ro=红色
br=褐色
gn=绿色
bl=蓝色
gr=灰色
li=淡紫色
ge=黄色
or=橘黄色
rs=粉红色

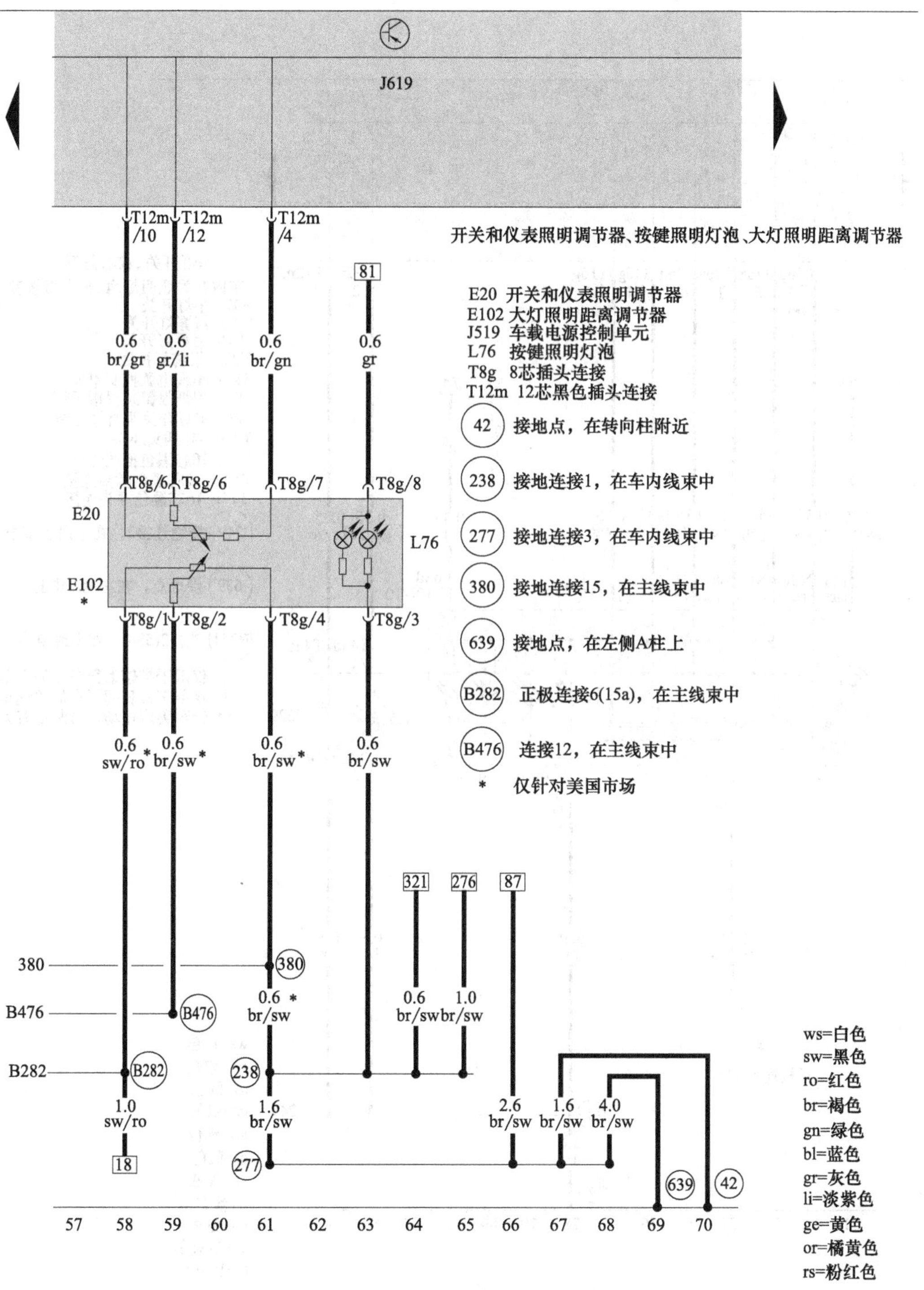
J619
T12m/10
T12m/12
T12m/4
开关和仪表照明调节器、按键照明灯泡、大灯照明距离调节器
81
E20 开关和仪表照明调节器
E102 大灯照明距离调节器
J519 车载电源控制单元
L76 按键照明灯泡
T8g 8芯插头连接
T12m 12芯黑色插头连接
42 接地点，在转向柱附近
238 接地连接1，在车内线束中
277 接地连接3，在车内线束中
380 接地连接15，在主线束中
639 接地点，在左侧A柱上
B282 正极连接6(15a)，在主线束中
B476 连接12，在主线束中
* 仅针对美国市场
0.6 br/gr
0.6 gr/li
0.6 br/gn
0.6 gr
T8g/6
T8g/6
T8g/7
T8g/8
E20
E102 *
L76
T8g/1
T8g/2
T8g/4
T8g/3
0.6 sw/ro *
0.6 br/sw *
0.6 br/sw *
0.6 br/sw
321
276
87
380
B476
B282
0.6 * br/sw
0.6 br/sw
1.0 br/sw
238
1.0 sw/ro
18
1.6 br/sw
277
2.6 br/sw
1.6 br/sw
4.0 br/sw
639
42
57 58 59 60 61 62 63 64 65 66 67 68 69 70
ws=白色
sw=黑色
ro=红色
br=褐色
gn=绿色
bl=蓝色
gr=灰色
li=淡紫色
ge=黄色
or=橘黄色
rs=粉红色

图 9-40

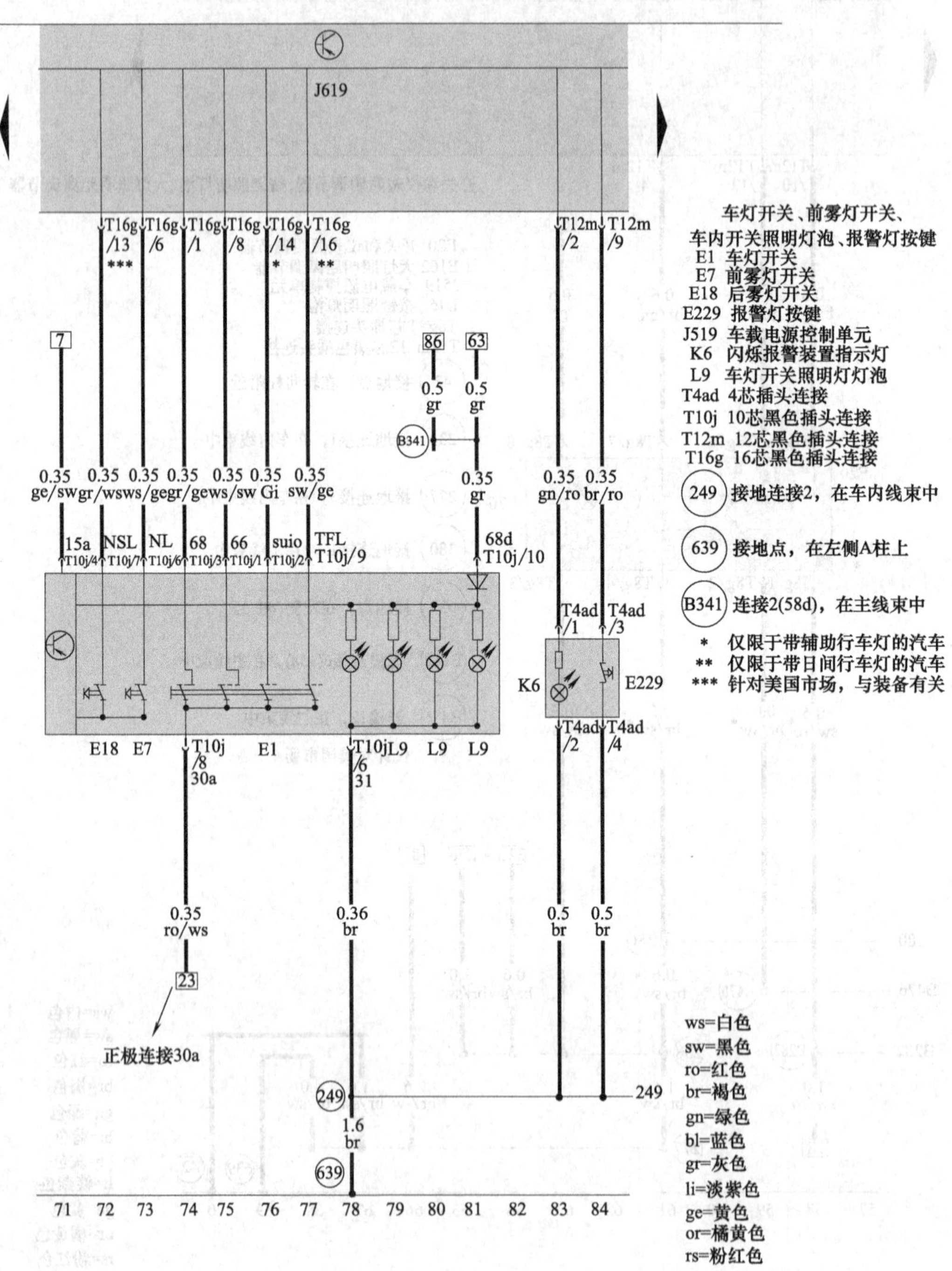

图 9-40　大众迈腾汽车电路图（节选）

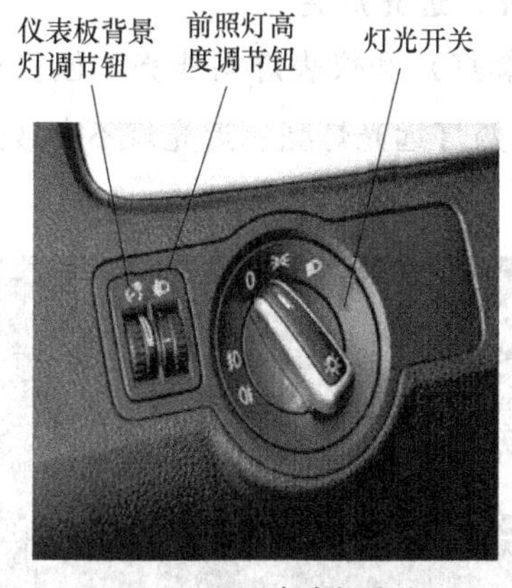

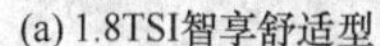
(a) 1.8TSI智享舒适型

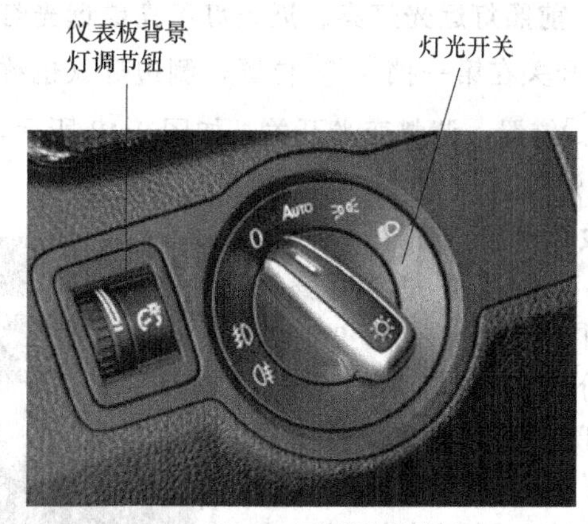

(b) 1.8TSI智享豪华型

图 9-41 迈腾汽车灯光开关

（一）前照灯远光、近光灯均不亮

车灯开关在第一挡位置，侧边灯（也称示廓灯）和仪表灯均能亮，但将车灯开关旋转至位置，前照灯不亮。

1. 故障分析

电路分析依据大众迈腾汽车电路图（节选）（图 9-40），前照灯分为远光灯、近光灯，远近光灯均不亮，可以初步排除变光开关故障，直接查找灯光开关故障。因侧边灯可以点亮，可以判断 T10j/8→T10j/3→T16g/1 线路导通，电源信号（实际为电源触发信号）可传至车载电源控制单元 J519，并且 J519 可驱动 T11/7、T11a/10 输出 12V（实际为电源电压，为说明方便，均以 12V 代替）电压，左侧灯：使引脚 T10q/10→灯泡 M1→T10q/7（31）→搭铁，右侧灯：T10r/10→灯泡 M3→T10r/7（31）→搭铁，左右侧边灯均亮。由此说明 T10j/8（30a）有 12V 电压，前照灯均不亮，故障原因可能为 T10j/8→T10j/1→T16g/8 电路断路（若短路车灯开关保险丝烧毁，侧边灯不会点亮）或灯泡损坏，J519 没有接收到前照灯开关信号，故 J519 无法驱动 T11a/3、T11/3、T11a/4、T11/2 输出 12V 电压，左侧近光灯灯泡 M29、左侧远光灯灯泡 M30、右侧近光灯灯泡 M31、右侧远光灯灯泡 M32 均不能点亮。

2. 故障点检测（见表 9-3）

表 9-3 故障点检测

监测点	检测电压	故障原因
T10j/8	0V/12V	开关电源无电压，蓄电池或 J519 故障；开关电源有电压，电路正常
T10j/1	0V/12V	灯光开关触点损坏，电路连接插接器线路松动导致断路；开关电源有电压，电路正常
T16g/8	0V/12V	T10j/1→T16g/8 线路断路，电路连接插接器线路松动导致断路；电路连接正常
T11a/3	0V/12V	J519 无驱动电压；J519 有驱动电压，T11a/3→T10q/8→M30→T10q/7（31）→搭铁线路断路、连接器松动、灯泡损坏
T11/3	0V/12V	J519 无驱动电压；J519 有驱动电压，T11/3→T10r/8→M32→T10r/7（31）→搭铁线路断路、连接器松动、灯泡损坏
T11a/4	0V/12V	J519 无驱动电压；J519 有驱动电压，T11a/4→T10q/6→M29→T10q/5（31）→搭铁线路断路、连接器松动、灯泡损坏
T11/2	0V/12V	J519 无驱动电压；J519 有驱动电压，T11/2→T10r/6→M31→T10r/5（31）→搭铁线路断路、连接器松动、灯泡损坏

（二）前照灯远光灯亮、近光灯不亮或远光灯不亮、近光灯亮

车灯开关在第一挡位置，侧边灯（也称示廓灯）和仪表灯均能亮，但将车灯开关旋转至位置，调整变光开关，如图 9-42 所示，前照灯远光灯亮、近光灯不亮或远光灯不亮、近光灯亮。

1. 故障分析

电路分析依据大众迈腾汽车电路图（节选）（图 9-40），前照灯分为远光灯、近光灯，远近光灯均不亮，可以初步排除变光开关故障，直接查找灯光开关故障。因侧边灯可以点亮，可以判断 T10j/8→T10j/3→T16g/1 线路导通，电源信号（实际为电源触发信号）可传至车载电源控制单元 J519，并且 J519 可驱动 T11/7、T11a/10 输出 12V（实际为电源电压，为说明方便，均以 12V 代替）电压，左侧灯：使引脚 T10q/10→灯泡 M1→T10q/7（31）→搭铁，右侧灯：T10r/10→灯泡 M3→T10r/7（31）→搭铁，左右侧边灯均亮。由此说明 T10j/8（30a）有 12V 电压，前照灯远光灯亮、近光灯不亮 T10j/8→T10j/1→T16g/8 电路导通，故障原因可能为变光开关信号或近光灯灯泡损坏。E4 手动防眩目功能和光信号喇叭开关（变光开关）控制信号 1、3、4 传递至 J527 转向柱电子装置控制单元，J527 通过 CAN-H、CAN-L 总线将信号传递至 J519 控制单元，从而改变远近光灯的变光过程。变光信号电路如图 9-43 所示。

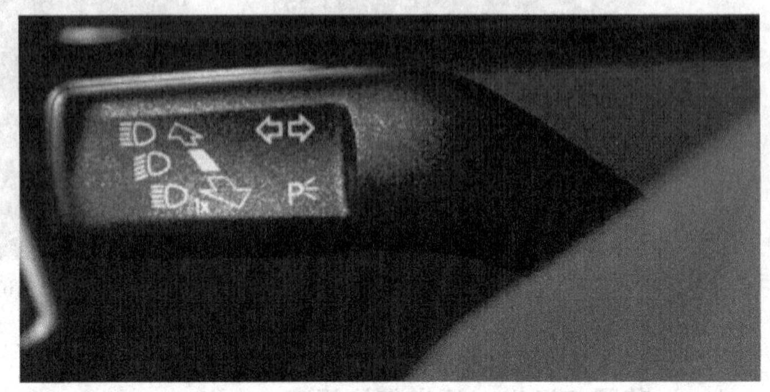

图 9-42 变光开关

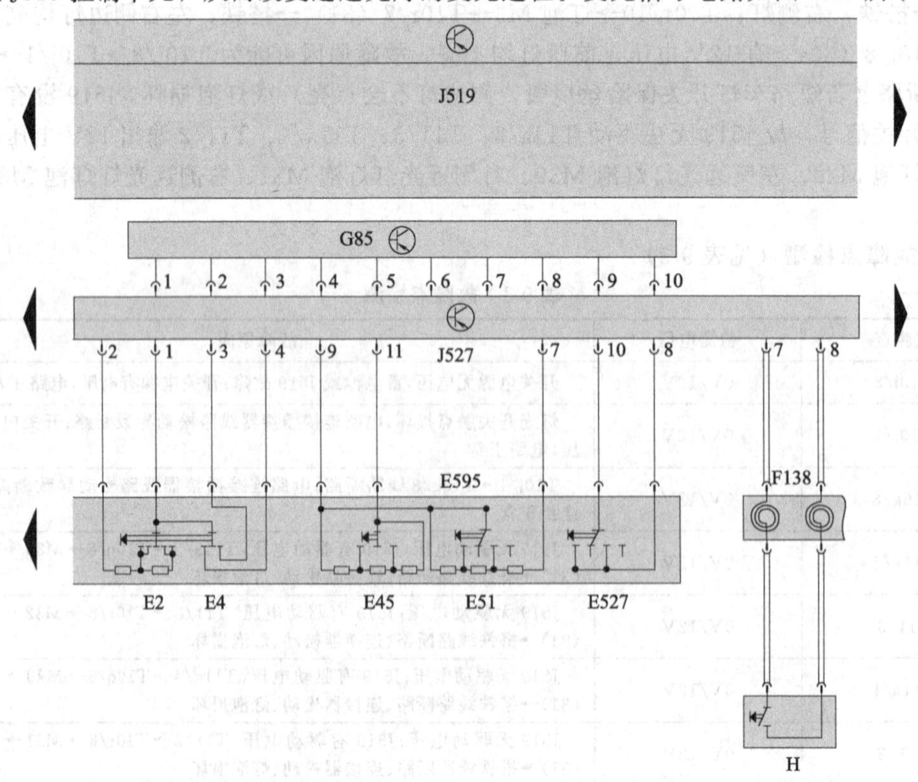

转向柱组合开关、安全气囊卷簧和带滑环的复位环、转向角传感器、车载电源控制单元、转向柱电子装置控制单元

E2 转向信号灯开关

E4 手动防眩目功能和光信号喇叭开关

E45 定速巡航装置开关

E51 定速巡航装置主开关

E527 用于暂时关闭定速巡航装置的按键

E595 转向柱组合开关

F138 安全气囊卷簧和带滑环的复位环

G85 转向角传感器

H 信号喇叭操纵机构

J519 车载电源控制单元

J527 转向柱电子装置控制单元

▭ 导电薄膜

图 9-43 变光信号电路图

2. 故障点检测（见表 9-4）

表 9-4 故障点检测

监测点	检测电压	故障原因
T10j/8	0V/12V	开关电源无电压，蓄电池或 J519 故障；开关电源有电压，电路正常
T10j/1	0V/12V	灯光开关触点损坏，电路连接插接器线路松动导致断路；开关电源有电压，电路正常
T16g/8	0V/12V	T10j/1→T16g/8 线路断路，电路连接插接器线路松动导致断路；电路连接正常
T11a/3	0V/12V	J519 无驱动电压；J519 有驱动电压，T11a/3→T10q/8→M30→T10q/7(31)→搭铁线路断路、连接器松动、灯泡损坏
T11/3	0V/12V	J519 无驱动电压；J519 有驱动电压，T11/3→T10r/8→M32→T10r/7(31)→搭铁线路断路、连接器松动、灯泡损坏
T11a/4	0V/12V	J519 无驱动电压；J519 有驱动电压，T11a/4→T10q/6→M29→T10q/5(31)→搭铁线路断路、连接器松动、灯泡损坏
T11/2	0V/12V	J519 无驱动电压；J519 有驱动电压，T11/2→T10r/6→M31→T10r/5(31)→搭铁线路断路、连接器松动、灯泡损坏
调整 E4：1/3、4	12V/(0V、12V) 或 12V/(12V、0V)	转向灯正常，说明 1 信号工作正常；3 或 4 信号有其一，只能实现远光灯亮或近光灯亮

本章小结

通过本章的学习，让学生了解汽车照明的基本目的，汽车照明设备技术的发展沿革，使学生认识到技术不断创新是解决汽车发展中产生问题的唯一途径，培养学生的创新能力，鼓励学生参与到汽车技术研究开发中。在培养维修能力的同时，培养学生科学、严谨、求实的工作作风和修理技巧，提高了个人素质。

思考题

1. 简述大灯光束水平控制系统的分类及工作原理。
2. 前照灯主要组成部件及功用是什么？前照灯有哪些防眩目的光学措施？
3. 画一幅简化的某种车型照明系统元件位置图。

工作任务

一辆旧（如捷达）照明用熔断器因接触舌簧已氧化，需要更换。但要给新熔断器补上熔丝技术参数和熔丝安装说明。

信息1. 检查哪些回路是受熔断器中熔丝保护的。

2. 按下面格式编制表格，在表中列出此照明设备中安装的所有灯种类及数量。

数量	作用（名称）	灯种类	功率
2	轮廓标志灯	指示灯	12V，2W
…			

3. 画出电路草图，确定此照明设备需要的熔丝数量。

4. 确定此照明设备中电路按哪些要求划分、按那些要求加装熔丝。

5. 选择一种确定熔丝容量大小的计算方法。

6. 对照明设备进行相应测量，以便确定一种检查计算结果的方法。

计划 7. 制定出对此照明设备进行修理的工作计划。

操作 8. 搜集所需的工作材料，然后按计划完成任务。

检查9. 演示照明设备的功能是否正常工作。

10. 给熔丝加上实际电流负载并做检查测量，记录每个电路的负载余量。

附：工作任务分析参考：

常规思路：对于使用年限长的汽车，电气部分很容易出现老化、腐蚀情况。在维修之前，先要查看维修资料，若没有维修资料，则自行查找线束走向，并绘制出电路图，以便维修使用。

此车的维修思路：照明用熔断器因接触舌簧已氧化，需要更换，在更换之前，为了更换后，不影响整车性能，故先要绘制电路图，以便新熔断器补上熔丝技术参数和熔丝安装说明。

具体诊断过程：

① 绘制电路图。

② 更换熔断器。

③ 运行电气设备，做修复后检查。

第十章 汽车仪表信息系统

学习目标：

1. 了解汽车电子仪表技术的发展历程；
2. 了解常用的几种汽车电子显示装置的工作原理；
3. 掌握电子仪表的组成和工作原理；
4. 熟悉几种常见车型电子仪表的应用；
5. 掌握监测仪表系统的故障诊断方法和修理技巧。

第一节 汽车仪表装置

汽车仪表由各种仪表、指示器，特别是驾驶员用警示灯报警器等组成，为驾驶员提供所需的汽车运行参数信息。

一、汽车电子仪表技术的发展历程

按汽车仪表的工作原理不同，可大致分为三代。第一代汽车仪表是机械机芯表；第二代汽车仪表称为电气式仪表；第三代为全数字汽车仪表，它是一种网络化、智能化的仪表，其功能更加强大，显示内容更加丰富，线束连接更加简单。

汽车仪表如图 10-1 所示。

图 10-1 汽车仪表

二、视觉显示器的种类

1. 发光二极管（LED）显示器

发光二极管是电子显示装置中最简单的一种，如图 10-2 所示，体积小，结构简单，耐用，使用寿命长达 5×10^4h 以上。

发光二极管的结构如图 10-2 所示，PN 结为特殊材料制成的。当 PN 结外加正向电压时，空穴从 P 区流向 N 区和电子从 N 区流向 P 区，在 PN 结区域电子从导带跃迁到价带与空穴产生复合，放出能量，从而发出一定波长的光。发光二极管的颜色有红、绿、黄、橙，可单独使用，也可用来组成数字或光条图。图 10-3 所示为发光二极管组成的光条显示器，图 10-4 所示为发光二极管组成的数码显示器，图 10-5 所示为发光二极管组成的点阵显示器。发光二极管还常用作汽车仪表板上的报警指示灯，如燃油、制动液、风窗洗涤液等的液面过低，制动蹄片过薄，制动灯、尾灯、前照灯等的灯泡烧坏，这时报警指示灯就会亮。

发光二极管的缺点：在环境暗的情况下，效果较好，在阳光直射下很难辨别；若要增大其亮度，则需要相当大的电流，功率消耗较大，故使用受到限制。LED 显示器正逐渐被液晶显示器所代替，因为液晶显示器采用背后照明，因此白天更容易看清。

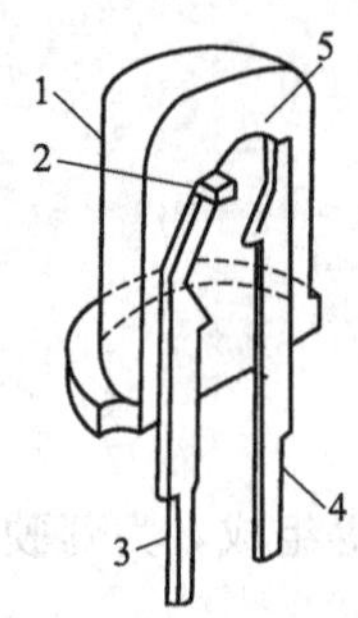

图 10-2 发光二极管的结构

1—塑料外壳；2—二极管芯片；3—阴极引线；4—阳极引线；5—导线

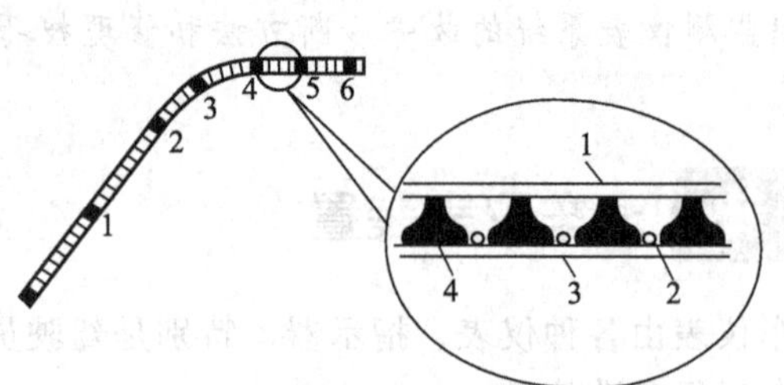

图 10-3 发光二极管组成的光条显示器

1—漫射器；2—发光二极管；3—印制电路板；4—分隔器

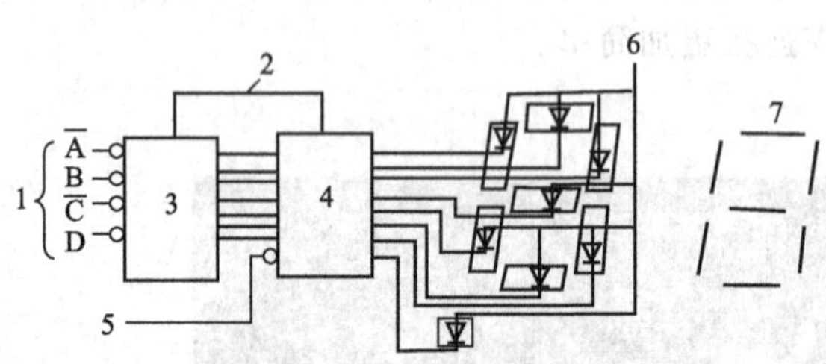

图 10-4 发光二极管组成的数码显示器

1—二进制编码输入；2—逻辑电路；3—译码器；4—驱动器；5—小数点；6—发光二极管电源；7—“8”字形

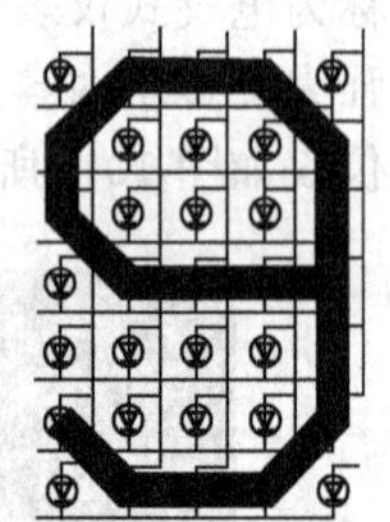

图 10-5 发光二极管组成的点阵显示器

2. **液晶显示器**（LCD）

液晶是一种有机化合物，由长形杆状分子构成。在一定的温度范围内，它具有普通液体的流动性，也具有晶体的某些特征。液晶的光学性质是随着分子排列方向的变化而变化，当在液晶上加一个电场时，液晶杆状分子的长轴方向发生变化，因此液晶的光学性质也发生变化。液晶显示器是一种被动显示装置，具有显示面积大、耗能少、显示清晰、在阳光直射下不受影响等特点，应用十分广泛。

液晶显示器需要外来光源，因为其自身不能发光，只能起到吸收、反射或透光的作用。外来光源可以是日光，也可以是人为光源，人为光源可以由灯光开关控制，也可以由点火开关的 RUN 挡或 ACC 挡控制。

液晶显示器是一种新型的非发光型平板显示器，其构造如图 10-6 所示。

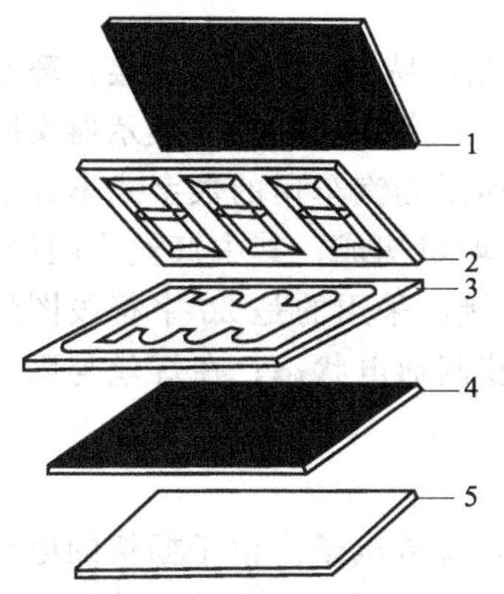

图 10-6 液晶显示器的结构

1—前偏光镜；2—前玻璃板；3—后玻璃板；4—后偏光镜；5—反射镜

在前、后玻璃板 2、3 之间夹有一层液晶，外表面分别贴有前偏光镜 1 和后偏光镜 4，在玻璃板的后面放有反射镜 5。

前面的偏光镜是垂直偏光镜，后面的偏光镜是水平偏光镜。液晶显示的数字或光条是透过垂直偏光镜观看的。如图 10-7 所示，液晶分子的排列方式将透过垂直偏光镜的光波旋转 90°，这样垂直方向的光波穿过液晶后变成水平方向的光波，水平方向的光波穿过水平偏光镜后到达反射镜，经反射镜反射后按原路反射回去，这时再透过垂直偏光镜看液晶时，液晶呈亮的状态。

如图 10-8 所示，当给液晶加上一定电压时，液晶分子将重新排列，液晶便不能使光波旋转了。来自垂直偏光镜的光波，通过液晶后，仍是垂直方向的光波，垂直光波无法穿过水平偏光镜到达反射镜，这时再透过垂直偏光镜看液晶时，液晶呈暗的状态。

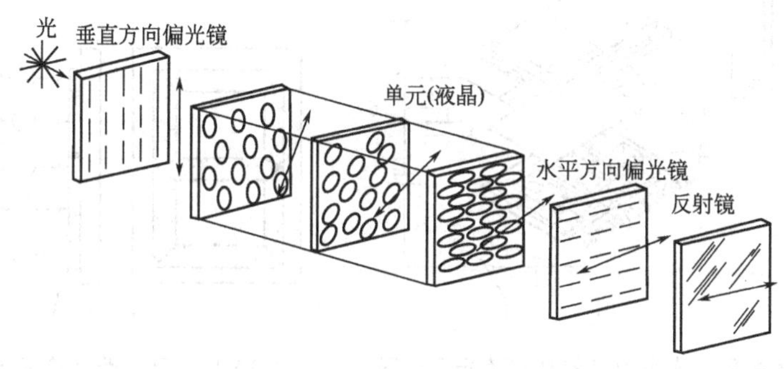

图 10-7 液晶将垂直光波旋转 90°

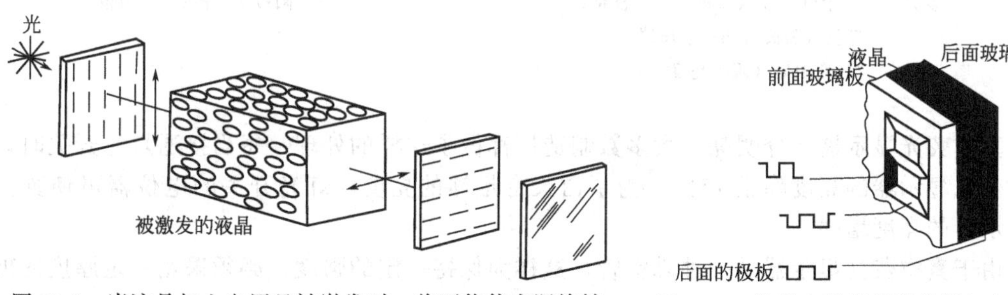

图 10-8 当液晶加上电压且被激发时，将不能使光源旋转

图 10-9 液晶上的字符段分别加上电压

通过以上分析可知，当液晶不加电压时，光线可穿过液晶到达反射镜，再由反射镜反射回去，观察者可看到液晶呈亮的状态；当液晶加上电压时，液晶分子方向发生改变，并且将不能使光波旋转，来自垂直偏光镜的光波经过液晶后，将不能穿过水平偏光镜到达反射镜，观察者看到的液晶呈暗的状态。这样将液晶制成字符段，分别控制每个字符段的通电状态，即控制哪些字符段呈亮的状态，哪些字符段呈暗的状态，观察者便可在液晶上看到字符段了，如图 10-9 所示。

加到液晶上的方波电压，是通过两块偏光镜与前、后玻璃板上的导电字符段轮廓线接触来实现的。前、后玻璃板上有显示字符段轮廓形状的金属镀膜。液晶显示器本身没有颜色，只能靠液晶显示器前面的滤色膜决定。

3. **真空荧光显示器**（VFD）

真空荧光显示器是一种主动显示系统，使用寿命长，色谱宽，易与控制电路连接，环境温度适应性强，可改变其显示亮度，能显示数字、单词和柱状图表等。真空荧光显示器实际上是一种低压真空管，它由玻璃、金属等材料构成。图 10-10 所示为汽车用的数字式车速表的真空荧光显示器。真空荧光显示器由灯丝、栅格、阳极和玻璃罩构成。其中灯丝为阴极，与电源负极相接；阳极为涂有磷光物质的屏幕，与电源正极相接，采用的是 20 字符段图形（也有采用 7 或 14 字符段图形），每个字符段由电子开关单独控制通电状态；在灯丝与阳极之间有栅格，整个装置密封在被抽真空的玻璃罩内。

真空荧光显示器的工作原理如下所述。

如图 10-11 所示，当阴极有电流通过时，灯丝便产生热量，释放电子。由于栅格的电位比阴极的电位高，电子被栅格吸引；而阳极的电压更高，这样一些电子穿过栅格，均匀地打在阳极的字符段上。凡是由电子开关通电的字符段，受电子轰击后发亮；否则，发暗。这样通过控制字符段的通电状态，便可在真空荧光显示器上形成不同的数字。

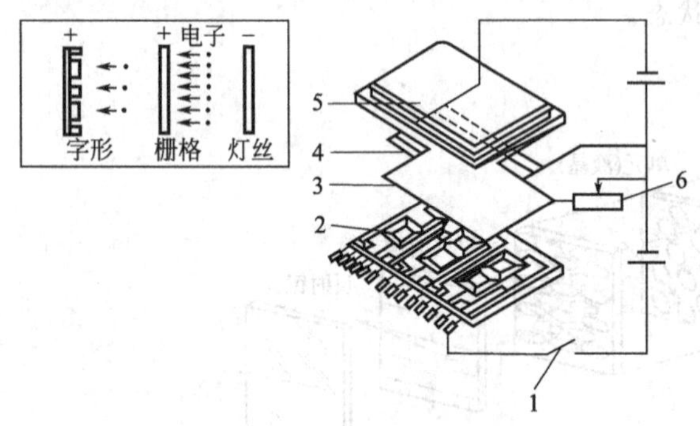

图 10-10　汽车用的数字式车速表的真空荧光显示器

1—电子开关（计算机控制、能使某些笔画段发光）；2—笔画小段（阳极）；3—栅格；4—灯丝（阴极）；5—玻璃罩；6—变阻器（调节亮度）

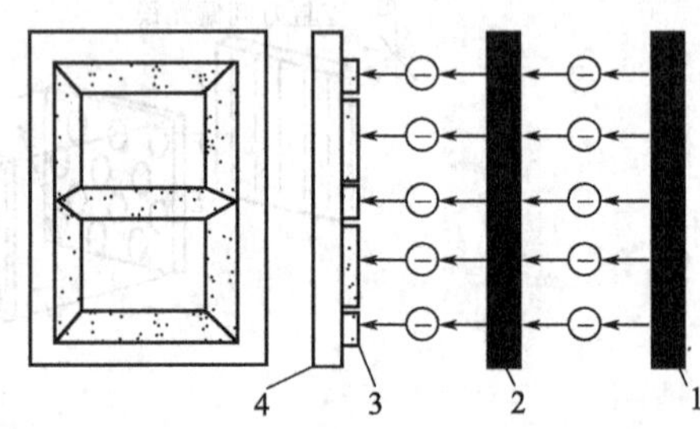

图 10-11　真空荧光管显示器的工作原理

1—阴极（灯丝）；2—栅格；3—阳极字符段；4—面板

真空荧光显示器十分明亮，大多数制造厂都做了这样的处理：每当接通灯光开关时，将真空荧光显示器的亮度降至 75%，为了白天有足够的亮度，灯光开关的电位器可使真空荧光显示器的亮度增强。

由于真空荧光显示器是一种真空管，这样为保持一定的强度，必须采用一定厚度的玻璃外壳，故体积和重量较大。

4. **平视显示器**（HUD——Head Up Display）

观察普通的仪表组合距离为 0.8～1.2m。为读出仪表组合内的信息，驾驶员的眼睛必须从汽车外场景时的很远距离调节到能观察仪表的短距离，如图 10-12 所示。眼睛对物体距离的调节时间为 0.3～0.5s。这对年长一点的驾驶员来说太紧张，尤其是对一些弱体质的驾驶员甚至是不可能的。使用投影技术可解决这一问题。投影光学系统可产生很大观察距离的虚拟图形，使驾驶员的眼睛（视力）仍可保持在观察远处情景时的情况。投影光学系统的平视观察距离约为 2m，另外可以不受仪表组合产生的眩目影响而读出信息。

（1）结构　平视显示器见图 10-12，其结构包括可以控制图形生成的显示器、照明、投影光路和一个“组合体”。在组合体上图形反射到观察者的眼中。在组合体处还有未经处理的前风窗玻璃。光发射的主动显示器（如 CRT 和 VFD）和被动显示器（如调光器）都可用作平视显示器（HUD）。PDLC 显示器或 DSTN 显示器则需要明亮的照明，因为照射光约70％的能量被偏振镜吸收掉。

（2）平视显示信息的表示　为避免交通情景的绕射，虚拟图像不应包括交通情景，所以在观察的一个区域内只有很少的信息量。为避免视野中出现过多信息，平视显示只显示不多的信息。所以平视显示器不能代替常用的仪表组合，但它能很好地适用于交通安全信息方面，如警告指示、汽车安全距离指示或道路引导信息。

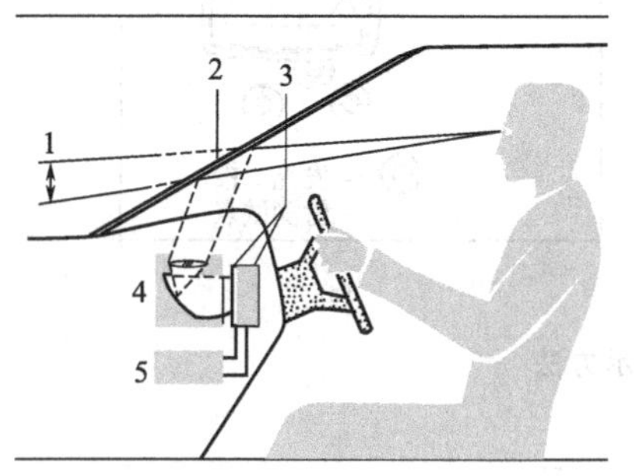

图 10-12　平视显示器

1—虚拟图形；2—在风窗玻璃上的反射；3—液晶显示器（LED）或 CRT、VFD；4—光学系统；5—电子单元

（3）BMW 平视显示系统实例　平视显示系统将重要信息直接投射在驾驶员的前方视线内。虚拟影像被投射到风挡玻璃上，形成清晰易读的影像。关键的驾驶信息如速度、导航提示等可以更容易看到，无需将视线移开前方路面。

通过仪表板上的一个小方块凹印，可以识别配备平视显示系统的 BMW 车辆。平视显示系统包含一个投影仪和一个反光镜系统，将易读且高对比度的影像投射到风挡玻璃上的半透明薄膜上，直接位于您的视线之内。尺寸为 18cm×10cm 的影像以巧妙的方式投射，成像于约 2m 远的前方、发动机罩尖端的上方，阅读起来非常舒适。

借助复杂的投影仪（针对每个色素，使用单独控制的晶体管），驾驶员可以看到车辆速度、导航提示、来自车况监视系统和主动巡航控制系统的数值，而无需将视线从路面移开。

在平视显示系统的帮助下将车速保持在法定限速以下非常容易，因为驾驶员总是精确地知道当前的行驶速度。同样，使用导航系统也变得更为简单，因为指示方向的箭头在驾驶员的自然视线中直观可见。

平视显示系统将视线焦点从路面移至仪表板再移回的时间减半，显著降低了看不到前方车辆突然闪烁的制动灯以及意外障碍物的危险。同样，在夜间驾驶时，对眼睛造成的疲劳也显著降低。

三、电子显示装置的显示方法

1. 字符段显示法

字符段显示法通常是真空荧光管、发光二极管或液晶显示器采用的方法。它是利用 7 段、14 段或 16 段小线段进行数字或字符显示的方法。用 7 段小线段可以组成数字 0～9，用 14（或 16）段小线段可以组成数字 0～9 与字母 A～Z，每段可以单独点亮或成组点亮，以便组成任何一个数字、字符或一组数字、字符。每段都有一个独立的控制荧屏，由作用于荧屏的电压来控制每段的照明。为显示特定的数位，电子电路选择出代表该数位的各段，并进行照明。图 10-13(a) 所示为 14 字符段显示板。

2. 点阵显示法

点阵是一组成行和成列排列的元件，有 7 行 5 列、9 行 7 列等。点阵元素可为独立发光的二极管或液晶显示，或是真空荧光管显示的独立荧屏。电子电路供电照明各点阵元素，数字 0～9 和字母 A～Z 可由各种元素组合而成。图 10-13(b) 所示为 5×9 点阵显示板。

3. 图形显示法

图形显示法以图形的方式提供给驾驶员。可用发光二极管或真空荧光管实现。图 10-13

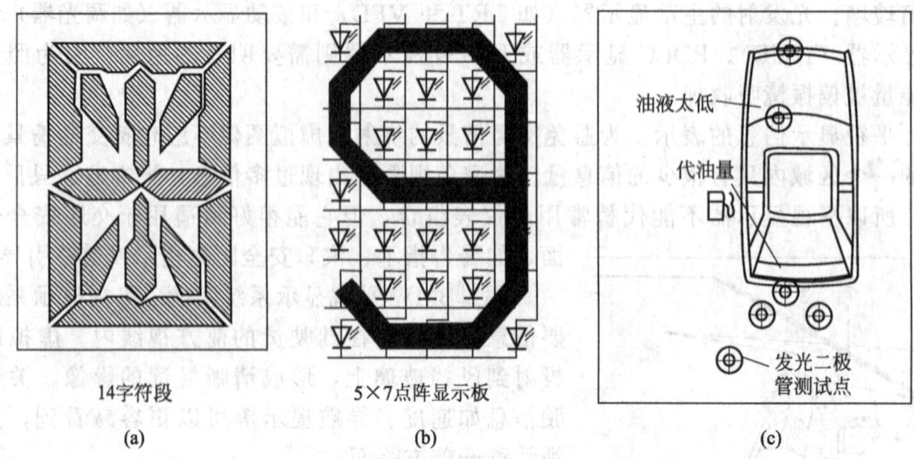

图 10-13　电子显示器件的显示方法

（c）所示为发光二极管图形显示板。

4. **特殊符号显示法**

真空荧光管与液晶显示器还可取代数字与字母，显示特殊符号，如图 10-14 所示。

图 10-14　可显示国际标准 ISO 符号

第二节　汽车电子仪表

为适应汽车安全、节能、舒适和低污染等性能的要求，汽车电子控制装置必须能准确、迅速地处理各种复杂的信息，并以数字、文字或图形的形式显示出来，向驾驶员发出汽车各种工作状态的信号和故障报警信号，而且信息还要精确、可靠。组合仪表如图 10-15 所示。

一、电子仪表的计算机控制系统组成

电子仪表的计算机控制系统原理如图 10-16 所示。电子仪表的计算机控制系统由 A/D 转换器、多路传输、中央处理器（CPU）、只读存储器（ROM）和随机存储器（RAM），以

及输出接口等组成，它与各种信号传感器相连，利用来自不同传感器的模拟信号或数字信号通过接口电路、中央处理器、输出驱动电路，最后控制电子仪表的显示器。对于控制电子仪表的计算机，有的车型采用车身计算机来控制电子仪表，而有些车型采用单独的计算机来控制电子仪表。

组合仪表上可以装备5″彩色TFT显示屏(Thin−Film−Transistor)(豪华装置)，也可以装备3″单色点阵显示屏(高档配置)。

豪华组合仪表有以下功能：

模拟显示

- 车速（根据当地习惯采用 km/h、mph＋km/h、km/h＋mph）
- 转速
- 燃油存量
- 冷却液温度（根据当地习惯采用℃/℉）
- 机油温度（根据当地习惯采用℃/℉）
- 车载电网电压（V）
- 行驶里程显示（总行驶里程、短程行驶里程）

5″ 彩色 TFT 显示屏

- 车载计算机可以按照当地的习惯切换单位
- 行驶时间
- 行驶里程
- 平均车速
- 平均耗油量
- 当前耗油量
- 车外温度/结冰警告
- 剩余行驶里程
- 维护显示
- 自动变速箱所选挡位
- 带图形的警告显示
- 导航系统/无线电数据
- 自动车距控制显示
- 轮胎压力警告
- 灯泡失效显示

图 10-15 组合仪表

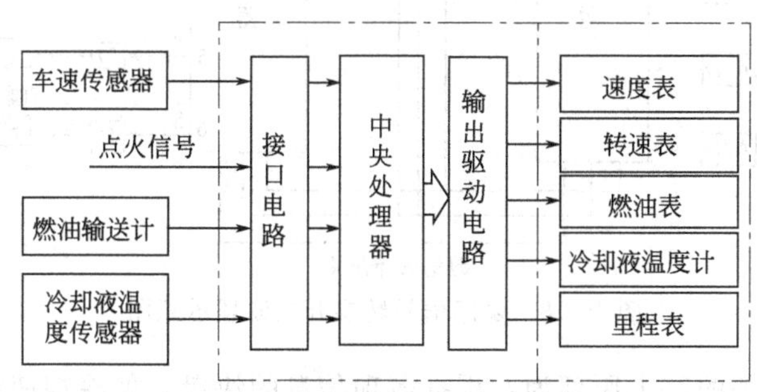

图 10-16 电子仪表的计算机控制系统原理

1. 多路传输

对于控制电子仪表的中央处理器来说，每一时刻，同时接收来自传感器的大量信号，而同时又要向电子仪表的显示器传送各种显示信号。如果整个计算机控制系统对每一个信号在同一时刻同时处理并且同时传送给显示器且显示器同时显示所有的信息，那么计算机控制系统的电路将是非常复杂的。例如，车速显示需要三位数，每位数由七笔画显示，一般情况下，每位数七笔画的线路连接需要一个正极接线和七根输出线，这样用于显示三位数的车速显示器的接线就需要三个正极接线和21根输出线，那么整个电子仪表的计算机控制系统的电路复杂程度可想而知。为降低成本，节省空间，电子仪表板采用多路传输技术，如车速显示器的三位数字共用七根输出线，如图10-17所示。当显示器工作时，电流在三个数字之间快速扫描，每一瞬间只有一个数字发亮，但每个笔画每秒都要亮灭数千次，因此驾驶员看到的还是连续发亮的数字或图像。

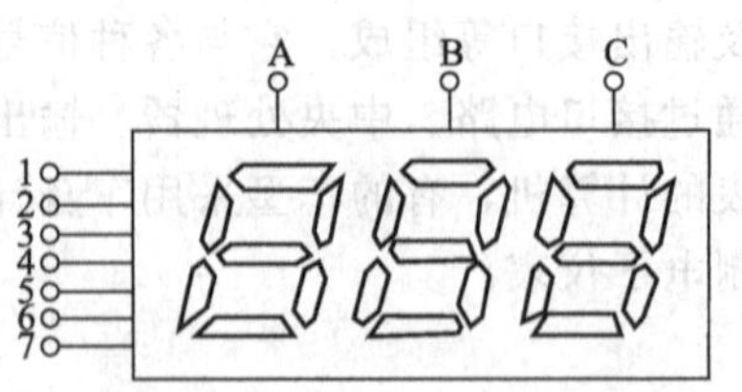

图10-17 七笔画显示的多路传输

2. **多路信号转换开关**

为了简化电路、降低成本、节省空间，电子仪表的计算机控制系统中，采用了多路传输技术。但是当汽车发动机启动后，发动机转速、冷却液温度、燃油液位等多种信号同时传输给计算机处理。这样中央处理器就要按一定的次序处理不同项目的信号。同时，中央处理器还要将处理后的大量信号，按一定的次序传送给相应的显示器。也就是说，在电子仪表的计算机控制系统中，在同一时刻，在所有输入的大量信号中，计算机系统只能处理一个信号；在所有需要输出的大量信号中，计算机系统只能输出一个信号到相应的显示器中。

（1）多路开关选择器MUX　把输送给计算机系统的大量信号分开，有序地选择信号源，输送给计算机系统。

（2）多路开关分配器DEMUX　把计算机系统处理后的所有信号分开，有序地把信号输送给相应的显示器，如图10-18所示。

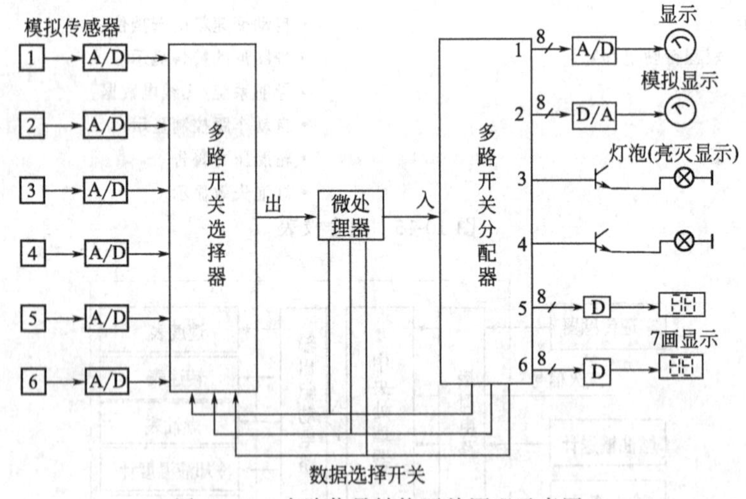

图10-18 多路信号转换开关原理示意图

多路信号转换开关的基本原理为：根据各项信息的快慢，如冷却液温度信号变化慢，而发动机转速信号变化快，计算出不同信号源开关接通时刻，即确定对某一信号源在一段时间内选送信息的次数，再根据项目数据的多少，编出相应的控制电路，以实现上述控制功能。

二、电子仪表板的组成

仪表板是驾驶室中安装各种指示仪表和点火开关等的一个总成。它装在仪表嵌板上，或者作为附件装在转向管柱上。仪表板总成好似一扇窗户，随时反映车子内部机器的运行状态。同时它又是部分设备的控制中心和被装饰的对象，是驾驶室内最引人注目的部件。仪表板总成既有技术的功能又有艺术的功能，是整车风格的代表之一。如图 10-19 所示。

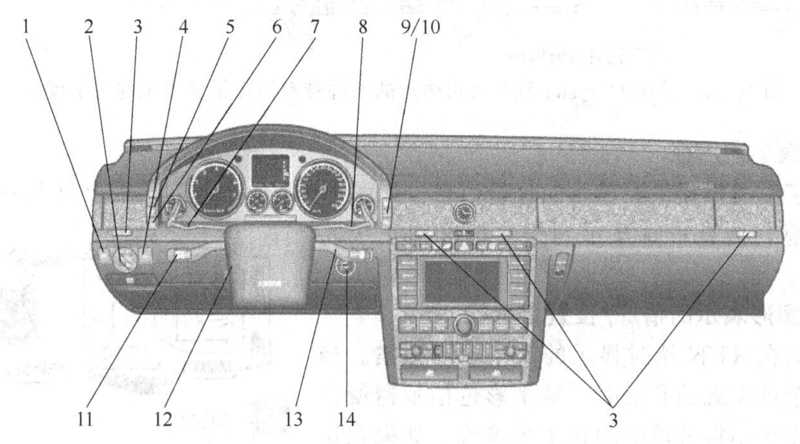

图 10-19 仪表板

1—雾灯，选装；2—车灯旋转开关；3—出风口气流调节；4—后雾灯；5—仪表照明；6—短程里程表复位；7—手动电控换挡程序－；8—手动电控换挡程序＋；9—关闭驻车辅助；10—后窗遮阳卷帘向上/向下；11—转向信号灯和远光灯；12—转向柱调节；13—刮水器；14—电子点火开关

电子仪表板的显示系统一般有三种显示方式：数字显示（包括曲线图显示）、模拟显示和指示灯亮灭显示。车速表和发动机转速表常用数字显示和曲线图显示，燃油表可用数字显示，也可用模拟显示。为更准确地显示信息，计算机系统对数字显示信号每秒钟修正 2 次，对曲线图显示信号，每秒钟修正 16 次，对驾驶员信息中心显示的各种信号，每秒钟修正 1 次。

电子仪表亮度调整通常有两种方式：一种是由电子仪表中的光电池进行自动调整；另一种是像普通仪表照明一样，用灯光开关电路中的变阻器进行调整。

大多数电子仪表板都有自诊功能，进行自诊时，按下仪表板上的选择钮。当点火开关转到 ACC 挡或 RUN 挡时，仪表板便开始一次自检，检验时整个仪表板发亮。与此同时，各显示器的每段字符段都发亮。在自检过程中，电子仪表板上用来监测各系统的 ISO 符号，一般都闪烁，检验完成时，所有仪表都显示当时的读数。若发现故障，便显示一个提醒驾驶员的代码。

三、电子仪表的语音报警系统

有些电子仪表，装有语音合成器，就其监控的情况向驾驶员报警。语音报警系统是对电子仪表上的报警灯系统的补充，用来引起驾驶员的注意。语音合成器是通过计算机技术和声响装置的扬声器实现的，事先将所需的单词或词组的语音转换成电信号，再由声响装置的扬声器把电信号转换成声音。语音报警系统，根据监控系统的多少，其复杂程度各异。

语音报警系统由一块字母数字读出板、一帧用汽车图形表示的情况/位置指示器和一块电子语音报警模块组成。图 10-20 所示为美国 Chrysler 汽车公司生产的一种带有语音报警系统的电子仪表，其语音报警系统有 24 种监控功能。

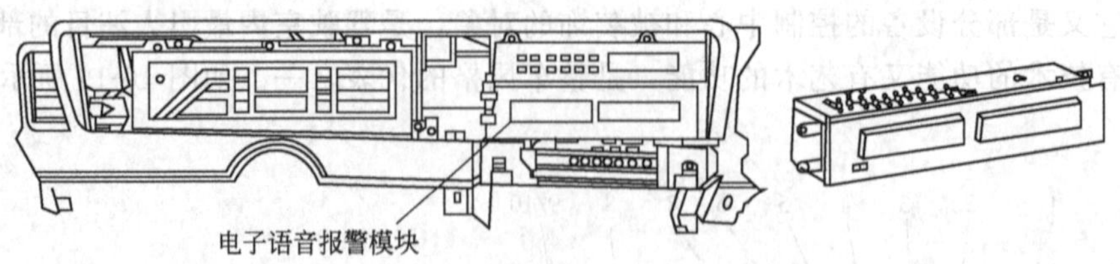

图 10-20 美国 Chrysler 汽车公司生产的一种带有语音报警系统的电子仪表

1. 字母数字读出板

字母数字读出板提供要显示的报警信息，如图 10-21 所示。读出板上显示一条警告驾驶员的文字信息，信息一直显示到报警情况纠正了才消失。

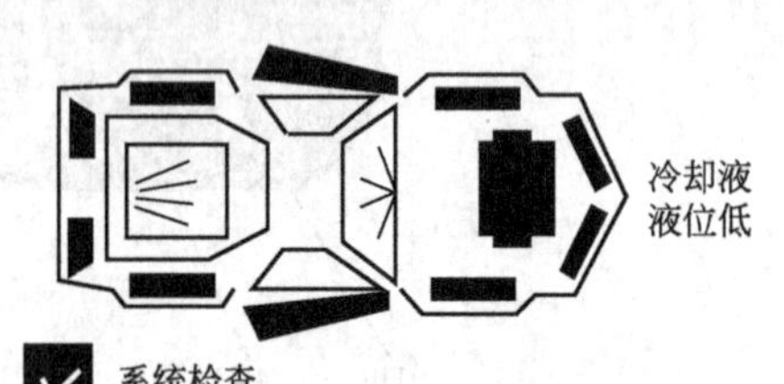

图 10-21 读出板上显示一条警告驾驶员的文字信息

2. 汽车图形表示的情况/位置指示器

点火开关在 RUN 挡时显示的汽车轮廓图案。当出现需要驾驶员注意的警报时，某个彩色指示器便发亮，并且一直亮到报警情况纠正了才熄灭。如果在这个时候又查出一个新的报警情况，便以电子语音向驾驶音发出一句语言消息。图 10-22 所示为报警系统 24 种监控功能的分布情况。

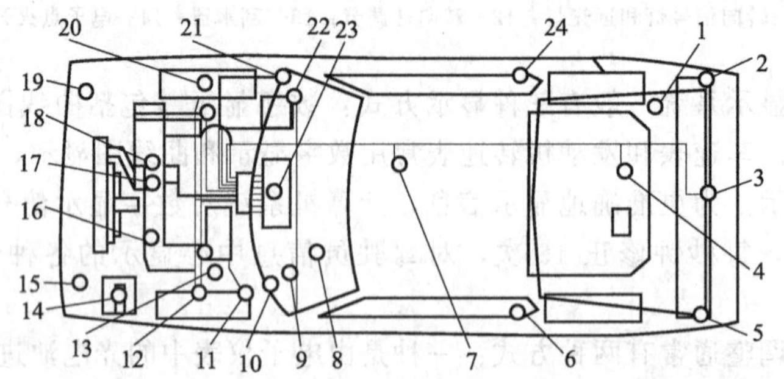

图 10-22 语音报警系统 24 种监控功能的分布情况

1—后风窗洗涤液；2—右尾灯/右制动灯；3—行李箱锁；4—燃油箱油位；5—左尾灯/左制动灯；6—左车门锁；7—安全带；8—钥匙在点火锁内；9—前照灯；10—手制动器；11—制动液；12,20—制动踏板；13—洗涤液；14—冷却液；15—左前照灯；16—变速器油；17—发动机温度；18—发动机机油；19—右前照灯；21—电压低；22—电子语音报警；23—监控器；24—右车门锁

上述语音报警系统的监控系统电路图如图 10-23 所示。在语音报警系统的监控系统中，所有的传感器可分为四类。

① 监控前照灯、尾灯和小灯等是否正常的模块。

② 监控发动机机油油位的热敏电阻。

③ 测定充电系统输出的电压传感器。

④ 当有故障或危险情况时向中央处理器提供搭铁信号的常开式开关。

四、汽车电子仪表

1. 车速表

图 10-24 所示为美国通用汽车公司采用的电子仪表。车速传感器为磁脉冲式车速传感器，

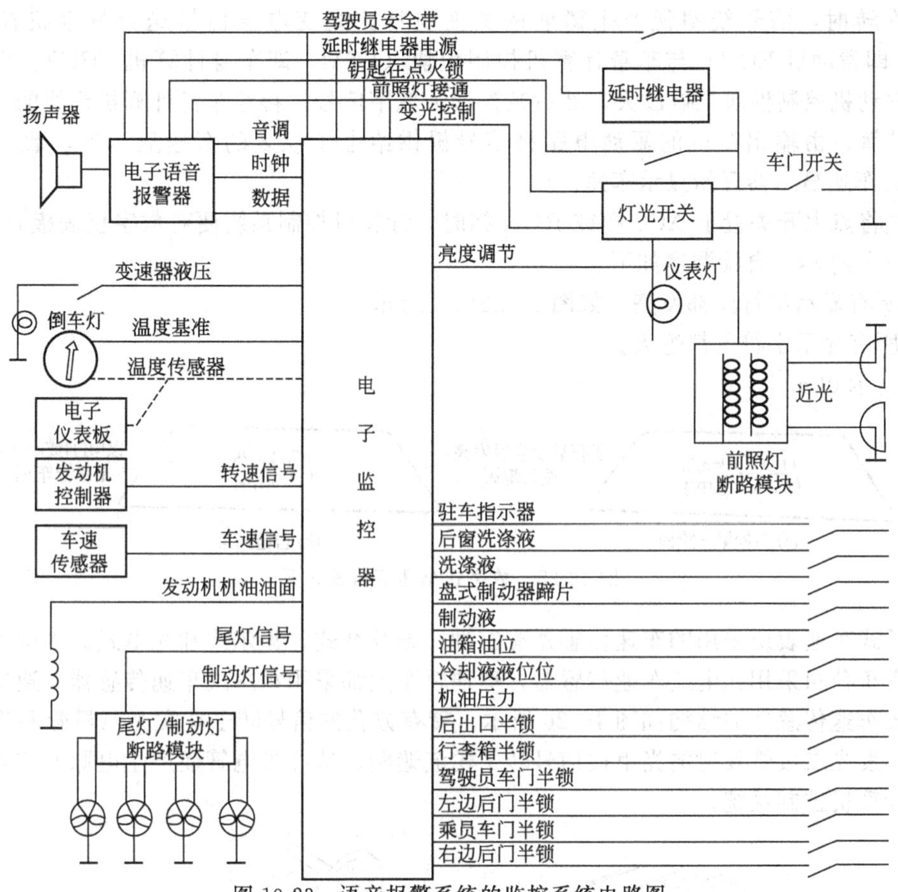

图 10-23 语音报警系统的监控系统电路图

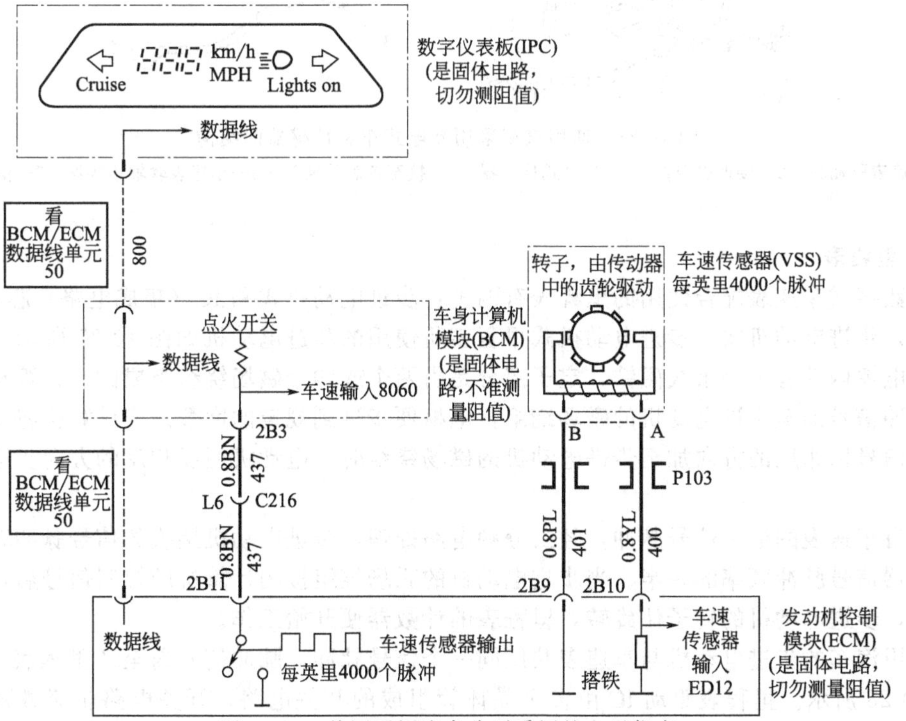

Cruise 888 km/h MPH Lights on
数字仪表板(IPC)
(是固体电路，切勿测阻值)
数据线
看 BCM/ECM 数据线单元 50
800
点火开关
数据线
车速输入8060
车身计算机模块(BCM)
(是固体电路,不准测量阻值)
转子，由传动器中的齿轮驱动
车速传感器(VSS)
每英里4000个脉冲
2B3
0.8BN 437
L6 C216
看 BCM/ECM 数据线单元 50
0.8BN 437
B A
P103
0.8PL 401
0.8YL 400
2B11 2B9 2B10
数据线
车速传感器输出
每英里4000个脉冲
搭铁
车速传感器输入 ED12
发动机控制模块(ECM)
(是固体电路，切勿测量阻值)

图 10-24 美国通用汽车公司采用的电子仪表

当转子旋转时，信号线圈便产生微弱的交变电压。交变电压信号送至发动机控制模块（ECM，即发动机ECU）与车身计算机控制模块（BCM，即车身计算机ECU）。交变电压信号经发动机控制模块先被放大，然后被整形为数字信号。再经车身计算机模块的中央处理器进行计算，由输出接口的驱动电路将信号提供给电子仪表的车速显示器，数字仪表板（IPC）的车速显示器开始显示车速。

每次将点火开关置于ACC挡或RUN挡时，计算机控制系统便对数字仪表板自检一次，每次自检大约3s，自检顺序如下。

① 所有显示字符段都发亮，如图10-25(a)所示。

② 所有显示字符段都熄灭。

③ 显示0km/h。

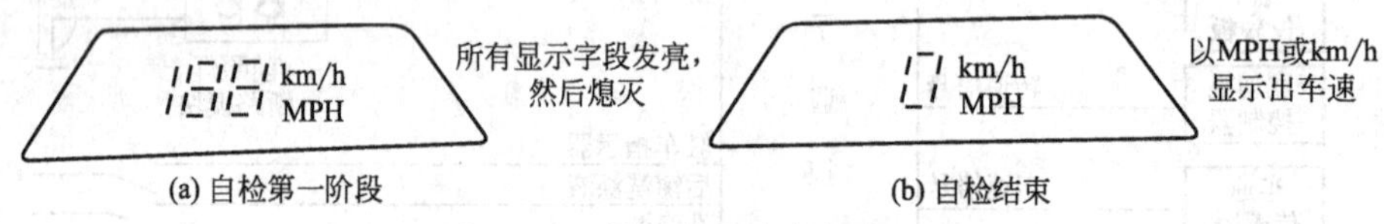

图10-25 数字式车速表自检过程

电子式车速表所采用的车速传感器有三种：磁脉冲式、霍尔式和光电式。美国通用和日本丰田汽车公司采用光电式车速传感器，奥迪轿车大都采用霍尔式车速传感器。通用汽车采用光电式车速传感器的结构如图10-26所示。带有方孔的信号转子在发光二极管和光电管之间旋转，发光二极管发射的光束被信号转子轮流遮断，这样光电管便产生电脉冲信号，此信号送至计算机控制系统。

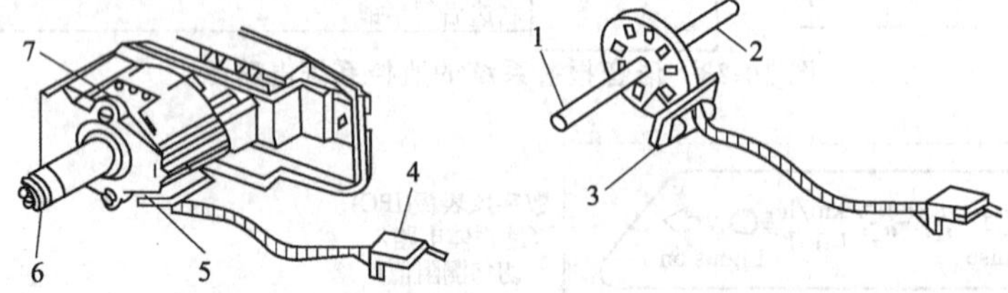

图10-26 通用汽车采用光电式车速传感器的结构

1—车速表驱动轴；2—接里程表；3,5—光电式传感器；4—接至仪表的插头；6—车速表软轴连接器；7—信号转子

2. 里程表

和数字式车速表配合使用的里程表有两种：步进电动机式和IC（集成电路）芯片式。

（1）步进电动机式 步进电动机式里程表所使用的步进电动机如图10-27所示。步进电动机的电枢内部有一个永久磁铁，定子部分是由两个或四个磁场绕组组成的。计算机输出的电压脉冲信号加至步进电动机的磁场绕组，电枢便步进到规定的度数。当计算机将同样的电压脉冲信号以相反的方向加至步进电动机的磁场绕组时，电动机便以相反的方向步进相同的步数。

来自车速表的数字信号脉冲，经二分频电路处理，步进电动机接收的信号脉冲频率是车速传感器信号脉冲频率的一半。当步进电动机的磁场绕组接到计算机的控制信号后，定子产生磁场，步进电动机的转子便旋转，里程表的计数器便开始工作。

通用汽车的步进电动机与车速表共用同一个信号脉冲，脉冲信号送至“里程表驱动IC”如图10-28所示。里程表驱动IC由多个晶体管组成的开关电路，开关电路轮流激励步进电动机的一对线圈，并不断地变换系统的极性，使永久磁铁电枢以同一方向旋转。

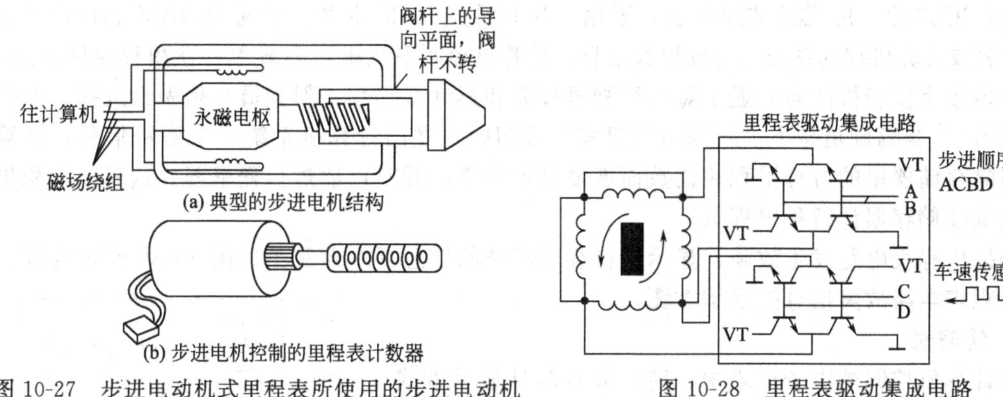

图 10-27 步进电动机式里程表所使用的步进电动机

图 10-28 里程表驱动集成电路

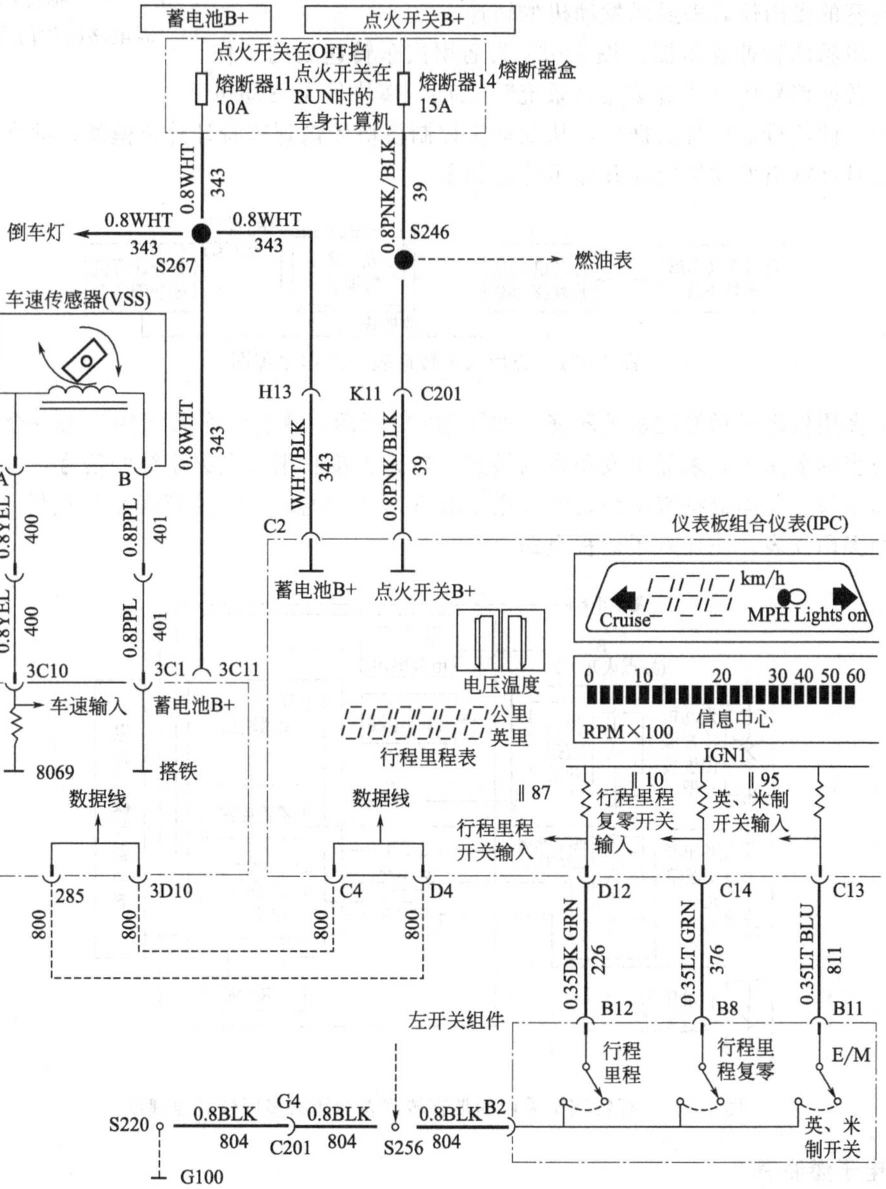

图 10-29 “行程里程”与“行程里程复零”按钮

（2）IC 芯片　IC 芯片式里程表，采用一片非易失 RAM 芯片。非易失 RAM 芯片接收来自车速表或计算机控制系统的行驶里程信息。计算机控制系统每 0.5s 刷新一次里程表显示值。

许多数字仪表板能同时显示短程行驶里程数和累计里程数。驾驶员必须做出选择，如图 10-29 所示。当驾驶员按下“行程里程复零”按钮时，送给计算机系统一个搭铁信号，计算机便清除存储器里的行程里程表读数而恢复显示为零，开始计数短行程里程。这时，行程里程表仍继续储存累计行程里程数。

如果里程表电路发生故障，显示器将会以特殊的信息提示驾驶员。图 10-30 所示为福特汽车里程表电路故障信息提示示意图。

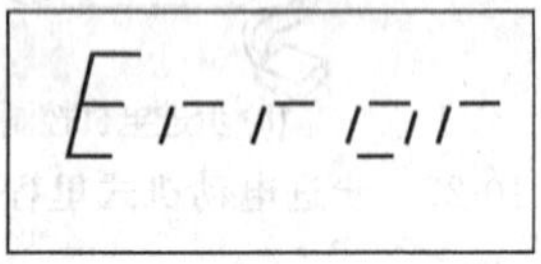

图 10-30　福特汽车里程表电路故障信息提示

3. 转速表

在计算机控制的电子仪表中，转速表有两种显示方式：一种是数字仪表板上有单独的转速显示器；另一种是由一个可顺序显示多项内容的多用仪表来显示发动机的转速。

（1）单独的转速显示器　图 10-31 为通用汽车转速表的工作原理图。转速信号传至“直接点火系统”（DIS）模块传至发动机控制模块。此信号沿串行数据口，从发动机控制模块传输到车身计算机模块。数字仪表板用此基准信号计算出发动机转速并显示计算结果。

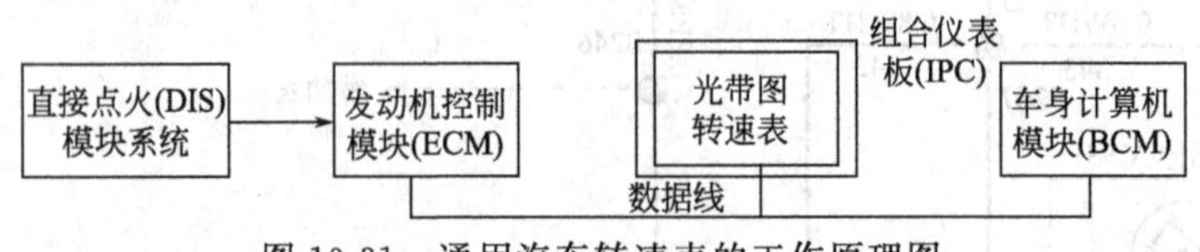

图 10-31　通用汽车转速表的工作原理图

（2）多用仪表显示发动机的转速　如图 10-32 所示，福特汽车采用的是由一个可顺序显示四项内容的多用仪表来显示发动机的转速。转速表接收来自点火系统的信号，并以光条图显示计算结果。美国福特汽车公司的多用仪表有内装蓄电池，它为仪表系统提供 5V 基准信号。此种多用仪表，还加入了监视电路。

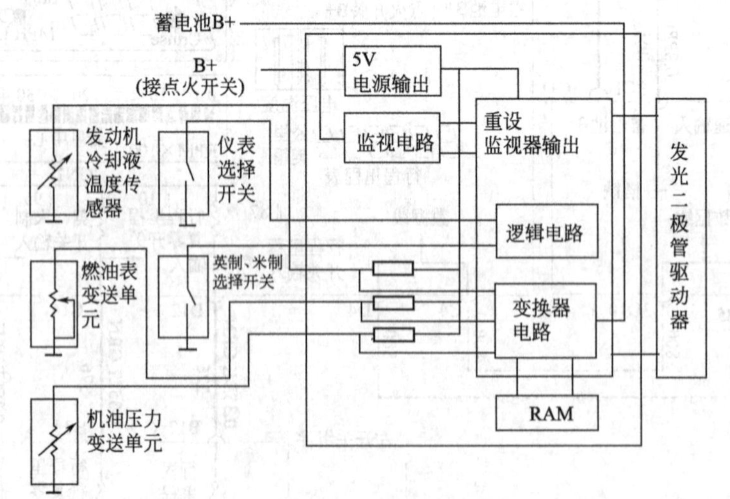

图 10-32　福特汽车采用的带有转速表功能的多用仪表原理图

4. 电子燃油表

图 10-33 为电子燃油表电路图，原理如下。

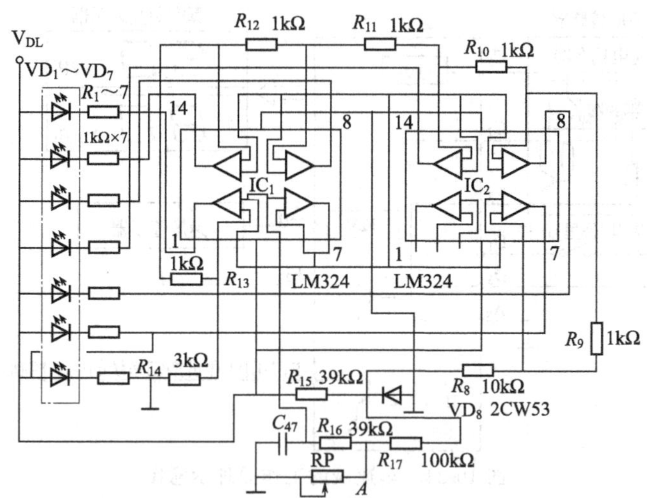

图 10-33 为电子燃油表电路图

RP—燃油传感器；V_{DL}—电源正极；VD_1～VD_7—发光二极管

该燃油表电路主要由燃油传感器 RP，集成电路 LM324（两块）、发光二极管数字显示器等组成。燃油传感器采用传统的浮筒式可变电阻式燃油传感器。电阻 R_{15}，和二极管 VD_8 组成稳压电路，将标准电压通过 R_8～R_{13}，接到 IC_1 和 IC_2 所组成的电压比较器反向输入端。电容器 C_{47} 和电阻 R_{16} 还组成延时电路，使燃油显示器的光标不随油箱中燃油波动而发生变化。

燃油发光二极管显示器的工作情况如下。

① 当油箱的燃油满箱时，RP 的阻值最小，则 A 点电位最低，即 IC_1 和 IC_2 电压比较器的输出电压为低平电压。此时，六只绿色 LED 发光二极管 VD_2～VD_7 全部点亮，而红色发光二极管 VD_1 处于熄灭的状态，表示油箱为满油状态。

② 随着油箱燃油量的逐渐减少，显示器中的发光二极管 VD_7、VD_6…依次熄灭。油量越少，绿色发光二极管点亮的个数越少。

③ 当油箱无油时，RP 的阻值最大，则 A 点电位最高，集成块 IC_2 第 5 脚电位高于第 6 脚的基准电位，六只绿色发光二极管全部熄灭，红色发光二极管 VD_1 自动点亮，提醒驾驶员，必须加油。

五、汽车数字式仪表

1. 车速表

车速表的工作原理如图 10-34 所示，电脑通过在一段预定的时间内检测从车速传感器传出的脉冲信号来计算车速，然后使真空荧光显示器发光，显示出车速。“英里/公里开关”可切换车速单位。当车速达到或超过一定速度［如 125km/h(78mile/h)］时，电脑内的晶体管便反复接通和断开，车速警报器即发出警告蜂鸣。

2. 双制式短程里程表

双制式短程里程表的工作原理如图 10-35 所示。它由微电脑计算车速传感器发出的速度信号并计算出行驶距离，然后将计算结果由真空荧光显示器显示在短程里程表上。可以通过复位开关进行里程数的复位归零，还可以通过模式转换开关转换模式。

3. 转速表

转速表工作原理如图 10-36 所示，转速信号来自点火线圈的脉冲信号，微电脑用每输入

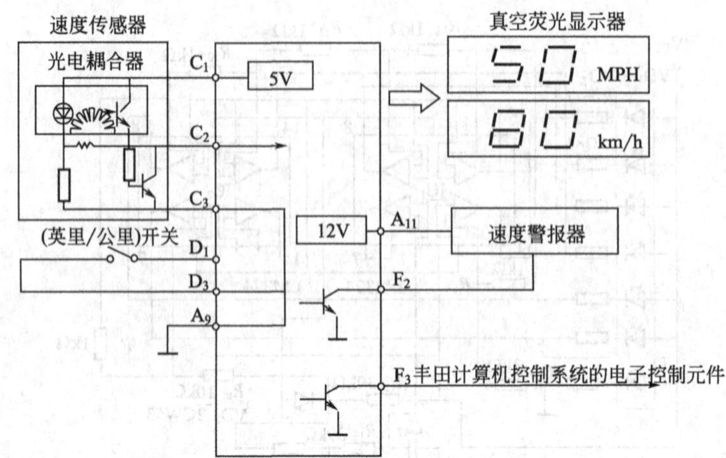

图 10-34　车速表的工作原理示意图

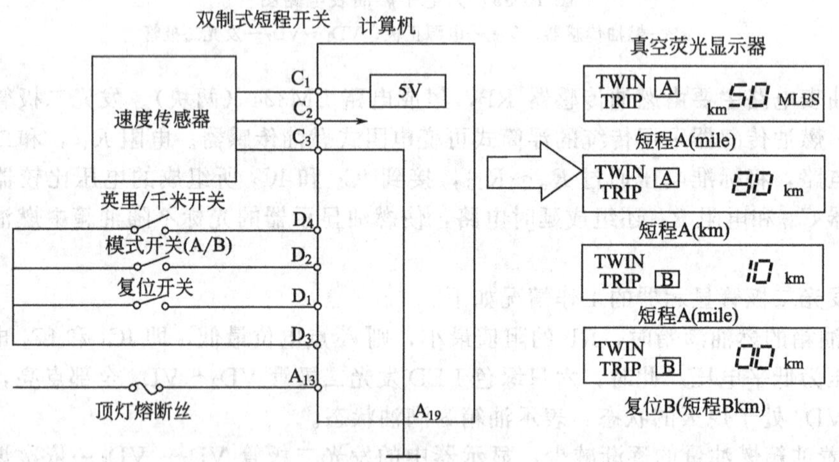

图 10-35　双制式短程里程表的工作原理

6个脉冲信号所用的时间来计算发动机转速，然后控制真空荧光显示器发光，将发动机的转速以条形图形式显示出来。转速表与电脑内部亮度调节器电路相连，这样可对真空荧光显示器的数字板片分配不同的亮度，显示发动机目前转速的初始数字板片N，得到最高亮度，其他板片亮度逐渐降低，从而得到“流星”的显示效果。

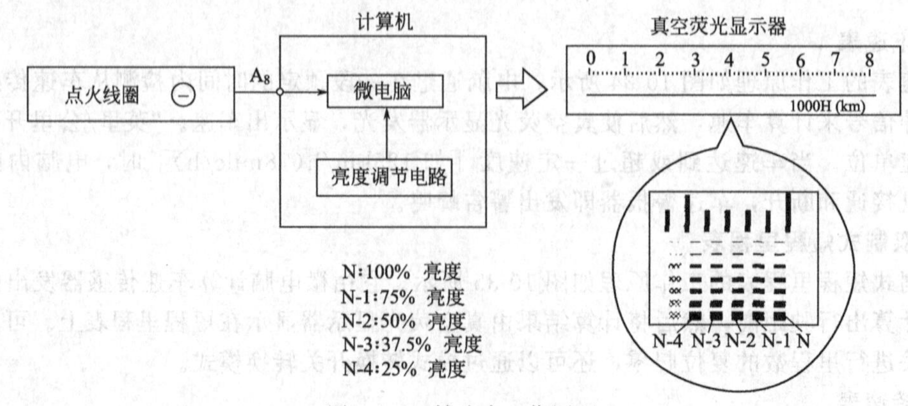

图 10-36　转速表工作原理

4. 水温表

水温表的原理如图 10-37 所示。当发动机冷却水的温度发生变化时，水温传感器（热敏电阻）的电阻随之变化，使端子 A_6 的电压发生变化，计算机检测到该电压后，将其与参考电压比较，然后接通真空荧光显示器，将比较的结果以条形图方式显示出来。真空荧光显示器用 10 块板片组成一个条形图（每两行真空荧光显示器组成 1 块板片）来显示冷却液温度，当第 10 块板片（即最高温度）闪烁时，则表明发动机过热。

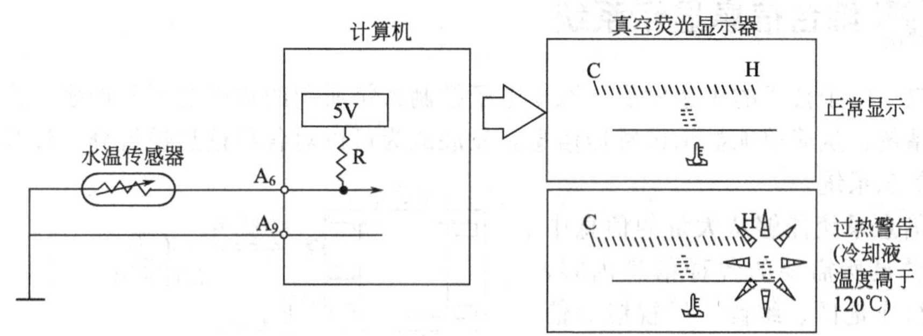

图 10-37 水温表的原理图

5. 燃油表

燃油表的原理如图 10-38 所示，燃油传感器的电压为 5V，端子 A_4 与浮子相连，其电压随着浮子的升降而变化，计算机将检测到端子 A_4 的电压与参考电压相比较，比较后控制真空荧光显示器以条形图的形式显示出燃油油位。由于燃油油位波动性较大，计算机要在短时间内对端子 A_4 电压进行几百次检测，再计算出平均值，然后将平均值作为燃油油位显示出来。当点火开关在 ON 位置时，对端子电压只进行几次检测，计算平均值，以便快速显示燃油油位。当燃油油位低的时候，蓝色的汽油泵标志改为琥珀色，提醒驾驶员注意。在正常显示模式中，当只剩下 1 号板片发光时，将出现这种情况，在扩大显示模式中，第 6 块板片熄灭时，同样也出现这种情况。若端子 A_4 与燃油传感器之间或端子 A_2 与燃油传感器之间断路时，燃油传感器将不能正常工作，此时将点火开关转至 ON 位置，10 块板片便全部闪烁，闪烁时间约为 2min，随后燃油表出现空白显示（油位警告灯发光）。

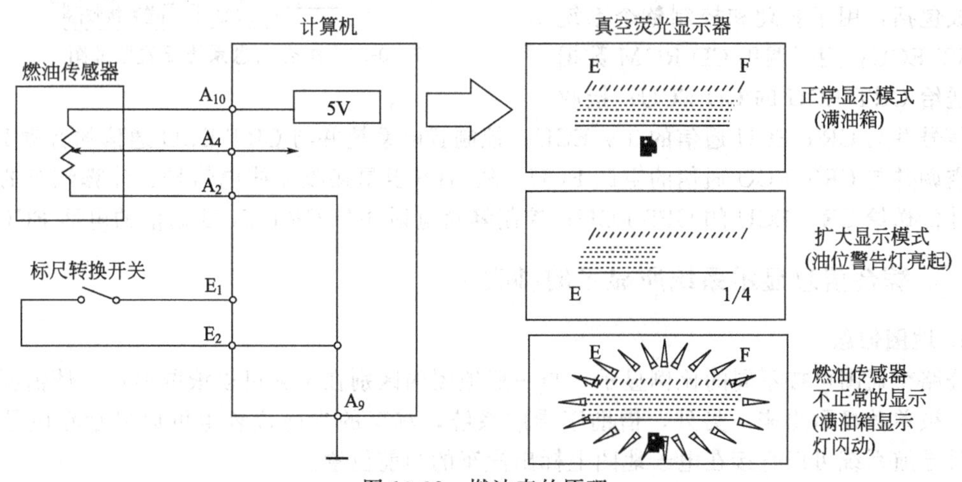

图 10-38 燃油表的原理

由于汽车排放、节能、安全和舒适性等使用性能的不断提高，对汽车电子控制程度的要求也越来越高。汽车电子控制装置必须迅速、准确地处理各种信息，并通过电子仪表显示出来，使驾驶员及时了解并掌握汽车的运行状态，妥善处理各种情况。同时，汽车仪表正向“综合信息系统”的方向发展，其功能不再仅限于现在的车速、里程、发动机转速、油量、水温、方向灯指示，还要求指示安全系统运行状态，如轮胎气压、制动装置、安全气囊等，而为适应汽车网络化的趋势，汽车仪表进行通信也成为必然。这些都对汽车仪表技术提出了更高要求。

第三节 综合信息显示系统

随着汽车电子技术的飞速发展，汽车电子控制系统所用的传感器不断增多，汽车仪表的电子显示系统，从简单地显示传感器信息，发展成为可以对各种信息进行分析计算、加工处理的综合信息系统。

综合信息系统能够从大量的信息中选择出驾驶员所需要的各种信息内容，包括电子行车地图、维修、后视镜等信息，还可以显示电视、广播、电话等信息。显示器通常采用阴极射线管显示器，阴极射线管显示器屏幕是触摸式的，通过触摸屏幕上的按钮（菜单）便能变更显示的内容。阴极射线管显示器的优点在于可以彩色显示、响应速度快、对比度高以及工作测试范围宽，缺点是体积大、质量大、驱动方法复杂且需要有较高的驱动电压。

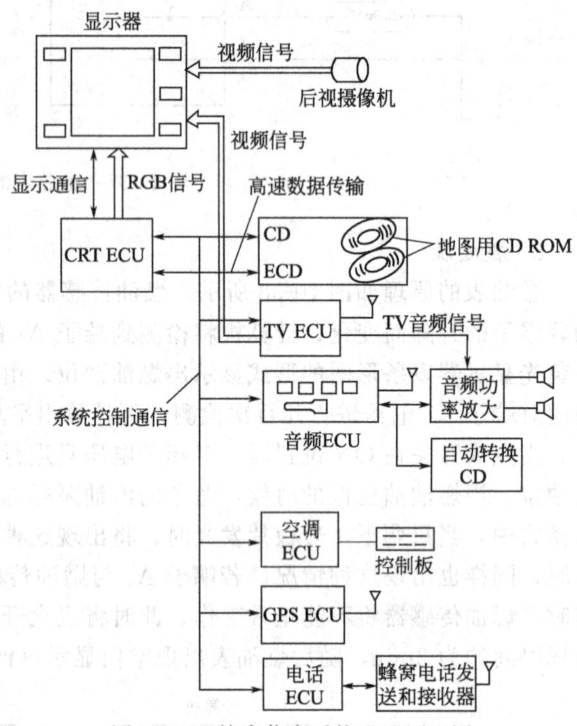

图 10-39 综合信息系统配置原理图

图 10-39 所示为综合信息系统配置原理图，该综合信息显示系统的显示器可显示电子行车地图、燃料消耗和行程信息等综合信息。该综合信息显示系统的组成包括：用于管理和控制整个系统的 CRT ECU；用于调用 CD ROM 数据并传送给 CRT ECU 的 CD ECU；接收电视信号并与 CRT ECU 通信的 TV ECU；控制音响系统并与 CRT ECU 通信的音频 ECU；控制空调并与 CRT ECU 通信的空调 ECU；从 GPS 卫星接收无线电信号、计算汽车的当前位置并传送给 CRT ECU 的 GPS ECU；控制蜂窝电话并与 CRT ECU 通信的电话 ECU。

一、综合信息显示系统所显示的种类

1. 地图信息

公路交通图可按不同的比例显示，与一般地图的区别在于它可以滚屏显示，使需要的内容可以被单独显示出来。另外，借助于导航系统，汽车的当前位置也可以显示在电子地图上，且导航系统可以直接在电子地图上标出汽车的当前位置。

2. 行车信息

从出发开始的行程计算、行程时间和燃料消耗，并可根据燃料消耗率和存油量显示剩余燃料可能行走的里程。

3. 维修信息

显示如发动机重新加注机油、更换轮胎以后所行驶的里程，供驾驶员确定下次维修时间与维修项目参考。

4. 日历信息

驾驶员的日历和日程表。

5. 空调信息

显示空调的操作模式和风扇的设置，通过触摸屏幕上的键盘可以操作空调系统。

6. 音响系统信息

显示音响系统的操作模式，通过触摸屏幕上的键盘可以控制音响系统及显示音响系统的音乐资料。

7. 电视广播

接收电视、广播节目。

8. 电话信息

显示诸如蜂窝电话号码信息，并可通过触摸屏幕上的键盘来实现拨号和挂机。

9. 后视摄像机信息

在倒车时，显示从安装在车后部的镜头摄取的影像信息。

二、触摸键盘

显示系统的触摸键盘通常是以模拟形式显示在屏幕上的，用手指触摸键盘即可进行操作，从而简化了选择信息的过程。通常是采用红外触摸开关来检测屏幕是否被触摸，红外触摸开关的原理如图 10-40 所示。

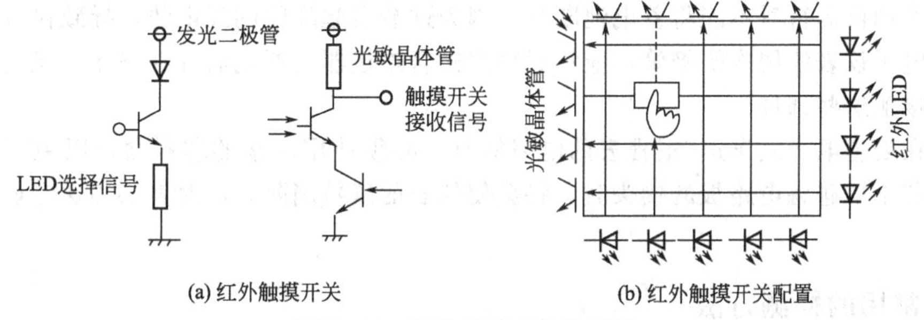

(a) 红外触摸开关　　(b) 红外触摸开关配置

图 10-40　红外触摸开关的原理

在显示器的两端都有一个红外发光二极管和光敏晶体管相对。在显示器键盘未被触摸时，红外发光二极管的光束到达光敏晶体管促使其导通。键盘被触摸时，红外发光二极管光波被截断，光敏晶体管立即截止。红外发光二极管和光敏晶体管的混合体安放在显示器的多个地方，如图 10-40(b) 所示。因此，屏幕上被触摸到的键盘位置由被关断的光敏晶体管所在位置测定。

第四节　现代汽车电子仪表显示系统的故障检修

现代汽车电子仪表不仅使驾驶员通过视觉与听觉获取道路和交通状况等车外信息，也可使驾驶员获得汽车本身的有关信息，以便做出可行的判断，保证驾驶员正确安全地驾驶车辆。现代汽车电子仪表显示系统看起来十分复杂，但由于其整个系统是按不同显示功能、由不同的独立装置组合而成，所以，只要深入了解该系统的内部结构和各独立装置之间的相互

联系，就不难弄懂其工作原理，也不难掌握各仪表装置及整个系统的维修方法。

一、检修注意事项

现代汽车电子仪表显示系统在检修中，需注意以下几点。

(1) 现代汽车电子仪表比较精密，对检修技术要求较高，检修时应遵照各汽车实用维修手册中的有关规定，必要时，电子仪表装置应送专业维修单位检修。

(2) 现代汽车电子仪表显示板与母板（逻辑电路板）不仅较容易损坏，而且价格也较贵，因此在使用与检修时应多加小心，除非有特殊说明，否则不能将蓄电池的全部电压加在仪表板的任何输入端。在检查电压、电阻时，应使用高阻抗仪器（不能使用简易仪表），若检修汽车仪表时使用不当，常常会造成微机电路的严重损坏，因此进行仪表检修时应特别注意这一点。

(3) 拆卸电子仪表板时首先应切断电源，然后按拆卸顺序进行拆卸，应特别注意拆卸时不能敲打、振动，以防损坏电子元器件。

(4) 拆装电子仪表板应按拆装顺序进行，拆装时不要用力过猛，以防本来良好的元器件由于用力过猛而损坏。在拆装仪表板总成之前，脱开连接器或端子时，应先脱开蓄电池端子。更换电子仪表元器件时，应小心不让身体与更换元件（备用元件）的集成电路引线端子接触，备件应放置在镀镍的包装袋内，不要提前从袋中取出，取出时不要触碰各部分接头，防止静电造成元器件的损坏。

(5) 检修电子仪表板时，不论在车上或在工作台上作业，作业地点或维修人员都不能带有静电。为此作业时应使用静电保护装置，通常使用一根与车身连接接铁的手腕带和放置一个电子部件的导电垫板。

(6) 发动机运行时不能将蓄电池断开，因为这会引起瞬间的反电势，导致仪表损坏。

(7) 电子仪表使用冷阴极管，应注意冷阴极管连接器上通电后存在高压交流电，因此通电后不得接触这些部位。

(8) 在处理电子式车速/里程表的电路板时，必须使用原来的塑料盒，以免因静电感应而损坏。若不慎碰触电路板的接头时，将会使仪表的读数消除，此时就必须送专业维修后才能使用。

二、常用的检测方法

现代汽车的许多电子仪表板都是微机控制，同时具有自检功能。只要给出指令，电子仪表板的电子控制器便会对其主显示装置进行系统的检查，若出现故障，便以不同的方式警告驾驶员，显示系统出现故障，同时将出现故障部位的故障码储存，以便维修时将故障码调出，指出故障部位。当确认仪表板有故障时，应进行检测。

1. 用快速检测器进行检测

快速检测器能发出模拟各种传感器信号，用它能够迅速测出故障的部位。如在使用测试器向仪表板输入信号时，仪表板能够正常显示，说明传感器或其电路有故障。若显示器仍不能显示，再将测试器直接接在仪表板的有关输入插座上，此时若显示器能正常显示，说明线束和连接器有故障，否则表明仪表板有故障。

2. 用电脑快速测试器进行检测

电脑快速测试器能够模拟燃油的流量和车速传感器的信号，同样把测试器所发出的信号从不同部位输入，即可检验传感器、线束对号电脑和显示装置工作是否正常。

3. 用液晶显示仪表测试器进行检测

用液晶显示仪表测试器进行测试时，直接在仪表板上，能为仪表板和信息中心提供参照输入信号，这就可检测出信息中心的工作状态。这种测试的目的是，对仪表板有无故障做进一步的验证。

三、常见故障的检测

现代汽车电子仪表显示系统的故障，一般都出在传感器、连接器、导线、个别仪表及显示器上。检修时应先将传感器电路断开或拆下，用检测设备对它们进行逐个检查。

1. 传感器的检测

首先将传感器的电路断开或拆下传感器，用仪器进行逐个检查。对各种电阻式传感器的检查，通常是采用测量其电阻值的方法来判断它的好坏，即把所测得的电阻值与其规定的标准电阻值相比较，判断传感器有无故障，若所测的值小于规定的数值，表明传感器内部短路；否则传感器内部短路或接触不良。传感器一般是不可拆、不可维修的元件，若有故障只能更换新件。

2. 连接器的检查

采用电子仪表的汽车，往往需要很多连接器把电线束连到仪表板上去。这些连接器一般都采用不同颜色，以便辨认它属于哪一部分的连接。为保证其连接牢固、可靠，连接器上都设有闭锁装置。检查时可用眼看或手摸的方法进行，连接器装置要齐全、完好，插头、插座应接触可靠、无锈蚀。仪表电路工作中用手触摸连接器，应没有明显的温度感觉，若温度过高，说明该连接器接触不良，应查明原因予以排除。

3. 个别仪表故障诊断

若电子仪表板上个别仪表发生故障，应检查与此仪表相关的各个部分。首先应检查各导线的连接触况，包括各连接器的接触状况，线路是否破损、搭铁、短路或断路等；然后再用检测设备分别对该仪表及传感器进行检测，查明故障原因，予以修复，必要时更换新的元件。

4. 显示器故障检修

一旦电子仪表板上的显示器部分笔画、线路出现故障，应将仪表板上显示器件调整到静态显示状态，仔细观察是否还有别的故障，就此时出现的故障，使用检测设备对与此相关的电路或装置进行认真检查。若仅有一二笔画或线段不发亮或不显示，则说明逻辑电路板通过多路传输的脉冲信号正确，可能是显示装置的部分线段工作不正常，遇此情况应作进一步检查，属于接触不良的应加以紧固，确保其电路畅通；若是电子器件本身的问题，通常应更换显示器件或电路板。

四、电子仪表故障的诊断方法

一般来说，使用电子仪表的汽车都采用电子控制，其中包括对电子仪表系统的控制，即来自各种传感器信号处理和仪表的显示都是由微机控制的。使用微机控制的汽车一般都具有故障自诊断系统，包括对电子仪表系统进行自检，检查电子仪表系统功能是否正常，并对其故障进行诊断。对于多数车辆来说，只要按下计算机上的相应按钮，即开始对汽车进行自检，若有故障，就可以读出故障码，然后，通过查阅有关手册，就可以了解故障码代表的故障原因，找出相应的处理方法。

对于汽车仪表装置的故障诊断，除了依靠车载计算机自诊断系统进行自诊断以外，还可以使用专门的检测设备，对其进行检测和诊断。这些检测设备属于外接设备，可以直接插入汽车微机的相应插槽内使用。

现代汽车上的电器仪表的作用越来越大，随之产生的故障也相应增多，现介绍几种诊断故障的简易方法。

1. **拆线法**

当汽车电器仪表读数异常，通过分析、推断可能是传感器内部或传感器与指示仪表间的导线存在搭铁故障时，常采用拆线法进行检查。即通过拆除有关接线柱上的导线，来判断故障的原因及部位。以电磁式燃油表为例，当传感器内部搭铁或浮子损坏，以及传感器与燃油表间的导线搭铁时，无论油箱内油量多少，接通点火开关后，燃油表指针总指向“0”，此时可采用拆线法进行检查。首先，拆下传感器上的导线，若此时燃油表指针向“I”处移动，则为传感器内部搭铁或浮子损坏；若指针仍指向“0”，则应拆下燃油表上的传感器接线柱导线，若仪表指针向“I”移动，为燃油表至传感器间的导线搭铁；若指针仍不动，则可能是燃油表内部损坏或其电源线断路。

2. **搭铁法**

当汽车电器仪表读数异常，通过分析、推断可能是传感器搭铁不良或损坏，以及传感器与指示仪表间的导线存在断路故障时，常采用搭铁法进行检查。通过导线将有关接线柱搭铁，可判断故障的原因及部位。

接通点火开关后，对于电磁式燃油表无论油箱存油多少，燃油表指针均指向“I”；对于双金属片式燃油表，燃油表指针则均指向“0”，以上情况均说明相应仪表传感器可能搭铁不良、损坏，或者是传感器与指示仪表间的导线存在断路故障，此时，可利用搭铁法进行检查。首先，将传感器与导线相连的接线柱搭铁，若指针转动，说明传感器损坏或搭铁不良；若指针不转动，可用导线将指示仪表上接传感器的线柱搭铁；若指针转动，则为传感器与指示仪表间的导线存在断路故障；若指针仍不转动，则说明指示仪表内部损坏或其电源线断路。

3. **短接法**

在其他电器仪表工作均正常、只有与稳压器相连的仪表（如燃油表、电磁式水温表等）不工作时，可利用短接法进行检查。用导线将稳压器的输入、输出端短接，这时与稳压器相连的仪表指针若立即偏转，则为稳压器内部存在故障。

4. **对比法**

电器仪表读数不准时，可采用对照比较法进行校验检查。在相同的工况条件下，比较被校验的仪表与标准仪表的读数，从而可判断被校验仪表的技术状况。例如，检验汽车电流表时，可将被试电流表与标准电流表及可变电阻串联在一起，接通蓄电池电流，逐渐调小可变电阻，比较两个电流表的读数，若相差超过20%，则为电流表存在故障，应予以修复或更换。

本章小结

本章首先介绍了汽车电子仪表的显示器的类型，讲解了当今汽车电子仪表的工作原理，举例介绍了几种车系汽车电子仪表的应用。最后说明了监测仪表系统的故障诊断的方法。

思考题

1. 查阅有关资料，简述汽车显示器的发展历程。

2. 简述为什么数字式显示器采用多路传输。

3. 举例说明汽车电子仪表的应用。

工作任务

一位客户因为里程表指示灯不亮，把他的汽车开到了修理厂，进行修理。此车为现代伊兰特，行驶里程 20 万公里。

导向1. 从观察到的故障现象列述可能存在的各种原因。

信息2. 解释里程表指示灯不亮发生的的条件和可能原因。

3. 设法搜集实施故障查找需要的资料。

计划4. 制定实施故障查找的工作计划。

序号	工作步骤	工具
1		
2		

实施5. 实施故障查找。

计划6. 写出更换故障部件的工作步骤。

实施7. 根据自己确定的工作步骤更换故障部件。

检查8. 在交车之前检查检测证明，并准备好移交汽车的资料。

附：工作任务分析参考

常规思路：对于仪表板中的里程表不亮，其他仪表灯正常，可能是仪表板背景灯的发光二极管损坏。

此车的维修思路：因该车的仪表板背景灯是发光二极管，若发光二极管烧坏，将导致里程表区域背景灯不亮。

具体诊断过程：

① 拆解仪表板。

② 用万用表检测里程表区域的发光二极管的导通性。

③ 确定故障部位，更换新部件。

故障分析：

因此车的仪表板背景灯不受车载控制单元影响，属于独立控制，更换发光二极管后，即可解决故障。

第十一章 》信息娱乐系统

学习目标：

1. 了解信息娱乐系统的操作与使用；
2. 了解信息娱乐系统的调节操作；
3. 为了检验学生掌握知识的能力，引用企业车间工作任务案例，让学生掌握信息娱乐系统故障诊断。

第一节 认识信息娱乐系统

车载信息娱乐系统（In-Vehicle Infotainment，IVI），是采用车载专用中央处理器，基于车身总线系统和互联网服务，形成的车载综合信息处理系统。IVI 能够实现包括三维导航、实时路况、IPTV（交互式网络电视）、辅助驾驶、故障检测、车辆信息、车身控制、移动办公、无线通讯、基于在线的娱乐功能及 TSP（Traveling Salesman Problem）服务等一系列应用，极大地提升了车辆电子化、网络化和智能化水平。

一、信息娱乐系统发展历程

2009 年 3 月，宝马汽车公司、德尔福、通用汽车公司、英特尔、标致雪铁龙集团、伟世通公司和风河系统公司等成立了 GENIVI 组织，利用英特尔 Atom 高性能处理器，创造一个车载信息系统的开放式共享平台。2010 年 1 月，宝马 7 系发布第三代 i-driver 车载信息系统。2012 年 4 月 26 日，德赛西威牵手全球手机创新与设计的领导者 HTC 在北京与签订战略合作协议，同时在会上发布全新一代产车载信息娱乐系统 SiVi LINK。如图 11-1 所示。

图 11-1 德赛西威 SiVi LINK 车载娱乐系统

二、信息娱乐系统功能

现代汽车概念的含义正在改变，除了它的基本的运输功能外，汽车正在变成个人移动的办公室、娱乐的私人空间。信息娱乐系统管理着众多功能，这些功能通过仪表板中央控制台上的前信息显示与操作单元、多功能方向盘和后信息显示与操作单元执行集中控制，以大众汽车辉腾为例，如图 11-2 所示，信息娱乐系统是一个电子系统，用于集中控制和执行大量如气候、导航、移动电话等功能。

辉腾汽车中信息娱乐系统的功能如下。

① 音响/电视 收音机、CD 播放机、电视。

② 车载电话 移动电话、电话簿管理。

③ 导航 路线指引、目的地信息。

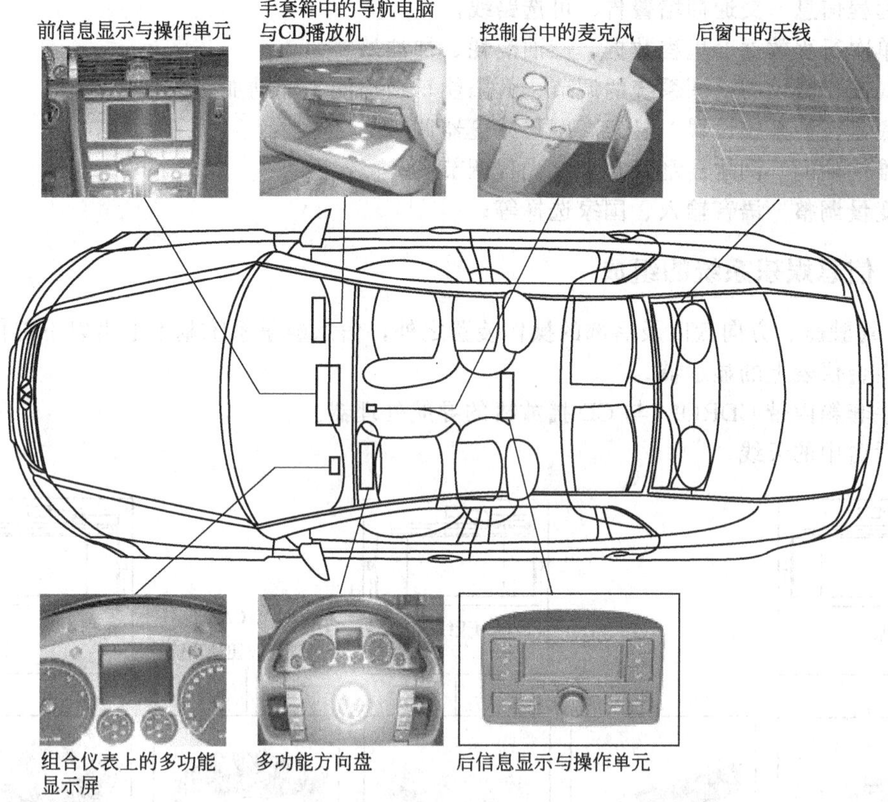

图 11-2 大众汽车辉腾信息娱乐系统

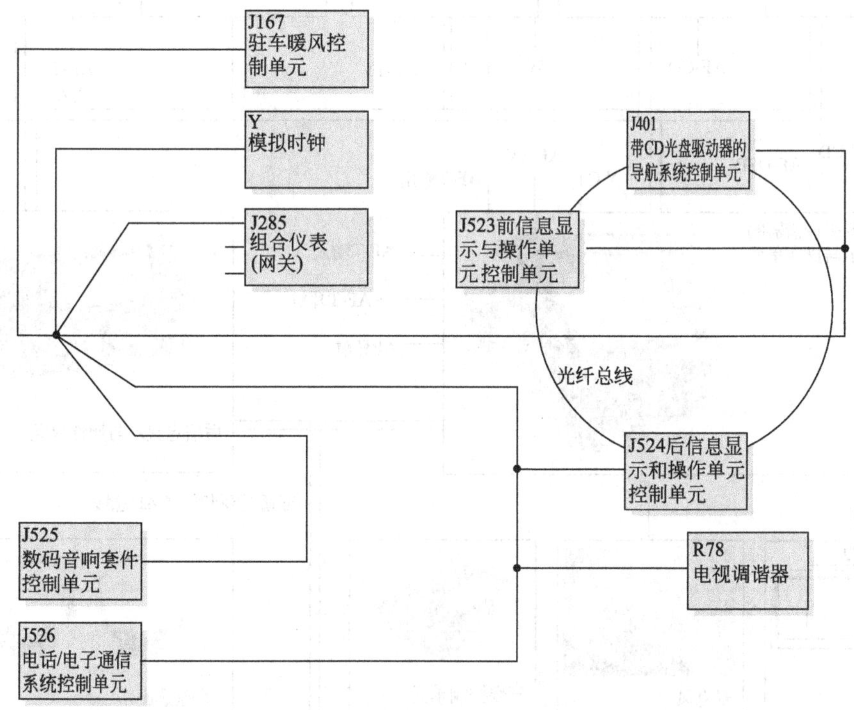

图 11-3 信息娱乐系统 CAN 总线

④ 远程信息　交通拥堵警告、可选路线。
⑤ 单次行程数据　里程数据、燃油消耗、加油站。
⑥ 气候　暖风与空调系统的调节、太阳能车顶功能、辅助加热。
⑦ 底盘行驶系统设置　悬架高度与减震器调节。
⑧ 维护功能　刮水器刮片与大灯光程调节。
⑨ 变量调整　语音输入、国家选择等。

三、信息娱乐系统的组成

除了驾驶舱、方向盘以及后部的操作装置之外，信息娱乐系统基本上由以下部件组成。
① 组合仪表上的显示器。
② 手套箱内带 CDROM 与 CD 播放机的导航处理器。
③ 后窗中的天线。

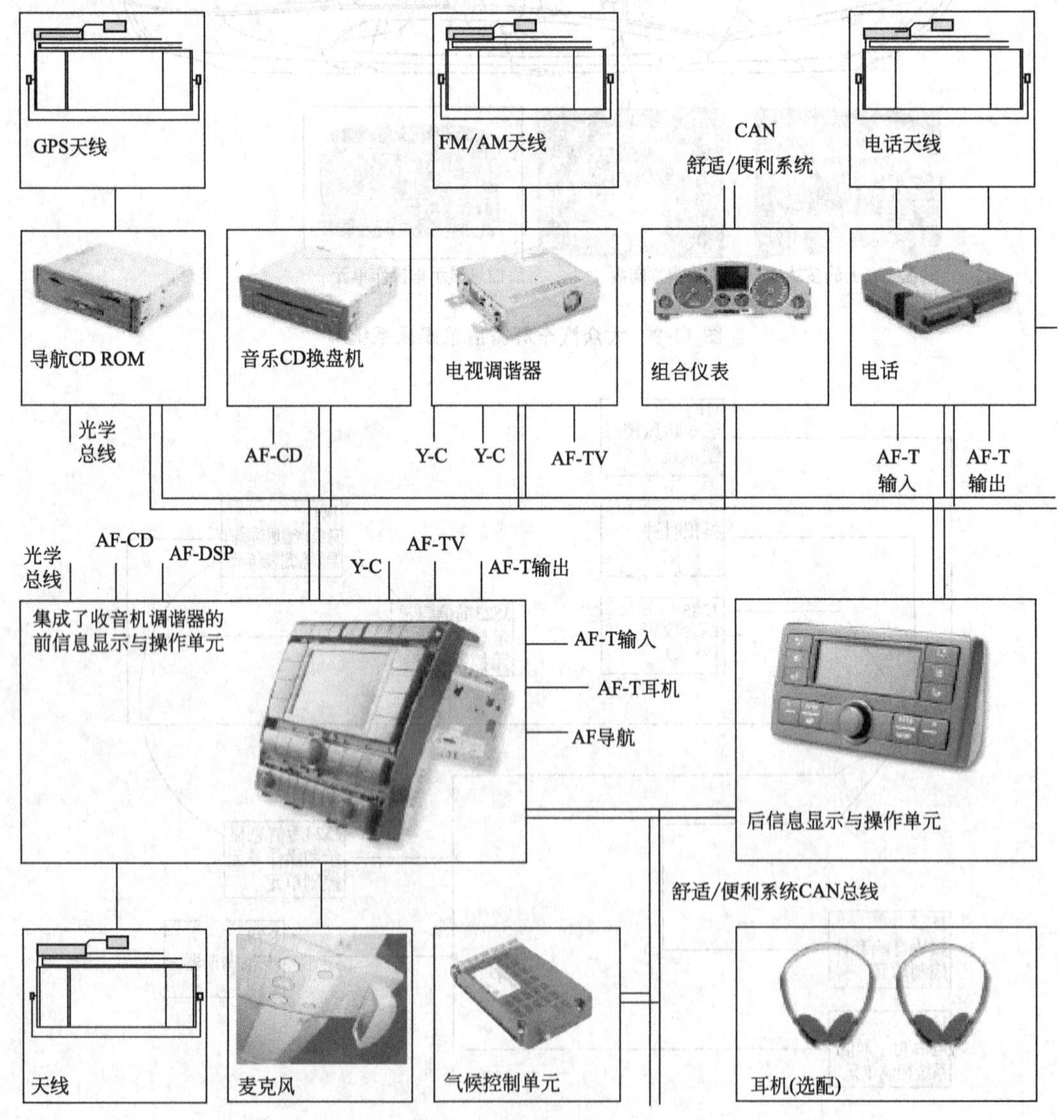

图 11-4　部件电气连接

④ 用于语音控制和电话的麦克风。麦克风内置在车顶衬中的前控制台中。

这些主要元件通过信息娱乐系统 CAN 总线互联。

这个总线网络是辉腾三个 CAN 数据总线网络中的一个。

① 动力传动系统 CAN 总线。

② 舒适/便利系统 CAN 总线。

③ 信息娱乐系统 CAN 总线。

这三个网络彼此交换信息。因此信息娱乐系统可以访问许多传感器与执行机构。

1. CAN 总线的连接

如图 11-3 所示。

2. 部件的电气连接

如图 11-4 所示。

3. 与电源网络的连接

(1) 电气端口　信息娱乐系统的电气端口位于前信息显示与操作单元的后面。所提供的连接插头供下列装置使用（如图 11-5 所示）：

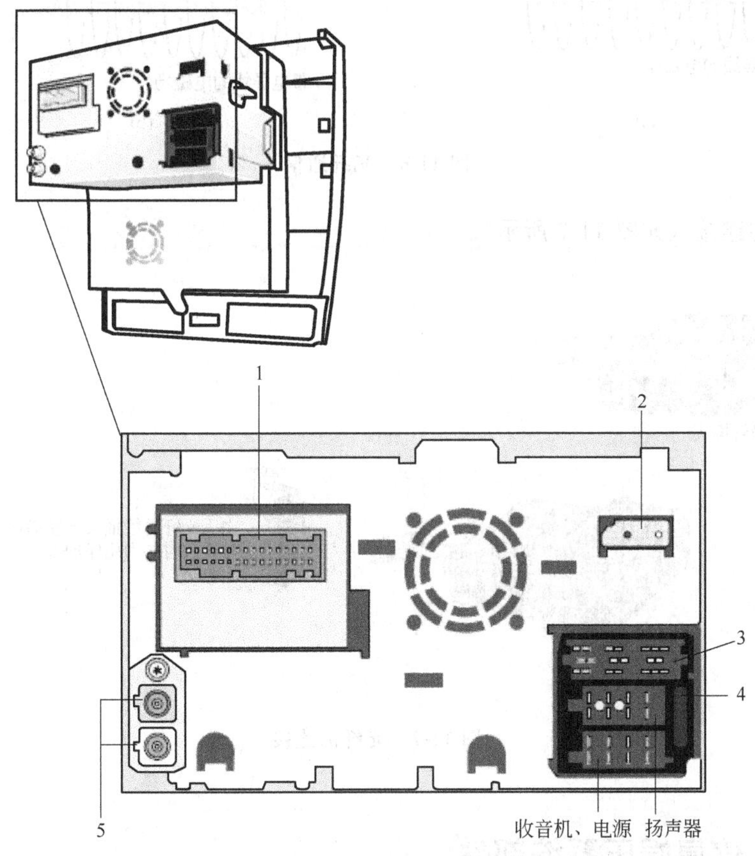

图 11-5　电气端口连接插头

1—导航传感器；2—光纤总线；3—CD 换盘机；4—保险丝；5—天线

① 导航传感器；

② CD 换盘机与附加端口；

③ 扬声器端口；

④ 电源，K 线；

⑤ 用于收音机、电视、导航与移动电话的天线；

⑥ 光纤总线。

(2) 光纤总线

① 光纤通信的优点　它将中央信息显示与操作单元连接到导航电脑上。由于导航系统的无故障数据交换非常重要，所以采用光纤进行连接。在光学数据转发器中，数字信息被转换成一系列光脉冲，并在光纤中传送。与金属导线相比，采用光纤技术传输数据流不会受到电磁场的影响。而采用金属导线传输时，电流流经导体时会产生磁场，平行或交叉导线所产生的电磁场相互干扰，影响数据传输（如图 11-6 所示）。

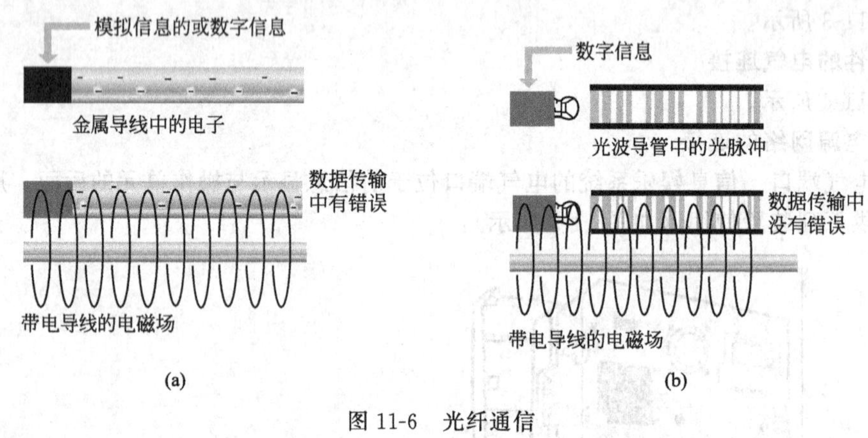

图 11-6　光纤通信

② 光纤的连接（如图 11-7 所示）。

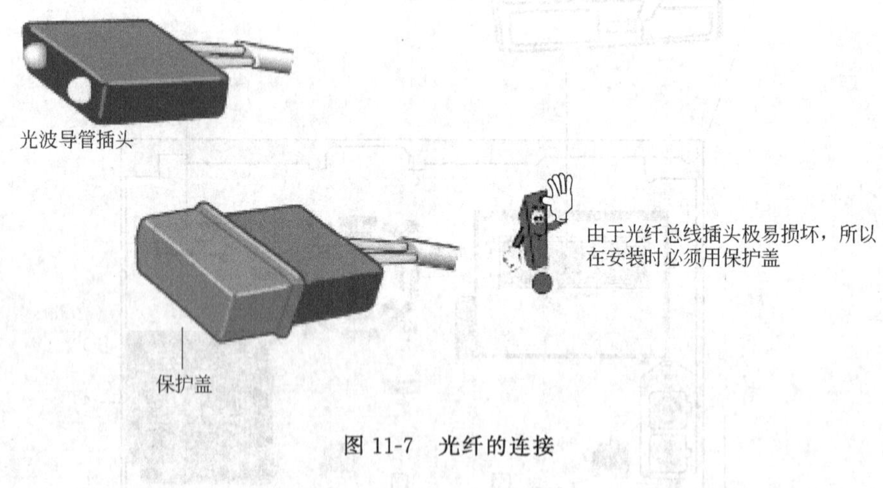

图 11-7　光纤的连接

第二节　信息娱乐系统部件

1. 前信息显示与操作单元（如图 11-8 所示）

操作单元安装在仪表板的中央控制台上并划分成几个部分。

① 气候控制按钮排　这些按钮具有固定的暖风与空调系统控制功能。

② 功能键及屏幕　该屏幕显示各种菜单和信息。功能键的含义随着菜单的不同而变化，具体含义会显示在屏幕的侧栏中。

图 11-8　前信息显示与操作单元

③ 带有中央旋/压按钮的主菜单按钮排　此排中的按钮用以选择主菜单。用旋/压按钮从列表中选择条目，然后按下按钮确认选择。

④ 音响控制按钮排　在这里可以实现收音机、CD 播放机和电视之间的切换。用各个按钮来选择收音机电台或电视频道，或者调节音量。

2. 方向盘功能

(1) 多功能方向盘内除了有喇叭之外还有两排按钮组，如图 11-9 所示。它们具有以下功能：

图 11-9　方向盘

① CCS（巡航控制系统）；

② 自动车距控制（ADR）；

③ 信息娱乐系统的子功能；

④ 组合仪表上显示菜单的切换；

⑤ 启动语音输入。

信息娱乐系统的操作元件排列在方向盘右侧。

(2) 按钮功能

+Vol 与 −Vol 调节音量。

打开语音输入。在启用了语音输入后，某些功能（如输入移动电话的 PIN 码）可以直接用语音激活。若车辆没有配备语音输入功能，此按钮重复导航系统的最后一次语音输出。

电话听筒图标按钮用于建立或取消电话呼叫。

浏览组合仪表上的 7 个不同屏幕显示。

是一个指轮。在列表中选择值或按下后确认选择。

显示前一个屏幕内容或取消某个过程。

3. 组合仪表上的多功能显示屏

根据装备级别，可以选择安装 3″（1″=2.54cm）黑白显示屏或 5″彩色显示屏，如图 11-

10 所示。显示屏可以提供 7 个不同菜单，包含信息娱乐系统的各种功能。可以从列表中选择一个菜单中的信息。用多功能方向盘选择菜单。在进行选择时，前信息显示与操作单元中的显示屏保持不变。

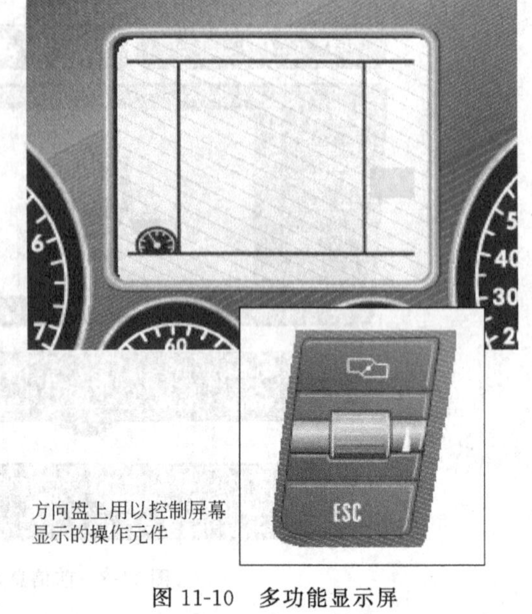

图 11-10 多功能显示屏

多功能显示屏中央区域显示信息娱乐系统信息。下面的显示是标准显示。

（1）到达目的地的单程数据　除了电台/频道设定，还显示在导航系统中输入的到达目的地的距离，如图 11-11 所示。

（2）自动车距控制　外部梯形刻度表示输入的车距设置。内部梯形条表示车辆的实际车距。汽车图标上方的数字表示所需的车速，如图 11-12 所示。

（3）导航　多功能显示屏显示路线信息以及导航系统的方向指引，如图 11-13 所示。

（4）移动电话　除了显示电话簿中存储的姓名之外，多功能显示屏还显示所选的或者所输入的电话号码，如图 11-14 所示。

（5）选择 CD 或者电视频道或者收音机电台　根据在音响按钮排中的所选功能（电视/收音机/CD），你可以选择播放放入的 CD 或者从列表中选择预置的电台/频道，如图 11-15 所示。

（6）当前行程数据显示　多功能显示屏显示车载电脑数据状态的固定选项，如图 11-16 所示：

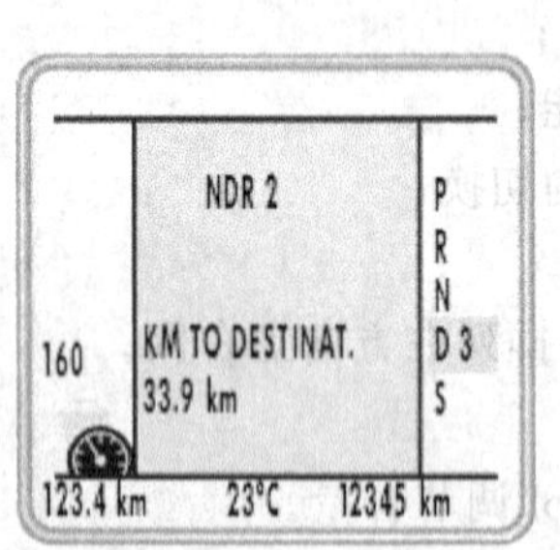

图 11-11 到达目的地显示

图 11-12 自动车距控制

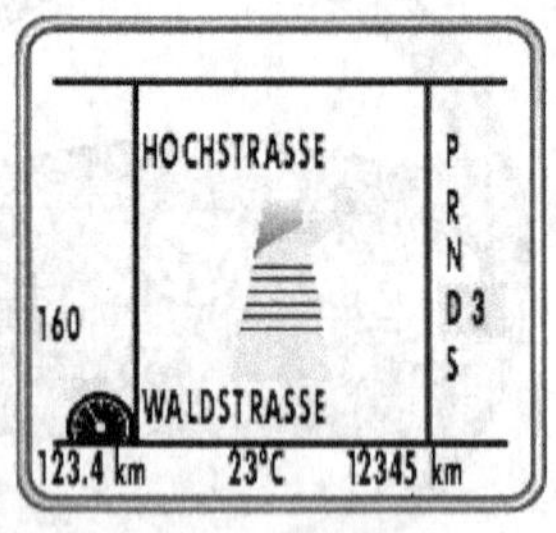

图 11-13 导航显示

图 11-14 移动电话

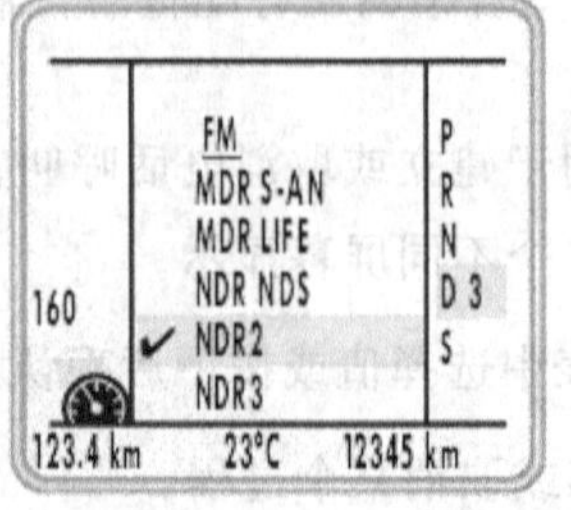

图 11-15 CD、电台/频道选择

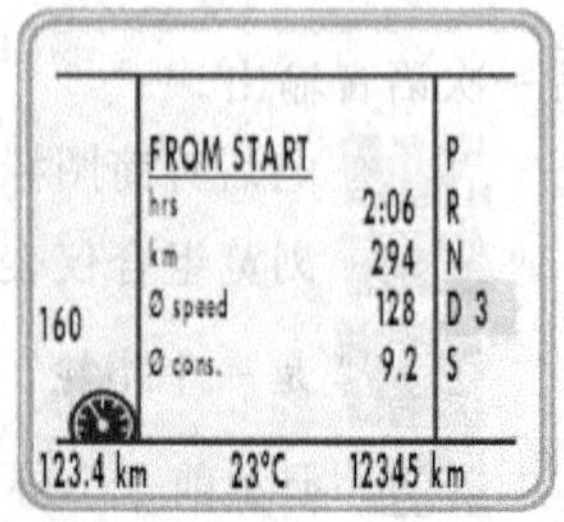

图 11-16 行程数据显示

① 开车后经过的时间；

② 开车后经过的里程；

③ 平均车速；

④ 平均油耗。

(7) 用户定义的显示　比如，在显示图 11-17(a) 所示中，可以用指轮选择读数“KM TO DESTINATION”(距离目的地的公里数)。按下指轮就可出现显示如图 11-17(a) 所示，上面用列表方式显示所有可用信息。你可以用指轮从列表中选择一项信息进行显示。随后信息就出现在多功能显示屏上，如图 11-17(b) 所示。

4. 后信息显示与操作单元

此装置上的按钮只可以控制后部的气候调节区域，如图 11-18 所示。

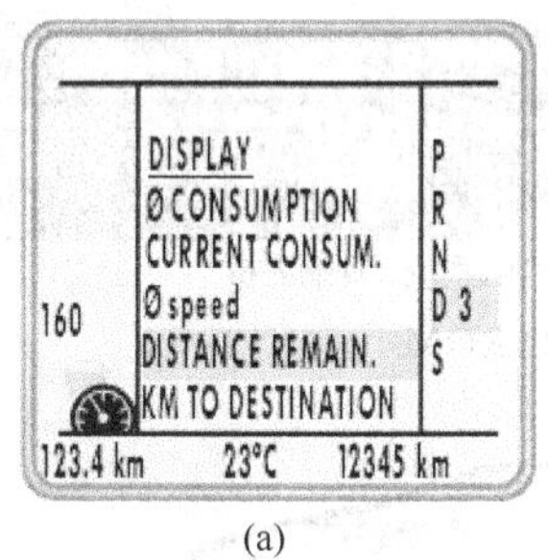

(a)

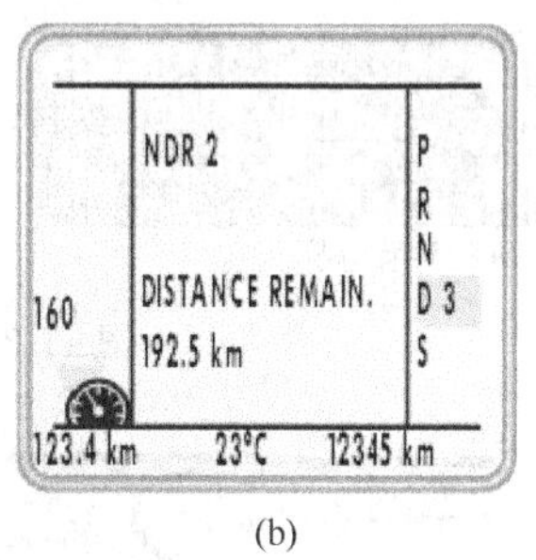

(b)

图 11-17　用户定义的显示

随着信息娱乐系统的进一步发展，扩展型后部操作单元将成为该系统的一个组成部分，如图 11-19 所示。与前信息显示与操作单元相似，操作菜单中的功能也可以用功能键排来选择。也是用旋/压按钮选择菜单显示条目，然后按下按钮来确认选择。子菜单或专项功能也是用功能键选择启动，这些功能随着菜单的不同而不同。在操作单元的底部有一耳机插孔。

图 11-18　后信息显示与操作单元

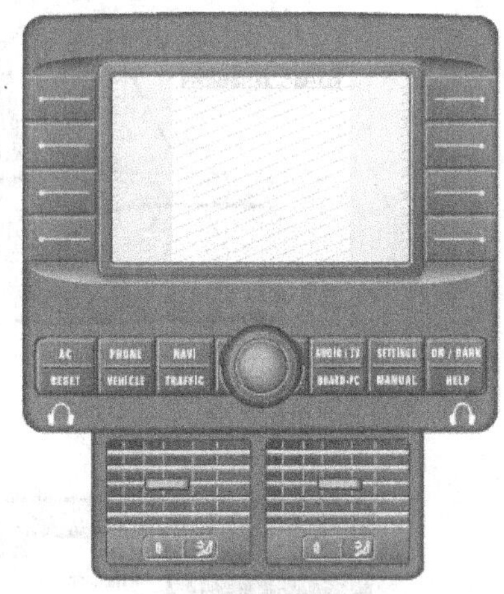

图 11-19　扩展型后部操作单元

5. 带 CD ROM 的导航电脑

该装置连同音响系统的 CD 播放机一起安装在手套箱中，如图 11-20 所示。带 CD 换盘机的 CD 播放机可处理 6 张 CD 并具有防震存储器。严重的震动会导致读取头跳到其他位置。防震存储器的功能就是让读取头回到震动前的读取位置。由于 CD 播放机缓存了读取头回放前 10s 的音乐，所以乘客不会感觉到音乐中断。

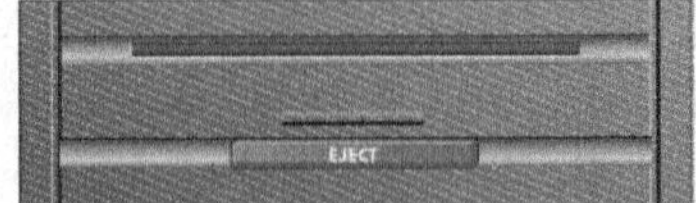

带 CD ROM 的导航电脑

音响系统 CD 播放机

图 11-20　CD ROM

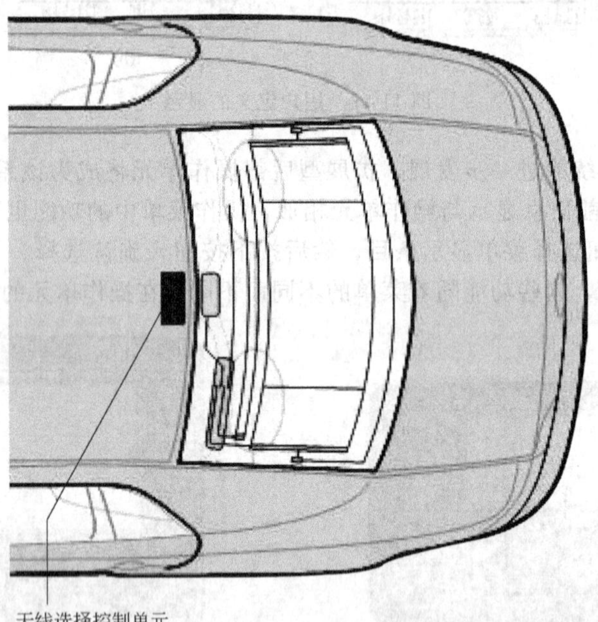

图 11-21　天线

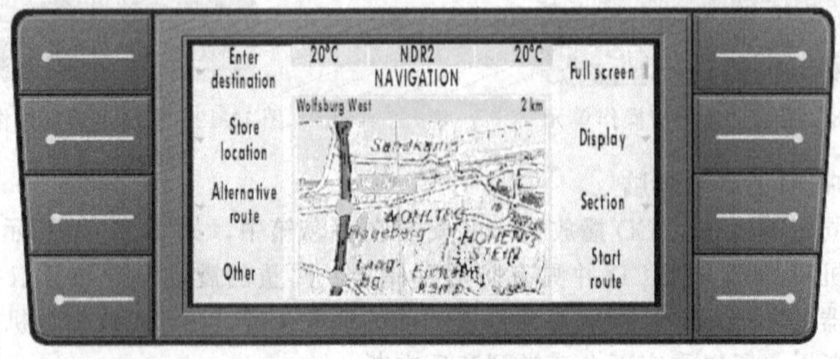

图 11-22　GPS 导航系统

6. 天线

所有天线都可以用后窗顶部的细线来识别。天线的控制单元就在后窗前顶衬中的罩盖下，如图 11-21 所示。

7. GPS 导航系统

由于导航菜单比较复杂，所以我们在这里只对主菜单做简要说明。如图 11-22 所示，当按下信息显示与操作单元上主菜单按键排中的“Navi”（导航）键后，出现如图 11-22 所示菜单。按下“Enter dest.”（输入目的地）键打开一个子菜单，在此可以为路线指引系统规定各种通向目的地的路线。用旋/压按钮逐字输入地名字母，按下子菜单中的“Save veh. location”（保存车辆位置），将当前的车辆位置保存到内存中。在“Alternative Route”（变更路线）子菜单中可以确定另一条路线距离。按下“Full Screen”（全屏）键后，地图区域会扩展到全屏显示。按键功能的描述将被隐藏。按下任一功能键就可回到标准的显示模式。在子菜单“Display”（显示）与“Section”（区域）中可以选择多种不同的显示选项。输入完目的地后，按下“Start Route”（开始导航）键就启动了路线指引功能。

8. 音响、电视

(1) 收音机主菜单　该主菜单显示了所有能接收电台的条目。名字前面的数字表示分配给该电台的按钮号。对钩表示选择了当前电台。按下“List/Manual”（列表/手动）按键，就可在列表显示与频率刻度显示之间切换，如图 11-23 所示。

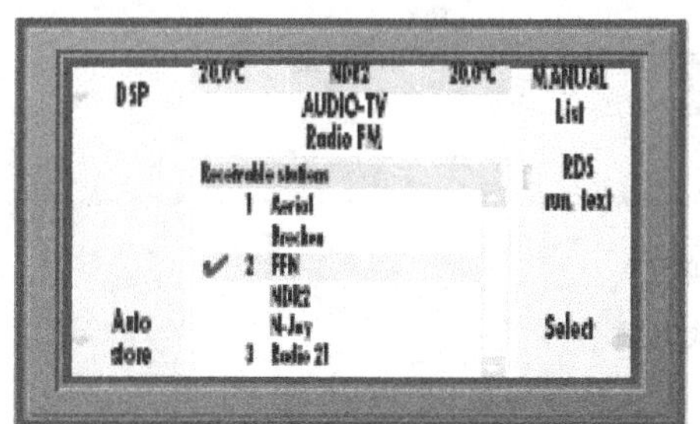

图 11-23　收音机主菜单

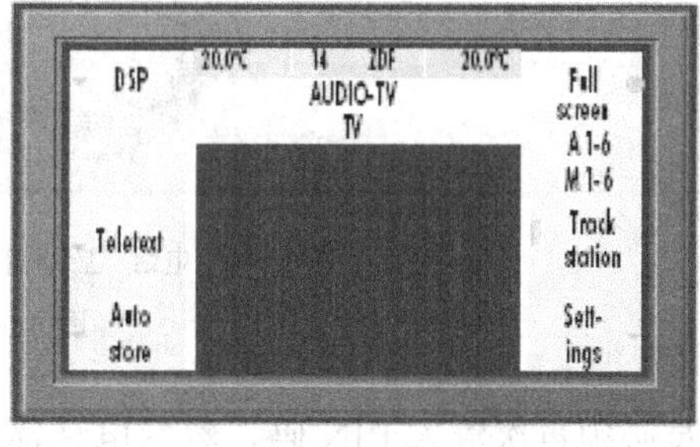

图 11-24　电视主菜单

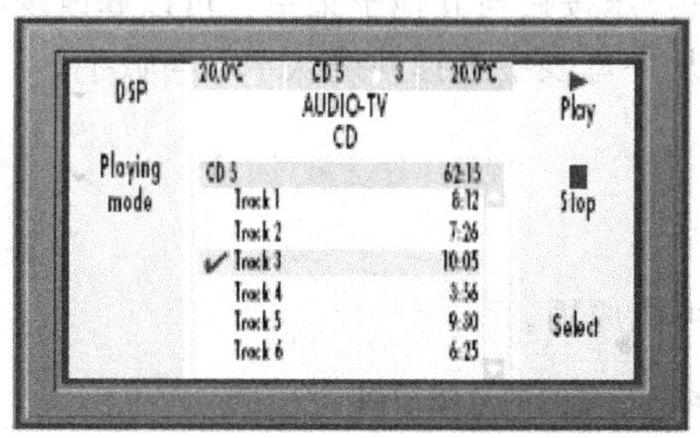

图 11-25　音乐 CD 主菜单

(2) 电视主菜单　当音响/电视功能启动后，按下音响按钮排中的“TV”键，就会出现电视画面。但是当车辆不动时，电视画面只出现在主显示屏中，如图 11-24 所示。

(3) 音乐 CD 主菜单　当音响/电视功能启动后，按下音响按钮排中的“CD”键，就会打开CD 曲目列表。你可以按音响按钮排中的按键 1 到 6 来选择一首曲目。也可以用音响按钮排中的旋/压按钮或者操作元件来选择曲目。“Playback Mode”（重放模式）功能键可以打开一个子菜单，在其中可以启动曲目随机播放等功能，如图 11-25 所示。

9. 车载电话（如图 11-26 所示）

当按下主菜单功能键“Phone”（电话）打开电话功能时，驾驶员需要输入 PIN 码。可以用旋/压按钮通过语音输入的方式输入 PIN 码。当系统接受了该 PIN 码后，出现电话主菜单。电脑需要大约 30s 的时间将电话簿从移动电话载入本系统中。在关闭前，电脑比较存储条目与所连的移动电话中的条目，并在必要时更新移动电话中的条目。若移动电话被关闭，

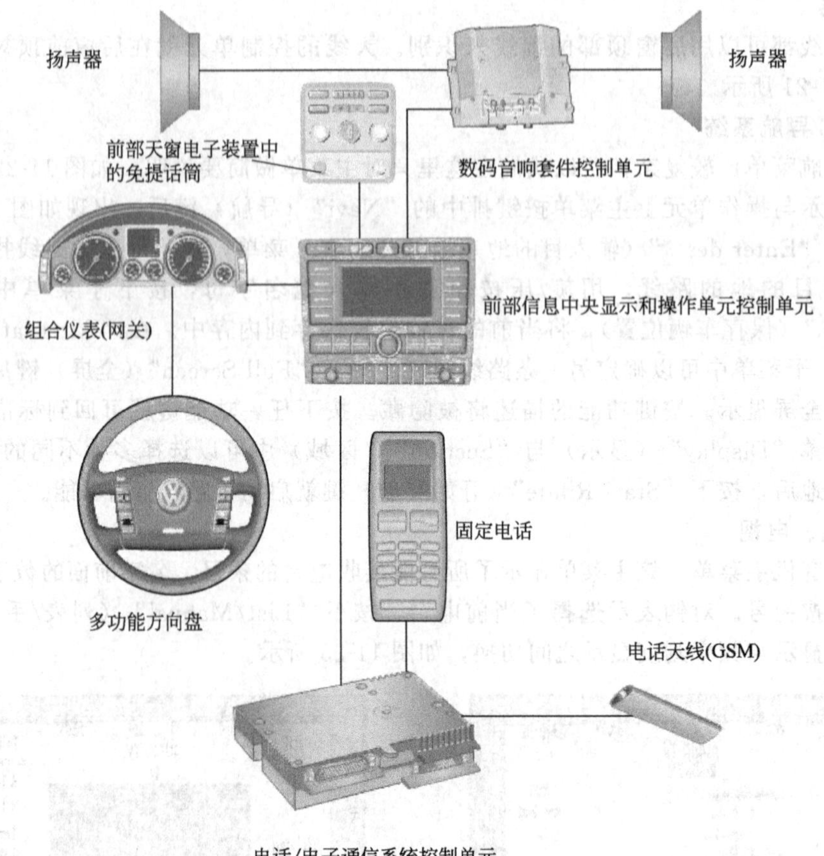

图 11-26　车载电话

驾驶员必须再次输入 PIN 码，然后电话簿再次从移动电话下载到系统中。电话簿中的所有条目都以屏幕列表的形式显示。

通过旋/压按钮对各个条目进行选择与确认。用旋/压按钮与其他子菜单，可以修改现有的条目或者增加新的条目到电话簿中。用旋/压按钮从字母表中选择并确认字母与数字。

第三节　信息娱乐系统故障诊断

表 11-1 列出了信息娱乐系统几种常见故障及其可能原因。

表 11-1　信息娱乐系统常见故障现象以及可能的故障原因

故障现象	故障原因
无线电干扰	①高压部件漏电 ②在绝缘的部件上形成静电 ③天线搭铁不良 ④滤波电路断路
巡航控制不能设置	①制动开关始终接通 ②安全阀/电路故障 ③膜片破裂 ④执行器电动机卡住或电路断路 ⑤方向盘滑环电路断路 ⑥电源/搭铁/熔断器断路

本章小结

本章的讲解是使学生了解信息娱乐系统的基本知识，掌握信息娱乐系统的功能，掌握信息娱乐系统的操作与使用，以便更好地发挥整车的性能；培养自己科学、严谨、求实的工作作风。

思考题

1. 简述中控仪表板功能。
2. 简述 GPS 的使用操作。
3. 简述音响、电视的使用。
4. 如何使用车载电话？

工作任务

一个客户进厂，向维修人员求助：因是新买的辉腾汽车，不知道如何接通和挂断电话，你作为工作人员请告知客户如何操作。

导向1. 了解电话操作系统的操作过程。

信息2. 找到信息娱乐系统使用说明书。

计划3. 制作一份电话接听、挂断的工作计划。

序　　号	工作步骤	操作按钮

实施4. 现场实施接听、挂断过程。

检查5. 客户自己使用车载电话，接听、挂断来电。

序　　号	工作步骤	操作按钮

附：工作任务分析参考

此车的操作思路：因是客户不知道具体功能操作以及设备的使用，故按照信息娱乐系统的使用及功能调试，给客户讲解清楚操作步骤即可。

具体操作过程：

电话听筒图标按钮用于建立或取消电话呼叫。

即有来电时按下听筒图标按钮，通话结束后再次按下听筒图标按钮。

第四篇

汽车控制网络与车载诊断系统

随着汽车技术日新月异的发展，以及电子技术和控制技术在汽车上的大量应用，汽车上采用的电子控制模块越来越多，需要共享的信息越来越多，采用串行总线实现多路传输，组成汽车电子网络，通过汽车内部的总线网由原来的几块发展到现在的几十块，显然传统的数据传输方式已不能满足模块间数据传输的要求。新型汽车的控制系统中采用了一种新型的数据传输网络，英文缩写为 CAN（Controller Area Network)，其目的是使汽车控制系统的数据传输实现高速化，减少布线、降低成本以及提高总体汽车的可靠性。

车载诊断系统 OBD（OBD 是英文 On-Board Diagnostics 的缩写)，这个系统从发动机的运行状况随时监控汽车是否尾气超标，一旦超标，会马上发出警示。当系统出现故障时，故障（MIL）灯或检查发动机（Check Engine）警告灯亮，同时动力总成控制模块（PCM）将故障信息存入存储器，通过一定的程序可以将故障码从 PCM 中读出。根据故障码的提示，维修人员能迅速准确地确定故障的性质和部位。

第十二章 » 车载网络控制系统

学习目标

1. 了解车载网络系统发展历史和功能发展；
2. 熟悉车载网络系统的使用范围，掌握车载网络系统的组成和工作原理，具备对典型车载网络系统进行故障诊断和维修的基本技能；
3. 为了检验学生应用这些知识的能力，引用企业车间工作任务案例，让学生解决工作任务，培养学生的检修能力。

第一节 认识车载网络控制系统

一、车载网络控制系统的发展历程

汽车上各总成的发展趋势是机械、电子和信息一体化。现代汽车往往使用大量电子设备控制其正常行驶。当执行一个较复杂的控制时，需要在设备之间进行大量的数据交换。交换数据的信号线越来越多，信号线的连接变得更加复杂，一根线束包裹着几十根电线的现象非常普遍。增加了整车质量和燃油消耗。大量线束的连接，汽车的故障率相应增加。针对上述

问题，在20世纪80年代，各大汽车公司开发出了各种适用于汽车环境的汽车网络技术。1986年2月，博世公司在SAE（美国汽车工程师学会）大会上介绍了一种新型的串行总线通信协议——控制局域网（Controller Area Network），简称CAN，这也是CAN诞生时刻，继CAN提出后，美国汽车工程师学会提出了J1850协议，后又转向CAN协议，法国雪铁龙公司提出了VAN协议，现在欧洲、美洲、亚洲大多数车系都采用CAN控制局域网系统，故本章讲述也以CAN为例讲解。随着技术的发展，国际标准化组织定义了时间触发通信的CAN协议，即TTCAN。

二、汽车网络技术的前景展望

1. 网络技术迅速在汽车中得到应用

目前，汽车电子技术中最活跃的领域包括网络化、线控技术和42V技术。其中，网络技术是关键部分，它解决了汽车电子化中出现的线路复杂和线束增加的问题，其通信和资源共享能力也成为新的电子与计算机技术在车上应用的一个基础，它是汽车上信息与控制系统的支撑。汽车网络技术是汽车智能化发展的必然趋势。

2. 高速、实时、容错网络控制技术

线控概念是新的汽车工程概念，目前已有使用线控系统的概念车出现。该技术极大地改善了汽车的可操纵性、安全性及总体结构，汽车设计的灵活度也大大增加，驾驶员和方向盘之间将没有任何机械部分的连接，使用这种技术使汽车的操纵系统、制动系统及其他辅助系统能够通过电子方式，而不是传统的机械方式进行控制。也就是说，像方向盘、踏板连杆、变速杆等刚性传动部件将会消失，取而代之的将是基于网络控制的各种传感器、控制器和电液式电动执行器组成的线控系统。线控技术必将促进高速、实时、容错的网络通信技术的发展。

3. 多媒体、高带宽的网络

未来汽车网络将是一个多媒体、高带宽的网络，它能使车内生活更轻松，并在某种程度上将办公室移入车内。人们甚至可以下载软件来修改控制器软件中的漏洞或提高汽车的性能。随着新一代移动通信技术的发展，这一技术必将得到快速的发展。

4. 统一网络协议

目前，在汽车行业中存在很多网络通信协议，由于缺乏全世界统一的标准，实际上提高了汽车的制造成本。例如，目前在C类网络中TTP/C和Flex Ray之间的争论还没有结果，因此线控产品供应商必须提供与这两种结构兼容的产品。虽然建立一个统一的汽车网络协议体系是一件十分复杂和困难的工作，但在汽车制造商和供应商之间已逐渐对这一问题达成一致：在A类网络中使用LIN；在B类网络中，低速CAN已成为事实上的标准协议；在C类网络中，为使汽车各方面性能趋于最佳状态，高速CAN将作为事实上的标准。

三、车载网络控制系统的术语

在讲述车载网络系统之前，应该先熟知一些术语，如局域网、模块等，以便更好地理解知识点。

1. 控制局域网

是现代通信技术与计算机技术相结合的产物。就是把分布在不同地理区域的计算机与专门外部设备用通信线路互联成一个规模大、功能强的系统，从而使区域内部的计算机可以方便地互相传递信息，共享数据等资源。局域网（LAN，Local Area Network）是指在一个较小的空间范围内的各种计算机网络设备互联在一起的通信网络。局域网一般的数据传输速度

在 $10^2 \sim 10^5$ Kbit/s，传输距离在 100～250m，汽车上许多模块和数据总线距离很近，因此汽车上的网络是局域网，数据传输的速度一般在 $10 \sim 10^3$ Kbit/s 范围，传输距离在几十米范围。

2. 多路传输

多路传输是在同一通道或线路上同时传输多条信息。事实上数据信息是分时间依次传输的，但数据传输非常快，似乎就是同时传输的。这种分时间段传输数据叫做分时多路传输。

3. 模块

模块是一种电子装置，在这里可以理解成电子控制单元 ECU。简单的如温度和压力传感器，复杂的如计算机（微处理器）。在计算机多路传输系统中一些简单的模块常常被称为节点。

4. 数据总线

一辆汽车不管有多少块电控单元，不管信息容量有多大，每块电控单元都只需引出两条线接在两条公共导线的两个节点上，这两条导线就称为数据总线。以前各电控单元之间好比有许多人骑着自行车来来往往，现在是这些人乘坐公共汽车，公共汽车可以运输大量乘客，故数据总线亦称 BUS 总线，见图 12-1。

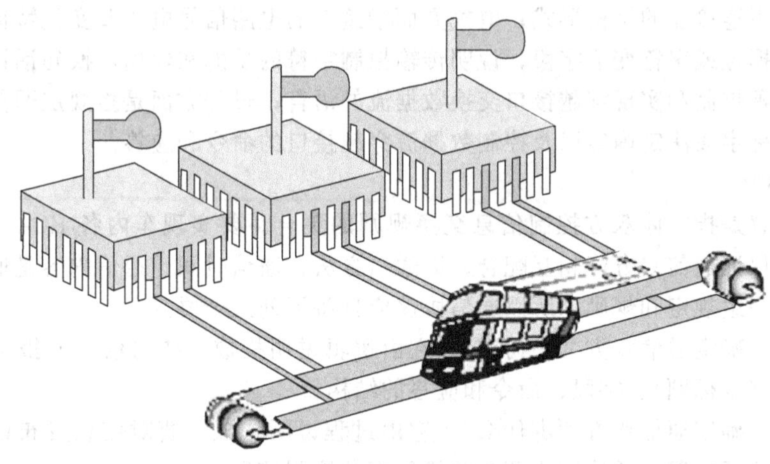

图 12-1 BUS 总线

数据总线（BUS）模块间运行数据的通道，即所谓的信息“高速公路”。如果一个模块可以通过总线发送数据，又可以从总线接收数据，则这样的数据总线就称之为双向数据总线。汽车上的数据总线实际是一条导线或两条导线。为了抗电子干扰，双线制数据总线的两条线是绞在一起的（双绞线）。

5. 网关

由于不同区域 CAN-BUS 总线的传输速率和识别代号不同，因此一个信号要从一个总线进入到另一个总线区域，必须把它的识别信号和传输速率进行改变，能够让另一个系统接受，完成这个任务的控制单元称之为网关（Gateway）。

网关控制单元以软件形式集成在组合仪表中，它控制着动力传动系统、舒适/便利系统、信息娱乐系统之间的通信量，如图 12-2 所示。

6. 通信接口

两个系统的设备或部件之间连接服务的数据流穿越的界面称为接口。汽车 ECU 之间的通信接口由设备（部件）和有关规定、说明组成。一般包括物理、电气、逻辑和过程四个方

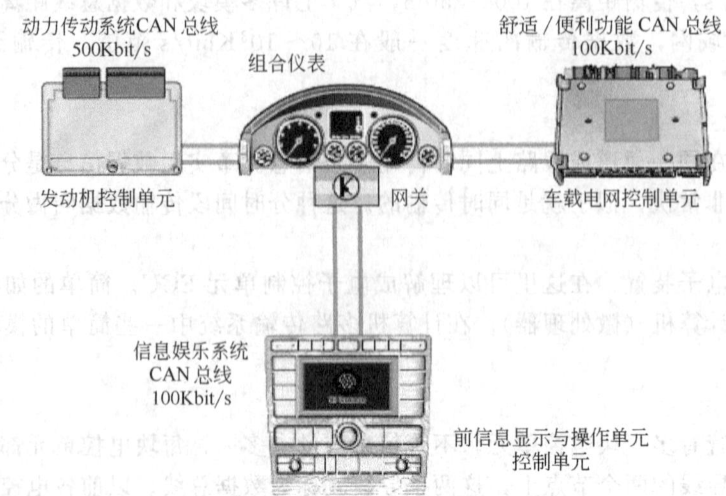

图 12-2 总线系统之间的通信

面。物理方面指连接器的结构形式；电气方面指接口的电路信号电压及变化特征；逻辑方面是指如何将数据位或字符变成字段，说明传输控制字符的功能和使用，换句话说，通信接口逻辑说明是一种控制和实现穿越接口交换数据流的语言；过程方面是指规定通信过程控制字符的顺序，各种字段法定内容以及控制数据流穿越接口的命令和应答。

7. 通信协议

通信协议就是指实体双方控制信息交换规则的集合。要实现车内各 ECU 之间的通信，必须制定规则保证通信双方能相互配合，即通信方法、通信时间、通信内容是通信双方能遵守、可接受的一组规定和规则。所以通信协议应具备下列三个要素。

(1) 语法 确定通信双方“如何讲”。它由逻辑说明构成，要对信息或报文中各字段格式化说明报头（或标题）、字段、命令和应答的结构。

(2) 语义 确定通信双方“讲什么”。它由过程说明构成，要对信息发布请求，执行动作，返回应答给予解释，并确定协调和差错处理的控制信息。

(3) 定时规则 指出时间的顺序，速度匹配和排序，解决何时讲的问题。

协议的功能就是控制并指导对话过程，对通信过程错误的检出，确定处理的策略。

8. 帧

为了可靠地传输数据，通常将原始数据分割成一定长度的数据单元，这就是数据传输的单元，称其为帧。一帧内应包括同步信号（例如帧的开始与终止）、错误控制（各类检错码或纠错码，大多数采用检错重发的控制方式）、流量控制（协调发送方与协调方的速率）、控制信息、数据信息、寻址（在信道共享的情况下，保证每一帧都能正确地到达目的站，收方也能知道信息来自何方）等。

9. 报文

要想信息在 CAN-BUS 局域网有效、快速地传输，就要把信息转化成适合 CAN-BUS 总线传输的格式，人们把信息称之为报文，把适合 CAN-BUS 总线传输的格式称为报文格式。

四、CAN-BUS 的组成

CAN-BUS 由控制器、收发器、数据传输终端电阻、数据传输线组成，如图 12-3 所示。

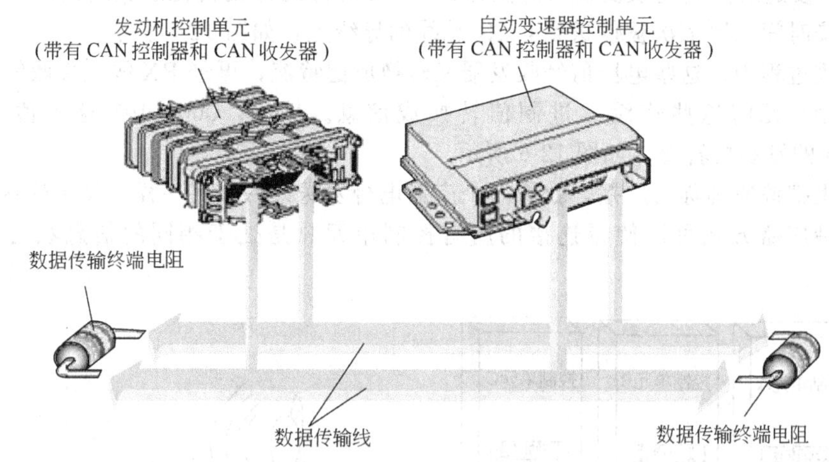

图 12-3　CAN-BUS 的组成

(1) CAN 控制器　是用来接收控制单元中微电脑传来的数据，对这些数据处理并将其传往 CAN 收发器。同样，CAN 收发器也接收由 CAN 收发器传来的数据，对这些数据进行处理并将其传往控制单元中的微电脑。

(2) CAN 收发器　安装在控制器内部，同时兼具接收和发送的功能，将控制器传来的数据转化为电信号并将其送入数据传输线。

(3) 数据传输终端电阻　防止数据在线端被反射，以回声的形式返回，影响数据的传输。

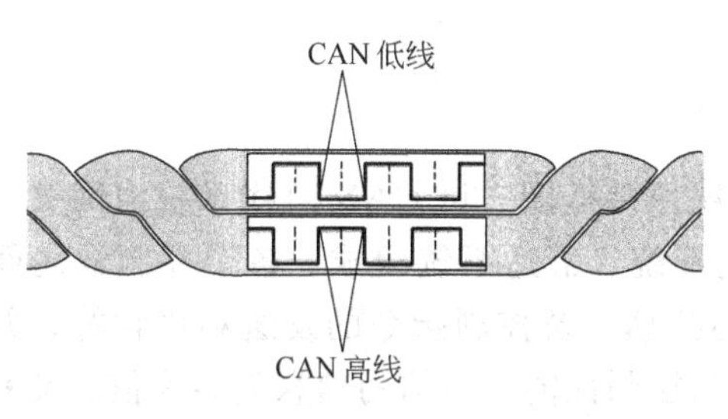

图 12-4　CAN 数据传输线（双绞线）

(4) 数据传输线　双向对数据进行传输的。两条传输线分别被称为 CAN 高线和 CAN 低线。为了防止外界电磁波的干扰和向外辐射，CAN 总线将两条线缠绕在一起（双绞线），如果一条是 5V，另一条就是 0V，始终保持电压总和为一常数。通过这种镜像方法，保护总线数据免受外界电磁场干扰，同时 CAN 数据总线向外辐射也保持中性，即无辐射。见图 12-4。

五、CAN-BUS 的工作过程

CAN-BUS 工作的核心内容就是将节点（站）的信息（数据）交换，当 CAN 总线上的一个节点（站）发送数据时，每个控制单元均可发送和接收信息。当一个控制单元发出信息，其他的控制单元均可接收其发送出的信息。信息交换是连续完成的（按顺序）。

信息包含着重要的物理量，如发动机转速，这时发动机转速是以二进制值（一系列 0 和 1）来表示，例如，发动机转速为 1500r/min 时可表示成 00010101。

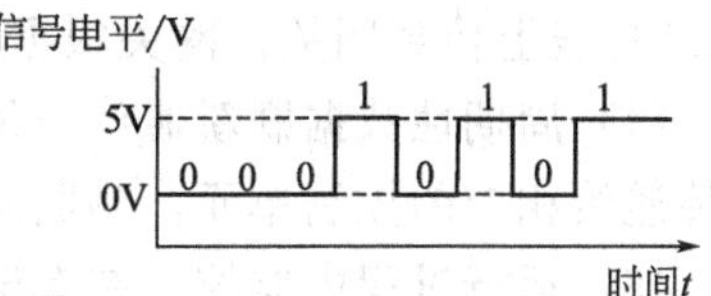

图 12-5　按时间顺序的电信号传输

在发送过程中，二进制值先被转换成连续的比特流（二进制数排列的一系列有序的数据），该比特流通过 TX 线（发送线）到达收发器（放大器），收发器将比特流转化成相应的电压值，最后这些电压值按时间顺序依次被传送到 CAN 总线的导线上，如图 12-5 所示。

在接收过程中，这些电压值经收发器又转换成比特流，再经 RX 线（接收线）传至控制单元，控制单元将这些连续二进制值转换成信息。例如，00010101 这个值又被转换成 1500r/min 的发动机转速，如图 12-6 所示。

人们也把该原理称为广播，就像一个广播电台发送某一节目一样，每个连接的用户均可接收。这种广播方式可以使得连接的所有控制单元总是处于相同的信息状态，如图 12-7 所示。

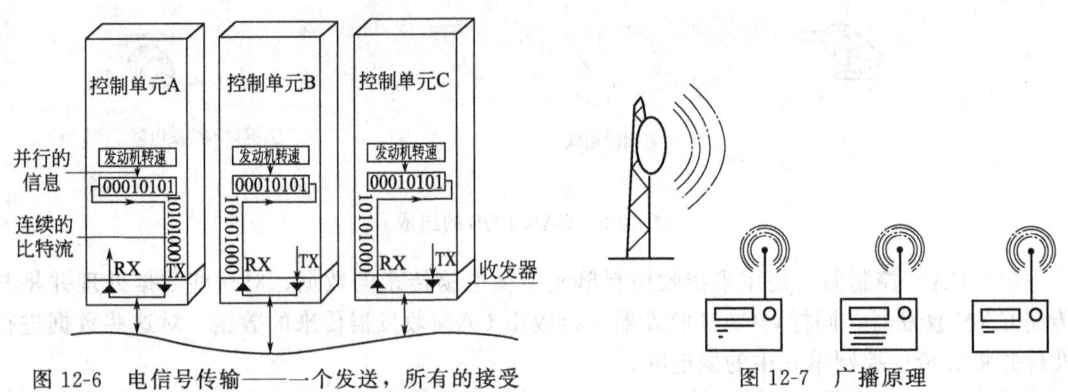

图 12-6　电信号传输——一个发送，所有的接受　　图 12-7　广播原理

第二节　CAN 数据总线的传输原理与过程

一、CAN 数据总线的传输原理

图 12-8 为大众途安汽车 CAN 数据总线系统原理框图。该 CAN 总线系统由网关、发动机管理系统、变速器控制系统、ABS 制动控制系统、舒适系统组成。各个控制器之间通过 CAN 总线进行通信，以实现传感器测量数据的共享以及控制指令的发送和接收等，并使各控制器的控制性能都有所提高，从而提高系统的控制性能。通信的信息类型为信息类和命令类。信息类主要是发送一些信息，如传感器信号、诊断信息、系统的状态。命令类则主要是发送给其他执行器的命令。通信有以下主要内容。

（1）车辆启动时的自检。网关负责向各个模块发送自检命令，并收集各个模块的返回信息。通过分析处理，及时地发现问题，并将故障信息存储到故障存储器中。为解决问题提供信息参考。

（2）加速过程通信。加速操作时，网关采集加速踏板信号、燃油喷射信号、发动机转速信号，根据控制策略，通过 CAN 总线将信息传递给自动变速器控制单元，设置变速器挡位。

（3）制动过程通信。在制动过程中，制动踏板信号直接下传到 ABS 控制器，同时通过 CAN 总线上传到网关。网关根据控制策略，通过 CAN 总线设置发动机转速等参数。

（4）周期性数据刷新通信。发动机转速、汽车速度、氧传感器等信息，分时段地通过总线传递给相应的控制单元，判断是否工作正常。

（5）运行过程中监控。在车辆运行过程中，检测总线上数据帧的收发情况，及时发现总线异常，自动做出紧急处理，甚至向驾驶员发出警报。

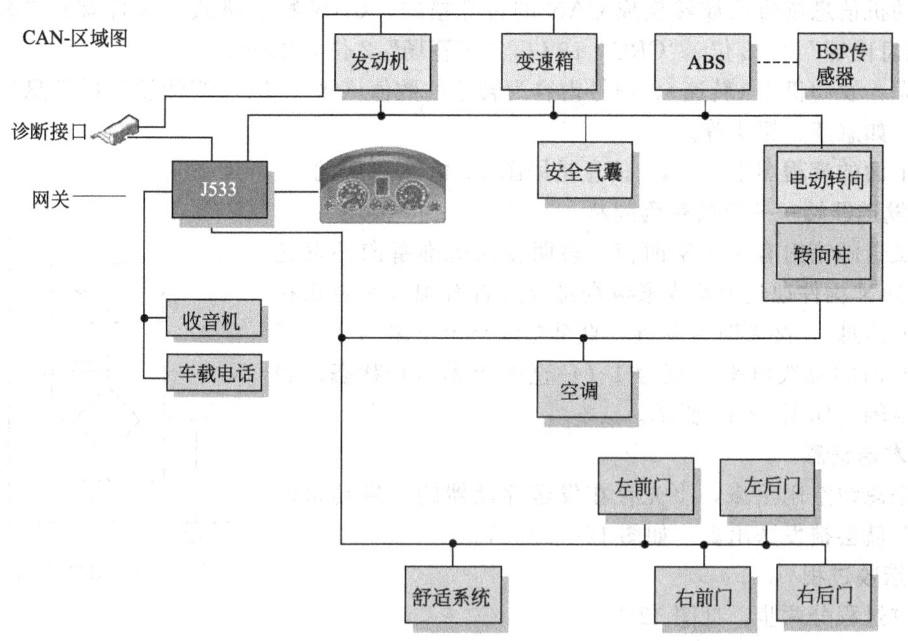

图 12-8 大众途安汽车 CAN 总线系统原理框图

二、CAN 总线的数据传递过程

本部分以转速接收，然后传递，最后在仪表上显示的过程为例，来讲述“转速信号”这个数据的传递。

下面的例子将展示转速信息从接收到在转速表上显示的一个完整信息交换过程，从中可以清楚地看到数据传递的时间顺序以及 CAN 构件与控制单元之间的配合关系。

1. 信息格式转换与请求发送信息

首先是发动机控制单元的曲轴位置传感器接收到转速值，该值以固定的周期（循环往复地）到达微控制器的输入存储器内（送到发动机）。由于瞬时转速值还用于其他控制单元，如组合仪表，所以该值应通过 CAN 总线来传递。于是转速值就被复制到发动机控制单元的发送存储器内。

该信息从发送存储器进入 CAN 构件的发送邮箱内。如果发送邮箱内有一个实时值，那么该值会由发送特征位（举起的小旗）显示出来。将发送任务委托给 CAN 构件，发动机控制单元就完成了此过程中的任务。

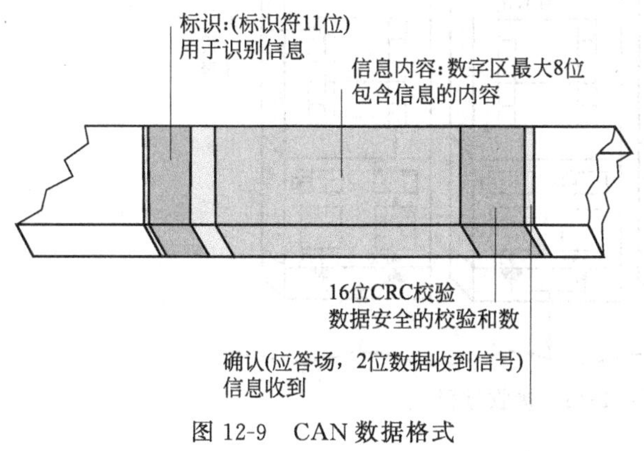

图 12-9 CAN 数据格式

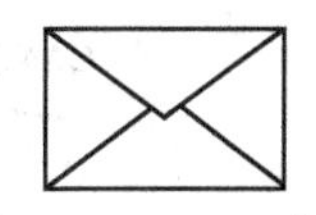

图 12-10 CAN 信息

发动机信息按协议被转换成 CAN 的特殊格式。CAN 特殊格式（包含有）“标识”11 位、“信息内容”0～8 位、“CRC”16 位，“应答场”2 位，见图 12-9。

标识：发动机 1（转速），信号内容为转速的数值（多少转）。当然发动机信息也可包括其他值，如怠速、扭矩等。

在下面的流程图中，CAN 信息是用图 12-10 来说明的。

2. 发送开始——总线空闲判断

当发送邮箱内有一个实时值，表明发动机准备向外发送信息，CAN 构件通过 RX 线来检查总线是否有源（是否正在交换别的信息），必要时会等待，直至总线空闲下来为止。某一时间段内的总线电平一直为 1（一直处于无源）状态，表示总线空闲，如图 12-11 所示。

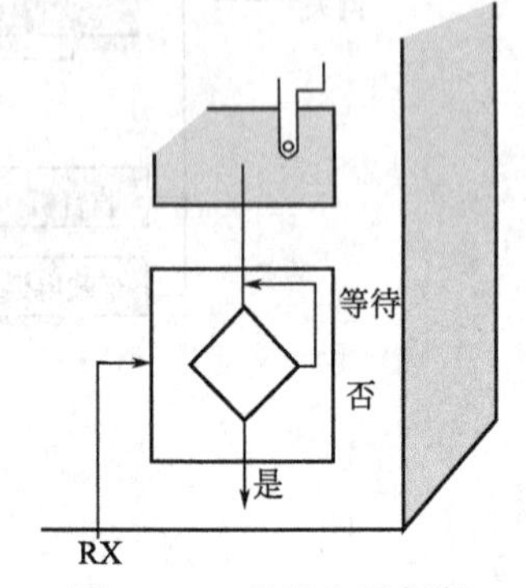

图 12-11 总线空闲判断

3. 发送信息

如果总线空闲下来，事先存在发送存储器的“发动机转速信息”就会被发送出去，如图 12-12 所示。

4. 接收过程

接收过程分两步，见图 12-13。

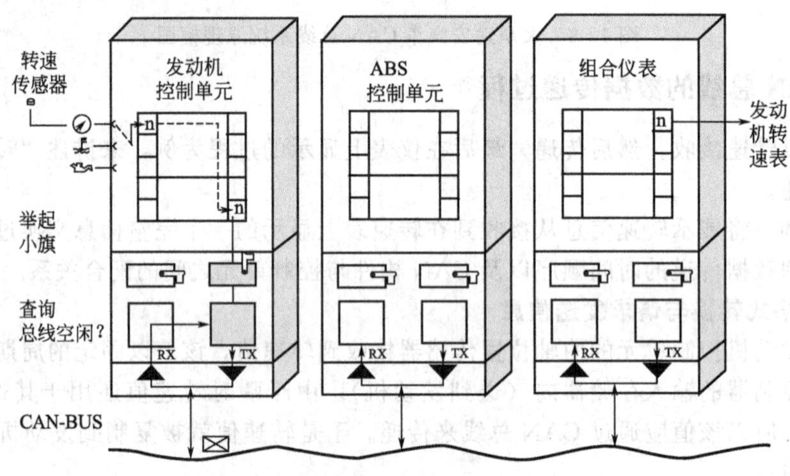

图 12-12 信息发送

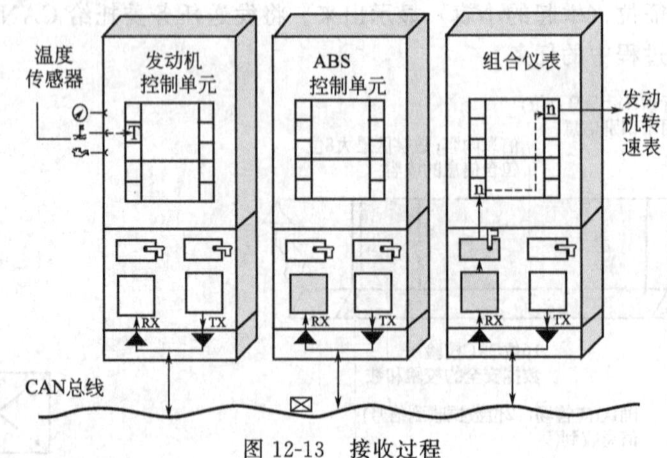

图 12-13 接收过程

(1) 第一步　检查信息是否正确。

连接的所有装置都接收发动机控制单元发送的信息。该信息是通过 RX 线到达 CAN 构件各自的接收区。

接收器接收发动机发送的转速信息，并且在相应的监控层检查这些信息是否正确。这样就可以识别出，只在某种情况下某一控制单元上出现的局部故障。

所有连接的装置都接收发动机控制单元发送的信息（广播），可以通过监控层内所谓的 CRC 校验和数来确定是否有传递错误。CRC 是 Cycling Redundancy Check 的缩写，意思是“循环冗余码校验”。在发送每个信息时，所有数据位会产生并传递一个 16 位的校验和数。接收器按同样的规则，从所有已经接收到的数据位中计算出校验和数。随后接收到的校验和数与计算出的校验和数进行比较。

如果确定无传递错误，那么连接的所有装置会给发射器一个确认回答，这个回答就是所谓的“信息收到符号”(Acknowledge，简写为 Ack)，它位于校验和数后，如图 12-14 所示。经监控层确认后的正确数据会到达 CAN 构件的接收区，如图 12-15 所示。

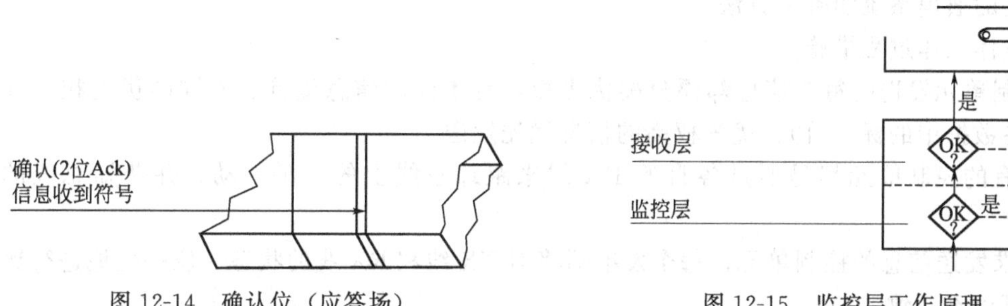

图 12-14　确认位（应答场）　　图 12-15　监控层工作原理

(2) 第二步　检查信息是否可用。

已接收到的正确信息会到达相关 CAN 构件的接受区，在那里来决定该信息是否用于完成各控制单元的功能。如果不是，该信息就被拒收（丢弃）；如果是，该信息就会进入相应的接收邮箱。如仪表工作过程需要发动机转速信号，所以发动机转速信息通过仪表的接受层的检查，到达仪表的接收邮箱。并升起“接收旗”，以通知控制单元，见图 12-16。

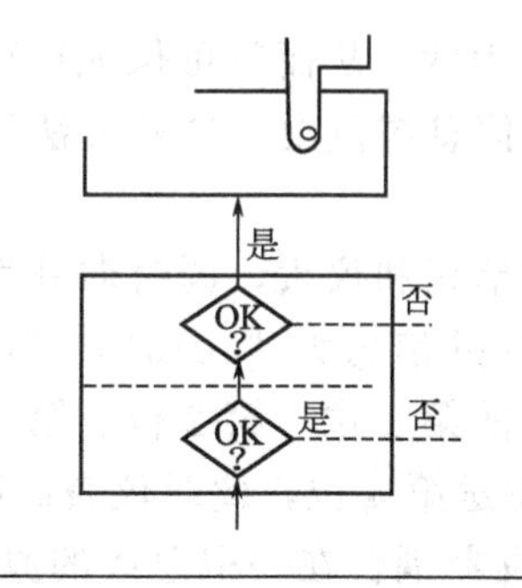

图 12-16　接收层工作原理

连接的组合仪表根据升起的“接收旗”就会知道，现在有一个信息（如转速）在排队等待处理。组合仪表调出该信息并将相应的值复制到它的输入存储器内。

于是通过 CAN 构件发送和接收信息的过程就结束了。在组合仪表内，转速经微控制器处理后到达执行元件并最后到达转速表。这个信息交换过程按设定好的循环时间（如每 10ms）在持续地重复进行。

5. 先进的位仲裁

如果多个控制单元同时发送信息，那么数据总线上就必然会发生数据冲突，为了避免发生这种情况，CAN 总线采用了仲裁方法来处理这类冲突。

(1) 先进的位仲裁　要对数据进行实时处理，就必须将数据快速传送，这就要求数据的物理传输通路有较高的速度。在几个站同时需要发送数据时，要求快速地进行总线分配。CAN 总线以报文为单位进行数据传送，报文的优先级结合在 11 位标识符中，具有最低二进制数的标识符有最高的优先级。这种优先级一旦在系统设计时被确立后就不能再被更改。总线读取中的冲突可通过位仲裁解决。例如，当3个站同时发送报文时，站1的报文标识符为011111，站2的报文标识符为0100110，站3的报文标识符为0100111。通过比较3个站的报文标识符，发现所有标识符前面两位相同，都为01，直到第3位进行比较时，站1的报文被丢掉，因为它的第3位为高，而其他两个站的报文第3位为低。站2和站3报文的4、5、6位相同，直到第7位时，站3的报文才被丢掉。注意，总线中的信号持续跟踪最后获得总线读取权的站的报文。在此例中，站2的报文被跟踪。这种非破坏性位仲裁方法的优点在于，在网络最终确定哪一个站的报文被传送以前，报文的起始部分已经在网络上传送了。所有未获得总线读取权的站都成为具有最高优先权报文的接收站，并且不会在总线再次空闲前发送报文。CAN具有较高的效率是因为总线仅仅被那些请求总线悬而未决的站利用，这些请求是根据报文在整个系统中的重要性按顺序处理的。这种方法在网络负载较重时有很多优点，因为总线读取的优先级已被按顺序放在每个报文中了，这可以保证在实时系统中优先级较高的报文优先占用总线，传递信息。对于主站的可靠性，由于CAN协议执行非集中化总线控制，所有主要通信，包括总线读取（许可）控制，在系统中分几次完成。这是实现有较高可靠性的通信系统的唯一方法。

(2) 具体工作过程措施

① 控制单元发送的每个信息都要分配优先权，且不同的信息量具有不同的优先权（优先权隐含在数据中的标识符），优先权高的信息优先发送。

② 所有的控制单元都是通过各自的RX线来跟踪总线上的一举一动，并获知总线的状态。

③ 请求发送信息的控制单元，每个发射器将对TX线和RX线的状态一位一位地进行比较，它们可以不一致。

④ CAN是这样来进行调整的：如果某个控制单元向外发送“1”（TX线为1），但在通过RX线在总线接到“0”，则该控制单元由发送信息状态转为接收信息状态，退出对总线的控制。

故用标识符中位于前部的“0”的个数就可调整信息的重要程度，从而就可保证按重要程度的顺序来发送信息。规则是标识符中的号码越小，表示该信息越重要。这种方法称为仲裁。

例如，现在有三个控制单元，发动机控制单元、ABS控制单元和仪表，同时向外发送信息，其中发动机控制单元向外发送信息“10101010”，ABS向外信息为“10101011”，仪表向外发送的信息为“10111111”。三个控制单元向外发送信息的第1位、第2位、第3位一样的，都是“101”，此时不存在冲突，但三个控制单元向外发送第4位，此时仪表的第4位为“1”，其他的两个控制单元的第4位为“0”，根据三个收发器耦合在一根总线的原理，见图12-17知道，此时总线的状态应为“0”，对仪表控制单元来说，它向外发送“1”（TX状态为1），但接收到是“0”（RX状态为0），根据仲裁原则，仪表控制单元停止发送信息，转为接收状态，该信息等待下一次发送周期，再次请求发送。

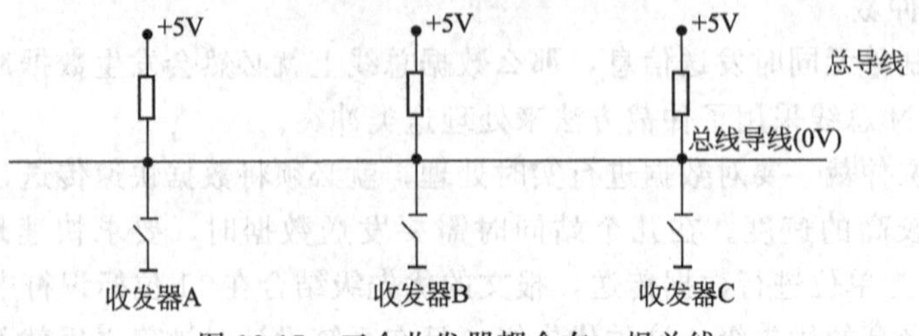

图12-17　三个收发器耦合在一根总线

同理，发动机控制单元和 ABS 控制单元继续向外发送信息的第 5 位、第 6 位、第 7 位（101），且这三位的信息是一样的，不存在冲突。再发送第 8 位，发动机控制单元的第 8 位为“0”，而 ABS 控制单元的第 8 位为“1”，根据三个收发器耦合在一根总线的原理，见图 12-17 知道。此时总线的状态应为“0”，对 ABS 控制单元来说，它向外发送“1”（TX 状态为“1”），但接收到是“0”（RX 状态为“0”），根据仲裁原则，ABS 控制单元停止发送信息，转为接收状态，该信息等待下一次发送周期，再次请求发送。

结果，发动机控制单元接管数据总线控制权，继续发送剩余的信息，最终数据总线的信息与发动机控制单元向外发送的信息是一样的，见图 12-18。

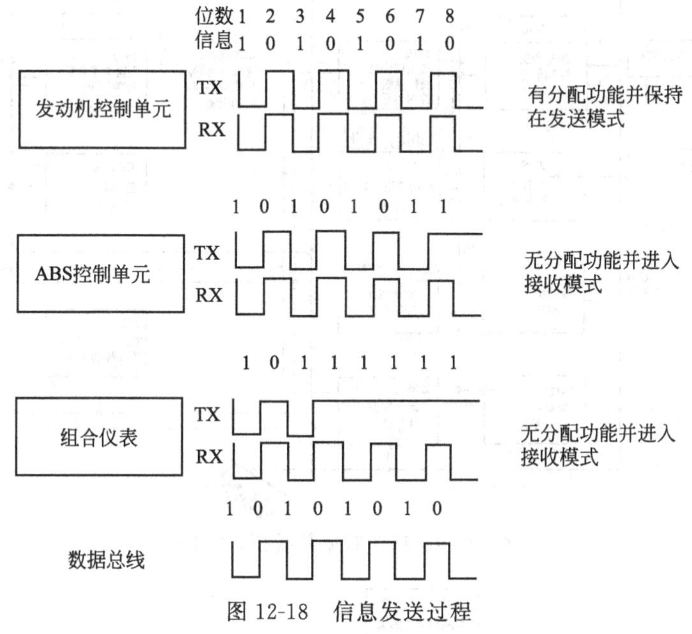

图 12-18 信息发送过程

表 12-1 为信息与标识符。从表 12-1 可看出，当数个控制单元要同时发送信息时，转向角传感器拥有最高的优先级别，它的信息就先被发送。

表 12-1 信息与标识符

标 识 符	二 进 制	十 六 进 制
发动机__1	010 1000 0000	280
制动	010 1010 0000	2A0
仪表	011 0010 0000	320
转向角传感器__1	000 1100 0000	0C0
自动变速器__1	100 0100 0000	440

说明，数字越小的（前面的“0”越多），优先级别越高，由于转向角传感器标识符数字最小，所以优先级最高，数字最先传递。

第三节 车载网络系统各个控制单元连接

汽车网络结构采用几条不同速率的总线连接动力系统、舒适/便利系统和信息娱乐系统。每个系统用 CAN 数据总线将各个控制单元连接起来，形成车载网络系统。下面以辉腾轿车

为例，图 12-19 为该车网络拓扑结构。

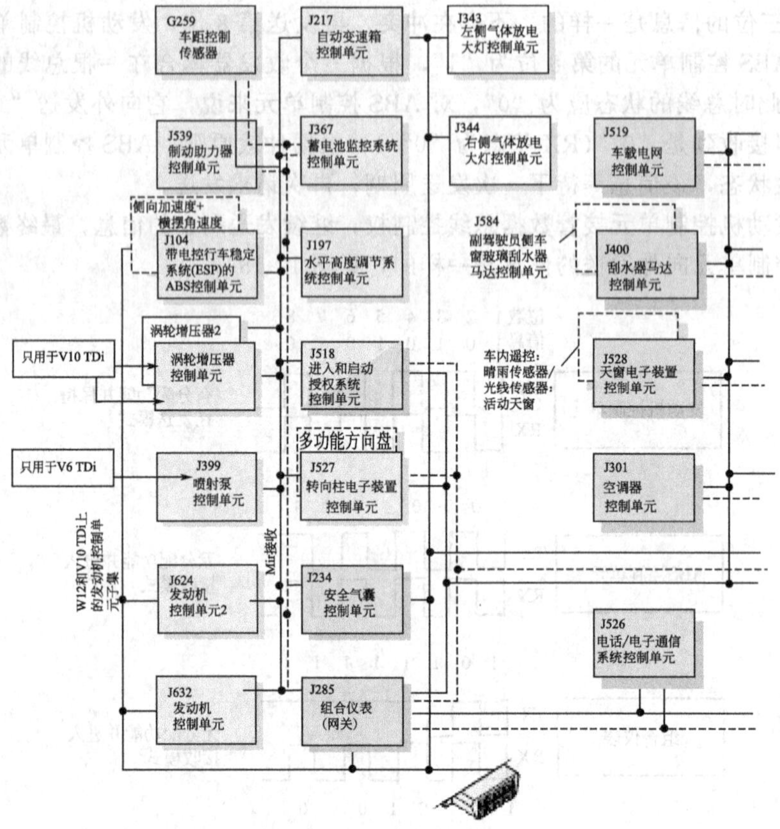

图 12-19　汽车数据总线拓扑结构

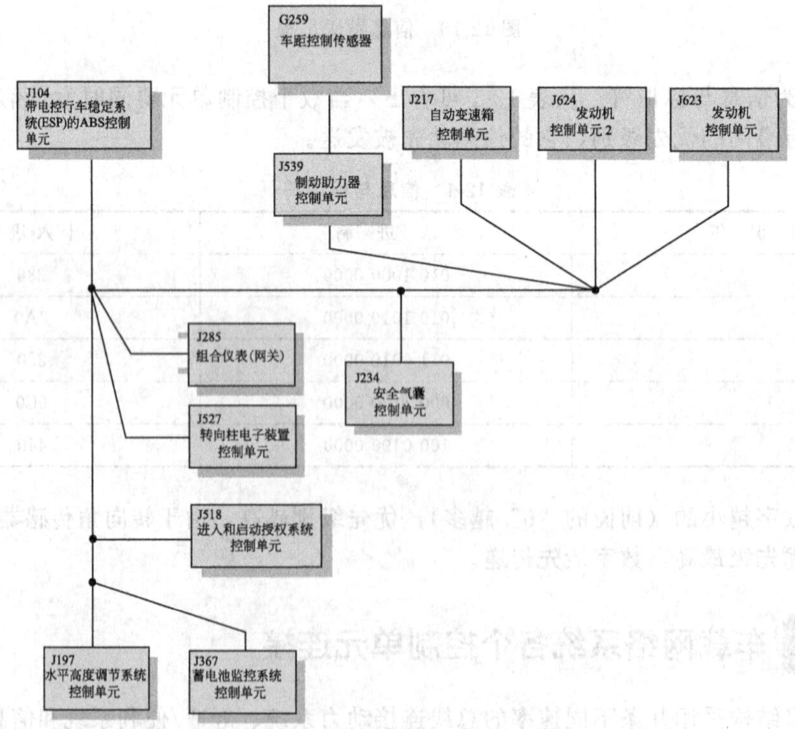

图 12-20　动力传动系统总线的连接

一、动力传动系统CAN总线中的控制单元

1. 动力传动系统总线的连接

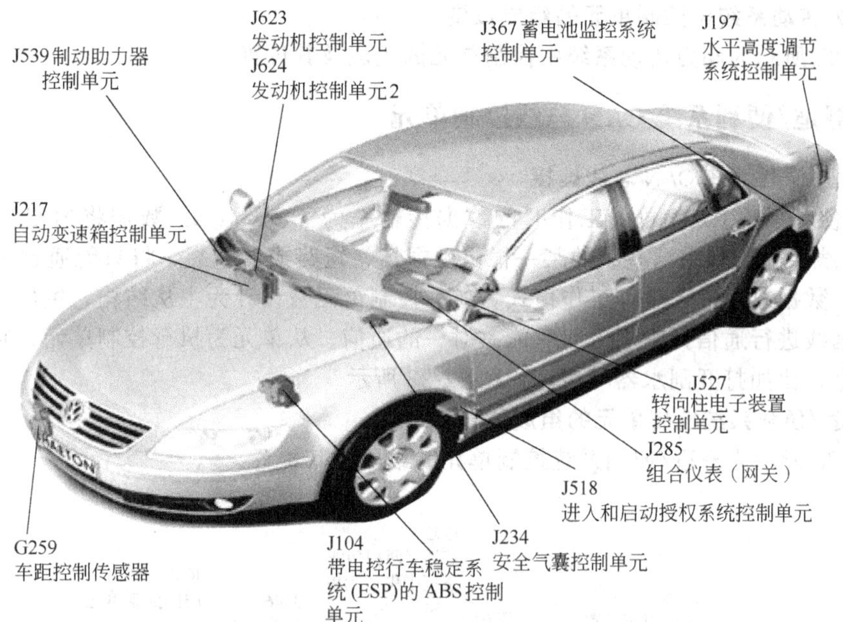

图 12-21　动力传动系统中控制单元的组成及其位置

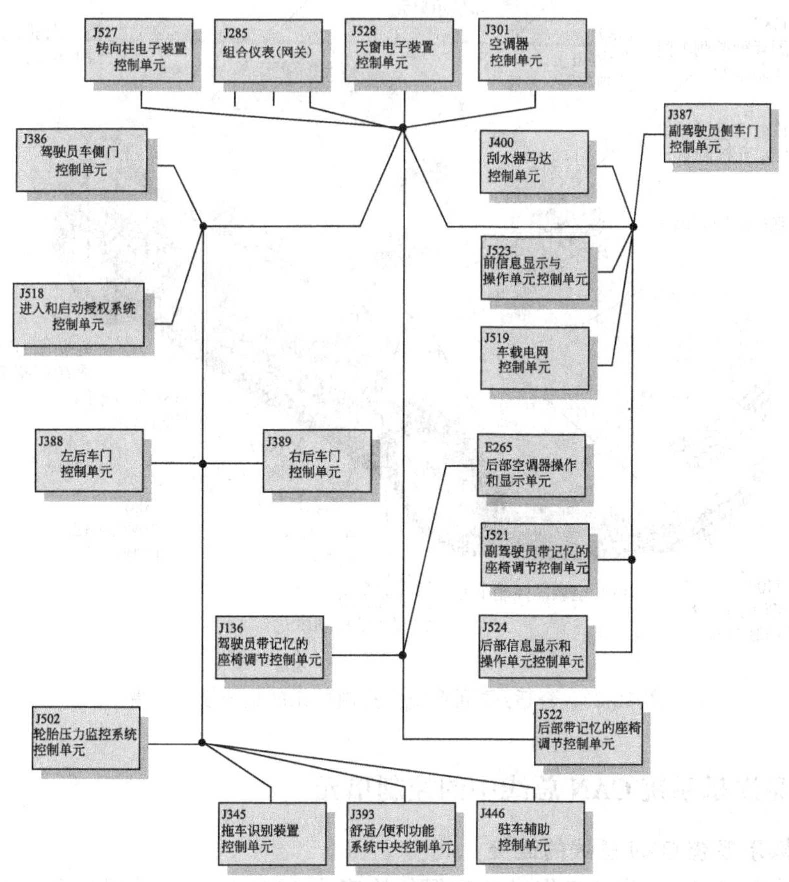

图 12-22　舒适/便利系统总线的连接

动力传动系统 CAN 总线工作时的数据传输率为 500Kbit/s。数据将通过 CAN-High 和 CAN-Low 线传输。如果这些线的某一根出现损坏、短路或者断裂，将不能进行数据传输或者传输受到限制，如图 12-20 所示。

2. 动力传动系统中控制单元的组成位置

图 12-21 所示为动力传动系统中控制单元的组成及其位置。

二、舒适/便利系统 CAN 总线控制单元

1. 舒适/便利系统 CAN 总线连接

舒适/便利系统 CAN 总线工作时的数据传输率为 100Kbit/s。数据将通 CAN-High 和 CAN-Low 线传输。如果这些线的某一根出现损坏、短路或者断裂，将只能通过一条线进行数据传输，数据总线进入单线工作模式。各种控制单元被设计为主从结构，主从之间通过一条内部数据线进行通信，它们之间只能一对一的通信。从单元为执行控制单元，它们执行主单元的指令，比如打开刮水器马达。如图 12-22 所示。

2. 舒适/便利系统控制单元的组成位置

图 12-23 所示为舒适/便利系统控制单元的组成及其位置。

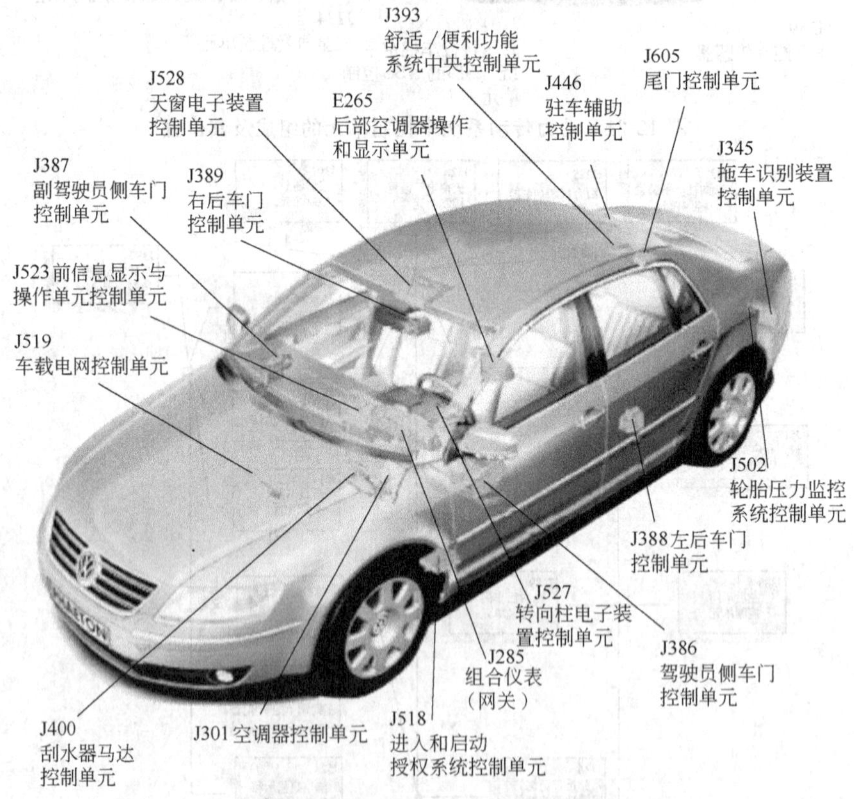

图 12-23　舒适/便利系统中控制单元的组成及其位置

三、信息娱乐系统 CAN 总线中的控制单元

1. 信息娱乐系统 CAN 总线的连接

信息娱乐系统 CAN 总线工作时的数据传输率为 100Kbit/s。数据将通过 CAN-High 和

CAN-Low线传输。如果这些线的某一根出现损坏、短路或者断裂，将只能通过一条线进行数据传输，数据总线进入单线工作模式。前部和后部信息显示和操作单元控制单元以及导航系统控制单元互相通过一条光纤总线通信，这条光纤只有它们能够访问，如图12-24所示。

2. 信息娱乐系统中的控制单元的位置

图12-25所示为信息娱乐系统中控制单元的组成及其位置。

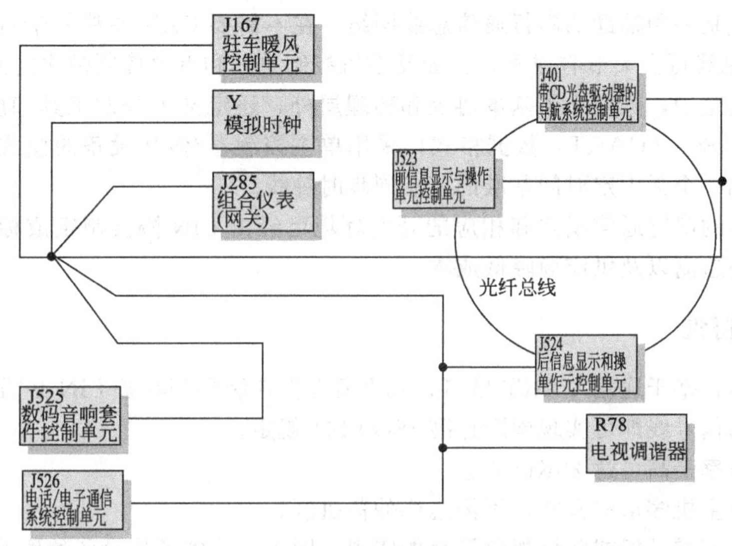

图12-24 信息娱乐系统总线的连接

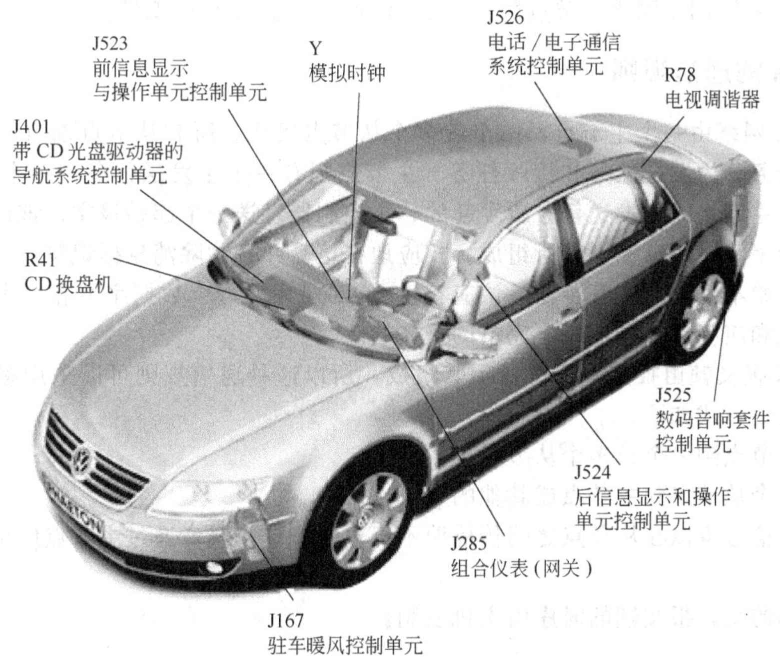

图12-25 信息娱乐系统中控制单元的组成及其位置

第四节 LIN-BUS

一、认识 LIN-BUS

LIN（Local Interconnect Network）是一种低成本的串行通信网络，适用于汽车中的分布式电子控制系统通信。LIN 的目标是为现有汽车网络（例如 CAN 总线）提供辅助功能。因此，LIN 总线是一种辅助的串行通信总线网络。在不需要 CAN 总线的带宽和多功能的场合，使用 LIN 总线可大大节省成本，比如发动机控制单元和点火控制模块之间的通信。

LIN 技术规范中，除定义了基本协议和物理层外，还定义了开发工具和应用软件接口。LIN 通信是基于 SCI（UART）数据格式，采用单主控制器/多从设备的模式，仅使用一根 12V 信号总线和一个无固定时间基准的节点同步时钟线。

这种低成本的串行通信模式和相应的开发环境已经由 LIN 协会制定成标准。LIN 的标准化将使汽车制造商以及供应商降低成本。

二、主要特性

（1）低成本，基于通用 UART 接口，几乎所有微控制器都具备 LIN 必需的硬件。

（2）极少的信号线即可实现国际标准 ISO 9141 规定。

（3）传输速率最高可达 20Kbit/s。

（4）采用单主机多从机模式，无需总线仲裁机制。

（5）从节点不需晶振或陶瓷振荡器就能实现自同步，节省了从设备的硬件成本。

（6）保证信号传输的延迟时间。

（7）不需要改变 LIN 从节点的硬件和软件就可以在网络上增加节点。

（8）通常一个 LIN 网络上节点数目小于 12 个，共有 64 个标识符。

三、LIN 的通信规则

一个 LIN 网络由一个主节点，一个或多个从节点组成。所有从节点都有一个从通信任务，该通信任务分为发送任务和接收任务。主节点则有一个主发送任务。一个 LIN 网络上的通信总是由主节点的主发送任务所发起的，主控制器发送一个起始报文，该起始报文由同步断点、同步字节、消息标识符所组成。相应地在接受并且滤除消息标识符后，一个从任务被激活并且开始本信息的应答传输。该应答由 2（或 4 和 8）个数据字节和一个校验码所组成。起始报文和应答部分构成一个完整的报文帧。

由于 LIN 报文帧由报文标识符指示其组成，所以这种通信规则可以采用多种方式进行数据交换。通信方式如下。

（1）由主节点到一个或多个从节点。

（2）由一个从节点到主节点或其他的从节点。

（3）通信信号可以在从节点之间传播而不经过主节点，或者通过主节点广播到网络中所有的从节点。

需要明确的是，报文帧的时序由主机控制。

四、应用

典型的 LIN 总线主要应用在汽车中的联合装配单元，如车门、转向器、坐椅、空调、照明灯、湿度传感器、交流发电机等。这些元件可以很容易地连接到汽车网络中，并且维护十分方便。在用 LIN 实现的系统中，通常用数字信号量替换模拟信号量，这将使总线性能优化。

第五节 CAN-BUS 局域网自我诊断

CAN-BUS 局域网系统一般诊断步骤。

① 了解该车型的多路传输系统特点（包括传输介质、几种子网及汽车多路信息传输系统的结构形式等)。

② 汽车多路信息传输系统的功能，如有无唤醒功能和休眠功能等。

③ 检查汽车电源系统是否存在故障，如交流发电机的输出波形是否正常（若不正常导致信号干扰等故障）等。

④ 检查汽车多路信息传输系统的链路是否存在故障，采用替换法或采用跨线法进行检测。

⑤ 如果是节点故障，只能采用替换法进行检测。

本章小结

本章的讲解是使学生了解车载网络系统发展沿革，明确车载网络在未来汽车发展中所起重要作用，以及未来汽车车载网络的发展趋势。本章讲述了汽车网络系统的基本概念，CAN-BUS 数据总线的数据传输的原理与工作过程，系统分析了新型高档轿车 CAN-BUS 网络系统的组成及结构，详细阐述了汽车各个 CAN-BUS 系统组成部分的功能，电控单元的连接方式，了解 LIN-BUS 通信规则及应用。

为了培养学生运用知识的能力，讲述了在维修车载网络系统时的分析方法，对典型车载网络系统进行故障诊断和维修的基本技能。为了检验学生运用知识的能力，培养动手能力，引用企业车间工作任务案例，让学生解决实际问题，使学生在做中学，在掌握维修能力的同时，提高个人素养，培养、严谨、求实的工作作风。

思考题

1. 简述 CAN 总线的数据传输原理和过程。
2. 车载网络系统中各个子系统是用什么连接的？为什么？
3. 简述网络故障分析与诊断步骤。

工作任务

顾客反映：一辆大众辉腾汽车，无法启动，此车配置双蓄电池，一块电压正常，一块电压为 8.5V。

导向1. 从观察到的故障现象列述可能存在的各种原因。

信息2. 汽车无法启动，在电源系统与车载网络系统通信连接方式，判断引起的故障原因。

3. 设法搜集查找故障需要的资料。

计划4. 制定故障查找的工作计划。

序号	工作步骤	工具
1		
2		

实施5. 故障查找。

计划6. 写出更换故障部件的工作步骤。

实施7. 根据自己确定的工作步骤更换故障部件。

检查8. 清楚解码器中故障码，在试运转后重新读取信息。

检查9. 在交车之前检查检测证明，并准备好移交汽车的资料。

工作任务分析参考

常规思路：对于配置 CAN 系统汽车的维修，首先用诊断仪器连接发动机控制单元，读取故障存储器中的信息，根据故障信息，具体检查、判断故障点。

此车的维修思路：因此车无法启动，一块电池电压低，另一块电压正常，则可判断为电源控制单元本身故障或电源控制单元与其他控制单元通信故障。检测可通过读取故障信息或示波器检测。

附：具体诊断过程

一、连接解码器，读取故障码。

二、示波器检测波形。

三、确定故障部位，更换新部件或处理故障部位。

故障分析

用大众 V. A. G5051 检测，因此车故障如图 12-26 所示。

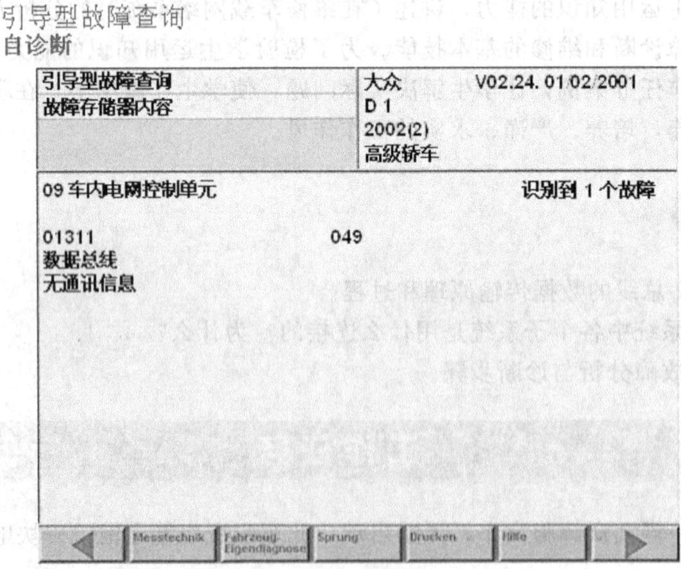

图 12-26 故障代码

可判断为通信故障，更换数据总线，故障排除。

第十三章 车载诊断系统

学习目标：

1. 了解车载诊断系统的发展、特点、功能；
2. 为了解决实际车间维修任务的需要，要求必须掌握车载诊断系统控制目标、诊断过程、检测仪器使用；
3. 掌握车载诊断系统，便于维修者根据故障信息分析故障；
4. 为了检验学生掌握知识的能力，引用企业车间工作任务案例，让学生解决工作任务，使学生有目标的学习。

第一节 认识车载诊断系统

人类活动使得大气发生了深刻的变化，由此对地球生物圈造成了严重的后果，因此必须努力降低汽车的有害物质排放量，并对此进行监控。为了实现这个目的，引入了车载自诊断系统（On Board Diagnostics，OBD）。它是一个集成在汽车发动机管理系统内的一个自诊断系统，该系统持续地在监控废气成分。

一、车载诊断系统发展历程

1996 年以前，各种车型的检查连接器样式以及故障码的含义各不相同，称为第一代随车自诊断系统（OBD -Ⅰ）。第一代随车自诊断系统 OBD -Ⅰ，其检查连接器的式样和安装位置以及故障码的含义因制造商的不同而各不相同，给故障码的检测带来很大困难。从 1996 年起美国乘用车和轻型车上全面推广使用 OBD -Ⅱ自诊断系统，该系统统一了诊断模式和诊断座等，只要通过一台仪器，即可对各种车辆进行检测。随后世界各大汽车制造商相继采用。

二、OBD -Ⅱ车载诊断系统简介

OBD Ⅱ表示第二代具有自诊断能力的发动机管理系统。与定期上检测线检查车辆相比，OBD Ⅱ有下述优点：持续不断地检查有害物质排放；提前显示故障；通过丰富的诊断功能使得服务站在故障查寻和故障排除方面更容易了，如果出现故障，那么该系统会识别并存储该故障，并通过一个故障指示灯显示出来。

具有以下特点：

1. 统一诊断座及功能

（1）OBD -Ⅱ诊断座　将各种车型的诊断座统一为 16 端子标准型诊断座，也称 DLC（DATA LINK CONNECTOR，数据连接器），是连接故障诊断仪，实现故障诊断仪与 ECU 之间的通信，传输分析资料功能。其结构如图 13-1 所示。并装置在驾驶室，驾驶侧仪表板下方。诊断接头如图 13-2 所示。

（2）功能　OBD-Ⅱ标准对于诊断座的 16 个端子的功能进行了定义，见表 13-1。

图 13-1　OBD-Ⅱ的故障报警灯自诊断接口　　　图 13-2　诊断接头

表 13-1　OBD-Ⅱ诊断接头端子功用表

端子	功　用	端子	功　用
1	生产厂家自行设定	8	生产厂家自行设定
2	总线正极(BUS+),SAE J1850	9	生产厂家自行设定
3	生产厂家自动设定	10	总线负极(BUS-),SAE J1850
4	底盘接地	11～14	生产厂家自动设定
5	信号接地(信号回流)	15	L 线,ISO-9141
6	生产厂家自行设定	16	蓄电池正极
7	K 线,ISO-9141		

2. 统一各车种相同故障代码及含义

OBD-Ⅱ故障码由 5 个数字组成，每个数字都代表了不同的含义。如图 13-3 所示。

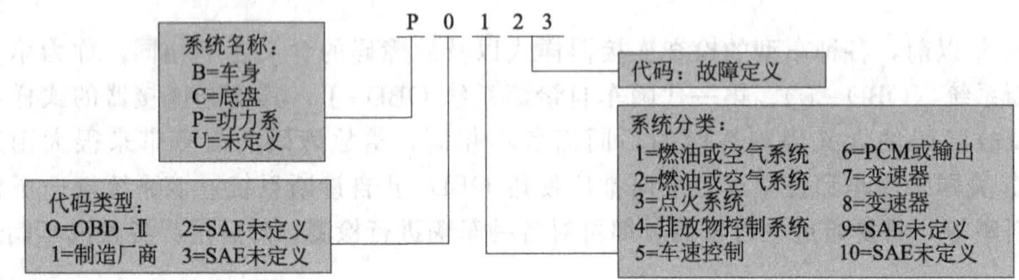

图 13-3　故障码的结构

三、车载诊断系统功能

发动机工作时，ECU 内部的自诊断电路会时刻监视发动机电子控制系统中各传感器、执行器和电脑本身的工作情况，一旦发现某个传感器或执行器有故障，就会立即启动以下保护功能。

(1) 报警功能　点亮仪表板上的故障指示灯，提醒驾驶员发动机控制系统出现故障，应当立即维修。

(2) 故障信息的储存功能　将检测到的故障信息以代码的形式储存在电脑的内存中，维修人员采用一定的方法即可读出故障码和其他有关信息，以便快速诊断和维修发动机。

(3) 失效保护功能　失效保护功能也叫故障保险功能，是 ECU 检测到电控系统出现故障后，为保持发动机的基本运转而采取的一种保护措施。此时 ECU 将以程序设定的方式和数值取代出现故障的传感器，以维持汽车的基本行驶功能。在此状态下，发动机的性能将受到较大影响。

（4）备用功能　备用功能是ECU内部控制程序出现错误时，为使车辆能继续行驶，ECU所采取的一种紧急措施。这一功能又成为缓慢回家功能。后备功能起作用时，只能维持发动机的基本运转而不能保证其正常的运行性能，且不能存储新的故障码。

四、车载诊断系统工作过程

电子控制系统工作时，正常的输入、输出信号是在规定范围内变化的。当某一电路出现异常或输入了ECU不能识别的信号时，ECU就判定为这一电路发生故障。

ECU的故障自诊断系统对故障的确认通常采用以下判定方法。

（1）值域判定法　当ECU收到的输入信号超过规定的数值范围时，自诊断系统就确认该输入信号电路发生故障。例如：别克乘用车的节气门位置传感器正常的使用范围是0%～100%，输出电压为0.16～4.88V。若ECU接收到的信号电压小于0.16V或大于4.88V，就判定节气门位置传感器所在的电路发生短路或断路故障。

（2）时域判定法　当自诊断系统发现某一输入信号在一定的时间内没有发生变化或其变化没有达到预先规定的次数时，就判定为该信号电路出现故障。例如，氧气传感器在发动机达到正常温度且控制系统进入闭环控制后，如果在一定时间内ECU检测不到氧传感器的输出信号或者在一定时间内氧气传感器的信号电压在0.45V上下没有变化，自诊断系统就判定氧气传感器电路出现故障。

（3）功能判定法　ECU向执行器发出动作指令后，执行应产生相应的动作，这种动作会引起其他相应传感器输出信号的变化，若传感器的输出信号没有按照程序规定的数值变化，自诊断系统就判定该执行器及其所在的电路出现故障。例如，ECU发出打开排气再循环阀的命令后，通过检测进气压力传感器的输出电压有无相应的变化，即可确定EGR阀是否动作，如果没有变化，ECU就认定EGR阀及其电路有故障。

（4）逻辑判定法　ECU可对两个具有相互联系的传感器进行数据比较，当发现这两个传感器信号间的逻辑关系违反设定条件时，就判定其中的一个存在故障。例如，当电脑检测到发动机转速大于一定值（1200r/min），同时检测到进气压力传感器输出信号大于一定值（真空度大于76kPa），就会判定进气压力传感器出现故障。

五、车载诊断系统控制目标

控制目标为监控所有对废气质量有重要影响的部件，如图13-4所示；保护催化净化器

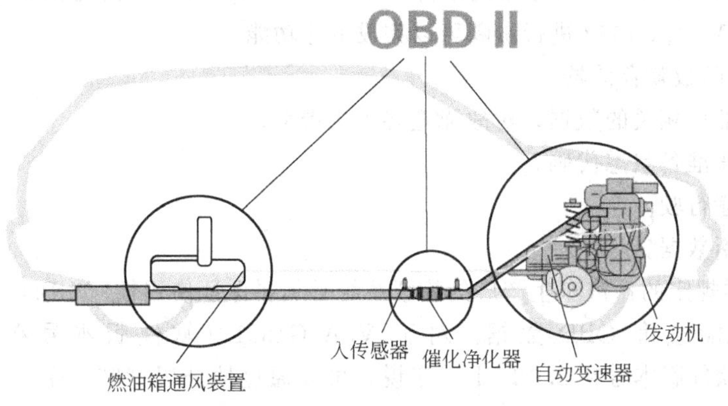

图13-4　OBD-Ⅱ系统监控图

不受损害；如果与废气相关的部件出现故障的话，要有视觉报警显示；二次空气系统；故障存储；有自诊断能力。要想实现这个目标，发动机控制单元需要监控下面的部件和系统：催化净化器；λ传感器；燃烧中断识别装置；废气再循环系统；有检漏功能的燃油箱通风装置；燃油分配系统；所有与控制单元相连的传感器和执行元件；自动变速器。

第二节 车载诊断系统 OBD-Ⅱ的应用

工作准备状态代码是一个 8 位的二进制代码，它表示发动机管理系统是否已经完成了所有与排气相关的诊断，在下面的情况下就会产生工作准备状态代码。

① 顺利完成了所有诊断过程且故障指示灯没有亮起。

② 完成了所有诊断过程、识别出的故障已经存入故障存储器且由故障指示灯指示出来。

MIL 故障指示灯（Malfunction Indicator Light，MIL）表示发动机控制单元识别出与排气相关的部件有故障。在控制单元识别出故障后，故障指示灯会在下述的情况时常亮或闪亮：①故障出现后立即点亮；②两次短程行驶后点亮。另外故障存储器内可能还存有不会导致接通故障指示灯的故障。

现以大众车系为例讲述诊断过程。

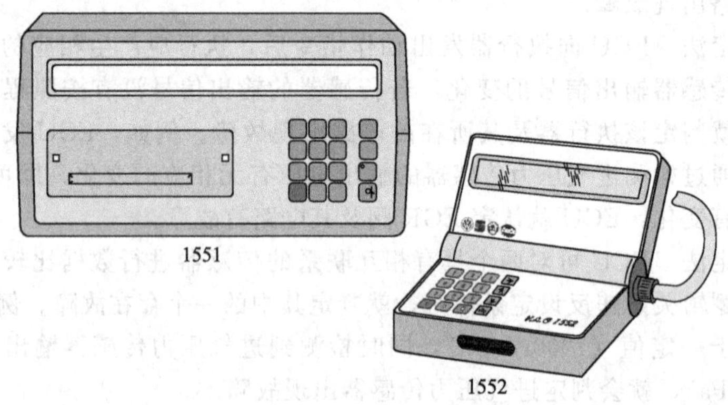

图 13-5 OBD-Ⅱ 检测工具 V. A. G1551、V. A. G1552

一、诊断

通过一个扫描工具来读出存储的故障，该工具接在司机坐椅附近的诊断接口上。使用 V. A. G1551 或 V. A. G1552 进行诊断可以完成下述功能。

① 读取/清除故障存储器。

② 显示与部件相关的数据，对故障查寻提供帮助。

③ 读取工作准备状态代码。

④ 进行短途行驶。

⑤ 打印诊断数据。

法规是这样规定的：汽车生产厂的诊断系统必须要保证使用任何 OBD-Ⅱ读出器（通用扫描工具）都能查询 OBD 数据。对于 V. A. G1551（软件版本号在 5.0 以上）及 V. A. G1552（软件版本号在 2.0 以上）来说，可以通过地址码“33”来调出这个通用扫描工具模式，如图 13-5 所示。这些仪器通过地址码“01”还能提供很多其他的功能，用于故障查寻、读取及生成做维修准备的状态代码。

二、故障显示

如果系统识别出一个与排气有关的故障，故障指示灯就会亮起以提示司机（故障指示灯集成在仪表板显著位置），如图 13-6 所示。

图 13-6 故障指示与诊断口

三、诊断接口

该接口根据车型布置在驾驶舱内，从司机坐椅处可以触摸到。

四、通过故障指示灯（MIL）来显示故障

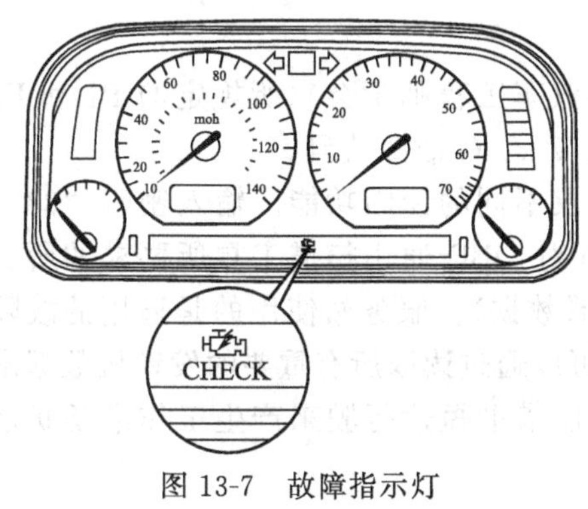

图 13-7 故障指示灯

如果出现损害催化净化器的断火故障，故障指示灯应立即闪烁以提醒司机，如图 13-7 所示。这时应降低发动机功率来驾驶车辆。于是故障指示灯切换到常亮状态。如果该故障使得废气质量变差，那么在满足相应的存储和接通条件（立即、两次短途行驶、两个行驶循环）后，故障指示灯必须通过常亮方式将该故障显示出来。

该系统在所有行驶条件下检查下面内容。

① 燃烧断火次数是否高到可能损坏催化净化器。

② 燃烧断火次数是否使得废气排放值恶化到原来的 1.5 倍。

如果满足第一个条件，故障指示灯应每秒闪烁一次，如图 13-8（a）所示。

图 13-8 故障指示灯状态

如果出现第二个条件，那么在第一个行驶循环结束后还是不会存储故障，故障指示灯不亮，如图 13-8（b）所示。

如果在第二个行驶循环结束时该故障仍存在，那么故障就会存入故障存储器，故障指示灯应一直亮着，如图 13-8（c）所示。

五、自诊断代码

自诊断故障代码是按照 SAE（美国汽车工程师学会）的标准制定的，所有生产厂家都必须统一采用这个标准。这种故障代码必须是一个包括文字和数字的五位数，例如 P0112。第一位是个字母，它表示系统类型：P××××动力系统、B××××车身、C××××底盘、U××××将来的系统。

OBD Ⅱ上只使用 P-代码。第二位表示标准代码：P0×××由立法者制定的可由自诊断系统使用的故障代码。P1×××由生产厂家另外规定的与废气排放有关的故障代码，这些代码必须报送给立法者。

第三位表示出现故障的部件信息：

P×1××燃油计量和空气计量；

P×2××燃油计量和空气计量；

P×3××点火系统；

P×4××辅助废气调节；

P×5××车速调节（GAR）和怠速调节；

P×6××计算机信号和输出信号；

P×7××变速器。

第四和第五位表示部件/系统的标识代码。

对于德国大众来说，自诊断不但包括 SAE（美国汽车工程师学会）所规定的 P1 和 P2 故障代码（用故障分析），还包括德国大众服务站用的 V. A. G 故障代码。

在执行诊断时，可以通过输入不同的地址码来完成不同的诊断功能。输入密码“33”，就可以启动“扫描工具模式”。该模式内包括立法者针对 OBD 通用扫描工具所要求的所有功能。这样就可以读取单独的物理数据（例如 λ 传感器数据）。服务站使用的是通用的故障阅读器，如 V. A. G1551/1552，输入代码“01”后就可以通过读取所有重要的发动机数据来帮助诊断故障。对于 Bosch-Motronic 系统来说，还可以借助短途行驶来产生工作准备状态代码。

六、车载诊断过程

使用 V. A. G 1551 的过程示例。

① 将诊断仪接到诊断接口上，接通诊断仪，如图 13-9 所示。

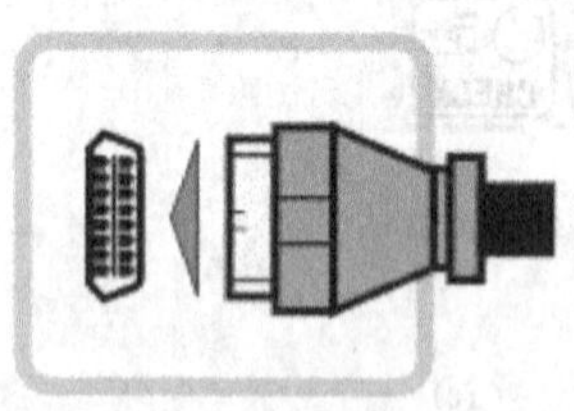

图 13-9　接通诊断仪

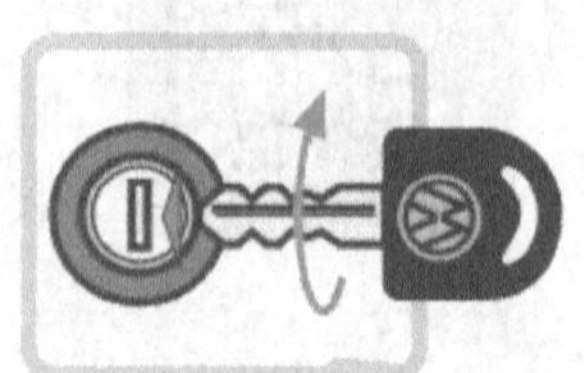

图 13-10　接通发动机

图 13-11　故障指示灯指示出故障

② 接通发动机，如图 13-10 所示。

③ 故障指示灯指示出故障，如图 13-11 所示。

④ 输入“1”选择快速数据传递。

⑤ 输入地址码“01”选择发动机电子系统。

⑥ 输入“Q”来确认输入。

⑦ 输入“Print”来接通打印机。

⑧ 输入“02”来查询故障存储器。

⑨ 输入“Q”来确认输入，如图 13-12 所示。

⑩ 故障存储器内存储的故障以简略的形式打印出来，如图 13-13 所示。

⑪ 输入“06”选择结束输出。

⑫ 输入“Q”来确认输入。

⑬ 排除故障。

⑭ 排除故障后，清除故障存储器，并通过短途行驶来建立工作准备状态代码，如图 13-14所示。

故障阅读器 V. A. G 1551/V. A. G 1552 在 OBD Ⅱ 扫描工具模式（Scan-Tool-Mode）时的显示内容在输入“1”选择快速数据传递并输入“33”将阅读器置于扫描工具功能后，将显示这个内容：

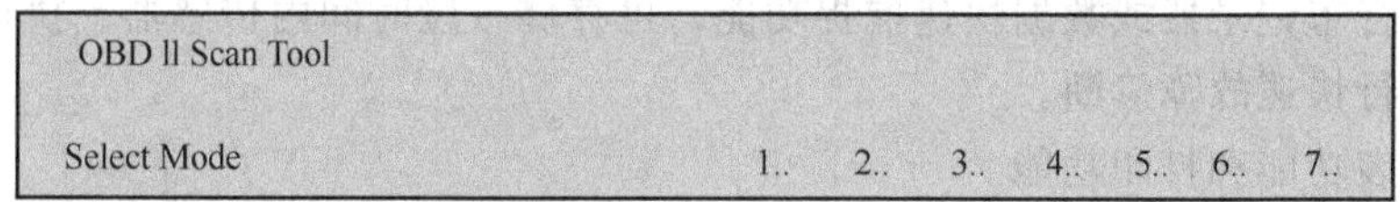

例如选择模式 1 后会显示下面的内容。

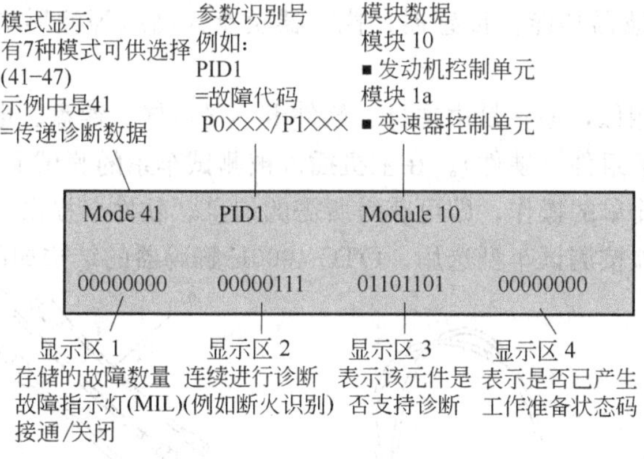

有很多显示区，用于显示诊断数据。

这时就可以选择各种参数识别号（简称 PID，例如 PID 5＝发动机温度，PID 16＝空气质量流量）。

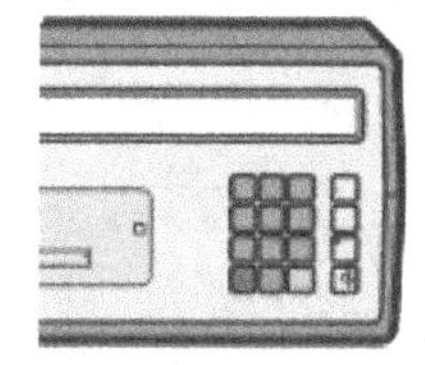

图 13-12 V. A. G 1551 操作

图 13-13 V. A. G 1551 打印

图 13-14 工作状态代码

七、汽车电脑检测仪的使用

汽车电脑检测仪俗称解码器，是维修电子控制装置必备的仪器，用来读取和消除储存在电子控制单元中的故障码。解码器有通用型和专用型两大类，通用型解码器的适用车型多；专用型解码器只适用于某一汽车制造商的产品检测。

目前，常用的进口通用型解码器有红盒子、OTC 等，以及通用、福特等各大汽车制造厂提供的专用解码器等。

国产通用型汽车解码器，如金德 KT600、元征 X431、车博任等均能检测欧、亚、美及国产车系。

1. 解码器的功能

(1) 解码器能调出电子控制装置自诊断系统存储的故障码，并能解释故障码的含义。不必再通过发动机故障指示灯的闪烁读取。

(2) 解码器能检测电子控制系统的有关传感器、开关、执行器的即时数据流信息，如节气门位置传感器输出电压、氧传感器电压、冷却液温度以及各开关动作情况。

(3) 利用解码器可进行继电器、开关、电磁阀、点火器跳火等执行器试验。

(4) 利用解码器可清除电子控制单元中存储的故障码，而不用人工拆下熔丝或拆蓄电池负极的方法清除故障码。

(5) 具有行车记录器或数据快速捕捉功能，可存储一段时间内传感器、执行器等的数据变化，便于进行快速故障诊断。

(6) 万用表功能和打印功能。

(7) 可以和计算机相连进行资料的更新和版本的升级。

(8) 有的还具有电路图和维修指导等资料存储功能，以供参考。

(9) 有的还具有示波器功能。传感器、执行器及点火高压等波形均能显示。

2. 解码器的结构

各种解码器的结构相似，通常是由主机、软件卡、显示屏、键盘、电源线和诊断接头等组成。主机即解码器电路板组件（硬件）。在主机插入被测试车系的测试卡（软件），连接好电源线和接口电缆后，通过简单的操作，即可获得所需的信息。软件卡提供故障诊断程序、故障说明及维修资料，用户必须按测试车型选用。OTC-4000E 解码器的结构如图 13-15 所示。

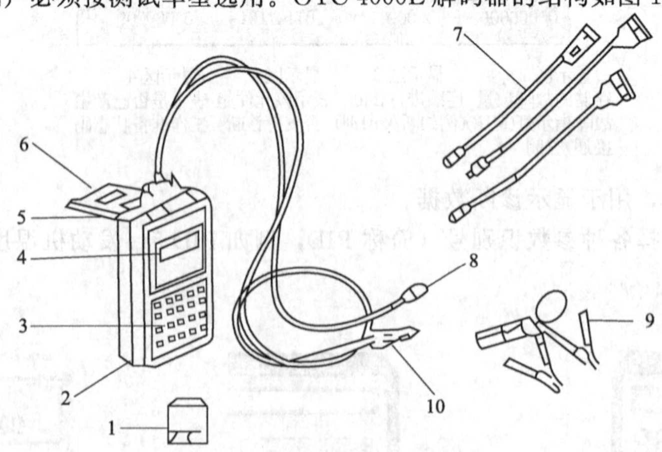

图 13-15　OTC-4000E 故障检测仪

1—测试卡（插卡）；2—主机；3—键盘；4—显示屏；5—外接口；6—撑架；7—汽车接口电缆；8—主机接口线；9—双钳电源线；10—主机电源线

3. 使用解码器的注意事项

（1）测试前应正确选择测试接头。这是因为各车型的诊断插座提供电源的形式不同，有的可能需要外接电源，有的可能不需要。因此，要避免因接头选择不当而烧坏仪器。

（2）测试前应先将测试卡插入仪器主机的相应接口，然后再接通电源。

（3）仪器的额定电压为12V，汽车蓄电池电压应在11～14V。

（4）关闭汽车所有附属电气设备（如空调、前照灯、音响等）。

（5）发动机节气门应处于关闭状态。

（6）点火正时和怠速转速应在规定范围内，发动机水温和变速器油温应达到正常工作温度（水温90～110℃，油温50～80℃）。

（7）接通电源仪器，屏幕闪烁后，若程序未运行或出现乱屏现象，可将仪器主机上的9针插头拔下再重插一次，即可继续操作。

（8）测试接头和诊断插座应接触良好，以保证信号传输不会中断。

（9）测试结束后，应先切断电源，再从主机上取出测试卡。

本章小结

本章的讲解是使学生了解在维修具有车载诊断系统车辆时应具备的知识点。在维修车载诊断系统车辆时，首先应了解车载诊断系统的特点、功能，车载诊断系统的控制目标、诊断过程、检测仪器使用。只有掌握这些知识才能针对具体故障进行准确的理论分析，通过仪器设备检测，判断具体故障点，避免靠维修经验误诊断。在掌握维修能力的同时，学生应提高个人素养，在维修过程中，培养科学、严谨、求实的工作作风。

思考题

1. 简述车载诊断系统的特点。
2. 简述车载诊断系统的功能。
3. 简述车载诊断系统的控制目标。
4. 简述车载诊断系统的诊断过程。
5. 简述使用解码器的注意事项。

工作任务

一位客户因为“发动机诊断”指示灯亮，把他的汽车开到了修理厂，进行修理。

导向1. 从观察到的故障现象列述可能存在的各种原因。

信息2. 解释“发动机诊断”指示灯始终亮着这种情况发生的的条件和可能原因。

3. 设法搜集实施故障查找需要的资料。

计划4. 制定实施故障查找的工作计划。

序号	工作步骤	工具
1		
2		

实施5. 实施故障查找。

计划6. 写出更换故障部件的工作步骤。

实施7. 根据自己确定的工作步骤更换故障部件。

检查8. 清楚解码器中故障码，在试运转后重新读取信息。

检查9. 在交车之前检查检测证明，并准备好移交汽车的资料。

附：工作任务分析参考

常规思路：对于车载诊断系统的维修，首先用诊断仪器进入发动机控制单元，读取故障存储器中的信息，根据故障信息，具体检查、判断故障点。

此车的维修思路：该车发动机诊断指示灯亮，可谓是个共性故障。可能的故障因素很多，在思路上要考虑大的方向，首先用解码器读取故障码，根据故障信息，用万用表检测故障信息所指的故障部件。

具体诊断过程：

① 连接解码器，读取故障码。

② 用万用表检测故障信息所指的故障部件。

③ 确定故障部位，更换新部件或处理故障部位。

故障分析：

只要是发动机控制单元所涉及的部件出现故障，都可引发发动机故障指示灯亮。要根据实车故障，采取相应的方法解决故障。

参考文献

[1] 冯渊．汽车电子控制技术．第2版．北京：机械工业出版社，2005．

[2] 顾柏良．BOSCH汽车工程手册．第2版．北京：北京理工大学出版社，2004．

[3] 魏春源．BOSCH汽车电气与电子．北京：北京理工大学出版社，2004．

[4] 麻友良．汽车电器与汽车电子控制系统．北京：机械工业出版社，2007．

[5] 汤姆．登顿．汽车电气与电子控制系统．北京：机械工业出版社，2007．

[6] 齐峰．汽车电工．北京：电子工业出版社，2006．

[7] 朱建国，李国忠．常见车系CAN-BUS原理与检修．北京：机械工业出版社，2006．

[8] 舒华，姚国平．汽车电子控制技术．第3版．北京：人民邮电出版社，2012．

[9] 于京诺．汽车电子控制技术．北京：机械工业出版社，2014．

[10] 李东江．现代汽车电子控制技术．北京：中国科学技术出版社，1998．

[11] 曹红兵．现代汽车电子控制技术．北京：机械工业出版社，2012．

[12] 何勇灵．汽车电子控制技术．北京：北京航空航天大学出版社，2013．

[13] 凌永成．于京诺．汽车电子控制技术．北京：北京大学出版社，2006．

[14] 王绍銑，李建秋，夏群生．汽车电子学．北京：清华大学出版社，2011．

[15] 魏春源．汽车电气与电子．北京：北京理工大学出版社，2004．